贺兰县脱贫攻坚志

贺兰县档案馆
贺兰县乡村振兴服务中心 编著

宁夏财政志

（1991—2018）

宁夏财政志编纂委员会　编

方志出版社
Publishing House of Local Records

图书在版编目（CIP）数据

宁夏财政志：1991—2018 / 宁夏财政志编纂委员会编．—北京：方志出版社，2022.4
ISBN 978-7-5144-5259-4

Ⅰ．①宁… Ⅱ．①宁… Ⅲ．①地方财政－概况－宁夏－1991-2018 Ⅳ．① F812.743

中国版本图书馆 CIP 数据核字（2022）第 165648 号

责任编辑：王海荣
责任校对：刘玉霞
责任印制：梅中英
出 版 者：方志出版社
地　　址：北京市朝阳区潘家园东里 9 号（国家方志馆 4 层）
邮　　编：100021
网　　址：http://www.zgfzcb.cn
发　　行：方志出版社图书营销中心（010-67110500）
印　　刷：宁夏精捷彩色印务有限公司
开　　本：889 毫米 ×1194 毫米　1/16
印　　张：39.25
字　　数：840 千字
版　　次：2022 年 4 月第 1 版
印　　次：2022 年 4 月第 1 次印刷
定　　价：280.00 元

《宁夏财政志（1991—2018）》编纂委员会

《宁夏财政志（1991—2018）》编辑部

1994年建成的自治区财政厅办公大楼

2016 年 3 月 25 日，全区财政系统反腐倡廉建设工作会议召开

2017 年 1 月 18 日，自治区财政厅干部职工观看廉政警示教育专题片

2017 年 10 月 10 日，自治区财政厅召开预防职务犯罪警示教育宣讲会

2017 年 12 月 28 日，自治区财政厅召开党风廉政建设责任制落实情况检查和领导班子领导干部考核大会

2018 年 3 月 26 日，2018 年全区财政系统机关党建暨反腐倡廉建设工作会议召开

2018 年 10 月 31 日，自治区财政厅党组中心组（扩大）专题学习《中国共产党纪律处分条例》

2018 年 12 月 21 日，自治区财政厅机关党委、驻自治区财政厅纪检监察组党支部召开组织生活会

1991年10月25—27日，全区财政系统先进集体、先进工作者表彰会议召开

1997年10月21—23日，全区乡财政工作暨表彰自治区文明财政所会议召开

2001年4月19日，全区财政系统文明财政所命名表彰大会召开

2010年9月17日，宁夏财会函授学校在银川召开了年度工作总结表彰大会

2011 年 6 月 30 日，全区财政系统先进事迹巡回报告会拉开帷幕

2017 年 1 月 24 日，财政厅 2016 年度表彰大会暨 2017 年迎新春联欢会举行

财政厅机关 2018 年度总结表彰大会

1992年8月，自治区财政厅承办的全国部分地区文教行政财务理论研讨会在银川召开

1995年6月，六省区特大自然灾害救济费包干管理办法研讨会在银川召开

①② 1997年11月7—8日，1997年宁夏财政支持农业产业化发展研讨会召开

2002年10月，区本级事业性收费“收缴分离”工作座谈会召开

2003 年 11 月 17 日，全区财政改革与发展座谈会召开

2007 年 9 月 12—14 日，自治区财政厅承办全国社会保障财务理论研讨会

2011 年 7 月 29 日，全区财政工作座谈会召开

2015 年 2 月 13 日，2015 年全区棚户区改造项目进展贷款工作座谈分析会召开

2016 年 1 月 9 日，接待科威特访问团一行并座谈交流

2017 年 9 月 18 日，中国注册会计师协会在宁夏举办海峡两岸及港澳地区会计师行业交流研讨会

2011年5月18日，共青团宁夏财政厅第五次代表大会召开

2011年10月28日，宁夏注册会计师和资产评估行业工会成立

2013年5月4日，举行纪念“五四”运动94周年活动

财政部“六五”普法检查验收考场（2015年8月18日）

全国会计中级职称考试考场（2016年9月）

2017年7月14日，自治区财政厅青年干部职工座谈会召开

2018 年 3 月 16 日，自治区财政厅工会第三次会员代表大会召开

2018 年 5 月 4 日，自治区财政厅青年干部政务礼仪培训班暨“学习新思想 建功新时代”主题团日活动举行

2018 年 10 月 17 日，开展离退休老干部重阳节主题活动

前　言

《宁夏财政志(1991—2018)》历时三载,经全体编纂人员爬罗剔抉、汇珠集萃,精心考证,反复校对,即将付梓出版。这是在自治区政府统一领导下,开展的第二轮行业领域志书编修工作。宁夏财政志的续编出版,可喜可贺。这是自治区财政发展历程中的一件大事,也是自治区第二轮行业领域志书编修工作中一件非常重要的事情,不仅对深化财政体制改革,建立现代财政制度产生积极而深远的影响,对全区史志文化事业不断发展也将产生重要影响。

20世纪90年代,自治区财政厅主持开展了首轮行业志书的编修工作,于1993年出版了首部《宁夏财政志》,下限时间为1990年12月底。此次《宁夏财政志(1991—2018)》是接续首部《宁夏财政志》之后的断代续修志书,主要记述1991年至2018年之间的财政发展历程,较好地传承了财政历史发展。《宁夏财政志(1991—2018)》以习近平新时代中国特色社会主义思想为指导,以党的十八大、十九大以来的路线、方针、政策为准绳,坚持存真求实、详近略远的原则,客观翔实记述宁夏财政近三十年来的发展历程,秉笔直书,以启未来,力求真实反映宁夏财政在保证地方履行职能、促进经济社会发展、推动人民物质文化生活水平逐步提高诸多方面发挥的积极作用,努力做到政治性、思想性、科学性、资料性的有机统一,力求为宁夏财政改革发展提供最有价值的历史资料和经验启示。

《宁夏财政志(1991—2018)》按照篇章节体谋篇设置,共分6篇28章,84万余字,全面记述了1991年至2018年自治区在深化改革中推进现代财政制度建设、体制机制改革、财政收支运行情况。同时,对财政系统党务政务、廉政建设、社会责任以及相关人物作了分篇记述,突出了社会主义新方志的功能定位。各篇章下设无题小序,具有钩玄提要、阐释补充、引领门径、彰明因果和揭示规律等作用,起到了提纲挈领、画龙点睛的作用,较好提升了志书的著述质量层次。全志设置安排了市、县(市、区)及乡镇财政机构体制有关内容,力求全面展示宁夏各级财政阶段性发展历史全貌。就整体而言,整部志书编修力求思想政治立场鲜明,突出行业专业特点和地域时代特色,努力做到文风朴实,书写规范,语言简明,据事直书,客观再现宁夏财政历史与现状,力争达到文约事丰、存史资政的效果。

编修《宁夏财政志(1991—2018)》,是一项非常艰巨的文字工作,更是一项体现思想性、科学性、时代性的财政系统文化工程,是贯彻落实《全国地方志事业发展规划纲要(2015—2020年)》和《宁夏回族自治区地方志事业发展实施方案(2016—2020年)》,推进社会主义先进文化建设的重要举措和最新成果。宁夏财政厅领导高度重视,积极安排部署,动员和组织全区财政系统全力投入此次修志活动。自治区地方志编审委员会办公室高度重视,尤其在业务方面多方指导,大力支持,有力推动了志书编修工作。宁夏财政政策研究中心组织力量,精心设计框架结构,广泛收集资料,反复征询意见,求实存真,唯实为本,一丝不苟,精心筛选,聚积数年之功,着力编修成书。宁夏财政厅各处室和市县财政局,以及各学会协会、培训机构积极配合,财政系统干部职工满腔热忱,协助提供基础厚实、内容丰富的第一手资料,为志书编修打下了扎实基础。在《宁夏财政志(1991—2018)》即将公开出版之际,谨向组织领导、策划实施、征集资料、志稿撰写、评审修改、编辑出版等有关领导、专家学者以及参与、支持此次修志工作者,致以诚挚谢意!

地方志是中华民族特有的文化瑰宝,是一个地区的史书,享有"地方百科全书"的美誉。增强依法修志能力,传承发展优秀传统文化,推动社会主义文化事业繁荣发展,是各级政府、部门的重要职责。宁夏财政系统具有良好的修志编鉴的传统,此次财政志书编修,宁夏财政厅完成第二轮志书编修任务,二十八年持续开展每年的财政系统年鉴编纂工作,28部《宁夏财政年鉴》非常好的记录和留存了宁夏财政发展历史文脉。"十四五"时期是我国在全面建成小康社会、实现第一个百年奋斗目标之后,乘势而上开启全面建设社会主义现代化国家新征程,向第二个百年奋斗目标进军的第一个五年,在自治区党委和政府的坚强领导下,全区各级财政部门要深入贯彻党的十九大和二十大精神,坚决落实习近平总书记视察宁夏重要讲话和重要指示批示精神,坚持稳中求进工作总基调,完整准确全面贯彻新发展理念,主动服务和融入新发展格局。以供给侧结构性改革为主线,以建设黄河流域生态保护和高质量发展先行区为时代使命,努力加快建立和完善现代财税体制,为支持和推进国家治理体系和治理能力现代化,建设经济繁荣、民族团结、环境优美、人民富裕的美丽新宁夏充分发挥财政职能作用,贡献财政力量。

盛世修志,志载盛世,利在千秋。今后,我们将聚焦地方志事业,聚力财政志鉴编修编纂,提高政治站位,坚定中国特色社会主义道路自信、理论自信、制度自信、文化自信,积极落实编修志鉴常态机制,坚持记载地域文化、财政文化,不断提升财政志鉴存史、教化、育人和宣传服务功能。同时,在全区财政系统开展读志用志修志宣传活动,勠力同心,励志建树,接续财政文脉,助推地方文化事业发展,为实现宁夏财政"十四五"规划提供智力支撑。《宁夏财政志(1991—2018)》的编修与出版,目的在于推动地方志资源开发利用,加快地方志成果转化,使读志用志工作落到实处。

宁夏财政志编纂委员会

2023年2月

凡 例

一、指导思想。《宁夏财政志（1991—2018）》为1993年出版的首部《宁夏财政志》的续志。本志坚持以马克思列宁主义、毛泽东思想、邓小平理论、“三个代表”重要思想、科学发展观、习近平新时代中国特色社会主义思想为指导，坚持辩证唯物主义和历史唯物主义的立场、观点和方法，坚持求实存真，系统记述1991年以来宁夏财政创新发展的进程，力求思想性、科学性和资料性统一。

二、时间范围。本志上限始于1991年1月，下限截至2018年12月。个别内容适当上溯或下延。

三、地域范围。本志记述行政区域为宁夏回族自治区，相关内容明确界限，越境不书。

四、体裁体例。本志采用述、记、志、传、图、表、录七种体裁，以志体为主。大事记以编年体为主，辅以纪事本末体，力求大事突出，要事不漏，△代表同日、同月、同年，依据上文作出判断。志中表格简明直观，不与正文机械重复。志末附录以原始文献为主。

五、结构章法。本志遵循“事以类聚”“类为一志”基本要求，结合科学分类与现实分工设置篇目，衔接前志。采取篇章节体，共设财政机构与财政体制、财政收入、财政支出、财政信用与财政平衡、财政管理、党务政务与社会事业6篇。力求横排门类，纵述史实，做到不缺要项，不断主线。人物部分不设章节，遵循纲目体。

六、文体文风。本志遵循“述而不作”原则，按照规范化现代语体文行文要求，力求严谨、朴实、简洁、流畅。标点符号、专业名词、计量单位、数字使用等，执行国家现行相关规定。概念表述力求准确具体，指代明确。注重记事角度，处理交叉互见关系。因财政改革变化较大，对部分财政专业术语作出解释，以助读者理解。

七、资料来源。本志文字资料来源以历年编辑出版的《宁夏财政年鉴》为主，统计数据以历年出版的《宁夏统计年鉴》为主，人物资料源自《宁夏财政年鉴》及组织档案。数据一般精确到小数点后两位。志前6幅图照引自《宁夏统计年鉴（2020）》。

八、人物收录标准。本志人物篇设传略、简介、名表3个层次，遵循“生不立传”原则。传略以副厅（局）级以上已故领导干部为录入标准，依离世时间排序；简介以在世副厅（局）级以上领导干部为录入标准，只记简历，不作评价，依出生时间排序；名表以省部级以上表彰的先进个人为录入标准，依表彰时间排序。正文涉及相关人物，遵循“以事系人”要求在相关篇章中记述。

九、特殊称谓。涉及行政建置、地名和党政机关等，使用当时名称，部分括注今名。个别行政区划、党政机关、群团组织、企事业单位采用简称。宁夏回族自治区简称“自治区”，“自治区财政厅”“宁夏财政厅”并用，党委、党总支、党支部，均为中国共产党组织机构简称。

十、简缩用语。本志简缩语较多，在附录中专列“简缩语解释”，方便读者查阅利用。

目 录

概 述 …… 1
大事记 …… 23

第一篇 财政机构与财政体制

第一章 财政机构 …… 81
第一节 自治区财政机构 …… 81
第二节 地市级财政机构 …… 91
第三节 县级财政机构 …… 95
第四节 乡镇财政机构 …… 100
第五节 开发区(基地)财政机构 …… 101
第二章 财政体制 …… 103
第一节 税收管理体制改革 …… 103
第二节 事权和支出责任划分 …… 108
第三节 开发区(基地)财政体制 …… 112

第二篇 财政收入

第一章 财政收入总体状况 …… 115
第一节 财政收入构成与累计收入 …… 115
第二节 财政收入年度状况 …… 116
第二章 税收收入 …… 120
第一节 农牧业税收入 …… 120
第二节 工商税收入 …… 123
第三节 所得税收入 …… 135
第四节 税收管理 …… 142
第三章 非税收入 …… 151
第一节 国有资产经营收入和国有企业收入 …… 151
第二节 罚没等收入 …… 153
第三节 非税收入管理 …… 155
第四章 基金收入 …… 165
第一节 财政基金收入 …… 165
第二节 政府性基金收入 …… 166
第三节 社会保险基金收入 …… 168
第五章 预算外财政专户管理资金收入 …… 170
第一节 预算外资金收入 …… 170
第二节 彩票收入 …… 173

第三篇 财政支出

第一章 财政支出总体状况 …… 189
第一节 财政支出构成与累计支出 …… 189
第二节 财政支出年度状况 …… 190
第二章 公共服务支出 …… 195
第一节 行政事业费与一般公共服务支出 …… 195

第二节　公共安全支出 …………… 196
第三节　城乡社区事务支出 ……… 197
第四节　商业服务业支出 ………… 199
第五节　金融监管支出 …………… 204
第六节　住房保障支出 …………… 206
第七节　节能环保支出 …………… 210
第三章　教育科技文化体育卫生事业支出 …………………………… 215
第一节　教育支出 ………………… 215
第二节　科学技术支出 …………… 220
第三节　文化体育与传媒支出 …… 222
第四节　医疗卫生支出 …………… 226
第四章　社会保障支出 …………… 235
第一节　社会保障基金支出 ……… 235
第二节　就业补助支出 …………… 235
第三节　社会救助支出 …………… 239
第四节　社会福利支出 …………… 245
第五章　经济建设支出 …………… 250
第一节　基本建设支出 …………… 250
第二节　农林水事务支出 ………… 253
第三节　工业交通运输业支出 …… 267
第四节　其他经济建设支出 ……… 276
第六章　基金支出 ………………… 279
第一节　政府性基金支出 ………… 279
第二节　社会保险基金支出 ……… 282
第七章　一般预算其他支出和预算外资金支出 ………………………… 288
第一节　上解支出 ………………… 288
第二节　国债转贷资金与债务还本付息支出 ……………………… 288
第三节　预算外资金支出 ………… 289

第四篇　财政信用与财政平衡

第一章　周转金与资本金 …………… 304
第一节　财政周转金 ……………… 304
第二节　国家资本金 ……………… 306
第三节　政府投资基金 …………… 310
第二章　政府性债务 ……………… 312
第一节　债券发行 ………………… 312
第二节　债务管理 ………………… 317
第三节　债务风险评估 …………… 322
第三章　财政收支结余 …………… 323
第一节　一般预算收支结余 ……… 323
第二节　政府性基金预算收支结余 ………………………………… 328
第三节　国有资本经营收支结余 ………………………………… 329
第四节　社会保险基金收支结余 ………………………………… 329
第五节　预算外资金结余 ………… 330
第四章　上级补助收入 …………… 332
第一节　转移支付 ………………… 332
第二节　税收返还 ………………… 337
第五章　财　力 …………………… 342
第一节　人均财力 ………………… 342
第二节　财政自给 ………………… 343

第五篇　财政管理

第一章　预算管理 ………………… 346
第一节　预算编制 ………………… 346
第二节　预算执行 ………………… 349
第三节　预算改革 ………………… 352

第四节 预算绩效管理 …………… 356
第二章 国有资产管理 ……………… 359
第一节 体系建设 ………………… 359
第二节 清产核资 ………………… 360
第三节 资产评估 ………………… 363
第四节 国有资产授权经营 ……… 366
第五节 行政事业单位资产管理 ……………………………………… 369
第六节 产权登记与资产统计 …… 374
第三章 财政财务综合管理 ………… 378
第一节 公共服务财务管理 ……… 378
第二节 教育科技文化卫生事业财务管理 ……………………… 390
第三节 社会保障财务管理 ……… 395
第四节 经济建设财务管理 ……… 398
第五节 会计管理 ………………… 418
第六节 财政账户管理 …………… 430
第四章 财政法治 …………………… 433
第一节 财政立法 ………………… 433
第二节 法治宣传教育 …………… 435
第三节 规范执法 ………………… 437
第四节 规章清理 ………………… 441
第五章 财政监督 …………………… 443
第一节 财政监督机制 …………… 443
第二节 会计监督 ………………… 446
第三节 税收财务物价检查 ……… 451
第四节 专项检查 ………………… 451

第六篇 党务政务与社会事业

第一章 党群工作 …………………… 465
第一节 党建工作 ………………… 465
第二节 群团工作 ………………… 481
第二章 政务管理 …………………… 490
第一节 人力资源管理 …………… 490
第二节 效能目标管理 …………… 499
第三章 党风廉政建设 ……………… 502
第一节 体系建设 ………………… 502
第二节 廉政教育 ………………… 504
第三节 政风行风建设 …………… 506
第四节 纪检监察 ………………… 508
第四章 社会事业 …………………… 514
第一节 教科文化 ………………… 514
第二节 老干部服务 ……………… 523
第三节 社会服务 ………………… 524
第四节 精神文明建设 …………… 528
第五节 网站服务 ………………… 531

人 物

人物传略 ……………………………… 534
人物简介 ……………………………… 537
人物名录 ……………………………… 548
集体名录 ……………………………… 557

附 录 ………………………………… 566
后 记 ………………………………… 624

概 述

宁夏回族自治区，是中国5个少数民族自治区之一，首府银川。位于中国西北内陆地区，东邻陕西，西、北接内蒙古，南连甘肃，总面积6.64万平方千米。宁夏地形从西南向东北逐渐倾斜，分为三大板块，北部为引黄灌区，中部为干旱带，南部为山区。宁夏地处黄河水系，地势南高北低，呈阶梯状下降，全区属温带大陆性干旱、半干旱气候。2018年，宁夏辖银川、石嘴山、吴忠、固原、中卫5个地级市，9个市辖区，2个县级市，11个县。2018年，宁夏常住人口688.11万人，实现地区生产总值3705.18亿元，人均生产总值54094元。

自治区财政厅作为自治区人民政府主管全区财政工作的主要职能部门，负责自治区财政管理运行工作。2000年，自治区党委、政府印发《宁夏回族自治区人民政府机构改革方案》，确定自治区财政厅内设17个处室和机关党委，核定行政编制105人。以后经过几次调整，内设机构相应增加。2018年，自治区财政厅有内设机构机关党委和17个处室，即办公室、人事与老干部处、综合计划处、税政与条法处、预算处、国库处、行政政法处、教科文处、经济建设处、农业农村处、社会保障处、企业处、金融处、会计处、政府采购管理处、监督检查局、资产管理处。下设16个事业单位，即宁夏财政政策研究中心、宁夏财会函授学校、宁夏社会发展基金管理局、宁夏国债服务中心、宁夏财政厅机关服务中心、宁夏扶贫资金管理办公室、宁夏非税收入管理局、宁夏注册会计师和资产评估师管理中心、宁夏外债管理工作领导小组办公室、宁夏农业综合开发办公室、宁夏财政信息中心、宁夏财政干部教育中心、宁夏财政预算评审中心、宁夏国库支付中心、宁夏农村财政管理局、宁夏财政社会保险基金管理中心。另设自治区纪委监委向自治区财政厅派驻纪检监察组。共有干部职工270人，其中行政编制133人。机构设置和财政干部队伍建设，为宁夏财政发展提供了组织保障和智力支撑。

一

1949年9月宁夏解放后，及时设立了省财政厅，厅内设1个室7个科，下属3个局，宁夏社会主义财政体制开始建立。宁夏财政按照“发展经济，保障供给”的经济工作总方针，坚持“取之于民，用之于民”的理财原则，积极促进恢复生产、发展经济。在三年经济恢复及“一五”计划时期，宁夏财政执行政务院与省人民政府颁布的各项政令、法规，实施“统收统支”及“统收统支，分级管理”的财政体制，在促进恢复生产、发展经济的基础上，努力开源节流，平衡财政收支，使财政收入处于持续增长势头。到1957年，财政收入3670万元，财政支出3742万元，分别是1950年的3.4倍和8.1倍，为巩固人民民主政权、恢复国民经济及“一五”计划的顺利完成作出了积极贡献。

1954年6月20日，宁夏撤销省级编制，省级财政体制相应撤销。1958年10月，宁夏回族自治区成立，设自治区财政厅，宁夏实行“收支包干”的民族自治地方财政管理体制，属于民族生活区类财政。1959年起，实行“收支下放，计划包干，地区调剂，总额分成，一定一年”财政体制，即财政收支指标和补助数额，由财政部每年核定一次，收入超收和支出结余，全留给自治区安排使用。1963年，中央对宁夏实行“核定收支，总额计算，多余上交，不足补助，一年一定”的体制，并给予按年度预算支出总额计提5%预备费及按上年实际支出额另增提5%的民族机动费照顾。

1967—1971年，自治区财政厅工作基本处于瘫痪状态，临时组成财政业务组，后与粮食业务组合并，称财粮组，直接受自治区革委会生产指挥部领导。1972—1978年，财政银行机构合并，改称自治区财政金融局，主持全区财政、工商、税务、银行等业务工作。由于财税机构兼并、裁撤，大批干部下放“五七”干校，规章制度被斥之为“管、卡、压”，财政收入大幅度下降。

1971年，开始执行“定收定支，收支包干，差额补助，结余留用，一年一定”的财政体制，加之“三线建设”的扩大，中央下放企业增多，宁夏基本经济体系逐步形成，经济秩序恢复，财政收入明显回升。国家按照民族地区经济财政政策确定财政机构和财政体制，使宁夏财政收入来源不断扩大：到1978年，宁夏地方财政收入增加到了3.16亿元，年均增长8.87%，其中89.5%来源于工商税收和企业上缴利润；中央补助收入由1.07亿元增加到2.71亿元，年均增长4.75%。其间，宁夏地方财政支出规模除个别年份外，基本保持稳步扩大趋势，1978年增加到5.78亿元，年均增长7.98%，其中将近60%以上的财力用于支持工农业建设发展上，从而为自治区社会主义经济体系的初步建立，特别是工业体系的基本形成作出了积极贡献。

1979年，自治区财税、金融机构分设，自治区财金局成立。1980年，由“划分收支，分级包干”发展为“划分税种，分级包干”体制。财政部鉴于宁夏实际，依据《民族自治地方财政管理暂行办法》，重新划分宁夏财政收支范围。1983年8月，恢复自治区财政厅名称，自治区税务局升格为副厅级机构，1988年成立宁夏信托投资公司（厅级），1990年，自治区财政厅和各市县财政局机构基本稳定健全，人员充实。

二

1991—2018年，宁夏财政系统与全国实行同步改革。宁夏虽然是小省区，属于经济欠发达地区，但宁夏财政具有小省区也要办大事的气概，不甘人后，与全国同步展开改革，一些改革成效位于全国前茅。

分税制改革。1993年12月15日，国家发布《关于实行分税制财政管理体制的决定》，提出分税制财政管理体制改革。1994年1月1日起，在全区执行《宁夏回族自治区人民政府关于实行分税制财政管理体制若干规定》。同时，进行税收管理体制改革，建立以增值税为主体的流转税体系，统一企业所得税制。分税制财政体制改革，基本理顺了中央对自治区、自治区以下、政府与企业等重大收入分配关系，建立了适应社会主义市场经济体制的财政分配机制，调动了各级政府发展经济、组织收入的积极性，促进了财政收入增长，促进了宁夏经济和社会的发展。

公共财政体系改革。1998年年底，全国财政工作会议正式提出建立与社会主义市场经济发展相适应的公共财政体系。宁夏在中央财政支持、指导下，积极推进包括部门预算、税收管理体制、国库集中支付、"收支两条线"、政府采购制度等多项改革，公共财政框架基本建立，并开始正常运行。2004年，自治区财政厅在贺兰县、平罗县、吴忠市利通区、中宁县、彭阳县5个县（区）开展以"乡财县管乡用"为核心内容的乡镇财政管理方式改革试点。2005年7月，自治区人民政府下发《关于全面推行乡镇财政管理方式改革的通知》，在全区范围内全面实施"乡财县管"的乡镇财政管理方式改革。"乡财县管"，就是在保证乡镇"预算管理权、资金所有权和使用权、财务审批权不变"的情况下，改变市县财政对乡镇财政实行"预算共编、账户统设、集中收付、采购统办、票据统管"的管理方式。部分市县在财政局内设"乡财县管"机构，行使原乡镇财政所财政总预算的职能。

"省直管县"财政体制改革。2009年，宁夏作为全国首批 5 个"省直管县"财政试点省区之一，选定盐池县和同心县作为宁夏扩权强县改革试点地区，分期分批下放10大领域100项管理权限，主要涉及计划管理、经费安排、项目审批、用地报批、证照发放、信息获得等。财政工作遵循省级政府与县级政府之间的事权、财政划分和财力合理配置这一主线，在全国率先实行"省直管县"财政体制试点，将税收划分、资金测算、指标下达、库款调拨等都由自治区财政直接到县，减少中间环节，建立起政府间财力与事权匹配体制，提高了中央和自治区转移支付资金的使用效益。2014年，全面理顺银川、石嘴山、吴忠、中卫和固原5个市及其辖区、宁东管委会、海兴开发区财税管理体制。通过此项改革，调整理顺了政府间财政关系，进一步构建了市县经济社会发展的新财政平台。持续加大自治区对市县的一般转移支付规模，增强了市县财政平稳运行能力。构建"补财力""提标准"的双管解困模式，促进了乡镇历年债务的化解。逐步提高全区各级部门单位的公用经费定额标准，缓解了全区各级部门、单位公务运转经费紧张局面，保障了各级财政平衡运行。为提高政法机关的保障度及战斗力，以高于全区行政机关经费1倍标准安排其公用经费，拨专款解决了全区公安机关的车辆、装备不足问题。推进全区信息化进程，拨专款用于政府电子政务平台，党务信息网络、金盾、金税、金财、金审工程建设，提高了政务信息化水平，改善了乡镇办公条件。

财政监督体制改革。深入贯彻《中华人民共和国行政许可法》和《财政违法行为处罚处分条例》，并以政府令形式颁布的《宁夏回族自治区财政监督办法》《宁夏回族自治区专项资金管理办法》，为全面履行财政监督职能提供了法律依据。改进财政监督体系，转变监督方式，加大监督力度。监督方式实现了由临时性、突击性的事后检查向日常性检查与专项检查相结合，内外监督相结合，事前、事中、事后监督相结合的转变，逐步建立起以财政内部监督与专项资金监督为重点的多层次、全方位、全过程的财政监督检查体系，建立健全内部监督约束机制，保证了各项财政工作顺利开展。

1991—2018年，宁夏根据自身船小好调头的特点，注重发挥比较优势，推行具有宁夏特色的配套改革。

财政资金供应方式改革。配合自治区相继推行的利润留成、利改税、承包经营责任制、利税分流、股份制和现代企业制度等改革，制定了以财养税、加速折旧、推动企业技术进步等措施；采取增拨技改资金、拨补资本金及周转金、贷款贴息、所得税返还等方式，为企业增添了动力和活力；专门制定优惠财税政策，帮助重点骨干企业加快发展，扶持优势骨干企业实现利税再上新台阶。

贯彻落实中央和自治区各项改革政策。调整支出结构，及时安排资金，确保了各项改革措施的落实：支持国有企业一系列改革；支持粮食流通体制改革；深化完善社会保障制度改革，建立和完善城市居民最低生活保障制度和失业保险制度，推进和加强职工基本养老、医疗制度改革，做好国有企业下岗职工基本生活保障和再就业工作；落实财政政策，加快基础设施建设，努力扩大内需。通过这些措施，有力地促进了自治区各项改革顺利进行，维护了社会稳定。

加强财政管理制度改革。在财政管理方面，坚持依法理财，依法行政，结合实际，加强财税制度建设，先后制定了数十项财政税收规章制度。开展财务大检查及清理小金库存，整顿预算外资金、治理乱收费、打击偷漏税等专项检查，财税执法水平明显提高。贯彻《中华人民共和国会计法》，加强对基层财务会计工作的指导，开展财务会计管理达标升级活动，推动基层单位的基础工作和内部管理制度的健全、完善。加强国有资产管理，初步建立起国有资产管理体系，促进了国有资产的重组和保值、增值。加强、规范涉外企业及外债管理，促进了对外开放进程。

政府收支分类体系改革。建立新的指标分析体系，完成全区数据转换工作，实行了“双轨”运行模式，实现了预算、决算编制的程序透明、方法合理、内容详尽、操作规范。执行专项资金项目库管理办法，启动了绩效预算评价和市县预算审查工作。

国库集中支付制度改革。到2006年年底，自治区本级预算单位改革面达70%，市县级改革面达84.2%。2006年下半年，通过国库集中支付，对全区中小学农村义务教育专项经资金实行直接支付，确保了农村义务教育保障机制改革顺利推行。

政府采购制度改革。采购额由2000年的1.37亿元扩大到2006年的20 亿元，采购的项目由汽车、印刷、办公自动化设备扩大到汽车加油及一些工和建设项目，并开展了政府采购领域反商业贿赂工作。

收支两条线改革。进一步严格收费项目、收费标准的审批，先后取消收费项目332项，降低收费标准20项，消除政府性基金3项，减轻企业和群众负担3.2亿元。对公检法、工商、环保等17个部门实行“收支两条线”“收支脱钩”管理，实现了预算内外综合平衡、统筹安排。

行政事业单位国有资产和公用经费管理改革。制定和实施《行政事业单位非经营性资产转为经营性资产管理办法》，对单位公用小汽车配备从源头严控；制定完善行政单位差旅费、事业单位会议费管理办法，规范了公务支出的标准和范围。

三

财政改革的不断深化，为宁夏财政注入了活力。宁夏财政的发展，基本上与自治区经济发展同步。1991—2018年，宁夏财政收入保持了持续较快增长势头。

“八五”计划时期。1991—1995年，宁夏地方财政收入由1991年的68122万元增长到1995年的89792万元。五年间宁夏地方财政收入合计415429万元，年均增长16.1%。

“九五”计划时期。1996—2000年，全区各级财政部门以高度的责任感，积极组织收入，主动争取中央资金，使全区财政收入实现了历史性突破。全区地方财政收入由1995年的8.98亿元增加到2000年的20.82亿元。

“十五”计划时期。2001—2005年，全区财政收入步入快速增长期，连上几个台阶。2001年达到27.6亿元，2003年突破30亿元，达到30.03亿元，2005年达到47.72亿元。同时抓住西部大开发机遇，积极争取中央财政支持。中央各项转移支付由1998年27.36亿元增加到2006年的131.42亿元，年均增长21.67%，比同期地方财政收入增速高出5.02个百分点。

“十一五”规划时期。2006—2010年，宁夏财政实力增强，全区财政总收入累计完成933.8亿元，是“十五”时期的3.1倍，年均增长26.9%。2006年，地方财政一般预算收入突破60亿元，5年累计完成501.6亿元，是“十五”时期的3倍，年均增长26.3%。财政收入过亿元的市县由8个增加到12个，宁夏川区市县以及固原市、盐池县均实现了亿元跨越。其中，2008年是自治区成立50周年，当年全区财政总收入完成178.6亿元，有9个市县财政收入达到2亿元以上。当年中央财政补助宁夏的专项资金规模突破百亿元大关。全区实现了经济发展和财政收入“双赢”，并实现了重要的战略转型，突出体现在“四个转变”上，即财政实力持续壮大，实现了从“保吃饭”到“促发展”的转变；财政保障能力显著增强，实现了从“想办大事”到“能办大事”的转变；深入推进财政改革，实现了从“粗放理财”到“公共财政”的转变；提高财政管理水平，实现了从“单一手段”到“科学手段”的转变。2009年，全区完成地方财政一般预算收入111.58 亿元，突破百亿元大关，加上中央级收入，一般预算总收入完成 213.6 亿元，突破 200 亿元大关。争取中央各类补助资金 319.1 亿元，突破 300 亿元大关。

“十二五”规划时期。2011—2015年，宁夏经济发展强势，自治区财政厅坚持科学理财，抓收入，强管理，提效能，全区财政综合实力不断增强。5年间，全区一般公共预算总收入累计完成2535亿元，是“十一五”时期的2.7倍，年均增长18%；地方一般公共预算收入累计完成1506亿元，是“十一五”时期的3倍。全区各市县区地方一般公共预算收入过亿元。

“十三五”规划开局时期。2016年是“十三五”规划开局之年，全年完成公共财政预算总收入642.7元，比上年增长5.3%，完成地方公共财政预算收入387.6亿元，同口径增长8%。其中，增值税、营业税、企业所得税和个人所得税等主体税种地方分成部分分别实现84亿元、45.3亿元、24.5亿元、9.8亿元，增值税和个人所得税分别增长135.2%、9.8%。

2017年，全区公共财政总收入完成715.6亿元，同口径实现两位数增长10.5%。地方一般公共预算收入完成417.6亿元，首次突破400亿元关口，超收9.6亿元，增速高于全国平均水平，是自治区唯一一个实现两位数增长的主要经济指标。其中，税收收入完成270.3亿元，占一般公共预算收入的64.7%，扭转了5年来财政收入质量持续下滑的态势，实现了增长进度和质量双提升。

2018年是自治区成立60周年，宁夏经济增长内生动力逐步增强，特别是随着创新驱动、脱贫富民、生态立区“三大战略”和“五个扎实推进”的全面落实，为自治区财政收入增长奠定了良好基础，各级财政合力增收，全区财政收入平衡增长。全区一般公共预算收入完成436.52亿元。其中，税收收入完成298.3亿元，增长10.4%，比上年提高2.4个百分点，收入质量连续两年稳步提升。宁夏财政收入在全国排名为第29位，列在青海、西藏之前。

四

1991—2018年，宁夏财政坚持科学理财，优化支出结构，全力支持全区经济发展和各项改革工作顺利进行。坚持“保稳定、促改革、促发展”的方针，保证重点支出，合理安排经常性支出，控制投资性支出，财政支出科学合理，收支结构发生了新的变化。

“八五”计划时期。1991—1995年，宁夏地方公共财政支出平稳增长，由1991年的160496万元，增长到1995年229963万元。5年间总支出936808万元，年均增长8.0%。

“九五”计划时期。1996—2000年，宁夏地方财政支出增长较快，1996年一般预算支出295196万元，2000年一般预算支出608380万元，年均增长10.8%。5年间宁夏地方财政一般预算支出合计2186461万元，是“八五”时期的2.3倍。

“十五”计划时期。2001—2005年，宁夏地方财政一般预算支出累计完成5971916万元，是“九五”时期的2.73倍。5年间，财政突出办好8个方面大事：农业方面，投入75.23亿元，用于农业特色产业发展、扶贫开发百万农民培训等；工业方面，投入19.88亿元，用于重点骨干企业技术改造、工业园区建设、企业自主创新、循环经济发展、节能降耗工程职工安置等；建设方面，投入125.21亿元，用于宁东能源“一号工程”、太中银铁路、“三馆两中心”重点项目、城市基础设施建设、环境保护、生态治理等；社保方面，投入29.09亿元，用于城市低保、再就业、富余劳动力输出、劳动力市场信息网络建设、新型合作医疗、南部山区危窑危房改造等；教育方面，累计投入68.79亿元，用于实施农村义务教育经费，保障机制改革、“两免一补”、中小学危房改造、百所回民中小学标准化建设、高校现代化建设等；科技方面，累计投入6.18亿元，用于“科技特派员”创业行动、科研院所改制、科技研发、科技攻关、重奖突出贡献科技人员和创新团队等；文化事业方面，累计投入12.25亿元，用于农村广播电视“村村通”工程、基层文化建设、文物保护、农村文化科技建设等；基层政权运转方面，自治区财政下达缓解县乡财政困难奖补金1.5亿元，按乡镇人员人均2845元，对乡镇公用经费给予直接补助，解决了长期以来乡镇公用经费紧张的困境。

“十一五”规划时期。2006—2010年，宁夏地方财政一般预算支出累计完成1749.6亿元，是“十五”时期的2.93倍，年均增长28.2%。财政支出过5亿元的市县由3个增加到全部18个。财政为推动地方经济社会加快发展奠定了财力基础。一是财政促进科学发展和跨越发展的保障机制逐步健全。进一步强化财政调控职能，健全政策体系，推动经济方式转变，不断加大对重点工程、新型工业化、现代农业、现代服务业、新能源产业、生态保护和节能减排的投入力度。二是财政推动区域城乡统筹发展的支撑平台基本建立。落实中心城市带动、资源枯竭城市转型、黄河金岸建设、中南部地区发展等各项任务，支持完善城市综合配套功能，扎实开展新农村建设，加快推进区域城乡统筹发展。三是持续加大对市县的支持力度。对市县的财力性转移支付累计完成784亿元，是“十五”时期的3.6倍，年均增长34.5%。四是财政保障和改善民生的力度空前加大。城乡免费义务教育全面实现，城乡居民基本医疗保障水平显著提升，覆盖城乡的社会保障体系基本形成。公共文化事业得到长足发展。人民群众收入水平逐年提高，真正践行了“和谐社会全民共享，发展成果全民共享”的理念。

“十二五”规划时期。2011—2015年，全区地方财政支出成规模增长，一般预算支出累计完成4632亿元，是“十一五”时期的2.65倍，年均增长16%。一是坚持集中财力办大事，围绕自治区确定的“三重一改”，保障重点项目建设，增强经济发展后劲。太中银铁路、银西高铁、城际铁路、河东机场扩建，中卫沙坡头、固原六盘山支线机场等一大批重大项目陆续开工和建成，宁夏大剧院、宁夏国际会议中心等标志性场馆投入使用，沿黄经济带、清水河城镇产业带、固原区域中心城市的辐射带动力开始显现。二是坚持山川共济统筹谋划，财政资金重点向市县倾斜，向贫困地区倾斜，向革命老区倾斜，城乡区域融合发展显著提升。自治区财政对市县的转移支付资金从2011年的337.6亿元增加到2015年的 531.1亿元，年均增长16%，累计达到2242.6亿元，比“十一五”时期增长近3倍。三是创新财政支持方式，丰富财政宏观调控手段，充分发挥财政资金的乘数效应、倍增功能，推进了经济结构的转型升级，有效应对了经济下行压力，增强了经济增长的内生动力和可持续发展能力。

“十三五”规划时期。全区财政系统围绕加快宁夏建设，实现与全国同步进入全面小康社会的目标，力求用好增量，盘活存量，优化财政支出结构，保障重点领域尤其是民生领域的支出。民生支出从“十二五”规划末期2015年的888亿元增长到2018年的1090.8亿元，3年间增长了202.8亿元，持续提高了民生保障水平。2016年，全区一般预算支出1254.54亿元，同口径增长10.2%。其中，教育支出152.6亿元，农林水事务支出201.3亿元，社会保障和就业支出164.24亿元，医疗卫生与计划生育支出82.03亿元，城乡社区事务支出182.14亿元，均有增长。全年共争取中央各类转移支付资金741.2亿元，增长7%，比2015年净增加50.7亿元。自治区争取中央均衡性转移支付、民族地区转移支付、重点生态功能区转移支付增幅分别高于全国平均水平0.9、1.4、6.5个百分点。2017年，全区一般公共预算支出完成1372.8亿元，比上年增长9.4%，支出均衡，稳定有序。2018年是自治区成立60周年，宁夏财政服务和保障改革发展能力大幅提升。全区一般公共预算支出完成1419.06亿元，比上年增长3.4%。首次设立工业企业贷款风险补偿金、科创投资基金，扩大工业担保基金规模，撬动贷款80多亿元，缓解企业融资压力。设立总规模30亿元的政策性纾困基金，在全国率先投入使用，帮助民营企业走出发展困境。推进开发区低成本化改造，提升服务企业水平。支持实施创新驱动战略。建立科技创新投入稳定增长机制，安排全区财政科技支出34亿元，增长33%。设立银川都市圈建设投资基金，完成银川市地下综合管廊和固原市“海绵城市”试点建设。首次发行土地、交通专项债券13亿元，千方百计筹措资金，支持银西高铁、城际铁路、银百和京藏高速公路改扩建、自治区成立60周年等重大项目建设。特别是争取包银高铁建设债券资金36亿元，确保包银高铁宁夏段顺利开工。推进现代农业产业、生产、经营体系建设，开展120个村级集体经济发展试点，支持建成20个美丽小城镇、10个特色小城镇和100个美丽乡村，完成3万户农村改厕，支持脱贫攻坚和乡村振兴战略实施。

五

1991—2018年，宁夏财政逐步实施综合管理，强化财政监督，范围涉及国民经济的各个领域，包括预算管理、国有资产管理、各部门财务管理以及财政综合管理与财政监督等，在完善财政信用体系，平衡财政能力差异方面取得了显著成效。

“八五”计划时期。1991—1995年，自治区对区本级行政、事业单位实行“零基预算”管理；对行政性收费、罚没款专项收入及专项收费实行预算管理。1995年11月《中华人民共和国预算法》实施后，预算编制、执行等预算管理规范化。对国有资产进行清产核资、资产评估、产权登记。加强对农业和文教企业的资金管理。1992年，出台《宁夏回族自治区财政支农周转金使用管理办法》，对支农周转金进行规范管理。2000年根据财政部要求，取消财政支农周转金。1993年，自治区财政厅印发《宁夏回族自治区乡镇企业周转金使用管理暂行办法》，从当年起设立乡镇企业专项周转金。是年，根据《商品流通企业财务制度》规定，宁夏明确国有外贸企业固定基金、流动基金、专用基金中的更新改造基金以及国家专项拨款中的挖潜更新改造拨款余额为国家资本金。

"九五"计划时期。1996—2000年,进行预算编制。在全区范围内全面开展城镇集体企业清产核资工作。对国有中小型企业进行改制。对教育科技以及基本建设经费等加强管理。对企业职工基本养老保险基金实行收支两条线管理。1996年,制定《宁夏回族自治区财政周转金管理实施细则》,对财政周转金实行统一政策、分级管理的办法。1998年,为促进社会文教行政事业发展,财政部发布《关于社会文教行政事业周转金的设置、使用和管理的暂行规定》,宁夏各级财政部门设置周转金。

"十五"计划时期。2001—2005年,在农村全面推行村务公开和民主管理,实行"一事一议"制度。对国家贫困县、红寺堡开发区等贫困地区农村义务教育阶段学校学生免收杂费;对宁夏川区农村义务教育阶段学校中家庭经济困难学生、城市低保户等家庭经济困难的学生免收杂费。探索农业财政资金投入新机制,在宁夏南部山区6个县区启动实施黄土丘陵地区小流域综合治理与扶贫开发相结合的试点项目。

"十一五"规划时期。2006—2010年,制定、完善预算管理及预算绩效管理、考核制度,实现区本级预算管理全过程信息网络化管理全覆盖。加大社区卫生服务能力建设力度,开创全区乡村和社区卫生服务机构公用经费补助新模式。设立中小企业和非公有制经济专项扶持资金。加强政府采购与采购信息化建设,推进电子化政府采购工作。深化国库集中支付改革,扩大国库集中支付范围。宁夏被列为全国3个农村综合改革示范区试点省份之一。2009年,宁夏出台《行政单位国有资产管理暂行办法》,建立起资产动态监管体系,将区本级国有资产有偿使用收入纳入财政管理。自治区人民政府印发《宁夏回族自治区政府性债务管理办法》,启动市县政府性债务管理工作,推行地方政府债券"联合贷款"模式,拨付6.3 亿元建立自治区还贷准备金。改革财政扶持企业发展的资金投入方式,在全国率先建立"平台投放、无息使用、绩效管理、比例收回"模式,提高了财政资金的导向作用和乘数效应。率先整合支农资金,开展绩效评价,利用信息系统探索农业财政管理新路子。初步建立均衡性和激励性相结合的财力转移支付框架,探索生态功能区转移支付机制。2010年,制定中小企业"百家成长千家培育"等一系列政策措施,构建以平台投放为抓手,以绩效评价为核心的财政扶持企业发展资金管理新机制。建立人才专项资金考核管理模式,推进人才战略实施。对市县首次提前下达下年度转移支付指标。财政部代理发行宁夏地方债券26亿元,基本建立外债监测预警体系。应用支撑平台正式上线,核心系统在全区所有财政部门全面推广,"金财工程"实现一体化大突破。规范行政事业单位实有资金账户、财政资金专户管理。

"十二五"规划时期。2011—2015年,预算管理制度逐步健全。印发《关于建立健全基层医疗卫生机构补偿机制的实施意见》,完善基层医疗卫生机构补偿机制和基层医疗卫生机构"收支两条线"管理机制。建立健全统一规范的项目资金国库集中支付运行机制,全面推广实施财政支撑应用平台及一体化管理信息系统,推进财税库银横向联网实施应用,在全国率先实现了自治区、市、县平台三级贯通。推进预算管理改革，基本建立起以公共财政、政府性基金、国有资本经营、社会保险基金为构成的政府预算体系。制定《宁夏回族自治区财政监督条例》《宁夏回族自治区预算绩效管理工作实施方案》以及专项资金管理、国库现金管理等一批制度，财政立法工作取得突破。组织对重点财政专项资金使用情况的监督检查，确保各项财政资金安全高效。2012年，出台财政支持节能减排工作30条、支持慈善园区发展20条和支持中小企业“百家成长千家培育”工程、科技创新平台、新能源产业、特色农业、交通一体化建设等一系列政策措施，以财政“组合拳”凸显调控着力点，形成了一整套促进经济发展的财政政策体系。建立市县基本财力保障机制，实现了全区所有县乡政府“三保支出”无缺口。形成了以均衡性转移支付为主体，以激励性和生态功能区转移支付为补充的财力下沉新架构。深化农村综合改革，不断完善“乡财县管”和“三财”管理。全区建成192个乡镇民生服务中心，拓展财政服务半径，延伸财政管理职能。2013年，进一步完善宁东财税体制，完成宁东镇资产债务移交工作。推进农村综合改革，宁夏被列为全国3个开展农村综合改革试点省区之一，8个开展国有农场办社会职能改革示范试点省区之一。建立行政事业单位国有资产管理、国有资本经营预算管理和国有资源管理相关制度，出台加强行政事业单位房屋、土地资产管理和经营性资产管理办法，提出加强国有资本经营预算的12条政策和建立自治区煤炭可持续发展基金的建议。2014年，上海、浙江、广东、深圳、江苏、山东、北京、江西、青岛、宁夏等10个省区市开始试点地方政府债券自发自还，不再由中央财政代发代偿地方债券，当年，宁夏发行55亿元政府债券。起草《宁夏回族自治区关于加强地方政府性债务管理的意见》，印发《宁夏回族自治区地方政府债券管理办法》，将各市县政府性债务管理纳入自治区效能目标管理考核和日常监测预警范围，控制债务总体规模，防范财政风险。2015年，根据自治区党委、政府决定，自治区各级政府为支持实体经济发展，设立各类股权投资基金、担保基金和风险补偿金等政府投资基金。完善煤炭资源税改革配套政策，建立自治区资源税转移支付制度。坚持摸清存量、分类处理的基本原则，重点加强一般公共预算、部门预算、政府性基金预算、转移支付等资金类别的结余结转资金管理。

“十三五”规划时期。2016年，开展“3E”（经济、效益、效率）行动计划主题活动，健全“部门主导，财政组织，共同推动”的预算管理机制，明确预算编制部门法定主体责任。印发《关于规范城乡居民医疗保险财政补助资金拨付办法的通知》，明确各级财政负担比例，资金拨付流程、结算办法及调剂管理制度，完善城乡居民基本医疗保险大病医疗、门诊统筹、总额预付等政策，全面推进医保支付方式改革。支持司法体制改革试点，实行自治区以下法检两院财政财务上划管理。加强政府采购信息化建设，实现政府采购从注重“节资防腐”向“物有所值”转变。调整转移支付结构，整合归并专项转移支付，提升一般性转移支付规模和占比，推进基本公共服务均等化。宁夏在中央国债登记结算有限责任公司和上海证券交易所共发行政府债券405.79亿元，其中首次在证券交易所发行宁夏政府债券，首次成功发行宁夏政府项目收益专项债券，首次发行土地、交通专项债券。印发《宁夏回族自治区政府投资基金（股权类）绩效考评管理暂行办法》，设立政策性纾困基金，按照分期分批、积极稳妥的原则，由宁夏国有资产投资控股集团有限公司负责管理运作，主要通过债权、股权直投、参股设立子基金、转贷助贷、贷款风险补偿金、贷款贴息等方式支持困难企业脱困。

2017年，规范和创新预算编制方式，全面实行“零基预算”。推进预算绩效管理，开展项目绩效目标跟踪监控试点、重点项目专家集中评审和第三方绩效评价，实现部门绩效目标编审和整体支出绩效综合评价全覆盖。统一城乡义务教育“三免一补”政策，进一步完善城乡义务教育经费保障机制。设立科技创新投资基金，加强科技创新投入。对公共文化服务体系建设项目进行全面综合评价，对中央补助地方公共文化体系资金进行绩效分配。在全国首家开展自治区本级政府采购合同线上信用融资试点。启动机关事业单位养老保险制度改革，实施准备期预算管理和基本养老保险基金清算工作。加大以财政扶贫资金为重点的监督检查力度，清理偿还政府欠款。2018年，全面落实“三免一补”政策，统一城乡义务教育学校生均公用经费基准定额，并向寄宿制学校、小规模学校、特殊教育学校倾斜。继续落实农村义务教育学生营养改善计划，将农村学校附设学前班在园幼儿纳入保障范围，共惠及25万余名学生。制定《宁夏回族自治区文化产业发展专项资金管理办法》，首次提出用股权等方式支持文化产业发展。建立企业职工养老保险中央调剂金制度，进一步提高养老保险基金抗风险能力。发挥财政职能作用，加强宏观调控，推进供给侧结构性改革和经济高质量发展。全面落实中央各项减税降费政策，减轻企业负担213亿元。对吴忠市红寺堡区、盐池县、同心县、西吉县、固原市本级、中卫市沙坡头区等14个市县（区）2017年扶贫资金管理使用情况进行检查，对发现的问题及时督促相关单位进行整改，确保扶贫资金管理规范。

六

1991—2018年，自治区财政厅党组不断加强党的建设和社会服务工作，各级财政部门坚持一手抓财政工作、一手抓党的建设和社会服务工作，将财政业务工作与党的建设和社会服务工作同规划、同部署、同落实、同检查、同考核，相互促进，共同发展，推动了财政事业的整体发展。

强化党群组织建设。截至2008年，自治区财政厅建立以处室为单位的党支部29个，党支部书记由处室主要负责人兼任，实行“一岗双责”。机关工会、机关团委、机关妇委会按时换届，各处室都成立了工会小组。2012年，按照“抓落实，全覆盖，求实效，受欢迎”总体要求，执行“支部班子好，党员队伍好，工作作风好，业务成绩好，群众反映好”标准，完成了27个党支部的分类定级。2018年，严格按照换届选举规定程序，完成21个党支部换届工作。

建立和完善机关党建工作制度。制定完善《财政厅机关党委工作规则》《财政厅党组中心组学习制度》《财政厅党支部工作规定》《财政厅党员发展工作细则》等10多个制度，使机关党建工作逐步走上制度化、规范化、经常化。2011年，制定《财政厅党组关于进一步加强和改进机关党的建设的意见》《中共宁夏财政厅直属机关委员会工作规则》《中共宁夏财政厅直属机关纪律检查委员会工作规则》等制度规定，完善机关党建工作责任制。2018年，创新管理方式，全新构建“宁夏财政智慧党建”系统，建立机关党建管理考评动态指标体系。制定自治区财政厅机关党建工作日常督导检查方案，建立书记负责制、督察督办制、责任追究制。

完善党员干部受教育长效工作机制。1999年以来，自治区财政厅党组坚持开展“三讲”教育活动、“三个代表”重要思想学习教育、深入学习实践科学发展观活动、保持共产党员先进性教育活动、党的群众路线教育实践活动，以及“三严三实”专题教育、“两学一做”学习教育、“不忘初心、牢记使命”主题教育，开展树立和落实科学发展观、构建社会主义和谐社会、社会主义新农村建设、建立公共财政体制、做大财政“蛋糕”等专题学习讨论，不断增强党员干部运用理论指导财政实践的能力。2018年，创新方式，开展以政治学习、党性锻炼、业务讲坛、志愿服务、结对共建为主要内容的主题党日活动，突出“三性”（政治性、灵活性、实效性），增强“三力”（凝聚力、吸引力、组织力）。

开展党建服务品牌创建活动。2011年，自治区财政厅实行“党员示范岗”，配置“党员示范岗”标牌，采取流动管理形式，展示党员形象，提升党员服务群众水平，发挥示范表率作用。自治区财政厅机关党委获全区先进基层党组织称号。2014年，印发实施方案，开展“五有一好”党建服务品牌创建活动。2017年，开展“星级党支部”创建活动，夯实党建工作基础，党建工作考核从2016年全区排名靠后跃升到全区排名靠前。

加强党风廉政建设。1996年，制定《宁夏财政厅党风廉政建设责任制实施办法》《宁夏回族自治区财政厅财政资金监督管理办法》，为预防和治理腐败，堵塞体制、机制、管理和工作中的漏洞，发挥了重要的作用。2000年，制定和完善《宁夏财政厅领导干部党风廉政谈话制度（试行）》《宁夏财政厅工作人员在国内交往中收受礼品实行登记制度的实施办法》《宁夏财政厅领导干部报告个人重大事项的规定》等多项制度，从源头上强化对领导干部的监督。2004年设机关纪委，完善反腐工作机制，构建财政部门惩防腐败体系。2013年，严格执行中央八项规定和自治区若干规定，制定22条实施意见，精简会议和文件，开展“四项清理”行动，从严控制公务接待、公车运行、因公出国（境）活动。2014年，制定《财政厅工作人员廉洁从政若干规定》，提出10个方面的禁止性要求。加强节日期间廉洁自律的监督。对全厅处级以上领导干部及国有企业负责人配偶子女及其配偶经商办企业进行专项清理。2015年，深化源头治腐，把党风廉政建设融入财政管理全过程。2018年年初，召开全区财政系统反腐倡廉建设工作会议，压紧压实党风廉政建设主体责任。

狠抓政风行风建设。自治区财政厅党组在狠抓政风行风建设方面成效显著。2000年，以增强诚信意识为重点，开展“思想道德建设年”活动，注重加强社会公德、职业道德、家庭美德、个人品德建设，引导干部职工重品行、讲操守、尽职责。2003年7月至2004年8月，开展“树行业新风、促规范服务”活动，强力推进政风行风建设，行风测评位次、群众满意率逐年上升。

2005年编印《职业道德读本(财政分册)》,倡导“依法理财、务实创新、顾全大局、厉行节约、勤政廉洁”20字财政职业道德规范。2012年,加大治理“庸、懒、散”力度,自治区财政厅获全区“开展进一步营造风清气正发展环境活动先进单位”称号。

推行效能目标责任制。多年来,自治区财政厅坚持实行年初建账、年中查账、年底考核,推行效能目标责任制度落实到位。2010年,选取塞上农民新居、农村危窑危房改造、购买公益性岗位、村级互助资金、校舍安全工程5个项目进行绩效考评,彭阳县财政局获“全国财政系统先进集体”称号。2011年,制定《宁夏财政厅行政执法评议考核暂行办法》《财政厅信访工作管理制度》,将自治区党委、政府重要会议、重要文件确定的工作任务纳入年度机关效能目标管理考核内容,开展追踪督查。2013年,自治区财政厅和石嘴山市、吴忠市、贺兰县、同心县、平罗县、盐池县、中宁县、固原市原州区、泾源县等10个市、县(区)财政局在全区效能目标综合考评中获一等奖。

推进学习型机关建设。开展财政干部培训工作,创新培训方式,推进全员培训。举办“科学发展观”“农村改革与发展”“领导干部科学理财”“财政改革与构建和谐社会”专题讲座。选送干部参加培训交流、学习考察,培养高素质的财政人才。2011年8月30日,《人民日报》刊登的《用学习为发展“充电”》一文将自治区财政厅党组中心组学习调研的做法作为典型事例予以引用。2013年,举办“财政大讲堂”,被自治区党委组织部确定为当年人才工作创新项目。2017年10月至2018年,掀起学习中共十九大精神的热潮,把握核心亮点,做到入脑入心,做到学深、弄通、做实,指导工作实践。

深化人事制度改革。规范干部选拔任用工作,认真贯彻实施《全区财政系统大规模培训干部工作的实施意见》,开展干部队伍理论政策、综合业务素质和行业道德规范的学习和培训工作,不断创新培训教育机制,坚持“走出去”与“引进来”培训模式,使全区财政系统干部教育培训工作迈向制度化、规范化、经常化轨道。加强对会计工作和会计人员的管理,提高财政信息宣传和财政科研工作质量,努力扩大财政政策和财政工作的影响力,依法行政、依法理财水平不断提高。

提升财政政策研究质量。坚持编发《财政快讯》《专题信息》《财政简报》《财政工作情况通报》。2003—2008年有170多篇文章在《中国财政》《财税改革纵论》《宁夏工作研究》《宁夏财会》等报刊上发表。2009年,开展“三服务一推进”活动,组织大型调研活动7次,解决实际问题40多项,形成了《关于进一步完善我区直管县财政体制改革 提高公共财政保障能力》等15篇专题调研报告。2011年,组织各类调研活动30多次,形成调研报告50多篇。2014年,开展自治区与市县政府事权与支出责任划分研究,优化调整自治区与市县的事权与支出责任。2017年,贯彻自治区决策部署,将推进贺兰山保护区环境整治作为重大政治任务,主动跟进研究,及时提出支持环境综合整治财政补助政策。2018年,重点落实习近平总书记到宁夏视察重要讲话精神和自治区第十二次党代会精神,围绕全区财政重点工作及财政改革重大问题,加强财政经济形势分析和调查研究,提出对策建议,提升财政智库水平。

开展财政定点帮扶工作。自治区财政厅先后定点帮扶同心县王团镇大湾村、河西镇上河湾村和固原市原州区张易镇大店村、官厅镇薛庄村。2007 年，自治区财政厅被自治区人民政府评为“十年支教先进单位”。2009年，对帮扶村的种植、养殖结构调整出谋划策；协调农业开发项目，为帮扶村实施渠道改造，解决7000余亩土地的灌溉难题；协调“一事一议”项目，为帮扶村修建厕所476座。2011年，为帮扶点同心县河西镇上河湾村生活困难家庭捐衣捐物233件，厅机关团委组织团员青年对该村20名贫困学生给予资助。2012年，自治区财政厅开展定点帮扶工作领导小组成立，加强对厅机关扶贫帮扶工作的指导。协调资金，加大投入，修缮教育基础设施，整修乡村道路，解决移民土地水利设施建设。2013年，帮助扶贫点制订扶贫规划，扶持种植、养殖产业。2018年，驻村工作队着力解决影响“两不愁三保障”的突出问题，增强贫困村内生发展动力。

开展创先争优活动。2000年以来，持续开展“三个一流”创建活动，着力建设一流队伍，培养一流作风，创造一流业绩。2005年，把创建“文明处室”作为加强机关精神文明建设的重中之重。同时，开展争当“文明家庭”和“五好家庭”活动。2009年，自治区财政厅印发《机关文明礼仪手册》，开展以“六个一”（一期培训、一轮挂职、一次交流、一堂党课、一批结对、一项活动）为主要内容的“公务礼仪”建设年活动和“树公务道德，树文明新风”活动。开展创建“青年文明号”活动，争当“青年岗位能手”“文明标兵”“三八红旗手”，国库支付中心、办公室文秘岗位、信息中心、沙湖迎宾馆等获评区直机关级“青年文明号”，自治区财政厅和5个市县（区）财政局获评全区精神文明单位创建工作先进集体。2013年，组织开展“比思想看境界，比素质看能力，比作风看形象，比服务看成效”的“四比四看”活动，自治区财政厅被自治区文明委再次命名为自治区文明单位，自治区财政厅农村财政管理局被自治区党委、政府授予全区民族团结进步模范集体称号。2015年，深化“文明处室”“文明单位”创建活动，在自治区财政厅机关办公场所和机关食堂设立文明标语宣传牌。

多年来，自治区财政厅坚持开展诗歌、书法、绘画、财政廉政警句征集活动及其他文体活动，着力挖掘财政文化内涵，以财政文化建设为引领，着力实现文明创建新突破。2009年，组队参加区直机关第六届“体彩杯”运动会，获优秀组织奖、大众广播体操团体比赛第一名。2013年，设置“财政厅光影长廊”，展示干部职工的摄影佳作，美化办公环境，陶冶品性情操。2014年，组成代表队61人参加宁夏全运会，取得总成绩全区第七、厅局第二的成绩，并获得体育道德风尚奖、组织保障先进集体、参赛组织先进集体3项荣誉。2015年，组织参加区直机关工委“守纪律、讲规矩”知识答题。2018年，各种形式的文体活动，活跃了干部职工的业余文化生活，弘扬传承了优秀财政文化，促进了和谐机关建设。

七

回顾宁夏财政走过的发展道路，是在国家的大力扶持下，在中央财政的支持下，在兄弟省、市、区的帮助下，在自治区党委、政府的领导下取得的，实现了从财力和制度上保证了各级政权履行其职能的需要，促进了经济社会的不断发展和人民物质文化生活水平的逐步提高。特别是改革开放以来，宁夏财政坚持以经济建设为中心，坚持改革开放，按照社会主义市场经济规律，不断开拓符合宁夏经济社会发展的理财之道，为发展、繁荣宁夏经济，推动各项社会事业发展，发挥了重要作用。到2018年，宁夏财政不仅全面完成收入和支出各项任务，而且呈现出鲜明的特点。

地方财政实力明显增强，实现了“四能”：能不断做大财政蛋糕。实行了利税增长奖励、激励性转移支付、税收贡献地转移支付等措施，完善了税收与非税收入的增收机制，培植了稳固的财源。能确保财政收入稳定增长。推行了目标责任制，领导负责，责任到人，确保预算任务的完成。能不断增加财政收入。加强了基金、非税收入和预算外收入的征收管理，盘活了企业产权、土地、固定资产等国有资本要素，挖掘潜力，增加收入。能不断充实财力。争取中央财政支持，完善政府投融资体系建设，努力吸引国际金融组织和外国政府的优惠贷款，充实地方财力。

财政支持产业、企业发展政策完善，实现了“三个提高”：提高了促进企业稳定发展的能力。对重点产业、骨干企业，能在财政政策、税收政策方面给予倾斜，给予支持，帮助企业克服困难，努力把生产恢复到正常水平，以一定的产品生产量促进工业增速稳定回升。提高了支持企业技术改造技术进步能力。支持企业启动新的技术改造项目，支持企业挖掘潜力，练好内功，搞好改革创新，技术创新。提高了财政对产业、企业的帮助协调机能。不断强化运行协调机制，提高帮助企业对战略性、前瞻性、宏观性问题的分析研究水平，建立和完善了经济运行分析和预警机制，建立和完善了经济政策财政政策下达后的效果反馈机制，能及时发现问题，及时解决问题，帮助企业提高经济运行质量和效益。

财政改革逐步深化，完善了“五大”体系：完善了财政预算体系。完善公共财政预算、国有资本经营预算、政府性基金预算的编制，社会保障预算等，形成有机衔接、完整的国家财政预算体系。完善了预算配套管理体系。在科学编报本级预算收入的同时，上级财政要提前告知对下一般性和专项转移支付预计数。下级财政要完整编报上级的各项补助收入，进一步提高地方各级特别是县级预算编报的完整性。严格执行预算编报、批复时限和程序规定，控制代编预算规模，提高年初批复预算的到位率。建立健全机构编制与经费预算衔接机制，完善行政开支定员定额标准。建立重大项目支出预算事前评审机制，将项目预算做实做细做准。完善预算拨款结余管理方式，促进结余资金管理与预算编制有机结合。建立健全资产管理和预算管理有机结合的工作机制。健全覆盖各级财政的动态监控机制，提高预算执行的均衡性和效率。加强国库集中支付、会计集中核算、公务卡结算、绩效考核等方面的管理。严格地方政府性债务管理，防范财政风险。完善了预算支出绩效考评机制。建立了预算支出的绩效考评机制，完善了预算支出绩效考评指标体系，选择有关重点项目、民生项目，推行预算支出绩效考评试点。规范绩效考评管理办法，将绩效考评结果作为以后年度编制和安排预算的重要参考依据。逐步建立绩效考评结果公开制度，提高绩效考评的透明度。完善了财政监督管理。建立健全了覆盖所有政府性资金和财政运行全过程的监督机制，强化事前和事中监督，促进监督与管理的有机融合。严格执行《财政违法行为处分条例》，强化财政违法责任追究。建立健全行政问责制和部门、地区及单位的利益追究机制，加大对违规问题的处理处罚和信息披露力度。完善了政府收支科目体系透明度。深化了政府收支分类改革，完善了统一规范、各级财政共同执行的政府收支科目体系，既体现公共财政要求，又满足实际需要。进一步扩大向人大报送部门预算的范围，逐步细化报送人大审议的预算。依法接受审计监督。按照《政府信息公开条例》的要求，及时公布财政收支统计数据，以及经人大审议通过的政府预决算、部门预决算和转移支付预算安排情况，公开财政规范性文件以及政策、发展规划等。

财政加强以民生为中心的社会建设，提升了“四个层次”：提升财政支农资金管理层次。探索了宁夏财政支持农业农村建设的新路子新途径，既积极支持，又不搞财政包办，通过财政贴息、税收优惠、民办公助、以物代资、奖补结合等激励方式，引导建立多元化支农资金稳定增长机制。加快实施财政支农资金整合优化试点工作步伐，集中财力办大事。提升了培育新农村建设生力军层次。各级财政支持劳动力转移培训，合理调整财力投向，加大对留守农民创业培训的支持力度，着力培养一批勇于创业、善于创业的种植、养殖大户和农村经济经纪人；制定落实鼓励外出务工人员回乡创业办实体的政策措施，引导“打工经济”向“创业经济”转变。提升了财政智力化、信息化建设层次。以加强能力建设为核心，创新干部教育培训机制，根据不同的培训目标、培训对象、培训内容开展分级分类培训，不断增强培训的计划性、针对性和实效性。提升了技术保障能力建设层次。建设统一业务及技术规范的应用支撑平台，有效整合，实现财政各项改革、电子政务以及财政管理基础资料等信息资源共享。加强金财工程网络建设，逐步将金财工程网络向乡镇财政延伸，并加强网络信息安全保密的制度建设和执行检查力度。依靠计算机、网络系统提高管理效能。按照系统工程和一体化建设要求，坚持统一领导、统一规划、统一管理、统一协调，建成财政管理各环节畅通、业务标准统一、操作功能完善、网络安全可靠、覆盖所有财政性资金、辐射各级财政部门和预算单位的政府财政管理信息系统，为加强财政管理提供技术支撑。

1991—2018年的宁夏财政，为深化改革和可持续发展夯实了基础。

夯实了财政管理制度建设的基础。一是在深化财政体制改革方面，围绕推进基本公共服务均等化和主体功能区建设，完善自治区和市县财力与事权相匹配的体制。拓展一般性转移支付的内涵和外延，提高一般性转移支付的规模和比例。严格控制新增专项转移支付，清理整合已有专项转移支付项目。完善转移支付分配办法，科学合理设置转移支付因素和权重。转变和充实乡镇财政职能，全面推行“乡财县管”信息化，发挥就地管理和服务优势。二是在完善市县基本财力保障机制方面，根据中央财政部署，结合宁夏市县财政实际，进一步创新缓解县乡财政困难奖补政策，探索建立市县基本财力保障机制，将市县财政保障范围从“保工资、保运转”提升到“保工资、保运转、保民生”的更高层次，以促进全区基本公共服务均等化水平不断提升。三是在增收节支方面,全面推进财税库银税收收入电子缴库横向联网,支持税务部门做好社保基金代征工作。严格控制一般性支出,对公务购车用车、会议经费、公务接待费用、出国(境)经费、部门单位业务费等支出实行零增长。对一般性的出版、研讨、纪念、庆典等活动,由部门单位自行解决经费。盘活行政事业单位办公用房和土地资源。严格控制党政机关信息化建设项目,促进资源整合。扩大和深化公务卡管理改革,区本级所有预算单位全部使用公务卡。四是在深化税费制度改革方面,统一内外资企业税收制度,深化资源税改革,贯彻增值税转型和成品油税费改革。进一步规范非税收入管理,推进非税收入收缴管理制度改革。逐步将预算外资金全部纳入预算管理。五是在推进财政管理制度改革方面,整合财政部门内部预算编制、预算管理、财政监督、投资评审等各方面力量,建立新型绩效预算体系。深化部门预算改革,强化部门预算编制和执行主体的责任;进行完全意义上的综合预算改革试点;确保所有市县(区)都实行比较规范的部门预算。

夯实了财政促进经济发展能力的基础。一是在扩大政府公共投资方面,适度安排重大项目建设资金,用于基础设施建设。配合有关部门,抓紧做好中央新增投资的项目储备、申报、争取和落实工作。继续实行"四个盯着"工作方法,争取使中央财政对宁夏财力性和专项转移支付的投入规模继续扩大。二是在促进工业经济加快发展方面,进一步完善财税扶持政策,支持宁夏大中型企业利用市场重新分割、增值税转型、原材料价格较低等有利条件,在应对挑战中实现转型提升,做大做强。三是在实行结构性减税减费政策方面,全面实施消费型增值税,对增值税一般纳税人,允许新购进机器设备所含增值税进项税额在销项税额中抵扣。对小规模纳税人降低征收率。

夯实了财政调节收入分配能力的基础。一是在实施积极的就业政策方面,安排就业与创业资金,支持全民创业行动。从失业保险基金中安排一部分资金,用于停产停工企业对职工开展内部培训,提高技能水平。发挥好政府公共投资和重大项目带动就业作用,妥善安排好购买公益性岗位、大学生就业、义务教育特设岗位教师、"三支一扶"等综合性就业工作所需资金。二是在开拓城乡消费市场方面,健全农村流通网络,拉动农村消费;增强社区服务功能,扩大城市消费;支持提高市场调控能力,维护市场稳定;促进流通企业发展,降低消费成本;支持发展新型消费模式,促进消费升级。

夯实了财政落实科学发展能力的基础。一是在加大农业农村投入方面,支持农业基础设施建设,发展现代农业,提高农业综合生产能力。确保国家粮食安全,加大产粮油大县财政奖励。支持农业科技创新,促进新型农业社会化服务体系建设,推进农业结构战略性调整。建设大型农产品批发市场,实现设施农业产、运、销一体化。扶持农业产业化龙头企业做大做强,按照工业园区标准提升农业产业化园区建设水平,加大对良种繁育、农业机械化和农民中长期培训的投入力度。完善政策性农业保险体系。采取"以奖代补"等方式鼓励金融部门加大对农业产业的贷款投入。扩大公共财政对农村的覆盖范围,进一步增加对农村教育、医疗卫生、社会救助、文化等投入,促进农村公共事业发展。二是在支持农村改革方面,深化县乡财政管理体制改革。探索建立农村公共服务新机制。深化农村综合改革，完善国有农场税费改革政策。全面推行农村“三财”管理改革，完善乡镇财政职能。开展村级公益事业建设“一事一议”财政奖补试点，建立健全村级组织运转经费保障机制，探索农村小额融资新渠道。三是在转变发展方式方面，安排排污费支出，引导环保资金投向节能减排，并采取“以奖代补”的方式，减轻企业节能减排的压力。对节能环保产品实行强制和优先政府采购政策。完善煤炭等矿产资源有偿使用制度和生态环境补偿机制。支持推广高效节能产品，促进发展新能源和可再生能源。运用财税政策，限制高耗能、高排放行业发展。加大财政科技投入，鼓励企业自主创新，推动高新技术成果产业化。完善中小企业担保体系，促进中小企业发展。支持企业开拓国际市场。在实现协调发展方面。可把推进沿黄城市带同城化作为突破口，带动宁夏山区川区协调发展。继续实施资源枯竭城市转移支付。把加快中南部地区扶贫开发作为统筹区域发展的着力点，加大农村扶贫开发力度，加快生态移民搬迁。

夯实了公共财政职能建设的基础。一是在编制民生预算方面，健全财政对民生事业投入的综合保障机制和长效机制。全面开展民生预算的编制工作，把民生方面的支出，连同中央财政投入的资金、社会性投资、预算外资金以及市县配套资金，全部统筹到具体的民生项目上，做到项目透明、标准公开、渠道落实、全程监控。二是在保障教育优先发展方面，全力推进职业教育发展，加快职业教育实训基地和职业技术学院的建设。三是在支持实施保障性安居工程方面，加快保障性安居工程的建设，继续落实对廉租住房建设等方面的税费优惠政策，执行住房公积金增值收益和土地出让净收入用于廉租住房保障的规定。实施农村危窑危房改造和塞上农民新居工程，启动村庄综合整治和人畜饮水到村到户工程。四是在促进卫生和文化事业发展方面，进一步完善新型农村合作医疗、城镇居民基本医疗保险制度，提高基金补偿比例，规范基金管理，并与城乡医疗救助资金统筹使用。健全基层医疗卫生服务体系，建立基层医疗卫生机构经费保障和激励补助的长效机制。在市级以上医疗机构中开展优势专科建设。强化预防保健、重大传染病防治等公共卫生工作。支持文化体制改革和文化产业发展，围绕“精品文化”和“基层文化”两大重点，加大财政保障力度。

八

在1991—2018年奠定的厚实基础上，宁夏财政进入了重要的战略机遇期。2018年，是全面贯彻中共十九大精神的开局之年。习近平总书记为自治区成立60周年“建设美丽新宁夏，共圆伟大中国梦”的题词，对新时代宁夏改革发展寄予了殷切期望，勾画了美好蓝图，指明了前进方向，全区人民备受鼓舞、倍感振奋、倍增动力。一年来，全区上下深入学习贯彻习近平新时代中国特色社会主义思想和中共十九大、习近平总书记视察宁夏重要讲话精神，全面落实自治区第十二次党代会部署要求，坚持稳中求进工作总基调，深入贯彻新发展理念，统筹抓好稳增长、促改革、调结构、惠民生、防风险各项工作，振奋精神，实干兴宁，基本完成了自治区十二届人大一次会议确定的目标任务，为实现经济繁荣民族团结环境优美人民富裕、确保与全国同步全面建成小康社会目标打下了坚实基础。

进入重要的战略机遇期，全国将进一步履行财政职能、提升财政地位和作用。一是财政职能的重要性愈益凸显。中央明确提出，财政是国家治理的基础和重要支柱，科学的财税体制是优化资源配置、维护市场统一、促进社会公平、实现国家长治久安的制度保障。财政职能将深刻介入中央“五位一体”总体布局和“四个全面”战略布局，在改革发展稳定、内政外交国防、治党治国治军等方面发挥更为重要的作用，空间广阔，大有可为。二是财政职能的边界逐步厘清。现代财政制度是国家治理体系和治理能力现代化的基础，而现代财政制度的基础是政府与市场、政府与政府间关系。理顺这两组关系，是建立现代财政制度两条主线。中央将进一步划定政府与市场的作用边界，更加注重发挥市场在资源配置中的决定性作用和更好地发挥政府的作用，为财政通过改革厘清职能边界指明了方向，提供了良机。三是财政职能的完整性不断增强。一个国家的治理能力在很大程度上取决于它的预算能力。通过完善全口径预算体系、取消挂钩机制和专款专用规定、清理整合专项、编制中期财政规划等改革举措的实施，有效地解决财政投入与事业发展“两张皮”和“钱等项目”“敞口花钱”等问题，为避免财政职能肢解提供了新的机遇。

进入战略机遇期，宁夏财政继续坚持以习近平新时代中国特色社会主义思想为指导，全面贯彻落实中共十九大精神，深入贯彻落实习近平总书记系列重要讲话精神，牢固树立创新、协调、绿色、开放、共享五大新发展理念，主动适应经济发展新常态，以财税改革为统揽、以创新为动力、以法治为准绳、以发展为目标、以民生为重点、以公平为导向、以绩效为根本，加快构建现代财政制度，进一步强化财政在国家治理中的基础和重要支柱地位，为继续建设经济繁荣、民族团结、环境优美、人民富裕的美丽新宁夏提供坚实的财力保障和政策支持。

进入战略机遇期，宁夏财政将努力实现新的发展目标。一是财政可持续发展能力显著增强。地方税体系建设取得新进展；财政收入增长的稳定性进一步增强；财政支出的公共性层次严格区分，地方政府举债融资机制进一步完善，财政风险有效防控，政府职能的“越位”“缺位”“错位”问题逐步得到有效解决。二是财政体制机制创新取得重大突破。财政事权和支出责任相适应的制度基本建立，城乡基本公共服务的标准化、均等化、法治化水平稳步提高；政府预算体系进一步健全，“四本预算”（一般公共预算、政府性基金预算、国有资本经营预算、社会保险基金预算）统筹联动安排机制基本建立，财政资金统筹使用机制更加成熟，财政支出标准、预算评审、资产管理融入预算管理的体制机制日趋完善；预算内容的完整性、预算编制的科学性、预算执行的规范性、预算监督的严肃性、绩效评价的权威性进一步提高。三是财政政策的引导调控功能充分体现。财政政策体系进一步完善，支持方式进一步优化，财政在竞争性领域的投入加快退出；财政政策与其他宏观经济政策的协调性和组合效应进一步增强，可预期性进一步提高，财税政策支持传统产业迈向中高端水平、培育经济新增长点、促进经济保持中高速增长的功能作用明显提升。四是财政法治化水平全面提升。法治意识不断增强，涵盖财政管理全过程的核心制度体系更加成熟、更加定型，法治财政基本建成，财政管理的科学化、规范化、信息化加快推进，依法行政、依法理财的能力和水平全面提升。

进入战略机遇期，宁夏财政将认真贯彻落实《宁夏回族自治区国民经济和社会发展第十四个五年规划和2035年远景目标纲要》，聚焦“九大重点产业”“十大工程项目”“四大提升行动”，具体从8个方面实现财政重大改革和发展，为建设黄河流域生态保护和高质量发展先行区提供坚强支撑。

全面深化财税改革。一是构建科学有序的收入管理机制。有序推进税制改革，全面提升收入质量，加强财政收入征管。二是构建规范透明的预算管理机制。建立健全预算公开制度，完善政府预算体系，改进预算控制方式，规范财政支出管理，推广运用政府和社会资本合作（PPP）模式，促进政府性债务管理体制机制创新。三是构建权责对等的省以下财政体制机制。完善分税制管理体制，理顺自治区市县事权与支出责任，建立一般性转移支付稳定增长机制，建立健全因素分配办法与激励约束机制，加强县乡财政管理，完善省直管县财政体制。四是构建运行高效的资金管理机制。要深入推进预算绩效管理，完善投资评审制度，推动政府采购转型，推广政府购买服务，夯实会计基础工作，完善行政事业单位资产管理。

支持经济发展。一是支持供给侧结构性改革。深入推进“三去一降一补”，适度扩大总需求，提振实体经济，加快提升现代产业体系，形成以现代农业为基础、战略性新兴产业为先导、先进制造业为主导、现代服务业为支撑的产业新格局。二是支持实施创新引领发展战略。支持构建科技文化创新体系，支持创新平台建设，支持市场主体培育，支持重大专项实施，支持实施“互联网＋”行动计划，推动互联网与现代农业、制造业和服务业深度融合，培育新的经济增长点。三是支持推进新型城镇化发展。支持调整新型城镇化发展布局，改革和完善促进城镇化的体制机制，拓展新型城镇化投融资机制渠道，通过投资补助、资本金注入、担保补贴、贷款贴息等多种手段，优先支持引入社会资本的项目实施。四是支持国有企业国有资产改革。推动完善国有资产管理体制，从管人管事管资产转向以管资本为主，促进政企分开、政资分开、所有权与经营权分离，真正确立国有企业的市场主体地位。五是支持地方金融产业发展。突出发展重点，加快发展政府性产业投资基金，积极推进资产证券化，健全完善信贷风险补偿和融资担保、再担保体系，着力缓解中小微企业融资难题，支持加快信用体系建设，制定完善风险处置预案，强化部门联动，防范金融风险向财政转移。

推进“三农”发展。一是推进农业现代化。支持保障粮食安全，支持农业结构调整优化，完善财政金融支农政策体系，完善多元投入机制。二是推进城乡协调发展。建立健全城乡一体化发展体制机制，深化农村综合改革，推进农村公益事业发展机制创新，加大村级公益事业一事一议财政奖补力度和资金整合力度，稳步推进“美丽乡村”建设试点，推进农村公共服务供给体制创新。三是推进精准扶贫与乡村振兴战略有效衔接。侧重于顶层设计，坚持政府投入的主体和主导作用，促进农村经济、文化、社会、生态的全面发展和整体提升。

打造民生财政。一是支持教育事业优先发展。区分教育的不同层次和类型,不断完善各类教育阶段生均拨款制度,实施差异化财政支持方式。二是支持文体事业。坚持保基本、补短板,继续加大公共文化建设投入力度,将重要公共文化产品和服务、公益性文化活动纳入公共财政经常性支出预算。支持完善文化管理体制,推动文化部门由办文化向管文化转变,建立完善事业单位法人治理结构。稳妥推进体育社会组织改革试点。逐步加大政府向社会力量购买公共文化服务力度,引导和鼓励社会力量参与公共文化。三是支持医药卫生事业发展。深化医药卫生体制改革,巩固覆盖城乡的基本医疗卫生制度和现代医院管理制度。四是支持社会保障体系建设。要深化基本养老保险制度改革。四是深化社会救助制度改革。要提高农村低保标准,实现农村低保标准与国家扶贫标准“两线融合”。五是完善促进就业创业扶持政策。坚持劳动者自主就业、市场调节就业、政府促进就业和鼓励创业的方针,继续加大对就业困难人员的扶持力度。探索建立政府、企业、社会多渠道筹措资金的职业技能培训投入机制。加强高技能人才培训基础能力建设。进一步完善职业培训补贴、职业技能鉴定补贴政策,合理确定补贴标准,不断提高技能培训的针对性和有效性。

推进生态文明建设。积极争取国家改革试点,加大财政投入力度,建立健全绿色发展引导机制和政策体系,设立绿色发展基金,引导生产生活方式和消费模式向节约、绿色、文明、健康的方向转变,推动绿色产业和绿色城镇化发展。整合环保类专项资金,提高污染治理与生态建设的合力。探索生态环境保护市场化运作机制,推行环境污染第三方治理。强力支持治理“餐桌污染”,让老百姓吃得安全放心。

推进完善收入分配制度。实施更加积极的就业创业扶持政策,着力提高劳动者技能和素质,夯实居民收入增长的基础。逐步完善生产要素市场定价的报酬机制,创造机会公平、规则统一的竞争环境,实现共同富裕、三次分配公平和效率的统一。坚持居民收入增长与经济发展同步、劳动报酬增长与劳动生产率提高同步,完善工资水平决定、正常增长和支付保障机制。完善财政再分配调节机制,通过提升社会保障能力、完善转移支付结构、健全财税体制机制,明显增加低收入劳动者收入,扩大中等收入者比重。全面落实各项强农惠农富农政策,促进农民收入持续较快增长,逐步缩小城乡收入差距。

推进法治建设和社会治理创新。不断完善政法综治工作保障机制,为建设更高水平的平安宁夏提供坚实保障。推进基层法院、检察院人财物统一管理体制,有效保障法院、检察院依法独立公正行使审判权、检察权。支持推进立体化信息化社会治安防控体系建设,全面推行网格化服务管理,完善矛盾纠纷多元化解机制,加强重点人群服务管理,推动重点领域实名制管理。推动社会信用体系建设,支持构建守信激励和失信惩戒机制。加强社会组织建设管理服务工作,推进政府购买社会组织服务。

强化财政管理。全面提升财政法治化、规范化、信息化管理水平,筑牢财政制度笼子,确保财政资金安全高效运行。一是加强法治财政建设。以贯彻落实新修订的《中华人民共和国预算法》为重点,深入推进依法行政、依法理财。加强财政规范性文件管理,推进行政审批制度改革，强化财政执法监督。依法办理财政行政复议和应诉案件。深入开展财税法制宣传教育，弘扬法治财政精神。二是构建财政运行管理新机制。以信息化为支撑，推动绩效评价、资产管理、投资评审、财政监督、政府采购、国库集中支付与预算管理事前、事中、事后的有机结合，促进部门预算与功能预算有机融合。三是全面推进财政信息化建设。将信息技术的最新成果有机融入财政工作的每一个环节，实现信息化对财政业务的全方位覆盖与支撑，避免信息“碎片化”和“信息孤岛”。加快完善信息基础设施建设，全面提升网络信息安全保障能力。四是加强和改进财政监督。推动财政监督工作机制创新，加快财政监督信息化建设，探索运用“互联网＋监督”等信息技术加强财政资金运行监管。加强惠民政策落实监督，重拳整治“雁过拔毛”式腐败，开展重大民生专项资金使用情况监督检查。规范市场经济秩序，开展会计监督检查。深入开展严肃财政纪律专项治理，促进预防腐败源头治理。全面推进财政部门内部控制建设，按照分事行权、分岗设权、分级授权的原则，构建内容协调、程序严密、配套完备、有效管用的内部控制制度体系，有效防控财政业务风险和廉政风险。五是加强财政干部队伍建设。坚持全面从严治党，学习贯彻《关于新形势下党内政治生活的若干准则》和《中国共产党党内监督条例》，落实党建工作责任制，推动全区财政系统党风政风持续好转。深入开展理想信念教育，引导财政系统党员干部牢固树立家国情怀，提升对党忠诚、为民理财、为国服务的思想境界。创新人事管理制度，把握正确选人用人导向，严格标准、健全制度、完善政策、规范程序，选拔政治强、懂专业、善治理、敢担当、作风正的干部，激发财政干部队伍活力。构建立体式干部教育培训体系，积极打造现代财政智库，加强对新常态下宁夏经济社会发展和财政运行规律的研究，助推财政改革发展。健全财政系统惩治和预防腐败体系，注重制度建设，强化权力制衡，造就一支忠诚履职、干净担当的财政干部队伍。

大　事　记

1991年

1月12—15日　自治区财政厅召开全区财政工作会议，贯彻落实全国财政工作会议精神，通报宁夏上年度财政工作，对下年度财政工作作出部署。此后，每年召开一次全区财政工作会议，多有自治区领导出席或致信。

4月5日　全区清仓挖潜、清理“三角债”工作会议召开。

4月7日　自治区人民政府召开全区会计工作会议暨会计工作先进集体和先进会计工作者表彰大会。

4月8日　自治区粮食局、自治区财政厅召开粮食计划、财务工作会议，传达全国粮食工作会议精神，研究贯彻国务院关于调整粮食购销政策的有关政策，交流总结完善粮食购销及财务管理办法，安排1991年粮食购销及财务工作。

4月16日　宁夏预算会计研究会成立大会召开，宁夏预算会计研究会成立。

5月20日至6月5日　自治区财政厅举办首次全区市县长理财研讨班。

5月26日　自治区财政厅、粮食局印发《粮食购销、调拨和财务包干办法》。

7月2日　自治区财政厅、人民银行、农业银行印发《关于进行乡(镇)级国库工作试点的通知》。

7月13日　自治区财政厅、卫生厅印发《宁夏回族自治区公费医疗经费管理改革实施方案》。

8月26日　自治区计划生育委员会、自治区财政厅印发通知，在全区各市、县、区建立计划生育基金。

10月12日　全区1991年税收财务物价大检查工作电话会议召开。以后每年召开会议，部署财务物价大检查工作。

10月15日　自治区财政厅印发《宁夏回族自治区会计师事务所财务管理办法》及《会计制度(试行)》。

△　自治区财政厅召开会议，部署驻宁夏中央企事业单位财务自查工作。

10月25—27日　全区财政系统先进集体、先进工作者表彰会议召开，自治区财政厅厅长刘元茂作题为《振奋精神，扎实工作，为促进我区财政经济的稳定发展而奋斗》的报告。

11月16日　自治区公安厅、财政厅印发《公安业务费开支范围和管理办法实施细则》。

11月22日　自治区财政厅印发《关于强化预算收入退库管理的暂行规定》。

11月26—28日　全区农业财政工作会议召开。

11月29日　全区国债、微机工作会议召开，研究国债工作，讨论全区财政系统计算机联网并进行远程传送报表的有关事宜。

12月4日　自治区财政厅制定《关于"八五"期间增加计划生育事业经费的实施意见》。

是年年底，开展宁夏首例资产评估业务，宁夏会计事务所对石嘴山钢厂与石嘴山活性炭厂联营项目进行资产评估。

是年，落实会计证管理办法和加强会计证年检管理的实施意见，坚持会计证持证上岗和年检制度。

△　首部《宁夏财政年鉴》编纂出版。2004年，《宁夏财政年鉴》由内部资料改为公开出版发行。

1992年

1月27日　自治区财政厅印发《宁夏回族自治区财政支农周转金使用管理办法》。

2月25日　全区外商投资企业对外承包企业财务管理座谈会召开。

3月初　开展全区"农业四税"及部分支农资金检查工作。

3月11日　自治区财政厅印发《宁夏回族自治区各国债服务部办理国债券还本付息业务制度（试行）》。

3月21日　全区国债电话会议召开。

5月6日　自治区财政厅印发《宁夏回族自治区财政支农资金项目管理试行办法》。

5月10日　自治区财政厅、农垦局印发《关于"八五"期间宁夏国营农垦企业财务包干的几项规定》。

△　自治区财政厅召开"大力发展流通开辟扩大财源"课题报告会议。

5月22日　自治区财政厅印发《会计改革方案（试行）》。

是月　自治区财政厅举办全区农财干部微机培训班。

6月15日　自治区财政厅印发《关于贯彻执行自治区人民政府〈关于进一步搞活流通若干问题的决定〉的有关问题的通知》。

7月13日　中央企业财政驻厂员处在银川召开驻宁中央企业财务管理遵纪守法单位表彰大会。

7月17—18日　全区国有资产产权登记暨国有资产管理工作会议召开。

是月　自治区财政厅、工商行政管理局召开全区国有资产产权登记工作会议。9月中旬至11月15日，宁夏国有资产管理局开展国有资产产权登记工作。

8月21日　自治区财政厅印发《宁夏回族自治区财政机关总预算会计达标准试行办法》。

9月30日　自治区财政厅印发《关于提高国营旅游企业固定资产单位价值标准的通知》。

12月下旬　开展全区财政系统财政、财务知识学习竞赛活动，到1992年7月中旬结束。

是年　全区财政收入76827万元，比上年增长12.8%，比预算超收4972万元。

△　自治区财政厅会同劳动人事厅制定《改进和完善国营企业工效挂钩办法》。

△　全区开始产权登记工作。登记范围是具有企业法人资格的全民所有制企业和实行企业化管理的事业单位。

△　首次在中国银行开设临时出国人员非贸易外汇账户。

△　自治区财政厅印发《宁夏回族自治区行政、事业单位工作人员差旅费开支规定》。

1993年

1月3日　自治区财政厅、建设厅、住房制度改革领导小组发出通知，要求各级国有资产管理部门配合房改、房地产、物价等部门，做好住房制度改革中的国有资产管理工作，划清国家、单位、个人产权比例份额。

2月1日　自治区财务会计制度培训工作领导小组成立。

3月1日　宁夏会计师事务所吴忠分所成立。

3月30日　全区清产核资试点工作会议在永宁县召开。

4月　检查全区564户预算内国有商粮贸企业潜亏问题。

5月1日　自治区财政厅、建行宁夏分行、自治区税务局印发《关于提高商品零售营业税税率后有关预算管理的规定》。

5月14日　自治区财政厅、乡镇企业管理局印发《宁夏回族自治区乡镇企业周转金使用管理暂行办法》。

5月16日　自治区调整专项控制商品目录，由29种调减为8种。

5月17日　宁夏总会计师工作研究会成立。

是月　自治区财政厅中企处开始全区金融、保险、电力、有色、煤炭、邮电、铁路等部门58户企业1992年度会计决算审查，查出问题资金2048.6万元。

6月11日　自治区财政厅印发《宁夏财政信息员管理办法》。

6月19日　自治区财政厅决定1993年度会计证统考。

6月29日　自治区财政厅下达1993年“支援不发达地区发展资金”安排的农村小型改水降氟工程补助资金预算指标。

7月1日　自治区人民政府决定放开粮食购销及其价格，自治区财政厅提供《粮食购销及其价格改革方案及说明》。

7月31日　自治区财政厅党组研究决定成立宁夏资产评估公司。

是月　始对各地违反控购纪律购买小汽车问题大检查，查出违纪购买小汽车184辆，违纪金额3300万元，追缴专控商品附加费及罚款380多万元。

8月12日　开始评比考核全区40多个乡镇财政所，授予20个乡镇为“区级文明乡镇财政所”称号。

8月19日　自治区财政厅提出《关于进一步加强乡镇财政管理的意见》。

是月　马骏廷任自治区财政厅厅长。

9月11日　自治区财政厅授予石嘴山市国有资产管理局等12个单位“全区国有资产产权登记工作先进集体”称号。

10月3日　自治区财政厅对有关执法单位借口挪用、截留、坐支、滥用现象及个别执法人员贪污罚没收入的问题进行大检查。

10月4日　自治区财政厅制定《财政干部廉洁自律十项规定》，清退厅机关副处级以上干部购买的内部股票金额16.55万元。

11月25日　自治区收费项目审核小组重新审核近年来制定的收费项目、标准，公布取消或调整降低不符合规定的项目及标准。

12月8日　西北五省“发展乡镇企业财务对策”研讨会在银川召开。

是月　首部《宁夏财政志》由中国城市出版社出版，在全国首次新编地方志优秀成果评奖中获评一等奖。

是年　宁夏回族自治区人民政府制定《宁夏回族自治区住房资金筹集、使用和管理的暂行规定》。

1994年

1月1日　自治区财政厅首次对自治区级15个行政机关单位实行“零基预算试点”。

1月27日　自治区财政厅决定从1994年起建立外商投资企业主要财务指标半年报制度。

2月4日　自治区财政厅与自治区教育厅完成世界银行贷款“贫困项目”评估工作，争取贷款500万美元，地方配套资金500万美元，用于南部山区8个县基础教育建设。

2月6日　自治区人民政府批转自治区财政厅、劳动人事厅报告，调整市、县固定职工统筹基金征集比例，由按参加统筹单位的固定职工工资总额加离退休费用之和的18%计提调整为按21%计提，劳动合同制职工由15%调整为18%。

2月24日　自治区财政厅在永宁县召开全区地、市县和区级部门300余人参加的首次财务税收大检查总结表彰和经验交流大会。

3月17日　全区清产核资试点工作会议在永宁县召开。

4月3日　自治区财政厅检查全区违纪购买小汽车，查出违纪汽车211辆。

4月8日　自治区财政厅、党委研究室、农建委、农业银行发文，支持农村小康试点。

4月28日　自治区财政厅审查90户驻宁中央企业1993年决算，查出问题资金676.75万元。

5月9日　自治区财政厅印发《关于做好大专院校在校生口粮和口油供应的通知》。

5月10日　自治区财政厅制定《宁夏回族自治区支农贴息资金管理试行办法》。

5月18日　自治区财政决定对西吉县“两豆”建设、县乡联网农话工程、中小学危房改造、医院等项目给予资金扶持。

5月19日　自治区财政厅在固原召开全区贫困低产县投资工作会议，决定打破以往一次性分配基数做法，改为按项目择优投放。

是月　自治区财政厅、畜牧局制定《宁夏回族自治区养牛生产专项资金使用管理试行办法》，首次安排资金200万元。

6月10日　自治区财政厅制定《粮油价格提高后给有关人员定向补贴的实施办法》。

7月6日　自治区财政厅会同农业厅、水利厅等部门在青铜峡市召开会议，决定对灌区及农垦系统发展粮食生产专项资金实行以项目定投资，择优投放。

7月30日　自治区财政厅决定建立自治区商品储备制度，并确定储备商品数量、费用补贴等指标。

8月2日　由中国银行宁夏分行等单位配合，自治区财政厅制定人民币限额审批核销制度，建立购汇人民币限额账户。

8月12日　自治区财政厅1993年度农业事业费财务决算获全国一等奖。

8月29日至9月2日　国务委员王丙乾到青铜峡铝厂、宁夏化工厂等企业视察调研，了解分税制实行后对企业的影响。

9月2日　财政部副部长刘积斌到固原、隆德、中宁、中卫等市县考察调研文教卫生等工作。

9月28日　自治区国税、地税机构分设工作完成。

9月29日　召开全区电话会议，部署1994年税收财务物价大检查。到12月底，全区查出各种违纪金额9477万元。

10月5日　自治区财政厅首次在全区范围内开展行政事业性收费、罚没收入、预算外资金、统一票据、统一收据专项检查，重点抽查区级90个单位。

10月14日　华东、西北地区部分省市财政法制工作座谈会在银川召开。

10月21日　自治区财政厅决定在自治区税收、财务、物价大检查中开展一次行政事业性收费、罚没收入、预算外资金专项大检查。

10月27日　自治区财政厅参加“全国不发达地区资金运用15年成果展示会”，受到财政部表彰。

11月20日　自治区财政厅调整专项控制商品的审批管理权限和附加费征收比例。

11月22日　自治区财政厅与卫生厅召开全区第三次公费医疗管理与改革会议，总结交流经验，表彰奖励惠农、贺兰等12个市县。

11月30日　自治区财政厅组织有关人员完成《社会主义市场经济条件下农财职能转变研究》《宁夏发展高产优质畜牧业对策研究》《宁夏农业税与农民负担研究》《灌区养牛业发展研究与对策》《宁夏发展“两高一优”果品生产的研究》《宁夏水利基础产业的发展与对策》《转换农垦农业经营机制提高经济效益的研究》《加速宁夏乡镇企业的思路及对策》等8个农财理论研究课题成果。

12月25日　自治区财政厅组织“三峡基金”入库1900万元，超额完成财政部下达任务。

是年　自治区财政厅中企处核销银行呆账664.4万元。

△　自治区财政厅制定《国有住房出售收入上交财政暂行办法实施细则》。

△　自治区财政厅决定收回委托中国人民建设银行宁夏分行代行的财政职能，自1995年1月1日起正式实行。

△　自治区财政厅制定《关于自治区区级党政机关团体公款安装住宅电话费管理办法、补充办法》《全区交警系统财务管理规定》。

△　宁夏入围世界银行贷款“第二个贫困地区基础教育发展”项目省区。

1995年

1月13日　自治区审计事务所更名宁夏宏源会计师事务所，银川审计事务所更名银川宏达会计师事务所。

1月23日　中国财经报社社长方恭温一行到彭阳县调研。

2月8日　自治区财政厅印发《宁夏回族自治区国有土地使用权有偿使用收入征收管理暂行办法》。

2月21日　自治区财政厅对区级行政单位会议费试行定额管理。

2月28日　自治区财政厅向财政部报送世界银行第二个贫困地区基础教育发展项目“宁夏回族自治区贷款分配和配套资金方案”，确定固原、西吉等8个县为项目备选县。

3月1日　自治区财政厅印发《宁夏回族自治区财政支农专项资金专户储存管理试行办法》。

3月8日　自治区财政厅、编制委员会印发《关于严格控制行政事业编制和人员经费的管理办法》。

4月5日　自治区财政厅发出《关于固原扶贫试验区和隆湖扶贫开发区财税优惠政策的通知》。

4月6日　自治区财政厅、劳动人事厅、经委印发《宁夏国有资本经营效益考核实施办法》。

5月8日　历时6个月的1994年度全区税收财务物价大检查结束，共查出各类违纪金额1.03亿元。

5月28日　自治区财政厅、卫生厅、体改委印发《宁夏回族自治区行政事业单位职工医疗保险试行意见》。

6月19日　宁夏财务成本研究会成立。

6月27日　自治区财政厅、政府外事办公室对因公临时出国人员经费管理作出规定：因公临时出国人员用汇，实行人民币预算限额控制购汇，由自治区财政厅统一管理；所需人民币经费，原则上由派员单位自行解决。

7月1日　《宁夏财会》创刊100期，中国财政学会副会长许毅、中国财经报社社长方恭温为本刊题词。

7月8日　财政部副部长、国家国有资产管理局局长张佑到宁夏调研。

7月24日　自治区财政厅决定，1996—2000年在地方财政预算内，每年为宁夏扶贫扬黄灌溉工程（“1236”工程）项目安排地方财政专项资金3300万元。

7月25日　中央财政金融学院银川函授站建站10周年庆祝大会在银川召开。

8月2日　自治区财政厅印发《宁夏回族自治区国有文教企业发展专项资金管理办法》。

9月15日　从6月起在全区范围内清理检查“小金库”工作结束，清理出“小金库”资金519万元。

10月21日　全国财政部门外经企业财务管理座谈会在银川召开。

10月24日　全国会计工作会议暨第二次全国会计工作“双先”表彰会议召开，授予西北轴承厂财务处全国先进集体称号、石嘴山钢厂周振中和国营南梁农场陈云玉全国先进会计工作者称号。

11月22日　全区财政决算、乡财政决算工作会议在银南地区召开。

12月1日　自治区财政厅在全区财政国债中介机构开展“国债兑付优质服务”评比活动，宁夏财政国债服务中心、石嘴山市国债服务部、青铜峡市国债部、隆德县国债部获评优胜单位。

12月19日　自治区财政厅、粮食局印发《粮食购、销、调拨包干和财务处理办法》。

12月20日　自治区财政厅、自治区国家税务局、自治区地方税务局、人民银行宁夏分行印发《关于调整分税制财政管理体制规定后有关预算管理问题的通知》。

12月22日　自治区财政厅印发《住房公积金会计核算办法》。

1996年

1月1日　补助市、县基建项目资金的拨款工作，由委托建设银行办理改由市、县财政部门办理。

1月10日　自治区财政厅修订区级行政单位会议费定额管理办法。自治区党代会、人代会、政协全委会、劳模会,会议代表每人每天费用控制在80元以内,区级主管部门召开的会议每人每天定额60元。

1月11日　全区农业综合开发财政资金决算部署会议在永宁县召开。

1月24日　全区"强乡富民"工程工作会议在银川召开。

2月14日　自治区财政厅制定财政部门基建资金拨贷款会计核算试行办法。

2月26日　水利部部长钮茂生一行到宁夏调研,研究解决盐环定扬黄工程建设中存在的困难和问题。

3月15日　自治区财政厅制定《宁夏回族自治区财政周转金管理实施细则》。

3月18日　自治区财政厅制定《宁夏扶贫扬黄灌溉工程建设费募集办法》。

3月19日　自治区财政厅拨付1996年水窖土圆井建设第一批财政补助款252万元。

4月1日　自治区人民政府决定对在宁夏境内缴纳增值税、消费税、营业税的单位和个人按1%征收"三税"附加费,由地方税务局征收,纳入自治区财政厅预算外管理,专项用于扶贫扬黄灌溉工程建设。

5月2日　石嘴山市财政局国债服务部获评全国国债兑付先进单位。

△　自治区财政厅和林业厅决定,实施以扶贫开发、兴果富民为目标的大型林业建设项目——宁南山区"两杏一果"扶贫开发工程。

是月　自治区财政厅成立基本建设处,专门负责基本建设财务管理及相关事宜。

6月11日　全国财政办公室主任工作会议在银川召开。

7月23日　全区整顿会计工作秩序自查情况及工作进展汇报会在银川召开。

8月5日　全国财政系统职工乒乓球预赛第五赛区运动会在银川举行,来自财政部机关、吉林省财政厅及西北五省区财政系统56名运动员参加男女团体、男女单打项目比赛,甘肃省代表队囊括各项比赛冠军。

8月7日　全区财政工作会议及财政信息工作会议在银川召开。

9月4日　自治区财政厅决定调整自1989年实施的土地使用税税额标准,新增土地使用税由自治区财政集中使用。

9月11日　财政部部长刘仲礼到宁夏调整,与自治区财政厅副处级以上领导干部座谈。

9月15日　自治区财政厅决定从1996年起每年安排一定数量的科技三项费用资金,作为宁南山区的科技扶贫专项款。

9月28日　自治区财政厅主办,宁夏天元计算机培训学校承办的全区会计电算化初级培训考试在宁夏大学举行,2518人参加考试。

10月9日　自治区财政厅部署全面调查区级行政事业单位、中央驻宁事业单位1993—1995年公费医疗经费支出。

10月14日　自治区财政厅组织力量,对发生财政赤字的固原、海原、西吉、隆德、泾源、彭阳、中宁、同心、灵武、盐池10个县及固原、银南行署1995年度财政决算进行检查。

10月15日　自治区财政厅、公安厅、监察厅开展查处违反控购纪律购买小汽车等问题。

10月16日　全区财政支农工作会议在银川召开，总结“八五”时期财政支农工作，部署“九五”时期财政支农工作。

11月4日　自治区法制局、财政厅在永宁举办为期4天的全区财政系统领导干部法律知识培训班，52人参加。

11月21日　自治区财政厅制定《宁夏外商投资企业制定企业内部财务管理制度的指导意见》。

12月3日　自治区财政厅修改税收政策管理权限，变“以税养税”为“以财养税”，要求依法征税、依法治税、统一税制。

12月11日　自治区财政厅调整职工冬季取暖费补贴标准。银川市及自治区在银川各单位职工取暖用煤补贴标准为83元，比原标准提高25元。各地市县补贴标准，由当地财政部门按煤炭实物标准制定。

12月16日　宁夏财会函授学校校务委员会成立，自治区财政厅副厅长马金柱兼任主任。

12月31日　自治区财政厅印发《宁夏回族自治区因公临时出国人员经费核算办法》。

是月　自治区财税部门和财政部驻宁夏财政监察专员办开展企业税收退库及减免工作，共办理退库、减免各项税金约1.46亿元。

是年　制定出台《宁夏回族自治区财政周转金管理实施细则》，实行统一政策，分级管理。

△　全区财务独立核算的一、二级行政事业单位始办理产权登记。

△　修订自治区储备粮油费用、利息补贴等标准，制定《宁夏回族自治区区本级预算外资金管理办法》。

△　宁夏始建立旅游发展基金，并列入年度预算。

1997年

1月1日　自治区财政厅将自治区本级行政性收费收入（含政府性基金、附加、提成）全额纳入自治区财政预算管理，实行收支两条线管理。

3月1—31日　自治区财政厅、审计厅、监察厅、土地局在全区范围内专项检查国有土地使用权出让金收支情况。

3月3日　自治区地方基金征收局成立，为自治区财政厅下属处级事业单位，2013年5月更名为自治区非税收入管理局。

3月18—20日　自治区财政厅在银南地区举办会计基础工作规范培训班。

3月27日　全区农税工作会议在永宁召开，通报1996年全区农业税首次突破亿元大关。

4月4日　自治区财政厅调整购买专控汽车征收专控商品消费调节基金的比例。

4月14日　自治区财政厅决定对1996年当年上缴利税超过200万元，并且增长幅度在15%以上的宁夏炼油厂、西北轴承集团有限责任公司、吴忠仪表厂、青铜峡造纸厂、灵武矿务局、银川化肥厂、宁夏水泥厂、宁夏绒线厂等8家国有工业企业进行表彰奖励。

4月20日　自治区财政厅在固原行署举办全区财政系统公文处理和财政信息（新闻）培训班。

4月21日　自治区财政厅厅长马骏廷与宁夏炼油厂、石嘴山钢铁厂等12家区属重点财源工业企业负责人签订"效益目标责任书"。

是月　宁夏注册会计师协会成立。2006年7月更名为宁夏注册会计师和资产评估师管理中心。

5月27日　自治区财政厅对中国农业银行宁夏分行、宁夏人民出版社、自治区党委办公厅、自治区水利厅等在1996年度扶贫扬黄灌溉工程建设费募集工作的先进单位通报表彰。

7月28日　自治区财政厅制发《宁夏回族自治区社会中介机构参加税收财务大检查暂行管理办法》。

8月1日　自治区财政厅决定，历时2个月清理检查1987年1月1日至1996年12月30日时限内的地、市、县、乡各级财政部门和农业主管部门及其下属单位借用的财政支农周转金使用情况。

9月1日　自治区财政厅挂牌成立宁夏回族自治区基本建设工程预决算审查中心，为具有法人资格的独立核算单位。

9月8日　自治区财政厅建立金融保险企业财政登记制度。

10月21—23日　全区乡财政工作暨表彰自治区级文明财政所会议在青铜峡市召开。

11月7日　自治区财政"农业产业化发展研讨会"在银川召开。

是月　世界银行贷款领导小组办公室挂靠自治区财政厅外经处。

12月22—23日　全区小型企业产权制度改革座谈会在银川召开。

是年　开始产权界定工作。

△　全区国资系统行政复议和产权纠纷调处委员会成立。

1998年

1月1日　自治区财政厅会同自治区党委宣传部制定《宁夏回族自治区文化事业建设费使用管理办法》。

2月16日　自治区财政厅要求各级财政部门按照各项规定加强对金融机构财务活动的监管。

3月27日　自治区财政厅制定区直单位车辆统一保险的具体办法。

3月30日　自治区财政厅、卫生厅对卫生医疗单位业务收入纳入财政专户管理的预算外资金，实行同级财政部门核定收支计划。

4月21日　自治区财政厅印发《自治区矿产管理保护项目补助经费管理暂行办法》。

5月4日　自治区财政厅会同物价、土地、农业等部门制定《宁夏回族自治区耕地造地费征收和使用管理暂行办法》及《宁夏回族自治区土地购置费征收和使用管理暂行办法》。

5月19日　自治区财政厅决定出资4600万元实行相对控股，筹建银川市商业银行。

6月9日　自治区财政厅规定，凡是由财政部门安排的专项拨款项目，设备购置单价在20万元以上或单价虽在20万元以下，但一次批量采购总价值在50万元以上的，以及维修工程在20万元以上的项目，均实行公开竞价招标。

8月27日　自治区财政厅制定《宁夏回族自治区贷款管理暂行规定》。

是月　邓炎辉任自治区财政厅厅长。

9月1日　自治区财政厅首次使用电子计算机管理全区会计证，自即日起换发新会计证及预备会计证。

9月23日　全国财政法规知识竞赛（宁夏赛区）结束，参赛2294人，及格率100%。

10月12日　自治区财政厅机关档案通过验收，达到自治区一级档案管理标准。

10月21日　自治区财政厅规定，凡在自治区境内从事基金征收的部门、单位，都必须办理许可证，持证征收基金。

10月15日　自治区财政厅和中国农业发展银行宁夏分行制定《宁夏回族自治区粮食风险基金专户管理办法》。

11月10—15日　举办全区财政系统法律知识培训班及《企业会计准则》《股份有限公司会计制度》培训班。

1999年

3月24日　自治区财政厅就宁夏华洋会计师事务所违法违纪一案举行财政行政处罚听证会。

4月9日　自治区财政厅、乡镇企业局在银川召开“强乡富民工程”工作会议，同各市县财政局、乡镇企业局签订“强乡富民工程”目标管理责任书。

5月22—23日　全国会计专业技术资格考试宁夏考区的考试工作分别在银川市、石嘴山市、吴忠市、固原地区进行，报名考试7240人。

5月23日　自治区财政厅、畜牧局召开全区工厂化秸秆养畜、脱贫致富工作会议，与15个市县财政局、畜牧局签订项目责任书。

5月25—29日　自治区财政厅举办《宁夏回族自治区行政执法证件管理办法》及社会保障制度改革研讨培训班。

是月　宁夏财政信息中心成立。

△　宁夏财政干部培训中心成立。2005年5月更名为宁夏财政干部教育中心。

6月30日　全区财政系统办公室主任工作会议在平罗沙湖宁夏财政干部培训中心召开。

7月1日　自治区人民政府决定，将原征收用于“宁夏扶贫扬黄灌溉工程建设基金”等项目，统一合并为水利建设基金。

8月1日　自治区交通厅、财政厅、公安厅决定停止征收机动车辆购置价3%的扶贫附加费。

8月9日　自治区政府采购办公室挂牌办公。

9月28日　自治区计委、财政厅召开全区投资工作会议，研究部署新增国债资金的使用和监管工作。

10月21—24日　以世界银行贷款局亚洲支付处高级官员金炯珉为团长的世界银行支付代表团，就自治区世界银行项目提款报账工作进行培训指导。

年底　军队和政法机关所办27家企业正式移交地方管理。

△　世界银行贷款“第二个贫困地区基础教育发展”项目 5 年期完成，宁夏山区8个县基本实现了中小学办公条件标准化。

2000年

1月1日　即日起对全区行政事业性收费票据进行统一换版和更换监制章。

1月15日　自治区直属部门政府采购工作会议在银川召开。

3月7日　“跨世纪宁夏财政发展研讨会”在银川召开。

4月3日　自治区政府采购金额最大、采购品目最多、资金节约率最高的宁夏“义教工程”政府采购全面招标。

5月19日　召开机构改革动员大会，部署自治区财政厅机构改革。9月13日，召开机构改革工作总结大会。

5月19—20日　2000年度全国会计专业技术资格考试举行，宁夏设10个考点，7500余人参加。

5月24—25日　全区财政系统纪检监察工作会议在宁夏财政干部培训中心召开。

6月29日　自治区清理整顿经济鉴证类社会中介机构领导小组召开第一次会议，部署全区清理整顿工作。

6月30日　自治区纪委、监察厅印发文件，向自治区财政厅派驻纪检组、监察室。

7月1日　新修订的《中华人民共和国会计法》正式实施。

7月4—6日　自治区财政厅分别在平罗和银川举办3期行政单位工资统一发放微机软件

培训班，160多人参加。

7月18日　第二届全国会计知识大赛宁夏赛区电视大赛在银川举行。

8月1日　自治区级行政单位财政统一发放工资正式启动，首批纳入10户单位试点。

8月1—2日　全区农村税费改革试点工作动员大会分别在中卫、彭阳召开。

8月28日　自治区政府与亚洲开发银行签订沙坡头水利枢纽工程技术援助协议。

10月1日　自治区本级行政事业性收费、罚没收入正式实行“收缴分离”和“罚缴分离”新的征管模式。区本级推行“收支两条线”工作。

10月22—23日　荷兰政府贷款考察团C.J.Ouweikerk（荷兰外交部工业与发展局官员）与田宏（荷兰驻华大使馆商务处官员），实地参观考察宁夏使用荷兰政府贷款的银北排水项目和银川乳品饮料总厂设备更新改造项目。

11月30日　自治区财政厅主持《涉外财务规章制度汇编》印制成书，内部发行。

12月　宁夏被财政部确定为部门预算编制的5个试点省份之一，开始部门预算改革。

是年　自治区6个项目列入财政部利用外国政府贷款备选项目清单。

2001年

1月1日　自治区农业综合开发领导小组办公室正式列为自治区财政厅管理的事业单位。

2月6日　“全区农村税费改革试点工作会议”在银川召开，自治区政府主席马启智作题为《精心组织，周密部署，认真做好农村税费改革试点工作》动员报告。

2月8日　自治区财政厅召开自治区高新技术风险资金扶持企业座谈会。

4月15—17日　世界银行副行长兼首席信息官穆罕默德·穆辛一行到宁夏访问考察。

4月19日　全区财政系统文明财政所表彰大会召开，71个区级文明财政所受到表彰。

4月25日　自治区财政厅会计处举办首期企业会计准则、会计制度培训班，70多名财务主管、业务骨干参加。

是月　工资统一发放中心成立，自治区本级59个行政单位和5个事业单位纳入工资统一发放。

5月19—20日　全区约万人参加全国会计专业人员技术职称考试。

6月29—30日　自治区财政厅召开区本级预算编制改革座谈会，确定区级15个预算编制改革试点部门。

7月20日　全区财政监督检查工作会议在银川召开。

8月18—24日　世界银行中国局局长兼驻华首席代表黄育川对宁夏使用世行贷款实施的秦巴扶贫、北方灌溉、古王高速公路等项目进行考察。

8月19—20日　全国第12次民族地区财政理论研讨会在宁夏举行。

8月21—24日　北方14个省（市、自治区）会计学会第19次学术研讨会在银川召开，收到交流论文49篇，会后结集出版。

11月28日　全区第四次会计工作“双先”表彰电视电话会议在银川召开。

12月24—25日　全区财政系统思想政治工作研讨交流会召开，收到研讨交流论文66篇，会后结集出版。

是年　全区教育支出首次突破10亿元。

△　自治区财政厅被自治区人民政府授予社会帮扶先进集体称号。

2002年

1月29日　自治区财政厅召开全区地方国有大中型企业座谈会。

3月7日　全区农业综合开发工作会议在银川召开。国家农业综合开发办公室常务副主任赵鸣骥出席会议并讲话，自治区政府副主席陈进玉作报告。

3月30日至4月2日　自治区财政厅举办全区财政系统领导干部WTO与财政知识培训班，邀请中央党校、财政部、自治区有关部门领导、专家专题讲座。

4月18日　全区农村税费改革试点工作会议在银川召开。

4月28日　全区财政系统纪检监察工作会议在宁夏财政干部培训中心召开。

是月　陶源任自治区财政厅党组书记，次年2月任自治区财政厅厅长。

5月21—26日　财政部、国家林业局组成调查组，检查自治区退耕还林、草工程实施情况。

6月3日　宁夏财政信息网站开通。

6月8日　2001年度企业所得税税源调查布置会召开。

7月9日　全区预算单位清产核资动员大会在银川召开。

7月30日　首届华东、西北地区财政系统人事教育工作研讨会在银川召开。

10月16—18日　全区财政系统法律知识培训班在宁夏财政干部培训中心举办。

10月25日　宁夏财经学校划归自治区教育厅。

10月29日　全区财政国库管理制度改革工作会议在银川召开。

11月20日　政府采购公务机动车辆定点加油签字仪式在银川举行。

2003年

1月1日　自治区本级财政国库集中支付工作正式启动。

3月13—14日　自治区财政厅举办全区外债资金会议暨项目管理培训班，60多人参加。

4月7日　自治区财政厅公示行政事业性收费338项，政府性基金192项。

5月　自治区财政厅决定自5月1日至9月30日，受“非典”疫情影响比较严重的行业减免部分政府性基金。

是月　自治区财政厅会同银川市商业银行、中国农业银行宁夏分行开发拨号上网对账软件，实施基金收费网络对账。

6月20日　西部省区农村发展研讨会在银川召开。

7月12—14日　全国省以下财政体制改革研究协作课题会议在银川召开。

7月29日　启动全区财政系统“树行业新风、促规范服务”活动。次年9月6日召开总结大会。

是月　自治区财政厅、监察厅、审计厅、人民银行中心支行印发《宁夏回族自治区预算系统银行账户管理暂行办法》。

10月17日　宁夏第二十一届珠算比赛在贺兰县举行，全区45名选手参加。

2004年

2月26日　全区财政监督工作会议在银川召开，表彰奖励先进集体、先进工作者。

是月　撤销统计评价处和行政事业处，成立行政政法处和教科文处。

3月8—10日　财政部干部教育中心与世界银行学院举办“中国入世后农业财政政策与减贫国际研讨班”。宁夏分会场设在宁夏大学网络学院。

3月21日　财政部办公厅副主任欧文汉带领调研组到宁夏实地考察调研。

4月15—17日　财政部国库集中支付管理系统（地方版）软件试点工作现场会在银川召开。

7月15—18日　全区财政系统领导干部“科学理财”培训班在银川举办。

9月10—15日　全区财政系统第八届职工体育运动会在吴忠举行。

9月17日　财政部项目验收小组到宁夏考察2001—2003年第五期农业综合开发项目，宣布项目通过验收。

9月27日　自治区政府召开农民直补财政资金“一卡通”信息管理系统工程启动会议，宁夏在全国率先启动政府直补农民财政资金“一卡通”信息管理系统。

是年　制定鼓励自治区金融机构向中小工业企业发放贷款财政扶持政策。

△　修订《宁夏回族自治区党政机关、事业单位工作人员差旅费开支规定》，制定《自治区级党政机关工作人员公务移动通讯费补贴管理办法》《宁夏回族自治区用于农业土地开发的土地出让金财务管理办法》《宁夏回族自治区财政投资评审委托办法》。

△　安排自治区粮食风险基金2亿元，一次性解决1998年以来国有粮食购销企业政策性亏损挂账问题。

2005年

1月11—12日　全区财政工作会议在银川召开，决定从2005年起全区免征农业税，贫困地区农村中小学生义务教育实施“两免一补”。

2月3日　自治区召开全区扩大种粮农民直接补贴范围工作会议，决定从2005年起，将政府对种粮农民直接补贴的范围由川区粮食主产市县和农垦所属农场，扩大到扬黄灌区。

3月1日　自治区财政厅调整资源税征收范围和征收标准。

3月15日　自治区财政厅完成区本级预算单位的部门预算批复工作，自治区级部门人员的地区生活补贴、月度奖金、移动通信费、风沙费、误餐费以及生活补助纳入部门预算。

3月26日　《宁夏回族自治区“金财工程”安全建设方案》通过国家信息安全测评认证。

4月16日　宁夏中部干旱带农村综合开发项目在银川启动。这是自治区利用国际农发基金会1458万美元贷款实施扶贫开发的项目。

4月18—23日　自治区财政厅在银川召开全区一级预算单位及其所属部分二级预算单位的财政供养人员信息会审会，分级、分地区、分部门审核财政供养人员信息数据。

4月28日　自治区财政厅、物价局编制完成全区行政事业性收费、政府性基金目录。截至2004年年底，全区共有行政事业性收费项目284项，政府性基金16项。

5月　宁夏财政政策法规查询系统网站面向社会开通。

6月7—14日　德国复兴开发银行认定评估团完成对中德合作中国北方土地荒漠化综合治理宁夏项目区的评估认定。

是月　自治区财政厅完成全区行政事业单位公务小汽车编制核定工作。

7月1日　即日起，全区所有农村救助、救济、优抚性资金一律纳入“一卡通”发放。宁夏在全国率先启动“一卡通”信息管理系统。

7月20日　财政部、商务部在银川召开中小企业国际市场开拓资金工作座谈会。

8月3日　自治区财政厅、发展和改革委员会、扶贫办、民委共同举办的财政扶贫资金监管系统培训班在银川开班。

10月26日　自治区政府就转贷外国政府贷款项目与宁夏医学院附属医院、宁夏水利培训学校举行签约仪式。签约项目分别为宁夏医学院附属医院外科大楼项目和宁夏青年农民培训项目。

11月9—14日　自治区财政厅会同自治区农牧厅、发改委组成检查组，对2005年度全区10个市县16个科技兴农项目及现代化农业示范园区建设进行检查。

12月23日　自治区财政厅被自治区党建领导小组评为2005年度自治区党建先进单位。

是月　自治区政府采购办公室由事业单位改为自治区财政厅内设机构，增设政府采购管理处。

是年　新的宁夏财政法规查询系统软件与厅信息网上一并投入运行。

△　宁夏产权交易所成立，建起宁夏唯一的集产权交易、金融服务于一体的综合性产权交易资本市场平台。

△　中央财政从专项资金中首次安排环保专项资金980万元。

2006年

1月　自治区财政厅深化农村义务教育经费保障机制改革工作办公室成立。

3月　自治区财政厅农业处被自治区人民政府授予自治区农村妇女“双学双比”竞赛先进集体称号。

4月16日　自治区财政厅在银川召开全区政府收支分类改革动员会。

5月1日　《区属行政事业单位差旅费管理办法》出台。

5月22日　财政部召开全国财政系统反商业贿赂电视电话会议，自治区组织5个分会场。

6月2日　全国基层财经干部培训班在银川举办。

6月27—28日　全区财政系统办公室主任工作会议暨财政信息宣传培训班在中卫举行。

7月5—8日　财政部在银川召开部分省市财政部门推行行政执法责任制工作座谈会。

7月31日至8月3日　财政部在银川召开2005年度全国外商投资企业财务决算汇总分析会议。

8月12—15日　财政部税政司调研组到宁夏调研农民负担问题。

是月　《宁夏回族自治区采购评审委员会工作规程》《宁夏回族自治区政府采购货物项目综合评分标准》出台，自9月1日起执行。

9月11—14日　自治区财政厅召开全区政府性债务报表会审会。

9月19日　自治区财政厅主持召开《宁夏通志·财政金融卷》评审会。

9月24—29日　全区财政系统领导干部岗位培训班在上海国家会计学院举办。

10月12—31日　自治区财政厅机关开展财政管理体制改革和政风行风建设调研活动。

10月30日至11月4日　自治区财政厅、国资委在上海国家会计学院举办全区高级会计人员继续教育培训班，近200人参加培训学习。

11月9—14日　自治区财政厅会同农牧厅、发改委组成检查组，检查2005年度全区10个市县16个科技兴农项目及现代化农业示范园区建设情况。

12月18日　全国财政系统“双先”表彰大会上，平罗县财政局获评全国财政系统先进集体，自治区财政厅办公室主任科员唐夕建获评全国财政系统先进工作者。

12月23日　自治区财政厅被自治区党建领导小组评为2005年度自治区党建先进单位。

是月　自治区2005年度地方金融企业财务决算报表获财政部通报表扬。

是年　启动实施国家农业综合开发利用世界银行贷款加强农业灌溉三期项目，安排世界银行贷款100万美元。

△　自治区财政厅被自治区人民政府授予“十年扶贫先进单位”和支教工作年度先进单位称号。

2007年

1月5日　自治区定点饭店管理工作动员大会在银川召开。

1月15日　全区化解乡镇债务启动。

3月　自治区财政厅被自治区政府评为2006年度全区政务信息工作先进集。自治区财政厅地方政府采购信息统计工作受到财政部通报表扬。

△　自治区农村公共财政支付服务局成立，2013年5月更名为自治区农村财政管理局。

4月　自治区财政厅承办财政部在宁夏召开的统计监测预警管理信息系统开发研讨会，并调研考察日元贷款彩电中心项目、世行贷款教育项目。

5月8—13日　全国人大财经委调研组到宁夏开展财政转移支付专题调研。

5月31日至6月2日　财政部部属单位财务工作座谈会在银川召开。

是月　审计署驻西安特派员到宁夏审计中央转移支付专项资金、支农资金。

△　国务院副总理吴仪对宁夏药品“三统一”作出批示，要求卫生部总结推广宁夏“三统一”模式。

6月14日　自治区财政厅举办加强领导干部作风建设读书班。

6月28日至7月2日　以财政部副部长张弘力为组长的国务院清理高耗能高污染行业检查组检查宁夏“两高”行业。

8月2日　自治区人民政府召开全区会计“双先”表彰会。自治区财政厅会计处获评全区会计工作先进集体。

8月3日　全区财政局长座谈会在银川召开。同时，召开化解乡镇债务座谈会和规范市县津贴补贴座谈会。

8月7日　全区财政系统党风廉政建设和反腐败工作会议在银川召开。

9月12—14日　自治区财政厅承办2006—2007年度全国社会保障财务理论研讨会。

9月30日　自治区财政厅党组中心组传达学习自治区政府效能建设大会精神。

10月18日　“用友杯”第三届全国会计知识大赛宁夏赛区选拔赛决赛在银川举行，8支代表队参加决赛。

10月30日　自治区财政厅、农牧厅在吴忠市召开全区农村“三财”管理改革暨“一卡通”

工作现场观摩会。

是月　财政部表彰2005—2006年全国财政新闻宣传工作先进集体、先进个人，奖励第八届全国财政好新闻获奖作品。自治区财政厅选送的《零税负后农民八盼》《由被动捆绑到主动整合》分别获全国财政好新闻二等奖和三等奖。

11月5—9日　自治区财政厅在上海国家会计学院举办2007年度第二期全区高级会计人员继续教育培训班，150余人参加培训。

12月　《公共财政宁夏行》大型财政电视专题片制作工作完成。

是年　财税库银横向联网领导小组成立。自治区被列入2007年全国扩大试点范围，选择银川市国税局进行横向联网电子缴库试点。

△　宁夏列入国家旅游发展基金管理办法改革试点省区。

△　宁夏开发国库集中支付系统，完成了软件从老系统到新系统的平稳过渡。

2008年

1月9日　全区财政系统创建文明行业动员大会在银川召开。

是月　王和山任自治区财政厅党组书记、厅长。

3月　自治区财政厅获评全区政务信息先进集体和电子政务先进集体。

5月　自治区本级预算单位公务卡改革、全区行政事业单位资产管理信息系统试点工作启动。

△　自治区财政厅行政审批办公室进驻自治区人民政府政务服务中心。

6月12—19日　自治区财政厅、人民银行银川中心支行组成调研组，赴吴忠、中卫、固原等市县调研国库改革工作。

是月　全区“山川互联、村企互动，推进宁南山区农业产业化发展”启动会议召开。

7月17日　自治区财政厅召开座谈会，支持贺兰山东麓葡萄种植和葡萄酒加工项目。

9月8日　国务院农村综合改革办公室在宁夏调研化解乡镇债务情况。

10月10日　自治区财政厅召开学习科学发展观动员大会。

11月14日　宁夏资产评估协会第一次代表大会召开。

11月20—21日　全区财政系统办公室主任会议暨财政厅办理建议提案工作总结会在石嘴山市召开。

是年　启动国库集中支付综合查询系统。

△　全年工业商业金融等事务支出22.06亿元，主要用于打造新农村、新合作、新网络“三新工程”。

△　宁夏列入全国农村公益事业建设“一事一议”财政奖补制度试点省区。

2009年

2月10日　自治区财政厅党组书记、厅长王和山调研银川东南部水系，主持讨论西夏渠建设方案。

3月26日　全区财政系统反腐倡廉建设工作会议在银川召开。

△　自治区党委召开宁夏政策研究工作会议，宁夏财政政策研究中心获评先进集体，自治区财政厅厅长王和山撰写的《把握思想"利器"推进财政跨越式发展》获优秀论文一等奖。

4月8日　自治区财政厅税政条法处召开再生资源增值税退税行政审批工作会议。

4月27日　自治区财政厅国库支付中心获全国"五一劳动奖章"。

是月　自治区财政厅召开2008年度本级财政预算执行情况审计进点会、红寺堡中学改建调研报告审查会、区属国有企业领导人员职务消费情况调研座谈会。

5月8日　自治区监察厅、财政厅参加全区"小金库"治理工作电视电话会议。

6月22—25日　财政部社会保障司副司长符金陵率中央部委保障性安居工程建设情况督察组一行6人到宁夏，深入农户家中了解危房改造情况。

6月26日　自治区"小金库"专项治理工作领导小组在银川召开全区"小金库"专项治理工作进展情况通报会。

是月　自治区财政厅召开2009年产业技术成果转化项目评审会，与自治区环保厅召开中央农村环保专项资金项目审查会。

7月7日　全区财政系统"家电下乡"补贴工作会议召开。

8月25日　国务院农村综合改革工作小组批复宁夏回族自治区村级公益事业建设"一事一议"财政奖补试点实施方案，预拨启动资金，支持试点工作。

8月29—31日　自治区财政厅在银川、吴忠、固原举办全区汽车下乡信息管理系统培训班。

10月27日　自治区财政厅副厅长马闽霞以子项目A中方首席专家的身份赴英国莱斯特大学参加全球环境基金碳效益项目专家组第一届全体成员大会。

11月27日　宁夏农业综合投资有限责任公司挂牌成立。

12月18—20日　自治区财政厅与财政部综改办签订"建立我国农业巨灾风险分散机制的建议"课题协议。

是年　自治区财政厅制定《创新财政扶持企业发展资金投入方式实施办法》《支持装备制造业发展专项资金管理暂行办法》。

△　宁夏争取中央财政专项资金9800万元，将宁夏列为国家农村危房改造工程试点省区。

△　全区完成地方财政一般预算收入115.8亿元，突破百亿元大关。

2010年

1月4日　“金财工程”应用支撑平台在自治区本级和试点市县财政部门正式上线运行。

1月29日　经自治区人民政府批复，决定从2月1日起，对脱水蔬菜出口企业实行征17%退15%的增值税税率。

是月　自治区财政决定提高国家计划内招收硕士、博士研究生经费标准。硕士生每人每年由1850元提高到6000元，增加4150元；博士生每人每年由1850元提高到1万元，增加8150元。

3月10日　自治区财政厅就县级财政支农资金整合提出实施意见，归并投向相近、目标基本一致、来源不同的各项财政支农资金，统筹安排，集中使用。

3月11日　自治区财政厅会同有关部门印发通知，汽车下乡政策延长一年，至2010年12月底；摩托车下乡政策执行到2013年1月底。

3月12—14日　自治区财政厅开展全区财政系统“抓落实、树形象”年培训活动。

3月23日　自治区财政厅印发《自治区人才专项资金管理暂行办法》。

3月31日　自治区财政厅印发《宁夏回族自治区金融企业国有资产转让管理办法》。

4月20日　自治区财政厅印发《宁夏回族自治区市县财政支出执行情况考核暂行办法》，从2010年起，对各市县财政一般预算支出执行情况考核。

5月5日　自治区财政厅印发《宁夏回族自治区财政检查工作规程》。

5月6日　自治区财政厅转发财政部第58号令《财政部门内部监督检查办法》。

5月17日　自治区财政厅印发《规范性文件制定和备案审查办法》。

5月19—20日　财政部农业司副司长一行调研宁夏“三牧”扶持政策。

6月21日　财政部2009年地方财政预算执行情况分析评比中，自治区财政厅获二等奖。

6月22日　自治区财政厅表彰全区财政“五五”普法法规知识竞赛优秀组织单位。

6月23—25日　财政部国库司在银川召开上半年部分省市财政预算执行情况分析会。

7月2日　自治区人民政府授予自治区财政厅“黄河标准化堤防和滨河大道建设先进集体”称号。

7月7日　自治区财政厅确定宁夏科技资源与产权交易所、宁夏多元产权交易所为宁夏承办金融企业国有资产交易业务的省级产权交易机构。

8月16日　自治区财政厅和物价局印发2010年全区行政事业性收费和政府性基金项目目录。

8月23日　自治区财政厅印发《宁夏回族自治区公共租赁住房专项补助资金管理办法》。

8月26日　自治区财政厅举办法治财政为民生专题文艺晚会暨全区财政“五五”普法知

识竞赛颁奖晚会。

8月27日　财政部公布宁夏等七省区市政府债券发行计划，宁夏计划发行额26亿元，其中三年期18亿元，五年期8亿元。

8月30—31日　由财政部和亚洲开发银行主办、自治区财政厅承办的亚洲开发银行国别项目检查研讨会在银川举行。

9月8日　自治区财政厅印发《宁夏回族自治区财政项目资金评审管理办法》《宁夏回族自治区本级部门财政拨款结余资金管理办法》。

9月26日　财政部通报2009年地方政府外债指标监测情况，监测的6项指标中，宁夏的“外债财力增长比”和“拖欠额变动率”两项指标处于橙色区间（即需要关注），其他指标处于绿色区间（即安全区间）。

△　自治区财政厅印发《2011年宁夏回族自治区政府采购目录及标准》。

10月1日　自即日起，停止执行规模以上工业企业减半征收城镇土地使用税的优惠政策，恢复全额征收。

10月22日　财政部组织的全国金融企业财务报表工作评比中，自治区财政厅获评地方财政部门先进单位。

10月29日　自即日起，自治区财政厅委托会计师事务所对部分事业单位的资产进行清查核实。

11月4日　自治区人民政府表彰第七届全区少数民族传统体育运动会先进单位和先进个人，自治区财政厅获评先进保障单位。

12月3日　自治区财政厅获自治区人民政府自治区财政厅依法行政工作先进集体称号。

12月3日　自治区财政厅表彰2009年财政总决算、部门决算工作先进单位。固原市、中卫市获评财政总决算一等奖，石嘴山市、平罗县、自治区卫生厅等获评部门决算一等奖。

12月6日　自治区财政厅公布宁夏2011—2012年出差会议定点饭店名单，确定65家出差会议定点饭店。

12月28日　自治区财政厅表彰2010年市县行政单位资产管理先进单位，银川等7个市县财政局得到表彰；表彰2010年度全区财政票据管理先进单位，中宁县和银川市财政局获一等奖。

12月30日　自治区财政厅获自治区人民政府“2010年宁夏参与上海世博会先进单位”称号。

是年　建立市县财政支出进度考核制度，提高财政资金支出时效性和均衡性。

△　自治区财政安排建设资金近20亿元，与沿黄市县共推“黄河金岸”建设。

△　自治区财政厅、住房和城乡建设厅制定《宁夏回族自治区城市棚户区改造专项补助资金管理办法》。

△　自治区财政厅制定《轻纺工业发展专项资金管理暂行办法》，下达轻纺工业发展资金1230万元。出台《煤矿瓦斯治理和安全技术改造专项资金使用管理办法》，下达专项资金480万元。

△ 自治区财政厅汇编《阳光财政》，重点介绍各项民生政策的内容、目标、标准以及资金安排情况，帮助人大代表“大账看得懂，细账看得清”。

△ 自治区人民政府批转自治区财政厅、计委、水利厅制定的《宁夏回族自治区重大水利工程建设基金征收使用管理暂行办法》《宁夏回族自治区大中型水库库区基金征收使用管理实施细则》。

△ 全年安排资金4000万元，支持一、二、三类城市公厕建设。

△ 全年整合资金6000多万元，支持三大口岸和九大物流园区建设。

△ 自治区财政厅增加教育经费投入，启动山区义务教育学校“营养早餐”工程。

2011年

1月1日 自即日起，调整运动员、教练伙食标准。

△ 自即日起，宁夏娱乐业统一按照5%的税率征收营业税。

1月4日 宁夏金财工程应用支撑平台及一体化系统在全区所有市县上线运行。

1月5日 自治区财政厅通报2010年全区家电下乡补贴资金兑付情况，全区家电下乡销售额突破10亿元。

1月17日 自治区财政厅改革原油天然气资源税，改从量定额征收为从价定率征收。

1月20日 自治区人民政府表彰奖励“十一五”期间全区国土资源工作先进集体，自治区财政厅等10家单位获奖。

△ 内部交流刊物《宁夏财会》由月刊变更为双月刊。

1月26日 财政部批准“宁夏中部旱作节水特色农业示范项目”列入亚洲基础设施投资银行贷款2010—2012年备选项目规划新补充项目清单，该项目拟利用亚行贷款7600万美元。

1月26—27日 国际农业发展基金（IFAD）副总裁大村由纪子（Yukiko Omura）一行5人访问宁夏，赴红寺堡开发区现场考察“宁夏环境改良和扶贫项目”。

1月27日 财政部通报表扬宁夏金财工程应用支撑平台推广实施工作。到2010年年底，全国有宁夏等8个地方率先完成平台推广实施并实现三级贯通。

△ 宁夏财政投资评审中心完成银川河东机场扩建项目评审，该工程完成总投资48047.49万元，较概算批复节省建设资金2882.51万元。

2月9日 自治区党委办公厅、政府办公厅通报2010年度自治区机关效能目标管理考核结果，参加考核单位160个，自治区财政厅获评优秀等次一等奖。

2月23日 全区财政系统行风建设工作领导小组决定，表彰奖励2010年度全区民主评议政风行风活动中被各地政府确定为免评的财政厅机关等11个单位和进入各地政府部门前3名的灵武市财政局等6个先进单位。

2月28日　自治区财政厅被自治区人民政府表彰为“2010年全区固定资产投资工作先进单位”。

3月1—8日　以世界银行东亚及太平洋区可持续发展局交通专家邓斐为团长的交通项目检查团一行8人，到宁夏检查世行贷款“宁夏公路项目”。

3月2日　自治区财政厅决定自本年1月1日起取消和停止20项社会团体收费，自2月1日起取消31项涉及企业的行政事业性收费。

3月7—12日　以德国复兴银行亚洲自然资源处处长安德拉·江诗顿（Andrea Johnston）为团长的项目进度检查团一行4人，到宁夏检查中德财政合作中国北方荒漠化防治项目。

3月14日　自治区财政厅决定，从2011年起，每年筹集资金约4000万元，为县级妇幼保健机构配备必要的诊疗设备，确保“四免一救助”政策实施。

3月16日　《宁夏财政信息》改版，调整为《财政快讯》《专题信息》《调研与思考》3种信息类刊物。

3月21日　全区财政系统“抓落实，树形象”年活动总结暨开展“项目管理年”活动动员大会召开，表彰全系统“抓落实，树形象”年活动先进单位和个人。

3月25日　自治区财政厅获“2010年宁东能源化工基地建设大会战优秀服务单位”称号。

3月27—31日　全区财政监督工作科学化、精细化培训班在厦门国家会计学院举办。

3月31日　自治区财政厅紧急调度补贴资金5000万元，保证各市县家电下乡补贴资金兑付。

4月6日　自治区财政厅印发《关于全区财政系统开展“项目管理年”活动的指导意见》。

△　财政部表彰2010年度全国财政信息工作先进单位和先进个人并评出财政好信息76条。吴忠市财政局获先进单位称号。自治区财政厅采写的《宁夏回族自治区财政加大投入力度深入推进廉租住房保障工作》、吴忠市财政局采写的《宁夏吴忠市对承接产业转移工作提出建议》分别被评为“财政好信息”。

4月7日　自治区财政厅印发《关于加强财政监督基础工作的意见》，并于5月4日成立自治区财政厅财政监督工作领导小组，财政“大监督”机制正式启动。

4月8日　承担自治区本级财政工资统一发放的5家代理银行，实现向全国各地银行等金融机构直接划转工资及离退休费的功能。

4月10日　宁夏财政票据管理系统正式上线运行。

4月14日　自治区财政厅在财政部组织的2010年企业所得税税源调查工作评比中获评优秀单位。

4月15日　自治区人民政府批复同意成立宁夏现代农业集团公司，自治区财政厅为该公司出资人和管理机构。

4月25—30日　自治区财政厅与政法主管部门在上海国家会计学院举办培训班，首次专题培训全区70余名基层政法财务人员。

4月26—29日　财政部国际司“世行农民工培训与就业”项目检查和中期评估团一行10

人,到宁夏对世界银行贷款“农民工培训与就业”项目进行中期评估。

5月8日　自治区财政厅承办的感恩母亲河活动开幕式在青铜峡金沙湾景区举行。

5月12日　自治区财政厅、人社厅、总工会印发通知,全区行政事业单位、社会团体和企业女职工保健费发放标准由每人每月6元调整为每人每月25元,从2011年5月1日起执行。

△　宁夏农业综合投资有限公司全资子公司——宁夏绿色六盘农业发展有限公司注册成立。

5月18日　自治区财政厅获财政部2010年度财政信息化建设统计报表编报工作先进单位称号。

6月6日　自治区人民政府表彰中国(宁夏)园艺博览会先进单位和先进个人,自治区财政厅和农业综合开发办公室分别获评“重大活动组织服务先进单位”,宁夏农业综合投资有限公司获评“展览展示先进单位”。

6月13日　宁夏财政系统“财政法规政策宣传周”活动主会场启动仪式在银川光明广场举行。

6月13—30日　以世界银行项目经理乌里·施密特为团长的“世行贷款宁夏防沙治沙与生态保护项目预评估工作团”一行6人,到宁夏考察项目。

6月18日至7月9日　中央纪律检查委员会、组织部、监察部、财政部、人社部、审计署等六部委组成检查组,检查宁夏2007—2010年规范津贴补贴实施情况。

6月24日　自治区财政厅决定安排旅游发展项目资金8700万元,重点用于沙湖、黄河大峡谷、滚钟口、鸣翠湖等沿黄旅游核心区各景区基础设施项目及沿黄城市带旅游标志建设等。

6月29日　中央决定从2011年起,宁夏等8个主要草原牧区省(区),全面建立草原生态保护补助奖励机制。

△　自治区庆祝建党90周年大会上，自治区财政厅机关党委获评全区先进基层党组织称号。

6月30日　驻财政厅纪检组监察室作为“全区纪检监察系统先进集体”，受到自治区纪委、人社厅和监察厅表彰奖励。

△　中国共产党建党90周年前夕,自治区财政厅党组决定组成10人报告团,深入全区5个地级市和厅机关作巡回报告。

7月1日　宁夏、山西和甘肃三省区申请的全球环境基金(GEF)赠款实施的“旱地生态保护和恢复项目”启动会在北京召开。

7月3日　自治区财政厅决定在中卫市建设宁夏财政异地容灾备份中心。

7月7日　宁夏农业综合投资公司与中国银行宁夏分行签订《贷款担保合作协议》。

7月9—14日　中国农村财政研究会在宁夏举办全国基层财经干部培训班。

7月18日　财政部表彰“五五”(2006—2010年)普法先进集体和先进个人。自治区财政厅获评省级财政部门先进单位,银川市财政局、吴忠市财政局、平罗县财政局和固原市原州区财政局获评市县财政部门先进集体。

△　宁夏农业综合投资公司与石嘴山银行签订《贷款担保合作协议》。

7月29日　自治区人民政府表彰第三届中国（宁夏）国际文化艺术旅游博览会先进集体和先进个人，自治区财政厅获评先进集体。

8月5日　自治区财政厅下达2011—2012学年营养早餐工程资金4731万元，12个县区1500多所农村义务教育阶段公办学校学生和县城（城市）义务教育阶段公办学校寄宿学生共37.8万人受益。

8月19日　财政部组织的2010年地方财政预算执行分析评比中，自治区财政厅获三等奖。

8月26日　自治区“利用葡萄牙政府200万欧元贷款建设西夏王葡萄酒加工项目”和“利用葡萄牙政府200万欧元贷款建设贺兰山葡萄酒加工项目”，列入国家2011年度第五批外国政府贷款备选项目清单。

8月30日　自治区财政厅决定对“十二五”中南部地区生态移民实施财务巡查。

9月18日　自治区财政厅、教育厅印发通知，自2011年1月1日起，从土地出让收益中按10%的比例计提教育资金。

9月20日　2011中国（宁夏）引进海内外高层次人才合作洽谈会召开，自治区财政厅被自治区人才工作领导小组评为“全区引进高层次人才工作先进单位”。

9月22—30日　以亚行项目官员牛志明为团长的亚行项目贷款和技援检查团一行5人，到宁夏对亚行贷款“宁夏生态与农业综合开发项目”开展项目检查。

9月25—29日　自治区财政厅在南开大学举办全区财政系统领导干部培训班。

9月26日　自治区财政厅被自治区人民政府授予“十一五”自治区节能降耗先进单位称号。

9月28日　全区化解高校债务工作启动会召开。

10月14日　宁夏等20个省、自治区、直辖市财政厅（局）因2010年外商投资企业决算工作成绩突出受到财政部通报表扬。

10月17—21日　自治区财政厅在上海国家会计学院举办全区高级会计人员继续教育培训班，105人参加。

11月10—11日　日本国际协力机构中国事务所所长助理高岛亚纱、助理张洁一行2人，到宁夏对日元贷款“宁夏水环境治理项目”“宁夏广电设备改善项目”“宁夏人才培养项目”开展项目检查。

11月26日　自治区财政厅考核评比2010年度全区企业财务会计决算报表，以及2011年度全区企业财务快报，石嘴山市财政局、宁夏发电集团公司等39个先进单位受到表彰奖励。

12月6—9日　世界银行项目经理悟理·施密特为团长的“世行贷款宁夏防沙治沙与生态保护项目评估工作团”，到宁夏进行项目考察评估。

12月12日　财政部举办的第十届全国财政好新闻评选活动中，自治区财政厅推荐的《民生计划之民生工程》获电视类一等奖,《乡镇民生服务中心,党群关系的连心桥》获电视类二等奖。

12月27日　自治区人力资源和社会保障厅、档案局表彰全区档案工作先进集体和先进个人,自治区财政厅等13个单位(含市县)的档案工作部门获先进集体称号。

12月28日　以沙特阿拉伯发展基金会技术部高级经济学家穆罕默德·S.阿尔达利兰为团长的项目评估代表团一行3人到宁夏,评估宁夏儿童医院利用沙特政府贷款项目。

12月30日　自治区政府与工会第十一次联席会议,同意为5个地级市、16个县(区)职工文化活动中心配套设备资金。

是年　安排资金15亿元,启动高校债务化解,实施宁夏大学“211”工程建设,以及宁夏医科大学博士点建设项目等。

△　设宁夏农村妇女创业小额担保贷款专项基金，连续3年每年注入资金3000万元,支持推动妇女创业就业。

△　自治区财政厅被自治区人民政府评为2010—2011学年全区支教工作先进集体、全区定点帮扶工作先进单位。

2012年

1月5日　自治区财政厅印发《关于自治区厅局级人员因公出国(境)乘坐交通工具有关规定的通知》。

是月　自治区财政厅增设资产管理处,主要负责全区行政事业单位国有资产监管。

2月1日　自即日起,取消8项行政事业性收费。

2月7日　自治区财政厅组成6个调研组,对区直机关及五市开展“项目管理年”活动情况调研。

2月20日　自治区财政厅决定下达牛肉、羊肉、猪肉补贴资金296万元。

2月23日　自治区财政厅召开全区财政监督工作会议,表彰2011年度全区财政监督效能建设先进单位,中卫市、彭阳县、固原市原州区财政局获一等奖。

2月24日　自治区财政厅办公室被自治区人民政府办公厅评为2011年政府系统提案建议办理工作先进单位。

3月17日　宁夏电视台专题报道《创新宁夏:民生财政开启百姓幸福生活》。

3月28日　自治区人民政府表彰奖励2011年固定资产投资工作先进单位,自治区财政厅获服务保障部门一等奖。

3月31日　自治区财政厅部署人大代表建议和政协委员提案办理工作。全年承办建议50件,提案74件。

是月　自治区财政厅提前10个月完成自治区高校债务化解工作，化解债务近23亿元。

△　宁东财政审计局纳入财政一体化信息管理系统。

4月21日　自治区财政厅印发《宁夏回族自治区会计行业中长期人才发展规划（2012—2020年）》。

4月24日　自治区财政厅印发《宁夏财政专项扶贫资金管理实施办法》。

是月　宁夏被列为国有农场办社会职能改革试点省区。

△　财政部将中央财政转贷给宁夏的1.55多亿元公益性项目国债资金本金，全部转为中央财政对自治区的拨款。

5月16—17日　财政部金融司主办、自治区财政厅承办的外国政府贷款培训会在沙湖假日酒店举行，120人参加培训。

5月31日　财政部信息网络中心副主任彭艳祥带领验收组一行，到宁夏验收金财工程应用支撑平台及全区财政一体化管理信息系统项目建设情况。

是月　自治区财政安排2000万元，专项用于中央电视台展播宣传宁夏旅游，提升宁夏旅游在全国影响力。

6月11日　自治区财政厅在银川光明广场举行第二个"财政法规政策宣传周"启动仪式。

6月21日　自治区财政厅、物价局出台《宁夏回族自治区农副产品平价商业补贴资金管理办法》。

6月25日　《宁夏日报》公开2012年自治区财政500万元以上项目资金安排，接受社会各界监督。

是月　自治区第一个光伏发电温室示范项目通过验收。该项目是财政部2011年批复宁夏的太阳能光电建筑应用示范项目之一，也是2011年自治区财政支持可再生能源建筑应用示范项目之一。

7月2日　财政部通报2011年政府采购信息统计工作情况，自治区财政厅等18个单位受到表扬。

△　自治区"小金库"专项治理工作总结表彰会在银川召开。

7月4日　自治区财政厅会同自治区物价局、教育厅出台《宁夏回族自治区幼儿园收费管理实施细则》，从2012年秋季开学起实施。

7月11日　自治区财政厅获评2011年度全区住房保障工作先进单位。

7月30日　自治区财政厅决定对西部机场集团宁夏公司中卫、固原两机场2010—2014年房产税和城镇土地使用税予以免征。

是月　自治区财政厅、物价局印发通知，自2012年8月1日起至2014年12月31日降低涉及小微企业的产品质量监督检验、特种设备监督检验、新增防雷技术服务等10项检验、检测类行政事业性收费标准，降低后的收费标准按照现行标准的70%收取。

△　宁夏利用全球环境基金赠款（GEF）进行旱地生态保护与恢复项目（盐池哈巴湖赠款

项目)正式启动。

△　自治区财政下达2012年地方政府债券资金33亿元,其中区本级8亿元,市县25亿元。

8月1日　自治区第十届人民代表大会常务委员会第三十一次会议审议通过《宁夏回族自治区财政监督条例》,于10月1日起施行。这是全国第10个省级财政监督地方性法规。

8月7日　财政部批复海关总署拟定的建议,同意银川综合保税区建设。

是月　自治区"塞上名师"工程正式启动。自治区财政安排项目资金200万元,计划先行培养中青年教师、校长50名。

△　自治区文化体制改革领导小组决定,自2012年起将文化企业国有资产监督管理工作由自治区国资委移交自治区财政厅。

△　自治区财政厅、民政厅、国税局、地税局对全区29家公益性团体资格审查和财务审计,确定宁夏青少年发展基金会等15个公益性团体获得2012年度公益性捐赠税前扣除资格。

9月3日　中国财政学会协作课题"促进我国小微企业发展的财税政策及相关措施研究"第二次研讨会在银川召开。

9月17日　全区开展事业单位公务用车清查工作。

△　自治区财政厅批复筹建中的宁夏广电报业传媒有限公司注册资本金为250万元。

9月19日　财政部副部长一行抵宁夏,就生态移民工程、农村环境集中连片整治项目等工程建设情况及资金管理使用情况调研。

△　自治区党委任命商艳臣为自治区财政厅党组成员、自治区纪委派驻自治区财政厅纪检组组长。

是月　全区计划生育家庭特别扶助制度中的独生子女死亡家庭的奖扶标准由每人每月100元提高到135元;独生子女伤残家庭奖扶标准由每人每月80提高到110元。

10月1日　调整农村低保标准,提高城乡低保补助水平。农村低保标准由每人每年1350元调整为1750元,城市低保人均月补助提高15元,农村低保人均月补助提高12元。

△　《宁夏回族自治区财政监督条例》正式施行。

10月8日　自治区财政厅获评全区开展进一步营造风清气正发展环境活动先进单位,受到自治区党委、政府表彰。

10月10日　首期宁夏高端会计人才培训班开班仪式在银川举行。

10月11日　全区精神文明建设总结表彰大会召开,自治区财政厅获评自治区精神文明建设工作先进集体。

10月12日　自治区财政厅社会保障处获评全国新型农村和城镇居民社会养老保险工作先进单位。

10月10—13日　国家发改委、财政部、海关总署等部委组成的调研组到宁夏,就设立银川内陆开放型经济特区有关情况调研。

10月17日　自治区党委、政府表彰2012宁洽会及第三届中阿经贸论坛先进集体,自治区财政厅获评保障服务工作先进单位。

10月22日　全区第六次会计工作先进集体和先进工作者表彰会在银川召开，36个会计工作先进集体和97名先进工作者受到自治区人民政府表彰。

10月25日　自治区财政厅印发公务卡强制结算目录。

10月29日　石嘴山经济技术开发区列入国家循环化改造示范试点园区，可申请国家财政资金补助项目26个，总投资24亿元。

是月　自治区2011年度行政事业单位资产统计工作完成，2011年纳入资产信息系统统计单位3953户，全区资产总额634.47亿元。

△　自治区财政厅被自治区人民政府评为第四届中国（宁夏）国际文化艺术旅游博览会先进集体。

11月5日　世界银行贷款宁夏防沙治沙与生态保护项目转贷协议签署仪式暨启动会在沙湖假日酒店举行，世界银行中蒙可持续发展局副局长郎德一行8人参加会议。

11月7日　自治区财政厅向财政部报送事业单位公务用车清查报告，清查车辆5633辆，其中自治区本级2258辆，市县3375辆。

11月12日　自治区财政厅出台财政支持宁夏内陆型经济试验区和银川综合保税区建设实施方案，并成立财政支持“两区”建设财税政策研究领导小组。11月18—20日，财政部科研所调研组就“两区”财税政策调研。

11月23日　自治区财政厅举办全区财政系统干部培训班，学习中共十八大精神，了解建设宁夏内陆开放型经济试验区和银川综合保税区相关知识。

是月　国家农发办批准海原县为2011年新增国家农业综合开发开发县。至此，自治区农业综合开发覆盖到除泾源县以外所有市县和农垦系统。

△　截至11月，自治区级财政累计投入6760万元专项用于支持旅游宣传、促进提升宁夏旅游在全国的影响力，打造独具特色旅游目的地。

12月3日　自治区财政厅发文表彰2011年财政总决算和部门决算工作先进单位，中卫市、平罗县获评财政总决算一等奖，自治区党委核算中心等8个单位获评部门决算一等奖。

12月4日　自治区财政厅以《中华人民共和国政府采购法》颁布10周年为契机，组织银川、石嘴山、吴忠、中卫、固原5个市财政局和3个政府采购代理机构，开展政府采购法宣传活动。

12月10日　自治区人民政府批复同意自治区财政投资并增持宁夏银行股份11794万股。

△　自治区财政厅公开招标，确定26家定点物业服务商，并在中国政府采购网上公示。

12月14日　亚行执行董事会批准亚行贷款宁夏中部节水特色农业示范项目贷款，标志着项目进入全面实施阶段。

12月18日　自治区财政厅决定从106个事业单位征收2012年度水利建设基金。

12月22—25日　自治区财政厅组织的自治区内陆开放型经济试验区财税政策研讨会在北京召开。

是年　彭阳、盐池两个县试点建立矿产资源型企业可持续发展准备金制度。

△　自治区财政厅牵头清理清查全区行政事业单位国有资产，建立全区行政事业单位资产数据库。

△　全区各级财政部门累计投入2525万元，实施农村消防队装备的采购配置工作，50支农村消防队建设工作将在年内全部完成。

△　自治区财政厅承办建议和提案125件，其中人大建议50件，政协提案75件，办结率达100%。

△　自治区财政厅分两批拨付宁夏银行、中国银行宁夏分行等6家金融机构2012年上半年中小微企业贷款逆向贴息资金2708万元，撬动金融机构向95家中小微企业及小额贷款公司发放不超过同期基准利率贷款13.33亿元。

2013年

1月15日　自治区财政厅、物价局决定取消和免征“税务发票工本费”等41项行政事业性收费。

1月21日　自治区财政厅公布本级2013—2014年出差和会议定点饭店名单，自2013年1月1日起执行。

1月23日　自治区财政厅表彰奖励2012年度财政监督工作突出的海原县财政局等17个先进单位和“农村义务教育经费专项检查”等4个优秀财政监督检查项目。

2月4日　自治区人民政府通报2012年自治区政府机构效能目标考核结果，自治区财政厅获政府组成部门一等奖。

2月7日　《宁夏日报》公布2013年自治区本级500万元以上项目资金安排表，涉及各类资金450多亿元，占自治区财政支出预算85%。

2月21日　自治区财政厅确定中国建设银行宁夏分行为办理宁夏非贸易非经营性用汇业务指定银行，从自2013年1月1日起，期限两年。

2月27日　自治区财政厅发布关于落实2013年对种粮农民粮食补贴政策的公告，农资综合补贴水地每亩80元，旱地每亩28元；种粮农民直接补贴每亩15元。

是月　自治区财政厅和商务厅制订2013年度“万村千乡市场工程”计划。

3月6日　自治区财政厅下达2013年地方税收任务238.1亿元。

3月18日　财政部组织2012年度财政好信息评选活动，自治区财政厅报送的《宁夏回族自治区加强因公出国经费管理成效显著》《宁夏回族自治区吴忠市财政四项措施加强地方债券资金管理》获奖。

是月　宁夏调整失业保险金标准。其中，一类区每人每月由715元调整为845元，二类区每人每月由660元调整为795元，三类区每人每月由620元调整为750元。从2013年5月1日起执行。

△　自治区财政厅邀请财政部及区内外有关专家，检查验收宁夏财政异地容灾备份中心（容灾备份系统）建设项目，并通过验收。

△　自治区财政厅被自治区文明委评为2013—2017年自治区级文明单位。

△　自治区财政厅出台免税政策，对在宁夏开办的13家保险公司的623类理财产品免征营业税。

4月23日　自治区财政厅启动人大代表建议和政协委员提案办理工作。全年承办自治区人大代表建议24件和政协委员提案56件。

4月25日　自治区财政厅决定启动实施大中型企事业单位总会计师素质提升工程。

5月5—7日　沙特阿拉伯发展基金董事会副主席兼总裁优素福·巴萨姆（H.E.Mr.Yousef Albassam）为团长的代表团一行3人到宁夏访问，考察利用沙特2500万美元贷款建设的宁夏儿童医院项目。

5月22日　自治区地方基金征收局更名为自治区非税收入管理局，自治区农村公共财政支付服务局更名为自治区农村财政管理局。

5月27日　财政部、水利部通报2012年小型农田水利建设重点县建设省级绩效考核情况，宁夏获良好等次。

△　自治区财政厅批复宁夏固原民用机场建设项目竣工财务决算，该工程2007年11月开工建设，实际完成投资41710.1万元。

6月5—7日　财政部农业司、国家林业局计资司、治沙办组成调研组，前往中卫市和灵武市调研防沙治沙工作。

6月17日　由自治区财政厅、银川市财政局、银川市兴庆区财政局共同承办的“进社区、听民意、解疑惑”全区财政系统“财政法规政策宣传周”活动在银川市兴庆区丽水家园广场拉开序幕，标志着全区财政系统第三个“财政法规政策宣传周”活动正式启动。

6月26日　自治区财政厅、国税局公布宁夏应税服务增值税起征点：按期纳税的，为月应税销售额2万元；按次纳税的，为每次（日）销售额500元。自2013年8月1日起执行。

是月　自治区财政整合下达2013年度第一批生态移民资金预算5.43亿元。自治区财政累计下达拨付2013年度生态移民资金7.65亿元。

△　自治区财政分配下达各市、县（区）价格调节基金6600万元，专项用于物价补贴及平价商店建设等。

7月4—7日　亚洲开发银行驻中国代表处首席代表哈米德·谢里夫一行4人到宁夏考察。

7月10日　自治区财政厅发布2013年宁夏回族自治区政府采购目录及标准。

7月15日　自治区财政厅通过招标，确定11家财政检查业务定点会计师事务所。

7月20日　自治区人民政府发布《银川综合保税区优惠政策》。

7月23—25日　以色列驻华大使馆农业参赞尤博恩（Eitan Neubauer）一行2人，考察宁夏统借统还以色列政府贷款节水灌溉农业开发项目。

是月　财政部通报全国各省市2012年度县级财政支出管理绩效综合评价结果。宁夏在全国28个省(区、市)中排名第9位,是西北地区唯一进入全国前10名的省份,也是宁夏连续两年进入全国前10名。

△　自治区财政厅下达2013年边远艰苦地区农村学校教师周转宿舍建设资金9000万元,专项用于支持14个县(市、区)63个边远艰苦地区农村义务教育阶段学校新建教师周转宿舍1286套4.5万平方米,以及简单装修和配备基本生活用具。周转宿舍建成后产权公有,供教师周转使用。

△　张苏安任自治区财政厅党组书记、厅长。

8月1日　自治区"营改增"试点工作正式启动。截至10月,全区6728户纳税人纳入"营改增"试点范围。

△　审计署西安特派办开始全面审计宁夏地方政府性债务。此次政府性债务审计的目标是"摸清底数,反映问题,揭示风险,提出建议"。

8月5—6日　财政部税政司副司长王建凡一行4人组成调研组专程到宁夏,就全国两会期间人大代表和政协委员提出的建议提案实地调研。

是月　宁夏财政文件传输服务平台上线试运行。

△　自治区财政厅、物价局公布全区第三批认定的农副产品平价商店36家。全区建成农副产品平价商店133家。

9月4日　宁夏利用亚洲开发银行贷款农业综合开发项目正式启动实施。

是月　自治区财政厅组成调研组,赴人民银行银川中心支行等5家金融机构以及银川市7家企业、石嘴山市6家企业,就"百家成长千家培育"工程出台以来逆向贴息政策的落实情况、存在问题专题调研。

△　自治区财政拨付资金1亿元,统筹推进固原市、中卫市及海原县、隆德县城市公交和城乡客运一体化建设。

△　自治区财政厅、国税局、地税局和人民银行银川中心支行制定《自治区财税库银税收收入电子缴库横向联网商业银行手续费计付管理试行办法》。

△　自治区财政厅下达农村义务教育阶段学校校舍维修改造长效机制资金6300万元。

△　自治区财政下拨2013年重点小城镇建设补助资金3亿元,高标准推进全区20个市县及国有农场小城镇基础设施建设。

10月18日　财政部批准宁夏地方债规模49亿元。财政部代理宁夏地方债顺利发行,地方政府债券发行收入全部筹资到位。

10月26—27日　2013年度全国会计专业技术资格考试宁夏考区在银川、吴忠、固原3个市392个考场同时举行。12070名考生报名参加考试,是宁夏自1992年全国会计资格考试开考以来报名人数最多的一次。

11月20日　审计署企业司、审计署西安特派办组成审计组，即日起专项审计自治区本级和银川市本级截至2013年10月31日的财政存量资金。

11月26日　自治区政府党组副书记、特邀顾问郝林海主持召开会议，专题研究审计署对同心县、固原市原州区、海原县财政扶贫资金审计后所列问题整改落实事宜，决定由自治区财政厅牵头，完善财政扶贫资金管理制度。

是月　财政部批复宁夏申报的宁夏吴忠市人民医院迁建项目列入2013年度第六批外国政府贷款备选项目清单。该项目规划建设期3年，估算总投资11.25亿元人民币。

△　财政部对宁夏在国际金融组织贷款管理、偿还到期债务、维护国家主权外债信誉方面作出的贡献予以奖励。

12月9日　自治区政府专题会议研究决定实行综合预算管理，除遇重大突发性事件外，自治区政府不再受理预算外资金请示件；严控“三公”经费支出，区直部门公用经费在2013年基础上再压缩5%。

是月　由财政部和亚洲开发银行在北京举办2013年国别项目大检查研讨会，宁夏亚行贷款生态与农业综合开发项目获评“首届年度最佳贷款项目”。

是年　500万元以上项目资金安排情况在《宁夏日报》上公开，自觉接受社会监督。

△　自治区财政厅制定财政对公立医院政府投入资金管理办法、部分卫生项目资金绩效考核办法。

△　自治区五次公布取消、免征和降低行政事业性收费项目，取消和免征77项行政事业性收费，降低20项行政事业性收费标准，转经营服务性收费1项。

△　全年安排资金4250万元，支持50个城市社区和50个农村社区服务场所标准化建设和规范化服务。

2014年

1月6日　自治区财政厅公开招标，确定32家自治区本级车辆维修定点服务商，并在中国政府采购网、《宁夏日报》和《新消息报》等媒体公示。

1月7日　自治区财政厅印发《宁夏回族自治区本级行政事业单位会议费管理办法（暂行）》。

1月9日　宁夏财政干部教育培训基地正式列为财政部干部教育培训基地，是财政部在西北地区确定的第二个财政干部培训基地。

1月11日　自治区财政厅确定宁夏银报印务有限公司等50家印刷企业为省级国家机关事业单位团体组织定点印刷服务商。

1月20日　宁夏六盘山扶贫公路项目列入国家2014—2016年亚洲开发银行贷款备选项

目清单，拟利用亚行贷款1亿美元。

1月23日　自治区财政厅表彰奖励2013年度全区财政监督检查先进单位和2013年度优秀财政监督检查项目。

1月24日　《宁夏日报》第3版刊登《宁夏回族自治区政府性债务审计结果》。

1月26日　《宁夏日报》登载2014年自治区财政500万元以上项目资金安排情况表，公示项目311个，资金总额515.4亿元。同时公布自治区本级财政预算安排的2014年“三公”经费预算。

2月1日　自治区财政厅将行政事业单位公务用车管理职能由行政政法处划归资产管理处。

2月11日　自治区党委办公厅、政府办公厅通报2013年度政府机关效能目标考核结果，自治区财政厅获一等奖。

2月20日　自治区财政厅印发《全区财政系统“财政改革创新年”活动实施方案》，全区财政系统以改革创新为主题的活动正式启动。

3月10日　自治区财政厅报送的题为《宁夏财政以公务卡改革打造“阳光”公务》被财政部评为“2013年全国财政系统好信息条目”。

3月11日　自治区财政厅被全国普法办评为全国“六五”普法中期先进单位。

3月20日　自治区财政厅、物价局决定运用天然气价格调节基金4929万元，支持市县价格调控，奖励2013年度考核合格的第一批、第二批农副产品平价商店。

3月26—27日　埃塞俄比亚政府代表团到宁夏访问，实地考察世界银行贷款公路建设项目。

4月11日　自治区政府主席刘慧主持召开政府第20次常务会议，研究自治区财政厅关于宁夏回族自治区政府性债务管理办法、关于设立自治区棚户区改造融资公司的请示，同意成立自治区棚户区改造融资公司，注册资金30亿元。

4月18日　宁夏六盘山扶贫公路项目列入2014—2016年亚行贷款备选项目规划清单。该项目估算总投资8.66亿元，申请亚行贷款1亿美元。

△　自治区财政厅、国税局、地税局印发《关于小型微利企业所得税优惠政策有关问题的通知》。

4月28日　自治区人民政府批复自治区财政厅请示，同意自治区财政厅代表自治区人民政府履行出资人职责，组建棚户区改造融资平台，公司名称为宁夏惠民投融资有限公司。

5月12日　自治区财政厅、国税局、地税局印发通知，将电信业纳入营业税改征增值税试点。

5月19日　自治区财政厅发布公告，落实自治区财政部门会计监督检查175户单位。

5月23日　自治区财政厅印制《宁夏回族自治区政府购买服务指导目录》。

5月26—30日　财政部农业司在宁夏财政干部培训中心举办2014年林业财政政策培训班，全国各地财政部门170人参加。

5月27日　自治区本级2015年项目支出预算编制工作启动，按照支出范围分为农业与农村类、工业与城市建设类、公共管理类、社会服务类项目四类。

5月28日　自治区党委办公厅、政府办公厅印发《关于进一步加强农村妇女创业小额担保贷款工作的意见》。

5月30日　自治区政府性债务和地方债券管理工作领导小组成立。

6月3日　2013年度全区地方国有及国有控股企业财务决算完成。决算显示，全区纳入决算的企业412户，年末职工人数45726人，资产总额973.33亿元，实现营业总收入228.26亿元，实现利润总额14.81亿元。

6月4日　自治区财政厅、教育厅决定从2014年秋季学期起，研究生普通奖学金调整为研究生国家助学金。博士研究生资助标准为每生每年1万元，硕士研究生为每生每年6000元。

△　自治区发布《关于组建宁夏回族自治区2014年政府债券承销团的通知》，宁夏成为第一个对外发布政府债券承销团组建通知的自发自还试点省份。

6月10—13日　财政部财政票据监管中心在宁夏财政干部培训中心召开全国财政票据电子化改革会议，145人参会。

6月16日　全区财政系统第四个"财政法规政策宣传周"活动启动。

6月23日　自治区财政厅、地税局印发通知，自2014年7月1日起，宁夏交易普通住房所享受税收优惠政策中的普通住房标准统一调整为144平方米。

6月27日　自治区财政厅、国税局印发通知，自2014年7月1日起实施简并和统一增值税征收率政策，将部分商品现行6%和4%的增值税征收率统一调整为3%。

6月30日至7月4日　财政部中华会计函授学校在宁夏财政干部培训中心举办2014年全国基层财政预算绩效管理培训班。

7月7日至8月29日　自治区财政厅专项检查全区财政存量资金。

7月8—11日　财政部行政政法司在宁夏财政干部培训中心举办民主党派公务支出财务管理培训班，54人参加。

7月9—11日　自治区财政厅在沙湖假日酒店举办新企业会计准则培训班。

7月11日　自治区政府办公厅印发《自治区财政厅主要职责内设机构和人员编制规定》，自治区财政厅设17个内设机构，机关行政编制131名。

7月22日　自治区财政厅制定印发2014年自治区对市县均衡性转移支付办法。均衡性转移支付按照各市县标准财政收入和标准财政支出差额以及转移支付系数计算确定。

7月23日　自治区第十一届人民代表大会第十一次会议表决通过《宁夏回族自治区政府非税收入管理条例》，2014年9月1日起施行。

7月24—27日　中国国债协会在宁夏财政干部培训中心举办宏观经济形势报告会暨政府债券投资政策培训班，113人参加。

7月27—30日　中国财政学会在宁夏财政干部培训中心举办建立权责发生制的政府综合财务报告制度专题研讨班，148人参加。

8月5日　自治区财政厅决定废止《宁夏回族自治区廉租住房保障专项补助资金实施办法》等11件规范性文件或行政规章。

△ 自治区财政厅批复自治区属国有资本经营预算，预算总收入为9402万元。

8月8日 自治区财政厅启用内网宁夏财政文件传输服务平台，停用内网财政邮件系统。

8月11—14日 宁夏2014年地方政府债券公开招标发行，总发行额为55亿元。

8月29日 财政部下达2014—2015年中央专项彩票公益金12亿元，支持宁夏社会公益事业建设。

8月29日至9月1日 中国财经杂志社在宁夏财政干部教育中心召开财政部中国财政杂志社“三刊两鉴”宣传工作会议，140人参加。

9月1日 自治区预算单位银行账户管理系统正式上线运行。

9月1—2日 全国财政协作课题“专项转移支付资金清理整合和规范研究”第三次研讨会在银川召开。

9月9日 自治区财政厅、水利厅确定灵武市、吴忠市利通区、彭阳县、中宁县为全区第一批节水型县（区）达标创建对象。

9月10日 自治区财政厅印发《宁夏回族自治区城乡医疗救助基金管理暂行办法》。

△ 自治区财政厅、教育厅决定，从2014年秋季学期起，学前一年级教育资助范围扩大到全自治区。

9月15日 自治区财政厅组织专家评选各市县（区）报送的24套财政投资评审报告，《居安家园保障房一期工程结算报告》等6篇报告获评优秀评审报告。

10月15日 自治区财政厅通过公开招标，确定22家企业为自治区本级行政事业单位定点物业服务企业。

10月20日 自治区财政厅编制财政发展“十三五”规划工作领导小组成立，正式启动“十三五”规划编制。

△ 《宁夏政务快报》消息，世界银行驻华代表处拍摄的《培训提升技能、事业成就人生——世界银行贷款农民工培训与就业项目在宁夏》宣传片在世界银行官网正式上线。

10月29日 自治区财政厅、商务厅印发《宁夏回族自治区外经贸发展专项资金实施细则》，即日起施行。

10月30日 全区行政事业单位经营性资产登记核实工作结束。截至2013年12月底，自治区本级80家行政事业单位存在经济实体134个；192家行政事业单位利用国有资产出租出借、对外承包；56家行政事业单位存在公有住房。

11月11日 自治区信息办等五部门批复，依托自治区电子政务内网与财政专网，建设全区财政行政管理系统。

11月30日 自治区财政厅财政数据中心机房改造及部分设备搬迁项目和制冷系统改造扩建项目建设完成，开始试运行。

12月3日 自治区政府决定成立宁夏国有资本运营集团有限责任公司，注册资本300亿元，为国有独资公司，受自治区政府直接领导和管理。

12月9日　自治区财政厅表彰2013年度财政决算先进单位，贺兰县、平罗县获全区财政总决算一等奖。

12月11日　自治区财政厅印发《宁夏回族自治区部门决算管理办法》和《宁夏回族自治区本级部门决算管理办法》。

12月26日　财政部中华会计函授学校组织开展2014年全国财政基层培训课件（教案）征集活动，74个课件参评，宁夏选送的2个课件获优秀奖，宁夏财会函授学校获组织奖。

12月29日　自治区财政厅印发《宁夏回族自治区国际金融组织和外国政府贷款债务管理暂行办法》。

12月31日　自治区财政厅、国税局、地税局印发通知，对小微企业免征有关政府性基金。

△　自治区财政厅全年承办人大建议74件、政协提案149件。

△　自治区财政厅全年安排资金174.6亿元，支持“智慧宁夏”、西部云基地等建设。

2015年

1月1日　自即日起，资源税收入由自治区和市县共享税（自治区50%、市县50%），调整为自治区本级收入，市县不再参与分享。

1月11—17日　科威特政府选派学生代表团一行16人到宁夏，考察宁夏财政部门管理的科威特政府贷款项目建设及运行情况。

1月12日至4月24日　自治区财政厅监督检查全区成品油价格补贴资金，依法处理和处罚9家违规单位。

1月15日　自治区财政厅、国税局、地税局、银川海关四部门部署在全区开展为期一个月的税收优惠政策清理工作。

1月22日　全国财政外经工作会议在银川召开。

2月11日　自治区财政厅表彰奖励2014年度财政监督监察工作突出的固原市财政局等14个先进单位和5个优秀财政监督检查项目。

2月15日　自治区财政厅启用新版网络行政管理系统，实现厅机关发文、阅件、办件、专送、信息以及移动办公等公文流转核心功能。

2月16日　2014年度政府机关效能目标管理考核中，自治区财政厅获政府组成部门一等奖。

3月3日　自治区财政厅发出通知，改革公务机票采购方式，全区党政机关、事业单位和社会团体实行公务机票政府采购。

3月5日　自治区人民政府办公厅分配自治区财政厅主办人大建议16件，协办69件；主办政协提案16件，协办88件。

3月17日　自治区政府第41次常务会议决定，2015年城市低保标准提高到380元/月，农村低保标准提高到2400元/年。

3月20日　自治区财政厅、宁夏国有资本运营集团有限公司、中信银行股份有限公司主办全区政府和社会资本合作模式(PPP)论坛。

3月23日至4月17日　自治区财政厅派出检查组，专项检查石嘴山市、固原市、中卫市盘活财政存量资金情况。

4月7日　自治区财政厅办公室获评自治区政府系统提案建议办理工作先进集体。

△　自治区公务用车制度改革工作由自治区财政厅移交自治区发改委。

4月21日　自治区财政厅公开通过招标，确定49家自治区本级党政机关车辆维修定点服务商。

△　出台《宁夏回族自治区困难群众基本生活救助补助资金管理办法》。

4月30日　自治区财政厅印发《自治区财政“十三五”规划编制工作方案》，部署全区财政系统“十三五”规划编制。

5月5日　自治区财政厅决定成立宁夏回族自治区政府产业引导基金管理中心，为企业法人，委托宁夏惠民投融资有限公司履行管理运营职能。

△　自治区财政厅、教育厅决定，自2015年春季学期起，宁夏农村义务教育学生营养改善计划生均财政补贴标准由4.6元提高到5.6元。

5月15日至11月9日　自治区财政厅组织全区各级财政部门监督检查277户国有及国有控股企业、行政事业单位、民营企业、会计师事务所等，发现违规单位117户，涉及违规金额9.2亿元，处理处罚违规单位46户。

6月1日　撤销自治区财政厅外经处，设自治区财政厅金融处。

6月4日　自治区财政厅发出通知，面向全区征集政府和社会资本合作模式试点项目。

6月14日　自治区财政厅面向全区会计师事务所公开招标，经评审，14家会计师事务所为财政厅财政检查业务定点服务单位。

6月15日　自治区财政厅代表自治区政府，在北京通过财政部国债发行招投标系统，面向12家政府债券承销团成员，招标发行70亿元宁夏政府一般债券。

6月24日　自治区财政厅成立政府和社会资本合作PPP模式工作领导小组。

是月　设立自治区财政厅金融处。

7月6日至8月7日　自治区财政厅检查银川市兴庆区和金凤区、吴忠市通区、中卫市沙坡头区、盐池县、平罗县、贺兰县、永宁县所辖16个乡镇33个村2014年度财务管理情况。

7月9日　自治区财政厅代表自治区政府，在北京通过财政部国债发行招投标系统，委托交通银行股份有限公司为簿记管理人，以簿记建档方式承销发行宁夏政府定向置换债券13.8亿元。

7月19日　国务院扶贫办通报2014年全国财政扶贫资金绩效评价考核名次，宁夏首次获一等奖，获奖励资金1.03亿元。

8月18日　财政部条法司司长许大华率领财政部“六五”法治宣传教育考核验收组一行，考核验收宁夏财政系统“六五”普法工作。

8月21日　宁夏向抗战老兵发放一次性生活补助每人5000元。

9月1日　自治区财政厅、教育厅和人力资源社会保障厅决定，从2015年春季学期起，中等职业学校国家助学金标准由生均每年1500元提高到2000元。

9月8日　自治区财政厅代表自治区政府在北京通过财政部国债发行招投标系统，面向12家宁夏政府债券承销团成员，招标发行宁夏政府一般债券35.7亿元。

9月9日　自治区财政投资评审中心更名为自治区财政预算评审中心。

9月14日　世界银行贷款“宁夏农民工培训与就业”项目1000万美元贷款资金全部到位并拨付，正式进入竣工决算阶段。宁夏成为三省（宁夏、山东、安徽）中率先完成该项目的省份。

9月25日　财政部公布全国第二批政府和社会资本合作示范项目（PPP）清单，宁夏宁东能源化工基地水资源综合利用项目入选。

9月30日　自治区财政厅通过公开招标方式，公布在全国范围内招聘的PPP咨询服务机构22家。

10月　自本月起，宁夏农村特岗教师工资标准由人均每年2.7万元提高到3.1万元。

11月4日　自治区财政厅公开招标，确定自治区本级党政机关2015—2016年定点会议饭店22家。

12月8日　盐池县财政局被人力资源和社会保障部、财政部授予全国财政系统先进集体称号。

12月18日　宁夏现代农业集团有限公司监管职能由自治区财政厅移交自治区国有资产监督管理委员会。

12月25日　财政部明确2016年宁夏“三西”扶贫资金将从1亿元提高到2亿元，支持宁夏扶贫开发工作推进。

是年　安抚专项资金1.04亿元，支持电子商务进农村综合示范县工作。

△　宁夏节能环保支出重点支持绿色发展、循环发展、低碳发展。

2016年

1月1日　自即日起，调整自治区本级党政机关到自治区以外出差住宿费标准，具体参照财政部制定的标准执行。

1月9日　科威特基金会学生代表团一行15人到宁考察访问，重点考察宁夏中科合作项目“宁夏扶贫扬黄灌溉工程和自治区人民医院新址扩建工程”。

1月11日　自治区财政厅会同人力资源和社会保障厅印发《关于调整全区失业保险金标准的通知》，调整提高全区失业保险金标准，一类区由每人每月845元调整为962元，二类区由每人每月795元调整为904元，三类区由每人每月750元调整为858元。

1月23—25日　世界银行项目经理乌里·施密特一行6人，到宁夏检查自治区实施的世界银行贷款防沙治沙项目。

1月25日　自治区财政厅邀请全国政协委员、华夏新供给经济学研究院院长贾康作“推进供给侧结构性改革，适应和引领经济发展新常态”专题讲座。

1月31日　自治区财政厅与财政部经建司对接，确定石嘴山市、永宁县和青铜峡市为2015年国家循环经济示范城市（县）建设地区，财政部将对重点项目给予支持。

2月1日　自治区财政厅完成因特网域名注册和网站标识加挂工作。

2月2日　财政部取消、停征和整合有关政府性基金，自治区扩大基金免征范围，减轻企业负担近10亿元。

2月5日　财政部下达全国27个省（区、市）2016年度电信普遍服务试点补助资金371870万元，自治区财政争取到28926万元，在27个省（区、市）中补助金额名列第三。

2月22日　“宁夏政府采购公共服务平台”正式投入使用，区本级政府采购资金在支付环节实现无纸化管理。

2月25日　自治区财政厅制作全国首部漫画版新修订的《中华人民共和国预算法》宣传读本。

3月8—9日　自治区财政厅、国税局和地税局召开“营改增”试点工作协调会，完成对64354户试点纳税人基础信息采集和汇总。3月14日，举行“营改增”试点纳税人户籍基础信息交接仪式，建筑、房地产、金融、生活服务业“营改增”试点改革工作全面展开。

3月16日　自治区财政厅出台大学生求职创业财政补贴政策，享受城乡居民最低生活保障家庭的高校毕业生、残疾高校毕业生、获得国家助学贷款的毕业年度内高校毕业生，每人发放一次性求职创业补贴1000元。技师学院高级工班，预备技师班和特殊教育院校职业教育类毕业生可享受同等政策。

3月18日　自治区财政厅会同自治区教育厅研究建立普通高中生均公用经费保障奖补机制。

3月20日　自治区本级130家一级预算单位中，除6家单位外，全部在自治区人民政府官网公开本部门（单位）预算及财政拨款“三公”经费预算。

3月28日　自治区财政厅修订印发《宁夏回族自治区会计人员继续教育实施办法》。

4月1日　自治区将城市居民最低收入标准由每人每月380元提高到440元，农村低保由每人每年2400元提高到3150元，基本与扶贫线持平。

4月3日　自治区财政厅会同自治区教育厅建立公办学前教育经费保障奖补机制。自治区财政统筹专项资金，以奖补形式引导和支持各市县健全生均公用经费保障机制，其中川区市县按指导标准的50%奖补，山区市县按70%奖补。

4月14日　财政部对自治区财政厅在2015年世界银行贷款管理中的良好表现给予书面表扬，并给予8423.41美元（折合人民币约5.5万元）的世界银行贷款项目利费减免奖励。

4月16日　自治区财政厅出台《加快卫生计生项目资金支出进度管理办法》，将项目资金支出进度和管理质量全部纳入部门绩效考核范围。

△　宁夏财政社会保险基金管理中心成立，为自治区财政厅所属正处级事业单位。

4月21—22日　财政部会同住房和城乡建设部、水利部组织专家对2016年地下综合管廊、海绵城市试点城市申报项目竞争性评审，银川市入列全国地下综合管廊试点，固原市入列全国海绵城市。两市将在3年内获得中央财政24亿元补助资金。

5月1日　自治区财政厅激发代理记账市场活力助推小微企业会计服务，新的《代理记账管理办法》施行。

△　自即日起，自治区对社会保险费实际阶段性下调，全区企业职工基本养老保险单位缴费比例由20%降至19%；失业保险总费率由2%降至1.5%。

△　自即日起，全面实施“营改增”试点改革。

5月7日　自治区财政厅印发《关于做好行业协会商会承接政府购买服务工作有关问题的通知》。

5月11日　自治区财政厅会同金融工作局修订印发《自治区政府产业引导基金管理暂行办法》，财政厅负责将政府出资额纳入年度预算并及时拨付资金。

5月19日　自治区财政厅代表自治区人民政府在北京通过财政部国债发行招投标系统，发行宁夏第二批政府债券（置换债券）100.7亿元。

5月21日　宁夏再担保集团挂牌成立，由自治区财政和5个地级市及区属国有企业共同出资10亿元组建，其中自治区财政出资2.6亿元。

5月23日　自治区财政厅会同国税局印发《关于银行保险业增值税管理有关问题的通知》，对自治区范围内银行业和保险行业增值税申报缴纳方式予以明确。

5月31日　自治区财政厅制定《宁夏财政支农政策培训考核评价办法》。

6月1日　自治区机关事业单位养老保险制度改革正式启动，同年11月通过税务代征方式开始征缴。

△　自治区财政厅印发《宁夏回族自治区行政事业单位内部控制规范工作实施方案》，全面推进行政事业单位内部控制制度建设，规范行政事业单位经济活动。

6月2日　自治区财政厅启动新版财政票据领购证的换发工作，废止用票单位持有的多个购票许可、领购证件，实现“一证式”管理。

6月3日　自治区人力资源和社会保障厅会同财政厅印发通知，下达2016年自治区购买公益性岗位计划。

6月5日　自治区本级机关事业单位退休人员工资首次实现社会化发放，各市县也同步推进。

6月7日　财政部发布公告，宁夏被财政部、国家粮食局确定为2016年“粮安工程”粮库智能化升级重点支持省份。

6月13日　自治区财政厅在宁夏广播电视台演播厅举行“财政法规政策宣传周”启动仪式。

△　自治区财政厅法治宣传主题微信公众号“宁夏法治财政”正式开通。

6月16日　自治区财政厅代表自治区人民政府在北京通过财政部国债发行招投标系统发行第三批宁夏政府债券89.8亿元。国内权威评级机构大公国际资信评估有限公司给予自治区本批债券的使用等级为AAA的最高评级。

6月29日　财政部、商务部在全国选取3省1市开展重要产品追溯体系建设示范工作，宁夏被财政部、商务部列为全国重要产品追溯体系建设示范区，获2亿元资金支持。

7月1日　即日起，自治区财政厅、国家税务局全面推进资源税改革，实施矿产资源税从价计征。

7月11日　金砖国家新开发银行副行长祝宪到宁夏考察调研座谈，共同探讨合作机遇。

7月12日　自治区财政厅会同人力资源和社会保障厅、卫生和计划生育委员会以及食品药品督查管理局印发《宁夏公共卫生服务补助资金管理暂行办法》，从5个方面对公共卫生服务补助资金的拨付、使用和管理等内容进行了规范。

7月14日　自治区财政分别安排3000万元，设立小微企业贷款风险补偿和融资担保风险补偿两项专项资金，助力小微企业融资，化解金融风险。

7月21日　自治区申报的10县区被纳入国家电子商务进农村综合县，获得国家2亿元专项资金支持。至此，自治区14个符合条件的县区全部纳入国家电子商务进农村综合示范县，实现国家示范县全覆盖。

7月25日　自治区人民政府办公厅批转《自治区财政厅关于实施财政项目库管理意见的通知》。从2017年起，全区各级（包括区本级和市县）财政所有专项资金进入项目库管理，集中财力办大事，提高财政资金使用效益。

7月29日　全国政府购买服务改革工作培训班在宁夏财政干部教育中心举办。

7月30日　自治区财政厅对12个市县政府债务管理情况进行督查，存在违规问题的市县在全区范围内通报，要求限期整改。

8月3日　自治区财政厅开展为期一个月的涉企收费专项检查。重点为行政机关、事业单位、代行政府职能的社会团体收取的涉企行政事业性收费和政府性基金。

8月7日　自治区人民政府印发《再造宁夏枸杞产业发展新优势规划（2016—2020年）》，自治区财政厅制定《创新财政支农方式，加快枸杞产业发展的扶持政策暨实施办法》。

8月16日　自治区财政厅印发《政府和社会资本合作（PPP）项目以奖代补资金管理暂行办法》。

8月17日　中央宣传部、司法部、全国普法办印发表彰决定，自治区财政厅、吴忠市财政局获评2011—2015年全国法治宣传教育先进单位。自治区财政厅被财政部评为全国财政六五普法先进集体。

8月23日　科威特阿拉伯经济发展基金麦纳伊斯等一行4人，到宁夏评估吴忠市人民医院迁建项目。该项目申请科威特基金会贷款900万科威特第纳尔(折合人民币约2亿元)。

8月30日　自治区财政厅纪检组督查“回头看”吴忠、固原、中卫等市县财政部门落实中央八项规定精神。

9月3日　自治区入围2016年粮库智能化升级及政策性应急供应粮食仓储设施维修改造工作的重点省份,争取到粮库智能化省级补助资金。

9月4日　自治区财政厅印发《宁夏会计师事务所履行社会责任评价办法》《宁夏资产评估机构履行社会责任评价办法》。

9月5日　经自治区财政厅组织专家评审,确定石嘴山红崖子黄河公路大桥工程PPP项目等16个项目为自治区第一批政府和社会资本合作(PPP)示范项目,总投资516.15亿元。

9月8日　在北京亚行驻华代表处举行亚行贷款宁夏六盘山扶贫公路项目贷款谈判,签署相关协议。该项目申请亚行贷款1亿美元。

9月18日　自治区财政厅印发《政府和社会合作（PPP）项目以奖代补资金管理暂行办法》,PPP以奖代补资金分为项目奖补资金和综合奖补资金两种方式。

9月21日　财政部评比2016年全国社会保险基金预决算工作,自治区财政厅获三等奖。

9月22日　自治区财政厅会同人力资源和社会保障厅印发通知,调整企业和机关事业单位退休(职)人员基本养老金(生活费)。

9月23日　全区财政法治工作领导小组办公室对全区财政系统“六五”普法先进集体和先进个人进行表彰奖励。

△　自治区财政厅会同国税局、地税局、人民银行银川中心支行印发《关于全面推开营业税改征增值税试点有关预算管理问题的通知》。

9月25日　自治区财政厅受邀参加“中以政府贷款合作20周年纪念研讨会”。“以色列政府贷款宁夏农田水利建设项目”列入《中以政府贷款合作20周年纪念册》进行重点宣传。

10月10—11日　自治区财政厅召开中国PPP基金宁夏项目对接会,中国政企合作投资基金公司董事长周成跃一行4人,实地调研银川阅海湾中央商务区、银川滨河新区、银川滨河黄河大桥等项目。

10月11日　财政部公布第三批政府和社会资本合作示范项目(PPP),自治区有8个项目进入国家级示范项目。

10月12日　自治区财政厅、上海市公共绩效评价行业协会、海南省财政绩效评价行业协会组织的首期“绩效圆桌论坛(2016·宁夏)”在宁夏财政干部教育中心举办,12家单位20余名绩效学者专家参加。

10月13日　自治区财政厅被宁夏信息安全等级保护工作领导小组评为“宁夏信息安全

等级保护工作先进单位”。

10月14日　自治区财政厅印发《全区财政法治宣传教育第七个五年规划》。

11月1日　在财政部组织的2015年度全国地方财政总决算编报工作考评中，自治区财政厅获三等奖。

11月3日　自治区财政厅、人民银行银川中心支行召开市县支付电子化推广启动会。

11月6日　自治区财政厅、民政厅组织开展2015年度最低生活保障绩效考评工作。

11月11日　自治区财政厅、扶贫办举行贫困县统筹整合使用财政涉农资金推进会暨培训会。

11月20日　自治区财政厅会同自治区发展改革委、民政厅印发《宁夏回族自治区农村老饭桌管理暂行办法》。

11月26日　上海财经大学公共政策研究中心发布《2016中国财政透明度报告》，宁夏和湖南2个省份超过及格线，宁夏财政透明度位居全国第一。

12月1日　自治区财政厅印发《宁夏回族自治区开展跨省异地缴纳交通违法罚款工作实施方案》，开展跨省异地缴纳交通违法罚款业务。

12月2日　自治区财政厅通报银川市、银川市金凤区、贺兰县、青铜峡市、中宁县挤占债券资金问题，要求限期整改。

12月5日　自治区财政厅会同教育厅、人力资源和社会保障厅印发《关于建立完善中等职业学校生均拨款制度的指导意见》，明确预算编制、预算执行、绩效评价、监督检查“四位一体”的财政财务管理。

12月7日　自治区政府办公厅印发《整改落实国务院第三次大督查反馈意见工作方案的通知》，自治区财政厅牵头整改“城乡居民收入增长较慢”任务。

12月11日　财政部公布国家第三批政府和社会资本合作（PPP）示范项目清单，自治区银川至百色公路宁东至甜水堡段项目等7个项目入围国家第三批示范项目，总投资额约100.60亿元，主要涉及交通运输、医疗卫生、市政工程、教育等领域。

12月15日　自治区人民政府批转自治区财政厅《2017—2018年宁夏回族自治区本级政府采购目录及标准》请示。

12月19日　亚洲开发银行驻中国代表处副首席代表贾新宁等一行7人到宁夏，检查考察宁夏中部节水特色农业项目。

12月24日　自治区财政厅印发《宁夏回族自治区事业单位政府购买服务改革工作实施方案》。

12月25日　自治区财政厅会议研究决定，出资对宁夏银行和黄河农村商业银行增资扩股，其中向宁夏银行增资4.5亿元，向黄河农村商业银行增资4.5亿元。

12月28日　自治区财政厅在官网上公布《宁夏回族自治区行政事业性收费、政府性基金项目目录清单》。

12月31日　自治区财政厅完成全区会计师事务所和资产评估机构履行社会责任的考核，其中5家事务所、1家评估机构获评优秀等次。

是年　制定《宁夏回族自治区预决算公开工作考核办法（试行）》等制度。

△　筹集公立医院补助资金2亿元，全区所有城市公立医院和县级公立医院率先纳入全国试点范围。

△　全区范围内首次开展非税收入收缴情况专项检查，专项检查石嘴山市、固原市本级及所辖县区8个单位非税收入收缴情况，并延伸检查46个部门，发现2014年违规问题涉及资金18698.16万元，2015年违规问题涉及资金1643.06万元。

△　全区地方一般公共预算收入完成387.6亿元，同口径增长8%，增幅居西北第一位。

△　全年拨付资金3000万元，实施老旧住宅整治改造工程。

△　自治区财政厅安排资金1.1亿元，完成美丽乡村建设100个。

△　自治区财政厅安排资金5.7亿元，推进现代物流体系、市场体系建设，实施“互联网＋流通计划”。

△　上海财经大学发布《2016年中国财政透明度报告》，宁夏财政透明度居全国31个省区之首。

2017年

1月1日　自即日起，提高大学生志愿服务西部计划志愿者生活补贴，每人每月实际收入将超过3000元。

1月12日　自治区财政厅提请自治区人民政府印发《宁夏地方金融企业负责人薪酬管理试行办法》。

1月20日　自治区财政厅印发《自治区本级部门预决算公开操作规程》。

1月22日　自治区财政厅会同中国人民银行银川中心支行印发通知，对全区置换债券资金实行分账管理。

1月23日　根据自治区政府专题会议和自治区财政厅厅务会议精神，同意注册宁夏惠民基金管理有限公司，担任中国PPP基金与自治区合作设立基金的普通合伙人、基金管理人。

1月24日　自治区各级财政部门在同级人民银行国库部门设立政府转换债券资金账户，作为置换债券资金的集中支付清算账户，对全区结余置换债券资金和2017年新发行的债券资金全部归集管理。

2月7日　自治区财政厅、住房和城乡建设厅印发《宁夏回族自治区财政城镇保障性安居工程专项资金管理办法》。

2月8日　自治区财政厅会同民政厅印发《宁夏回族自治区困难群众基本生活求助补助

资金管理办法》。

2月9—10日　财政部国际财金合作司一行7人到宁夏，实地考察亚行贷款宁夏生态与农业综合开发和世行贷款宁夏防沙治沙项目区。

3月1日　财政部监测分析2015年度各省（市）地方政府外债情况，自治区地方政府外债负债率、偿债率、还贷准备金率等指标均在绿色安全区域，获财政部通报表扬。

3月2日　自治区财政厅研究决定，对开展支农培训工作的银川市财政局等12个先进单位和张瑞芳等20名先进个人予以表彰。

3月3日　自治区财政厅印发《宁夏回族自治区行政事业单位国有资产年度报告管理办法》。

3月5日　自治区财政厅会同自治区科技厅、国税局、地税局，对全区符合条件的高新技术企业进行评审，宁夏新瑞长城机床有限公司等31家企业被认定为国家级高新技术企业，享受2016—2018年企业所得税减按15%征收的税收优惠政策。

3月8日　自治区财政厅对2016年度财政监督工作突出的中卫市财政局等14个先进单位和“平罗县教育系统2014—2015年会计信息质量和义务教育经费专项检查”等5个优秀财政监督检查项目给予表彰奖励。

3月9日　全区财政视频会议系统建设完成，正式启用。

3月10日　自治区财政厅印发《宁夏回族自治区市县财政库款考核办法（试行）》。

3月12日　自治区决定，从2017年春季学期开始，将城市学生纳入免费教科书发放范围，“三免一补”政策实现城乡全覆盖。

△　自治区财政厅会同公安厅、交通警察总队印发《宁夏回族自治区公安交通安全管理专项资金管理办法（试行）》，强调各级财政、公安交管部门加强对专项资金使用事前、事中、事后全过程的监督检查。

3月16日　自治区财政厅印发《财政厅机关财务审批管理办法》，经费报销从2017年1月1日开始，全部实行网上审批。

3月22日　自治区财政厅印发《宁夏回族自治区知识产权补助资金管理暂行办法》，鼓励企业自主知识产权发明、创造，深入实施知识产权战略。

3月23日　自治区人力资源和社会保障厅会同财政厅印发通知，从2017年1月1日起，统一提高全区城乡居民基础养老金最低标准，由每人每月115元提高到120元。自治区基础养老金发放标准在全国排名第10位，在西部五省区排名第3位。

3月27日　自治区财政厅转发《财政部关于取消调整部分政府性基金有关政策的通知》，取消自治区城市公用事业附加收入，取消征收自治区电力需求侧专项资金。

3月28日　自治区财政厅会同物价局转发《财政部国家发展改革委关于清理规范一批行政事业性收费有关政策的通知》。

△　《中国财经报》头版头条发表《宁夏规范预算管理兴“源头活水”》。

是月　陈春平任自治区财政厅厅长。

△ 自治区财政厅会同民政厅印发《关于通过政府购买服务支持社会组织培育发展的指导意见》，强调财政部门要加强政府购买服务预算管理。

4月2日 经自治区政府批准，宁夏首次以政企合作的方式建立宁夏环保产业基金，总规划为10亿元。

4月4日 自治区财政厅、扶贫办开始专项检查同心县、海原县、吴忠市红寺堡区、固原市原州区、隆德县财政局和扶贫办2015年、2016年财政扶贫资金使用情况。

4月21日 自治区财政厅会同科技厅印发《宁夏回族自治区知识产权补助资金管理办法》，对宁夏辖区企业的知识产权试点示范创建、专利申请授权等给予经费补助。

4月22—24日 财政部和国务院扶贫办督导组督导、调研宁夏财政扶贫工作及扶贫资金专项检查工作。

4月25—26日 《宁夏日报》和《新消息报》分别刊登专文，重点宣传宁夏注册会计师和资产评估行业发展。

5月2日 自治区财政厅研究成果《政府间事权与支出责任划分研究》获第六次全国优秀财政理论研究成果三等奖。

5月3日 自治区财政厅会同非公有制经济服务局印发《宁夏中小微企业转贷资金管理暂行办法》，出资1亿元设立宁夏中小微企业转贷资金，作为政府专项“过桥贷”资金。

5月4日 自治区财政厅会同自治区国税局公布首批免税资格非营利组织名单，宁夏社会学会、宁夏科技创业基金会等10家非营利组织获得免税资格。

△ 宁夏注册会计师行业和资产评估行业团委下属团支部、信永中和会计师事务所银川分所团支部被共青团中央授予2016年度“全国五四红旗团支部”称号。

5月6日 自治区财政厅、国税局、地税局、残疾人联合会印发《宁夏回族自治区残疾人就业保障金减免（缓缴）办法》。

5月9日 自治区财政厅会同自治区民政厅印发《关于通过政府购买服务支持社会组织培育发展的指导意见》。

5月15日 自治区政府第九十次常务会议通过自治区财政厅提请自治区政府印发的《关于进一步推进政府和社会资本合作模式（PPP）的实施意见》。

5月16日 自治区财政厅印发《自治区国有企业职工家属区“三供一业”分离移交财政补助资金管理办法》，推动自治区国有企业职工家属区“三供一业”分离移交工作。

5月16—18日 自治区财政厅举行“‘一带一路’倡议实施中的区域发展机遇研究”课题研讨会。

5月17日 自治区财政厅印发《自治区本级基本支出预算管理暂行办法》《宁夏回族自治区本级项目支出预算管理暂行办法》，规范预算编制行为，提高财政资金使用效益。

5月20日 自治区对到基层单位就业、服务期限连续在3年以上（含3年）的自治区属高校毕业生在校期间的国家助学贷款或学费由财政代为偿还。高校毕业生每学年代偿国家助学贷款本金的金额为本科生最高不超过8000元，研究生不超过1.2万元。

5月23—24日　财政部与亚洲开发银行召开的第五届“2017中国—亚行技术援助合作战略规划研讨会”上，宁夏作为全国3个受邀省份之一，代表“一带一路”重要节点和示范项目省区在大会上作主旨发言。

5月25日　宁夏回族自治区十一届人大常委会第三十一次会议审议《自治区人民政府关于提请审议2017年地方政府债务限额的议案》，决定批准2017年全区地方政府债务限额1375.9亿元。

5月27日　自治区人力资源和社会保障厅、财政厅印发通知，调整2017年城乡居民大病保险起付标准，银川市9500元，石嘴山市9400元，吴忠市9300元，中卫市9300元，固原市8100元。

6月9日　自治区财政厅代表自治区政府在北京通过财政部政府债券发行系统，采用公开招标方式，面向16家政府债券承销团成员发行宁夏政府债券165亿元。

6月12日　自治区财政厅在宁夏广播电视台演播厅举行2017年“财政法规政策宣传周”启动仪式。

△　财政部印发通知，将“全国依法行政依法理财示范点”建设工作升级为“全国法治财政示范点”建设工作，宁夏财政系统整体被确定为全国唯一的全域实施法治财政示范点建设单位。

6月18日　自治区财政厅修订《宁夏回族自治区本级党政机关培训费管理办法（暂行）》。其中，区外一类培训标准为每人每天700元，二类培训600元；区内一类培训标准为每人每天500元，二类培训450元。一类为厅局级及以上人员的培训项目，二类为处级以下人员的培训项目。

6月22日　自治区人力资源和社会保障厅、财政厅等九部门印发通知，全年共招募3000名“三支一扶”高校毕业生到基层服务，服务期限为2年。

6月23日　自治区财政厅的工作经验《绩效导向依法评价科学规范宁夏回族自治区财政厅深入推进城镇保障性安居工程建设》被财政部专题推广。

6月29日　自治区财政厅印发《宁夏回族自治区财政收支考核暂行办法》。

7月2日　自治区财政厅会同物价局印发通知，取消自治区地方审批设立的劳动能力鉴定费、典农河河道使用管理费、产品质量仲裁鉴定费和城市易地城市绿化补偿费，将公路路产损坏赔偿、补偿和占用费转为国有资产有偿使用收入。清理后，全区再无地方审批设立的涉企行政事业性收费项目。

7月10日　自治区作为4个非粮食生产省（区）入选财政部“优质粮食工程”重点支持省份，获得中央财政补助资金1亿元。

7月15日　自治区财政厅会同自治区新闻出版广电局印发《宁夏回族自治区国家电影事业发展专项资金征收使用管理实施办法》。

7月26日　通过政府采购公开招标方式，自治区财政厅首次向区内外招聘预算绩效管理服务第三方机构，信永中和会计师事务银川分所、上海元方科技股份有限公司、宁夏瑞衡联合会计师事务所等26家单位入围。

7月31日　自治区财政厅提请自治区人民政府印发《宁夏回族自治区创业担保贷款管理办法》。

8月1—2日　自治区财政厅召开2017年财政支持城市公交和城乡客运一体化项目竞争性评审，首次采用竞争机制推进项目筛选和资金分配。

8月10日　宁夏被财政部定为全国社会保障资金信息化建设6个试点省之一，自治区财政厅筹建自治区社会保障资金信息化系统。

9月7日　财政部印发通知，宁夏宁东基地水资源综合利用、银川滨河新区长河大街地下管廊工程等8个项目纳入财政部第二批和第三批PPP示范项目，获得示范项目奖补资金共4400万元。

9月12日　自治区民政厅、财政厅、人力资源和社会保障厅、卫生和计划生育委员会、保监局、扶贫办印发《关于切实推进自治区医疗救助与城乡居民大病保险有效衔接额实施方案》。

9月15日　《宁夏回族自治区财政厅防范遏制重特大事故全面加强安全生产源头管控和安全准入工作实施方案》出台。

9月18日　自治区财政厅组织召开2017年海峡两岸及港澳台地区会计师行业交流研究会。

9月25日　自治区财政厅组织召开全区贫困县涉农资金统筹整合工作推进会暨通报会。截至9月10日，自治区财政拨付9个贫困县2017年整合范围涉农资金66.1亿元。

9月28日　宁夏回族自治区第103次政府常务会议决定，对自治区最低工资标准进行调整，在原有基础上，一、二、三类区每人每月分别增加180元、170元、160元。调整后，自治区最低工资标准位居西部第3位，全国第15位。

9月30日　自治区财政厅在财政部2016年度全国地方财政总决算工作考评中获二等奖。

10月1日　自治区本级非税收入管理系统正式上线，通过财政一体化信息管理系统与非税收入执收单位、金融机构信息系统对接，实现收入项目管理、票据管理、缴库退付管理的闭环管理。

10月13日　自治区财政厅会同物价局印发《宁夏回族自治区蔬菜生产基地冷链设施建设资金管理办法》。

10月16日　举行自治区争取的亚洲开发银行贷款1亿美元用于六盘山扶贫公路项目启动仪式。该项目总投资16.5亿元人民币，涉及宁夏中南部六盘山集中连片特困地区的固原市原州区、西吉县、彭阳县、泾源县、隆德县、海原县、同心县7个县（区）。

10月18日　国务院医改办、国家卫生计生委、财政部通报2016年度公立医院综合改革效果评价绩效考核结果，肯定宁夏等省区设立公立医院综合改革专项资金，奖励考核先进地区，调动地方推动改革积极性的做法。

10月19日　自治区财政厅召开全区第四季度财税形势分析座谈会议。

10月28日　自治区财政厅印发《财政管理制度清单》《财政厅机关内部管理制度清单》。

10月29日　自治区财政厅会同人民银行银川中心支行印发《宁夏回族自治区本级政府采购合同线上信用融资试点工作方案》。

△　自治区财政厅会同人力资源和社会保障厅印发通知，正式启动正高级会计师评审工作。

11月1日　自治区本级罚没收入正式并入新版非税收入管理系统，实现自治区本级各类非税收入纳入统一平台管理的目标。

11月3日　自治区财政厅印发《宁夏回族自治区本级行政事业单位国有资产进场交易实施细则(试行)》，标志着区本级行政事业单位国有资产从“入口”到“出口”的全流程监管体系全部建成。

11月6日　自治区财政厅优化财政涉农资金供给机制，取消各部门“戴帽下达资金”，将9个贫困县(含1个省级贫困县)全部纳入统筹整合试点范围，全区形成“多个渠道引水，一个龙头放水”的涉农资金整合机制。

11月7日　自治区财政厅印发《自治区对市县资源枯竭城市转移支付办法》，下达补助资金2.9亿元。

11月10日　在财政部组织的对2016年度全国地方部门决算工作考核中，自治区财政厅获评优秀等级。

11月10—14日　宁夏、河南、上海三省区市评估行业高端人才培养项目第一次集训在上海国家会计学院举办，宁夏选拔10名资产评估师参加。

11月15日　自治区财政厅建立并完善专家评审制度，入库专家417名。

11月20日　自治区财政厅和中国人民银行银川中心支行委托宁夏国际招标咨询集团有限公司，对自治区本级国库现金管理商业银行定期存款(第一期)进行公开招标。

11月27日　财政部、国家税务总局、水利部印发《扩大水资源税改革试点实施办法》，宁夏是9个省(自治区、直辖市)扩大水资源税改革试点之一。

11月30日　自治区第十一届人大常委会第三十四次会议通过《关于宁夏回族自治区环境保护税适用税额和应税污染物项目数的决定》，自2018年1月1日起，自治区正式开征环境保护税。

12月1日　自即日起，扩大水资源税改革试点，严控地下水超采。

12月4日　自治区政府办公厅印发由自治区财政厅代拟的《宁夏回族自治区政府投资基金管理暂行办法》。

12月13日　自治区财政厅会同民政厅、体育局、教育厅、文化厅、残联等部门印发《2017—2020年中央专项彩票公益金支持宁夏社会公益金事业项目资金管理办法》。

12月17日　自治区财政厅印发《自治区对市县重点生态功能区转移支付办法》。

12月25日　财政部、教育部开展的2016年度农村义务教育营养改善计划国家试点补助资金绩效评价工作中，自治区财政厅综合评价等级为优。“宁夏模式”在全国范围内得到认可。

12月26日　自治区政府第108次常务会议研究决定，自治区财政预拨各市、县（区）健康扶贫政府兜底保障资金3000万元，主要用于支持各市、县（区）建立健康扶贫政府兜底保障机制。

12月29日　自治区财政厅、国税局、地税局、水利厅举行新闻发布会，通报自治区水资源税改革试点有关情况，并回答记者提问。宁夏作为全国第二批水资源税改革试点9个试点省区之一，于2017年12月1日起实施水资源税改革试点。

12月30日　自治区财政厅印发《关于进一步加强政府非税收入管理的指导意见》。

12月31日　自治区财政厅印发《自治区与市县环境保护税收入划分方案》，明确从2018年1月1日起，将征收的排污费调整为环境保护税。

是年　宁夏纳入全国第二批财政电子票据管理改革试点省区。

△　自治区财政厅联合人民银行银川中心支行制定印发《宁夏回族自治区本级国库现金管理实施细则》，实施国库现金管理制度改革。

△　新增中央专项补助资金3926万元，将石嘴山市纳入全国第二批居家和社区养老服务改革试点地区。

△　设立宁夏回族自治区政府投资基金，印发《宁夏回族自治区政府投资基金管理暂行办法》，集中管理自治区财政出资新设基金。

△　全区地方一般公共预算完成417.5亿元，首次突破400亿元大关。

△　全区拨付资金4.5亿元，实施“百村示范千村整治”工程。

2018年

1月1日　财政部、国家发展改革委、环境保护部、国家海洋局印发紧急通知，自即日起，宁夏停止征收排污费，开征环保税。

自1月1日起，城乡居民基本养老保险基础养老金标准每人每月提高20元，其中中央提高基础养老金标准18元，自治区提高基础养老金标准2元。

自1月1日起，在自治区本级工资统发系统中增加“专项附加扣除税前抵免额”项目。

1月25日　自治区财政厅与全国31个省区（市）和新疆生产建设兵团的跨省定点医疗机构实现联网结算。

2月10日　自治区财政厅印发《关于加快推进农业供给侧结构性改革大力发展粮食产业经济的意见》。

2月22—24日　财政部国合司司长陈诗新一行11人与驻宁夏全国两会代表委员座谈，征求财政工作意见。

3月1日　自治区区直机关妇工委举办“花开新时代”巾帼文明岗故事分享会，自治区财政厅国库处、教科文处获评2017年度区直机关“巾帼文明岗”。

3月2日　自治区财政厅召开区本级部分党政机关差旅费报销内部控制管理推进会，要求第一批试点单位从5月1日全面实行差旅费内控信息化管理。

3月6日　自治区财政厅会同文化厅印发《宁夏回族自治区送戏下乡演出专项资金管理办法》。

3月26日　自治区财政厅会同水利厅、国家税务局、地方税务局印发通知，督促灵武市、吴忠市红寺堡区、泾源县、彭阳县，自2018年5月1日起按规定征收城镇公共供水资源税。

3月28日　长江养老保险股份有限公司副总裁徐勇一行到自治区财政厅，对接自治区职业年金运营管理相关事宜。

4月13日　自治区财政厅组织各试点金融机构召开“政采贷”工作推进座谈会。

4月17日　自治区财政厅印发通知，将建档立卡未标注脱贫的贫困人口参加城乡居民基本养老保险且未领取城乡居民基本养老保险待遇的人员，按每人每年100元的缴费标准给予全额缴费补贴，同时享受30元的补贴。

4月25日　自治区财政厅印发《关于贯彻落实生态立区战略全面完成年度任务的通知》，指导市县科学统筹、合理安排环保资金。

4月26日　自治区财政厅召开全国社保资金信息化建设现场会，宁夏财政社保资金信息化系统完成与统一门户系统、银行账户系统、财政一体化系统的联调测试，实现云平台的部署和配置。

△　自治区财政厅会同财政部驻宁夏专员办、自治区住房和城乡建设厅印发通知，建立中央财政城镇保障性安居工程专项资金动态监控制度。

5月4日　财政部、国务院、国务院扶贫办通报2017年贫困县涉农资金整合试点工作推进情况，肯定宁夏试点成效。

5月7日　自治区财政厅会同人力资源和社会保障厅印发《关于进一步规范拨付职工基本养老保险调剂金有关问题的通知》。

5月8日　由自治区财政厅提出《关于将宁夏纳入国家山水林田湖生态保护修复工程试点范围的建议》列入全国人大重点督办建议，并交付财政部、自治区资源部等承办单位办理。

5月10日　自治区财政厅印发《宁夏回族自治区本级行政事业单位国有资产进场交易实施细则(试行)》。

5月11日　自治区财政厅会同教育厅印发《宁夏回族自治区财政支持学前教育发展专项资金管理办法(暂行)》。

5月15日　自治区财政厅举办公车管理办法培训班。

5月17日　自治区财政厅会同科技厅、经济和信息化委员会、地税局、国税局联合印发《关于提高全社会研发经费投入水平行动计划的通知》。

5月19日　印发《宁夏回族自治区党政机关公务用车管理办法》，自4月18日起施行。

5月23日　印发《宁夏回族自治区纪委监委驻财政厅纪检监察组党员干部进行谈话函询暂行办法》。

5月28—31日　世界银行和联合国粮农组织组成检查团，检查宁夏黄河东岸防沙治沙项目。该项目于2012年7月由财政部与世界银行签署贷款协议，项目总投资7.3亿元人民币。

5月30—31日　自治区财政厅召开区本级行政事业单位内部控制建设暨差旅费报销内部控制管理现场交流会。

是月　国家环境保护督察办公室通报肯定财政支持的宁夏贺兰山生态整治和修复工作。

6月1日　自治区财政厅会同残疾人联合会印发《宁夏回族自治区7~14岁残疾儿童康复救助实施办法》。

6月3日　自治区人力资源和社会保障厅、财政厅下达2018年自治区购买公益性岗位计划。自治区购买公益性岗位7000个，其中3500个岗位专项用于建档立卡贫困人口。

6月6日　自治区财政厅、人社厅、妇联和中国人民银行银川中心支行转发《财政部 人力资源和社会保障部 中国人民银行关于进一步做好创业担保贷款财政贴息工作的通知》。

6月7日　自治区财政厅印发《宁夏担保体系建设专项资金管理办法》，旨在缓解中小微企业“融资难融资贵”问题。

6月15日　国家税务总局宁夏回族自治区税务局挂牌成立。

6月20日　自治区财政厅印发《财政厅干部业绩纪实办法（试行）》，为精准了解、识别和使用干部创造条件。

6月27日　自治区发展改革委和自治区农业综合开发办公室组织召开“以色列政府贷款宁夏农田水利建设项目中期调整方案评审会”。

7月1日　国务院决定建立企业职工养老保险基金中央调剂制度，从即日起施行，宁夏是受益省区。

7月4日　自治区财政厅与中国清洁发展机制基金管理中心签署宁夏易捷庄园枸杞科技有限公司“5万亩有机枸杞基地及枸杞加工项目”清洁发展委托贷款合同，申请贷款6900万元人民币，主要在同心县下马关镇建设5万亩枸杞种植基地。

7月8日　自治区财政厅、人力资源和社会保障厅、扶贫办提请自治区人民政府办公厅印发《关于进一步推进就业扶贫工作若干意见》。

7月18日　财政部、生态环境部、自然资源部、水利部、农业农村部、发展改革委及国家林业和草原局7个部门组织对列入十三届全国人大一次会议重点督办建议的《关于将宁夏纳入国家山水林田湖生态保护修复工程试点范围的建议》进行现场调研督办。

7月18—27日　宁夏注册会计师协会举办第一期“宁夏知行财会班”，在宁夏大学新华学院创办“宁夏知行财会班”实训基地。

7月20日　自治区财政厅印发《宁夏残疾人职业技能培训项目管理办法》。

7月21日　自治区人民政府批准财政厅新修订的《宁夏航空运输发展专项资金管理办法》。

7月25日　自治区财政厅通过财政部政府债券发行系统，定向承销发行82.7亿元置换债券。

7月30—31日　驻自治区财政厅纪检监察组举办全区财政系统党风廉政建设暨警示教育培训班。

是月　自治区财政厅率先推进财政事权和支出责任划分改革。

△　自治区财政顺应“互联网＋政务服务”发展新形势，践行“便民利民”服务理念，完成非税收入征缴模式，打造宁夏统一公共支付平台。

8月1日　自治区财政厅、残联出台《宁夏回族自治区残疾人职业康复项目实施办法》。

8月10日　自治区财政厅召开全区债务工作座谈会，传达中共中央、国务院《防范化解地方政府隐性债务风险的意见》，布置专项债发行和加快债务支出相关工作，督促市县全面整改审计署西安特派办债务抽查问题。

8月17日　自治区财政厅、国家税务总局、自治区税务局召开全区财政预算执行工作电视电话会议。

8月20日　自治区人民政府投资基金管理委员会研究通过宁夏信业科技成果转化投资基金设立方案，基金总规模5.2亿元。

8月28日　自治区财政厅提请自治区人民政府印发《宁夏回族自治区基本公共服务领域共同财政事权和支出责任划分改革实施方案》。

8月31日　自治区财政厅印发《自治区本级项目支出定额标准管理办法（暂行）》，推进支出定额标准体系建设。

是月　自治区财政厅代自治区人民政府办公厅制定印发《关于实施财政投入环境质量和污染物排放总量挂钩政策的通知》《宁夏回族自治区环境质量和污染物排放总量考核奖补和处罚资金管理办法》《宁夏回族自治区环境质量和污染物排放总量指标考核办法》，标志着生态环保考核奖惩机制正式建立。

9月10日　自治区进一步提高城乡居民基本养老保险基础养老金标准，从2018年1月1日起执行。自治区城乡居民养老金自治区最低标准达到每人每月140元，人均最低标准达到每人每月143元。

9月12—16日　经国家教育督导检查组对自治区2018年申报“义务教育发展基本均衡县（市、区）”的西吉县、吴忠市红寺堡区、同心县等3个县（区）进行督查。自治区所有县（市、区）均达到国家规定的评估认定标准，自治区成为西部第一个全省通过县域义务教育基本均衡发展验收的省份。

9月16日　自治区财政厅、国土资源厅、环境保护厅三部门印发通知，取消矿山地质环境治理恢复保证金，建立矿山地质环境治理恢复基金。

9月17日　自治区财政厅印发《宁夏财政“十三五”规划（修订本）》。

△　自治区财政厅印发《关于进一步规范政府采购有关问题的通知》，明确招标文件全

部免费提供，投标保证金可以以非现金形式提交，取消公证进场及收费行为。

9月19日　自治区财政厅、经信委制定《工业园区低成本化改造竞争性评审细则》，对全区17个工业园区（开发区）的25个工业园区低成本化项目分3个档次进行竞争性评审。

9月22日　财政部社保司在湖北省武汉市举办全国社会保险基金管理培训班，宁夏2017—2018年社会保险基金预决算获评全国2017—2018年社会保险基金预决算二等奖。

9月26日　审计署农业审计司作为国务院督查牵头单位，专门邀请自治区财政厅赴北京就宁夏扶贫资金监管系统做系统功能演示和工作交流。

9月29日　自治区财政厅组织召开全区政府会计改革实施动员电视电话会议。

10月8日　自治区财政厅提请自治区党委、政府修订印发《自治区党委、人民政府关于防范化解政府隐性债务风险的实施意见》。

10月9日　《宁夏回族自治区纪委监委驻财政厅纪检监察组信访举报工作办法（试行）》印发。

10月10日　全国财政系统组织人事工作培训班在北京举办，自治区财政厅研发“干部业绩纪实”信息化平台这一模式得到财政部认可，在培训班上被选定交流。

10月11日　自治区财政厅印发《关于进一步规范自治区本级2019年政府采购预算编制和执行有关事项的通知》。

10月22日　作为宁夏省级唯一担保体系建设龙头企业的宁夏再担保集团，分别与宁夏担保集团石嘴山鑫鼎等23家担保公司签订“5221”损失分担协议，与4家担保公司签订一般保证责任增信担保协议，标志着宁夏再担保体系建设迈出关键性一步。

10月23日　自治区财政厅和人民银行银川中心支行合作开发建设全区财政系统信息数据交互传输平台，制定《宁夏人民银行与财政国库文件资料传输系统操作管理办法（试行）》。

10月25日　全国财政电子票据查验平台开发建成，自治区财政厅成功接入全国财政电子票据查询平台，可以正式查验，是第二个接入全国财政电子票据查验平台的省份。

10月26日　财政部办公厅通报2018年第三季度地方财政库款考核情况，宁夏库款考核全国排名第1位。

11月1日　自治区财政厅印发《宁夏回族自治区本级行政事业单位国有资产出租实施办法（试行）》，自2018年11月30日起，自治区本级行政事业单位国有资产出租统一进入自治区公共资源国有产权交易平台管理。

△　全国财政综合暨电子票据管理改革工作会议上，宁夏财政电子票据改革试点工作、深化矿产资源权益金制度改革工作、保障性安居工程专项资金绩效评价工作受到表扬和关注。

11月12日　财政部地方财政预算执行分析和决算工作评比中，自治区财政厅获全国财政预算执行分析二等奖和全国财政总决算二等奖。

11月12—16日　亚洲开发银行驻中国代表处一行3人，对亚行贷款宁夏中部节水特色农业项目进行中期检查。

11月14日　自治区政协督办组到自治区财政厅督办政协十一届一次会议提案和十届五次会议B类提案办理工作。

11月20日　自治区财政厅召开全区贯彻实施国有资产管理情况报告制度暨财政收支电视电话会议，传达《自治区政府向自治区人大常委会报告国有资产管理情况的实施方案》，通报全区1—10月财政收支情况。

11月22日　宁夏生态文化科普基地在宁夏财政干部教育中心揭牌。

11月24日　自治区财政厅完成2017年技术创新引导计划等9个重点项目绩效评价。

11月30日　自治区财政厅获评财政部2017年度行政事业单位国有资产报告工作考核第一名。

12月1日　宁夏贺兰山东麓山水林田湖草生态保护修复工程入选国家试点，获中央财政连续两年总额20亿元资金补助。

12月18日　自治区财政厅提请自治区人民政府办公厅印发通知，设立宁夏回族自治区政策性纾困基金，自治区财政出资6亿元，引导和撬动金融机构、社会资本出资24亿元，设立总规模30亿元的自治区政策性纾困基金，支持民营经济发展。

12月29日　自治区财政厅印发《宁夏政府采购负面清单》，共142项。

是年　宁夏统一公共支付平台和宁夏财政电子票据平台建成。

△　宁夏加大财政投入，率先在全国实现村级综合文化活动中心全覆盖。

△　宁夏教育投入增幅高于全国平均水平，成为西部第一个通过县域义务教育均衡发展验收的省区。

△　全区投入各类扶贫资金109.22亿元，较上年增长14.64%。扶贫资金统筹整合走在全国前列，隆德、泾源、彭阳3县初步具备脱贫“摘帽”条件。

△　全区各级财政安排生态环保和污染治理资金80.09亿元，较上年增长49.1%。

△　全年以“百村示范、千村整治”工程为抓手，下达以奖代补资金1亿元，集中开展农村人居环境整治。

△　全年安排资金2.28亿元，推进“旅游+发展”。

△　自治区财政厅增加资金投入，支持实施贺兰山、六盘山、罗山自然保护区能力提升工程，启动建设“三山”监控预警系统。

△　财政支持实施“蓝天·碧水·净土”三大行动，全面打响黄河保卫战，严格落实五级河(湖)长制。

第一篇　财政机构与财政体制

宁夏财政机构，根据时代发展和中国特色社会主义建设要求，坚持以加强党的全面领导为统领，以国家治理体系和治理能力现代化为导向，以推进机构职能优化为着力点，改革机构设置，理顺职责关系，与中央、自治区机构设置保持对应，积极构建系统完备、科学规范、运行高效的机构职能体系。

宁夏的财政管理体制，随着国家经济管理体制的变迁而不断改革。1991—2018 年，宁夏财政体制的改革主要表现为：在税制改革中建立中央和自治区、自治区和各市县间合理的财政分配机制；在中央与宁夏事权和支出责任划分中明确中央事权、地方事权、中央和地方共担事权和支出责任，在自治区以下事权和责任划分中实行“省直管县”财政体制和“乡财县管”财政体制改革等。

第一章　财政机构

宁夏回族自治区财政厅作为宁夏回族自治区人民政府主管全区财政工作的组成部门。1996年6月机构改革后，自治区财政厅内设15个处室，行政编制127名。之后，随着社会经济的发展和机构改革的要求，自治区财政厅内设机构历经多次调整、变化，至2018年年底，自治区财政厅内设处室17个，单设处室1个（机关党委）和派驻单位1个（驻自治区财政厅纪检组），行政编制133名，所属事业单位16家。自治区财政厅下辖银川市财政局、吴忠市财政局、石嘴山市财政局、固原市财政局和中卫市财政局5个地市级财政局。各地市级财政局下辖县（市、区）级财政局，县级财政局下辖乡镇财政所。另外，还有银川经济技术开发区管委会财政局、宁东财政金融局和苏银产业园财政审计部等独立的开发区财政机构。

第一节　自治区财政机构

一、自治区财政厅

机构沿革　1979年，自治区财税、银行机构分设，成立宁夏回族自治区财政局，1983年8月，恢复宁夏回族自治区财政厅名称，内设办公室、人教处、预算处、行财处、农业处、企财处、会计事务管理处等7个处室。

1996年6月机构改革，自治区财政厅内设15个处室和纪检组（监察室）、机关党委，即办公室、人事教育处、预算处、行政事业处、农业处、工交企业处、商贸企业处、综合计划处、外经处、监察检查处（财政、税务、财务大检查办公室）、会计处、税政条法处、社会保障处、基本建设处、控制社会集团购买力办公室。核定机关行政编制127名。核定领导职数厅级7名（党组书记1名、厅长1名、副厅长3名、纪检组长1名、总会计师1名），处级41名，其中正处级18名。

1997年1月，设离退休干部服务处，核定服务人员编制4名，其中正处级职数1名。当年11月，世界银行贷款领导小组办公室挂靠外经处，增加事业编制4名，主要负责全区世界银行贷款项目的管理、指导协调及监督等工作。

2000年7月机构改革后，自治区财政厅内设机关党委及15个职能处室，即办公室、综合规划处、税政条法处、预算处、国库处、行政事业处、经济建设处、农业处、社会保障处、企业处、外经处、会计处、统计评价处、监督检查局、人事教育处。核定行政编制105名，领导职数：厅级领导职数5名，其中厅长1名，副厅长4名；正处级领导职数16名（含机关党委专职副书记），副处级领导职数20名。纪检（监察）机构和编制另行规定。离退休干部工作机构、后勤服务机构及编制，按有关规定另行核定。2000年8月，自治区编办同意保留退休干部服务处，核定服务人员编制4名，其中正处级领导职数1名。

2001年8月，自治区财政厅内设监督检查局改为自治区财政厅直属单位，名称为宁夏回族自治区财政厅监督检查局，核定单列行政编制12名，原核定的处级领导职数不变。

2004年2月，撤销统计评价处和行政事业处，成立行政政法处和教科文处。增加副处级领导职数1名。增加后，自治区财政厅机关处级领导职数16正21副（含监督检查局处级领导职数）。6月，自治区财政厅增加调研员5名，助理调研员9名，作为一次性使用职数。增加后，自治区财政厅设置助理巡视员2名，调研员8名，助理调研员11名（不含依照管理事业单位3名助理调研员）。11月，增加军队转业干部专项编制1名。增加后，自治区财政厅机关行政编制为91名。

2005年12月，自治区财政厅增设政府采购管理处，不再保留自治区政府采购办公室。核增行政编制10名、处级领导职数1正1副；核销自治区政府采购办公室10名事业编制和1正1副处级领导职数。调整后，自治区财政厅行政编制114名（含监督检查局），军队转业干部专项编制3名，处级领导职数17正22副。

2007年8月，自治区财政厅机关增加副处级领导职数4名，监督检查局增加副处级领导职数1名。增加后，自治区财政厅机关处级领导职数17正25副，自治区财政厅监督检查局处级领导职数1正2副。同时增加1名总会计师领导职数（副厅级）。

2009年4月机构改革后，自治区财政厅内设机关党委及16个职能处室，即办公室、人事与老干部处、综合处、税政条法处（行政审批办公室）、预算处、国库处、行政政法处、教科文处、经济建设处、农业处、社会保障处、企业处、外经处、会计处、政府采购管理处、监督检查局。机关行政编制128名。其中，厅长1名，副厅长4名、总会计师1名；正处级领导职数17名（含机关党委专职副书记1名），副处级领导职数27名。6月，核定非领导职数调研员9名，副调研员13名。

2012年1月，增设资产管理处，核增处级领导职数1正1副，增加后，自治区财政厅处级领导职数18正28副。

2013年11月，在预算处挂绩效管理处牌子，增加副处级领导职数1名。增加后，自治区财政厅处级领导职数18正29副。

2014年7月机构改革后，自治区财政厅内设机关党委及17个职能处室，即办公室、人事与老干部处、综合处、税政与条法处（行政审批办公室）、预算处（绩效管理处）、国库处、行政政法处、教科文处、经济建设处、农业处、社会保障处、企业处、外经处、会计处、政府采购管理处、监督检查局、资产管理处。机关行政编制131名。其中，厅长1名，副厅长5名（1名副厅长兼任非税收入管理局局长）、总会计师1名；正处级领导职数18名（含机关党委专职副书记1名），副处级领导职数29名。

2015年6月，撤销外经处，设金融处。2015年6月，改农业处为农业农村处。

2016年6月调整后，机关行政编制为132名。2017年5月，增加副处级领导职数1名，专项用于加强政法财政预算管理等工作。调整后，机关处级领导职数18正（含机关党委专职副书记1名）31副。

2018年年底，自治区财政厅内设机关党委和17个职能处室，即办公室、人事与老干部处、综合处、税政与条法处、预算处、国库处、行政政法处、教科文处、经济建设处、农业农村处、社会保障处、企业处、金融处、会计处、政府采购管理处、监督检查局、资产管理处。全厅有行政编制133名。其中厅长 1 名，副厅长 3 名；正处级领导职数21名（含总会计师 1 名、机关党委专职副书记1名），副处级领导职数33名。

表 1-1　宁夏回族自治区财政厅历任厅（局）长一览表

姓名	籍贯	任职时间	备注
石子珍	陕西延川	1949 年 10 月—1954 年 9 月	宁夏省财政厅
李　力	山西阳原	1959 年 1 月—1964 年 12 月	
储仲余	河北博野	1964 年 12 月—1967 年 1 月	
李运通	河北安新	1972 年 4 月—1977 年 9 月	
高　益	陕西延川	1977 年 9 月—1983 年 6 月	
雷　鸣	河北昌黎	1984 年 10 月—1988 年 1 月	1988 年 5 月任自治区人大常委会副主任
程法光	河北雄县	1988 年 1 月—1988 年 11 月	1988 年 5 月任自治区政府副主席
刘元茂	山东齐河	1988 年 11 月—1993 年 8 月	
马骏廷	宁夏吴忠	1993 年 8 月—1998 年 4 月	1998 年 5 月任自治区政府副主席
邓炎辉	陕西合阳	1998 年 8 月—2002 年 12 月	
陶　源	北京	2003 年 1 月—2008 年 1 月	2008 年 1 月任自治区政协副主席
王和山	宁夏西吉	2008 年 1 月—2012 年 12 月	2013 年 1 月任自治区政府副主席
张苏安	江苏涟水	2013 年 7 月—2017 年 3 月	
陈春平	湖南祁东	2017 年 3 月—	

主要职责　自治区财政厅为自治区人民政府负责财政收支、财税政策、国有资产管理的工作部门。主要职能：1. 贯彻实施有关法律、法规、规章，执行国家有关财税政策；拟定并执行自治区财政发展战略、规划、政策和改革方案；参与拟订自治区宏观经济政策，提出运用财税政策实施区域宏观调控和综合平衡社会财力的建议。2. 承担自治区财政收支管理责任。负责编制自治区年度预（决）算草案、财政收入计划并组织执行；受自治区人民政府委托向自治区人民代表大会报告全区预算及其执行情况，向自治区人大常委会报告决算；组织拟订自治区经费开支标准、定额，审核批复自治区本级部门（单位）年度预（决）算；调理完善转移支付制度。3. 负责自治区财政非税收入、政府性基金管理工作；管理财政票据；管理彩票市场，按规定监管各类彩票资金的分配使用；牵头制定政府购买服务政策并组织实施。4. 负责自治区国库的管理工作，指导和监督市（县）国库业务；承担地方政府债券自主发行、偿还、监管职责。

5.组织实施国家确定的税制改革工作，在国家授权范围内提出减免税的建议。6. 负责监管自治区行政事业单位国有资产；负责财政预算内行政机构、事业单位、社会团体的非贸易外汇监督管理和财政预算内的其他收支管理。7. 负责审核和汇总编制自治区本级国有资本经营预（决）算草案；收取自治区本级企业国有资本金收益；按规定管理自治区金融类企业、文化类企业国有资产；按规定管理资产监督有关工作。8. 负责办理和监督自治区财政支出及国家和自治区投资项目财政拨款；参与拟订自治区建设投资有关政策；负责有关财政补贴和专项储备资金的财政管理工作。9. 会同有关部门管理自治区社会保障、就业创业、医疗卫生等支出，编制自治区社会保障预（决）算草案。10. 编制地方债务计划；负责政府性债务风险管控、规模控制、预算管理；代表自治区人民政府会同有关部门进行涉外财务的处理和协议、协定草案的制定。11. 负责管理全区会计工作，监督规范会计行为；指导和监督注册会计师、会计师事务所的业务。12. 监管财税法规、政策的执行，反映财政收支管理中的重大问题，提出加强财政管理的政策建议。13. 承办自治区人民政府交办的其他事项。

二、厅内设机构

截至2018年，自治区财政厅设17个内设机构。

办公室 1983年8月，自治区财政厅恢复成立，内设办公室。办公室负责协调和督办机关日常工作；负责机关文电、会务、财务、机要、档案、宣传、保密、信访、政务公开、信息等工作；负责机关及所属单位的国有资产管理工作。

人事与老干部处 1983年8月，自治区财政厅恢复成立，内设人事教育处。1997年1月，设离退休干部服务处，核定人员编制4名，其中正处级职数1名。2009年4月机构改革，内设人事与老干部处。人事与老干部处负责机关及所属单位的人事工作和机构编制工作；拟订并组织实施全区财政系统干部教育规划和业务培训计划；负责机关及所属单位离退休人员的管理和服务工作。

综合处 1983年8月，自治区财政厅恢复成立，内设综合处。1986年9月，对外挂宁夏社会发展基金管理局牌子，至1988年2月分设办公。综合处分析预测宏观经济形势并提出宏观调控政策建议；研究提出有关收入分配政策和改革方案；管理住房改革预算资金；拟订非税收入管理制度和政策；会同有关部门审核行政事业性收费项目并参与拟订标准；承担政府购买服务政策制定及监管的有关工作；会同有关部门拟订土地、矿产等国有资源收入政策；承担彩票市场的管理工作，监督和管理彩票资金的分配和使用；承担清理规范公务员津贴、补贴的具体工作；管理财政票据。

税政与条法处（行政审批办公室） 1996年6月机构改革，内设税政条法处。2014年7月机构改革，内设税政与条法处（行政审批办公室）。税政与条法处组织实施国家确定的税制改革工作；提出对地方税的征收范围、税额调整的建议；拟订支持宁夏内陆开放型经济试验区发展的财税政策建议；承担地税系统部门预算管理工作；承担厅机关行政审批、执法监督、规范性文件审核等工作；承担全区财政系统法制宣传教育工作；承办国家赔偿费用管理工作；承担行政复议和行政应诉等法律事务。

预算处(绩效管理处) 1983年8月，自治区财政厅恢复成立，内设预算处。2004年2月，撤销统计评价处，原承担的财政支出绩效评价职责由预算处承担。2013年11月，在预算处挂绩效管理处牌子，增加副处级领导职数1名。预算处拟订自治区以下财政体制和预算管理制度；承担编制自治区本级年度财政预(决)算草案工作；承担政府性债务风险管控、规模控制、预算管理等有关工作；拟订自治区本级预算定额标准，承担审查、批复自治区本级部门预算和政府采购预算工作；负责汇总市(县)财政预算，指导市(县)预算管理；拟订自治区财政转移支付制度，承担自治区对市(县)的转移支付工作； 拟订预算绩效管理制度、框架体系和绩效评价指标体系，编制预算绩效管理工作计划；承担自治区本级部门财政资金绩效目标审核、汇总、批复工作；承担市(县)财政管理绩效综合评价工作。

国库处 1983年8月，自治区财政厅恢复成立，内设行财处。1996年6月机构改革，内设行政事业处。2000年，国库处成立。2004年2月，撤销行政事业处，原承担的行政事业单位预算汇总职责交由国库处承担。国库处贯彻执行国家金库制度、总预算会计制度和行政单位会计制度；负责预算单位和财政专户的管理；负责预算执行及分析预测；负责国库资金、专户资金收付的核算；承担国库集中支付用款计划的批复、审核和资金的拨付工作，办理国库资金的调度、自治区级预算收入的退库；编制自治区本级财政总决算和自治区本级部门决算，承担审核、汇总全区财政总决算和全区部门决算 工作；承担地方政府债券自主发行、偿还、监管等工作。

行政政法处 2004年2月，设行政政法处。行政政法处承担行政、政法等部门年度预(决)算编制、批复、执行工作；组织执行有关财务管理制度，拟订全区行政性经费财务管理制度；监督执行《党政机关厉行节约反对浪费条例》；组织实施党政机关定点服务管理工作。2016年1月，接转承担原外经处承担的旅游、外事部门年度预(决)算编制、批复、执行工作和审核行政机构、事业单位、社会团体的非贸易外汇及出国经费职责。

教科文处 2004年2月，设教科文处。教科文处承担教育、科技、文化等部门年度预(决)算编制、批复、执行工作；组织执行事业单位通用的财务管理制度；拟订相关财务管理制度，研究提出有关财政政策建议；承担义务教育经费保障机制改革的具体工作。

经济建设处 1996年6月机构改革，内设基本建设处。2000年7月机构改革，设经济建设处。经济建设处承担自治区发展改革(物价)、工业和信息化、交通运输、国土资源、住房和城乡建设、环境保护等部门年度预(决)算编制、批复、执行工作；承担投资和经济建设专项资金拨款及监督管理工作；拟订全区经济建设、能源资源、节能减排、航空运输发展和环境保护等财政政策；组织实施基本建设财务制度，承担自治区财政本级预算内基本建设、地方债券等投资的管理工作； 承担有关政策性补贴和专项储备资金财政财务管理工作； 承担财政投资评审管理有关工作。

农业农村处 1983年8月，自治区财政厅恢复成立，内设农财处，1996年3月改农财处为农业处，2019年3月改为农业农村处。农业农村处承担农业、林业、水利、扶贫、农垦、农科院等部门的年度预（决）算编制、批复、执行工作；提出财政支农等相关政策建议；拟订自治区财政支农资金管理办法；承担财政支农专项资金、财政扶贫资金管理的有关工作；会同有关部门管理农业和扶贫专项贴息。

社会保障处　1996年6月机构改革，内设社会保障处。社会保障处承担社会保障、民政、卫生等部门年度预（决）算编制、批复、执行工作；拟订项目资金使用的财务管理办法；编制自治区级社保基金预算草案，审核全区社保基金预（决）算草案；承担社会保障资金（基金）财政监管工作等。

企业处　1983年8月，自治区财政厅恢复成立，内设企财处。1996年6月机构改革，内设工交企业处、商贸企业处。企业处承担商务、工业和信息化、国有资产管理等部门年度预（决）算编制、批复、执行工作；研究提出自治区支持企业改革和发展的财政政策建议；承担自治区本级国有资本经营预算的编制和收取自治区本级国有资本收益有关工作；承担国有企业、外商投资企业、地方金融企业财务信息管理工作；负责金融类企业国有资产管理的有关工作；承担有关资产评估管理工作。

金融处　1996年6月机构改革，内设外经处。1997年11月，世界银行贷款领导小组办公室挂靠外经处。2015年6月，撤销外经处，设金融处。金融处研究拟订财政与金融协调配合的相关政策；制定国有金融资产管理制度，履行地方金融企业出资人职责，承担地方金融企业国有资产管理、地方金融企业国有资本经营预算编制工作；承担地方金融企业财务信息管理工作；制定政府和社会资本合作有关制度，承担相关规范管理工作。

会计处　1983年8月，自治区财政厅恢复成立，内设会计事务管理处。会计处组织实施国家统一的会计准则、会计制度和会计法规；监管国家机关、事业单位、社会团体和企业会计人员从业资格；承担组织全国会计专业技术资格考试和全区会计从业资格考试的相关工作；承担全区会计人员的管理工作；指导和监督注册会计师和会计师事务所的业务工作。

政府采购管理处　1996年6月机构改革，自治区财政厅内设控制社会集团购买力办公室。1999年5月，撤销控制社会集团购买力办公室，成立自治区政府采购办公室，为自治区财政厅所属处级事业单位，核定事业编制10名，配主任1名（正处级），副主任1名（副处级）。2003年8月，依照公务员制度进行管理。2005年12月初，自治区政府采购办公室由事业单位改为自治区财政厅内设政府采购管理处，不再保留自治区政府采购办公室。政府采购管理处承担自治区政府采购的监督管理工作；拟订政府采购制度并监督实施；承担审批自治区本级年度政府采购计划的有关工作；审核非公开招标的采购方式；受理政府采购投诉；负责政府GPA谈判的准备工作；指导全区的政府采购工作。

监督检查局　1996年6月机构改革，内设监察检查处（财政、税务、财务大检查办公室）。2001年8月，改为自治区财政厅监督检查局，为自治区财政厅直属单位。监督检查局拟订自治区财政监督检查的政策和制度；监督财税法律法规、政策和预算执行情况；检查反映财政收支管理中的问题；提出加强财政管理的政策建议；承担监督检查会计信息质量和注册会计师、资产评估师行业执业质量的有关工作；依法查处违法违规行为；指导全区的财政监督检查工作。

资产管理处　2012年1月，增设资产管理处，核增处级领导职数一正一副。资产管理处拟订行政事业单位国有资产管理的规章制度和自治区本级行政事业单位实物资产配置标准及相关费用标准；承担自治区本级行政事业单位国有资产的配置、使用和处置等工作；负责行政事业单位资产的收益、清查和产权管理等日常工作；监督指导自治区本级行政事业单位及其主管部门、下级财政部门的国有资产管理工作；拟订区属文化企业国有资产管理规章制度并监督执行，核定企业负责人年薪标准。

机关党委　负责机关和直属单位的党群工作。

三、厅属事业单位

自治区财政政策研究中心　1981年3月25日，自治区机构编制委员会批复成立宁夏财政科学研究所，核定事业编制7名，从现有人员中调剂解决。2006年6月，更名为自治区财政政策研究中心，核定全额预算事业编制7名，领导职数主任1名（正处级）、副主任1名（副处级）。2016年6月，划分为公益一类事业单位。核定全额预算事业编制7名，其中主任1名（正处级），副主任1名（副处级）。2017年1月，划为不定级别公益一类事业单位，主要参与起草财政发展计划与规划，制定科研计划，组织开展财政理论与政策研究；组织开展财政科研学术活动；编辑、出版、发行《宁夏财会》《宁夏财政年鉴》及其他财经类书籍。

宁夏财会函授学校　详见第六篇党务政务与社会事业第四章社会事业第一节教科文化。

宁夏社会发展基金管理局　1986年9月2日，自治区编制委员会批复成立，挂靠宁夏财政厅综合计划处。1988年2月8日分设，主要经营财政周转资金管理。1996年10月，宁夏社会发展基金管理局定为自治区财政厅管理的自收自支处级事业单位，核定事业编制12名，其中局长1名，副局长1名，总会计师1名（副处级）。2002年5月撤销。

宁夏国债服务中心　1990年12月25日，自治区机构编制委员会同意成立自治区财政厅国债服务部，为自治区财政厅下属事业单位，不定级别，业务接受财政厅综合外经处领导，核定编制4名，经费原则上自收自支。1992年正式成立宁夏国债服务部，1993年4月更名为自治区财政厅国债服务中心，仍为事业单位，实行企业化管理，自主经营、独立核算、自负盈亏，具有法人资格。具体由自治区财政厅综合外经处管理，人员编制由财政厅调整。2001年4月16日，批复撤销自治区财政厅国债服务中心。

宁夏财政厅机关服务中心　1996年6月，自治区财政厅机关服务中心成立，为自治区财政厅所属不定级别事业单位，从机关划转15人。1997年2月增加事业编制3名，核定事业编制18名。5月，核定正、副处级领导职数各1名。2001年10月，核定后勤服务事业编制18名，不再保留处级领导职数。2016年6月，核减编制1名。调整后，自治区财政厅机关服务中心有全额预算事业编制12名，聘用编制4名。2017年1月，调减全额预算事业编制1名。调整后，有全额预算事业编制11名，聘用编制4名。

宁夏扶贫资金管理办公室　1997年1月，自治区扶贫资金管理办公室成立，为自治区财政厅下属事业单位，承担全区扶贫资金的管理工作，办公室主任由自治区财政厅预算处处长兼任，核定事业编制5名，配副处级职数1名。2002年5月撤销。

自治区非税收入管理局　1997年4月，自治区地方基金征收局成立，为自治区财政厅下属处级事业单位，核定事业编制13名，设局长、副局长各1名。2002年4月，依照国家公务员制度进行管理。2006年3月，核定全额预算事业编制13名。2013年5月，更名为自治区非税收入管理局。2016年3月31日，自治区机构编制委员会会议研究，增设正处级副局长1名。同年6月，划分为公益一类事业单位。2017年1月，制定机构编制方案，核定全额预算事业编制14名，其中副局长1名（正处级）、副局长1名（副处级）。局长由自治区财政厅副厅长兼任。自治区非税收入管理局主要负责自治区本级非税收入的收缴和监督管理；负责自治区本级财政收费票据的发放、核销和检查；指导自治区非税收入的收缴管理工作。

宁夏注册会计师和资产评估师管理中心　2006年7月，宁夏注册会计师协会更名为宁夏注册会计师和资产评估师管理中心，核定全额预算事业编8名，领导职数主任1名（正处级）、副主任1名（副处级）。2016年4月，核定全额预算事业编制8名。同年6月，划分为公益一类事业单位。2017年1月，制定机构编制方案，划分为自治区财政厅所属不定级别公益一类事业单位。核定全额预算事业编制8名，其中主任1名（正处级），副主任1名（副处级），副处级领导职数1名（专用于加强宁夏注册会计师和资产评估行业党的建设工作）。宁夏注册会计师和资产评估师管理中心主要负责全区注册会计师和资产评估师行业工作，指导行业协会的工作；负责制定宁夏注册会计师和资产评估师行业制度和发展规划；负责注册会计师和资产评估师在宁夏的考试工作；负责注册会计师的任职资格、资产评估师职业资格的备案和检查工作。

宁夏外债管理工作领导小组办公室　1997年10月16日，自治区人民政府批准成立宁夏世界银行贷款工作领导小组办公室，挂靠在自治区财政厅。1999年7月，根据《宁夏回族自治区人民政府关于加强政府外债管理有关问题的通知》（宁政发〔1999〕83号）精神，将宁夏世界银行贷款工作领导小组改为自治区政府外债管理工作领导小组办公室，自治区政府外债管理工作领导小组办公室设在自治区财政厅。2003年7月，增加全额预算事业编制3名。增编后，总编制为7名。2003年11月，依照国家公务员制度管理。至2018年，机构编制事项维持不变。2016年1月，接转承担原外经处承担的国际金融组织和外国政府贷（赠）款项目的申报、谈判、转贷等职责。同年6月，划分为公益一类事业单位。2017年1月，制定机构编制方案，核定全额预算事业编制8名，其中主任1名（正处级），副主任2名（副处级）。宁夏外债管理工作领导小组办公室主要负责自治区政府外债管理工作领导小组的日常工作；承担国际金融组织和外国政府贷（赠）款项目的申报、谈判、转贷的有关工作；负责全区政府外债项目的管理、指导、协调、监督及项目的财务管理工作；负责政府外债项目年度计划组织实施及外债项目采购的组织、报批等工作；负责自治区政府外债综合项目的实施管理、新项目的论证和方案设计工作。

宁夏农业综合开发办公室　1998年12月，宁夏农业综合开发建设领导小组办公室成立。

2000年9月，将自治区水利厅所属的宁夏农业综合开发建设领导小组办公室划归自治区财政厅管理，为自治区财政厅所属事业单位，其机构规格、人员编制、经费形式等维持不变。同时，将自治区水利厅承担的农业综合开发职能整体移交自治区财政厅承担。2006年5月，宁夏农业综合开发建设领导小组办公室更名为宁夏农业综合开发办公室，核定全额预算事业编制29名。领导职数主任1名（正处级）、副主任2名（副处级），正科级7名。2006年6月，设宁夏农垦事业管理局农业综合开发办公室，为不定级别事业单位，核定全额预算事业编制7名。2014年7月，宁夏农业综合开发办公室增加聘用编制1名。2016年4月，撤销宁夏农垦事业管理局农业综合开发办公室，其职责以及8名全额预算事业编制、1正1副科级领导职数整体移交宁夏农业综合开发办公室管理。同年6月，划分为公益一类事业单位。8月，增加总会计师领导职数1名（副处级）。至此，领导职数为1正3副。2017年1月，制定机构编制方案，宁夏农业综合开发办公室为自治区财政厅所属正处级公益一类事业单位，核定全额预算事业编制38名，聘用编制1名。核定主任1名（正处级），副主任2名（副处级），总会计师1名（副处级），正科级领导职数7名。内设综合科、计划财务科、土地治理项目科、产业化发展项目科、外资项目科、项目评估科（农业综合开发项目评审中心）、监督检查科7个正科级机构。宁夏农业综合开发办公室主要负责管理和指导全区农业综合开发工作；拟定全区农业综合开发具体政策和发展规划；负责全区农业综合开发资金分配，组织开展农业综合开发项目管理；对本地区农业综合开发资金和项目进行监管。

宁夏财政信息中心 1999年5月27日批复成立，为自治区财政厅下属不定级别事业单位，由自治区财政厅办公室代管，核定事业编制5名，配副主任（副处级）1名。2003年11月，增加全额预算事业编制2名。2005年12月，升格为正处级事业单位，核定全额预算事业编制7名，领导职数主任1名（正处级）、副主任1名（副处级）。2016年6月，划分为公益一类事业单位。2017年1月，制定机构编制方案，核定全额预算事业编制7名，其中主任1名（正处级），副主任1名（副处级）。宁夏财政信息中心主要参与制定全区财政信息化建设规划和计划；负责全区财政网络、应用系统、数据中心等财政信息化项目和基础设施的建设和管理；负责全区财政收支数据的管理和大数据的综合利用、分析工作；负责财政网络、应用系统和财政数据等信息资源的安全保密等工作。

宁夏财政干部教育中心 1999年5月27日批复成立宁夏财政干部培训中心，为自治区财政厅下属正处级事业单位，核定自收自支事业编制8名，用于配备管理干部和业务骨干，其他人员实行聘用制。配主任1名（正处级）、副主任1名（副处级）。2005年5月，更名为宁夏财政干部教育中心。2016年6月，划分为公益一类事业单位。至2018年，机构编制事项维持不变。

自治区财政预算评审中心 2000年4月25日批复成立宁夏基本建设工程预决算审查中心，为自治区财政厅所属正处级事业单位，设主任1名（正处级）、副主任1名（副处级），核定自收自支事业编制11名，系原宁夏会计师事务（1999年撤销）使用的11名自收自支事业编制。2004年3月，宁夏基本建设工程预决算审查中心更名为宁夏财政投资评审中心。2006年7月，核定全额预算事业编制11名，领导职数主任1名（正处级）、副主任1名（副处级）。2015年9月，更名为自治区财政预算评审中心。12月，增加2名全额预算事业编制和1名副主任领导职数（副处级）。增加后，核定全额预算事业编制13名，处级领导职数1正2副。2016年4月，核定全额预算事业编制12名。同年6月，划分为公益一类事业单位。2017年1月，制定机构编制方案，核定全额预算事业编制12名，其中主任1名（正处级），副主任2名（副处级）。自治区财政预算评审中心主要负责对部门预算项目进行绩效评审，研究提出项目支出标准，开展项目事前、事中、事后全过程绩效评价；负责政府性投资项目基本建设程序和基本建设管理制度执行情况的审查；负责所有财政预算资金、政府性融资和其他财政性资金安排建设项目的审查；负责使用财政性资金项目的专项检查。

宁夏财政厅国库支付中心　2001年4月16日，批复成立宁夏工资统一发放中心，为自治区财政厅下属处级事业单位，业务上接受自治区财政厅国库处指导，核定事业编制6名，其中从自治区财政厅国债服务中心划转4名，从社会发展基金局调整2名。设正处级领导职数1名。2002年5月，宁夏工资统一发放中心更名为宁夏国库支付中心，为自治区财政厅所属处级事业单位，对外工作需要可使用“宁夏回族自治区财政厅国库支付局”牌子。重新核定事业编制21名，其中领导职数1正2副。同年9月，从宁夏财经学校调整9名事业编制，调整后，国库支付中心总编制为30名。2003年3月，依照国家公务员制度进行管理。2016年6月，划分为公益一类事业单位。2017年1月，制定机构编制方案，宁夏财政厅国库支付中心为自治区财政厅所属正处级公益一类事业单位，核定全额预算事业编制32名，其中主任1名（正处级），副主任3名（副处级）。2018年2月，核减全额预算事业编制1名，实有全额预算事业编制31名。宁夏财政厅国库支付中心主要负责财政资金的直接支付和授权支付及信息统计分析；负责协调人民银行、商业银行做好财政资金支付相关业务及银行账户的审核、备案和监管；负责自治区本级预算单位基本支出管理；会同有关部门建设和完善集中支付系统，制定相关的管理和监督制度。

自治区农村财政管理局　2007年3月，成立自治区农村公共财政支付服务局，自治区财政厅所属正处级事业单位，核定全额预算事业编制8名，领导职数局长1名（正处级），副局长1名（副处级）。同年5月，参照公务员法管理。2013年5月，更名为自治区农村财政管理局。2016年6月，划分为公益一类事业单位。2017年1月，制定机构编制方案，核定全额预算事业编制10名，其中局长1名（正处级），副局长2名（副处级）。宁夏农村财政管理局主要负责全区乡镇财政财务和村级财务管理，研究拟定建立乡镇财政财务和村级财务管理制度和办法；负责中央和自治区对乡村两级专项转移支付资金、支农专项资金的考评与管理；负责涉农补贴资金的发放与政府直补农民“一卡通”管理工作；参与全区农业保险政策的制定与资金管理；负责全区农村综合改革、乡镇债权债务和涉农收费等工作。

宁夏财政社会保险基金管理中心　2016年4月，设宁夏财政社会保险基金管理中心，为自治区财政厅所属正处级事业单位，核定全额预算事业编制8名（新增4名），从宁夏财政预算评审中心、宁夏财会函授学校各调整1名，从宁夏注册会计师和资产评估师管理中心调整2

名，主任领导职数1名（正处级）、副主任领导职数1名（副处级）。2016年6月，划分为公益一类事业单位。8月，增加全额预算事业编制2名，从自治区财政厅机关服务中心调整。调整后，宁夏财政社会保险基金管理中心有全额预算事业编制10名。2017年1月，制定机构编制方案，核定全额预算事业编制10名，其中主任1名（正处级），副主任1名（副处级）。同年3月，增加副处级领导职数1名。宁夏财政社会保险基金管理中心主要负责全区各项社会保险政策贯彻落实和财务制度经办规程的制定执行；承担全区及纳入自治区本级社会保险基金财政专户的各项社会保险基金的入库、拨付、管理等工作；负责全区社会保险基金财政专户的财务管理；负责全区社会保险基金预决算草案的审核和执行工作；负责中央驻宁夏单位和自治区本级行政、企事业单位离退休干部医疗保障经费拨付工作。

另外，1988年1月4日，自治区人民政府决定成立宁夏信托投资公司，属自治区财政厅领导的副厅级单位，实行总经理负责制。3月25日，中国人民银行宁夏分行批复设立宁夏信托投资公司。8月20日，宁夏信托投资公司举行开业典礼。1998年12月，宁夏信托投资公司与自治区财政厅脱钩，并入宁夏伊斯兰国际信托投资公司。2000年，宁夏证券有限责任公司、宁夏伊斯兰国际信托投资公司、宁夏信托投资公司、银川市信托公司等证券类公司合并重组，更名为西北证券有限责任公司。

1999年6月7日，宁夏高新技术企业信用担保中心在银川挂牌成立，主要经营民营企业贷款。2001年9月，列为自治区财政厅所属事业单位，不定级别，不核定事业编制，所需人员实行聘用制。

第二节　地市级财政机构

一、银川市财政局

1949年9月29日，银川市人民政府二科（财政科）成立，1958年8月更名银川市财政局。1971年1月，财政、税务两局合并。1979年1月，银川市财政与税务机构分设，恢复银川市财政局。银川市财政局下设政工科、预算科、企业财务科、行政事业财务科、农业财务科、财政监察科等科室。核定编制30名。

1991年11月，增设人事教育科，挂靠办公室，将相关科室改为会计事务管理科，下设市信托投资公司、市财经干部学校、市会计师事务所。1998年10月，调整内设机构，将基本建设农业财务科分为基本建设财务科、农业财务科，将工交企业财务科、商贸企业财务科合并为企业财务科。1999年新设政府采购办公室。

2000年，银川市财政局（不含国有资产管理局）共设科室（局）13个，即办公室、人事教育科、预算管理科、企业财务科、农业财务科、基本建设财务科、监察条例法规科、行政事业财务科、综合计划财务科、会计事务管理科、社会发展基金局、社会保障财务科、政府采购办公室。

2001年，新设市工资统发办公室（事业单位）。2002年，撤销人事教育科、企业科和社会发展基金局，增设国库科、统计评价科、资产科和财政研究中心（事业单位）。

2005年，撤销统计评价科、行政事业科，成立企业科、行政政法科和教科文科，内设科室保持13个。至2006年，银川市财政局设银川市农业综合开发办公室（银川市人民政府外债管理办公室）、银川市工资统一发放办公室、银川市财政信息研究中心和银川市政府采购中心（银川市产权交易中心）4个正科级事业单位。

2008年2月机构改革后，银川市财政局实行大处室管理模式，设置4个处，即综合处、预算国库处、业务一处和业务二处。行政编制39名。

2008年、2009年，先后成立银川市财政国库支付中心、银川市财政项目预算审核中心，为银川市财政局所属正科级事业单位。

2010年，银川市人民政府外债管理办公室调整，加挂到银川市财政项目预算审核中心。2012年，撤销银川市工资统一发放办公室，保留牌子并入财政国库支付中心。至2018年，银川市财政局内设机构不变，编制人数74名，其中行政编制44名，事业编制30名。

二、石嘴山市财政局

1959年12月26日，石嘴山市人委筹委会设立财政局。1966年，石嘴山市革委会下设财贸组，后设财税局。1979年，石嘴山市财政局重新成立，内设政办科、预算科、企业财务科、农业财务科和财政监察科等5个科。

1991年，恢复设立监察科，成立石嘴山市国债服务部，为市财政局下属正科级事业单位。1992年1月，市财政局增挂“国有资产管理局”牌子。

1997年，成立石嘴山市财政社会发展基金管理局，为市财政局下属正科级事业单位。同年，企业科分设为工交企业科、商贸企业科。

1998年，成立石嘴山市收费管理局，为石嘴山市财政局下属正科级事业单位。同年，石嘴山市财政局增设社会保障科。

1999年，成立石嘴山市政府采购服务中心，为石嘴山市财政局下属正科级事业单位。2002年7月，成立石嘴山市预算外资金征收中心，10月成立石嘴山市会计核算中心。2004年4月，成立财政国库集中支付中心，与市会计核算中心合署办公。

2005年7月，石嘴山市财政局撤销行政事业科、综合计划科、监督检查科、农业科，分别成立行政政法科、综合科、监察条法科、农业财务科；将工交企业科、商贸企业科合并成立企业财务科；新增设国库科、教科文科、会计科、国有资产监督管理办公室。

2010年年底，石嘴山市财政局内设机构有办公室、综合科（挂政府采购办公室）、预算科、国库科、行政政法科、教科文科、农业科、社会保障科、经济建设科、企业科、融资和债务管理科、会计科、监察条法科等13个科室。行政编制40名，其中局长1名，副局长3名；正科级领导职数13名，副科级领导职数12名。后勤事业编制4名。直属事业单位4个：市非税收入征收管理中心、市会计核算中心（挂市国库集中支付中心牌子）、市政府采购中心、市农业综合开发办公室。

截至2018年年底，石嘴山市财政局内设办公室、综合科、预算与税政科、国库科、行政政法科、教科文科、农业农村科、社会保障科、企业与税政科、经济建设与自然资源科、监察条法会计科、资产管理科（政府采购管理办公室）、项目（投资）评审与绩效管理科等13个科室。下设石嘴山市财政国库支付中心（副处级）、石嘴山市非税收入征收管理中心（正科级）2个事业单位。行政编制40名，其中：局长1名，副局长3名；正科级领导职数13名，副科级领导职数13名。工勤人员编制3名，聘用编制1名。

三、吴忠市财政局

1972年2月23日，国务院批准成立宁夏银南地区，下设财贸组等机构。1973年5月29日设立财贸处，根据业务范围又分设商业处和财政处。1974年11月29日财贸处改为财粮贸易处，不再分设商业、财政处。1977年2月24日撤销财粮贸易处，分设财金局、粮食局、商业局、供销社等4个单位。1983年8月上述4个机构又合并为财贸处。

1998年9月，银南地区财贸处更名为吴忠市财政局（挂市国有资产管理局牌子）。2005年3月，吴忠市、利通区财政局合署办公。2009年10月，吴忠市、利通区财政局分设，实行分级办公。至2009年年底，吴忠市财政局内设办公室、预算综合科、国库科、公共支出和政府采购科、经济建设与国资科、监督检查与会计科。行政编制24名，机关后勤事业编制3名。

2012年2月，经济建设与国资科分设为经济建设科、国有资产监督管理科，增加1正1副两名科级领导职数，增加行政编制2名。至2015年，吴忠市财政局内设机构6个，即办公室、预算综合科、国库科、公共支出和政府采购科、经济建设科、监督检查与会计科。

2018年，吴忠市财政局内设办公室、预算综合科、国库科、行政政法与教科文科、经济建设科、社会保障科、资产管理科、监督检查与会计科8个科室，有行政编制23名，机关后勤服务事业编制3名，核定局长1名，副局长3名。下设吴忠市国库支付中心、吴忠市会计核算中心、吴忠市会计培训中心、吴忠市非税收入征收管理中心、吴忠市农业综合开发办公室5个正科级事业单位，有编制46名，核定正科级领导职数5名，副科级领导职数3名。

四、固原市财政局

1983年10月16日，固原地区行政公署财政贸易处成立。财政贸易处内设办公室、财政科、商业科、供销科。1991年8月，成立固原地区供销合作社办事处，撤销财贸处供销科。1992年6月，增挂固原行署国有资产管理局和固原行署社会发展基金局两块牌子，为财政贸易处内设机构。

1995年11月，固原地区行政公署财政贸易处变名称为固原地区财政贸易局。1996年1月，固原地区财政贸易局内设办公室、财政科、财政监察科、基建财务科、商业科、粮食科，仍挂国有资产管理局牌子。行政编制23名，后勤事业编制4名。处级领导3名，科级7名（含国有资产管理局副局长1名）。

2002年9月，固原地区撤地设市，撤销地区财政贸易局、国有资产管理局（挂牌机构），组建固原市财政局，内设办公室（挂“会计税政科”牌子）、预算科、国库科（挂“政府采购管理办公室”牌子）、行政事业科、农业科、社会保障科、经济建设科、综合业务科、财政监督检查科9个科室，核定行政编制34名，后勤事业编制2名。设局长1名，副局长3名，纪检组长1名，科级领导9名。

2004年12月底，增设国有资产监督管理科。2006年6月，增设政府采购管理科、会计财税法规科，核定科长职数2名，原挂在国库科和办公室的“政府采购管理办公室”和“会计税政科”牌子取消，预算科、国库科各增加1名副科长职数。

2009年11月，固原市财政局（挂市政府金融服务办公室牌子）内设办公室、预算科、国库科、行政事业科、农业科、社会保障科、经济建设科、综合科、政府采购管理科、会计财税法规科、国有资产监督管理科、财政监督检查科12个科室。

2015年，增设金融管理科。是年3月，市国资委挂靠到市财政局（挂市政府国有资产监督管理委员会牌子）。至2018年年底，固原市财政局内设办公室、预算科、综合科、国库科、行政事业科、经济建设科、农业农村科、社会保障科、会计财税法规科、资产与政府采购管理科10个科室。行政编制24名。设局长1名，副局长3名，正科级领导职数10名，副科级领导职数4名。

五、中卫市财政局

2004年，撤销中卫县，设地级中卫市，中卫县财政局更名为中卫市财政局，升为处级单位。2008年1月，将行财社保科分设为社会保障科、行政事业财务管理科。在财政监督检查科加挂“政府采购管理办公室”牌子。至2009年，市财政局内设办公室、预算科、农业科、国库科、经济建设与企业管理科、行政事业财务管理科、社会保障科、综合会计科、财政监督检查科9个机构，核定行政编制25名，后勤服务事业编制2名，处级领导职数4名，科级领导职数11名。

2014年，中卫市财政局挂中卫市人民政府国有资产监督管理委员会、中卫市金融工作办公室牌子。增设法规政策与监督监察科。核定行政编制24名，处级领导职数5名，正科级领导职数12名。是年12月，设中卫市项目预算定额管理中心，为市财政局所属正科级全额预算公益一类事业单位，核定事业编制8名，其中主任 1名，副主任1名。

2016年3月，设中卫市金融工作服务中心，为市财政局所属副处级全额预算公益一类事业单位，核定事业编制6名，其中主任 1名（市财政局副局长兼任），副主任1名（副科级）。

2017年12月，设中卫市国有资产监督管理服务中心、中卫市财政国库支付中心、中卫市财政信息管理中心、中卫市农业综合开发办公室4个事业机构，均为市财政局所属正科级全额预算公益一类事业单位，分别核定事业编制5名、10名、3名、11名。2018年年底，中卫市财政局内设办公室、监督评价科、经济建设科、社会保障科、国库与综合科、债务管理与金融科、农业农村与资源环境科、预算与绩效管理科、国有资产管理科、公共管理服务科等10个科室。行政编制19名，后勤服务事业编制3名。设局长兼国资委主任1名，副局长3名，国资委专职副主任1名，科级领导数10名。

第三节　县级财政机构

一、银川市辖区(县)财政机构

兴庆区财政局　1985年1月，银川市城区财政科成立，1987年11月更名为城区财政局。2002年11月，银川市辖三区行政区划调整，银川市城区财政局更名为兴庆区财政局。2018年，兴庆区财政局挂兴庆区金融工作局牌子，内设办公室、预算室、国库室、采购招标办、绩效管理办、会计监察办(资产管理办)、评审中心、金融局办公室8个功能业务室，行政政法室、教科文室、社会保障室、农业农村室、经建债务室5个业务室。核定行政编制6名，其中设局长1名，副局长2名。兴庆区委财经委员会办公室设在财政局。

金凤区财政局　1985年，银川市郊区财政科成立，后改称郊区财政局。1986年，建立郊区金库。2002年11月，行政区划调整，银川市郊区财政局更名为金凤区财政局。至2003年，金凤区财政局内设综合办公室、财税室、国库室、农业综合开发办、农财室等5个职能股室。2002年1月，银川市郊区会计管理核算中心成立，2003年更名为银川市金凤区会计管理和核算中心。2018年，金凤区财政局内设办公室、国库室、预算室、综合办公室4个职能股室。政府采购办公室、国有资产办公室为归口和代管理单位。金凤区会计核算中心为隶属于财政局事业单位。共有财会人员(含核算中心)23名。

西夏区财政局　2002年11月，行政区划调整，银川市新城区财政局更名为银川市西夏区财政局。2018年，银川市西夏区财政局挂银川市西夏区金融工作局牌子，内设综合办公岗、预算管理岗、国库管理岗、综合业务岗。核定行政编制5名，其中设局长1名，副局长2名。

永宁县财政局　1992年1月，永宁县财政科增设综合计划股，预算股更名为预算行财股。1993年3月，永宁县财政科更名为永宁县财政局。1998年3月，人秘股更名为办公室。1999年5月，增设永宁县建设工程预决算审查中心。2000年6月，增设永宁县政府采购中心，与永宁县国债服务部合署办公。2001年1月，撤销永宁县国债服务部，5月撤销财政社会发展基金管理局，11月成立永宁县会计核算中心。

2003年4月，在县财政局挂牌成立永宁县农业税征收管理局，并成立永宁县国有资产经营公司，为自收自支独立核算事业单位。5月，县财政局增设会计监察股。2004年3月，永宁县农业综合开发办公室由县水务局划归县财政局管理。2004 年6月，增设农业股。2006年，永宁县农业综合开发办公室划为县人民政府管理的科级事业单位。

2013年，撤销永宁县政府采购中心，人员并入永宁县会计核算中心。2018年，撤销永宁县建设工程预决算审查中心，人员并入永宁县审计局。2019年3月，撤销永宁县会计核算中心，成立永宁县国库支付中心。核定永宁县财政局行政编制13名，挂永宁县金融工作局牌子，内设办公室、预算股、国库股、金融及资产管理股、综合股5个股室，领导职数4名。永宁县国库支付中心核定事业编制30名。

贺兰县财政局　1991年，贺兰县财政科增设国债服务部。1993年3月，贺兰县财政科更名为贺兰县财政局。1994年，增设会计事务所。1997年，增设会计监察股。1999年，增设政府采购办。2000年，增设工资统发办，撤销国债服务部。2003年，预算基建股分设国库股。2004年，增设基本建设预（决）算审查中心。2004年，政府采购办分设政府采购中心，政府采购中心由政府办代管。2005年，增设乡财县管核算部。2005年，内设办公室、预算股、国库股、行政事业股、综合股、会计监察股、政府采购办公室、工资统发办、基本建设预（决）算审核中心、乡镇财政管理中心。

2017年，撤并会计核算中心，成立贺兰县国库支付中心，为财政局所属副科级事业单位。

灵武市财政局　1996年，撤销灵武县，设灵武市，灵武县财政局更名为灵武市财政局。2007年，设灵武市财政国库支付中心，为市财政局所属不定级别事业单位，核定全额预算事业编制 8 名。2014年机构改革，灵武市财政局设办公室、预算、国库、经济建设、农业、行政政法、科教文、社保、综合、企业、农村财政、监察审计、政府采购、国有资产、绩效评价、信息等16个管理岗位。核定行政编制 19名，机关后勤服务事业编制1名。领导职数4名，其中局长1名，副局长3名。2019年机构改革，内设办公室、预算股、国库股、经建评审财会股、农业农村和自然资源股、行财社保股、资产企业采购股等7个股室。

二、石嘴山市辖区（县）财政机构

大武口区财政局　大武口区财政局是大武口区政府正科级工作部门，挂大武口区金融工作局牌子。2018年，内设综合、预算、国库、行政政法教科文卫社保、自然资源农水经建、国有资产、政府采购、金融工作6个管理岗位。设局长1名，副局长3名，副主任科员1名，科员1名。下设二级机构财政国库支付中心，为副科级财政全额拨款事业单位，设主任1名，副主任1名，核定编制16名。

惠农区财政局　2004年2月行政区划调整，撤销惠农县、石嘴山区，成立惠农区，原惠农县财政局、原石嘴山区财政局合并为惠农区财政局，为惠农区人民政府工作正科级部门。

2005年8月，惠农区政府采购中心成立，为全额拨款事业单位，隶属惠农区财政局，人员编制2名。2007年11月，惠农区会计核算中心更名为惠农区财政国库支付中心，为隶属惠农区财政局管理的副科级事业单位，同时按照“人随事走”原则，将惠农区会计核算中心在编人员一并进入惠农区财政国库支付中心。2010年1月，惠农区农业综合开发办公室由惠农区水务局下属事业单位调整为惠农区财政局下属事业单位。

2012年，石嘴山市公共资源交易中心成立，收回各辖区政府采购中心人员及编制，惠农区政府采购中心撤销。2018年，惠农区财政局内设综合、预算、国库、农业社保、行政教科文、经济建设、监督检查综合、国有资产等8个管理岗位。核定行政编制12名，工勤人员编制2名。设局长1名（正科级），副局长3名（副科级）。下属2个事业单位：惠农区财政国库支付中心，核定编制22名；惠农区农业综合开发办公室，核定编制9名。

平罗县财政局　2018年，平罗县财政局内设办公室、预算室、国库室、债务管理室、绩效管理室、行政教科文室、经济建设室、农业与自然资源室、社会保障室、金融室、综合监督评价室、政府采购管理室、资产管理室等13个管理机构。核定行政编制19名，设局长1名（兼金融工作局局长），副局长3名。核定事业编制35名，其中机关后勤全额预算事业编制4名。

三、吴忠市辖区（县）财政机构

利通区财政局　1998年10月，县级吴忠市撤销，设地级吴忠市利通区，同时成立吴忠市利通区财政局。2005年3月，吴忠市、利通区合署办公，利通区财政局与吴忠市财政局合署办公。2009年11月，吴忠市、利通区分署办公，利通区财政局与吴忠市财政局分署办公。2018年，利通区财政局内设办公室、预算业务、绩效评价业务、国库业务、行政业务、社保业务、教科文业务、经济建设业务、农业业务、乡镇业务、政府采购业务、国有资产业务等12个管理岗位。对应设立办公室、预算股、国库股、行政事业社保股、农业乡镇股、经济建设股、教科文股7个股室。核定行政编制9名，其中设局长1名，副局长2名。下设利通区国库支付中心、利通区农业综合开发办公室2个副科级事业单位。核定利通区国库支付中心全额预算事业编制19名，其中设主任1名。2019年3月机构改革，利通区农业综合开发办公室划转至利通区农业农村局。

红寺堡区财政局　2000年10月，红寺堡开发区财政局成立，挂移民开发区扶贫办公室牌子。2001—2005年，开发区财政局内设股室相继成立。2001年4月，红寺堡开发区政府采购办公室成立。2002年7月，办公室、预算股、农财股、行财社保股成立。2005年1月，农业综合开发项目办公室由水务局归口财政局，成为内设股室。3 月，财政监督检查股成立。11月，政府外债办公室成立。

2009年9月，经国务院批复设吴忠市红寺堡区，红寺堡开发区财政局更名为吴忠市红寺堡区财政局。2018年，红寺堡区财政局内设综合、行政政法、政府采购、预算、国库、教科文、社会保障、农业农村与自然资源、经济建设与生态环境、金融、监督检查与会计等11个管理岗位。核定行政编制7名，其中设局长1名，副局长2名。核定机关后勤服务事业编制1名。下设红寺堡区国库支付中心、红寺堡区财务综合服务中心2个事业单位，其中国库支付中心核定编制7名，财务综合服务中心核定编制17名。

青铜峡市财政局　1991年，青铜峡市财政局内设办公室、预算股、行财股、农财股、企财股、综合股、会计制度股等7个行政机构。下辖国有资产管理科、社会发展基金管理局、青铜峡市国债服务部和宁夏会计师事务所青铜峡市分所4个事业单位。

1996年，青铜峡市国有资产投资经营部成立。1998年12月，会计师事务脱钩转制，增设监察股。1999年11月，增设工资办。2000年6月，撤销国债服务部，成立青铜峡市采购办公室和青铜峡市中小企业信用担保中心（副科级）。2001年3月，增设农税股。2002年3月机构改革，青铜峡市财政局不再挂国有资产管理局牌子，增挂农业税征收管理局牌子。2003年8月，撤销经建室、监察室、收费大厅。2004年，成立国有资产管理办公室。2006年1月，撤销青铜峡市社会发展基金管理局、青铜峡市中小企业信用担保中心。4月，组建青铜峡市政府采购中心，将收费大厅更名为青铜峡市国库支付中心，将财政培训中心更名为市会计核算中心。2009年11月，撤销农业税征收管理局。

2016年5月，合并内设机构综合股、会计监督检查股，新设综合监督监察股。7月，市财政局挂青铜峡市金融工作局牌子，10月内设金融股。2017年9月，将内设股室更名为科室。2018年5月，新设资产科，青铜峡市财政局内设科室由9个增至10个，即办公室、预算科、农财科、行财科、社保科、经建科、金融科、资产科、企财科、综合监督监察科，局属事业单位3个，分别是国库支付中心、政府采购中心、青铜峡市农业综合开发办公室。核定行政编制19个，机关后勤编制1个，青铜峡市国库支付中心核定事业编制23名，青铜峡市政府采购中心核定事业编制4名。领导职数3名，其中局长1名，副局长2名。

盐池县财政局　盐池县财政局挂盐池县金融工作局牌子。盐池县委财经委员会办公室设在盐池县财政局。1990年6月，盐池县财政科更名盐池县财政局。1991年11月，增挂盐池县国有资产管理局牌子。2000年，盐池县财政局辖政府采购办、会计管理中心、农业综合开发办公室3个事业单位。2001年8月，盐池县国有资产管理局撤并。2007年，辖政府采购中心、农业综合开发办公室、国库支付中心3个事业单位。2016年，加挂盐池县金融工作局牌子。2019年，盐池县财政局下辖盐池县财政国库支付中心、盐池县政府采购中心2个副科级事业单位，内设办公室、综合、预算、国库、行政政法与社保教科文、经济建设与自然资源、农业农村、会计管理与监督评价、政府采购与资产管理、金融工作10个岗位。核定行政编制15名，设局长1名，副局长2名。核定后勤服务事业编制2名。

同心县财政局　1990年7月，同心县财政科更名为同心县财政局，内设办公室、企业、农业、行政、综合、预算6个股室。1997年，调整内设机构，增设社会保障、会计、大检办3个科室，同时设国有资产管理局、基金局2个事业单位。1999年，大检办改为监察股，新设政府采购办和基建股。撤销会计股，新设会计局，为县财政局下属事业单位。2000年7月，企业股并入国有资产管理局。11月，政府采购办公室成立。2003年，新设扶贫办（后并入农业股）、经济建设股。2005年，增设国库股。2006年，增设农业综合开发办公室、政府采购中心、国库支付中心，均为事业单位。2008年，增设外债办，撤销会计事务管理局，设会计核算中心。2012年3月，行财股分设为教科文股、行政政法股。撤销政府采购中心，业务上交吴忠市公共资源交易中心，同年增设税政股。2018年，同心县财政局内设办公室、综合股、预算股、税政股、行政政法股、经济建设股、农业股、社保股、外债办、政府采购办、监督检查股、教科文股13个股室。下属国库支付中心、农业综合开发办公室、会计核算中心3个事业单位。共有干部职工71名，其中公务员18名，事业单位工作人员53名。

四、固原市辖区（县）财政机构

原州区财政局　2002年9月，固原地区撤地设市，撤销原固原县财政局，组建固原市原州区财政局，为原州区人民政府管理财政收支，实施财政监督，参与全区国民经济运行调控的职能部门，为固原市属二级财政。2018年，原州区财政局内设办公室、预算绩效管理及综合计划、行政事业、农业金融、经济建设国资企业管理、监察采购会计、国库管理等7个管理岗位，核定行政编制13名，其中局长1名，副局长2名。下属国库支付中心、会计核算中心、农业综合开发办公室3个事业单位，其中国库支付中心核定事业编制23名，会计核算中心核定事业编制33名。

西吉县财政局　2018年，西吉县财政局内设综合办公室、预算绩效和监督评价室、国库室、经建室、农财室、行财和社会保障室、金融室、政府采购管理室。核定行政事业编制数48名，实有46名，其中行政编制20名，设局长1名（兼任县金融工作局局长），副局长2名，实有19名。核定事业编制23名，实有21名，机关工勤编制5名，实有5名。

隆德县财政局　2018年，隆德县财政局挂金融工作局牌子，内设办公室、预算股、国库支付中心、行政政法股、社会保障股、农业农村股、经济建设股、综合会计股、监察企业股、资产管理股、金融工作办公室、政府采购办公室、绩效股13个业务股室。核定行政编制10名，其中局长1名，副局长3名。核定事业编制43名。全局实有干部职工52名。下辖会计核算中心、农业综合开发办公室2个副科级事业单位。

泾源县财政局　1993年3月，泾源县国有资产管理局成立，与县财政局一套班子、两块牌子。2018年，泾源县财政局内设办公室、预算综合股、农业经建股、行财社保股、金融采购股5个股室，下设国库支付中心、会计核算中心2个不定级别事业单位。核定行政编制10名，事业编制25名，行政工勤2名。在编干部职工36名，其中行政人员10名，事业干部24名，行政工勤2名。下辖县融资担保有限公司、县国有资产经营管理有限公司（融资平台）2家国有企业。2019年机构改革，泾源县财政局加挂县金融工作局牌子，局领导班子1正3副。

彭阳县财政局　2018年，彭阳县财政局内设办公室（金融办）、预算国库股、农业经建股、综合管理股4个股室，核定行政编制11名，其中设局长1名，副局长3名。核定事业编制68名。全局实有职工76名。下设彭阳县会计核算中心、国库集中支付中心、农业综合开发办公室3个副科级事业单位，代管彭阳县国有资产经营有限公司、彭阳县润彭投资管理有限责任公司2家公司，挂牌彭阳县金融工作局。

五、中卫市辖区（县）财政机构

沙坡头区财政局　2012年5月，中卫市沙坡头区财政局正式设立，为沙坡头区党工委、管委会工作机构，内设办公室、预算国库股、行政事业股3个职能股室。核定行政编制7名，其中科级领导职数3名（1正2副）。核定后勤服务事业编制1名。

2013年3月，设沙坡头区会计核算和集中支付中心，为沙坡头区财政局所属副科级事业单位，2016年3月更名沙坡头区国库集中支付中心。

2016年8月，沙坡头区财政局转为沙坡头区人民政府部门。2017年2月，将行政事业股划分为行财社保、农业经建室。2018年，沙坡头区财政局内设办公室、预算、行财社保股、农业经建4个职能股室，核定行政编制10名，其中局长1名，副局长2名。核定沙坡头区国库集中支付中心事业编制12名，其中管理岗6名，专业技术岗6名。

中宁县财政局　1990年，中宁县财政科更名财政局，核定编制17名，其中局长1名，副局长3名。下辖会计核算中心、中宁县政府采购中心、农业综合开发办公室3个副科级事业单位。

1992年，增设会计股、国债服务部。2014年，成立会计核算中心。2015年5月，设金融办。2017年，中宁县财政局内设办公室、预算股、国库股、社保综合股、会计监督监察股、企财股、农财股、行财股、金融办。2018年2月，中宁县县财政局加挂县金融工作局牌子。2019年，各股室改为管理岗，设文秘及机关事务、预算、国库、债务、综合社保、行财教科文、农业农村、经建企业、会计监察、金融等10个管理岗位，核定行政编制15名，机关工勤2名。设局长1名（兼金融工作局局长），副局长3名（1名兼金融工作局副局长）。

1988年，设农业综合开发办公室。1990年，设社会发展基金局。1992年，设国有资产管理局。1999年，撤销社会发展基金局、国有资产管理局。2000年8月，设会计局、政府采购办公室。2014年，撤销会计局，设会计核算中心，为副科级事业单位。2019年，设国有资产监督管理服务中心，为不定级别事业单位。将农业综合开发办公室调整为县农业农村局所属副科级事业单位。是年，县财政局下辖会计核算中心、政府采购中心2个副科级事业单位，国有资产监督管理服务中心1个未定级别事业单位，共核定事业编制60名。

海原县财政局　2018年，海原县财政局挂金融工作局牌子，内设办公室、预算综合股、国库股、行政事业股、社会保障股、农业农村股、经济建设股、监督评价股、政府采购办公室9个业务股室，核定行政编制18名，其中局长1名，副局长3名。下设会计核算中心（不定级）、国库支付中心（不定级）、金融服务中心（副科级）3个事业单位，核定事业编制68名。全局实有在编人员82名。

第四节　乡镇财政机构

1985年，在永宁县开展乡镇财政试点，永宁县、盐池县乡镇财政所成立。1986年，全区乡镇普遍成立财政所。1990年，自治区提出加强乡镇管理工作意见、办法等，从制度上对乡镇财政机构、人员等作出具体规定。到1997年，全区302个乡镇中，已有294个建立财政所，占乡镇总数97.4%，全面建起乡级财政所的市县14个，占全区市县总数的66.7%。

2000年，自治区、银川市决定泾源县芦草洼吊庄及镇北堡华西村整体移交银川市郊区属地管理，又先后成立兴源乡、兴泾镇、镇北堡镇财政所，郊区财政局管理12个乡镇财政所。

2002年，全区进行区划调整和撤乡并镇，多数乡镇财政所撤销，新设乡镇财经服务中心，承担原乡镇财政所职能。2003年，海原县19个财政所、泾源县7个乡镇财政所撤销。2005年，实行乡财县管，乡镇（街道）纳入部门预算和县级国库支付系统管理。永宁县10个乡镇财政所全部撤销，普遍设乡镇财经服务中心。2006年，青铜峡市各乡镇财政所更名为财税农经所。2008年，银川市金凤区良田镇财税经济所更名为良田镇经济发展服务中心，丰登镇财税经济所更名为丰登镇经济发展服务中心。2009年机构改革，贺兰县各乡镇财政所撤销，设乡镇民生服务中心。

2017年，银川市金凤区镇北堡镇财政所撤销，设镇北堡镇经济社会发展服务中心。2018

年，全区103个镇、90个乡、47个街道办事处普遍设财经服务中心，或民生服务中心，或财税农经所，或经济社会发展服务中心，名称虽不相统一，但都主要负责镇、村两级财务会计核算工作，编制、执行、管理财政预算决算，负责监督管理财政专项资金使用等，各县（区）财政局不再履行监管职责。

第五节　开发区（基地）财政机构

一、银川经济技术开发区管委会财政局

1992年4月，银川高新技术产业开发区指挥部成立，下设财政税务处，管理银川高新技术产业开发区财政事务，规格为正处级单位。5月机构调整，改财政税务处为财政局，管辖开发区财政社会发展基金管理局、国有资产管理局、财务结算中心、政府采购办公室等部门。2000年7月，银川经济技术开发区建设领导小组成立。2001年4月，银川经济技术开发区筹备小组、银川经济技术开发区管理委员会成立。7月，经国务院批准，银川经济技术开发区升格为国家级经济技术开发区。12月，自治区人民政府印发《银川经济技术开发区整体运行方案》，正式批准成立银川经济技术开发区财政局，有在职工作人员9名。2002年6月，银川经济技术开发区财政局组建完成，开展工作。

2004年10月，自治区党委、政府和银川市委、市政府批准调整合并银川高新技术产业开发区和银川经济开发区，实行"一套机构、一个园区、两个牌子"，银川高新技术产业开发区财政局和银川经济技术开发区财政局调整合并后称银川经济技术开发区（银川高新技术产业开发区）财政局，管辖财政社会发展基金管理局、国有资产管理局、财务结算管理中心、政府采购办公室等部门。

2009年6月，经自治区党委、政府批准，"银川高新技术产业开发区"牌子授予宁夏灵武羊绒产业园区使用，正式调整为银川经济技术开发区管理委员会财政局。2018年，银川经济技术开发区管理委员会财政局管辖银川经济技术开发区管理委员会财政社会发展基金管理局、国有资产管理局、财务结算管理中心、政府采购办公室等部门。有在职工作人员9名，其中副局长1名，主任科员4名，科员3名，公车改革转岗人员1名。

银川经济技术开发区管理委员会财政局工作职责：负责组织国家财政、财务会计等法律法规在银川经济技术开发区的贯彻执行；负责银川经济技术开发区管委会财政预决算的编制和执行；负责银川经济技术开发区财政、财务、会计管理和财政监督工作；负责银川经济技术开发区国有资产管理和政府采购工作；负责对银川经济技术开发区管委会结算中心和基金局的管理工作；负责银川经济技术开发区重点项目建设资金的财政评审工作。

二、宁东财政金融局

2011年1月，宁夏回族自治区宁东能源化工基地管理委员会财政审计局成立，编制由宁东管委会统一调配使用，有在职工作人员9名，其中参公编制7名，聘用编制2名。设置预算、国

库、会计核算、出纳、审计、国有企业管理、国有资产管理等岗位，未设置内设机构。

2021年3月，自治区机构编制委员会《关于印发〈自治区宁东能源化工基地党工委管委会职能配置内设机构和人员编制规定〉的通知》（宁编发〔2021〕11号），同意将宁夏回族自治区宁东能源化工基地管理委员会财政审计局调整为宁夏回族自治区宁东能源化工基地管理委员会财政金融局，为宁东基地党工委、管委会的内设机构。机构调整后，编制9名未变，设置预算、国库、会计核算、出纳、金融管理、国有企业管理、国有资产管理等岗位，未设置内设机构。

宁东财政金融局工作职责：负责宁东基地财政收支、编制财政年度预决算、制定财务制度；负责实施预算执行情况监督，指导财务管理与会计管理工作；负责国有资产管理和政府采购工作；负责对管委会所属国有企业监管；负责金融管理、服务工作，协调税务工作。

三、苏银产业园财政审计部

苏银产业园区位于银川以东，地处黄河东岸核心区域。2018年11月，苏银产业园管委会成立，内设财政审计部，负责园区财政收支、财政预决算编制和预算执行；负责拟定财务制度，开展财政支出、核算和管理，实施财务监督；负责国有资产管理、内部审计和政府采购工作；负责财政基本建设项目和重点项目建设的监督管理等工作。

第二章　财政体制

1994年1月起，国家实行分税制财税体制改革：一是分设国家税务局和地方税务局两套税务机构，分别负责中央和地方税收。二是按照不同税种收入划分中央与地方收入、中央收入按比例返还地方等。三是实行营业税改征增值税改革等国家税制改革。在国家实行分税制改革的同时，宁夏也实行自治区与县（市区）政府之间相应的分税制改革。分税制改革实施后，宁夏逐步理顺政府间的责权利关系。在中央与宁夏事权和支出责任划分上，明确中央事权、宁夏事权、中央和宁夏共担事权和支出责任。在宁夏省以下事权和责任划分上，实行"省直管县"财政体制和"乡财县管"财政体制改革。宁夏分期分批下放10大领域100项管理权限给县级政府，县级政府实行"预算共编、账户统设、集中收付、采购统办、票据统管"的"乡财县管"财政管理方式，直接管理并监督乡镇财政收支。至2018年，宁夏已建立起自治区与县乡政府间事权与支出责任相匹配的新型财税关系。

第一节　税收管理体制改革

一、国家税制改革

（一）分税制改革

1993年12月15日，国务院下发《关于实行分税制财政管理体制的决定》（国发〔1993〕85号），决定从1994年1月1日起，对各省、自治区、直辖市以及计划单列市实行分税制财政管理体制，原则是"存量不动，增量调整，逐步提高中央的宏观调控能力，建立合理的财政分配机制"。

中央与地方收入划分　分中央固定收入、地方固定收入、中央与地方共享收入3种。

1. 中央固定收入。包括关税、海关代征消费税和增值税、中央企业所得税和上缴利润，铁道部门、各银行总行、各保险总公司集中缴纳的各种收入（包括营业税、所得税、利润和城市建设维护税），地方银行、外资银行和非银行金融企业所得税，外贸企业出口退税全部由中央财政负担。

2. 地方固定收入。包括营业税（不包括铁道部门、各银行总行、各保险总公司集中交纳的营业税）、地方企业所得税（不包括地方银行、外资银行和非银行金融机构缴纳的所得税）、地方企业上缴利润、个人所得税、城镇土地使用税、固定资产投资方向调节税、城市维护建设税、房产税、车船使用税、印花税、屠宰税、农牧业税、农业特产税、耕地占用税、契税、遗产和赠与税、土地增值税、国有土地有偿使用收入等。

3. 中央与地方共享收入。包括增值税（中央与地方分享比例为 75∶25）、证券交易税（中央与地方各分享 50%）、资源税（按不同资源品种划分，大部分资源税作为地方收入，海洋石油资源税作为中央收入）。

1997年，调整证券交易印花税分享比例，将该税分享比例调整为中央80%，地方20%。从2000年起，分3年将该税分享比例调整到中央97%，地方3%。

中央对地方实行税收返还　以1993年为基期年，按分税后地方净上划中央的收入数额（即增值税75%部分加上消费税减去中央下划收入），确定中央对地方的税收返还基数，核定宁夏的税收返还基数为5.37亿元。从1994年开始，每年递增返还，上划中央收入在基数以内的部分，中央根据核定的税收返还基数予以全额返还，基数以外的部分，中央按地方上划中央收入增长幅度1∶0.3的比例予以返还。

税收管理体制改革　建立以增值税为主的流转税体系，统一企业所得税制。分设中央和地方两套税务机构，国家税务局和海关负责征收中央固定收入和中央地方共享收入，地方税务局负责征收地方固定收入。

（二）调整、完善分税制

所得税分享改革　分税制改革时，企业所得税仍按照隶属关系划分中央和地方归属，即中央企业所得税归中央，地方企业所得税归地方，这种划分方式不是完全的分税制，留有计划体制的烙印，不利于全国统一市场的形成，妨碍公平竞争。2001年12月31日，国务院下发《所得税收入分享改革方案》（国发〔2001〕37号），自2002年起，实施所得税收入分享改革。除国有银行、铁路运输、海洋石油企业所得税仍为中央收入外，其他类型的中央和地方企业缴纳的企业所得税和个人所得税合并为共享税，由中央与宁夏按比例分享。中央规定，2002年所得税收入中央分享50%，宁夏分享50%；2003年以后中央分享60%，地方分享40%。中央通过所得税分享增加的收入主要用于向东西部地区转移支付。

以2001年为基期，按改革方案确定范围和比例计算，宁夏分享的所得税收入，如果小于收入基数，不足部分由中央作为基数返还；大于收入基数，超收部分由宁夏作为基数上解中央。

出口退税机制改革　2003年，国务院作出《关于改革现行出口退税机制的决定》，从2004年起，实施出口退税机制改革。坚持“适度、稳妥、可行”的原则，区别不同产品调整退税率，即对国家鼓励出口产品不降或少降，对一般性出口产品适当降低，对国家限制出口产品和一些资源性产品多降或取消退税。同时规定，从2004年起，以2003年出口退税实退指标为基数，对超基数部分的应退税额，由中央和地方按75∶25的比例共同负担。对截至2003年年底累计应退未退企业的出口退税款和按增值税分享体制影响地方的财政收入的，全部由中央财政负担。其中，对应退未退企业的出口退税款，中央财政从2004年起采取全额贴息等办法予以解决。

2005年，中央进一步完善出口退税负担机制，改为对超基数部分按92.5：7.5比例由中央和地方共同负担，同时，中央还改进出口退税退库方式，改由中央统一退库，年终财政结算，相应取消中央对地方的出口退税基数返还，地方负担部分通过市与区县两级财政调整解决。

营业税改增值税改革　分税制改革后，对货物和劳务分别征收增值税和营业税。随着社会分工的日益细化，货物和劳务融合日趋紧密，增值税和营业税并存，导致增值税纳税人外购劳务所负担的营业税、营业税纳税人外购货物所负担的增值税和营业税，均不能抵扣，对同一纳税对象存在重复征税的情况，不利于经济结构调整和现代服务业发展。经国务院同意，2012年开始在上海等九省市的交通运输业和部分现代服务业试行营改增试点。2013年8月1日起，交通运输业和部分现代服务业营改增试点扩大到全国范围。

2016年4月29日，国务院下发《关于做好全面推开营改增试点工作的通知》（国发明电〔2016〕1号），决定自2016年5月1日全面推开营改增试点工作。同日下发《国务院关于印发全面推开营改增试点后调整中央与地方增值税收入划分过渡方案的通知》（国发〔2016〕26号），主要内容有：以2014年为基数核定中央返还和地方上缴基数；中央和地方各分享增值税的50%；中央上划收入通过税收返还给地方，确保地方既有财力不变；中央集中的收入增量通过均衡性转移支付分配给地方，主要用于加大对中西部地区的支持力度。过渡期暂定2~3年。

二、宁夏税制改革

1994年实施分税制后，宁夏逐步改革原体制的不规范、不统一、不协调、不合理现象，陆续理顺政府间的责权关系，初步形成中央财政稳定的收入增长机制和财力初次分配制衡机制。在中央财政支持下，宁夏经济社会建设实现几个跨越。2000—2018年，国内生产总值增长11.95倍，人均地区生产总值增长9.18倍。财政收支增加显著，事权与支出责任划分框架初步形成。宁夏财政收入与支出2018年比2000年分别增长19.96倍、22.33倍，为自治区各项建设提供了政策保障和财力支撑。

（一）宁夏分税制实施

1993年，自治区人民政府下发《关于实行分税制财政管理体制若干规定的通知》，从1994年1月1日起在全区各地、市、县实行分税制财政管理体制，并制定相应的配套改革措施。

（二）宁夏分税制调整

1995年12月，根据财政部关于完善省以下分税制财政管理体制的意见，针对分税制实行两年的运行情况及存在问题，自治区人民政府下发《关于调整分税制财政管理体制的通知》（宁政发〔1995〕12号），对1994年的分税制财政管理体制进行重大调整，调整内容从1996年1月1日起执行。

调整后，对因调整而影响自治区与市县财力部分，均以1995年的收入为基数，调整各市县税收返还基数。2016年，将地方增值税统一调整为自治区和市县按照4：6的比例分享，打破按行业、企业划分收入的办法。

表1-2　1994 年分税制下宁夏财政体制收支范围划分情况表

范围	内容
区本级财政固定收入	增值税的 25%部分（另 75%归中央）、金融保险业营业税、区属企业所得税（包括上缴利润）、固定资产投资方向调节税、国有土地有偿出让收入、资源税、土地增值税、证券交易税 50%（另 50%归中央）。中央按增值税、消费税增长返还地方的 1:0.3 部分，留归自治区本级
市县级财政固定收入	营业税（不含金融保险业缴纳的部分）、市县级企业所得税（包括上缴利润）、个人所得税、城市维护建设税、车船税、屠宰税、农牧业税、农林特产税、耕地占用税、契税、房产税、印花税
区级与市县级共享收入	企业所得税、个人所得税除中央分享部分外，区级和市县各分享 50%；房产税和土地使用税，区级分享 70%，市县 30%；资源税，自治区和市县各享 50%
区本级财政支出	在事权划分上，按照"财权和事权相统一的原则"，对涉及自治区本级行政事业单位人员经费、公用经费和涉及自治区境内整体性、重大领域的建设、发展事业，由自治区财政承担
市县财政支出	市县级行政事业单位人员经费、公用经费和涉及市县境内建设发展事业，由市、县级财政承担

表 1-3　1994 年分税制下宁夏财政基数与上解体制情况表

范围	内容
市县级税收返还数额	区及财政对市县的税收返还额以 1993 年为基期年核定。按照 1993 年市县实际收入、税制改革以及中央、区级、市县级收入划分情况，核定 1993 年中央、区级从市县净上划的收入数额（1993 年市县财政收入中中央与区级上划收入的总额减去区级下划市县的收入总额）。对 1993 年中央与区级从市县净上划的收入数额，金额返还市县，并以此作为对市县的税收返还基数。如 1993 年以后市县上划的收入达不到上年基数，要相应扣减对市县的税收返还基数
县市两税返还基数与上解体制	对 1994 年以后自治区上划市县增值税 25%部分的税收返还数额，在 1993 年基数上逐年递增，递增额按比上年增长部分，区级与市县五五分成，每年年底结算后，返还市县。对国务院与自治区明令禁止的、采取不正当手段的非正常收入，如清理"死欠"、转移科目、寅吃卯粮、造假账等增加的虚假收入，一律从 1993 年自治区对市县的税收返还基数中扣除（其中银川市与石嘴山市从 1994 年开始停止执行总额递增分成办法，完全按新体制运行。对因分税制改革造成新体制下收入减产的部分，自治区以 1993 年为基数，给予税收返还）
其他	对银川高新技术产业开发区、隆湖开发区等各类开发区、劳改劳教所给予的税收优惠政策，从 1994 年起停止执行，按新体制运行

表1-4　1994 年宁夏分税制调整后财政体制收入划分情况表

范围	内容
自治区本级收入	为稳定区本级收入，将区属宁夏炼油厂、西北轴承厂、宁夏化工厂、银川中策（长城）橡胶有限公司、青铜峡铝厂（含一期、二期）和青鑫铝业有限责任公司、常柴银川有限责任公司、自治区电力局、大武口电厂、大坝电厂 10 户重点企业增值税 25%部分留归自治区本级
市县级收入	将原属自治区本级收入的增值税 25%部分，全部划归市县级收入（除上述 10 户区属企业）
市县共享比例	对银南、固原两行署所在市县范围内的地直企业增值税的 25%部分，划为两地财政收入；将房产税和土地使用税共享比例由 7:3 调整为 3:7，即自治区分享 30%，市县分享 70%；将自治区固定收入固定资产投资方向调节税和资源税调整为共享税，共享比例为 5:5，即自治区和市县各分享 50%；国有土地使用权有偿出让收入划为市县级固定收入

所得税分享改革　2002年，国务院对所得税收入分成比例作出调整，自治区人民政府印发《宁夏回族自治区所得税收入分享改革方案的通知》（宁政发〔2002〕120号），决定自2003年1月1日起进行所得税分享改革，通过两年的时间，打破自治区对企业所得税、个人所得税的隶

属关系，实行中央、省、市县三级共享所得税。

表1-5　2003年宁夏所得税分享改革情况表

范围	内容
自治区本级收入	中央按相关因素分配给自治区的跨地区经营、集中缴库的中央企业所得税收入，归自治区本级，不与市县实行分享
市县分享比例	除继续作为中央收入的铁路运输、国家邮政、中国工商银行、中国农业银行、中国银行、中国建设银行、国家开发银行、中国农业发展银行、中国进出口银行、海洋石油天然气、中国石油天然气股份有限公司，中国石油化工股份有限公司缴纳的所得税收入以及跨地区经营、集中缴库的中央企业所得税收入外，其他企业所得税、个人所得税和储蓄存款利息个人所得税收入全部实行中央、自治区、市县按 60%、20%、20%的比例分享
税收返还和基数上解	以 2002 年为基期，按照实际入库数，依据改革方案确定的分享范围和比例计算，市县分享的所得税收入小于实际所得税收入的差额部分，由自治区作为基数返还给市县，市县收入大于实际收入，差额部分由市县作为基数上解自治区财政。改革方案实施后，如果以后年度的所得税完成数达不到 2002 年实际完成数，自治区将相应扣减其基数返还或调增基数上解

出口退税机制改革　2004年，自治区政府印发《关于进一步贯彻国务院出口退税机制改革决定加快我区出口退税进度的意见》（宁政办发〔2004〕176号）。按照国务院出口退税机制改革的决定和自治区分税制财政体制要求，出口退税资金由中央和自治区或市县按75：25的比例分别负担。对出口退税基数的25%部分，由自治区财政予以返还市县，市县财政全额用于出口退税。超基数的25%部分，按照现行预算管理级次，由自治区与市县分别负担。凡年度地方国库实际退税数低于自治区基数返还额的市县，自治区财政将相应调减其基数返还额。

2005年，出口退税地方负担部分全部由自治区财政统一负担，市县不再承担出口退税增量部分，缓解了部分出口规模较大市县的财政压力。同时，自治区财政厅与自治区国税局、人民银行等部门联合印发《关于出口退税负担机制改革后强化预算管理》的通知，确保出口退税负担机制改革顺利进行。

营业税改增值税改革　2013年8月1日起，宁夏与全国同步实施营改增税制改革。2016年5月1日，全面推开营改增试点，自治区人民政府印发《全面推开营改增试点后调整自治区与市县增值税收入划分过渡方案》（宁政发〔2016〕68号），将地方级增值税调整为自治区和市县按照40：60的比例分享。同时打破了按照行业、企业划分收入的办法，建立了更加规范、统一、科学的收入划分体制，将有效增强财政体制对市县增收的激励效应。

至2017年5月底，全区营改增试点纳税人共11.33万户，其中“3＋7”行业（即交通运输业、邮政业、电信业3个大行业和研发技术、信息技术、文化创意、物流辅助、有形动产租赁、鉴证咨询、广播影视7个现代服务业）2.88万户，四大行业（即建筑业、房地产业、金融业和生活服务业）8.45万户。营改增以来，“3＋7”行业减税14.67亿元，四大行业减税5.08亿元，原增值税行业因营改增增加抵扣减税38.21亿元，营改增为全区纳税人累计减税57.96亿元。

第二节　事权和支出责任划分

一、中央与宁夏事权和责任划分

根据中央和地方政府的事权确定相应的财政支出范围，其中中央财政主要承担国家安全、外交和中央国家机关运转所需经费，调整国民经济结构、协调地区发展、实施宏观调控所必需的支出，以及由中央直接管理的事业发展支出。地方财政主要承担各自地区政权机关运转所需支出，以及各自地区经济、事业发展所需支出。按照中央改革精神，明确中央事权、地方事权、中央和地方共担事权和支出责任改革。

结合宁夏实际，一些中央事权由中央决策、主要由地方承担的事项，或由地方承担，需要中央决策谋划的，可以定义为中央委托地方事权；一些中央地方共担事权，如生态建设、南部

表1-6　各级政府事权和支出责任划分情况表

财政支出事项分类	项目主要内容	决策及政策制定	职能分工		
			支出责任	管理与执行	监督
宏观经济运行	货币发行、利率、外汇	中央	中央	中央	中央
教育	学前教育		省、市、县	省、市、县	
	义务教育高中教育及职业教育	中央、省	中央、省、市、县	省、市、县	中央、省
	高等教育		中央、省	中央、省	
医疗卫生	公共卫生、重大疫情、传染病防治、医疗服务（各类医院、基层卫生机构）	中央、省	中央、省、市、县	省、市、县	中央、省
社会保障	养老保险、医疗保险、失业保险、生育保险		中央、省、市		
	社会福利、社会救济、优抚安置	中央、省	中央、省	省、市、县	中央、省
	军人社会保障		中央、省		
环境保护生态建设	环境监测、污染治理、生态屏障建设、水土资源保护等	中央、省	中央、省	省、市、县	中央、省
基础设施	全国或跨区域重大交通、水利、能源、通信设施、城市道路、防洪、给排水、垃圾处理、供电等	中央、省	中央、省、市、县	中央、省、市、县	中央、省
科学研究	基础科学、国防科技、重大科技专项等一般性科研、科技推广和服务	中央、省	中央、省、市、县	中央、省、市、县	中央、省
文化	国家重点文物发掘、文物保护和文化遗产	中央	中央、省	中央、省	中央
	国家级图书馆、博物馆	中央	中央	中央	中央
	地方图书馆、博物馆、科技馆	中央、省	省、市、县	省、市、县	中央、省
产业发展	产业规划、产业政策、产业布局、重点产业发展	中央、省	中央、省	中央、省	中央、省
物资储备	粮食、石油等战略物资储备	中央	中央、省	中央、省	中央

山区扶贫等，可以上升为中央事权；一些中央地方共担事权，如内陆开放型经济实验区建设，可以参照中央事项委托地方进行事权管理。

（一）宁夏一般性中央事权及中央和地方共同事权

根据《国务院关于进一步促进宁夏经济社会发展的若干意见》（国发〔2008〕29 号）、《中共中央　国务院关于深入实施西部大开发战略的若干意见》（中发〔2010〕11 号）、《宁夏内陆开放型经济试验区规划》（国发〔2012〕9 号），中央对宁夏事权和支出责任进行优化，集中体现涉及中央事权和中央委托事权。

表1–7　中央事权及中央委托宁夏事权一览表

项目类别	内容
维护国家安全	民族团结、丝绸之路经济带战略支点、中阿经贸论坛、中阿博览会、与中亚等地区能源合作、中南部民族地区的贫困问题
发展民族经济	民族特色产业集聚区、承接产业转移、重点水利工程建设、特色农业示范区
内陆开放型经济	循环经济示范区、沿黄城市带建设、世界重要的钽铌铍生产研发基地、碳基生产研发基地、国家能源基地、国家重要的能源化工基地、承接产业转移的示范区
生态建设	全国节水型社会建设示范省区、重点水利工程建设、沿黄城市带建设、全国防沙治沙综合示范区、黄河黑山峡河段开发及大柳树水利枢纽工程、西北草原荒漠化防治区、生态屏障区、循环经济示范区

（二）宁夏特殊性中央事权及中央和地方共同事权

宁夏在丝绸之路经济带中处于战略支点地位，根据中央部署，宁夏依托中阿经贸论坛、中阿博览会等国际开放平台，加强能源、贸易、投资、金融和基础设施建设等重点领域的建设。

二、宁夏省以下事权和责任划分

（一）“省直管县”体制改革

2009年，宁夏作为全国首批5个“省直管县”试点省区之一，选定盐池县和同心县作为宁夏扩权强县改革试点地区，分期分批下放10大领域100项管理权限，主要涉及计划管理、经费安排、项目审批、用地报批、证照发放、信息获得等。财政工作遵循省级政府与县级政府之间的事权、财政划分和财力合理配置这一主线，在全国率先实行“省直管县”财政体制试点，将税收划分、资金测算、指标下达、库款调拨等都由自治区财政直接到县，减少中间环节，建立起政府间财力与事权匹配体制，提高中央和自治区转移支付资金的使用效益。

清理行政许可项目、行政许可规定和实施主体及行政许可收费是确立政府间事权划分和支出责任的一项重要的基础工作。放权的关键是“事权”和“财权”。“事权”的核心是行政审批权，到2014年，宁夏取消和调整行政审批事项227项，自治区本级保留实施的行政审批事项压减为494项，比2013年年初精简39.2%。结合事权下放，宁夏按“财随事走”的原则，在自治区、市、县财税分成机制上，调整收入划分和财力分成办法，根据下放的事权及时做好人员编制以及相应经费划转，事权财权同步下放，财政体系优化，市、县的主观能动性得到发挥。

2017年5月2日，自治区人民政府印发《自治区与市县财政事权和支出责任划分改革实施方案》（宁政发〔2017〕40号），对自治区和市、县财政事权及支出责任进行改革。

至2018年，宁夏全区均实行“省直管县”财政体制。

表1-8　自治区与市县财政事权划分情况表

范围	内容
自治区级	坚持基本公共服务的普惠性、保基本、均等化方向，加强自治区在维护全区统一市场建设、体现社会公平正义、促进区域协调发展和全区重大战略实施等方面的财政事权。强化自治区的财政事权履行责任，自治区的财政事权原则上由自治区直接行使。自治区的财政事权确需委托市县行使的，报经自治区党委、人民政府批准后，由有关职能部门委托市县行使，并制定地方性法规、政府规章予以明确。对自治区委托市县行使的财政事权，受委托市县在委托范围内，以委托单位名义行使职权，承担相应法律责任，并接受委托单位监督 逐步将食品药品监管、生态环境监测、地方税收征管、重大基础设施建设等基本公共服务确定或上划为自治区财政事权
市县级	将地域信息性强、外部性较弱、直接面向基层、量大面广、与当地居民密切相关、由市县政府提供更方便有效的基本公共服务确定为市县政府的财政事权，赋予市县政府充分自主权，依法保障其财政事权履行，调动和发挥市县政府的积极性，更好地满足市县基本公共服务需求。市县财政事权由市县行使，自治区对市县的财政事权履行提出规范性要求，并逐步通过地方性法规、政府规章的形式予以明确 逐步将社会治安、市政交通、城乡社区事务、农村道路建设等受益范围地域性强、信息较为复杂且主要与当地居民密切相关的基本公共服务确定为市县的财政事权
共同事权	逐步将义务教育、公共文化、科技研发、基本养老保险、基本医疗和公共卫生、城乡居民基本医疗保险、就业、粮食安全、跨区域重大基础设施项目建设和环境保护与治理等具有地域管理信息优势且对其他区域影响较大的基本公共服务确定为自治区与市县共同财政事权，并明确各承担主体的职责

根据中央各领域改革进程及事权划分结果，结合自治区客观条件变化，动态调整自治区与市县事权划分；对新增及尚未明确划分的基本公共服务，根据社会主义市场经济体制改革进展、经济社会发展需求，以及各级政府财力增长情况，将应由政府提供的基本公共服务统筹研究划分为自治区财政事权、市县财政事权或自治区与市县共同财政事权。

表1-9　自治区与市县支出责任划分情况表

范围	内容
自治区级支出	属于自治区的财政事权，应当由自治区财政安排经费，自治区各职能部门和直属机构不得要求市县安排配套资金。自治区的财政事权如委托市县行使，要通过自治区专项转移支付安排相应经费
市县级支出	属于市县的财政事权原则上由市县通过自有财力安排。对市县政府履行财政事权、落实支出责任存在的收支缺口，除部分资本性支出通过依法发行政府债券等方式安排外，主要通过上级政府给予的一般性转移支付弥补。市县的财政事权如委托自治区机构行使，市县政府应负担相应经费
共负支出	对于区内跨市县、具有正负外溢性属性的财政事权，支出上实行分级负担，采取按比例、按项目、按隶属关系分级负担等方式；对于体现国民待遇和公民权利、涉及全区统一市场和要素自由流动的财政事权，如基本养老保险、基本公共卫生服务、义务教育等，按照中央统一标准，由自治区与市县按比例承担支出责任；对于受益范围较广、信息相对复杂的财政事权，如跨市县重大基础设施项目建设、环境保护与治理、公共文化等，根据财政事权的外溢程度，由自治区与市县按项目分级承担支出责任；对自治区与市县有各自机构承担相应职责的财政事权，如科技研发、高等教育等，按照各自行政隶属关系承担相应支出责任

（二）“乡财县管”体制改革

1990年，自治区提出《关于加强乡镇管理工作的实施意见》和《关于建立乡镇财政信息联系点的办法》。1993年，自治区财政厅印发《关于进一步加强乡镇财政管理的意见》，随后制定《宁夏回族自治区乡镇财政管理办法（讨论稿）》，从制度上对乡镇财政的职责、管理体制、收支、预决算制度和机构、人员、财产管理等作出了具体规定。到1997年年底，全区302个乡镇中，已有294个建立了财政所，占乡镇总数的97.4%，全面建立起乡级财政所的市县有14个，占全区市县总数的66.7%。

2002年起，中央加大对宁夏的转移支付额度，一方面缓解自治区本级财政紧张状况，另一方面重点解决县乡财政困难局面。随后，宁夏推行“乡财县管”，建立科学规范的转移支付制度。

2004年，根据《自治区人民政府关于批转自治区财政厅〈宁夏回族自治区乡镇财政管理方式改革试点工作实施意见〉的通知》（宁政发〔2004〕104号）要求，自当年11月起，在吴忠、平罗、贺兰、中宁、彭阳5个试点市县实行乡财县管乡用的财政制度改革。改革内容是取消原乡镇财政所的财政总预算岗位及其业务，在市县财政局内部设立乡财县管机构，代行原乡镇财政所财政总预算职能。在预算管理权、资金所有权和使用权、财务审批权不变的情况下，改变市县财政对乡镇财政的管理模式，遵循预算管理权、资金所有权和使用权，财务审批权“三权不变”原则，以乡镇为独立核算主体，实行“预算共编、账户统设、集中收付、采购统办、票据统管”的财政管理方式，由县（市、区）财政主管部门直接管理并监督乡镇财政收支。5个试点市县的改革从全面清理乡镇银行账户，由市县财政为乡镇统一开设收支专户；清理乡镇的预算外资金，将其纳入统一账户集中管理；清理票据，对以前领用的票据进行核销，启用新票据；清理乡镇财政供养人员，建立实名制管理台账；清理乡镇债权债务，全面掌握乡镇债务规模方面入手，建立健全规章制度，制定业务操作规程，对乡镇的财务收支进行规范化管理。

2005年，自治区人民政府印发《关于全面推行乡镇财政管理方式改革的通知》（宁政发〔2005〕85号），从当年9月1日开始，在全区范围内全面推行“乡财县管”工作，由县（市、区）财政主管部门直接管理并监督。

至2018年，宁夏结合分税制后深化财税体制改革需要，按照建立完善市场经济体系要求，对省以下政府间最基层的县、乡政府财税管理体制进行改革，重点围绕县乡财税体系中最核心的财权隶属关系进行改革，以建立与县乡政府间事权与支出责任相匹配的新型财税关系。一是明确财权主体。打破“一级事权，一级财权”格局，强化县级财政职能，推动乡级财权上划，分流归位于县级财政，明确基层政府的财权主体。二是合理划分支出责任。结合县乡两级政府事务，推进县乡事权与财权相匹配，解决“县掏钱，乡干事”的事务与财力支持相对应的新型体制，实现事权主体明确、财力及时匹配的新型政府治理体制。三是建立不同层次的县乡财力保障机制。确定县乡政府的收入范围及征管权限，明确地方税、共享税分成中县乡留存的比例，保证县乡的自主收入。设立自治区与市县共享税种，又适当集中“两税”返还增量来增加自治区级财力。明确县乡非税收入的审批、立项、标准确定、征收管理、票据管理的权限，规范县乡的非税收入。四是完善自治区对县一般性转移支付办法。在测算分析县乡级财政基本支出需要、合理确定县乡级基本支出最低保障线的基础上，按照确定的县乡财力最低保障标准扣除前两项资金数，差额部分的资金由自治区对县一般性转移支付予以解决。对财力水平低于最低保障线的困难县，自治区财政给予转移支付，并明确自治区财政对各县的财力性转移支付数额在该届政府任期内只增不减。五是探索建立困难县乡最低财力保障机制。确保县乡财政供养人员工资足额发放和政权机构正常运转的财力需要，完善县乡财力、支出标准、财政供养人员的计算办法，有效解决县乡的实际困难，并向财政困难的县乡倾斜。

第三节　开发区（基地）财政体制

一、银川经济技术产业开发区财政体制

1992年7月，银川高新技术产业开发区设立一级财政，核定收支。从当年起，财政收入5年内不上缴，由银川高新技术产业开发区自主支配，用于银川高新技术产业开发区建设。

从1993年1月1日起，银川高新技术产业开发区执行"划分收支、分级包干、自求平衡"财政管理体制、"分灶吃饭"。在中国人民银行银川中心支行或人民银行委托的专业银行设立支金库，核算银川高新技术产业开发区的财政收支。同时核定银川高新技术产业开发区财政收支基数，以1992年收支数为基数。

2001年4月，银川经济技术开发区筹备小组、银川经济技术开发区管理委员会成立。7月，银川经济技术开发区升格为国家级经济技术开发区。12月，银川经济技术开发区财政局正式成立。2002年6月，银川经济技术开发区财政局组建完成，划归自治区直接管理，在银川经济技术开发区内实现的地方收入全部作为自治区级收入，并由自治区财政全额返还银川经济技术开发区，专项用于银川经济技术开发区基础设施建设等方面。

2002年12月，重新调整银川市分税制财政管理体制，银川市本级固定收入为增值税25%部分，城市维护建设税、契税、教育费附加、土地出让金收入。银川经济技术开发区级固定收入为资源税、固定资产投资方向调节税、房产税、印花税、城镇土地使用税、土地增值税、车船使用税、屠宰税农业特产税、牧业税、耕地占用税。房产税、土地使用税、土地增值税、资源税固定资产投资方向调节税，按照自治区财政厅规定的分享比例，由辖区结算并上解银川市级，由银川市级统一上解财政厅。调整后银川市级与银川经济技术开发区共享收入为营业税、个人所得税（不含利息所得税）、企业所得税。分享比例为银川市级80%，银川经济技术开发区级20%。对因以上调整影响银川经济技术开发区财政收入部分，银川市本级将重新计算确定2003年收入基数。

2004年11月，银川经济技术开发区财政局和银川高新技术产业开发区财政局合署办公。合并后，银川经济技术开发区（银川高新技术产业开发区）财政局仍然按照要求维系银川

经济技术开发区和银川高新技术产业开发区的财政体制，不合并财政账目，执行至年终分别决算。

2005年1月1日起，合并后的银川经济技术开发区（银川高新技术产业开发区）财政局对财政预算收支，税收征管、报解，国库收支管理统一运行。财政体制延续银川高新技术产业开发区财政体制，同时上报银川市和宁夏回族自治区要求重新明确财政体制。2009年6月，“银川高新技术产业开发区”牌子授予宁夏灵武羊绒产业园区使用后，正式调整为银川经济技术开发区管理委员会财政局，财政体制延续银川经济技术开发区（银川高新技术产业开发区）财政体制。

二、苏银产业园财政体制

苏银产业园管委会是银川市人民政府正处级派出机构，负责园区行政管理和开发建设工作。2018年11月，园区挂牌开园，2019年1月获批成为自治区首家高新技术产业开发区。苏银产业园实行“预算单列、自主管理、独立核算、封闭运行”财政管理体制，建立中央、自治区、园区三级财政分成体制。设苏银产业园国家金库，在人民银行银川中心支行开设财政库款户独立核算。园区按照相关规定做好财政收入和支出及相关财政管理，并纳入银川市年度财政预决算。

第二篇　财政收入

财政收入是指政府为履行其职能、实施公共政策和提供公共物品与服务需要而筹集的一切资金的总和。财政收入表现为政府部门在一定时期内(一般为一个财政年度)所取得的货币收入。财政收入是衡量政府财力的重要指标,政府在社会经济活动中提供公共物品和服务的范围和数量,在很大程度上取决于财政收入的充裕状况。

财政收入主要为税收收入和非税收入两大类。1991 年后,宁夏税收主要由农牧业税、工商税和所得税等税种类构成。2005 年,宁夏停征一切农牧业税。2007 年税制改革后,工商税收主要为增值税、营业税等,所得税主要有企业所得税和个人所得税等。2018 年,宁夏各项税收收入为 298.3 亿元。非税收入主要包括政府性基金、国有资源有偿使用收入、国有资产有偿使用收入、国有资本经营收益、专项收入、罚没收入等。2018 年,宁夏各项非税收入 138.22 亿元。

宁夏不断强化财政自身增长机制,优化财政收入结构,提高财政收入质量,形成了地方收入、中央补助和政府融资“三驾马车”齐驱的格局。宁夏财政着力进行政策、举措的重大调整,调动了职能部门、各级政府发展经济、培育财源、组织财政收入的积极性,保证了宁夏财政收入连续获得大幅度增长的态势,财政收入结构得到优化,宁夏财政的综合实力逐年得到强化。

第一章　财政收入总体状况

财政收入总体状况是指各财政年度完成财政预算收入的总量、占比，以及各收入单位在同一财政年度内各自完成上缴财政的收入部分。主要包括一般预算收入、政府基金收入、国有资本经营收入和社会保险基金收入等。

宁夏财政收入发展，基本上与自治区经济发展同步，具有阶段性特征，大致分厚积、薄发、可持续发展3个阶段。厚积阶段，可以追溯到中华人民共和国成立初期到改革开放前期，中华人民共和国成立初期宁夏财政年收入0.29亿元，到“九五”末期，宁夏年财政收入20.82亿元。薄发阶段，宁夏财政收入步入快速增长期，连上几个台阶。从1998年的17.75亿元，到2006年的61.36亿元，2006年较1998 年净增2.4倍，年均增长16.65%。可持续发展阶段，2007年后，宁夏积极探索提高财政收入的科学发展路子，根据科学发展观的内在要求，加强基础建设，深化体制、制度、机制改革，强化精细化管理，在支持全区经济社会建设的同时，财政收入在全面、协调、可持续发展中迈出了坚实步伐，2018年，宁夏地方财政一般预算收入436.52亿元。

第一节　财政收入构成与累计收入

一、财政收入构成

1991—2006年，宁夏地方公共财政收入主要由工商税收、农牧业税、企业所得税、国有企业上缴利润、国有企业亏损补贴、企业所得税退税等几部分组成。1994年全国实行分税制财政体制改革，一些税种被取消，一些税种被调整。

2007年后，财政收入科目发生变化。2007—2018年，宁夏地方财政收入主要由税收收入、非税收收入和政府基金等组成，其中税收由增值税、营业税、企业所得税等构成。随着财政收入科目发生变化，财政收入组成态势出现重大变迁，主要由国有资本经营收入（国企收入）、政府性基金收入（常见是彩票受益和土地受益）、社会保险收入和税收收入（公共预算收入）组成。

二、财政收入累计

“八五”计划时期（1991—1995年），宁夏地方财政收入由1991年6.81亿元增长到1995年8.98亿元。5年间宁夏地方财政收入合计41.54亿元，年均增长16.1%。

“九五”计划时期（1996—2000年），宁夏地方财政收入增长较快，1996年宁夏地方财政一般预算收入12.68亿元，2000年达到20.82亿元。

“十五”计划时期（2001—2005年），宁夏地方财政一般预算收入总计为169.27亿元，是“九五”时期的2.05倍。

“十一五”规划时期（2006—2010年），宁夏地方财政总收入累计完成933.8亿元，是“十五”时期的3.1倍，年均增长26.9%；地方财政一般预算收入累计完成501.52亿元，是“十五”时期的3倍，年均增长26.3%；财政收入过亿元的市县由8个增加到12个。

“十二五”规划时期（2011—2015年），宁夏地方财政一般预算收入累计完成1505.58亿元，是“十一五”时期的1.61倍。

2016—2018年，宁夏地方财政一般预算收入分别为387.66亿元、417.59亿元和436.52亿元。

第二节　财政收入年度状况

一、2007年税制改革前财政收入

1991年，宁夏地方财政一般预算收入完成6.81亿元，为年度预算的98.4%。按可比口径（扣除外贸企业亏损补贴）计算，比上年增长5.6%。宁夏全区各项税收7.17亿元，比上年增长9.58%。工业企业收入（含所得税、调节税、上缴利润、计划亏损补贴与超承包退库）完成0.36亿元，为年度调整预算的98.9%，比上年增长12.9%；商业企业收入完成0.17亿元，为年度调整预算的97.3%，比上年增长15.2%；粮食企业亏损0.72亿元，为年度调整预算的113%，比上年增长14.3%；能源交通基金收入完成0.11亿元，为年度调整预算的71.1%，比上年下降3%；预算调节基金收入完成0.15亿元，为年度调整预算的86.9%，比上年下降7.1%。

1992年，宁夏全区一般预算收入7.73亿元，比上年增长13.4%，比预算超收0.5亿元。其中：自治区级收入2.24亿元，超收0.15亿元；市县级收入5.49亿元。企业收入0.15亿元，超额完成年度预算任务。工商税收收入6.49亿元，完成年度计划的100.42%，比上年度增收0.43亿元，增长7.1%；农牧业和耕地占用税完成0.35亿元，为年度预算的112.2%，比上年增长26.08%。

1993年，宁夏全区财政总收入中，地方财政一般预算收入为10.85亿元，完成预算的123.1%，比上年增长40.36%；中央补助收入9.17亿元，比上年同期增加0.33亿元。在财政总收入中，国有工业企业收入（含所得税、调节税、上缴利润、计划亏损补贴与超承包退库）完成0.21亿元，为年度调整预算的72.3%，比上年下降34.9%，短收0.08亿元。国有商业企业收入完成0.13亿元，为年度调整预算的72.6%，比上年下降27%。粮食企业亏损补贴0.52亿元，为年度预算的115.5%，比上年少拨补0.12亿元，下降18.5%。1993年7月粮食价格放开后，减少了对粮食企业的计划亏损补贴。

1994年，宁夏地方财政一般预算收入为7.17亿元，完成预算的119.9%。地方财政收入项目完成情况：1.工商税收完成5.71亿元，为年度预算的119.3%，比上年增长24.4%。其中：增值税完成2.02亿元，为年度调整预算的143.1%，比上年增长11.6%；营业税完成2.17亿元，为年度预算的

121.5%，比上年增长41.8%。1994年自治区和市县两级财政超收1.19亿元，其中近80%来自工商税收。2.农牧业税和耕地占用税类完成0.51亿元，为年度调整预算的146.5%，比上年增长30.8%。3.国有工业企业收入（含所得税、上缴利润、计划亏损、所得税退税）完成0.15亿元，为年度调整预算的47.5%，比上年下降29.3%。4.国有商业企业收入完成0.08亿元，为年度预算的81.2%，比上年下降16.5%。5.粮食企业亏损补贴拨补0.47亿元，为年度预算的82%，比上年下降9.5%。

1995年，宁夏地方财政一般预算收入8.98亿元，完成预算的111.7%，超收0.94亿元，比上年增长25.24%。地方主要收入项目完成情况：工商税收6.77亿元，完成预算的110.1%，比上年增长18.6%，超收0.62亿元。其中，增值税2.16亿元，完成预算的94.2%，比上年增长6.9%；营业税2.78亿元，完成预算的122.6%，增长28%。农牧业税及耕地占用税0.49亿元，比上年下降4.3%。企业收入（含企业所得税、国有企业上缴利润、国有企业计划亏损补贴与所得税退税）0.6亿元，完成预算的82.2%，比上年增长1.7%。专项收入、罚没收入和行政性收费收入共完成0.99亿元，超收0.4亿元。是年，部分行政性收费统一纳入预算，实行收支两条线管理。

1996年，宁夏全区地方财政一般预算收入12.68亿元，为预算的103.1%，超收0.32亿元，比上年增长41.2%；上划中央“两税”及中央企业所得税和其他收入11.2亿元，比上年增长16.4%。地方主要收入项目完成情况：工商税收8.41亿元，为预算的101.6%，比上年增长24.22%；农牧业各税近亿元，为预算的102.3%，比上年增长102.98%；企业所得税1.1亿元，为预算的101.1%，比上年增长43.47%。

1997年，宁夏地方财政一般预算收入14.07亿元，比上年增长10.96%；上划中央收入12.45亿元，比上年增长11%。全区工商税完成9.77亿元，比上年增长16.17%。农业各项税收完成1.18亿元（包括农业税附加0.07亿元），为年度计划的128%，比上年增收0.19亿元，增长18.59%。

1998年，宁夏地方财政一般预算收入为17.75亿元，比上年增长26.15%。完成工商税收11.48亿元，其中增值税、营业税、企业所得税共完成9.49亿元。农牧业各税1.36亿元，比上年增长15.25%。

1999年，宁夏地方财政一般预算收入17.40亿元，完成预算的102.5%，超收0.47亿元。其中，增值税3.46亿元，比上年增长7.45%；营业税5.52亿元，比上年增长10.84亿元；企业所得税1.88亿元，比上年增长45.7%。全区农业各项税收完成1.28亿元（包括农业税附加0.037亿元），为年度计划的95.51%，比上年减少5.88%。

2000年，宁夏地方财政一般预算收入20.82亿元，完成预算的106.8%，超收1.32亿元，按可比口径，比上年增长19.66%。2000年，全区财政收入突破20亿元，自治区本级收入突破5亿元。

2001年，宁夏全区地方财政一般预算收入27.6亿元，完成预算的123.9%，按可比口径，比上年增长32.56%。其中，增值税3.85亿元，比上年增长8.45%；营业税7.52亿元，比上年增长14.46%；企业所得税6.01亿元，比上年增长129.39%。

2002年，宁夏地方财政一般预算收入完成26.5亿元，完成年度预算的101.8%。按可比口径，比上年降低3.99%。

2003年，宁夏地方财政一般预算收入30.03亿元，完成预算的113.36%，按可比口径，比上年增长13.3%。其中，增值税5.04亿元，比上年增长15%；营业税10.9亿元，比上年增长17.19%；企业所得税1.69亿元，比上年减少8.5%。

2004年，宁夏全区地方财政一般预算收入37.47亿元，超收5.4亿元，按可比口径，比上年增长24.78%。

2005年，宁夏地方财政一般预算收入完成47.7亿元，超收7.4亿元，比上年增长27.3%。财政总收入占地区生产总值的比重由2000年的12.5%上升到2005年的17%，自治区级财政收入占全区地方财政收入的比重由2000年的24%上升到2005年的27%。在地方收入中，自治区本级完成13.1亿元，超收2.7亿元，比上年增长38.8%；市县级完成34.6亿元，超收4.7亿元，比上年增长23.6%。收入过亿元的市县由4个增加到8个，财政自给率由23%提高到30%，自治区本级财政在2004年全部消化了累积赤字。宁夏财政整体上实现了战略性转变，由“保吃饭型”财政过渡到了“促发展型”财政的新阶段。

2006年，“十一五”开局之年，宁夏地方财政一般预算收入突破60亿元，完成61.36亿元，比上年增长28.6%。地方财政收入过亿元的市县从4个增加到12个（包括所有川区市县以及固原市、盐池县）。

二、2007年税制改革后财政收入

2007年，宁夏全区地方财政一般预算收入从2002年的26.5亿元增加到80亿元，年均增长24.8%。政府基金收入46.3亿元。全区可用财力达到188亿元，比上年增长30.2%。

2008年，宁夏全区地方财政一般预算收入完成95亿元，增收15亿元，超收5亿元，比上年增长18.8%，有9个市县财政收入达到2亿元以上。

2009年，宁夏地方财政一般预算收入完成111.58亿元，比上年增长17.4%，突破百亿元大关。加上中央级收入，一般预算总收入完成 213.6亿元，比上年增长19.6% ，突破200亿元大关。争取中央各类补助资金319.1亿元，比上年增长30.9% ，突破300亿元大关。

2010年，宁夏地方财政一般预算收入完成153.6亿元，比上年增长37.7% ，增加额42亿元。完成政府性基金收入161.4亿元。发行地方政府债券26亿元。

2011年，宁夏地方一般预算收入完成220亿元，突破200亿元大关，比上年增长43.2%。自治区本级一般预算收入完成54亿元，突破50亿元大关，比上年增长41%。争取中央各类资金462亿元，突破400亿元大关，比上年增长25%。

2012年，宁夏地方财政一般预算收入完成264亿元，比上年增长20%。公共财政总收入从2008年的179亿元增加到2012年的460亿元，年均增长26.6%，同比增长23.9%。地方公共财政一般预算收入从95亿元增加到264亿元，年均增长29%，5年累计完成844亿元。

2013年，宁夏地方财政一般预算收入完成308.33亿元，比上年增长16.8%。其中，增值税、营业税、企业所得税和个人所得税等主体税种分别实现31.88亿元、105.7亿元、25.87亿元和7.39亿元，分别比上年增长21.5%、14.2%、1.8%和10.7%。

2014年，宁夏地方财政一般预算收入完成339.86亿元，比上年增长10.2%。宁夏非税收入完成89.54亿元，比上年增长26.4%。2014年9月1日起，宁夏正式实行《宁夏回族自治区非税收入管理条例》。同年，政府性基金收入201.5亿元，同比下降0.8%。

2015年，宁夏地方财政一般预算收入完成373.5亿元，比上年增长9.9%，其中：自治区本级完成106.4亿元，比上年增长18.4%；市县级完成267.1亿元，比上年增长6.9%。在宁夏地方一般预算收入中，税收收入完成256.3亿元，比上年增长2.8%，占一般预算收入的68.6%；非税收入完成117.1亿元，比上年增长30%，占一般预算收入的31.4%。受整体经济形势影响，税收收入基本保持低位徘徊态势，主体税种增收乏力。营业税完成99.8亿元，比上年下降5%，占税收收入的38.9%；增值税完成35.7亿元，比上年下降7.3%，占税收收入的13.9%。受煤炭资源税从价计征改革拉动，资源税完成13.3亿元，比上年增长145.1%。

2016 年，全年宁夏地方财政一般预算收入完成387.7亿元，比上年增长3.8%。其中：增值税、营业税、企业所得税和个人所得税等主体税种地方分成部分分别实现 84 亿元、45.3 亿元、24.5 亿元、9.8 亿元，增值税和个人所得税分别比上年增长 135.2%、9.8%；营业税和企业所得税分别比上年下降 54.7%、0.4%。

2017年，宁夏地方财政一般预算收入完成417.6亿元，首次突破400亿元关口，比上年增长7.7%。其中，非税收入完成147.3亿元，为年度预算的99.5%，非税收入占比(非税收入占地方公共预算收入比重)为35.3%，同口径增长1.7%，平均增长7.3%。2017年，宁夏地方政府性基金收入108.5亿元，为年度预算的80.4%，同口径下降13.3%，其中自治区本级完成政府性基金预算收入35.2亿元，为年度预算的89.2%，同口径下降16.1%，在全区政府性地方基金预算收入的占比为32.4%。全年共争取中央各类转移支付资金817.7亿元，比上年增加74.5亿元，增长10%。

2018年，宁夏地方财政一般预算收入完成 436.5亿元，其中，税收收入完成298.3 亿元，同比增收28亿元，比上年增长10.4%，拉动地方财政收入增长 6.7 个百分点。增值税完成133.99亿元，比上年增长6.8%；企业所得税 32.5 亿元，比上年增长 24.4%；个人所得税 13.40 亿元，比上年下降11.0%；资源税 25.00 亿元，比上年增长 34.7%；城市维护建设税20亿元，比上年增长14.4%；契税 17.6亿元，比上年增长 30.2%；房产税 12.6 亿元，比上年增长 3.7%；城镇土地使用税 12.5 亿元，比上年增长 1.5%。非税收入138.2亿元，占一般预算收入的32.9%。政府性基金收入121.27亿元，比上年增长11.75%。社会保险基金收入420.68亿元，比上年增长7.41%。

第二章　税收收入

税收收入是指政府依据法定标准，从单位和个人无偿取得的一种财政收入，因此，税收具有强制性、无偿性和固定性三大特征。税收历来是国家财政收入的主要来源。1950—1984年，由于国营企业除向国家纳税之外，还上缴利润，税收收入占财政收入总额的比重仅为50%。1985年以后，国家先后分两步实行利改税，原来国营企业向财政上缴的利润改为缴纳所得税，税收收入占财政收入的比重大幅度上升，1985后达到90%以上。1990—2000年，财政与税收的比例态势基本成型，其间，地方财政收入增加13.65亿元，其中税收增加11.05亿元，约占新增财政收入的81%。此后，比例虽每年不同，但税收是财政收入增长主要来源的情况没有大的改变。2018年，宁夏税收收入为298.30万元。

1991年后，中国的税收主要由农牧业税、工商税和所得税等税种类构成。

第一节　农牧业税收入

一、农业税

农业税是国家对一切从事农业生产、有农业收入的单位和个人征收的一种税，俗称“公粮”。1958年6月3日，第一届全国人民代表大会常务委员会第96次会议通过《中华人民共和国农业税条例》。20世纪90年代，宁夏通过修订《宁夏回族自治区农业税实施办法》《宁夏回族自治区实施〈契税暂行条例〉办法》等完善农业税收。“十五”计划（2000—2005年）初，国家开始以减轻农民负担为中心，取消“三提五统”等税外收费、改革农业税收为主要内容的农村税费改革。

2005年12月，十届全国人大常委会第十九次会议通过决定，自2006年1月1日起废止《农业税条例》，标志着全国结束了按田亩、产量、人丁向农民征收农业税的历史。

1991年，宁夏全区农业税收（包括牧业税）为2250万元，以后逐渐呈增长趋势，至1998年纯农业税收达到9880万元，1999年开始回落，至2005年停征时为333万元。

二、牧业税

牧业税是农业税的组成部分。以牧区、半牧区从事牧业生产，有牧业收入的单位和个人为纳税人。征税范围主要是牛、马、骆驼、山羊、绵羊5种牲畜。1994年，国家授权牧区省份开征牧业税。对以农业为主的纳税单位与个人只征农业税不征牧业税；对以牧业为主的地区，只征牧业税,不征农业税。习惯上称之为“征一不征二”。征税办法由各有关省、自治区、直辖市根据牧业轻于农业、合理负担、因地制宜等政策精神,具体制定。各地征税依据不尽统一,有的按纳税人的畜牧总收益计征;有的按每年6月末的实有存栏头数计征。采用差别比例税率。为了贯彻国家在牧区和少数民族地区的有关政策,促进牧业生产发展,规定有减免税优惠。

1997年,宁夏开始开征牧业税,2003年起停止征收牧业税。1998—2002年,全区牧业税收为823万元。

三、农业特产税

农业特产税是农业特产农业税的简称,是国家对从事农业特产生产经营并取得收入的单位和个人征收的一项税收。农业特产税是农业税的一部分,从课税目的和税制来看,农业特产税又有其自身特点和相对独立性,与农业税有较大区别。

1983年11月12日,国务院发布《关于对农林特产收入征收农业税的若干规定》,决定对农业特产收入单独征收农业税,1983年开征时为“农林特产农业税”,1994年改为“农业特产农业税”。

1989年3月13日,国务院发布《关于进一步做好农林特产税征收工作的通知》,要求各地全面开征农业特产税。农业特产税进入全面征收阶段。

2004年,国务院决定暂停征收除烟叶以外的农业特产税。2006年2月27日,国务院发布第459号国务院令,宣布自2006年2月17日起废止农业特产税。2004年,宁夏已停止征收农业特产税。

1991年,宁夏农业特产税收入为237万元,1998年最高时为944万元,2003年为42万元。

四、耕地占用税

耕地占用税是对占用耕地建房或从事其他非农业建设的单位和个人征收的税。采用定额税率,其标准取决于人均占有耕地的数量和经济发展程度。目的是合理利用土地资源,加强土地管理,保护农用耕地。征税范围包括种植农作物耕地(占用之前三年内曾用于种植农作物的耕地)、鱼塘、园地、菜地和其他农业用地,如人工种植草场和已开发种植农作物或从事水产养殖的滩涂等。

2007年12月1日,国务院发布《中华人民共和国耕地占用税暂行条例》,自2008年1月1日起施行。同时,1987年4月1日国务院发布的《中华人民共和国耕地占用税暂行条例》废止。

2007年12月1日,国务院发布《中华人民共和国耕地占用税暂行条例》第五条对耕地占用税的税额作如下规定:人均耕地不超过1亩的地区(以县级行政区域为单位,下同),每平方米为10~50元;人均耕地超过1亩但不超过2亩的地区,每平方米为8~40元;人均耕地超过2亩但不超过3亩的地区,每平方米为6~30元;人均耕地超过3亩的地区,每平方米为5~25元。国务院财政、税务主管部门根据人均耕地面积和经济发展情况确定各省、自治区、直辖市的平均税额。经济特区、经济技术开发区和经济发达、人均耕地特别少的地区,适用税额可以适当提高,但最多不得超过上述规定税额的50%。

表2-1　各省、自治区、直辖市耕地占用税平均税额情况表

地区	每平方米平均税额
上海	45.0 元
北京	40.0 元
天津	35.0 元
江苏、浙江、福建、广东	30.0 元
辽宁、湖北、湖南	25.0 元
河北、安徽、江西、山东、河南、重庆、四川	22.5 元
广西、海南、贵州、云南、山西	20.0 元
山西、吉林、黑龙江	17.5 元
内蒙古、西藏、甘肃、青海、宁夏、新疆	12.5 元

2010年1月13日，自治区人民政府发布《宁夏回族自治区耕地占用税实施办法》（宁政发〔2010〕8号）。办法附件中对耕地占用税适用税额作了明确规定。

表2-2　宁夏回族自治区耕地占用税适用税额情况表

地区	每平方米税额标准	备注	地区	每平方米税额标准	备注
银川市	18 元	含银川经济技术开发区	同心县	8 元	
贺兰县	18 元		固原市	10 元	
永宁县	18 元		西吉县	8 元	
灵武市	15 元	含宁东化工基地	泾源县	8 元	
石嘴山市	15 元		隆德县	8 元	
平罗县	15 元		彭阳县	8 元	
吴忠市	15 元	红寺堡区每平方米 8 元	中卫市	8 元	
青铜峡市	15 元		中宁县	15 元	
盐池县	8 元		海原县	8 元	

1991年，宁夏全区耕地占用税收为244万元，2000年达到1079万元，2010年为2383万元，以后逐年快速增长，2011年为6661万元，2012年为31288万元，2013年为33910万元，2014年为37071万元，2015年为109278万元，2016年为73251万元，2017年为106288万元，2018年为80674万元。

五、契税

契税是指不动产（土地、房屋）产权发生转移变动时，就当事人所订契约按产价的一定比例向新业主（产权承受人）征收的一次性税收。1950年，政务院发布《契税暂行条例》，规定对土地、房屋的买卖、典当、赠予和交换征收契税。1966年至20世纪80年代，契税征收工作处于停顿状态。1990年开始，全国契税征管工作全面恢复。1997年7月7日，国务院发布《中华人民共和国契税暂行条例》（国务院第224号令），并于同年10月1日起开始实施。

1997年12月9日，宁夏回族自治区人民政府印发《宁夏回族自治区实施〈中华人民共和国契税暂行条例〉办法》（宁政发〔1997〕119号），自治区财税部门印发《关于契税征收管理工作

有关事项的通知》，印制“契税完税凭证”和“契税纳税报表”。宁夏契税税率为3％。

1991年，宁夏全区契税收入为7万元，2000年为3235万元，2010年为89394万元，2018年为175734万元。

六、烟叶税

烟叶税是以纳税人收购烟叶的收购金额为计税依据征收的一种税。1994年，国家进行财政体制和税制改革，国务院决定取消原产品税和工商统一税，将原农林特产农业税与原产品税和工商统一税中的农林牧水产品税目合并，改为统一征收农业特产农业税，并于同年1月30日发布《国务院关于对农业特产收入征收农业税的规定》（国务院令143号）。其中规定对烟叶在收购环节征收，税率为31%。1999年，将烟叶特产农业税的税率下调为20%。2004年6月，根据《中共中央　国务院关于促进农民增加收入若干政策的意见》（中发〔2004〕1号），财政部、国家税务总局下发《关于取消除烟叶外的农业特产农业税有关问题的通知》，规定从2004年起，除对烟叶暂保留征收农业特产农业税外，取消对其他农业特产品征收的农业特产农业税。2005年12月29日，十届全国人大常委会第十九次会议决定，《中华人民共和国农业税条例》自2006年1月1日起废止。至此，对烟叶征收农业特产农业税失去了法律依据。2006年4月28日，国务院公布《中华人民共和国烟叶税暂行条例》，并自公布之日起施行。

2006—2018年，宁夏烟叶税收入总计为2842万元。

第二节　工商税收入

工商税收是国家预算收入科目上按税种性质对税收分类的一个类别，是对工商各业所征收的各种税的统称。

1991—2006年，工商税收包括产品税、增值税、营业税、盐税、工商统一税（对外商征收）、城市维护建设税、集市交易税、牲畜交易税、资源税、建筑税、烧油特别税、房产税、城镇土地使用税、城市房地产税（对外商征收）、车船使用税、车船使用牌照税（对外商征收）、屠宰税、筵席税、印花税等。

2007年，收入科目发生变化后，多科目工商税收被归类为增值税、营业税等。

一、产品税

产品税是以生产、进口或采购的特定产品为征税对象，对其流转额征收的一种税。对产品课税，在中国已有悠久的历史。早在周朝征收的“山泽之赋”就带有对物课税的性质。中华人民共和国成立后，先后实行过货物税、商品流通税、棉纱统销税、工商统一税和工商税，其中货物税、商品流通税、棉纱统销税就是对产品征税。工商统一税和工商税的征税范围虽不全是对产品征税，但对产品征税部分构成这两种税的主体。1984年工商税制全面改革时，将原工商税征税对象中部分工业品和农、林、牧、水产品划作产品税的征税对象，形成了独立的产品税。1984年9月18日，国务院发布《中华人民共和国产品税条例（草案）》，规定从1984年10

月1日起试行。1993年12月13日，国务院发布《中华人民共和国增值税暂行条例》《中华人民共和国消费税暂行条例》《中华人民共和国营业税暂行条例》《中华人民共和国企业所得税暂行条例》《中华人民共和国土地增值税暂行条例》。上述条例规定，自1994年1月1日起开始施行，施行时同时取消产品税和盐税、特别消费税、国营企业所得税、国营企业调节税、集体企业所得税和私营企业所得税等税种。

1991年、1992年、1993年，产品税在宁夏施行的最后3年里收入分别为15148万元、14295万元和34455万元。

二、增值税

增值税是以商品（含应税劳务）在流转过程中产生的增值额作为计税依据而征收的一种流转税。从计税原理上说，增值税是对商品生产、流通、劳务服务中多个环节的新增价值或商品的附加值征收的一种流转税。实行价外税，也就是由消费者负担，有增值才征税，没增值不征税。

1979年，开始试行增值税，以后进行3次重要改革。1984年第一次改革，属于增值税的过渡性阶段。此时的增值税是在产品税的基础上进行的，征税范围较窄，税率档次较多，计算方式复杂，残留产品税的痕迹，属变性增值税。1993年第二次改革，属增值税的规范阶段。参照国际上通常的做法，结合中国（不含港、澳地区）的实际情况，扩大征税范围，减并税率，并规范计算方法，开始进入国际通行的规范化行列。2012年第三次改革，把部分现代服务业由征收营业税改为增值税，即所谓的“营改增”，扩大了增值税的征税范围。

增值税由国家税务局负责征收，税收收入中50%为中央财政收入，50%为地方收入。进口环节的增值税由海关负责征收，税收收入全部为中央财政收入。在中华人民共和国境内销售货物或者提供加工、修理修配劳务，以及进口货物的单位和个人，为增值税的纳税人，依照本条例缴纳增值税。外资企业1994年之前缴纳工商统一税，并不是增值税的纳税义务人，从1994年1月1日起成为增值税的纳税义务人。

1991—1995年“八五”计划时期，宁夏全区增值税合计收入88673万元，“八五”时期年均增长18.2%。

1996—2000年“九五”计划时期，宁夏全区增值税合计收入155545万元。

2001—2005年“十五”计划时期，宁夏全区增值税合计收入275511万元。

2006—2010年“十一五”规划时期，宁夏全区增值税合计收入806637万元，是“十五”时期的2.93倍。

2011—2015年“十二五”规划时期，宁夏全区增值税合计收入1568047万元，是“十一五”时期的1.94倍。

2016年、2017年、2018年，宁夏全区增值税收入分别为840408万元、1254237万元和1339923万元。

三、营业税

营业税是对在中国境内提供应税劳务、转让无形资产或销售不动产的单位和个人，就其所取得的营业额征收的一种税。营业税属于流转税制中的一个主要税种。2011年11月17日，财政部、国家税务总局联合下发营业税改征增值税试点方案，自2012年1月1日起首先在上海交通运输业和部分现代服务业中试点。自2012年8月1日起，国务院将营改增试点扩大至宁夏等省区市。2013年12月4日，国务院常务会议决定从2014年1月1日起，将铁路运输和邮政服务业纳入营业税改征增值税试点，至此交通运输业全部纳入营改增范围。

2016年5月1日起，按照国务院统一部署，全国全面实施“营改增”试点改革，将建筑业、房地产业、金融保险业、生活服务业纳入“营改增”试点改革范围。2017年10月30日，国务院常务会议通过《国务院关于废止〈中华人民共和国营业税暂行条例〉和修改〈中华人民共和国增值税暂行条例〉的决定（草案）》，标志着实施60多年的营业税正式退出历史舞台。

自2016年5月1日全面推开“营改增”试点至2016年年底，宁夏“营改增”试点纳税人共99672户。2013—2016年，宁夏全区“营改增”减税总额为43.61亿元，其中小规模纳税人减税面达100%，4年累计减税3.79亿元。2013—2016年，宁夏新增服务业试点纳税人20916户，服务业的发展直接带动第三产业的发展。宁夏第三产业占全区生产总值的比重由2012年的41.6%提高到2016年的45.6%，国税部门第三产业税收占比由29.19%提高到33.7%。

1991年，宁夏全区营业税收入20485万元，2000年宁夏营业税收入65682万元。2012年，宁夏全区营业税收入924759万元，其中改征增值税90068万元；2013年，年宁夏全区营业税收入1057226万元，其中改征增值税95202万元。2014年、2015年，宁夏全区营业税收入分别为1050303万元、998292万元。2016年营业税停止征收，当年只征收452755万元。

四、资源税

资源税是对在中国境内开采应税矿产品和生产盐的单位和个人，就其应税资源税数量征收的一种税。在中华人民共和国境内开采《中华人民共和国资源税暂行条例》规定的矿产品或者生产盐的单位和个人，为资源税的纳税义务人，应缴纳资源税。1984年，为逐步建立和健全资源税体系，中国开始征收资源税。当时资源税税目只有煤炭、石油和天然气3种，后来又扩大到铁矿石。1993年12月25日，国务院重新修订颁布《中华人民共和国资源税暂行条例》，于1994年1月1日起执行。修订后的条例扩大了资源税的征收范围，由过去的煤炭、石油，天然气、铁矿石等扩大到原油、天然气、煤炭、其他非金属矿原矿、黑色金属矿原矿、有色金属矿原矿和盐等7种。其中，原油仅指开采的天然原油，不包括以油母页岩等炼制的原油天然气、煤炭生产的天然气；以原煤加工的洗煤和选煤等金属矿产品和非金属矿产品等，均指原矿石；盐，系指固体盐、液体盐。总的来看，资源税仍只囿于矿藏品，对大部分非矿藏品资源没有征税。

2016年7月1日，宁夏在全区范围内全面实施资源税改革，将铁矿石、石灰石、井矿盐、石膏、石英砂由从量定额征收改为从价定率征收，砂石、黏土、贺兰石仍然按照从量定额方式征收资源税。

1991年，宁夏资源税收入为295万元，至2018年已达250023万元。

五、固定资产投资方向调节税

固定资产投资方向调节税是对中国境内用各种资金进行固定资产投资的单位和个人，按其投资额征收的一种税。固定资产投资方向调节税的开征，在于贯彻国家产业政策，控制投资规模，引导投资方向，改善投资结构，加强重点建设，促进国民经济持续、稳定、协调地发展。固定资产投资方向调节税的纳税义务人为中国境内用各种资金进行固定资产投资的单位和个人，计税依据为纳税人实际完成的固定资产投资额，实行差别税率，税率分为0%、5%、15%、30%四档。固定资产投资方向调节税由纳税人按固定资产计划投资额预缴，项目竣工后，按实际完成的固定资产投资额清算，多退少补。固定资产投资方向调节税正式开征后，原对自筹基建投资征收的建筑税即停止征收。

《中华人民共和国固定资产投资方向调节税暂行条例》于1991年4月16日以国务院令第82号发布，该条例共18条，自1991年度起施行。2012年11月9日，《国务院关于修改和废止部分行政法规的决定》（国务院令第628号），废止《中华人民共和国固定资产投资方向调节税暂行条例》。

在《中华人民共和国固定资产投资方向调节税暂行条例》废止前的2004年，宁夏已停止征收固定资产投资方向调节税。

1991年，宁夏全区固定资产投资方向调节税为641万元，1999年达到峰值的2625万元，2003年在废止前一年时已降至4万元。

六、城市维护建设税

城市维护建设税（简称城建税），是以纳税人实际缴纳的增值税等税额为计税依据，依法计征的一种税。《中华人民共和国城市维护建设税暂行条例》（国发〔1985〕19号）于1985年2月8日由国务院发布。2011年1月8日，根据《国务院关于废止和修改部分行政法规的决定》（国务院令第588号）对《中华人民共和国城市维护建设税暂行条例》进行修订。城市维护建设税具有以下特征。一是具有附加税性质。其以纳税人实际缴纳的“三税”或“二税”（1994年税制改革前为产品税、增值税、营业税“三税”，1994年起为增值税、营业税、消费税“三税”，2016年5月起全面实行营业税改增值税，营业税取消，“二税”即增值税和消费税），税额为计税依据，附加于“三税”（“二税”）税额，本身并没有类似于其他税种的特定、独立的征税对象，即任何单位或个人，只要缴纳“三税”或“二税”中的一种，就必须同时缴纳城市维护建设税；二是具有特定目的。专门用于城市公用事业和公共设施的维护建设。修订后的《中华人民共和国城市维护建设税暂行条例》规定自2010年12月1日起，对外商投资企业、外国企业及外籍个人征收城市维护建设税。城市维护建设税的征税范围包括城市、县城、建制镇以及税法规定征税的其他地区。城市、县城、建制镇的范围根据行政区划作为划分标准，不得随意扩大或缩小各行政区域的管辖范围。

1991年，宁夏城市维护建设税为3238万元，2000年为12124万元，2010年为81039万元，2018年突破20亿元，达20.05亿元。

七、房产税

房产税是以房屋为征税对象，以房屋的计税余值或租金收入为计税依据，向产权所有人征收的一种财产税。1986年9月15日，国务院发布《中华人民共和国房产税暂行条例》，决定从当年10月1日开始实施。房产税的征税范围为城市、县城、建制镇和工矿区。具体规定如下：

1. 城市是指国务院批准设立的市。

2. 县城是指县人民政府所在地。

3. 建制镇是指省、自治区、直辖市人民政府批准设立的建制镇。

4. 工矿区是指工商业比较发达、人口比较集中、符合国务院规定的建制镇标准但尚未建立建制镇的大中型工矿企业所在地。开征房产税的工矿区须经省、自治区、直辖市人民政府批准。房产税的征收范围不包括农村。

1986年9月15日，国务院发布《中华人民共和国房产税暂行条例》后，自治区人民政府发布《宁夏回族自治区房产税实施细则》（宁政发〔1987〕3号）。2018年1月1日起施行新修订的《宁夏回族自治区房产税实施细则》。

1991年，宁夏全区房产税收入2314万元，2002年突破1亿元，达1.04亿元，2010年突破2亿元，达2.35亿元，其后以每年1亿～2亿元的速度快速递增，2011年为3.07亿元，2012年为4.19亿元，2013年为6.63亿元，2014年为8.3亿元，2015年为9.69亿元，2016年为10.02亿元，2017年为12.15亿元，2018年达到12.6亿元。

八、印花税

印花税是对经济活动和经济交往中订立、领受具有法律效力的凭证的行为所征收的一种税。因采用在应税凭证上粘贴印花税票作为完税的标志而得名。印花税的纳税人包括在中国境内设立、领受规定的经济凭证的企业、行政单位、事业单位、军事单位、社会团体、其他单位、个体工商户和其他个人。印花税由纳税人按规定应税的比例和定额自行购买并粘贴印花税票，即完成纳税义务。

证券交易印花税，是印花税的一部分，根据书立证券交易合同的金额对卖方计征，税率为1‰。财政部决定从2008年9月19日起，对证券交易印花税政策进行调整，由双边征收改为单边征收，即只对卖出方（或继承、赠予A股、B股股权的出让方）征收证券（股票）交易印花税，对买入方（受让方）不再征税。税率仍保持1‰。根据印花税暂行条例规定，个人买卖房地产按交易合同记载金额的万分之五的税率对买卖双方征收印花税。

印花税的税目，指印花税法明确规定的应当纳税的项目，具体划定了印花税的征税范围。一般地说，列入税目的征税，未列入税目的不征税。印花税共有13个税目。印花税的税率设计，遵循税负从轻、共同负担的原则，所以税率比较低。凭证的当事人，即对凭证有直接权利与义务关系的单位和个人均应就其所持凭证依法纳税。印花税的税率有2种形式，即比例税率和定额税率。

表2-3　印花税税目税率表

序号	税目	范围	税率	纳税人	说明
1	购销合同	包括供应、预购、采购、购销、结合及协作、调剂等合同	按购销金额0.3‰贴花	立合同人	
2	加工承揽合同	包括加工、定作、修缮、修理、印刷、广告、测绘、测试等合同	按加工或承揽收入0.5‰贴花	立合同人	
3	建设工程勘察设计合同	包括勘察、设计合同	按收取费用0.5‰贴花	立合同人	
4	建筑安装工程承包合同	包括建筑、安装工程承包合同	按承包金额0.3‰贴花	立合同人	
5	财产租赁合同	包括租赁房屋、船舶、飞机、机动车辆、机械、器具、设备等合同	按租赁金额1‰贴花。税额不足1元，按1元贴花	立合同人	
6	货物运输合同	包括民用航空运输、铁路运输、海上运输、联运合同	按运输费用0.5‰贴花	立合同人	单据作为合同使用的，按合同贴花
7	仓储保管合同	包括仓储、保管合同	按仓储保管费用1‰贴花	立合同人	仓单或栈单作为合同使用的，按合同贴花
8	借款合同	银行及其他金融组织和借款人	按借款金额0.05‰贴花	立合同人	单据作为合同使用的，按合同贴花
9	财产保险合同	包括财产、责任、保证、信用等保险合同	按保险费收入1‰贴花	立合同人	单据作为合同使用的，按合同贴花
10	技术合同	包括技术开发、转让、咨询、服务等合同	按所载金额0.3‰贴花	立合同人	
11	产权转移书据	包括财产所有权、版权、商标专用权、专利权、专有技术使用权、土地使用权出让合同、商品房销售合同等	按所载金额0.5‰贴花	立据人	
12	营业账簿	对记载资金的营业账簿征收印花税，对其他营业账簿不征收印花税	按实收资本（股本）、资本公积的0.25‰	立账簿人	
13	权利、许可证照	包括政府部门发放的不动产权证书、营业执照、商标注册证、专利证书	5元每件	领受人	

1991年，宁夏全区印花税收入为363万元，2000年为1425万元，2008年增长到11541万元，2018年为69494万元。

九、城镇土地使用税

城镇土地使用税是指国家在城市、县城、建制镇、工矿区范围内，对使用土地的单位和个人，以其实际占用的土地面积为计税依据，按照规定的税额计算征收的一种税。《中华人民共和国城镇土地使用税暂行条例》于1988年9月27日以国务院令第17号发布，自1988年11月1日起施行。城镇土地使用税采用定额税率，即采用有幅度的差别税额。按大、中、小城市和县城、建制镇、工矿区分别规定每平方米城镇土地使用税年应纳税额。城镇土地使用税每平方米年税额标准具体规定如下：大城市1.5～30元；中等城市1.2～24元；小城市0.9～18元；县城、建制镇、工矿区0.6～12元。

《中华人民共和国城镇土地使用税暂行条例》于1988年9月27日发布后，根据2006年12月31日《国务院关于修改〈中华人民共和国城镇土地使用税暂行条例〉的决定》作第一次修订，根据2011年1月8日《国务院关于废止和修改部分行政法规的决定》作第二次修订，根据2013年12月7日《国务院关于修改部分行政法规的决定》作第三次修订。

《中华人民共和国城镇土地使用税暂行条例》发布施行后，自治区人民政府于1988年12月5日发布《宁夏回族自治区城镇土地使用税实施办法》（宁政发〔1988〕134号）。办法第三条规定，宁夏征收地区：银川市、石嘴山市所辖各区；各县的县城，吴忠市、青铜峡市的市区；经自治区人民政府批准的建制镇；经市、县人民政府批准的工矿区。办法第五条规定，宁夏城镇土地使用税每平方米土地年税额：银川市的城区、新城区，石嘴山市的大武口区、石嘴山区、石炭井区0.3～3元；吴忠市、青铜峡市的市区、青铜峡镇0.21～2元；银川市的郊区、各县的县城、建制镇和工矿区0.14～1.5元。办法同时规定：固原地区及盐池、同心县在1991年年底以前减半征收土地使用税；土地等级的划分，相应税额标准的制定，各地区根据各地实际情况自行制定，报自治区人民政府批准后执行。

《宁夏回族自治区城镇土地使用税实施办法》施行后，自治区人民政府于2007年8月13日印发《宁夏回族自治区城镇土地使用税税额标准的通知》（宁政发〔2007〕108号），对宁夏各地城镇土地使用税税额标准作了详细规定。

表2-4　宁夏回族自治区城镇土地使用税税额标准表

单位	地段等级	地区	每平方米税额标准
银川市	一等地段	东至丽景街，南至宝湖路，西至唐徕渠，北至上海路	12元
	二等地段	1. 东至友爱中心路，南至六盘山路，西至唐徕渠，北至宝湖路。2. 东至友爱中心路，南至宝湖路，西至丽景街，北至银佐路。3. 东至丽景街以东200米，南至上海路，西至唐徕渠，北至贺兰山路。4. 东至唐徕渠，南至银新铁路专用线，西至包兰铁路线，北至贺兰山路	9元
	三等地段	1. 东至友爱中心路，南至南环高速路，西至唐徕渠，北至六盘山路。2.东至唐徕渠，南至纬十四路，西至正源街，北至银新铁路专用线。3. 东至正源街，南至六盘山路，西至亲水大街，北至银新铁路专用线。4. 东至亲水大街，南至宝湖路，西至通达街，北至银新铁路专用线。5. 东至通达街，南至长城路，西至包兰铁路线，北至银新铁路专用线。6. 东至凤凰北街规划路，南至贺兰山路，西至亲水大街，北至大连路（北三环路）。7. 东至包兰铁路线，南至经天路，西至文昌街，北至贺兰山路	6元
	四等地段	一、二、三等地段以外区域	3元
永宁县	一等地段	杨和大街两侧，南至中干沟，北至北环路	6元

续表 2-4

单位	地段等级	地区	每平方米税额标准
永宁县	二等地段	县城范围内一等地段以外的地段，望远工业园及望远镇中心区（东至109国道，西至西位街，南至永清沟，北至银川市兴庆区上前城路口）	4元
	三等地段	李俊镇、望洪镇、闽宁镇中心区，望远工业园区、望远镇中心区二等地段以外的地段	2元
贺兰县	一等地段	德胜工业园	6元
	二等地段	县人民政府所在地（习岗镇）	5元
	三等地段	洪广镇、金贵镇、立岗镇	2元
灵武市	一等地段	灵武市区（含羊绒工业园区）	6元
	二等地段	工矿区（含宁东镇、临河镇）	4元
	三等地段	崇兴镇、郝家桥镇、马家滩镇	2元
石嘴山市	一等地段	大武口区贺兰山路以东、建设东街以南、前进北路以西、朝阳东街以北	8元
	二等地段	大武口区城区范围内（以第二农场渠以西、星光大道以北、贺兰山脚下以东、长城路以南为界，除一等地段以外），惠农区城区范围内（含园艺镇，以黄河边、西河桥、原一矿铁路、惠农区104煤炭集中加工区为界），宁夏石嘴山经济开发区、宁夏石嘴山工业园区	6元
	三等地段	大武口区隆湖扶贫经济开发区，惠农区火车站地区、红果子镇，其他未列入一、二、四等地段地区	4元
	四等地段	大武口区农指地区（原称石炭井矿务局农业开发指挥部）、石炭井、白芨沟、大峰等工矿区，惠农区尾闸镇	2元
平罗县	一等地段	县城区（含平罗新区）	4元
	二等地段	工矿区（含平罗工业园区、崇岗工业园区、精细化工基地）、建制镇	2元
吴忠市	一等地段	吴忠市区	6元
	二等地段	金积镇	4元
	三等地段	金银滩镇、高闸镇、扁担沟镇	2元
同心县	一等地段	豫海镇	3元
	二等地段	韦州镇、下马关镇、预旺镇、河西镇、丁塘镇、王团镇	1元
红寺堡开发区	一等地段	政府街、盐兴公路、团结街、人民街、文化街、前进街、创业街、李民巷、吴忠路、黄河路、罗山路、银川路、光明巷、沙泉路、南川路、太阳山路、陕北路两侧、红寺堡综合市场、罗山商城和红寺堡开发区工业园区	6元
	二等地段	红寺堡城区南川路至太阳山路、盐兴公路至人民街	3元
青铜峡市	一等地段	青铜峡市区	6元
	二等地段	青铜峡镇	4元
		独立工矿区	5元
	三等地段	大坝镇、峡口镇、瞿靖镇、邵岗镇、叶升镇、陈袁滩镇	2元
盐池县	一等地段	县城（防洪坝以东、泄洪渠以南、东环以西、南环以南100米）	3元
	二等地段	建制镇（大水坑、高沙窝、惠安堡）及县城外（东至盐池县域边境，西至城西滩农业示范园区，南至太中银铁路，北至沙生灌木北坡）	1元
中卫市	一等地段	东至迎宾大道，南至锦绣大道，西至新墩路，北至包兰铁路	6元
	二等地段	东至环城东路，南至滨河大道，西至香山路，北至包兰铁路以内除一等地段以外的区域	4元

续表 2-4

单位	地段等级	地区	每平方米税额标准
中卫市	三等地段	城区建制镇人民政府所在地(镇罗镇、柔远镇、东园镇、迎水桥镇、常乐镇、永康镇、宣和镇;不含文昌、滨河镇)和集镇以外的工业园区和独立工矿区	2 元
中宁县	一等地段	县城:东起 109 复线以东 200 米,西至西环路以西 200 米(南段直线延伸至 109 复线),南起 109 复线,北至康滩渠	6 元
	二等地段	石空镇[东起张裕沟,西至罗家沟(不包括包兰铁路以北的观光园林区),南起黄河,北至包兰铁路];鸣沙镇(东起养马村村部以东 300 米,西至鸣沙中心卫生院以西 300 米,南起七星渠,北至安庆寺北侧土崖);恩和镇(东起恩和村村部西侧道路,西至上庄小学东侧巷口,南起高干渠,北至 101 省道以北 100 米)	2 元
海原县	一等地段	建设路至桥头、东城路至发改局、黎明路至水务局、政府南街西街及市场、政府北街至保险公司、政府东街至发改局	2 元
	二等地段	除一等地段外所有范围	1 元
固原市	一等地段	东至东关路,北至北关路,西至西关路、南至长城路以内(含外侧沿街地段)	8 元
	二等地段	一等地段之外东至清河路,北至北环路,西至西环路,南至银平路(含外侧沿街地段),经济开发区	5 元
	三等地段	除一等地段和二等地段以外的地段	2 元
彭阳县	一等地段	彭阳县城、白阳镇	3 元
	二等地段	古城镇、王洼镇	1 元
西吉县	一等地段	东以女子中学、佳力生物公司为界,西至团结中学、苏堡路,南以葫芦河岸为界,北至北环路	3 元
	二等地段	东以团结中学、苏堡路为界,西至水泉桥,南以南山脊线为界,北至葫芦河岸;北以北山脊线为界,南以北环路,西以女子中学、佳力生物公司为界,东至县党校桥	1 元
泾源县	一等地段	县城	1.2 元
	二等地段	建制镇、工矿区	1 元
隆德县	一等地段	县城(包括城关镇)	3 元
	二等地段	沙塘镇、联财镇	1 元

《宁夏回族自治区城镇土地使用税实施办法》于1989年1月1日施行(1988年12月5日发布)后,自治区人民政府于2007年以宁政发〔2007〕64号文件、2017年以宁政办发〔2017〕178号文件对《宁夏回族自治区城镇土地使用税实施办法》进行修改,2018年1月1日起施行,重新对城镇土地使用税税额作了具体规定。

表2–5 宁夏回族自治区城镇土地使用税税额表

地区	地段等级	每平方米税额标准
银川市	一等地段	12~24 元
	二等地段	9~18 元
	三等地段	6~15 元
	四等地段	3~12 元
永宁县	一等地段	6~15 元
	二等地段	4~12 元
	三等地段	2~6 元

续表 2-5

地区	地段等级	每平方米税额标准
贺兰县	一等地段	6~15 元
	二等地段	4~12 元
	三等地段	2~6 元
灵武市	一等地段	6~15 元
	二等地段	4~12 元
	三等地段	2~6 元
石嘴山市	一等地段	8~20 元
	二等地段	6~18 元
	三等地段	4~12 元
	四等地段	2~8 元
平罗县	一等地段	6~15 元
	二等地段	4~12 元
	三等地段	2~6 元
吴忠市	一等地段	6~15 元
	二等地段	4~12 元
	三等地段	2~6 元
同心县	一等地段	3~9 元
	二等地段	1~3 元
红寺堡	一等地段	3~9 元
	二等地段	1~3 元
青铜峡市	一等地段	6~15 元
	二等地段	4~12 元
	三等地段	2~6 元
盐池县	一等地段	3~9 元
	二等地段	1~3 元
中卫市	一等地段	5~15 元
	二等地段	4~12 元
	三等地段	2~6 元
中宁县	一等地段	4~12 元
	二等地段	2~6 元
海原县	一等地段	2~9 元
	二等地段	1~3 元
固原市	一等地段	4~12 元
	二等地段	2~6 元
	三等地段	1~3 元
西吉县	一等地段	3~9 元
	二等地段	1~3 元
隆德县	一等地段	3~9 元
	二等地段	1~3 元
泾源县	一等地段	3~9 元
	二等地段	1~3 元
彭阳县	一等地段	3~9 元
	二等地段	1~3 元

说明：各市、县在宁夏回族自治区城镇土地使用税税额表确定的税额幅度内，制定各自行政区域的税额标准

1991年，宁夏全区城镇土地使用税为606万元，2000年为2965万元，2010年为44028万元，2018年为125264万元。

十、土地增值税

土地增值税是指转让国有土地使用权、地上的建筑物及其附着物并取得收入的单位和个人，以转让所取得的收入包括货币收入、实物收入和其他收入减去法定扣除项目金额后的增值额为计税依据向国家缴纳的一种税赋，不包括以继承、赠予方式无偿转让房地产的行为。纳税人为转让国有土地使用权及地上建筑物和其他附着物产权，并取得收入的单位和个人。土地增值税实际上就是反房地产暴利税，是指房地产经营企业等单位和个人，有偿转让国有土地使用权，以及在房屋销售过程中获得的收入，扣除开发成本等支出后的增值部分，按一定比例向国家缴纳的一种税费。1993年11月26日，国务院第十二次常务会议通过《中华人民共和国土地增值税暂行条例》，1994年1月1日起执行。

《中华人民共和国土地增值税暂行条例》施行后，自治区人民政府于1995年9月30日发布《宁夏回族自治区土地增值税征收管理办法》（宁政发〔1995〕83号），于2015年5月27日发布《宁夏回族自治区土地增值税征收管理实施》（宁政发〔2015〕43号）。暂行办法第七条规定：纳税人在房地产开发项目全部竣工结算前取得转让收入的，应按规定按月预缴土地增值税；待该项目具备条件或全部竣工、办理结算后再进行清算，多退少补。土地增值税预征率为：普通住宅为1%；非普通住宅为1.5%；其他类型房地产为2%。对按规定列入市、县政府公共租赁住房、廉租住房、经济适用房、城市和国有工矿棚户区改造安置住房等保障性住房暂不实行预征。暂行办法第十八条规定，本办法自发布之日起施行。以前规定与本办法规定不一致的，以本办法规定为准。

1995年起，宁夏征收土地增值税，当年为6万元，2000年为275万元，2010年为16704万元，2018年为94988万元。

十一、车船税（车船使用牌照税）

车船税是指在中华人民共和国境内的车辆、船舶的所有人或者管理人按照中华人民共和国车船税法应缴纳的一种税。

1950年1月，政务院颁布《全国税政实施要则》，确定全国统一征收使用牌照税。1950年4月，财政部颁发《使用牌照税暂行条例草案》。1951年9月13日，政务院正式公布并施行《车船使用牌照税暂行条例》。1973年简化税制，把对国内企业征收的这种税，并入工商税中。1986年9月15日，国务院发布并于当年10月1日起施行《中华人民共和国车船使用税暂行条例》。2000年10月22日，国务院发布《中华人民共和国车辆购置税暂行条例》，自2001年1月1日起施行。2000年11月8日，财政部、交通部和海关总署发出《关于将船舶吨税纳入预算管理的通知》，自2001年1月1日起执行。2006年12月27日，国务院第162次常务会议通过，并于2007年1月1日起施行的《中华人民共和国车船税暂行条例》第十四条规定，1951年9月13日原政务院发布的《车船使用牌照税暂行条例》和1986年9月15日国务院发布的《中华人民共和国车船使用税暂行条例》同时废止，自 2007 年 1 月 1 日起开征车船税。有车族在投保交强险时同时缴纳车船税。2018年8月1日，财政部、国家税务总局、工业和信息化部、交通运输部下发《关于节能新能源车船享受车船税优惠政策的通知》，要求对符合标准的新能源车船免征车船税，对符合标准的节能汽车减半征收车船税。

1986 年，国务院发布并施行《中华人民共和国车船使用税暂行条例》后，自治区人民政府于1987年发布并施行《宁夏回族自治区车船使用税实施细则》。2006 年 12 月 27 日国务院发布并于 2007 年1月1日起施行《中华人民共和国车船税暂行条例》后，自治区人民政府于2007年4月20日发布《宁夏回族自治区车船税实施办法》（宁政发〔2007〕65号）。2011年12月20日，自治区人民政府发布《宁夏回族自治区车船税实施办法》（宁政发〔2011〕163号），自2012年1月1日起实行。2012年1月1日起施行的《宁夏回族自治区车船税实施办法》中部分税收优惠条款于2016年12月31日到期，为确保其完整性，自治区人民政府对2012年1月1日起施行的《宁夏回族自治区车船税实施办法》进行修订和重新颁布。新修订的《宁夏回族自治区车船税实施办法》于2017年8月14日发布，2017年10月1日起施行。修订后的2017年版《宁夏回族自治区车船税实施办法》，重新以附件的形式对车船税税目税额进行列表。

表2–6　宁夏回族自治区车船税税目税额表

税目		计税单位	年基准税额	备注
乘用车［按发动机汽缸容量（排气量）分档］	1.0 升（含）以下	每辆	60~360 元	核定载客人数 9 人（含）以下
	1.0 升以上至 1.6 升（含）		300~540 元	
	1.6 升以上至 2.0 升（含）		360~660 元	
	2.0 升以上至 2.5 升（含）		660~1200 元	
	2.5 升以上至 3.0 升（含）		1200~400 元	
	3.0 升以上至 4.0 升（含）		2400~3600 元	
	4.0 升以上		3600~5400 元	
商用车	客车	每辆	480~1440 元	核定载客人数 9 人以上，包括电车
	货车	整备质量每吨	16~120 元	包括半挂牵引车、三轮汽车和低速载货汽车等
挂车		整备质量每吨	按照货车税额的 50%计算	
其他车辆	专用作业车	整备质量每吨	16~120 元	不包括拖拉机
	轮式专用机械车		16~120 元	
摩托车		每辆	36~180 元	
船舶	机动船舶	净吨位每吨	3~6 元	拖船、非机动驳船分别按照机动船舶税额的 50%计算
	游艇	艇身长度每米	600~2000 元	

1991年，宁夏全区征收车船税281万元，2000年为431万元，2010为年9093万元，2018年为48588万元。

十二、屠宰税

屠宰税是向屠宰牲畜的单位和个人征收的一种税收。1994年1月23日，国务院发出《关于取消集市交易税、牲畜交易税、烧油特别税、奖金税、工资调节税和将屠宰税、筵席税下放给地方管理的通知》，将屠宰税下放给地方管理。2002年起，宁夏停止征收屠宰税。中华人民共和国成立初即颁行的《屠宰税暂行条例》于2006年2月17日起废止。

1991年，宁夏屠宰税收入为8万元，2001年为43万元。

十三、筵席税

筵席税是指对在中国境内设立的饭店、酒店、宾馆、招待所，以及其他饮食营业场所举办筵席的单位和个人，就其一次筵席支付金额达到或超过一定数量的金额征收的一种行为税。举办筵席的单位和个人为纳税人，承办筵席的饭店、酒店、宾馆、招待所，以及其他经营饮食业的单位和个人为代征代缴义务人。筵席税按次从价计征，税率为15%～20%。征税起点为一次筵席支付的金额（包括菜肴、酒、饭、面、点、饮料、水果、香烟等价款金额）人民币200～500元。省、自治区、直辖市人民政府可结合各地实际情况，在该幅度内确定适用税率和征税起点。纳税人一次筵席支付的金额达到或者超过征税起点时，按支付金额全额计算征收。代征人应在收取筵席价款的同时，代征税款，交地方财政。

1994年税制改革时，国务院决定将筵席税下放给地方管理，征收与否，由各省、自治区、直辖市人民政府自行决定。1993年，宁夏已停止征收筵席税。

1991年、1992年，宁夏筵席税收入分别为2万元、1万元。

第三节　所得税收入

所得税又称所得课税、收益税，指国家对法人、自然人和其他经济组织在一定时期内的各种所得征收的一类税收。以公司为课税的称作公司税或企业税；以个人收入课税的为个人所得税。中国现行税制中的所得税税类税收包括企业所得税、外商投资企业和外国企业所得税、个人所得税等3个税种。

一、企业所得税

在中华人民共和国境内，企业和其他取得收入的组织（以下统称企业）为企业所得税的纳税人。企业所得税的纳税人包括各类企业、事业单位、社会团体、民办非企业单位和从事经营活动的其他组织。个人独资企业、合伙企业不属于企业所得税纳税义务人。

《中华人民共和国企业所得税法》已由中华人民共和国第十届全国人民代表大会第五次会议于2007年3月16日通过，自2008年1月1日起施行。2018年12月29日，第十三届全国人民代表大会常务委员会第七次会议决定修改。将第五十一条第一款中的“非居民企业在中国境内设立两个或者两个以上机构、场所的，经税务机关审核批准”，修改为“非居民企业在中国境内设立两个或者两个以上机构、场所，符合国务院税务主管部门规定条件的”。

国营企业所得税　国营企业所得税是对国有企业的生产经营所得和其他所得征收的一种税，是国家参与国有企业利润分配并直接调节企业利益的一个税种。中华人民共和国成立后，在较长一段时间内，国家对国有企业不征所得税，而实行国有企业上缴利润的制度。为了理顺国家与企业的分配关系，进一步扩大企业的自主权，通过在各地进行“利改税”试点，于1983年在全国推行第一步“利改税”，规定自1983年6月1日起对全国大部分国有企业征收所得税，征税时间从1983年1月1日起计算。第一步：“利改税”办法规定，对国有大中型企业征收55%的所得税。税后利润根据企业的不同情况分别采取递增包干、固定比例上交，征收调节税、定额上交等办法。1984年实行第二步“利改税”。对国有大中型企业缴纳了55%的所得税后的利润统一开征调节税，设想把国家同国有企业的分配关系完全作为税收关系固定下来。国务院于1984年9月18日发布的《中华人民共和国国营企业所得税条例（草案）》和《国营企业调节税征收办法》，对第二步“利改税”内容作了具体规定。

1994年税制改革时，取消按企业所有制形式设置所得税的办法，将国营企业所得税与集体企业所得税、私营企业所得税合并，统一征收企业所得税。1991—1993年宁夏国有企业调节税收入分别为1072万元、596万元和781万元。

集体企业所得税　集体企业所得税是国家对从事工业、商业、建筑安装业、交通运输业、服务业和其他行业的集体所有制企业的生产经营所得和其他所得征收的一种税。集体企业所得税是由原工商所得税演变而来的。

1950年，政务院公布的《工商业税暂行条例》包括营业税和所得税两部分，规定除国营企业外，所有的工商企业的所得都应缴纳所得税。当时所得税的纳税人主要是私营企业和城乡个体工商业户，集体企业所占比重很小。1958年工商税制改革，把工商业税中的营业税部分与商品流通税、货物税、印花税合并为工商统一税，保留了原工商业税中的所得税。所得税成为一个单独的税种，称“工商所得税”。因为对私营工商业的社会主义改造基本完成，城乡个体工商业户也大部分组织起来，所以集体企业成为主要纳税人。1984年国营企业实行第二步“利改税”后，根据集体企业发展情况和经济体制改革要求，制定《中华人民共和国集体企业所得税暂行条例》，国务院于1985年4月11日颁布，从1985年起实施。集体企业所得税的纳税人包括从事工业、商业、服务业、建筑安装业、交通运输业、金融业以及其他行业的集体企业，同时，该税纳税人应是独立核算的集体企业。

集体企业所得税的征税对象是集体企业的应税所得额，即纳税年度的收入总额减除成本、费用、国家允许在所得税前列支的税金和营业外支出后的余额。集体企业所得税实行“按年计征、按季或按月预缴、年终汇算清缴、多退少补”的征收方法。

1994年税制改革时，将集体企业所得税与国营企业所得税、私营企业所得税合并1991—1993年，宁夏集体企业所得税收入分别为2442万元、1989万元和2579万元。

私营企业所得税　私营企业所得税是对私营企业生产经营所得和其他所得征收的一种税。1979年改革开放以来，随着个体经济的发展，资产私人所有、雇工达到一定人数的私营企业产生了。

1988年3月25日至4月13日，第七届全国人民代表大会第一次会议通过修改宪法案，宪法第十一条增加如下规定："国家允许私营经济在法律规定的范围之内存在和发展，私营经济是社会主义公有制经济的补充。"为了对私营经济实行引导、监督和管理，鼓励其健康发展，国务院于1988年6月25日发布《私营企业所得税暂行条例》和《关于征收私营企业投资者个人收入调节税的规定》。1988年11月17日，财政部颁发《私营企业所得税暂行条例施行细则》。细则规定，私营企业所得税的纳税人是从事工业、建筑业、交通运输业、商业、饮食业以及其他行业的城乡私营企业(资产属于私人所有、雇工8人以上的营利性的经济组织)。

1993年11月26日，国务院颁布《中华人民共和国企业所得税暂行条例》，自1994年1月1日起施行。条例将国有企业所得税、集体企业所得税、私营企业所得税合并为企业所得税。

1991—1993年，宁夏私营企业所得税收入分别为55万元、35万元和25万元。

二、外商投资企业和外国企业所得税

外商投资企业和外国企业所得税是指对设在中国境内的外商投资企业的生产、经营所得和其他所得，以及对外国企业来源于中国境内的生产、经营所得和其他所得征收的一个税种。

1997年3月25日至4月9日，《中华人民共和国外商投资企业和外国企业所设税法》经第七届全国人民代表大会第四次会议通过，从1991年7月1日起实施。1993年12月29日，第八届全国人民代表大会常务委员会第五次会议通过《全国人民代表大会常务委员会关于外商投资企业和外国企业适用增值税、消费税、营业税等税收暂行条例的决定》，规定外商投资企业和外国企业自1994年1月1日起适用国务院发布的增值税暂行条例、消费税暂行条例和营业税暂行条例，同时废止《工商统一税条例(草案)》。

1991年开征外商投资企业和外国企业所得税，2008年1月1日并入企业所得税。

三、个人所得税

个人所得税是中国对中国公民、居住在中国境内的个人的所得和境外个人来源于中国的所得征收的一种所得税。

1980年9月10日，第五届全国人民代表大会第三次会议通过并公布《中华人民共和国个人所得税法》。同年12月14日，财政部公布《个人所得税施行细则》，实行仅对外籍个人征收的个人所得税。1993年10月31日，第八届全国人民代表大会常务委员会第四次会议通过《关于修改〈中华人民共和国个人所得税法〉的决定》的修正案，规定所有中国居民和有来源于中国所得的非居民，均应依法缴纳个人所得税，同日发布新修改的《中华人民共和国个人所得税法》，此为第一次修正。1999年8月30日，第九届全国人大常务委员会第十一次会议通过《关于修改〈中华人民共和国个人所得税法〉的决定》，把原第四条第二款"储蓄存款利息"免征个人所得税项目删去，开征个人储蓄存款利息所得税，此为第二次修正。2005年10月27日，第十届全国人大常委会第十八次会议再次审议《个人所得税法修正案草案》，会议表决通过全国人大常委会关于修改个人所得税法的决定，免征额为1600元，于2006年1月1日起施行，此为第三次修正。2007年6月29日，第十届全国人民代表大会常务委员会第二十八次会议通过《关于修改〈中华人民共和国个人所得税法〉的决定》，将第十二条修改为“对储蓄存款利息所得开征、减征、停征个人所得税及其具体办法，由国务院规定”，此为第四次修正。2007年12月29日，第十届全国人大常委会第三十一次会议表决通过关于修改个人所得税法的决定。个人所得税免征额自2008年3月1日起由1600元提高到2000元，此为第五次修正。2011年6月30日，第十一届全国人大常委会第二十一次会议表决通过全国人大常委会关于修改个人所得税法的决定。个人所得税免征额从2000元提高到3500元，同时，将现行个人所得税第1级税率由5%修改为3%，9级超额累进税率修改为7级，取消15%和40%两档税率，扩大3%和10%两个低档税率和45%最高档税率的适用范围等。该决定自2011年9月1日起实施，此为第六次修正。2018年8月31日，第七次修改个人所得税法的决定经十三届全国人大常委会第五次会议表决通过。其根本性变革：工资薪金、劳务报酬、稿酬和特许权使用费等四项劳动性所得首次实行综合征税，以每一纳税年度的收入额减除费用6万元以及专项扣除、专项附加扣除和依法确定的其他扣除后的余额，为应纳税所得额；计算个税，在扣除基本减除费用标准和“三险一金”等专项扣除外，还增加了专项附加扣除项目。首次增加子女教育支出、继续教育支出、大病医疗支出、住房贷款利息和住房租金、赡养老人等专项附加扣除；个税起征点由每月3500元提高至每月5000元（每年6万元）。新个税法于2019年1月1日起施行，2018年10月1日起施行最新起征点和税率。新个税法规定，自2018年10月1日至12月31日，纳税人的工资、薪金所得，先行以每月收入额减除费用5000元以及专项扣除和依法确定的其他扣除后的余额为应纳税所得额，依照个人所得税税率表（综合所得适用）按月换算后计算缴纳税款，并不再扣除附加减除费用。

表2-7　1991—1997年宁夏回族自治区税收情况表

单位：万元

项目	1991年	1992年	1993年	1994年	1995年	1996年	1997年
一、工商税收类	60549	64856	99071	57054	67672	84079	97673
［产品税］	15148	14295	34455				
增值税	11818	14822	20281	20177	21575	25362	27858
营业税	20485	23052	29429	21739	27818	34423	39517
［工商统一税］	46	68	435				
［集体企业所得税］	2442	1989	2579				
［城乡个体工商业户所得税］	1246	1301	1462				
个人所得税	2	1	2	2186	3116	4661	
［个人收入调节税］	116	135	109				
［私营企业所得税］	55	35	25				

续表 2-7

项目	1991 年	1992 年	1993 年	1994 年	1995 年	1996 年	1997 年
土地增值税					6	7	
外商投资企业和外国企业所得税	52	16	1	2	18	626	
城市维护建设税	3238	3553	4575	5703	7163	8206	
车船税	230	242	237	281	313	339	
房产税	2314	2437	2698	3432	4102	5310	
屠宰税	8	6	2	4	1	2	
[牲畜交易税]	17	13	7				
资源税	295	321	357	561	473	510	
[国有企业奖金税]	265	129	46				
[国有企业工资调节税]	166	85	19				
[事业单位奖金税]	26	18	8				
[集体企业奖金税]	42	23	1				
土地使用税	606	613	579	1255	1143	1924	
印花税	363	418	579	601	806	876	
筵席税	2	1					
固定货产投资方向调节税	641	917	1009	970	932	1576	
[建筑税]	764	232	31				
[盐税]	5	7	6				
工商税收滞纳金补税罚款	157	127	139	143	206	257	
二、农牧业税和耕地占用税	2738	3452	3916	5123	4901	9948	11832
农牧业税	2250	2629	2887	3920	3746	8066	
农林特产税	237	394	460	529	552	889	
耕地占用税	244	417	547	640	525	386	
契税	7	12	22	34	78	361	
三、企业所得税	9935	9760	8962	6080	7690	11033	15071
[国有企业调节税类]	1072	596	781				
[股份制企业所得税]			93				
四、所得税退税类	-1541	-1607	-1509	-678	-532	-465	-2309
合计	71681	76461	110440	67579	79731	104595	122267

说明:[ ]括号表示1994年税制改革前的项目

表2-8　1998—2006年宁夏回族自治区税收情况表

单位:万元

指标	1998 年	1999 年	2000 年	2001 年	2002 年	2003 年	2004 年	2005 年	2006 年
1. 增值税	32184	34642	35499	38530	43850	50424	62782	87318	110274
2. 营业税	49809	55197	65682	75194	92971	108953	134373	157580	188223
3. 企业所得税	12845	18775	26147	60084	18412	16846	21364	26077	32246

续表 2-8

指标	1998 年	1999 年	2000 年	2001 年	2002 年	2003 年	2004 年	2005 年	2006 年
4. 企业所得税退税	-4673	-5062	-2464	-852					-229
5. 外商投资企业和外国企业所得税	1376								
6. 个人所得税	6885	9204	12531	19764	14492	1301	18664	22199	24599
7. 资源税	522	601	605	740	1271	1301	1490	2290	6143
8. 固定资产投资方向调节税	2550	2625	1119	226	76	4			
9. 城市维护建设税	9859	10671	12124	14399	15134	18485	24260	30388	35841
10. 房产税	7750	8084	8874	9314	10404	12012	13189	13553	14050
11. 印花税	1369	1316	1425	1603	2103	2482	3558	4304	6946
12. 城镇土地使用税	2967	2934	2965	2947	3175	3417	4145	4939	7779
13. 土地增值税	296	286	275	86	611	364	1043	1783	2477
14. 车船使用和牌照税	419	445	431	461	484	507	626	845	1160
15. 屠宰税	142	160	176	43					
16. 农业税	9880	9153	7454	9381	8595	7438	5440	333	
17. 农业特产税	944	706	607	397	146	42			
18. 牧业税	251	253	178	125	16				
19. 耕地占用税	703	493	1079	957	1158	831	559	698	829
20. 契税	1809	2191	3235	3932	6208	8046	12209	15712	18945
21. 烟叶税									57
合计	137887	152674	177942	237331	219106	232453	303702	368019	449340

表2-9　2007—2012年宁夏回族自治区税收情况表

单位：万元

指标	2007 年	2008 年	2009 年	2010 年	2011 年	2012 年
1. 增值税	141997	183793	168098	202475	244000	262329
2. 营业税	230485	300884	389831	562367	801126	924759
3. 企业所得税	45767	62400	92946	140805	241746	253904
4. 企业所得税退税	-218	-216	-213			
5. 个人所得税	35107	40239	45016	55737	74972	66777
6. 资源税	12557	11560	15078	19226	27446	40967
7. 城市维护建设税	46813	58054	59204	81039	112314	130752

续表 2-9

指标	2007 年	2008 年	2009 年	2010 年	2011 年	2012 年
8. 房产税	14558	17261	18979	23508	30691	41888
9. 印花税	8365	11541	16138	20983	26683	35639
10. 城镇土地使用税	18306	44657	35947	44028	58651	76978
11. 土地增值税	4826	9441	10000	16704	30515	59078
12. 车船使用牌照税	2411	5059	7112	9093	15865	20436
13. 耕地占用税	699	534	1093	2383	6661	31288
14. 契税	26087	32104	47961	89394	100334	125142
15. 烟叶税	61	121	199	112	257	234
16. 其他税收收入	50					
合计	587871	777432	907389	1267854	1771261	2070171

表2-10　2013—2018年宁夏回族自治区税收情况表

单位:万元

指标	2013 年	2014 年	2015 年	2016 年	2017 年	2018 年
1. 增值税	318832	385563	357323	840408	1254237	1339923
2. 营业税	1057226	1050303	998292	452755		
3. 企业所得税	258691	283263	245572	244686	1254237	325296
4. 个人所得税	73892	74610	89704	98486	150496	133998
5. 资源税	50023	54301	133076		185671	250023
6. 城市维护建设税	144559	140156	149603	172504	175219	200524
7. 房产税	66352	83020	96896	100221	121468	125910
8. 印花税	39739	43604	48555	48978	61456	69494
9. 城镇土地使用税	86242	100035	90113	86846	123421	125264
10. 土地增值税	58503	61466	66114	77627	85948	94988
11. 车船税	27911	29215	32994	35935	42373	48588
12. 耕地占用税	33910	37071	109278	73251	106288	80674
13. 契税	158779	160306	145349	128391	134953	175734
14. 烟叶税	254	360	257	502	84	344
15. 环境保护税						12229
合计	2374913	2503273	2563126	2465538	2703027	2982989

第四节　税收管理

一、农业税收管理

1991—1992年，农业税收管理上承接20世纪80年代以来的管理办法与措施。

1993年，宁夏调整农林特产税实施办法，降低苹果、水产品、西瓜、枸杞等产品税率，解决实际税率与名义税率不符问题，农林特产税比上年增收60多万元。对农业税行政任务实行价格保护政策，将小麦每公斤由0.622元调为0.65元，使全区农业税增收100多万元。在11个乡镇、43个乡镇财政所开展农业税收政策检查和耕地占用税征收管理重点抽查工作，追回补缴漏税17.24万元。

1994年，修订完善《宁夏回族自治区农业税实施办法》《宁夏回族自治区牧业税实施办法》。是年，国家进一步放开粮食价格后，自治区政府提高粮食购、销价格税（公粮）价格。当年增加农业税收1200万元。宁夏山区8个县遭受自然灾害比较严重，审批减免农业税400万元。

1994年1月30日，国务院发布《关于对农业特产收入征收农业税的规定》，规定并入农业特产税征收的原产品税应税产品继续在收购环节向收购者征收。由此，农业特产税形成了对水产品、茶叶、原木、原竹、生漆、天然树脂等产品既对生产者征收，又对收购者征收的双环节征收格局。国务院发布《关于对农业特产收入征收农业税的规定》后，宁夏回族自治区人民政府发布《宁夏回族自治区农业特产收入征收农业税实施办法》（宁政发〔1994〕49号）。办法第三条对宁夏农业特产税的税目和税率作了如下规定：

1. 水果收入，包括苹果、葡萄、梨、桃、杏、枣、李子的收入，税率为10%；
2. 果用瓜收入，包括西瓜、香瓜、甜瓜等收入，税率为8%；
3. 药材收入，包括枸杞、甘草、黄芪、党参、人参等收入，税率为8%；
4. 花卉收入，税率为5%；
5. 经济林苗木收入，税率为5%；
6. 蘑菇、黑木耳、银耳等收入，税率为8%；
7. 水产品收入，包括养殖和捕捞的鱼、虾、蟹等收入，税率为5%或8%；
8. 原木、原竹收入，税率为8%；
9. 发菜收入，税率为10%；
10. 烟叶收入，包括晾晒烟叶、烘烤烟叶收入，税率为31%；
11. 皮张收入，包括羊皮、牛皮、猪皮等收入，税率为10%；
12. 毛绒收入，包括羊毛、兔毛、羊绒、驼绒收入，税率为10%。

同时，办法第五条规定：水果、果用瓜、药材、花卉、经济林苗木、蘑菇等产品，由生产者纳税；原木、原竹，生产者和收购者分别按 8 %的税率纳税；水产品，生产者按 8 %的税率纳税，收购者按 5 %的税率纳税；发菜、烟叶、皮张、毛绒等产品，由收购者纳税等。

1995年，层层分解税收任务，建立农税人员工作责任目标考核办法，通过对各项指标的完成情况、基础业务工作、税务征收津贴等综合考评，制定出新的管理机制。建立健全各项农业税收征管制度、底册登记制度以及票证缴销管理制度，在全区实行农业税收报表考评制度。

1996年，制定和完善农业税收征管办法，建立税源基础档案，实行纳税通知制度。同时，核定计税土地面积，确定计税收入，宁夏川区部分市县对1995年以后开垦的大片耕地没有计税的面积采取实地丈量，逐级建账，据实征收。对部分农业建设占用耕地，没有核减税面积进行核实和调整。

1997年，制定《宁夏回族自治区屠宰税征收办法》，耕地占用税按1997年全区批准占用耕地面积2542亩，计征税额819万元。按照减免政策规定免税面积634亩，减免税额97万元。耕地占用税同比增收的主要原因是对1993年以来单位、集体和个人占用耕地进行专项检查，清缴入库税款97.6万元，罚款16.3万元，加收滞纳金2.1万元。契税征收同比增加243万元，增长幅度较大。通过清理检查，全区累计收回耕地占用税拖欠税款189万元。

1998年，按户建立税源档案，设立台账，并与皮毛绒和原木特产税代征单位签订收入目标责任书。针对1997年清查出的少批多占、未批先占的耕地以及自行降低税率标准逃避纳税等进行重点清理检查，补办占用耕地手续，依率计征占用耕地税。清理收回公路建设占用税拖欠税款50.2万元。建立“先纳税再发房产证”的征管制度，与土地、房管部门分别签订“契税代征协议”，明确纳税对象、计征税率、减免政策等，规定凡受理土地出让、房屋权属转移的纳税人，必须凭征收机关核定的纳税申报表到土地、房管部门办理完税征和“契证”后，再办理转让权属变更手续。坚持公开办税，青铜峡市大坝乡率先在全区设立“农业征税大厅”，结束了农税干部挨家挨户征税的历史。

1999年，开展税源调查登记建档工作，按户登记，依率计征。山区农业税由征收实物改为征收现金。

2000年，根据中央《关于进行农村税费改革试点的通知》精神，完成中卫、彭阳两个试点县的调查摸底测算工作，研究设计改革方案。

2001年，自治区召开农村税费改革动员大会，印发《宁夏回族自治区农村税费改革试点方案》，在中卫、彭阳、永宁、平罗、惠农、青铜峡和吴忠市利通区7个县（市、区）开展农村税费改革试点。方案明确规定试点的主要内容为“三个取消、两个调整、一项改革”，即取消当时按农民人均纯收入一定比例征收的乡统筹费，取消农村教育集资等专门面向农民征收的行政事业性收费和政府性基金，取消屠宰税；调整农业税政策，调整农业特产税政策；改革村提留征收和使用办法。同时，自治区还明确三条政策：一是按照中央有关政策规定，将1999年农民的负担水平作为比较的标准。二是到村、到户的农业税率最高不得超过6%；农业特产税执行国家和自治区确定的税目、税率；牧业税按每只羊1元征收；农业税、农业特产税和牧业税附加比例不得超过20%。从试点县实际执行情况看，农业税税率平均为5.4%、附加比例平均为

20%；农业特产税、牧业税附加比例均为20%。三是严格以二轮土地承包合同面积为农业税计税土地面积、统一规定计税常用的计算方式。税费改革后，农业税收及附加由财政部门统一征收管理，试点市县农民负担比改革前平均减负48%。加上取消各种集资、收费，减负达到63%。

2002年，农村税费改革在全区21个县（市、区）全面试点。制定《宁夏回族自治区农业税征收管理暂行办法》《宁夏回族自治区农业特产税征收管理暂行办法》《宁夏回族自治区牧业税征收管理暂行办法》《关于规范和加强农业税收征收管理工作的通知》等一系列管理办法，农业税征收做到任务分解到户、纳税通知到户、完税凭证到户。自治区财政厅印发《农村税费改革转移支付办法》《关于农村税费改革后新增农业税收入和乡级转移支付资金管理有关规定的通知》《关于农村税费改革后农业税附加和村级转移支付资金管理有关规定的通知》，安排农村税费改革转移支付资金2.25亿元。

2003年，完善税费改革方案，对计税土地面积不实、常年产量过高、农民负担不均衡、基础工作不扎实等问题，加以调整和完善。从2003年10月1日起取消烟叶、牲畜产品、林木产品收购环节的农业特产税。规范农村税费征管，各市县普遍建立农业税纳税登记和纳税通知制度。自治区确立财政机关为农业税收征收管理的执法主体，初步建立征收机关依法征税、乡村干部协税护税的农业税收征收管理体系。自治区税改办制定印发贯彻《国务院关于全面推进农村税费改革试点工作的意见》（国发〔2003〕12号文件）和《国务院农村税费改革工作小组办公室关于清收农业税费尾欠有关问题的复函》的意见，要求全区暂停清收改革前农民的税费尾欠，先摸清底数，让农民认可，采取挂账的办法，待农民经济承受能力明显增强后再作处理。开展农村税费改革试点工作"回头看"活动，重点检查税费改革后农民的负担、生产费用、中小学收费情况和2002年农村税费改革转移支付资金的使用情况。

2004年，深化农村税费改革，实行宁夏山区、川区有别的降低农业税税率政策，山区平均降低1.73个百分点，川区平均降低1.21个百分点，全区平均降低1.37个百分点，共减少农业税2312万元，降幅为25%。从2004年10月开始，在平罗县、贺兰县、吴忠市利通区、中宁县、彭阳县进行以"乡财县管乡用"为核心内容的乡镇财政管理方式改革试点。全年农民负担农业各税及附加和村内生产公益事业筹资13850万元，比改革前的农业三税和"三提五统"总额减少64%，人均减少66元，亩均减少24元。

2005年，开始在全区范围内免征农业税及附加，全年耕地占用税作出说明，减少农民负担7000万元。全年自治区财政安排农村税费改革转移支付资金6.85亿元，先后免征农业税及其附加、牧业税、农业特产税，累计减免涉农税费3亿多元。全区农民人均增收减负114元，占同期农民人均纯收入增加额的19.6%。印发《关于2005年深化农村税费改革试点工作的通知》，确定在中卫市开展农村综合改革试点工作。是年，将国有农（林）场土地承包费中类似农村乡镇五项统筹费的收费全部免除，防止通过调整土地承包费加重农场职工负担，把税费改革的好处切实给到农场土地承包经营者。

2006年1月1日起，废止农业税后，继续保留耕地占用税。2007年12月1日，国务院发布《中华人民共和国耕地占用税暂行条例》，废止1987年发布的条例。2010年，自治区人民政府印发《宁夏回族自治区耕地占用税实施办法》，于2010年3月施行：一是提高税额标准，将原规定的税额标准平均提高4倍；二是统一内资和外资企业的耕地占用税税负；三是明确规定了减免项目，取消了铁路线路、公路线路、飞机场跑道、停机坪、航道占地免税的规定。

二、其他税收管理

1991年，严格进行所得税、增值税汇（结）算清缴工作。通过对全区4980户企业进行汇（结）算，查补所得税314万元，仅银川、石嘴山两市就查补增值税91万元。各地在稽查机构分离的情况下，加强经常性税收检查工作，及时查处偷税漏税行为。全年共检查纳税户23963户，查补税款2183万元。根据国家税务局的统一部署，在全区开展第二次个体私营企业税收专项检查整顿，21868户个体业户和私营企业进行了自查，对8060户进行了重点检查，查补税款222.9万元。抓紧固定资产投资方向调节税的开征工作，到年底共征收固定资产投资方向调节税400余万元。

1993年，全区税务部门宣传落实《中华人民共和国税收征收管理法》，深化征管改革，继续实行征、管、查分离的征管模式，发挥稽查队、检察室的作用，开展税收大检查工作，堵塞收入上的“跑、冒、滴、漏”现象。1993年共查补入库各种偷、漏税款1500万元。同时，及时抓住企业资金有所缓解契机，大力组织清欠税，加强与财政、银行等部门配合，通过建立“税款过渡账户”，实行综合清欠，收到较大效果。当年共清回企业欠税3000万元，其中清理发生欠税2000万元，清理以前年度陈欠1000万元。

1994年，按照中央统一部署，自治区成立税务机构分设筹备领导小组，如期完成机构分设、人员分流工作。是年，按照增值税一般纳税人的认定标准，审查认定5598户各类企业的一般纳税人，占全区企业总数的55%，方便企业生产经营。对暂不具备一般纳税人条件的小型业户，代开增值税专用发票，帮助建立健全账制，促其向一般纳税人过渡。完成4.6万多户纳税人换发税务登记证和统一编码工作。及时设计、印发各税种的纳税申报表、征管法律文书、会计统计报表，完善了征管基础工作，保证了新税制运行的需要。

1996年，自治区将区属10户重点企业增值税的25%留归自治区本级外，将其余企业增值税的25%部分留给市县。调整房产税等地方税种的分享比例，其中房产税增长29.4%，固定资产投资方向调节税增长67.7%，城镇土地使用税增长68.3%。

2000年，针对税收管理中存在的基础工作薄弱、管理手段单一、管理方式难以适应经济发展变化等新情况、新问题，从有利于管理和增加收入的角度出发，对本地区经济结构、税源分布、业户变化等进行分析，探索适合经济发展变化的管理模式，因地制宜地试行重点税源企业“联系员”制度、临时业户“登记卡”制度、中小企业“片管员”制度、扩大普通发票供应范围等制度措施。根据国家税务总局统一安排，在全区范围内进行税收专项检查，全区共检查纳税业户4520户，补税罚款4350万元，处罚率19.39%。

2005年1月1日起，将宁夏煤业集团所属各厂矿实现的增值税地方留成部分划归自治区级财政收入，对各市县进行定额补助；将宁东能源化工基地所有企业实现的增值税地方留成划归自治区，对银川市、灵武市视情转移支付。

是年，根据国务院下发《关于完善中央与地方出口退税负担机制的通知》，决定在保持各地出口退税基数不变的前提下，超基数部分由中央与地方按照92.5：7.5的比例共同分担。出口退税改由中央统一退库，地方负担部分年终专项上解同，自治区财政决定出口退税地方负担部分全部由自治区财政统一负担，市县不再承担出口退税增量部分。

2007年，国税部门加大以票控税力度，全年入库增值税57.24亿元，同比增长29%。落实消费税调整政策，及时发现研究、解决政策执行中的具体问题，全年入库消费税3.56亿元，同比增长1.1%。落实车购税“一条龙”管理要求，加强与有关部门协调配合，全年入库车辆购置税4.02亿元，同比增长52.8%。清查企业所得税税源，核实税基，开展纳税审核，提高汇算清缴质量，落实计税工资调整、再就业、技术创新等税收政策，落实教育储蓄利息所得税政策调整的税收管理，全年入库三项所得税10.4亿元，同比增长46.9%。稳步推进征退税体化体制，推行网上出口退税申报服务系统。建立出口企业退税便捷通道，提高出口退税工作效率，支持外向型经济的持续健康发展。全年审核办理出口退（免）税5.24亿元。地税部门加强与国税、公安、工商等部门的配合，开展重点行业、重点企业专项检查，检查企业596户，查补收入2.46亿元。对全区房地产企业的营业税、土地增值税纳税情况进行全面清查，检查房地产开发企业137户，查补各项收入9685.7万元。做好举报案件的受理工作，全区共受理税务违法举报案件109件次，查处59件次，查补收入198.11万元。

2009年，制定印发《宁夏耕地占用税实施细则》，从政策层面上引导各地保护和利用好耕地资源。贯彻落实国家资源综合利用税收优惠政策，推动企业利用工业废弃物节约资源、降低能耗、减少污染，提高企业节能减排的积极性，达到企业实现降低能耗、节约资源、综合利用、清洁生产为重点的主要目标。根据《财政部国家税务总局关于再生资源增值税政策的通知》的精神，制定《宁夏再生资源企业一般增值税退税行政审批工作规程》［宁财（税）发〔2009〕341号］，布置全区再生资源企业增值税退税行政审批工作。是年，实施增值税转型，即增值税由增长型转为消费型。

2010年，为103家企业办理2010年度再生资源企业一般增值税退税审批，共5273万元。

2011年，做好税种改革以及增值税起征点调整工作。一是根据国家对资源税改革的统一部署，对原油、天然气已由从量定额计征改为从价定率计征。将原油、天然气综合减征率确定为0.91%，实际征收率为4.09%（即5%～0.91%），自2011年1月1日起执行。二是自2011年9月1日起，将个人所得税工资薪金免征额由每月2000元调整为每月3500元。三是对增值税、营业税起征点进行调整，即增值税销售货物、应税劳务的月销售额为2万元；按次纳税的，为每次（日）销售额500元。营业税按期纳税的，月营业额为2万元；按此纳税的，为每次（日）营业额500元。

2012年，贯彻落实国家各项税收政策。一是继续贯彻落实国家各项税收政策，重点涉及小型微型企业、物流业等领域等68项政策，在促进地方经济发展、减少企业负担、增加就业等方面发挥重要作用。二是继续贯彻落实新企业所得税法和各项配套政策，参加15家高新技术企业、44家资源综合利用企业资格认定，以及18家基金会（社团）所得税税前扣除资格认定工作，促进了全区相关企业的发展。三是帮助、引导企业了解、享受国家新出台的税收优惠政策，促进地方企业发展。

自2013年8月1日起实施营业税改征增值税试点，截至2014年1月15日，全区共有8451户纳税人经确认后纳入“营改增”试点范围，涉及试点服务的“改征增值税”累计入库2.78亿元。

2014年12月30日，经自治区政府同意，自治区财政厅决定调整资源税收入级次，自2015年1月1日起，将资源税收入由自治区和市县共享税（自治区50%、市县50%），调整为自治区本级收入，市县不再参与分享。由此而造成相关市县财政收入减少的，自治区财政通过一般性转移支付予以补助。

2015年，将铁路、邮政业、电信业和部分现代服务业纳入“营改增”试点范围。出台《支持小微企业做大做强政策意见》，提出给予企业所得税地方留成增量部分“三免两减半”、设立科技型风险补偿专项资金、对生产民族特需商品的企业给予贷款贴息，政府采购优先投标，财政补贴激励企业“新三板”上市等20条财税优惠政策。无赤字市县连续三年做到当年收支平衡和赤字市县每年消化赤字不低于赤字基数20%的给予一定奖励。截至2015年1月15日，2014年全区共有15434户纳税人经确认后纳入营改增试点范围，共入库改征增值税收入8.86亿元，累计为全区纳税人减税5.47亿元。

2016年，将地方级增值税调整为自治区和市县 4∶6分享。按照国务院统一部署，自2016年 5月1日起，全面实施“营改增”试点改革，将建筑业、房地产业、金融保险业、生活服务业纳入“营改增” 试点改革范围。

2017年，财政部结合各区域水资源丰枯程度、取用水类型等情况，选择宁夏等9个省（直辖市、自治区）于2017年12月1日起扩大水资源税改革试点。自治区制定《宁夏回族自治区水资源税改革试点实施办法》。通过开征水资源税，建立调控合理、规范公平、征管高效的水资源税制度，用税收杠杆调节用水行为和用水需求，引导优先使用地表水资源，严格控制地下水超采，促进水资源节约集约循环利用和生态环境保护。

2018年1月1日起，宁夏开征环保税，进一步强化税收调控作用，提高纳税人环保意识和遵从度，加大保护和改善环境力度，推进生态文明建设和绿色发展。环保税适用税额标准：大气污染物1.2元/污染当量、水污染物1.4元/污染当量。实施水资源税改革，及时督促未开征城镇公共供水水资源费的4个市县按规定征收水资源税。截至2018年年底，共组织入库水资源税2.5亿元，占资源税收入的10.03%，较上年水资源费增加0.95亿元，增幅为60.7%。

是年，继续深入实施营改增试点工作，贯彻落实调整增值税税率、统一小规模纳税人销售额标准和 2018 年部分行业增值税留抵退税政策等改革措施，确保政策落实到位，释放更多改革红利。

三、税收减免

1991年，报请国家税务总局同意免征承建自治区“八五”重点工程“一隧二桥三路”建设项目的国营施工企业营业税，免征公路养护、扶贫公路建设项目营业税。对有发展前景的新行业、新产品、新技术及获自治区优、部优产品的20多户企业近30种产品给予免征产品税或增值税的照顾，鼓励企业以科技进步调整产品结构，开发名优新产品，提高市场竞争能力和经济效益。对全区销售难度特别大的8种轻纺产品给予税收优惠。

1995年，自治区财政厅印发《关于固原扶贫试验区和隆湖扶贫开发区财税优惠政策的通知》，规定从1995年至1999年，在试验区内征收增值税的25%部分，由自治区财政返回试验区；在开发区内征收的增值税，按照自治区分税制财政体制的规定，以1993年的基数，增值税25%部分的增量部分返回开发区，分别列入固原行署和隆德县财政收入，专项用于扶持区内企业的发展。凡在这两个区内投资兴办的各类企业，从投产年度起，免征所得税五年；在1999年年底前，免征固定资产投资方向调节税；新建或购置房产、购买土地使用权的企业，在1999年年底前，免征房产税和城镇土地使用税。

1998年，调查宁夏可以享受以税还贷政策的22个外汇借款，并向财政部申报退税限额，退税额度2330万元。

1999年，对可以享受以税还贷政策的22个外汇借款项目深入调查，逐户核实各企业上报的1999年借款以税还贷项目，及时向财政部申报退税款额。是年，审批地方各种税收减免文件80多份，涉及企业近200户，减免金额约5000万元。

1994—1999年，自治区财政返还各项税收20262.5万元。其中，自治区级返还10682.8万元，市县财政返还各项税收约9579.7万元；1994—1998年度返还9238.4万元，1999年度返还11024.1万元。

2000年，全年通过办理出口退税、内资企业技术改造购进国产设备抵免40%企业所得税、外商投资企业和外国企业购买国产设备投资抵免40%企业所得税、中西部地区外商投资企业所得税优惠、民政福利企业即征即退等，共为全区300余户企业增加可用资金3.4亿元。

自2003年5月1日至12月31日，对全区部分受“非典”影响行业实行以下税收优惠：对民航的旅客运输业务和旅游业免征营业税、城市维护建设税、教育附加；对饮食业、旅店业减半征收营业税、城市维护建设税、教育费附加；对出租汽车司机免征个人所得税；对出租汽车公司和城市公共交通运输公司减半征收营业税、城市维护建设定，教育费附加，对出租汽车公司减免的税收必须全部用于调低出租汽车司机向公司上交的承包费（份儿钱）；对实行税收优惠政策的行业减半征收水利建设基金、地方教育费和文化事业建设费。全年减免受疫情影响行业的20多项税费基金，减免额达4600多万元。

2004年，改革减免税审批方式，将政策性减免税由事后审批改为事前审批，自治区地税局审批减免税1.5亿元，涉及164户企业。调整营业税起征点，明确弱势群体、军转干部、退伍士兵等再就业的税收政策，减免地方税收2500多万元，推动了再就业工程。

2007年，全年办理增值税政策性减免退税9.3亿元，内外资企业所得税减免10.8亿元。

2009年，实行结构性减税政策，主要包括调整个人所得税政策；降低证券交易印花税率及单边征收政策；落实降低住房交易税收的政策；调整完善出口退税和关税政策；经自治区经委确定的重点工业企业，因资金短缺困难而形成的欠税暂缓征税款。对前期停产工业企业恢复正常生产后，暂免征房产税、城镇土地使用税。

2010年，对自治区50户承担粮食、食用油、糖三种商品储备任务的企业，享受免征房产税、城镇土地使用税、营业税、印花税等税收优惠政策。对自治区农垦事业管理局所属企业（单位）使用的229宗国有划拨土地按评估价格作为国家资本金全额注入宁夏农垦集团有限公司，在办理过户手续时交纳的契税予以免征。对吴忠仪表有限责任公司承接宁夏银星能源股份有限公司的房屋及土地使用权属转移应缴纳的契税、印花税，以及用于投资吴忠仪表有限责任公司资产评估增值应缴纳的企业所得税地方留成部分予以免征。同时，为支持做大做强能源产业，免征宁夏银星能源股份有限公司转让资产评估增值形成的企业所得税地方留成部分。

2011年，对宁夏农业综合投资有限公司2010—2012年企业所得税中属于地方留成部分予以免征。对银川市公共交通公司2007—2011年欠缴的车船税，以及2011—2013年城镇土地使用税和房产税予以免征。对宁夏农垦集团及所属企业2011—2012年企业所得税地方留成部分予以免征。对宁夏泰瑞制药股份有限公司未缴纳的契税393.70万元给予免征。对自治区粮食局所属的11个粮食储备企业和12个军粮供应企业2011—2015年的城镇土地使用税、房产税、印花税、水利建设基金、地方教育费予以免征。同时，对自治区粮食局所属的11家粮食储备企业和12家军粮供应企业2011—2015年的企业所得税地方留成部分（40%）予以免征。对自治区脱水蔬菜出口生产企业继续执行征17%退15%的税收优惠政策，具体期限不做限制，根据以后国家税收政策调整同步调整。对宁夏糖酒副食品总公司及市县盐业公司2011—2013年的房产税和城镇土地使用税给予免征。

2012年，对西部机场集团宁夏公司中卫、固原两机场2010—2014年房产税和城镇土地使用税予以免征。

自2013年 8月1日起，对月销售收入2万元以下的小微企业实施免征营业税和增值税。对宁夏公安民警英烈基金会等17家基金会（社团）的所得税税前扣除资格进行认定，明确应享受的税收优惠政策。对在全区13家保险公司的 623类理财产品免征营业税。支持公益事业发展，免征公益项目使用的流动医疗车辆购置税。对城市公交站场、道路客运站场的运营用地，免征城镇土地使用税。

自2014年1月1日起，对年应纳税所得额低于10万元的小型微利企业给予减半征收企业所得税；将免征增值税和营业税的政策范围扩大至销售额（营业额）3万元以下的小微企业；实施中小企业股份转让系统挂牌公司股息红利差别化个人所得税优惠政策。是年起，5年内免征宁夏回族自治区农垦集团公司及所属企业的企业所得税地方留成部分。

2015年，对自治区2014—2015年度经营困难、发生亏损且符合产业政策的工业企业，按照困难性税收减免规定全额免征城镇土地使用税。将棉纱加工行业纳入农产品核定扣除试点范围，解决棉纺企业高征低扣问题。清理税收优惠政策76条，其中建议保留35条，拟废止41条。依76条税收优惠政策，2014年共为相关企业减免税收38164.79万元，累计减免税收180689.73万元。

是年，对宁夏2014年符合条件的19户高新技术企业，2014—2016年度的企业所得税减按15%的税征收。

自2016年7月1日起，在全区范围内全面实施资源税改革，减轻企业税费负担。调整城镇土地使用税征收范围和地段等级。

2017年12月1日至2019年12月31日，对高校毕业生、就业困难人员、退役士兵等重点群体创业就业，按规定扣减增值税、城市维护建设税、教育费附加和个人（企业）所得税。

2017年，对中阿博览会展期内销售的“合理数量”的15类40种进口展品免征进口关税。自2017年8月1日起，在中国境内连续居住不超过183天的境外旅客，同一日在指定的同一退税商店购买金额达到500元人民币的退税物品退还11%的增值税。落实中小企业和重点群体税收优惠政策，简并增值税税率，清理规范行政事业性收费56项和政府性基金2项，全年减税清费202亿元，减轻企业负担189亿元。是年，对宁夏社会学会、宁夏科技创业基金会等10家非营利组织实行免税。对自治区2016年符合条件的31户高新企业享受2016—2018年企业所得税减按15%优惠税率征收的税收优惠政策。

推进个人所得税改革，自2018年10月1日起，个人所得税减除费用标准由3500元/月提高至5000元/月。

2018年1月1日起，继续对月销售额3万元以下的增值税小规模纳税人免征增值税。

第三章 非税收入

非税收入，是指除税收以外，由各级政府、国家机关、事业单位、代行政府职能的社会团体及其他组织依法利用政府权力、政府信誉、国家资源、国有资产或提供特定公共服务、准公共服务取得用于满足社会公共需要或准公共需要的财政性资金。非税收入管理范围主要包括政府性基金、国有资源有偿使用收入、国有资产有偿使用收入、国有资本经营收益、专项收入、罚没收入、以政府名义接受的捐赠收入、主管部门集中收入、政府财政资金产生的利息收入等。

1991—2006年，上述非税收入项目以各自独立的形态存在于财政统计中。2007年财政科目发生变化后，宁夏财政统计中将专项收入、行政事业性收费收入、罚没收入、国有资本经营收入、国有资源有偿使用收入、国有资产有偿使用收入等明确归入非税收入类。2007年宁夏非税收入共212441万元，2018年达到1382216万元。

第一节 国有资产经营收入和国有企业收入

一、国有资产（资本）经营收入

国有资产（资本）经营收入是政府非税收入的重要组成部分，包括国有资本分享的企业税后利润，国有股股利、红利、股息，企业国有产权（股权）出售、拍卖、转让收益和依法由国有资本享有的其他收益。

1991年，自治区国有资产管理局成立，对国有资产及其经营进行全面管理。

宁夏统计年鉴中，国有资产经营收益始于1998年，当年收入4445万元，2006年国有资产经营收益为38794万元。2007年变为国有资本经营收益，当年收入为15825万元，2018年达到33647万元。

二、国有资源（资产）有偿使用收入

国有资源（资产）有偿使用收入，包括国家机关、实行公务员管理的事业单位、代行政府职能的社会团体，以及其他组织的固定资产和无形资产出租、出售、出让、转让等取得的收入，世界文化遗产保护范围内实行特许经营项目的有偿出让收入和世界文化遗产的门票收入，利用政府投资建设的城市道路和公共场地设置停车泊位取得的收入，以及利用其他国有资产取得的收入。

2007年财政收入科目发生变化前，“土地和海域有偿使用收入”属于国有资源（资产）有偿使用范围，宁夏1998—1999年的收入分别为8266万元和6852万元。2007年财政收入科目发生变化后，国有资源（资产）有偿使用收入单列，2007年收入为11113万元，2010年为27066万元，2015年为449613万元，2018年为437811万元。

三、国有企业上缴利润

国营企业上缴利润收入指国营企业以利润等形式上缴给国家的预算收入。其包括未实行利改税企业上缴国家预算的利润、固定资金占用费和流动资金占用费；已实行利改税国营小型工业企业上缴的承包费、租赁费。第二步利改税以后，除少数大中型企业经国家批准未实行利改税改革外，绝大部分国营企业都由上缴利润改为缴纳所得税和调节税。随着国家预算体制改革深入发展，企业财务体制改革也有两种思路：一种是实行完全的以税代利，另一种则是“税利分流”，即保留利润上缴，但把利润分配的范围缩小到缴纳所得税以后。即企业在缴纳统一的所得税以后，还必须以承包、租金等形式向国家缴纳利润。

计划经济时期，国有企业的利润全额上缴，收支两条线。在利润全额上缴的同时，如果企业需要用钱，则由政府拨款补贴。1994年之前，国企利润是100%上缴的。1994年，停止国有企业利润上缴。1994年国家开始实施分税制改革，考虑到当时国有企业固定资产投资由拨款改为向银行贷款、还本付息由企业负担，再加上国企承担了大量的社会职能，作为阶段性措施，国家暂停向企业收缴利润。直到2007年，国有企业才恢复上缴利润。2007年9月，国务院颁布《关于试行国有资本经营预算的意见》，明确提出试行国有资本经营预算，3个月后，财政部会同国资委发布《中央企业国有资本收益收取管理办法》，规定央企国有资本收益按“适度、从低”原则，分三档上缴财政部。其中，石油石化、电信、煤炭、电力、烟草5个行业的上缴标准为税后利润的10%；科研院所和军工企业3年内暂时不上缴；其余央企均按照5%的标准上缴。2013年2月，国务院发布《关于深化收入分配制度改革的若干意见》，提出未来3年中央企业国有资本收益上缴比例继续提高。“十二五”期间，在当时的比例上再提高5个百分点左右，新增部分的一定比例用于社会保障等民生支出。

1991年，宁夏国有企业上缴利润为1586万元，1992年为2684万元，以后逐年下降，至1997年时为323万元。之后，财政统计中不再单列。

四、国有企业计划亏损补贴

企业亏损补贴又称国有企业计划亏损补贴，主要是指国家为了使国有企业能够按照国家计划生产、经营一些社会需要，但由于客观原因使生产经营出现亏损的产品，而向这些企业拨付的财政补贴。导致企业计划性亏损的原因，主要是产品计划价格水平偏低，不足以抵补产品的生产成本。此外，企业的技术设备落后、供销条件不利等也是造成企业计划亏损的重要因素。

在市场经济下，企业处于平等竞争的地位，通过市场机制，实现优胜劣汰，政府原则上不干预企业经营。但在中国实行市场经济的初期，国家对一些有关国计民生的特殊领域或行业,要控制其价格或经营范围,导致企业销售收入不足以弥补按规定摊入的生产成本费用、原始进价及有关税金,从而形成亏损,因而国家财政还需要给予一定的政策性补贴。这方面的补贴有粮食企业亏损补贴、煤炭企业亏损补贴、有色金属企业亏损补贴、农垦企业亏损补贴。

1991年,宁夏对国有企业计划亏损补贴为11548万元,1995年达到峰值的38398万元,以后逐年减少,至2003年为11万元。2004年后停止国有企业计划亏损补贴。

五、企业所得税退税

根据《中华人民共和国税收征收管理法》第五十一条规定,纳税人超过应纳税额缴纳的税款,纳税人自结算缴纳税款之日起三年内发现的,可以向所在主管税务机关申请办理退税手续。

1991年,宁夏企业所得税退税为1541万元,1999年达到峰值的5062万元,2001年为852万元。2002—2005年无退税记录。2006年为229万元,至2009年最后一年企业所得税退税为213万元。

第二节　罚没等收入

一、行政事业性收费收入

行政事业性收费收入是指国家机关、事业单位、代行政府职能的社会团体及其他组织,根据法律、行政法规、地方性法规等有关规定,依照国务院规定程序批准,在向公民、法人提供特定服务的过程中,按照成本补偿和非营利原则向特定服务对象收取的费用。

1995年开始行政事业性收费。1995—1997年,行政事业性收费与罚没收入在财政统计中为一类。1998年,行政事业性收费单列,当年宁夏收费8930万元,至2018年行政事业性收费为213075万元。

二、罚没收入

罚没收入是指法律、行政法规授权的执行处罚的部门依法实施处罚取得的罚没款和没收物品的折价收入。

1995年开始罚没收入收费。1995—1997年罚没收入与行政事业性收费在财政统计中为一类。1998年,罚没收入收费单列,当年收费9027万元,2010年为41597万元,2018年为98805万元。

三、专项收入

专项收入是指根据特定需要由国务院批准或者经国务院授权由财政部批准,设置、征集和纳入预算管理、有专门用途的收入。主要包括排污费收入、水资源费收入、教育费附加收入、矿产资源补偿费收入、探测权采矿权使用费及价款收入、国家留成油销售后上缴收入等。

1991年,宁夏非税专项收入为1041万元,2000年为7662万元,2010年为89225万元,2018年为406772万元。

表2-11　1998—2006年宁夏回族自治区非税收入情况表

单位：万元

指标	1998 年	1999 年	2000 年	2001 年	2002 年	2003 年	2004 年	2005 年	2006 年
国有资产经营收益	4445	2865	4543	5039	5421	5904	8343	22073	38794
国有企业计划亏损补贴	-1888	-2153	-967	-557	-241	-11			
行政性收费收入	8930	10175	9535	14005	15752	20394	24954	33512	40288
罚没收入	9027	8231	8238	8785	11299	12942	14589	19466	25628
土地和海域有偿使用收入	8266	6852							
专项收入	6538	6387	7662	9680	10640	11846	19100	26914	50935
其他收入	3964	3362	1350	1462	2737	5062	3989	7232	8585

表2-12　2007—2012年宁夏回族自治区非税收入情况表

单位：万元

指标	2007 年	2008 年	2009 年	2010 年	2011 年	2012 年
行政性收费收入	48954	47337	62035	94403	165532	187037
罚没收入	26320	30419	34254	41597	53270	54650
国有资本经营收益	15825	8084	7526	5722	10059	63597
国有资源（资产）有偿使用收入	11113	14038	25452	27066	63120	92548
专项收入	105466	65871	67036	89225	115516	124183
其他收入	4763	6909	12063	9640	21009	47383
合计	212441	172658	208366	267653	428506	569398

表2-13　2013—2018年宁夏回族自治区非税收入情况表

单位：万元

指标	2013 年	2014 年	2015 年	2016 年	2017 年	2018 年
行政事业性收费收入	213499	218723	190200	209097	185622	213075
罚没收入	69178	77083	87874	85231	86317	98805
国有资产（本）经营收益	78577	6645	31211	13552	143070	33647
国有资源（资产）有偿使用收入	118863	320743	449613	636231	611362	437811
专项收入	187967	220654	375801	330548	316639	406772
其他收入	40379	51506	36649	136379	129851	192106
合计	708463	895354	1171348	1411038	1472861	1382216

第三节　非税收入管理

一、管理机构

1997年，自治区地方基金征收局成立，为自治区财政厅直属单位，2013年5月更名为宁夏非税收入管理局，其职能职责：负责全区和自治区本级行政事业性收费的管理、监缴入库和检查；负责查处在执行、执罚工作中出现的乱收费、乱罚款行为；制定自治区有关各项基金的征收使用监督管理办法，加强对基金支出的管理，建立健全财务制度，严格会计核算程序，确保基金按规定的用途合理使用；负责自治区本级纳入预算的政府性基金、行政性收费的征收；负责自治区本级纳入预算外财政专户的行政事业性收费、政府性基金的征收；负责自治区本级行政事业性收费统一票据、统一收据、凭证的发放、核销；负责自治区本级非税收入汇缴分户的管理；负责自治区本级罚没收入的征收管理、监督代收银行执行罚没收入代收政策；参与自治区本级行政事业性收费的年审、稽查。

二、规章建设

1998年12月，自治区第八届人民代表大会常务委员会第四次会议审议通过《宁夏回族自治区预算外资金管理条例》，以地方性法规规范财政预算外资金收支管理，减少“小金库”行为，预防腐败的发生。

2000年，出台《宁夏回族自治区本级行政事业性收费收缴分离规定》《宁夏回族自治区罚没收入实行罚缴分离办法》《宁夏回族自治区本级行政事业性收费实行收缴分离实施细则》《自治区散装水泥专项基金、墙体改造专项基金征收使用管理办法》《宁夏回族自治区地方教育费征收管理办法》等。

2008年，制定下发《宁夏回族自治区区属行政事业单位国有资产有偿使用收入收缴管理暂行办法》，规定自治区区属行政事业单位固定资产和无形资产的出租、出售、出让、转让等收入，自2008年1月1日开始，纳入财政预算或财政专户，实行“收支两条线”管理。

2010年，出台《宁夏回族自治区重大水利工程建设基金征收使用管理暂行办法》《宁夏回族自治区大中型水库库区基金征收使用管理实施细则》《宁夏回族自治区公共消防设施建设费征收管理和使用办法》。

2012年，重新修订印发《宁夏回族自治区耕地开垦费征收和使用管理办法》《宁夏回族自治区天然气价格调节基金征收使用管理办法》，调整《宁夏回族自治区残疾人就业保障金征收使用管理办法》相关政策，会同自治区物价局、教育厅制定出台《宁夏回族自治区幼儿园收费管理实施细则》。

2014年7月23日，宁夏回族自治区第十一届人民代表大会常务委员会第十一次会议审议通过《宁夏回族自治区政府非税收入管理条例》，自2014年9月1日起施行。条例明确非税收入项目设立和收取的依据、征收主体，规范非税收入账户的开设、管理、使用和票据管理，加强对非税收入的监督管理。

2016年，制定《宁夏回族自治区残疾人就业保障金征收使用管理实施办法》。

2017年，制定出台《宁夏回族自治区残疾人就业保险金减免（缓缴）办法》《宁夏回族自治区市政公共资源有偿使用收入管理办法》《宁夏回族自治区国家电影事业发展专项资金征收使用管理实施办法》《宁夏回族自治区彩票公益金管理办法》等。是年，清理规范行政事业收费56项和政府性基金2项。

2018年，制定出台《进一步加强非税收入管理的指导意见》，进一步规范非税收入管理。

三、收缴管理

1991年，开展事业行政单位预算外资金专户储存，仅自治区级专户储存总额9253万元，专储资金余额3563万元，比上年增长70%，利用专储“沉淀”资金发放短期周转金1559万元，比上年增长77%，收回占用费91万元，比上年增长98%。结合治理“三乱”工作，对全区行政事业性收费及票据、收据清理检查，至1990年年底，全区共有行政事业性收费1300多项，年收入总额2.7亿元，经过清理检查，取消不合理收费72项，降低收费标准90多项。

1992年，出台《关于加强事业单位收入财务管理的规定》，明确各单位可以利用各单位闲置的机器设备出租、出借，或内部经营使用等；由非经营性资产转为经营性资产，要收取固定资产占用费，占用费的计提比例或数额报主管部门和同级财政部门审批。收入纳入预算管理，不得坐支，除按国家有关规定提取劳务费和奖励费外，不得自立项目、自定标准、乱发奖金和实物，发放奖金在职工奖励基金中开支，职工奖励基金的计提比例由主管部门和同级部门确定。奖金的发放不再报经财政部门审批。是年，全年区级专储总额2289万元；借出周转金2984万元，收回资金占用费130万元。是年，对39户行政事业单位进行调查分析，对事业单位进行分类排队，对收入较多、来源比较稳定的自治区无线电管理委员会等单位实行自收自支管理；对收入渠道不稳定的宁夏锅炉检验所等单位实行差额补助管理；对没有收入来源的单位实行全额预算管理。

1993年，印发改进预算外资金自筹基建的管理办法，进一步加强预算外资金专户储存管理。是年，全区预算外资金收入47271万元，比上年增长27.3%，增长过快的原因：一是部分行政、事业单位利用自身优势，开展有偿服务，扩大收入来源；二是许多行政事业性的项目和标准在原有基础上有所调整，增加一部分收费项目，不少收费标准也有所提高；三是有的部门不按规定收费，存在乱收费的现象。是年，全区专户储存单位发展到1110户，存入资金13298万元，融通使用资金4348万元。

1994年，实行收支两条线。制定《关于对行政性收费、罚没款、专项收入及专项收费纳入预算管理有关财务管理试行办法》等配套文件。开展行政事业收费专项检查，查出区级单位乱收费资金300多万元，处罚17个单位。是年，取消乱收费项目36项，涉及10个行业。

1995年，对全区行政事业性收费首次年度审验，共审验单位3086个，审验面达95.9%，查出违纪资金381.27万元，占年审收费总额6.23亿元的0.16%，没收并上缴51万元，退还交款单位和交费人9.4万元，对281个违纪较重的单位按有关规定进行处理。

1996年，国务院颁布《关于加强预算外资金管理的决定》，确立“预算外资金所有权归国家，调控权归政府、管理权归财政”的管理办法。规定将养路费、车辆购置附加费、电力建设基金、农村教育事业附加费、邮电附加费、市话初装基金等13项数额较大的政府性基金和收费纳入财政预算管理；对行政事业性收费实行收支两条线管理，收入全额上缴财政专户，支出按计划拨付，实行收支两条线。是年，制定《宁夏回族自治区区本级预算外资金管理办法》，实行预算外资金管理鉴定书制度，将自治区本级行政性收费纳入预算管理。是年，清理检查预算外资金，查出违纪资金1.05亿元。

从1997年1月1日起，将养路费、电力建设基金等近80项规模较大的政策性基金收费纳入预算实行专户管理，实行收支两条线管理。允许各地、市、县结合当地情况，除将中央和自治区规定项目的纳入预算管理外，还可以逐步将其他项目纳入。纳入预算管理的资金一律实行收入上缴、支出另行核拨、收支不挂钩的管理办法。对鉴定为不属于预算外资金管理范围的经营服务性收入，单位要分账核算。全区纳入预算管理的收费、基金150多项，涉及资金3亿多元，占预算外收入30%以上。停止18项不合法收费，批准设立14项新增收费项目，调整制定20多项收费标准。配合税务部门公布自治区第一批不征税的收费项目208项。

1998年，实现收费项目文件档案电脑管理，建成收费文件档案库，方便票据档案的查阅。全年共有347个单位办理预算外资金管理鉴定手续，在银行开设收入过渡户。是年，分两批取消不合理的收费项目37项。制定中专学校并轨收费管理办法，调整医疗收费，降低大型设备检验收费，提高技术含量高的手术收费标准，增设针疗收费。完成车辆与道路“费改税”调查工作。清理取消产权登记费、住宿教育事业附加费、个体运输户的个体工商户管理费等24个行政审批收费项目。对行政事业性收费、政府性基金项目全面实行公示。

1999年，制定下发政府性基金许可证，同自治区物价局制定下发40多份收费管理文件，规定姚叶高速公路、建筑市场管理等40多项收费的范围、标准及资金管理方式，制定宁夏法院系统诉讼费银行代收办法，向社会公布合法收费项目362项，将1236建设工程现行各项收费合并为水利建设基金。开展“收支两条线”专项检查工作，对自治区科技报社等11个单位因违反票据使用有关规定，给予处理。查处银川交警支队二大队民警王某私自印制10万元交通违章罚款票据，对有违纪行为的48个行政事业单位收费视情节轻重给予不同程度的批评和处罚。

从2000年10月1日起，按照“收缴分离，罚缴分离，财政统管，银行代收”的要求，在区本级全面推行“收支两条线”工作。是年，自治区本级除收费金额在20元以下以及当场不收事后难以收取的情况以外，其他收费已全部实行收缴分离。是年，对477个区本级单位的行政事业性收费进行年审，查出违纪金额372万元。全年公布取消20多项行政事业性收费和政府性基金，取消不合理收费项目74项，降低标准17项。将公安交警部门强制收取的违章车辆清障费转为行政性收费，纳入财政专户，实行“收支两条线”管理；对于公安（不含交警）、教育、交通等重点执收执罚部门全面实行“收缴分离”。

2001年，对自治区本级1999年、2000年的收费情况进行审验。审验单位477个，参审率97%。通过审验，查出违纪金额372万元，处罚21.5万元。纠正自治区物价局越权审批的青铜峡市、中宁县、海原县等5个市县的水资源费项目，银川市物价局越权审批的银川市交通音乐台广播信息服务费项目，贺兰县物价局、财政局越权审批的贺兰县水暖公司供暖基金项目。查处自治区避雷装置检测站、贺兰县水暖公司擅自设立收费项目乱收费问题，取消市话初装费、移动电话入网费、邮电附加费等政府性基金项目。制定车辆通行费收费审批办法。

2003年，取消宁夏大学等学校自立的收费项目9项，取消产权登记收费等24项行政审批收费项目。从2003年起，按照国家规定审批权限设立的行政性收费、政府性基金等其他政府非税收入一律上缴国库，纳入财政预算，不再作为预算外资金管理。

2004年1月1日起，对部分行政事业性收费纳入预算管理，上缴国库。开展行政事业性收费和政府性基金年度稽查，纠正自治区无线电管理委员会等单位收费资金不按时上缴财政专户的问题。提出改革和完善“收支两条线”办法。是年，开征水资源费，于每周二与代收银行核对收费收入集中户的账户资金。

2005年8月16日，印发《关于加强政府非税收入管理的通知》，明确从该通知下发起，要求各级财政部门将尚未纳入财政预算管理的其他政府非税收入分期分批纳入财政预算管理，按照国家规定审批权限新设立的行政性收费、政府性基金以及其他政府非税收入一律上缴国库，纳入预算管理。是年，查处宁夏学校体育协会在2003年1月至2004年11月自行增加赞助费、培训费、会务费等违纪问题。清理规范涉农收费，取消和降低畜禽产品防疫检疫费用，取消针对农民进城就业的不合理收费，规定自治区保留的涉农收费项目共46项，取消涉农收费25项，免收8项。

2006年，按照《区本级行政事业性收费实行收缴分离实施细则》的规定，每半个月及时将非税收入上缴财政收费收入集中户，纠正中国建设银行宁夏分行营业部有意滞压自治区交通厅养路费、客运附加费、通行费的违规行为。纠正个别单位擅自开设收费账户，在基本户滞留收费资金的违纪行为。是年，对代收银行“收（罚）缴分离”业务的代收银行网络数据传输、财政收费收入集中户未明单位资金、财政收费收入集中户汇缴分户、财政票据管理4个方面进行考核。

2007年，对各代收银行存款进行会计核算，设置会计账目，对经常发生异地汇款的11家单位设立财政收费收入集中户汇缴分户，对中国农业银行宁夏分行、银川市商业银行等各有关支行“收（罚）缴分离”年度业务进行考核。对自治区民政厅等10多个单位的非税收入管理工作进行专项检查，纠正票据收据混用问题、票款不同步、上缴社团登记费等。

2008年，制定下发《宁夏回族自治区区属行政事业单位国有资产有偿使用收入收缴管理暂行办法》，规定区属行政事业单位固定资产和无形资产的出租、出售、出让、转让等收入自2008年1月1日开始纳入财政预算或财政专户，实行收支两条线管理。从2008年9月1日起，在全区范围内停止征收个体工商户管理费和集贸市场管理费；对登记失业人员、残疾人、退役士兵以及毕业两年以内的普通高校毕业生从事个体经营的，自其在工商部门首次注册登记3年内免收涉及共9大类30项行政事业性收费、政府性基金以及学会、协会会费。对自治区本级行政事业单位国有资产收入中的固定资产和无形资产的收入、转让收入实行收支两条线管理。实施交通违法罚款收缴分离，全区通过罚缴分离共收缴交通违法罚款300957笔，金额4705万元。将自治区工商局等17个单位的4074万元国有资产有偿使用收入纳入财政管理。

自2009年1月起，取消公路养护路费、公路运输管理费、公路客运附加费、水路运输管理费4项行政事业性收费，清理涉及交通和车辆行政事业性收费33项，取消14项，保留19项。公布涉农收费和价格项目，确定宁夏涉农收费和价格项目保留41项，取消28项。抽查全区建筑工程劳动保险基金收缴使用情况进行，发现劳动保险基金缓交严重，支出随意性大等突出问题。

2010年，压缩11种财政票据。对区本级81个行政单位开展资产清查，启动区本级行政单位资产管理信息化系统推广工作。是年，全区预算外资金全部纳入预算管理，停止征收140项行政事业性收费和政府性基金。对收费收入集中户开展专项检查，逐笔核实2000—2006年滞留在收费收入集中户上的未明资金103笔，并按照规定科目将已查实的366504.44元全部缴入财政国库。是年，出台制定《宁夏回族自治区重大水利工程建设基金征收使用管理暂行办法》《宁夏回族自治区大中型水库库区基金征收使用管理实施细则》《宁夏回族自治区公共消防设施建设费征收管理和使用办法》。完成2010年行政事业性收费、政府性基金目录编制工作。

2011年，取消31项涉企行政事业性收费，审批同意收费项目5项。将住房公积金中心、劳动保险费管理办公室和福彩、体彩两个彩票发行机构等单位全部纳入财政预算。出台《宁夏回族自治区电力价格调节基金征收使用管理暂行办法》《宁夏回族自治区水利建设基金筹集和使用管理办法》《宁夏回族自治区电力需求侧管理资金筹集和使用管理办法》。是年3月，开展国有资产有偿使用收入收支两条线检查，处理稽查中发现存在隐瞒、截留、挤占、坐支、挪用、转移、私分国有资产有偿使用收入等问题的单位和相关责任人。截至2011年10月20日，国有资产有偿使用收入达 6067万元，比2010年同期增加2690万元，其中国有资产出租收入2601万元，国有资产处置收入3466万元。

自2012年2月1日起，公布取消涉及自治区的环境检测服务费等8项涉企行政事业性收费，公布暂免和取消针对小型微型企业的行政事业性收费项目15项，其中暂免征收12项，取消3项；自8月1日起降低涉及小型微型企业的产品质量监督检验等10项检验、检测类行政事业性收费标准，按现行标准的70%收取。查处自2012年1月1日至2月28日，宁夏标准化研究院违规收取“组织机构代码数字证书工本费”47万余元。

2013年3月初，新版宁夏非税收入管理系统研发工程正式启动，在宁夏银行大武口支行、吴忠支行等7个支行和银川市公安局政务大厅开通代理网点。5月28日，全区出入境业务受理窗口首次启用 POS 机刷卡缴费系统。是年，自治区先后5次公布取消、免征和降低行政事业性收费项目，取消和免征77项行政事业性收费，降低20项行政事业性收费标准，转经营服务性收费1项。

自2014年1月1日起，取消和减免52项行政事业性收费，免收自治区综合保税区内企业所有行政事业性收费，免收月销售额低于2万元小微企业所有行政事业性收费。自12月1日起，统一将煤炭、原油、天然气矿产资源补偿费费率降为零，停止征收煤炭、原油、天然气价格调节基金。是年，将政府性基金、行政事业性收费和罚没收入以外的其他非税收入项目纳入非税收入征管范围，及时收缴“两权价款”一次性收入12亿元，新纳入单位28个。

2015年1月1日，公布《宁夏回族自治区涉企行政事业性收费项目目录》，涉及25个部门92项收费。是年，印发《自治区财政厅关于进一步规范非税收入管理有关问题的通知》。自治区对小微企业免征有关政府性基金，自1月1日清理23项收费和基金项目，降低8项涉企中介服务收费标准，暂停1项中介服务收费。自2015年1月1日起至2017年12月31日，对按月纳税的月销售额或营业额不超过3万元（含3万元），以及按季纳税的季度销售额或营业额不超过9万元（含9万元）的缴纳义务人，免征教育费附加、地方教育附加、水利建设基金、文化事业建设费。2015年11月1日，与全国统一取消和暂停征收的37项行政事业性收费。

2016年，印发《宁夏回族自治区区以下法院、检察院非税收入管理实施方案》。公布2016年全区行政事业收费标准目录，停征电力价格调节基金，将免征教育费附加、地方教育附加、水利建设基金的范围由现行按月纳税的月销售额或营业额不超过3万元扩大到不超过10万元（按季扩大到不超过30万元）；对工商登记注册之日起3年内，对安排残疾人就业未达到规定比例、在职职工总数20人以下（含20人）的小微企业免征残疾人就业保障金，切实减轻企业负担。完善矿产资源补偿制度，自2016年7月1日起，将宁夏全部资源品目矿产资源补偿费费率降为零。

自2017年4月1日起，取消、停征中央明确的41项行政事业性收费和2项政府性基金，扩大残疾人就业保障金免征范围，将商标注册收费标准降低50%。自4月28日起，取消全区所有政府还贷二级公路收费站。自7月1日起，清理地方设立的行政事业性收费15项。全部清理自治区级批准设立的涉企收费项目，成为全国无地方设立涉企收费省份之一。自7月1日起，公布宁夏行政事业性收费和政府性基金目录清单。开展全区涉企收费专项检查，对机动车拓印服务费、高速公路清障费等涉企收费进行重点检查。7月2日，印发《关于清理地方审批设立的行政事业性收费项目的通知》，将自治区地方审批设立的劳动能力鉴定费、典农河河道使用管理费、产品质量仲裁鉴定费和城市易地城市绿化补偿费等4项收费取消，将公路路产损坏赔偿、补偿和占用费转为国有资产有偿使用收入，至此自治区再无地方审批设立的涉企行政事业性收费项目。新非税收入管理系统在全区法院系统试点运行基础上，于10月1日起正式在自治区本级各执收单位全面上线运行，实现POS即时缴费、即时开票、报表自动核算等功能。青铜峡市率先启用非税收入收缴电子化管理新软件。11月1日起，将自治区本级罚没收入正式并入新软件收缴管理。

2018年，制定出台《进一步加强非税收入管理的指导意见》，转发并公布中央清费政策。截至12月底，全区正在执行的行政事业性收费项目共有42项，其中中央设立的32项，自治区设立的10项。

四、票据管理

1991年，集体企业和农村经济组织使用收据实行全区统一管理。

1992年，制定《宁夏回族自治区统一票据、收据管理暂行办法》，增发统一收据许可证154份。出售统一票据、收据2.2万本，核销近2万本，为38个行业监制专用统一票据、收据十几万本。

1993年，全区行政事业性收费统一票据、统一收据管理工作进一步规范，自治区人民政府下发《宁夏回族自治区统一票据、统一收据管理办法》。各级财政在全区范围内开展统一收据检查，对一些不符合领据条件的非独立核算部门单位予以取消领据资格，有效地遏制了各单位不按规定收费，财务管理分散，私设小金库等问题。

1995年，对自治区级200多个单位检查中查出近30个单位存在票据使用不当问题。对区级单位的预算外资金进行专项审计调查，对12个“两据”（票据、收据）使用有问题单位进行督促改进。

1996年，自治区财政厅会同自治区物价局在对区级单位行政事业性收费进行年审工作中，重点对“两据”使用情况进行审验，取消一些不符合统一收据使用规定的项目。

1997年，重新更换统一票据、统一收据购买证和统一收据使用许可证，对自治区级28个部门和单位因票据管理不善，造成丢失的，令其登报挂失，声明作废，给予通报批评，对部分单位给予经济处罚。重新印制罚没票据，将原50份1本的罚没票据改装成20份1本。实行票管费制度，推行凭证购票、限量供应、核旧换新、定期检查的管理办法。建立票据管理人员与征收人员同时登记制度。

1998年，推行凭证购票、限量供应、核旧换新、票款结合、定期检查的管理办法；推行票据核销制，建立票据管理人员与征收人员同时登记制度，并逐步实行票据档案电脑化管理；对专用票据管理实行报表制度。组织力量对区级单位1988年后领购过统一票据、统一收据的1000多个行政、事业、企业单位进行一次全面清理检查，对自治区级28个部门和单位因票据管理不善，造成丢失的，令其登报挂失，声明作废，给予通报批评，对部分单位给予经济处罚。将原50份1本的罚没票据改装成20份1本。

1999年，加强票据源头管理和基础工作。为了从源头落实“收支两条线”规定，重点进行票据领取、使用、核销的规范性管理，纠正了一些违反规定的做法。针对有关部门专门下发了行业票据管理规定，为进一步适应“收支两条线”管理规定的要求。加强票据收据的财政统一管理，开设票据专户，制定新的票据收据领取、使用、核销管理办法。进行票据换版和更换监制章工作，从2000年1月1日起使用新版票据，目的是杜绝漏洞，加强财政统一管理。

2000年，对自治区级776个单位换发“统一收据使用许可证”，526个单位更换“统一收据购买证”,32个单位更换“统一票据购买证”,113个社团换发“社会团体专用收据使用许可证”,清理销毁区本级单位历年各类票据21417本。

2002年,进一步严格票据领用审核程序,全年共印制发放各种标准票据25万本,电脑票据450万份。

2003年,制定民办非企业单位使用票据办法,规定民办非企业单位使用票据的条件、范围以及发放程序。

2004年,对7个医疗单位新启用的收费机收费软件实地调查,组织开发票据管理软件并试运行。重新修订行政事业性收费票据、收据管理办法。5月起,使用“宁夏回族自治区罚没票据领用证”,明确提出对罚没票据实行计划控制、分级管理、限量供应、定期核销。各市、县(市、区)财政局及区直各执法部门共核发罚没票据领用证870本。全区21个市、县(市、区)财政局已全部换发完毕。印制“银川市城市管理综合执法罚款收据”,在银川市兴庆区、金凤区、西夏区使用。

2005年,委托软件公司开发完成票据、收据管理软件,及时销毁因政策变更等原因导致无法继续使用的废旧票据54万份。监销全区22个市县运管部门自1990年至1999年10年间运管费累据存根3种共29650本。11月,在贺兰县现场销毁自治区地税局改版前的遗留票据十几万本。

2006年, 清理自2001年以来自治区级单位管理使用收费票据, 全年共核销票据1200多次,完成自治区本级540多家单位新版宁夏回族自治区财政统一收据许可证换发工作,占领证单位的81%。

2007年,配合自治区医疗收费改革,印制发放新的诊查费医疗收据。是年,核销、监销各类医疗门诊手工票48454本,微机票121份,核销各类收费票据79632本(份),其中行政事业性收费票据存根11774本,定额收费票据存根37755本,微机收费票据存根30103份。

2008年,自治区级使用行政事业性收费票据的单位有346个。使用医疗收费专用票据的单位有62个,使用宁夏回族自治区统一收据的单位有655个(其中,行政事业单位546个,国有企业109个)。使用宁夏回族自治区社会团体专用收据的有53家。使用罚没票据的单位有30个。核销财政收费票据存根9.8万余本(份)。

2010年,制定印发《关于启用宁夏回族自治区行政事业性收费定额票据的通知》,压缩11种财政票据。

2011年 4月1日,财政票据管理系统在全区正式启用,实现财政票据从印刷到领取、使用、管理、核销的全程自动化管理。会同自治区打击发票违法犯罪领导小组办公室在全区部署开展打击发票违法犯罪活动。9月1日启用“宁夏回族自治区城乡居民社会保险费收据”。换发“社会团体专用收据许可证”。

2013年,制定《宁夏回族自治区行政事业单位资金往来结算票据使用管理实施办法》,自2013年7月1日起,废止原“宁夏回族自治区统一收据”,启用“行政事业单位资金往来结算票据”。改革财政票据印制与成本补偿新机制，将财政票据 86种精简、压缩到38种，并通过政府采购确定财政票据印制企业。票据工本费成本补偿由向用票单位收取工本费改为分票种由财政预算安排与向用票单位收取工本费相结合解决。

自2014年1月1日起，“宁夏回族自治区非税收入统一票据”先在市县相关单位使用，分为机打版和手工版两种。原“宁夏回族自治区行政事业性收费(政府性基金)收费票据 ”“宁夏回族自治区行政事业性收费、政府性基金票据”(银行代收、大厅专用)、“宁夏中小学收费(收款)专用票(收)据”“宁夏回族自治区公安交通管理部门行政事业性收费专用票据”“宁夏回族自治区工商局行政性收费专用票据”“宁夏高校行政、事业性收费票据”“宁夏回族自治区当场处罚罚款收据”“宁夏回族自治区代收罚收据”“宁夏回族自治区公交交通管理当场处罚罚款收据”(定额)统一归并至“宁夏回族自治区非税收入统一票据”。为防止浪费，自2013年宁夏回族自治区非税收入统一票据启用后，2013年以上票据可继续使用至2014年12月30日。

2015年，取消行政事业性收费许可证和财政票据使用许可证审批制度，彻底清查财政收入汇缴账户。7月，对代收银行实施年度考核并组织“收(罚)缴分离”工作座谈，对原有26个财政收入汇缴账户单位分户开户依据、备案资料和预留印件等进行清理，进一步加强账户的规范管理。

2016年6月1日起，全区换发新版“宁夏回族自治区财政票据领购证”，压缩财政票据种类，统一样式。

2017年，宁夏纳入全国第二批财政电子票据管理改革试点省份。印发《宁夏回族自治区关于稳步推进财政电子票据管理改革的试点方案》，召开试点单位协调会议，分批部署。

2018年，建立宁夏统一公共支付平台和宁夏财政电子票据平台，通过财政电子票据系统与统一支付平台的横向互联，保证支付有电子凭证，学生入学缴费“扫码”，学费收缴高效便捷。全区第一批试点单位社会团体票据已经上线使用，第二批试点的区本级高校及普通高中学校的学费、住宿费收入成功上线运行；宁夏大学完成“票据云”建设，全区道路交通违法罚款罚缴分离罚没收入收缴和财政电子票据一期接口开发测试完毕； 医疗电子票据试点单位系统对接方案全部完成。截至2018 年12月底，宁夏财政电子票据系统试点单位56家，全部成功上线，开出电子票据7.9万份，通过宁夏统一公共支付平台缴款5335.9万元。

五、分成管理

分成管理，是按照政府非税收入的分成比例进行的管理制度。主要按照所有权、事权以及相应的管理成本等因素确定。政府非税收入的管理项目繁多、门类繁多、各地方法多样、管理成本偏高。分成管理的制度和措施相对稳定，通常按照一定时间内情况变化进行微量调整，仅在经济社会出现重大的阶段性变化时，才进行体制和制度调整。宁夏财政厅作为政府非税收入管理的主管部门，按照“就地缴款，分级缴库、及时结算”的原则，进行了2次重大调整。

2004年，自治区财政厅制定《宁夏回族自治区非税收入管理办法》，进一步加强非税收入征管力度，保证各项收入及时入库。

2005年，根据分级财政管理体制，明确凡涉及中央与地方分成的政府非税收入，其分成比例由国务院或者财政部规定；凡涉及自治区级与市、县级分成的政府非税收入，其分成比例由自治区人民政府或其同级财政部门规定；凡涉及部门、单位之间分成的政府非税收入，其分成比例报自治区财政部门批准。未经批准的，不得擅自对政府非税收入实行分成。

2017年，制定《关于进一步加强防空地下室易地建设费征收使用管理的通知》，防空地下室易地建设费按照自治区财政30%，市县财政70%的比例就地入库。加快建立全区水土保持补偿费征收机制，自治区财政厅会同物价局、水利厅等相关部门出台《宁夏回族自治区水土保持补偿费征收使用管理办法》，开征水土保持补偿费。

六、土地使用金管理

随着分税制改革的实施，土地使用金收入明确划归地方财政固定收入。

1995年，自治区政府印发《宁夏回族自治区国有土地使用权有偿使用收入征收管理暂行办法》，明确征管体制和自治区与各市、县的分成比例为3∶7。各市、县财政部门开设“土地出让金专户”，定期与代征出让金的土地管理部门进行清算，保证收入及时、足额缴入国库。1996年，设置土地出让金财政专户，建立相互配合、相互制约的征收管理机制，确保国有资产的保值增值。

1997年，经自治区人民政府同意，将国有土地有偿使用金收入全部留归各市、县财政。

2004年，制定《宁夏回族自治区用于农业土地开发的土地出让金财务管理办法》。

2005年，完善土地出让金、新增建设用地有偿使用费收缴办法，制定发布自治区土地出让金平均纯收益标准，实行国有土地收入财政专户财务管理与会计核算。对新增建设用地土地有偿使用费实行先缴后分的办法，设计印制新增建设用地土地有偿使用费“一般缴款书”。

2006年，按照《宁夏回族自治区土地开发整顿项目财务管理实施相则》，对全区土地开发整理项目资金实行预决算管理和项目招投标制。

2007年，规定土地出让收入全部直接缴入国库，并规定土地出让收入除支付相应的成本费用外，首先要用于支农支出，包括用于保持被征地农民原有生活水平补贴支出、补助被征地农民社会保障支出、农业土地开发支出以及农村基础设施建设支出等。提高新增建设用地地方使用费征收标准，征收标准在原有基础上提高一倍，调整新增建设用地土地有偿使用费地方分成部分预算级次，由中央、自治区与市、县3∶5∶2分成调整为中央和自治区3∶7分成。是年，制定土地储备中心财务管理办法，建立国有土地收支统计报表体系。

2008年，推行《国有土地收支信息统计系统》的应用。专项检查全区国有土地使用权出让金欠缴、支出预算安排、土地出让金抵顶等问题，并进行纠正和处理。

2009年，调整自治区农垦土地出让收支政策，将自治区农垦土地出让收支全部纳入自治区本级政府性基金预算管理，理顺农垦土地出让机制。

2011年，开启从土地出让收益中计提农田水利建设资金。

第四章　基金收入

财政统计中，1991—1996年基金收入为财政基金收入。财政基金收入主要包括国家能源交通重点建设基金和国家预算调节基金。1991年，宁夏国家能源交通重点建设基金和国家预算调节基金收入共2616万元。1997年后，财政基金收入纳入政府基金内。宁夏政府性基金收入分为工业交通部门基金收入、商贸部门基金收入、文教部门基金收入、农业部门基金收入、土地有偿使用收入、其他财政税费附加收入、基金预算调拨等。1997年宁夏政府基金收入共44554万元，至2018年达到1212736万元。

第一节　财政基金收入

一、国家能源交通重点建设基金

国家能源交通重点建设基金是为加强能源和交通重点建设，控制和引导预算外资金的使用，促进国民经济稳定协调地发展，而由国家财政征集的专项资金。属于中央预算收入，实行专款专用。1982年12月，中共中央、国务院发布《国家能源交通重点建设基金征集办法》，决定从1983年1月1日起开征国家能源交通重点建设基金。其缴纳义务人为一切国营企事业单位、机关、团体、部队和地方政府，以及这些单位所属的城乡集体企业、个体工商业户等。计征对象是缴纳义务人的各项预算外资金，包括地方财政的预算外资金，行政事业单位的预算外资金，国营企业及其主管部门提取的各项专项基金和其他没有纳入预算管理的资金以及城乡集体企业、个体工商业户缴纳所得税后的利润。年缴纳比例为全年各项预算外资金收入额的15%（原定为10%，1983年7月改为15%）。

1991年，宁夏国家能源交通重点建设基金收入为1138万元，1996年截止时为3万元。

二、国家预算调节基金

国家预算调节基金是指国家对国营企业、事业单位、机关团体、部队和地方政府的各项预算外资金，集体企业、私营企业及个体工商户缴纳所得税后的利润，按一定比例征集并集中于国家预算的资金。这是从宏观上调控经济，适当集中一部分财力，保证改革和建设顺利进行的一项有力措施。征集办法规定，按所列各个项目当年收入的10%计征。征集任务由各级政府负责分配，由税务机关负责征收。国务院发布《国家预算调节基金征集办法》规定，国家预算调节基金收缴于1989年1月1日起施行。

1991年，宁夏国家预算调节基金收入为1478万元，1996年截止时为3万元。

第二节　政府性基金收入

宁夏政府性基金收入始于1997年，主要包括工业交通部门基金收入、文教科部门基金收入、社会保障基金收入、农业部门基金收入、土地有偿使用收入、政府住房基金收入、地方财政税费附加收入、其他部门基金收入等。工业交通部门基金收入包括电力建设基金收入、养路费收入、公路建设基金收入、邮电附加费基金收入、民航机场管理建设费收入、下放港口以港养港收入、烟草商业专营利润收入等。文教科部门基金收入包括城市教育费附加收入、农村教育费附加收入、科学事业建设费收入、文化事业建设费收入等。社会保障基金收入包括企业职工基本养老保险基金、职工医疗保险基金、企业职工失业保险基金、企业女性生育保险基金等项收入。农业部门基金收入包括新菜地开发基金收入、灌溉水源灌排工程补偿费收入、地方水利建设基金收入。土地有偿使用收入包括国有土地使用权有偿使用收入和新增建设用地土地有偿使用费收入。政府住房基金是国家为了保证和促进住房制度改革的顺利进行，实现住房商品化，加快住房建设而要求企业设立的一种基金。地方财政税费附加收入包括农牧业税附加收入、城镇公用事业附加收入、渔业建设附加收入和其他附加收入。其他部门基金收入包括矿产资源补偿费收入、排污费收入、城市水资源费收入、职工医疗保险基金收入。

表2-14　1997—2006年宁夏回族自治区政府性基金收入情况表

单位：万元

科目	1997年	1998年	1999年	2000年	2001年	2002年	2003年	2004年	2005年	2006年
一、工业交通部门基金收入	24104	1043	24410	26204	27176	27120	31114	44629	53360	63191
二、文教科部门基金收入	5901	3194	2934	1995	933	661	504	664	835	999
三、社会保障基金收入		471	429	4295						
四、农业部门基金收入	417	387	955	10345	4412	5912	5186	7317	8578	11994
五、土地有偿使用收入					12893	21344	44641	61778	85021	122708
六、政府住房基金收入						108			20	
七、地方财政税费附加收入	12193	11118	12242	7453	8544	12394	19333	18924	24153	30188

续表 2-14

科目	1997 年	1998 年	1999 年	2000 年	2001 年	2002 年	2003 年	2004 年	2005 年	2006 年
八、其他部门基金收入	1393					12	15	2050		3233
本年基金收入合计	44554	16213	40970	50252	53958	67551	100793	135362	174628	232313
上年结余收入	7261	4002	11564	13332	18780	25748	31418	32333	49893	56454
补助收入	348	1424	1186	6239	7629	4459	3140	10040	14547	20546
其中:中央补助地方水利建设基金收入		1381	500							
调入资金		934	957	787	1002	1092	1389		2155	2171
其中:城建税划转水利建设基金		934	952	787	1002	1092	1389	1688	2155	2171
基金收入总计	52163	22573	54677	70610	81369	98850	136740	179423	241223	311484

表2-15　2007—2012年宁夏回族自治区政府性基金收入情况表

单位:万元

科目	2007 年	2008 年	2009 年	2010 年	2011 年	2012 年
政府性基金收入	463622	613028	796706	1614273	1968783	1892193
本年收入合计	463622	613028	796706	1614273	1968783	1892193
上级补助收入	30077	54028	85997	113149	146334	203651
上年结余	96264	122063	195736	250485	553072	615771
调入资金	2436	16086	2574	5532	6286	6790
1. 一般预算调入	2436	3026	2574	4547	6286	6790
2. 预算外调入		13060		985		
总计	592399	805205	1081013	1983439	2674475	2718405

表2-16　2013—2018年宁夏回族自治区政府性基金收入情况表

单位:万元

科目	2013 年	2014 年	2015 年	2016 年	2017 年	2018 年
政府性基金收入	2030517	2014520	1472282	1289304	1085207	1212736
本年收入合计	2030517	2014520	1472282	1289304	1085207	1212736
上级补助收入	276342	156896	166455	109285	80592	70542
待偿债置换专项债券上年结余					54372	242
省补助计划单列市收入						1095761

续表 2-16

科目	2013 年	2014 年	2015 年	2016 年	2017 年	2018 年
债务(转贷)收入			700885	1021799	573812	
调入资金	9257	1544	106097	279		
1. 一般预算调入	9257	1544				
2. 预算外调入						
3. 其他调入			106097			
上年结余	712688	756608	700781	402190	263532	125314
总计	3028804	2929568	3146500	2822857	2057515	2504595

第三节　社会保险基金收入

社会保险基金，是指为了使社会保险有可靠的资金保障，国家通过立法要求全社会统一建立的，用于支付社会保险待遇的专项资金。用此种资金购置的资产及其增值部分也属于社会保险基金范围。社会保险基金是国家为举办社会保险事业而筹集的，用于支付劳动者因暂时或永久丧失劳动能力或劳动机会时所享受的保险金和津贴的资金。社会保险基金按照保险类型确定资金来源，逐步实行社会统筹。用人单位和劳动者依法参加社会保险，缴纳社会保险费。

在宁夏财政统计中，1991—1997年将社会保险基金收入单列，其收入总计为14.2亿元。

2016年，宁夏各项社会保险基金总收入为352亿元，比上年增长29%，完成年度预算收入的91.87%，其中保险费收入210亿元，财政补贴收入87.19亿元。

2017年，宁夏各项社会保险基金总收入为391.6亿元，比上年增长11.25%。是年，各级财政对社会保险基金补助达83.3亿元，其中：中央财政对社会保险基金补助53亿元，占财政补助总额的64%；自治区财政对社会保险基金补助19亿元，占财政补助总额的23%。

2018年，全区各项社会保险基金总收入首次突破400亿，完成420.7亿元，比上年增长7.4%，完成年度预算收入的118%（剔除企业职工基本养老保险中央调剂金影响因素）。

表2-17　2016—2018年宁夏回族自治区社会保险基金预算收入情况表

单位：万元

年份	项目	合计	企业职工基本养老保险基金	城乡居民基本养老保险基金	机关事业单位基本养老保险基金	职工基本医疗保险基金	城乡居民基本医疗保险基金	工伤保险基金	失业保险基金	生育保险基金
2016 年	收入合计	3520194	1892282	110977	423689	590722	335015	51073	85900	30536
	保险费收入	2100061	1268438	24513	130135	490565	65068	38776	58971	23595
	投资收益	98455	61425	4610	487	15971	4145	2525	8935	357
	财政补贴收入	871858	276608	81245	286141		227864			

续表 2-17

年份	项目	合计	企业职工基本养老保险基金	城乡居民基本养老保险基金	机关事业单位基本养老保险基金	职工基本医疗保险基金	城乡居民基本医疗保险基金	工伤保险基金	失业保险基金	生育保险基金
2016 年	其他收入	7029	6980				41		8	
	转移收入	54721	17620	602		36463			36	
2017 年	收入合计	3916454	2037922	124123	636590	580877	362111	65190	65849	43792
	保险费收入	2712804	1413639	27361	495585	569122	81219	51640	40887	33351
	利息收入	65421	35286	5205	1747	10884	3134	1483	7365	317
	财政补贴收入	832952	325338	91222	139252	280	265536	1202		10122
	其他收入	8547	8520			3	21		3	
	转移收入	21340	20427	332		531			50	
2018 年	收入合计	4206796	2138306	153239	683060	638201	430196	56446	54905	52443
	其中:保险费收入	3001972	1587057	32118	505424	625729	103462	52253	46777	49152
	利息收入	59640	27529	5389	3526	10984	3504	1424	6993	291
	财政补贴收入	967213	351260	112416	173352	1224	323197	2764		3000
	其他收入	17228	16007	66	24	7	33	2	1089	
	转移收入	28729	24453	3247	731	254			44	
	中央调剂资金收入	132000	132000							

第五章　预算外财政专户管理资金收入

预算外资金收入是财政部门按规定从财政专户核拨给行政事业单位的预算外资金，以及部分经财政部门核准不上缴预算外资金财政专户，直接由行政事业单位按计划使用的预算外资金。预算外资金收入是行政事业单位为开展业务活动而取得的一部分财政性资金。

财政专户是财政部门在银行及各类金融机构开设的用于核算和反映政府非税收入以及其他需要专户管理的财政专款账户。财政专户包括预算外资金财政专户、社会保障资金专户、国债资金专户、农业综合开发专户、粮食风险专户等。

在宁夏财政统计中，1991—2006年为预算外资金收入。2007年后将预算外资金收入纳入财政专户管理，为预算外财政专户收入（2007—2010年）或财政专户管理收入（2011—2018年）。1991年宁夏预算外资金收入29619万元，2006年达到190698万元，其间，宁夏预算外资金收入增长较快。2007年宁夏预算外财政专户收入280796万元，至2015年宁夏财政专户管理收入达到537925万元。2016年宁夏财政专户管理收入为492110万元，2017年为398808万元。2018年，财政专户管理并入一般公共预算管理。

第一节　预算外资金收入

1991—2006年，宁夏预算外资金收入总计为1691981万元。2007—2017年预算外财政专户资金收入总计为2830931万元。

1991年，宁夏预算外资金总收入29619万元。从预算外资金收入完成情况看，地方财政部门收入1365万元，事业和行政单位收入28254万元。是年，事业行政单位预算外资金专户储存全面开展，仅自治区级专户储存总额达9253万元，专储资金余额3563万元，比上年增长70%，利用专储“沉淀”资金发放短期周转金1559万元，比上年增长77%，收回占用费91万元，比上年增长98%，资金回收率达100%。

1992年，制定《宁夏回族自治区预算外资金管理办法》。当年，宁夏预算外资金总收入37124万元，其中地方财政部门收入2460万元，事业和行政单位收入34664万元。全年自治区级完成专储总额2289万元，借出周转2984万元，收回资金占用费130万元。

1993年，宁夏预算外资金总收入47271万元，比上年增长27.3%。从预算外资金收入完成情况看，地方财政部门4056万元，比上年增长64.8%，事业和行政单位43215万元，比上年增长

24.7%。地方财政部门的预算外资金收入增长幅度较大，主要是城镇公用事业附加增长较多，达到1519万元。事业和行政单位预算外资金收入的变化情况：交通部门总收入16928万元，比上年增长11.7%；农业部门总收入2074万元，比上年增长30.9%；城市公用部门总收入2091万元，比上年增长34.2%；教育部门总收入4986万元，比上年增长48.5%；卫生部门总收入4321万元，比上年增长71%；旅游部门总收入91万元，比上年增长550%；行政机关总收入1281万元，比上年增长80.4%；公检法部门总收入1903万元，比上年增长68.9%；工商管理部门总收入2735万元，比上年增长17.7%；其他部门总收入6805万元，比上年增长83.3%。

1994年，宁夏预算外资金总收入56760万元。从预算外资金收入完成情况看，地方财政部门4433万元，比上年增长9.29%，事业行政单位52327万元，比上年增长21.08%。地方财政部门收入比上年增加377万元，主要是其他收入增长较快，达到386万元。事业行政单位的收入比上年增加9112万元，增长幅度较大的有：交通部门增加5272万元，比上年增长31.4%；城建部门增加1486万元，比上年增长61.92%；文化部门增加1010万元，比上年增长91.48%；教育部门增加747万元，比上年增长14.98%；卫生部门增加570万元，比上年增长13.19%；工业部门增加487万元，比上年增长107.5%；公检法部门增加306万元，比上年增长16.07%。预算外资金滚存结余主要分布在：有价证券965万元，占结余的7%；向外单位投资622万元，占结余的0.23%，银行存款11376万元，占结余的43.6%。是年，全区预算外资金专户储存单位比上年增加84户，年末专户储存余额5377万元，较上年增加1122万元，增长26.36%，累计融通使用资金8798万元。

1995年，宁夏预算外资金收入7.30亿元，比上年增加1.63亿元，增长28.65%。预算外资金收入占地区生产总值的4.3%，占工业总产值的3.8%，占地方财政收入的80.2%。全区预算外资金收支主要呈现出两个特点：一是收入持续递增，幅度较大，1994年比上年增长20.07%，1995年比上年增长28.65%，均超过了当年地方财政收入增长速度；二是预算外收入较多的交通、城建、卫生、教育、公检法等部门的收入稳步增长，呈不断上升趋势。例如，交通部门1994年收入增长31.4%，1995年增长39.48%；教育部门1994年收入增长14.98%，1995年增长25.43%。1995年，各级财政部门贯彻落实《宁夏回族自治区统一票据、统一收据管理办法》，通过“两据”管理，既从源头把关，及时发现收费中的违法违纪问题，又作为一种监督手段，督促单位按时足额专储，促进对预算外资金的监督管理。

1996年，宁夏预算外资金收入11.34亿元，按可比口径计算，比上年增长55.24%。其中，地方财政部门预算外收入比上年增长58.23%；事业行政单位预算外收入比上年增长9.04%。预算外资金收入占地区生产总值的5.48%，占工业总产值的6.29%，占地方财政收入的89.40%。全区预算外资金收入表现为：一是收入增长幅度首次呈现多年来的下降趋势，增幅比上年下降16.34%，预算外资金收入迅速增长的势头初步得到控制；二是收入主要集中在交通、城建、水利、卫生、教育等部门，占总收入的50.36%。

1997年，宁夏预算外资金总收入7.67亿元。从预算外资金收入完成情况看，行政事业单位收入7.37亿元，乡镇自筹统筹资金收入3019万元。是年，宁夏把国家规定的养路费，工商、公安管理费等80余项行政性收费、基金纳入预算管理，停止18项不合理收费，调整多项收费标准，促进预算内、外资金规范化管理。在此基础上，对未纳入预算管理的其他预算外资金全部纳入财政专户，实行收支两条线管理。

1998年，宁夏预算外资金总收入8.44亿元。从预算外资金收入完成情况看，行政事业单位收入8.06亿元，乡镇自筹统筹资金3768万元。是年，根据自治区人大常委会审议通过的《宁夏预算外资金管理条例》和自治区党委、政府出台的《关于治理向企业乱收费乱罚款和各种摊派的意见》精神，取消不合理收费项目37项，减轻企业负担470多万元。

1999年，宁夏预算外资金总收入9.84亿元。从预算外资金收入完成情况看，行政事业性收费8.8亿元，乡镇自筹统筹资金5846万元。在加强预算外资金管理方面：一是在公布取消不合理收费项目的基础上，对符合规定的收费项目进行清理，并向社会分两批公布合法收费项目362项，加强了社会各方面的监督；二是集中力量落实收支两条线及专项检查工作，通过检查遏止了乱收费、乱罚款的歪风，私设"小金库"、乱开银行账户的现象明显减少，票据使用和单位内部财务统一管理更加规范。

2000年，根据财政部《关于进一步加强预算外资金财政专户管理的紧急通知》精神，对全区各市县的财政专户管理进行全面检查，对检查出的问题及时纠正。完善、修改、升级财务软件，使预算外资金管理财务工作做到真实、准确、及时、完整。是年，区本级420个预算外财政专户共收入32700万元，拨付36800万元。

2001年后，不断完善和深化收支两条线管理办法，加强预算外资金管理。2001—2006年，预算外收入累计982600万元。

2007年开始，把国有资产有偿使用收入管理纳入财政预算或财政专户，实行收支两条线管理。2007—2010年，宁夏预算外收入累计1038103万元。

2008年9月1日起，在全区范围内停止征收个体工商户管理费和集贸市场管理费，每年静态减轻个体工商户和私营企业负担3600多万元。为鼓励自主创业和自谋职业，进一步促进失业人员再就业，制定下发《关于对从事个体经营的有关人员实行收费优惠政策的通知》，对登记失业人员、残疾人、退役士兵以及毕业2年以内的普通高校毕业生从事个体经营的，自其在工商部门首次注册登记3年内免收涉及共9大类30项行政事业性收费、政府性基金以及学会、协会会费。为进一步加强全区交通违法罚款收缴管理，在全区范围内推行交通违法罚款罚缴分离制度。

自2012年8月1日至2014年12月31日，降低涉及小微企业的产品质量监督检验、特种设备监督检验、新增防雷技术服务等10项检验、检测类行政事业性收费标准，降低后的收费标准按照现行标准的70%收取。

2011—2017年，宁夏预算外收入合计2432633万元。2018年，宁夏一般预算收入17357077万元。

第二节　彩票收入

2007年，财政科目发生变化后，将彩票类收入列入预算外收入。在财政统计列表中2007—2009年为彩票资金收入，其收入分别为27380万元、4481万元和346577万元。2010年后为彩票发行机构和彩票销售机构的业务费用收入。

2008年，彩票公益金纳入基金预算管理。

2009年，争取到体育彩票“高频快开彩票”和福利彩票“时时彩”以及多种即开型彩票新游戏品种在宁夏上市销售。是年，宁夏体育彩票和福利彩票两种彩票共销售7.7亿元，同比增长13%。筹集彩票公益金2.4亿多元。

2010年，支持彩票机构拓展彩票销售市场，截至11月底，全区彩票销售完成8.47亿元，同比增长37.1%。同时，做好彩票公益金和发行费征缴工作，共筹集彩票公益金1.4亿元，同比增长24.5%。

2011年，全区彩票销售共完成12.3亿元，同比增长21%。审核批复“福彩20选5”快开游戏和体彩“11选5”高频开奖游戏两种，丰富彩票游戏品种，提高彩票销售量。

2012年，全区彩票销售共完成13.27亿元，同比增长8%。

2013年，全区共销售彩票17.08亿元，其中福利彩票销售10.73亿元，体育彩票销售6.35亿元。

2015年2月1日起，宁夏福彩、体彩全部停止互联网销售彩票行为。将两个彩票中心发行费纳入预算管理进行安排布置。

2016年，编制完成2016年彩票公益金预算，确保中央拨付的彩票公益金用在重点项目和社会公益事业上。争取25所敬老院、25 所老年活动中心、420 个农村老年饭桌、75 个日间照料中心和 34个互助养老院年底全部建成投入使用，进一步完善宁夏基本养老服务体系。

2017—2018年，安排中央专项彩票公益金4.85亿元，全部拨付市、县（市、区），特别是加大对南部贫困地区的支持力度，推动养老服务体系服务设施完善、支持山区农村“儿童之家”、市县残疾人康复托养设施、村综合文化服务中心功能提升、贫困地区农村中学科技馆等项目建设。

表2–18　1991—1996年宁夏回族自治区预算外资金收入情况表

单位：万元

科目	1991 年	1992 年	1993 年	1994 年	1995 年	1996 年
一、地方财政部门收入	1365	2460	4056	4433	4855	7682
各项附加收入	1337	2228	3244	3399	4275	7230
集中事业收入	5	29	213	99	98	268
专项收入			50		71	
其他收入	23	203	549	935	411	184
二、事业行政单位收入	28254	34664	43215	52327	68164	74323
专用基金				4824	7202	

续表 2-18

科目	1991 年	1992 年	1993 年	1994 年	1995 年	1996 年
经营服务纯收入				1374	1904	
行政事业性收费				38106	50062	
专项资金				755	415	
中小学勤工俭学收入				738	928	
税收分成				7		
其他收入				6433	7653	8770
三、乡镇自筹统筹资金						3290
四、社会保障基金						28059
当年收入合计	29619	37124	47271	56760	73019	113354
上级补助收入		61	328	1074	298	
下级上解收入		130	720	708	1043	
上年结余	13764	14240	17692	21861	26360	55485
其中:有价证券(上年累计数)	1545	1645	1662	1525	1042	10012
向外单位投资		83		555	622	
银行存款	6419	7588		10563	12781	28236
总计	43383	51555	66011	50403	100720	168839

表2-19　1997—2006年宁夏回族自治区预算外资金收入情况表

单位:万元

科目	1997 年	1998 年	1999 年	2000 年	2001 年	2002 年	2003 年	2004 年	2005 年	2006 年
行政事业单位收入	73696	80629								
行政事业性收费	62286	73818	88142	112883	104090	135986	144793	128655	162109	178406
基金和附加收入	6352	1871	1138	495	445	467	143	1677		838
主管部门集中收入	447	290	168	804	4969	1968	672	2216	116	1
其他收入	4611	4650	3075	19710	25038	8700	11985	25757	21553	11453
乡镇自筹统筹资金	3019	3768	5846	5260	8974	918	668			
乡镇自筹资金	515	476	2382							
乡镇统筹资金	2504	3292	3464							
当年收入合计	76715	84397	98369	139152	143516	148039	158261	158305	183778	190698
上年滚存结余	22796	14826	15105	5999	14612	30901	38676	18594	24431	22095
总计	99511	99223	113474	145151	158128	178940	196937	176899	208209	212793

表2-20　2007—2014年宁夏回族自治区预算外财政专户资金收入情况表

单位:万元

科目	2007年	2008年	2009年	2010年	2011年	2012年	2013年	2014年
一、彩票资金收入	27380	4481	346577					
二、行政事业性收费收入	211372	295533	8715	182289	64927	68515	67121	73021
三、国有资源(资产)有偿使用收入	3727	4951	52875	17142				
四、其他收入	38321	21589	1591	26385	130720	164601	225720	209165
其中:主管部门集中收入		2527	16					
彩票发行机构和彩票销售机构的业务费用				5379	5965	7369	8441	15356
乡镇自筹收入		0	4963	0				
当年收入合计	280796	326554	408167	225816	195647	233116	292841	282186
上级补助收入	4498							
省补助计划单列市收入								
上年结余	40567	65711	69284	121661	144545	163763	190516	251906
总计	325861	392265	477451	347477	340192	396879	483357	534092

表2-21　2015—2018年宁夏回族自治区预算外财政专户资金收入情况表

单位:万元

科目	2015年	2016年	2017年	2018年
收入总计	537925	492110	398808	0
财政专户管理资金收入	252553	230944	102311	
其中:行政事业性收费收入(教育收费)	80025	80428	75424	
上年结余	285607	261478	298212	
按规定冲减上年结余	-235	-312	-1715	
缴入一般公共预算	-235	-312	-1715	

表2-22　1991—1997年宁夏回族自治区一般预算收入决算情况表

单位:万元

预算科目	1991年	1992年	1993年	1994年	1995年	1996年	1997年
	决算数						
一、工商税收类	60549	64856	99071	57054	67672	84079	97673
二、农牧业和耕地占用税类	2738	3452	3916	5123	4901	9948	11832
三、企业所得税类	9935	9760	8962	6080	7690	11033	15071
四、国有企业上缴利润类	1586	2684	373	2203	651	325	323
五、国有企业计划亏损补贴类	-11548	-9730	-8945	-6358	-1817	-1588	-1955
六、国家能源交通重点建设基金收入类	1138	970	589	270	56	3	
七、基本建设贷款归还收入类	20						302
八、其他收入另类	2726	3724	2567	3997	1208	6508	6621
九、国家预算调节基金类	1478	1354	770	383	91	3	
十、所得税退税类	-1541	-1607	-1509	-678	-532	-465	-2309

续表 2–22

预算科目	1991 年	1992 年	1993 年	1994 年	1995 年	1996 年	1997 年
	决算数						
十一、专项收入类	1041	1802	2728	3654	4468	5449	
十二、罚没收入、行政性收费收入类					5404	11512	13180
当年收入合计	68122	77265	108522	71728	89792	126807	140738
中央补助收入	86922	88460	91705	15104	161570	178668	195332
税收返还收入				55701	57731	61107	63509
原体制补助收入	53345	53345	53345	53345	53345	53345	53345
专项补助	30718	32242	35123	33812	31706	46468	55982
转移支付补助数							19271
各项结算补助数	609	273	187	–27	6259	–2437	–2149
调整收入任务增加或减少补助数				123	169	77	226
其他补助数	2250	260	3050	7150	12360	20108	5148
地方政府兑付有价证券本金收入	61	142	333	277	75	61	26
社会保险基金收入	11343	13879	18919	18103	21207	27682	30955
电力建设专项基金收入	3510	5249	6513	5578	7312		
股票售表收入							6000
上年结余	24463	22287	24834	30669	54717	79563	92734
调入其他资金	284	234	198	693	5577	5396	578
其中：预算外资金	66	73	198	693	5577	5396	
总计	194705	207516	251024	277152	340250	418177	466363

表2–23　1998—2006年宁夏回族自治区一般预算收入决算情况表

单位：万元

预算科目	1998 年	1999 年	2000 年	2001 年	2002 年	2003 年	2004 年	2005 年	2006 年
	决算数								
增值税	32184	34642	35499	38530	43850	50424	62782	87318	110274
营业税	49809	55197	65682	75194	92971	108953	134373	157580	188223
企业所得税	12845	18775	26147	60084	18412	16846	21364	26077	32246
企业所得税退税	–4673	–5062	–2464	–852					–229
外商投资企业和外国企业所得税	1376								
个人所得税	6885	9204	12531	19764	14492	1301	18664	22199	24599
资源税	522	601	605	740	1271	1301	1490	2290	6143
固定资产投资方向调节税	2550	2625	1119	226	76	4			
城市维护建设税	9859	10671	12124	14399	15134	18485	24260	30388	35841
房产税	7750	8084	8874	9314	10404	12012	13189	13553	14050
印花税	1369	1316	1425	1603	2103	2482	3558	4304	6946

续表 2-23

预算科目	1998 年	1999 年	2000 年	2001 年	2002 年	2003 年	2004 年	2005 年	2006 年
	决算数								
城镇土地使用税	2967	2934	2965	2947	3175	3417	4145	4939	7779
土地增值税	296	286	275	86	611	364	1043	1783	2477
车船使用牌照税	419	445	431	461	484	507	626	845	1160
屠宰税	142	160	176	43					
农业税	9880	9153	7454	9381	8595	7438	5440	333	
农业特产税	944	706	607	397	146	42			
牧业税	251	253	178	125	16				
耕地占用税	703	493	1079	957	1158	831	559	698	829
契税	1809	2191	3235	3932	6208	8046	12209	15712	18945
烟叶税									57
国有资产经营收益	4445	2865	4543	5039	5421	5904	8343	22073	38794
国有企业计划亏损补贴	-1888	-2153	-967	-557	-241	-11			
行政性收费收入	8930	10175	9535	14005	15752	20394	24954	33512	40288
罚没收入	9027	8231	8238	8785	11299	12942	14589	19466	25628
土地和海域有偿使用收入	8266	6852							
专项收入	6538	6387	7662	9680	10640	11846	19100	26914	50935
其他收入	3964	3362	1350	1462	2737	5062	3989	7232	8585
当年收入合计	177525	173947	208244	275745	264714	300310	374677	477216	613570
免抵未调库归还收入							9909		
中央补助收入	240229	321286	414621	640708	826654	711384	956072	1214896	1428368
税收返还补助（2012 年后为消费税和增值税税收返还）	63509	65370	66633	65800	67007	70382	73724	88573	93279
所得税基数返还补助					18991	24091	23216	23216	23216
出口退税基数返还							9300		
原体制补助	53345	53345	53345	53345	53345	53345	53345	53345	53345
专项拨款补助	68216	135278	148875	190505		189071	309764	422317	489160
股票售表收入上解中央返还补助	3600								
中央专项补助					336196				
一般性转移支付补助					49300	62300	118800	227100	318500
农村税费改革转移支付补助					19500	19500	19518	19518	22027

续表 2-23

预算科目	1998 年	1999 年	2000 年	2001 年	2002 年	2003 年	2004 年	2005 年	2006 年
	决算数								
取消农业特产税降低农业税率转移支付补助								8300	9263
缓解县乡财政困难转移支付补助								13016	18938
民族地区转移支付补助							46837	94397	99326
中小学教师工资转移支付补助				4915	4915	3915	4915	4915	4915
农村义务教育补助收入									12565
增发国债补助	43170	30200	114262	22117	169621	130077	169037	132215	96127
增加工资中央补助		11838	23676	61420	94720				
调整工资转移支付补助						102321	109922	109922	164933
艰苦边远地区津贴补助				16558					
结算补助	-3300					10757	10844	11062	10995
农业税灾歉减免及企事业单位预算划转补助						9429	10029	11915	
各项结算补助		-3300	-1005	15459	8959				
调整收入任务增加或减少补助	2689	7981	8835	11589	9015				
其他补助	9000	20574							4719
国债转贷收入	27465	69025	46500	61327	36900	41480	1780	11000	9324
国债转贷资金上年结余		6290	28336	8542	2280	6527	17000	2802	40
上年结余收入	101134	100764	154727	230381	286679	278418	257547	425139	538609
调入其他资金	4	515	1398	9593	7091	1846	2612	13333	3356
其中:预算外资金		515	613	616					
调入周转金				7923	5269	58			
基金预算				1054	1551	796	1774	2633	
国债转贷利息					271				
预算外调入						992	665	2084	1256
暂存款调入	4						173	8616	
合计	546357	686273	853826	1226296	1423418	1339965	1619597	2144386	2593267

表2-24　2007—2012年宁夏回族自治区一般预算收入决算情况表

单位:万元

预算科目	2007 年	2008 年	2009 年	2010 年	2011 年	2012 年
	决算数					
一、税收收入	587871	777432	907389	1267854	1771261	2070171
增值税	141997	183793	168098	202475	244000	262329
营业税	230485	300884	389831	562367	801126	924759
企业所得税	45767	62400	92946	140805	241746	253904
企业所得税退税	-218	-216	-213	0	0	
个人所得税	35107	40239	45016	55737	74972	66777
资源税	12557	11560	15078	19226	27446	40967
城市维护建设税	46813	58054	59204	81039	112314	130752
房产税	14558	17261	18979	23508	30691	41888
印花税	8365	11541	16138	20983	26683	35639
城镇土地使用税	18306	44657	35947	44028	58651	76978
土地增值税	4826	9441	10000	16704	30515	59078
车船税	2411	5059	7112	9093	15865	20436
耕地占用税	699	534	1093	2383	6661	31288
契税	26087	32104	47961	89394	100334	125142
烟叶税	61	121	199	112	257	234
其他税收收入	50					
二、非税收入	212441	172658	208366	267653	428506	569398
专项收入	105466	65871	67036	89225	115516	124183
行政事业性收费收入	48954	47337	62035	94403	165532	187037
罚没收入	26320	30419	34254	41597	53270	54650
国有资本经营收入	15825	8084	7526	5722	10059	63597
国有资源(资产)有偿使用收入	11113	14038	25452	27066	63120	92548
其他收入	4763	6909	12063	9640	21009	47383
当年收入合计	800312	950090	1115755	1535507	2199767	2639569
上级补助收入		2332599	3192251	3604146	4729872	5391355
返还性收入	123799	123799	220360	225456	321721	236894
增值税和消费税税收返还收入	100583	100583	109144	114240	120505	125678
所得税基数返还收入	23216	23216	23216	23216	23216	23216
成品油价格和税费改革税收返还收入			88000	88000	88000	88000
财力性转移支付收入	1044582	1259534				
一般性转移支付收入	561000	699400	1631774	1920157	2549748	2933183
体制补助收入	53345	53345	53345	53345	53345	53345
均衡性转移支付补助收入			857800	1038300	1408000	1482200
民族地区转移支付补助收入	84697	153710	153710	173161	187760	206137
调整工资转移支付补助收入	222822	222822	222822	222822	234094	247449
农村税费改革补助收入	31169	31259	31451	31451	31701	30687
缓解县乡困难转移支付补助收入	26310	36606				

续表 2-24

预算科目	2007 年	2008 年	2009 年	2010 年	2011 年	2012 年
	决算数					
县级基本财力保障机制奖补资金收入			58343	58540	65316	80802
结算补助收入	11036	14688	4170	4450	40082	62675
资源枯竭型城市转移支付补助收入			13400	20200	24900	30400
企事业单位预算划转补助收入	13802	14710	22500	22500	22500	35980
成品油价格和税费改革转移支付补助收入				18200	30700	31400
村级公益事业“一事一议”奖励资金收入			1381			
工商部门停征两费转移支付收入			2593	2593	2593	2593
一般公共服务转移支付收入			1280	1317	0	
公共安全转移支付收入			68050	73060	76780	86755
教育转移支付收入			67433	93456	102349	139961
社会保障和就业转移支付收入			73486	86006	189415	227188
医疗卫生转移支付收入					57975	72308
农林水转移支付收入				14211	10833	26560
产粮(油)大县奖励资金收入					11005	12143
重点生态功能区转移支付收入						88200
其他一般性转移支付收入			10	6545	400	16400
其他财力性转移支付收入	27669	10				
专项转移支付收入	821750	949266	1340117	1458533	1948403	2221278
专项补助收入	738850	890656	1083530			
增发国债补助收入	82900	58610	256587			
财政部代理发行地方政府债券收入			300000	260000	260000	
债务收入						330000
国债转贷资金上年结余	210	110	110	110	110	110
上年结余	645036	1018061	1157203	1458025	1045294	928591
调入预算稳定调节基金					178693	355746
调入资金	6956	4603	7164	3308	19731	285791
1. 政府性基金调入	3500	2000	5427			53012
2. 预算外调入	2849	1975	1473	3308	19731	21979
3. 其他调入	607	628	264			210800
收入总计	3442645	4305463	5772483	6861096	8433467	9931162

表2-25　2013—2018年宁夏回族自治区一般预算收入决算情况表

单位:万元

预算科目	2013 年	2014 年	2015 年	2016 年	2017 年	2018 年
	决算数					
一、税收收入	2374913	2503273	2563126	2465538	2703027	2982989
增值税	318832	385563	357323	840408	1254237	1339923
其中:改征增值税		90068	95202			
营业税	1057226	1050303	998292	452755		

续表 2-25

预算科目	2013 年	2014 年	2015 年	2016 年	2017 年	2018 年
	决算数					
企业所得税	258691	283263	245572	244686	261413	325296
个人所得税	73892	74610	89704	98486	150496	133998
资源税	50023	54301	133076	104948	185671	250023
城市维护建设税	144559	140156	149603	172504	175219	200524
房产税	66352	83020	96896	100221	121468	125910
印花税	39739	43604	48555	48978	61456	69494
城镇土地使用税	86242	100035	90113	86846	123421	125264
土地增值税	58503	61466	66114	77627	85948	94988
车船税	27911	29215	32994	35935	42373	48588
耕地占用税	33910	37071	109278	73251	106288	80674
契税	158779	160306	145349	128391	134953	175734
烟叶税	254	360	257	502	84	344
环境保护税						12229
二、非税收入	708463	895354	1171348	1411038	1472861	1382216
专项收入	187967	220654	375801	330548	316639	406772
行政事业性收费收入	213499	218723	190200	209097	185622	213075
罚没收入	69178	77083	87874	85231	86317	98805
国有资本经营收入	78577	6645	31211	13552	143070	33647
国有资源(资产)有偿使用收入	118863	320743	449613	636231	611362	437811
其他收入	40379	51506	36649	136379	129851	192106
当年收入合计	3083376	3398627	3734474	3876576	4175888	4365205
上级补助收入	5565860	6205413	6905429	7432263	8179879	8614992
返还性收入	241602	242250	238506	419706	484206	484206
增值税和消费税税收返还收入	130386	131034	127290			
所得税基数返还收入	23216	23216	23216			
成品油价格和税费改革税收返还收入	88000	88000	88000			
一般性转移支付收入	3297836	3625650	4074429	4575831	5046141	5641916
体制补助收入	53345		53345			
均衡性转移支付补助收入	1640000	1808800	2089000			
革命老区及民族和边境地区转移支付收入	239377	271442	462843			
调整工资转移支付补助收入	253697					
农村税费改革补助收入	30687					
县级基本财力保障机制奖补资金收入	140031	143831	149231			
结算补助收入	58667	62877	74229			
化解债务补助收入						
资源枯竭型城市转移支付补助收入	34900	37500	37500			
企事业单位预算划转补助收入	39292		37808			
成品油价格和税费改革转移支付补助收入	33700	37900	40100			
工商部门停征两费转移支付收入	2593					

续表 2-25

预算科目	2013 年	2014 年	2015 年	2016 年	2017 年	2018 年
	决算数					
基层公检法司转移支付收入	82265	84160	82511			
义务教育等转移支付收入	152297	147524	134483			
基本养老保险和低保等转移支付收入	282003	337141	275628			
新型农村合作医疗等转移支付收入	103685	122358	125479			
村级公益事业奖补等转移支付收入（农村综合改革转移支付收入 2014 年后）	37687	45072	47891			
产粮（油）大县奖励资金收入	13410	14858	16892			
重点生态功能区转移支付收入	100200	119100	122400			
固定数额补助收入		393087	325089			
其他一般性转移支付收入						
专项转移支付收入	2026422	2337513	2592494	2436726	2649532	2488870
待偿债置换一般债券上年结余				28425	161591	4654
地震灾后恢复重建补助收入						
接受其他地区援助收入				8000	5325	26795
债务收入	490000	550000	2189115	2644758	2608253	2972451
国债转贷资金上年结余	10	10	10			
上年结余	860835	770745	903358	892357	681377	584554
调入预算稳定调节基金	142398	87985	205343	354379	496344	675235
调入资金	164468	175142	484569	247442	247810	113191
1. 政府性基金调入	35296	17176	418349			67878
2. 国有资本经营预算调入	1858	7348	2056			5136
3. 财政专户管理资金调入	27484	26909				
4.其他调入	99830	123709	64164			40177
收入总计	10306947	11187922	14422298	15484210	16556467	17357077

表2-26　2009—2014年宁夏回族自治区政府性收入决算情况表

单位：万元

预算科目	2009 年	2010 年	2011 年	2012 年	2013 年	2014 年
	决算数					
一、一般预算收入（2012 年起为公共财政收入）	1115755	1535507	2199767	2639569	3083376	3398627
二、政府性基金收入	796706	1614273	1968783	1892193	2030517	2014520
三、国有资本经营预算收入			4406	4720	7817	9406
四、社会保险基金收入		1050447	1574829	1521842	1795486	2012109
五、预算外财政专户收入（2011 年起为财政专户管理资金收入）	408167	225816	195647	233116	292841	282186
六、扣除收入中重复计算部分				234978	420996	476745
1.社会保险基金财政补贴收入		112706	162098			
2.财政承担的社会保险缴款						
当年收入小计	2320628	4313337	5781334	6056462	6789041	7240103

续表 2-26

预算科目	2009 年	2010 年	2011 年	2012 年	2013 年	2014 年
	决算数					
上级补助收入	3278248	3717295	4876206	5595006	5842202	6362309
一般预算补助收入(公共财政预算补助收入)	3192251	3604146	4729872	5391355	5565860	6205413
政府性基金补助收入	85997	113149	146334	203651	276342	156896
财政部代理发行地方政府债券收入	300000	260000	260000			
债务收入				330000	490000	550000
当年收入合计	5898876	8290632	10917540	11981468	13121243	14152412
国债转贷资金上年结余	110	110	110	110	10	10
调入预算稳定调节基金			178693	355746	142398	87985
调入资金				210800	99830	123709
上年结余	1422223	2789964	3189686	3759187	4101041	4370736
一般预算上年结余(公共财政上年结余)	1157203	1458025	1045294	928591	860835	770745
政府性基金上年结余	195736	250485	553072	615771	712688	756608
国有资本经营预算上年结余				3296	6606	797
社会保险基金上年结余		959793	1446775	2047766	2330396	2590680
预算外上年结余(财政专户管理资金上年结余)	69284	121661	144545	163763	190516	251906
收入总计	7321473	11080706	14286029	16307311	17464522	18734852

表2-27　2015—2018年宁夏回族自治区政府性收入决算情况表

单位:万元

科目	2015 年	2016 年	2017 年	2018 年
预算科目	决算数			
一、公共财政收入	3734474	3876576	4175888	4365205
二、政府性基金收入	1472282	1289304	1085207	1212736
三、国有资本经营预算收入	14723	50473	50753	17739
四、社会保险基金收入	2373502	3520194	3916454	4206796
五、财政专户管理资金收入	252553	230944	102311	
六、扣除收入中重复计算部分	566856	889113	890662	24755
当年收入小计	7280678	8078378	8439951	9777721
上级补助收入	7071884	7546362	8260651	8685534
一般公共预算补助收入	6905429	7432263	8179879	8614992
政府性基金补助收入	166455	109285	80592	70542
地震灾后恢复重建补助收入(国有资本经营预算)		4814		
国有资本经营上级补助收入			180	
接受其他地区援助收入		8000	5325	26795
债务收入	2890000	3666557	3182065	4068212
当年收入合计	17242562	19299297	19887992	22558262

续表 2-27

科目	2015 年	2016 年	2017 年	2018 年
预算科目	决算数			
国债转贷资金上年结余	10	10		
调入预算稳定调节基金	205343	354379	496344	675235
调入资金	590666	247721	247810	113191
上年结余	4617165	4526905	4808480	4427601
待偿债置换债券上年结余		28425		
一般公共预算上年结余	903358	892357	842968	589208
政府性基金上年结余	700781	402190	317904	125556
国有资本经营预算上年结余	1	3670	5380	5180
社会保险基金上年结余	2727653	2939097	3345731	3707791
财政专户管理资金上年结余	285607	261478	298212	
按规定冲减上年结余	-235	-312	-1715	-134
收入总计	22655746	24428312	25440626	27774289

表2-28　1991—2018年宁夏回族自治区财政收入及占地区生产总值比重情况表

年份	地方财政收入（亿元）	地区生产总值（亿元）	地方财政收入占地区生产总值比重（%）
1991 年	6.81	71.78	9.49
1992 年	7.73	83.14	9.30
1993 年	10.85	103.82	10.45
1994 年	7.17	133.97	5.35
1995 年	8.98	169.75	5.29
1996 年	12.68	193.62	6.55
1997 年	14.07	210.92	6.67
1998 年	17.75	227.46	7.80
1999 年	18.84	241.49	7.80
2000 年	20.82	265.57	7.84
2001 年	27.57	298.38	9.24
2002 年	26.47	329.28	8.04
2003 年	30.03	385.34	7.79
2004 年	37.47	460.35	8.14
2005 年	47.72	606.10	7.87
2006 年	61.36	725.90	8.45
2007 年	80.03	919.11	8.71
2008 年	95.01	1204.02	7.89
2009 年	111.58	1353.31	8.24
2010 年	153.55	1696.39	9.05
2011 年	219.98	2111.43	10.42
2012 年	263.96	2352.71	11.22
2013 年	308.34	2590.34	11.90
2014 年	339.86	2766.76	12.28
2015 年	373.45	2927.01	12.76
2016 年	387.66	3167.99	12.24
2017 年	417.59	3443.56	12.13
2018 年	436.52	3705.20	11.78

表2-29　1991—2002年宁夏回族自治区各市县地方财政收入情况表

单位:万元

年份/地区	1991年	1992年	1993年	1994年	1995年	1996年	1997年	1998年	1999年	2000年	2001年	2002年
全区总计收入	68100	77265	108522	145980	87605	126807	140738	177525	188393	201987	268709	264714
自治区本级	11936	22404	39055		37174	36002	38655	42947	45184	50592	67634	61953
地市县级	56164	54861	69467		50431	90805	102083	134578	143209	151395	201075	202761
银川市	24 873	22 972	28 504	64 909	24215	38127	43222	61826	66560	76807	101688	110583
银川市	22 130	19 790	24 220	58 753	20868	32476	36881	54287	58787	68290	90452	93129
永宁县	1080	1410	2106	3234	1674	2809	2920	3464	3667	4299	6720	5545
贺兰县	1663	1772	2178	2922	1673	2842	3421	4075	4106	4218	4516	5046
灵武市										6257	7036	6863
石嘴山市	14864	12995	16579	28524	9555	18554	20682	26730	28151	29192	35598	34618
石嘴山市	11426	9222	10750	19889	6472	12692	13545	17492	19505	19846	24355	23341
平罗县	2709	2992	4443	6819	2360	4402	5352	6603	6143	6194	7841	7705
陶乐县	129	126	114	149	87	197	368	383	375	440	454	504
惠农县	600	655	1272	1667	636	1263	1417	2252	2128	2712	2948	3068
吴忠市	13683	15293	19918	47231	13251	28519	32116	38415	40097	36522	52540	45659
吴忠市	138	226	185	114	171	555	541	1094	2513	4031	4947	5234
利通区	4058	4380	5296	8035	3230	6188	6812	8297	6031	5413	10121	7407
青铜峡市	3032	3532	4435	22139	4052	7666	9078	10042	10545	11162	14301	13303
中卫县	2360	2477	3454	5309	2892	4429	5048	6158	6879	7425	11436	8099
中宁县	1411	1609	2215	2873	1670	2793	3054	4359	4130	4487	6688	6670
灵武	1518	1765	2753	6318		4341	4860	4748	5731			
盐池县	617	645	828	1325	539	1233	1541	2260	2553	2549	2794	2720
同心县	549	659	752	1118	697	1314	1182	1457	1715	1455	2253	2226
固原市	2744	3601	4466	5316	3410	5605	6063	7607	8401	8874	11249	11901
固原市	-17	-13	38	76	309	266	280	480	507	822	1290	1073
固原县	1498	1736	2069	2413	1274	1897	1820	2511	2960	3017	3535	4230
海原县	174	425	465	577	202	585	608	709	929	1000	1023	1268
西吉县	329	497	553	763	380	853	980	1064	1116	1058	1286	1483
隆德县	290	345	608	537	603	993	1266	1565	1589	1781	2620	2450
泾源县	107	201	187	307	206	310	395	554	688	545	607	391
彭阳县	363	410	546	643	436	701	714	724	612	651	888	1006

说明:1998年前吴忠市为银南行署(地区);2002年前固原市为固原行署(地区)

表2-30　2003—2009年宁夏回族自治区各市县地方财政收入情况表

单位：万元

年份/地区	2003 年	2004 年	2005 年	2006 年	2007 年	2008 年	2009 年
全区总计	300310	374677	477216	613570	800312	950090	1115755
自治区本级	67011	94452	130904	165927	223486	263919	279102
地市县级	233299	280225	346312	447643	576826	686171	836653
银川市	122605	149848	181645	236120	276384	358110	440581
银川市	104156	127555	154739	197721	217706	270820	317434
永宁县	5816	7005	8129	9972	14250	20080	24049
贺兰县	5347	6942	7325	9259	13279	23145	36095
灵武市	7286	8346	11452	19168	31149	44065	63003
石嘴山市	41471	51594	72900	90525	115147	152999	171292
石嘴山市	32702	40523	51864	64446	88028	116333	129180
平罗县	8153	11071	21036	26079	27119	36666	42112
陶乐县	616						
吴忠市	38224	43327	50177	72702	125902	96809	123290
吴忠市	9688	9733	11949	30720	77314	39041	53919
利通区	7699	8979	8978				
青铜峡市	14967	17769	20856	24687	30813	38085	43760
盐池县	3082	3904	4971	7749	10267	12409	15301
同心县	2788	2942	3423	4024	4118	4944	6235
红寺堡开发区				5522	3390	2330	4075
中卫市	19611	23221	27566	31619	38569	52051	66200
沙坡头区	9276	11750	15572	19007	23493	30261	35820
中宁县	8975	10160	10395	10622	13056	19043	25199
海原县	1360	1311	1599	1990	2020	2747	5181
固原市	12004	12235	14024	16677	20824	26202	35290
固原市	3259	5283	6398	7442	8819	10223	14773
原州区	3151	2270	2220	2635	4078	5594	6608
西吉县	1648	1892	1803	2017	2318	2790	3303
隆德县	2257	827	1204	1425	1698	1968	2363
泾源县	549	722	1080	1352	1545	1961	2223
彭阳县	1140	1241	1319	1806	2366	3666	6020

表2-31　2010—2018年宁夏回族自治区各市县地方财政收入情况表

单位：万元

年份/地区	2010 年	2011 年	2012 年	2013 年	2014 年	2015 年	2016 年	2017 年	2018 年
全区总计	1535507	2199767	2639569	3083376	3398627	3734474	3876576	4175888	4365205
自治区本级	384429	546301	672106	801381	872639	1065445	1182353	1436962	1648900
地市县级	1151078	1653466	1967463	2281995	2525988	2669029	2694223	2738926	2716305
银川市	640368	966202	1131320	1345999	1535998	1709831	1731960	1774561	1732545

续表 2-31

年份 地区	2010 年	2011 年	2012 年	2013 年	2014 年	2015 年	2016 年	2017 年	2018 年
银川市	439705	655968	789786	949130	1083394	1222381	1213995	1234280	1209451
永宁县	42091	75064	91101	108862	125520	144588	132821	126633	65360
贺兰县	55158	93361	112730	130241	145449	156220	150809	110566	115984
灵武市	103414	141809	137703	157766	181635	186642	234335	303082	341750
石嘴山市	216460	263831	297937	309948	291020	267490	247391	230627	239190
石嘴山市	164495	195,590	221,369	224217	198435	181328	167206	150213	156872
平罗县	51965	68241	76568	85731	92585	86162	80185	80414	82318
吴忠市	156690	219148	287426	324749	351384	319659	325587	326885	345724
吴忠市	65164	93379	122447	127214	124240	135697	134716	131653	142554
红寺堡区	5474	8388	10907	14630	17518	16051	17310	20431	21995
盐池县	23492	36470	57956	69581	85230	75713	77184	71860	82815
同心县	8941	12230	17014	21061	20246	22254	21550	23490	26066
青铜峡市	53619	68681	79102	92263	104150	69944	74827	79451	72294
中卫市	84979	124497	147435	170732	194636	212955	231458	240048	226246
中卫市	42555	63333	73434	82080	92674	101414	109634	106494	110649
中宁县	36472	54660	65420	76091	86143	94129	101718	111488	91350
海原县	5952	6504	8581	12561	15819	17412	20106	22066	24247
固原市	52581	79788	103345	130567	152950	159094	157827	166805	172600
固原市	33230	46642	62596	77652	88433	94206	94277	100587	102381
西吉县	4460	8460	9505	11420	13604	16675	15213	16817	16888
隆德县	3290	4636	6378	9637	11479	13500	12834	10306	11102
泾源县	2535	3531	4597	6422	10138	12613	13637	15077	15783
彭阳县	9066	16519	20269	25436	29296	22100	21866	24018	26446

说明:1.各县(区、市)合计数不等于地级市数据的,地级市包含市本级数据。

2.1991—2018年银川市(1级)为银川全市(大市)财政(2000—2001年不含灵武市),银川市(2级)为银川市本级、兴庆区、西夏区、金凤区财政。

3.1991—2009年石嘴山市(1级)为石嘴山全市(大市)财政,石嘴山市(2级)为石嘴山市本级、大武口区财政;2010—2018年石嘴山市(1级)为石嘴山全市(大市)财政,石嘴山市(2级)为石嘴山市本级、大武口区、惠农区(县)财政。

4. 1991—2005年吴忠市(1级)为银南行署(银南地区)全地区财政,吴忠市(2级)为银南地区(市级吴忠市)本级财政,利通区为县级吴忠市(1998年后为利通区)财政;2006—2018年吴忠市(1级)为吴忠全市(大市)财政,吴忠市(2级)为吴忠市本级、利通区财政。

5.2003—2018年中卫市(1级)为中卫全市财政,中卫市(2级)为中卫市本级和沙坡头区财政。

6.1991—2009年固原市(1级)为固原行署(固原地区)全地区财政,固原市(2级)为固原市(县)本级财政。2010—2018年固原市(1级)为固原全市财政,固原市(2级)为固原市本级和原州区(固原县)财政。

第三篇　财政支出

财政支出，通常是指国家为实现其各种职能，由财政部门按照预算计划，将国家集中的财政资金向有关部门和方面进行支付的活动，因此也称预算支出。由于存在预算外资金，财政支出的概念也就有狭义与广义之分：狭义的财政支出仅指预算内支出；广义的财政支出则包括预算内支出和预算外支出。

1991—2006 年，宁夏财政支出主要由基本建设、工交商事业、科教文卫、社会抚恤救济等几大类组成。1991 年宁夏财政支出总计 16.05 亿元，至 2006 年各类支出达 193.21 亿元。2007 年后，宁夏财政主要由公共服务支出、教育科学文化体育卫生支出、社会保障支出和经济建设支出等大类构成。2018 年各类支出总计达到 1419.06 亿元。

宁夏各级财政部门，把支出预算的均衡性管理作为落实财政政策的重要方面，不断加强科学化精细化管理，从细化项目预算编制、及时下达本级预算，不断清理结转项目，快捷追加上级分配预算，加快用款计划编报批复，扩大直接支付范围等方面，改革财政支出预算管理方式方法。由于措施得力，成效较为明显。

第一章 财政支出总体状况

财政支出总体状况包含各财政年度完成财政预算支出的总量、占比，以及各支出单位在同一财政年度内各自支出的数量和占比等。

1991年，宁夏全年公共财政支出16.05亿元，比上年增长11%。至2018年，宁夏一般预算支出完成1419.06亿元，同口径增长14.18%。宁夏全区民生支出1090.8亿元，占一般公共预算支出的76%，民生支出占比进一步加大。

宁夏财政注重通过深化改革，进一步完善财政职能，提高财政支出效率。不断克服宁夏财政支出存在的突出性矛盾，如财政收入规模小、总量低，对宁夏经济发展和社会生活的支持有限；财政支出的非理性部分偏高；财政收入与支出严重失衡；财政供养系数较高等制约宁夏财政支出资金效能等主要问题。全区财政支出逐年加大，财政支出增幅加快，重点支出得到保障，投资性支出比重下降，经常性支出比重上升，实现了由“吃饭型”向“促发展型”的战略转移，有效地促进了工业化、农业化、城市化及各项事业发展。

第一节 财政支出构成与累计支出

一、财政支出构成

1991—2006年，宁夏地方公共财政支出主要由基本建设、企业挖潜改造、科技三项费用、农业水利和气象等部门事业费、工业交通等部门事业费、流通部门事业费、文体广播事业费、教育事业费、科学事业费、卫生费、抚恤和社会福利救济费、社会保障补助、行政管理费、公检法司支出以及其他支出等组成。

2007年以后，宁夏地方公共财政支出科目发生变化，由以前的支出科目变为一般公共服务、外交、国防、公共安全、教育、科学技术、文化体育与传媒、社会保障和就业、医疗卫生、环境保护（节能环保）、城乡社区事务、农林水事务、交通运输、商业服务业等事务、工业商业金融等事务、金融监管、住房保障、国债还本付息以及其他支出等科目。

二、财政支出累计

“八五”计划时期（1991—1995年），宁夏地方公共财政支出平稳增长，由1991年的16.05亿元，增长到1995年近23亿元。5年间总支出93.68亿元，年均增长8.0%。

“九五”计划时期（1996—2000年），宁夏地方财政支出增长较快，1996年一般预算支出

29.52亿元，2000年一般预算支出60.84亿元。5年间宁夏地方财政一般预算支出合计218.65亿元，是“八五”计划时期的2.3倍。

“十五”计划时期（2001—2006年），伴随着经济建设的快速增长，宁夏地方财政支出也快速增长，2001年地方财政支出93.58亿元，2002年地方财政支出超过百亿元，达到114.57亿元。5年间宁夏地方财政一般预算支出累计完成597.19亿元，是“九五”计划时期的2.73倍。

“十一五”规划时期（2006—2010年），宁夏地方财政一般预算支出累计完成1749.56亿元，是“十五”计划时期的2.93倍。

“十二五”规划时期（2011—2015年），宁夏地方财政一般预算支出累计完成4631.69亿元，是“十一五”规划时期的2.65倍。

2016—2018年，宁夏地方财政一般预算支出分别为1254.54亿元、1372.78亿元、1419.06亿元。

第二节　财政支出年度状况

1991年，宁夏全年公共财政一般预算支出16.05亿元，比上年增长11.0%。主要支出项目：基本建设支出1.53亿元，为年度调整预算的97.5%，比上年增长4.8%；企业挖潜改造资金支出0.70亿元，为年度调整预算的73.3%，比上年增长30.9%；科技三项费用支出0.21亿元，为年度调整预算的65.6%，比上年增长12.9%；流动资金支出0.18亿元，为年度调整预算的100%，比上年增长21.4%；支援农村生产支出1.14亿元，为年度调整预算的71.1%，比上年度增长10.1%；农林水气等部门事业费支出1.02亿元，为年度调整预算的91.4%，比上年增长5.4%；工交商等部门事业费支出0.20亿元，为年度调整预算的80.9%，比上年下降7.0%；文教卫生事业费支出3.65亿元，为年度调整预算的92.7%，比上年增长5.3%，其中教育事业费支出2.02亿元，为年度调整预算的93.3%，比上年增长1.5%；科学事业费支出0.21亿元，为年度调整预算的85.7%，比上年增长4.7%；行政管理费支出1.41亿元，为年度调整预算的96.0%，比上年增长11.4%；公检法支出0.52亿元，为年度调整预算的92.4%，比上年增长9.4%；价格补贴支出2.67亿元，为年度调整预算的89.3%，比上年增长34.1%。

1992年，宁夏全区公共财政一般预算支出完成15.86亿元，为年度调整预算的83.9%。在财政总支出中，主要支出项目的完成情况：基本建设支出1.44亿元，完成年度调整预算的92.3%，比上年下降5.9%；企业生产性支出（包括企业挖潜改造资金、科技三项费用和简易建筑费）1.01亿元，完成年度调整预算的86.3%，比上年下降7.45%；支援农村生产支出1.11亿元，完成年度调整预算的71.7%，比上年下降2.6%；文教卫生科学事业费支出4.34亿元，完成年度调整预算的101.9%，比上年增长10.9%；行政管理费支出1.68亿元，完成年度调整预算的114.5%，比上年增长19.15%；公检法支出0.61亿元，完成年度调整预算的103.0%，比上年增长17.3%；价格补贴支出1.35亿元，完成年度调整预算的47.7%，比上年下降49.4%。

1993年，宁夏全区财政总支出中，地方财政一般预算支出19.40亿元，为年度调整预算的83.3%，比上年增长22.3%。上解中央支出963万元，比上年减少576万元，下降37.4%。主要支出项目的完成情况：基本建设支出完成1.47亿元，为年度调整预算的97.4%，比上年增长2.1%；企业挖潜改造资金1.96亿元，为年度调整预算的89.6%，比上年增长153.6%；支援农村生产支出完成1.20亿元，为年度调整预算的64.4%，比上年增长8.3%；农林水气等部门事业费支出1.33亿元，为年度调整预算的91%，比上年增长18.2%；文教卫生事业费支出4.65亿元，为年度调整预算的93.8%，比上年增长13.7%；行政管理费支出2.06亿元，为年度调整预算的97.2%，比上年增长22.6%；价格补贴支出1.17亿元，为年度调整预算的52.5%，比上年下降13.3%，主要原因是1993年7月1日粮食价格放开后，减少了价格补贴。

1994年，全区财政总支出中，地方财政一般预算支出19.38亿元，为年度调整预算的76.3%，比上年下降0.11%。主要支出项目：基本建设支出完成1.18亿元，为年度调整预算的95.8%，比上年下降19.9%，因受年初预算压缩而出现下降；企业挖潜改造资金支出0.69亿元，为年度调整预算的87.5%，比上年下降65.1%，因受年初预算压缩影响而下降；支援农村生产支出1.30亿元，为年度调整预算的61.9%，比上年增长7.7%；农林水气等部门事业费支出1.70亿元，为年度调整预算的85.9%，比上年增长27.4%；文教卫生事业费支出5.78亿元，为年度调整预算的90.6%，比上年增长24.5%，其中教育事业费0.39亿元，为年度调整预算的93.4%，比上年增长30.4%；行政管理费支出2.51亿元，为年度调整预算的94.5%，比上年增长21.8%；价格补贴支出1.36亿元，为年度预算的49.5%，比上年增长16.4%。

1995年，宁夏全区财政一般预算支出23亿元，完成预算的80.5%，比上年增长18.7%。主要支出项目的完成情况：基本建设支出1.59亿元，完成预算的90%，比上年增长35.2%；企业挖潜改造资金支出0.70亿元，完成预算的84.7%，比上年增长2.5%；支援农村生产支出（含农业综合开发）与农林水气等部门事业费共支出3.37亿元，完成预算的76.7%，比上年增长12.5%；文教卫生科学事业费支出6.54亿元，完成预算的91.2%，比上年增长8.8%，其中教育事业费增长10.6%；抚恤与社会福利救济费支出0.35亿元，完成预算的65.5%，比上年增长7.9%；公检法支出1.09亿元，完成预算的92.1%，比上年增长17.5%；价格补贴支出1.99亿元，完成预算的57%，按可比口径，比上年增长46.4%。

1996年，宁夏全区财政一般预算支出29.52亿元，比上年增长28.4%。主要支出完成情况：基本建设支出2.62亿元，为预算的86.9%，比上年增长64.4%；企业挖潜改造资金1.54亿元，为预算的87.5%，比上年增长1.2倍；支援农村生产支出、农业综合开发与农林水气等部门事业费共4.04亿元，为预算的80%，比上年增长19.8%；文教卫生科学事业费7.33亿元，为预算的91.3%，比上年增长12.08%；抚恤和社会福利救济支出0.42亿元，为预算的61%，比上年增长20%；行政管理费2.79亿元，为预算的91%，比上年下降0.93%；公检法支出1.28亿元，为预算的85.2%，比上年增长17.3%。

1997年，全区财政一般预算支出33.63亿元，比上年增长13.92%。其中，基本建设支出2.76

亿元，比上年增长5.1%；企业挖潜改造资金1.55亿元，比上年增长1%；支援农村生产支出1.87亿元，比上年增长20.36%；文教卫生事业费支出5.8亿元，比上年增长7.4%；行政管理费支出3.15亿元，比上年增长13%。

1998年，全区财政一般预算支出45.12亿元，比上年增长34.2%。其中，基本建设支出6.2亿元，比上年增加1.25倍；企业挖潜改造资金1.36亿元，比上年下降12.5%；支援农村生产支出1.85亿元，比上年下降0.6%；农业水利和气象等部门的事业费支出2.7亿元，比上年增长30.9%；行政管理费支出3.7亿元，比上年增长18.1%。全年财政支出增幅较高，农业、科技、教育等法定支出投入得到优先保证，社会保障、自治区成立40周年等重点支出项目资金及时到位。

1999年，全区财政一般预算支出49.54亿元，完成变动预算的83.9%，比上年增长9.7%。

2000年，宁夏全区财政一般预算支出60.84亿元，完成变动预算的77%，比上年增长22.82%。其中，基本建设支出9.39亿元，完成变动预算的53.1%，比上年增长55%；企业挖潜改造资金3.28亿元，完成变动预算的89%，比上年增长46.6%；支援农业生产和事业支出5.66亿元，完成变动预算的 83.7%，比上年增长6%；科技三项费用和科学事业费1.11亿元，完成变动预算的86.8%，比上年下降1.9%；教育事业费8.08亿元，完成变动预算的99%，比上年增长15.9%；行政管理费4.55亿元，完成变动预算的100%，比上年增长15%；社会保障补助支出5.38亿元，完成变动预算的90.8%，比上年增长192.7%；公检法司支出3.16亿元，完成变动预算约94.2%，比上年增长22.5%。

2001年，全区财政一般预算支出93.6亿元，完成变动预算的80.6%，比上年增长53.8%。其中，基本建设支出24.3亿元，比上年增长158.6%；农业水利和气象等部门的事业费支出4.8亿元，比上年增长44.9%；教育事业费支出10.9亿元，比上年增长34.7%；行政管理费支出6.08亿元，比上年增长33.5%。

2002年，全区一般预算支出114.6亿元，为年度变动预算的82%，按可比口径，比上年增长22.4%。

2003年，全区一般预算支出完成105.8亿元，比上年下降7.67%。其中，基本建设支出20.36亿元，比上年下降20.2%；教育事业费支出13.78亿元，比上年增长8.6%；行政管理费支出7.73亿元，比上年增长11.1%；公检法司支出4.44亿元，比上年增长16.2%。

2004年，全区一般预算支出完成123亿元，比上年增长16.3%。其中，基本建设支出20.52亿元，比上年增长0.8%；教育事业费支出16.1亿元，比上年增长16.84%；行政管理费支出8.77亿元，比上年增长13.4%；公检法司支出5.16亿元，比上年增长16.14%。

2005年，宁夏全区财政一般预算支出完成160亿元，比上年增长30.3%，其中：区本级完成73亿元，比上年增长38.4%；市县级完成87亿元，比上年增长22.4%。支出增加额近37亿元，创历史最高水平。

2006年，宁夏全区财政支出完成193.2亿元，比上年增长20.8%。政府基金支出完成21.1亿元，比上年增长17.4%。全区一般性转移支付达到30.27亿元，比上年增长26.7%。

2007年，宁夏一般预算支出由2002年的114.6亿元增加到2007年的241.9亿元，年均可比增长19%。对市县一般性转移支付由2002年的3亿元增加到2007年的26.2亿元,增长7.7倍,年均增长54.3%。2007年累计下达市县专项资金156亿元,占同期中央专项资金总额的60%。

是年6月底,全区7.38亿元的乡镇债务得到全面化解,成为全国唯一一个全面化解乡镇债务的省区;8月底,全区9.01亿元的义务教育债务也全部化解,均比国家和自治区确定的时间提前了一年半。自治区成立50周年是全区各族人民政治生活的一件大事,自治区财政尽力给予资金保障,连续投资16亿元,支持建成了"四馆三中心"等一批重点工程,又安排10亿多元资金,为全区机关事业单位干部职工、企业离退休职工、城乡低保对象等发放效能奖励和生活补助,为全区80%的干警配备了单警装备。

2008年,全区财政一般预算支出突破300亿元,完成323.1亿元,其中区本级支出完成116.3亿元。一般公共服务支出42.35亿元,教育支出54.06亿元,农林水事务支出45.20亿元,社会保障和就业支出37.05亿元,都属财政重点支出。

2009年,全区财政一般预算支出完成432.4亿元,比上年增长33.2%,突破400亿元大关。一般公共服务支出46.97亿元,比上年增长10.9%,低于全区一般预算支出增幅19.3个百分点。加大对自主创新、科技攻关、科技"富民强县"和农村科技特派员等项目的投入力度,科技总投入4.4亿元。全区各级财政投入工商金融领域资金34.9亿元,比上年增长58.3%;投入农林水利领域资金68.7亿元,比上年增长51.95%。全面落实民生计划,共安排160个项目64亿元资金,实现民生计划项目透明公开、全程监控。为推动基本公共服务均等化,自治区财政共下达各类财力性资金85.9亿元,比上年增长24.9%。共下达市县专项转移支付113.2亿元,比上年增长30.2%,促进了区域协调发展。

2010年,全区财政一般预算支出达到557.6亿元,比上年增长28.95%。全区城乡社区支出61.9亿元,比上年增长45.4%;农林水支出94.2亿元,比上年增长37.19%;教育支出81.6亿元,比上年增长24.95%;卫生支出34.02亿元,比上年增长48.4%。全区工业类支出20.8亿元,比上年增长45.8%。全区服务业支出10.3亿元,比上年增长64.1%。全区环境保护和科技支出分别完成30.8亿元、5.97亿元,分别比上年增长36.3%、35.5%。

2011年,宁夏财政一般预算支出突破700亿元大关,达到706亿元,比上年增长26.6%。其中,教育支出103亿元,比上年增长20.3%;医疗卫生支出41.1亿元,比上年增长20.8%;社会保障和就业支出71.9亿元,比上年增长105.4%。全区工业支出25亿元,比上年增长20.2%。筹集资金40亿元支持生态移民工程、保障性住房、乡村道路、人畜饮水等项目实施;安排资金30亿元推进沿黄经济区等项目建设;安排2.24亿元用于宁夏大剧院、公安交通应急指挥中心建设等。

2012年,宁夏财政一般预算支出突破800亿元大关,达到864亿元,比上年增长22.5%。其中,教育支出106.45亿元,比上年增长3.34%;农林水事务支出139.8亿元,比上年增长24.6%;社会保障和就业支出89.6亿元,比上年增长24.5%;医疗卫生支出46.1亿元,比上年增长12.2%;住房保障支出 56.23亿元,比上年增长66.1%;城乡社区事务支出 109.6 亿元,比上年增长34.5%。全社会完成固定资产投资 2109.52 亿元, 比上年增长 27.5%, 其中,基本建设投资1361.49 亿元，比上年增长 28.8%；更新改造投资238.18 亿元，比上年增长 26.3%；房地产开发投资429.15亿元，比上年增长27.6%。

2013年，宁夏财政一般预算支出922.5亿元，突破900亿元，比上年增长6.7%。其中，教育支出113.0亿元，比上年增长6.1%；农林水事务支出149.4亿元，比上年增长6.9%；社会保障和就业支出102.77亿元，比上年增长14.7%；医疗卫生支出53.77亿元，比上年增长16.7%；住房保障支出55.62亿元，比上年下降10.9%；城乡社区事务支出133.79亿元，比上年增长22.03%。

2014年，宁夏一般预算支出超过千亿元大关，达到1000.45亿元，比上年增长8.5%。其中，教育支出122.68亿元，比上年增长8.6%；社会保障和就业支出116.43亿元，比上年增长13.3%；医疗卫生支出65.27亿元，比上年增长21.4%；交通运输支出73.00亿元，比上年增长33.9%；住房保障支出81.39亿元，比上年增长46.3%；一般公共服务支出61.68亿元，比上年下降3.9%。

2015年，宁夏一般预算支出1138.5亿元，比上年增长13.8%。其中，一般公共服务支出67.09亿元，比上年增长8.8%；教育支出142.5亿元，比上年增长16.2%；社会保障支出146.23亿元，比上年增长25.6%；医疗卫生支出74.1亿元，比上年增长13.6%；节能环保支出45.5亿元，比上年增长31.5%；城乡社区事务支出145.96亿元，比上年增长40.3%；农林水事务支出166.3亿元，比上年增长 5.9%；交通运输支出97.85亿元，比上年增长34.03%。

2016年，宁夏一般预算支出1254.54亿元，比上年增长10.2%。其中，教育支出152.6亿元，比上年增长7.1%；农林水事务支出201.3亿元，比上年增长21.06%；社会保障和就业支出164.2亿元，比上年增长12.3%；医疗卫生与计划生育支出82亿元，比上年增长10.7%；住房保障支出63.3亿元，比上年下降12%；城乡社区事务支出182.1亿元，比上年增长24.8%。全年共争取中央各类转移支付资金741.2亿元，比上年增长7%，比上年净增加50.7亿元。

2017年，宁夏一般预算支出完成1372.78亿元，比上年增长9.4%。从支出科目看，一般公共服务支出86.15亿元，占一般公共预算支出比重的6%；公共安全支出64.6亿元，占比5%；教育支出170.7亿元，占比13%；科学技术支出25.6亿元，占比2%；社会保障和就业支出162.3亿元，占比12%；医疗卫生与计划生育支出97.9亿元，占比7%；节能环保支出57.6亿元，占比4%；城乡社区支出187亿元，占比16%；农林水支出222亿元，占比16%；交通运输支出100.8亿元，占比7%；债务付息及发行费用支出30.7亿元，占比2%；其他各项支出143.9亿元，占比10%。

2018年，宁夏一般预算支出完成1419.06亿元，比上年增长3.4%。宁夏全区各级财政用于民生的支出1090.8亿元，占一般公共预算支出的76%。其中，节能环保、城乡社区、社会保障和就业、医疗卫生与计划生育等支出分别增长25.6%、6.2%、8.4%、7.7%。教育投入增幅高于全国平均水平，连续6年占地区生产总值的4%以上，宁夏成为西部第一个通过县域义务教育基本均衡发展验收的省区。科技支出34亿元，增长33%。全区共投入各类扶贫资金109.22亿元，比上年增长14.64%。全区各级财政安排生态环保和污染治理资金80.09亿元，比上年增长49.1%，是历年来投入力度最大的一年。

第二章　公共服务支出

公共服务，是公共行政和政府职能的核心所在，包括加强城乡公共设施建设，发展教育、科技、文化、卫生、体育等公共事业，为社会公众参与社会经济、政治、文化活动等提供保障。公共服务根据其内容和形式分为基础公共服务、公共安全服务、经济公共服务、社会公共服务等。基础公共服务是指那些通过国家权力介入或公共资源投入，为公民及其组织提供从事生产、生活、发展和娱乐等活动都需要的基础性服务，如一般公共服务、城乡公共设施建设或水、电、气，交通与通信基础设施，邮电与气象服务等。公共安全服务是指通过国家权力介入或公共资源投入为公民提供的安全服务，如军队、警察和消防等方面的服务。经济公共服务是指通过国家权力介入或公共资源投入为公民及其组织从事经济发展活动所提供的各种服务，如各种商业服务、金融服务和咨询服务等。社会公共服务则是指通过国家权力介入或公共资源投入为满足公民的社会发展活动的直接需要所提供的服务，如教育、科学普及、医疗卫生、社会保障以及环境保护等领域。

宁夏财政公共服务支出主要包括行政事业费与一般公共服务支出、城乡社区事务支出等基础公共服务支出，国防与外交支出、公共安全支出等公共安全服务支出，商业服务业支出、金融监管支出、住房保障支出、节能环保支出等经济公共服务支出。2018年，宁夏一般公共服务支出913080万元，公共安全服务支出690349万元，商业服务业等经济公共服务支出共计1472234万元。

第一节　行政事业费与一般公共服务支出

一、行政管理支出

1991—2006年，宁夏公共服务支出主要表现为行政管理支出。

行政管理支出是财政用于国家各级权力机关、行政管理机关和外事行使其职能所需的费用支出，是社会消费性支出的组成部分。行政管理费由人员经费和公用经费两部分组成。主要包括：国家权力机关经费支出，即各级人民代表大会及其常务委员会的经费支出；国家行政机关经费支出，即各级人民政府及其所属各行政管理机关的经费支出；国家各级审判、检察机关的经费支出；中国人民政治协商会议全国委员会机关和各级地方委员会机关的经费支出；党派、团体经费支出，即中国共产党、各民主党派中央机关和各级地方组织机构机关的经费支出，中国共产主义青年团、中华全国妇女联合会中央机关和各级地方组织机构机关的经费支出。

1991—1995年“八五”计划时期，宁夏行政管理总支出104410万元。1996—2000年“九五”计划时期，宁夏行政管理总支出181751万元。2001—2005年“十五”计划时期，宁夏行政管理总支出402265万元。2006年行政管理支出129959万元。2007年后，行政管理支出不再单列。

二、其他部门事业费支出

财政统计事业费支出中，将教科文卫、农林水利等大类外的其他事业费支出归为“其他部门事业费支出”。

1991—1997年，宁夏其他部门事业费支出分别为5849万元、6802万元、7450万元、8640万元、8611万元、10968万元和15405万元。

1998—2006年，在财政统计中其他部门事业费分为两个阶段：1998—2002年为税务等部门事业费，支出分别为15343万元、18277万元、21483万元、29515万元和33555万元；2003—2006年恢复为其他部门事业费，支出分别为37186万元、45902万元、53523万元和63103万元。

2007年后，其他部门事业费支出不再单列。

三、一般公共服务支出

2007年始，基础公共服务支出表现为一般公共服务支出。

一般公共服务支出主要用于保障机关事业单位正常运转，支持各机关单位履行职能，保障各机关部门的项目支出需要，以及支持地方落实自主择业军转干部退役金等。一般公共服务支出包括人大事务、政协事务、政府办公厅（室）及相关机构事务、发展与改革事务、统计信息事务、财政事务、税收事务、审计事务、海关事务、人事事务、纪检监察事务、人口与计划生育事务、商贸事务、知识产权事务、工商行政管理事务、食品和药品监督管理事务、质量技术监督与检验检疫事务、国土资源事务、海洋管理事务、测绘事务、地震事务、气象事务、民族事务、宗教事务、港澳台事务、侨务、档案事务、共产党事务、民主党派事务、群众团体事务、彩票事务、国债事务、其他一般公共服务支出等。

2007—2018年，宁夏一般公共服务支出总计为739.0389亿元。

第二节　公共安全支出

公共安全支出，是指政府维护社会公共安全方面的支出，包括武装警察、公安、国家安全、检察、法院、司法行政、监狱、劳教、国家保密、缉私海警，以及其他公共安全支出等人员工资待遇及机关行政事务经费等。

1991年，宁夏全区公共安全支出主要为公检法支出，支出5171万元，比上年增长13.7%。其增加内容主要用于拨付公检法机关的办案经费。

1992年后，公检法支出持续增加，1995年支出突破1亿元，达到1.09亿元，主要用于公检法办案经费支出和基层单位装备支出。

1996年开始，武装警察部队支出单列，1996—2006年，武装警察部队总支出16488万元。1998—2006年，全区公检法司总支出为458459万元。公检法支出主要是办案经费支出和建立全区政法系统办案装备现代化网络体系，提高政法基层单位的装备技术水平。

2007年开始，上述各项支出合并为公共安全支出。2007年、2008年，全区公共安全支出分别为147180万元、192769万元，主要为健全基层司法经费保障机制、大规模更新配置政法系统技术装备。

2009年，为实施政法经费保障机制改革，争取中央政法保障经费7.4亿元，比上年增长1.8倍，各级政法部门办案业务经费、基本装备和重点技术装备得到保障，为建设“平安宁夏”提供公共安全支持。

2012年，安排资金29亿元，推进“平安宁夏”建设，支持完成各个城市监控系统网络化建设和警力个人装备配备任务。是年，对全区政法经费保障实行绩效考核，化解政法系统基建债务资金10900万元。

2013—2017年，全区公共安全支出共2713973万元，持续推进“平安宁夏”建设系统工程。

2018年，宁夏公共安全支出684026万元，其中一项重要支出是开展扫黑除恶专项斗争，严厉打击各类违法犯罪。

第三节　城乡社区事务支出

一、城市维护支出

城市维护支出，是指国家预算以“城市维护建设税”和地方机动财力等安排的用于城市公用事业、公共设施维护与建设的支出。包括城市道路、桥梁、给水、排水、供气、供热、公共污水处理、防洪堤坝、城市交通管理、消防、路灯等公共设施的维护费；园林、苗圃、公共绿化地等绿化设施维护费；公共厕所、清扫垃圾、街道洒水、扫雪等公共环境卫生补助费等。

1985年开征城市维护建设税，用于城市维护支出。1991—2006年宁夏城市维护费总支出355071万元。其中，1991年，城市维护支出5020万元，1995年支出7408万元，2000年支出17710万元，2006年支出81276万元。这一时期，随着城市化进程的加快、城市公共设施维护与保养率的增加，城市维护支出不断攀升。

2007年，财政支出科目发生变化后，取消城市维护支出，原城市维护支出列入城乡社区事务支出等。

二、城乡社区事务支出

城乡社区事务支出，是指政府城乡社区事务支出，包括城乡社区管理事务支出、城乡社区规划与管理支出、城乡社区公共设施支出、城乡社区住宅支出、城乡社区环境卫生支出、建设市场管理与监督支出以及其他城乡社区支出。

自2007年城乡社区事务支出单列后至2018年，全区城乡社区事务总支出为10993682万元。

2007年，宁夏城乡社区事务支出17.4亿元，其中投资2亿多元，支持自治区首府实施人行天桥和地下通道建设、新型城市公交车和环卫车购置等公益性项目。

2008—2009年，宁夏城乡社区事务支出总计759418万元，主要用于城乡公共事务或基础设施建设。

2010年，宁夏全面启动城市公厕建设项目，安排资金近4000万元支持一、二、三类建设标准共343 座城市公厕建设，提高了城市基础设施水平。

2011年，下达建设资金4495 万元，新建和改造城市公厕398座，基本解决了市县群众如厕难的问题，改善了公厕建设滞后于城市发展的现状，提升了城市形象和品位。

2012年，安排专项资金4000万元，继续推进城市公厕建设，新建公厕418座、改造公厕65座，完成下达目标的107%。

2013年，为加大城乡社区建设力度，按照城市社区每个补助65万元，农村社区每个补助20万元的标准安排资金4250万元，支持50个城市社区和50个农村社区服务场所标准化建设和规范化服务。

2015年，宁夏城乡社区事务支出1459604万元。安排4300万元新建20个城市社区服务站和150个农村社区服务站。

2016年，拨付资金3000万元，实施老旧住宅小区整治改造工程。下达奖补资金1500万元，推进5个地级市及平罗县、中宁县、泾源县开展城乡规划编制。为改善城乡人居环境，安排清水河城镇产业带资金 22 亿元，支持中南部地区城市和产业园区道路、桥涵、给排水、集中供热、垃圾和生活污水处理、老旧街巷改造及城市绿化亮化等基础设施新改扩建项目。为提升城市综合承载能力和服务功能，拨付资金3亿元，支持高标准实施20个重点小城镇基础设施建设。安排资金1.1亿元，完成美丽乡村建设100个。

2017年，实施“百村示范、千村整治”工程，拨付4.5亿元资金高标准改造建设美丽小城镇20个、特色小镇10个，完成农村生活污水处理及改厕3.2万户。安排4000万元支持市、县（区）结合旧城改造和棚户区改造综合整治580万平方米。

2018年，按照自治区党委办公厅、人民政府办公厅关于印发《宁夏农村人居环境整治三年行动实施方案的通知》（宁党办〔2018〕43 号）要求，以农村垃圾、污水治理及改厕、改善村容村貌为主攻方向，以川区、山区（含川区县区中部分山区乡村及贫困乡村）因地制宜、分类推进为基本原则，以“百村示范，千村整治”工程为工作抓手，下达农村人居环境整治以奖代补资金1亿元，集中力量开展农村人居环境整治。下达资金4.6亿元，高标准实施20个美丽小城镇、自治区首批10个特色小镇基础设施建设和农村生活污水处理及改厕3万户。

第四节　商业服务业支出

商业服务业支出即反映商业服务业等方面的事务支出，包括商业流通事务支出、旅游业管理与服务支出、其他商业服务业支出等。

1991—1997年，宁夏商业服务业支出主要表现为商业部门事业费支出和价格补贴支出。1998—2006年，商业服务业支出主要表现为流通部门事业费。2007年、2008年在财政支出统计中，工业商业金融融为一体。

2010年后，支出科目变为商业服务业等支出。

一、商业流通事务支出

1991—1997年，宁夏商业服务业支出主要表现为商业部门事业费支出和价格补贴支出。

1991—1994年，商业部门事业费共支出1853万元。1991—1994年价格补贴共支出65399万元。

1995—1997年，商业部门事业费支出和价格补贴支出共57209万元。其支出主要是贯彻落实国务院关于粮食部门实行“两条线运行”机制精神，给予粮食部门在进行粮食流通体制改革中以资金支持。

1998年，流通部门事业费支出1168万元。一方面，进行粮食流通体制改革，围绕落实中央“敞开收购，顺价销售，收购资金封闭运行，加快国有粮食企业自身改革”的政策，做到按保护价敞开收购农民余粮，实现了收购资金的封闭运行和附营业务资金的分离划转。全区粮食企业连年大幅度增亏的局面得到扭转，青铜峡市、永宁县全面扭亏为盈。另一方面，抓住自治区成立40周年契机，把启动区内消费市场作为扩大内需的重要组成部分，发展不同业态的经营方式，采取价格补贴等促销措施，促进商品销售与流通。

1999年，执行粮食流通体制改革政策。一是审核粮食政策性补贴，加强财政资金管理。为管好用好各项粮食补贴资金，防止财政资金被套取，对各市县粮食部门1998年度的粮食政策性补贴款逐项进行审核。通过审核共核减虚报应补下放性补贴220万元。二是根据中央要求，由自治区财政厅牵头，会同粮食局、审计厅、农业发展银行等部门，对全区粮食企业的新增粮食财务挂账和其他不合理占用贷款情况逐户清查、核实和分解。在规定时间内将粮食风险基金全部拨付到位，并将清理收回的2007万元财政周转金，全部用于提高风险基金包干后由自治区财政按1∶1负担的粮食风险基金；三是完善粮食风险基金管理办法，帮助粮食企业扩大销售，对5年以上陈化粮采取拍卖等出售方式，压缩库存，针对粮食超储、仓容不足等问题，挤出资金，及时进行仓储基础设施建设。

2000年，支持粮食流通企业深化体制改革，安排8807万元粮食风险基金，支持粮食企业贯彻落实国家有关粮食方针政策。投入专项资金300万元，用于扶持粮食部门安排职工分流再就业建设项目。

2004年，自治区粮食风险基金中安排2亿元资金，一次性解决1998年6月以来国有粮食购销企业形成的政策性亏损挂账（包括处理陈化粮差价亏损）问题，对市县粮食购销企业欠交自治区财政各种价差款3423万元进行清收。

2006年，流通部门事业费支出为2672万元，主要用于支持经贸事业发展，鼓励优势企业参与国际、国内经济技术合作与竞争，对24户重点出口企业扩大出口项目和中小企业开拓国际市场项目给予资金扶持，保障“香港周”等招商引资活动所需经费；支持现代流通体系建设，落实“万村千乡”市场工程资金任务；探索政府部门和金融机构支持循环经济的新途径。

2007年，工业商业金融等事务共支出163873万元。在商业流通支出方面主要用于促进现代服务业发展，支持“万村千乡市场工程”和“双百市场工程”建设；会同有关部门组织实施城乡流通体系重点建设项目；保障招商引资和经贸合作所需经费。

2008年，工业商业金融等事务共支出220573万元，主要用于打造新农村、新合作、新网络的“三新工程”。“三新工程”以宁夏中农金合农业生产资料有限责任公司、宁夏新合作农村发展实业有限公司等企业、农村专业合作组织、农家店长和科技特派员为主体，在3年内，在全区187个乡镇2362个行政村，建设和改造市场工程农家店3600个，每村设信息服务站1个，在全区“三农”网上呼叫中心增加物流配送指挥调度功能。支持邮政储蓄为开办的标准化农家店办理小额贷款、金融保险，提供运营资金，建设和改造县（市、区）乡物流中心80个，扶持和培育大型农产品流通企业15个、特色农产品生产基地20个。

2009年，安排8000多万元资金完善城乡市场体系，支持九大批发市场建设和骨干流通企业发展，促进“三新工程”实施；推进“家电下乡”“汽车、摩托车下乡”“以旧换新”工作，完成销售额 6.8亿元，激活农村消费；落实房屋交易和汽车购置的税收优惠政策，拨付2350万元实施航线补贴，筹集6700万元支持“宁洽会”“园博会”“文博会”等六大节会，助力热点升温，活跃市场消费。是年，对宁夏中邮物流公司、宁夏中农金合农资公司等5家农家店、配送中心补助资金824.8万元，支持企业不断完善全区日用消费品连锁经营网络和农产品市场流通信息服务网络体系。

2010年，加快发展现代服务业，整合6000多万元支持三大口岸（宁夏惠农陆路口岸、银川陆路口岸、银川河东机场口岸）和九大物流园区建设。全区服务业支出10.4亿元，增长64.1%。是年，印发《宁夏回族自治区家电以旧换新财政补贴资金管理暂行办法》，稳步推进家电等产品下乡和以旧换新工作，完成销售额11亿元，并及时拨付家电、摩托车下乡及家电以旧换新补贴资金3.86亿元，兑付率100%。

2011年，安排补贴资金1.71亿元，用于家电下乡、摩托车下乡和以旧换新工作，安排1600万元支持实施“万村千乡市场工程”，安排1亿元支持激活城乡消费市场。制定《定点限量限价销售鲜肉价格补贴办法》[宁财（综）发〔2011〕890号]，对银川、石嘴山、吴忠、固原、中卫五市和平罗、海原两县定点限量限价销售的鲜肉进行价格补贴。银川市被财政部、商务部确定为全国第二批肉类蔬菜流通追溯体系建设试点城市。

2012年，安排6亿元支持三大口岸、九大物流园区、农村流通体系、乡镇标准化农贸市场和“万村千乡”市场工程建设，形成城乡流通服务网络格局。兑付补贴资金4.8亿元，用于落实家电下乡、汽车摩托车下乡和以旧换新等国家补贴政策。

2013年，做好家电下乡收尾、及时组织开展摩托车下乡资金清算。两项政策实施后，全区共计兑付补贴资金6.59亿元，共补贴家电下乡产品1565413台、摩托车下乡129764辆。增加政府宏观调控能力，拨付商品储备补助资金765万元，采用贴息形式发放27家企业，用于推进肉、菜、活畜的储备补贴；拨付应急保供调运补贴资金196万元，支持农产品流通骨干企业积极参与市场应急调控，保障节日市场供应，确保蔬菜肉类价格稳定；下达药品、药械储备贷款贴息资金100万元，用于重要物资储备，减轻医药储备企业财务负担，确保药品、药械储备品种按规定足额储备到位。制定出台《宁夏回族自治区农副产品平价商店考核暂行办法》，加强农副产品平价商店考核管理。分配下达各市、县（区）价格调节基金6600万元，专项用于平抑与群众生产生活密切相关的物价补贴及平价商店建设等支出。落实自治区对实施生产用电各企业的补贴政策，筹集电力价格调节基金1亿元对实施生产用电各企业进行补贴。

2014年，安排资金174.6亿元，支持“智慧宁夏”、西部云基地、宁夏智能图控、航空运输，支持商品储备、电子商务、三方物流、社区商业生活圈、标准化乡镇农贸市场建设，推进外向型经济发展，扩大消费需求。下达服务业发展专项资金18500万元，重点支持商品储备、电子商务、三方物流、城乡一体化，社区商业生活圈建设。安排2500万元，支持公益性标准化菜市场、社区蔬菜直销店等民生工程建设，完善民生商品配送网络。安排资金2.16亿元，支持企业通过独资、合资、合作方式，在境外设立商品展销中心、专业市场、特许加盟店等机构或销售网点。安排3700万资金，在10个市县建立17个标准化乡镇农贸市场，解决农村消费“买难卖难”和农产品交易“占路为市”问题，引导乡镇农贸市场向规范化、标准化方向发展。争取中央财政民族贸易企业网点建设和民族特需商品定点生产企业技术改造专项资金1200万元。安排粮食产业化发展专项资金1000万元，重点对粮食物流园区、“放心粮油”工程建设、粮食质量安全保障、粮食批发市场建设、名牌粮油产品创建、粮食期货交易和电子商务等项目予以扶持。

2015年，拨付2亿元公益性批发市场建设试点专项资金，支持银川市、固原市开展公益性农产品批发市场建设。安排专项资金4140万元，用于公益性农产品流通体系建设，支持全区12个市县和宁东管委会开展标准化菜市场和菜篮子连锁超市建设。下达市场运行监测资金1468万元，支持做好市场监管、监测及商贸流通行业统计工作和中药材追溯体系建设。下达市县商务发展促进资金5197万元，实施市县商贸服务业发展规划方案。安排招商引资资金4000万元，鼓励市县承接环渤海、长三角、珠三角等发达地区产业转移，推动优势产业合作。安排专项资金1.04亿元，支持电子商务进农村综合示范县工作，实施“互联网＋流通”计划，推进平罗、盐池、同心、西吉全国电商进农村示范县建设和永宁、贺兰、中宁自治区级示范县建设。争取中央专项资金1.87亿元，支持发展开放型经济、优化贸易结构，促进外经贸协调发展，支持企业“走出去”。安排专项资金6900万元，支持中阿博览会各项工作顺利推进，履行中阿博览会财务组工作职责。拨付民贸民品贷款贴息资金14.1亿元，撬动银行贷款资金488亿元，支持民贸产业发展。

2016年，安排资金5.7亿元，推进现代物流体系、市场体系建设，实施“互联网 + 流通”计划，支持重要产品追溯体系建设。下达民族贸易和民族特需商品生产贷款贴息资金12206.91万元，支持地方特色优势产业健康发展。

2017年，设立2亿元“走出去”专项资金，为“走出去”企业投资提供融资担保、担保贴息、风险补偿等服务，缓解“走出去”过程中企业融资难、担保难问题。安排商贸服务业专项资金1.2亿元，支持现代金融、现代物流、电子商务、农产品流通、网上丝绸之路等现代服务业发展。安排专项资金5000万元，支持供销社综合改革发展。设立1亿元外经贸专项资金，支持发展开放型经济。 拨付粮食风险基金1.15亿元，推进储备粮轮换，切实保障粮食安全，进一步加强流通能力。下达永宁、中宁等9个市县区产粮大县奖励资金1.69亿元，支持改进粮食流通工作，促进优质粮食供给，更好地推进农业供给侧结构性改革。安排专项资金5500万元，为2017年中阿博览会的顺利举办，做好保障服务；安排资金2000万元，支持会展业发展，鼓励区外优势产业、企业参与自治区经济合作与发展，为深化区域经济合作提供平台；安排2900万元，支持招商引资，深入推进自治区与“环渤海”“长三角”“珠三角”地区投资合作。

2018年，自治区财政共安排商贸服务业发展专项资金1.2亿元，支持各地举办大型消费促进活动百余场，支持开展“宁夏优质农产品2018网购品鉴体验节”电商促销活动。安排外经贸发展专项资金1.25亿元，重点对进口企业内陆运输物流成本、进口贴息、出口信用保险及保单融资等有利于外经贸发展的项目进行支持。拨付专项资金2.29亿元，对符合民贸民品贷款申请条件的205家企业进行财政贴息，支持民贸民品企业获得金融机构民贸民品贷款金额185.23 亿元。安排招商引资专项资金2500万元，重点用于政府兑现招商引资指导性目标任务奖励资金。

二、旅游业支出

1996年，宁夏开始建立旅游发展资金，并列入年度预算。1996—1998年，自治区安排预算内旅游事业发展资金1000万元，争取国家发展资金600万元，用于旅游发展。

1999—2006年，旅游业支出逐步增加，主要用于旅游基础设施建设和旅游推广宣传。

2007年，宁夏被列为国家旅游发展基金管理办法改革试点省区，并下达旅游发展基金1000万元，为建立旅游发展资金以来最高。

2008年，安排资金1.1亿元，增强旅游业对现代服务业的带动作用。

2009年，按照国务院《关于进一步促进宁夏经济社会发展的若干意见》关于“依托独特的自然风光和人文景观资源，加强与周边地区的旅游合作，大力发展沙漠旅游、生态旅游、红色旅游和乡村旅游。重点支持沙坡头、沙湖、六盘山、贺兰山等重点旅游景区基础设施建设，建成西部独具特色的旅游目的地” 和自治区十届人大二次会议的政府工作报告中提出要培育特色旅游拉动消费，着力打造西部独具特色的旅游目的地，大力建设黄河金岸新景区，进一步提升六盘山、贺兰山、沙湖、沙坡头、水洞沟等景点的品位和功能，高起点规划建设须弥山、青铜峡黄河大峡谷，力争早日进入国家AAAAA级旅游景区。通过观光游、娱乐游、红色游、探险游、产业游等发展，带动消费升级，带动全区现代服务业发展的具体要求，安排六盘山旅游景区专项资金1170万元，青铜峡黄河大峡谷景区项目建设资金4000万元，并对永宁县纳家户、贺兰山岩画景区等安排基础设施专项资金。安排专项资金用于主要景区旅游厕所标准化建设、旅游交通标志工程和乡村旅游补助等。是年，安排专项资金600万元，用于自治区旅游发展整体规划。安排旅游形象宣传专项经费2000万元。安排300万元用于旅游文化市场培育。争取中央旅游专项资金1610万元，争取红色旅游中央补助290万元。

2010年，安排旅游资金1亿元，加强须弥山等景区基础设施建设。安排资金6000余万元，用于“塞上江南”“贺兰山麓”“红色六盘”三大旅游板块重点景区基础设施建设。安排资金300万元，用于市县旅游发展详细规划编制。安排资金2800万元，支持利用中央电视台等各类媒体宣传促销宁夏旅游。重视文化旅游产业发展，财政投资200万元，支持拍摄的电视剧《风雨沙坡头》在2010年11月首届中国国际文化旅游节上获“影响中国旅游的一部电视剧”金奖。安排专项资金，支持开展“宁夏人游宁夏”旅游惠民活动。是年，宁夏旅游接待人数突破1000万人，旅游总收入占全区地区生产总值的4%以上。

2011年，安排专项资金2.4亿元，支持“三大旅游板块”重点景区建设。安排各类旅游发展专项资金2.5亿元，用于老龙潭、火石寨、沙湖等重点景区旅游基础设施建设、旅游公共服务设施建设等。安排自治区旅游发展项目资金500万元，用于沙坡头、水洞沟等重点景区基础设施建设项目贷款贴息。安排旅游宣传经费2000万元，为2010年的6.7倍，支持宁夏旅游在中央电视台以及各类媒体加强宣传。安排资金500万元，用于贺兰山滚钟口景区休闲度假区、民轩主题园区等文化旅游基础设施建设。安排自治区旅游专项资金1000万元，完善沿黄城市带旅游交通标志，扶持自驾游、农家乐、休闲游等旅游新业态项目加快发展。是年，全区接待国内外游客1168万人次，实现旅游社会收入84亿元，约占全区地区生产总值的4.5%左右。

2012年，安排各类旅游发展专项资金24190万元，争取中央旅游发展基金补助地方项目经费2000万元，围绕“两山一河”（贺兰山、六盘山、黄河）、“两沙一陵”（沙湖、沙坡头、西夏陵）及塞上江南景观等九大特色旅游资源，重点用于沿黄旅游带和“三大旅游板块”重点景区基础设施建设，支持改善旅游公共服务设施，加快形成旅游产业发展新格局。

2013年，拨付资金 2.8 亿元，推进旅游景区基础设施建设、新业态旅游项目和旅游对外宣传。

2014年，安排自治区旅游发展专项资金1.9亿元。其中，拨付自治区旅游局旅游宣传促销经费4310万元，专项用于宁夏旅游在中央电视台、港澳地区及各大城市的宣传推广；拨付中卫旅游产业发展专项资金5000万元，用于支持中卫市旅游发展；拨付三产休闲旅游基础设施建设资金1000万元，用于支持吴忠黄河湿地公园、银川鸣翠湖、银川悦海公园、石嘴山星海湖、永宁三沙源生态旅游湿地公园基础设施建设项目；拨付自驾车营地基础建设资金700万元，专项支持兵沟景区、吉水湾景区、哈巴湖景区自驾营地基础建设；拨付旅游集散中心建设资金1000万元，专项支持银川市、吴忠市、固原市游客集散中心设施建设；拨付自治区旅游局智慧旅游资金1000万元，用于智能导游系统、宁夏旅游运行监测平台、景区电子门票门禁系统等建设；拨付5个地级市1150万元，专项用于旅游项目库建设；拨付宁夏旅游学校建设专项资金1000万元；拨付乡村旅游基础设施建设资金880万元，重点支持银川市周边及5个地级市乡村示范点、星级农家乐等；拨付1700万元，专项用于旅游规划编制、旅游资源普查、旅游奖励资金、旅游商品大赛、旅游公益活动和贷款贴息等支出。

2015—2017年，继续加大旅游基础设施建设、智能系统建设、现代服务业发展等资金投入。按照"整合资金，集中财力实施大项目、精品项目带动战略"工作思路，在保障重点项目的同时，引领新需求、探索新模式、支持新业态，突出在休闲生态、自驾营地、乡村旅游、智慧旅游、旅游集散中心等特色旅游方面的持续投入。

2018年，安排资金2.28亿元，推进"旅游＋"发展，推动旅游业与文化、体育、农业等相关产业深度融合，优化旅游发展环境，打造西部独具特色的旅游目的地。

第五节　金融监管支出

金融监管是政府通过特定的机构，如中央银行、证券交易委员会等对金融交易行为主体作的某种限制或规定。本质上是一种具有特定内涵和特征的政府规制行为。金融监管可以分成金融监督与金融管理。金融监督指金融主管当局对金融机构实施的全面性、经常性的检查和督促，并以此促进金融机构依法稳健地经营和发展。金融管理指金融主管当局依法对金融机构及其经营活动实施的领导、组织、协调和控制等一系列的活动。

金融监管的内容主要包括对金融机构设立的监管；对金融机构资产负债业务的监管；对金融市场的监管，如市场准入、市场融资、市场利率、市场规则等等；对会计结算的监管；对外汇外债的监管；对黄金生产、进口、加工、销售活动的监管；对证券业的监管；对保险业的监管；对信托业的监管；对投资黄金、典当、融资租赁等活动的监管。其中，对商业银行的监管是监管的重点，主要内容包括市场准入与机构合并、银行业务范围、风险控制、流动性管理、资本充足率、存款保护以及危机处理等方面。

2007年，财政统计中始有金融支出类统计。2007年、2008年，财政统计中工业商业金融等支出为一体。2009年起为金融监管支出。2009—2018年，宁夏金融监管支出总计为701625万元。

2009年，落实财政部新型农村金融机构定向费用补贴政策，拨付吴忠滨河村镇银行补贴资金104万元。入股黄河农村商业银行2.1亿元。补充宁夏担保集团资本金3.1亿元和5个地级市担保机构资本金5500万元，补助中小企业融资担保机构4000多万元，开展担保机构风险抵押金试点，建立起三级覆盖的中小企业担保体系。利用间隙资金20亿元，实施国库现金管理；向宁夏银行增资扩股8800万元；财金联动，向黄河农村商业银行入股2.1亿元；注资2.8亿元，组建宁夏农业综合投资公司；对金融企业在宁夏设立分支机构和增加对中小企业信贷投放给予奖励。

2010年，落实新型农村金融机构定向费用补贴政策，拨付补贴资金239万元，丰富宁夏农村金融服务体系，支持“三农”发展。财金联动，向黄河农村商业银行入股3亿元，支持中小企业担保机构和新型农村金融机构发展，鼓励区外金融企业进驻宁夏。

2011年，自治区财政共安排中小企业公共服务体系建设支持资金5795万元。其中，核拨中小企业融资担保补助资金2795万元，支持全区13家担保机构扩大担保服务能力；针对全区市、县担保机构资本实力较弱的现状，安排担保体系建设资金2500万元，用于增强担保机构资本实力，构建金字塔式的广覆盖的担保体系；安排专项资金500万元，对宁夏中小企业服务中心、宁夏经济管理干部培训中心、宁夏企业和企业家联合会等11家单位建设中小企业服务平台给予支持。丰富金融服务体系，支持新型农村金融机构增强服务能力。组织新型农村金融机构申报定向费用补贴，按照2%的补贴标准，向吴忠滨河村镇银行、平罗沙湖村镇银行和贺兰回商村镇银行3家新型农村金融机构发放补贴资金1232万元。

2012 年，根据财政部《中央财政农村金融机构定向费用补贴资金管理办法》，对7家村镇银行补贴资金2808万元，申报资金为上年度的2.14倍。2013年，12家村镇银行获补贴资金5616万元。

2014年，自治区财政安排贴息资金23950万元，确保全区小额担保贷款工作顺利推进。对宁夏担保集团和宁夏农业综合投资公司各补充资本金1亿元，支持两家担保机构为中小企业提供贷款担保。鼓励担保机构向中小企业特别是小企业提供融资担保服务，拨付保费补贴资金9929万元。与中国银行合作，安排5000万元设立中小企业直接融资发展基金。与建设银行合作，安排1000万元设立中小微企业融资风险补偿资金。

2015年，筹措资金1.2亿元与市县政府及融资性担保机构共同建立“财保贷”风险补偿资金，其中自治区出资3000万元，市县政府出资3000万元，合作融资性担保机构出资6000万元。安排专项资金2000万元，设立“助保贷”风险补偿资金。争取中央财政农村金融机构定向费用补贴资金6736万元，对银川掌政石银村镇银行等10家新型农村金融机构进行补贴。划拨600万元专项资金，探索小微企业贷款保证保险业务，合作银行提供不低于风险补偿金20倍的保证保险贷款额度，保险公司对小微企业贷款进行保证保险。筹措资金10亿元，设立工业发展风险补偿基金，按照1∶10的放大倍数，撬动商业银行92亿元贷款。筹集资金2500万元，对非公有制发债企业按照其发行额度给予2%的贴息；下达资金800万元，对自治区2014年度16家新三板挂牌企业给予每户50万元发行经费补助；下达阳光人寿保险、海通证券等来宁夏设立分支机构奖励资金300万元，落实引进区外具有竞争力优势金融机构落户宁夏财政补助政策。兑现达标县域法人金融机构奖励资金180万元，鼓励金融机构将新增存款一定比例用于贷款，支持当地经济发展。自治区财政全年下达小额担保贷款贴息资金3.93亿元，下达担保基金1亿元，发放小额担保贷款29亿元，超额完成年初确定的任务。

2016年，自治区财政出资2.6亿元，支持组建宁夏再担保集团。安排专项资金1.8亿元，支持发展开放型经济，优化贸易结构，促进外经贸协调发展，支持企业“走出去”。拨付新型农村金融机构定向费用补贴资金6239.40万元，对6家新型农村金融机构和3家基础金融服务薄弱地区金融机构补贴，推进金融服务向基层空白区域延伸。分别向建投、交投、旅投、农投和国投注入2亿元资本金。向宁夏银行、黄河银行增资9亿元。按2%比例落实贴息资金1.04亿元，引导自治区7家企业成功实施债券融资，直接融资规模总计52亿元。拨付财政补助资金525万元，落实2015年度在“新三版”挂牌的21家企业奖励政策，推进自治区企业走向金融市场，直接融资。

2017年，安排专项资金1.6亿元，增加工业担保基金规模至3亿元，为工业转型升级重点项目贷款提供免费融资担保，撬动银行贷款30亿元。安排专项资金2亿元，对企业直接融资给予补贴。利用国库间歇资金设立10亿元工业保证金，与有关商业银行合作，对符合条件的项目和企业给予基准利率贷款支持。设立1亿元中小微企业转贷基金，同时合作银行承诺2亿元授信额度作为补充，为中小微企业提供日费率不高于0.4‰的过桥贷资金支持，缓解企业偿债压力和金融机构信贷风险；设立8000万元担保体系建设专项，通过向政府性担保机构注入资本金和向担保机构为中小企业提供担保业务按2%比例给予补贴的方式，鼓励担保机构向中小企业特别是小微企业提供融资担保服务；扩大融资担保风险补偿金规模，由上年的3000万元扩大至6000万元，加快推进政府、银行、担保合作模式；安排专项资金1亿元，支持中小企业创新发展。安排专项资金3亿元，将自治区政府产业引导基金规模增加至23亿元，吸引更多社会资本投资实体经济，为企业股权融资提供持续性资金来源。全年向全区31家金融企业拨付财政补助资金1920万元；推动宁夏银行、黄河农村商业银行增资扩股、增强资本实力，固原市原州区、贺兰县、西吉县等4家农村信用社改制为农村商业银行。

2018年，向宁夏银行增资4.5亿元。发行新增债券202亿元、地方政府置换债券120亿元、再融资债券84亿元，缓解市县还债压力。着力防范地方财政运行风险，加大市县财力补助，高效调度国库资金，及时下达阶段性财力，自治区财政共下达市县各类补助资金736亿元，较上年增长6.5%，市县基本财力得到有效保障，缓解困难市县“三保”压力。安排2.1亿元担保体系建设专项，对担保机构为中小企业和民营企业提供融资担保业务按2%比例给予补贴，全年共为43亿元融资担保业务给予补助资金8700余万元。安排3000万元，将融资担保风险补偿金规模由上年的6000万元扩大至9000万元，加快推进政府、银行、担保合作模式和多层次损失风险分担机制。全年共争取到中央支持中小企业发展专项资金937万元，用于对符合条件的融资担保机构业务补贴支持，对自治区融资担保体系建设转型资金形成补充。

第六节　住房保障支出

住房保障支出包括住房改革支出、保障性安居工程支出、城乡社区住宅支出等。

宁夏财政统计中，城市住房改革支出始于1993年，住房保障支出始于2010年。2010—

2018年，全区住房保障支出总计为5057226万元。

一、住房改革支出

住房改革支出始于20世纪90年代初期。1993年，宁夏住房资金支出7291万元。其中，城市住房基金支出2358万元，企业住房基金支出1567万元，行政事业单位住房基金支出1611万元，其他住房基金支出1685万元。住房基金支出主要用于改革住房制度，缓解城市住房紧张局面。截至1993年年底，全区有10个市县进入房改运作阶段。

1994年，全区城市住房基金支出753万元，比上年减少1605万元，下降68%；行政事业单位住房基金支出2570万元，比上年增加959万元，增长59.5%；住房公积金支出33万元，比上年减少73万元，下降69%；其他住房资金总支出1201万元，比上年减少484万元，下降28.7%。是年，自治区决定由财政部门负责管理城市住房基金，成立公积金管理中心，负责管理住房公积金，单位住房基金由单位自行管理，财政部门对公积金管理中心和专业银行房地产信贷部实施财务监督管理。随后，《宁夏回族自治区贯彻〈建立住房公积金制度暂行规定〉的实施细则》的制定印发，为全面推行公积金制度打下了基础。

1995年，理顺全区住房资金管理体制。城市住房基金、行政事业单位住房基金、企业住房基金、住房公积金、其他住房资金均按现行规定纳入规范化的财政财务管理轨道。住房公积金管理机构和专业银行房地产信贷部政策性房改金融业务的财务管理也由同级财政部门负责，分别实行收支两条线和税后利润分成。划转资金建立区级财政城市住房基金，制定并下发城市住房基金、住房公积金会计核算办法，住房公积金管理机构财务管理实施细则等一系列规章制度。

1996年，全区城市住房基金支出为2241万元，比上年增长30.5%；行政事业单位住房基金支出1398万元，比上年负增长54.3%；住房公积金支出126万元，比上年增长15.6%；其他住房资金支出899万元，比上年负增长31.4%。是年，各级财政在财力十分紧张的情况下，挤出资金补助单位缴纳住房公积金，保证了住房公积金制度的正常运行和城市住房基金的建立。截至1996年年底全区共归集住房公积金7977万元，自治区财政当年拨付600万元，用以支持全区住房改革事业。

1997年，完成全年区级行政事业单位住房公积金补贴的审核、测算工作，共300余户，拨付补贴资金600多万元。根据中央有关政策，推进住房公积金制度的改革和发展完善。是年，各单位普遍开始出售公房，财政部门加强售房收入专用票据的管理，保证房改工作规范化进行。

1998年，努力管好房改资金，促进全区房改工作顺利进行。完成全年区级行政、事业单位住房公积金补贴审核、测算工作，共300余户，拨付补贴资金600多万元，按照政策规定，从房改事业的大局出发，以实际行动促进住房公积金制度的全面推行和发展完善。

1999年，根据国务院颁布的《住房公积金管理条例》规定，对住房公积金管理机构的经费实行“收支两条线”管理。

2000年，为进一步加强住房资金监管，深化住房制度改革，区本级住房公积金缴交率由7%上调至9%，财政支出压力加大。为有效解决单位住房公积金资金来源，严格审核各单位售房收入使用情况，对不符合国家有关房改政策动用售房收入的单位，一律不予审批，挤出资金让单位为职工缴纳住房公积金以及住房补贴。同时，对尚未房改的以及售房收入确实已经使用完的单位，按每个职工的工资核定其公积金指标。是年，利用单位售房收入缴纳公积金，使财政减少支出500多万元。

2001年，为推动住房货币化进程，尽快兑现住房补贴，财政对全区359个单位进行住房补贴底数调查，并向自治区政府上报发放补贴意见。为加强住房公积金管理，制定下发《自治区本级行政事业单位住房公积金筹集、使用管理办法》，审核批复2001年区本级行政事业单位住房公积金预算，建立了与自治区房改领导小组共同审批售房收入制度。是年，通过对售房收入的管理，节省财政拨款700万元。

2002年，财政部门配合自治区房改办制定住房补贴发放实施细则。审核批复自治区本级行政事业单位2002年度住房公积金、住房补贴指标。财政安排资金1634万元，用于300个单位的住房补贴。

2003年，核算审批区本级95个部门、近600个单位的住房公积金预算，其中批准用单位自己的售房收入缴纳1137.5万元，财政拨款1754.6万元。审核2003年区本级在银川行政事业单位住房货币化补贴，涉及职工2万多人，资金1100万元。

2004年，做好自治区本级行政事业单位住房公积金、住房补贴的审核拨付工作。对区本级550个行政、事业单位的住房公积金预算申请进行审核，核定2004年度区本级行政事业单位全年住房公积金。其中，财政安排资金2281万元，单位用售房收入缴纳970万元，单位自行解决651.5万元。对区本级行政事业单位1998—2004年售房情况、售房收入使用及结余情况进行清理检查，清理出各单位存留的售房收入4056万元，摸清了区直单位售房收入的底数。审核拨付2004年度区直在银川的388个行政事业单位住房补贴和135个单位离退休人员（含已故）的住房补贴390万元。

2005年，主动解决历史遗留的离退休职工一次性住房补贴，涉及8606人，拨付补贴资金7301万元，督促各单位及时将补贴资金发放到离退休职工或其家属手中。同时，对在职职工历史遗留的一次性住房补贴资金7065万元也拨付到各单位。改变住房补贴管理方式，将存储在住房公积金管理机构的300多万元住房补贴，直接发放给职工本人。

2006年，完成2006年度区本级行政事业单位住房公积金和住房补贴审核拨付工作。一是修订完善自治区本级行政事业单位住房公积金筹集、拨付管理办法，使区本级单位住房公积金的计算、发放更加科学合理，增加了职工收入。二是对各单位上报的住房公积金申报表，对照单位工资表、人员编制等信息资料进行审核，并及时予以核拨。三是审核自治区房改办报送的住房补贴计算表，并抽取部分单位进行核对，力求各项数据真实、准确。

2007年，修订下发《自治区本级住房公积金拨付管理办法》，将生活性补贴、工作性津贴、职工年度取暖费列入住房公积金计提基数，增加区本级行政事业单位绝大多数职工住房公积金，住房公积金缴交率由10%提高到12%。配合自治区老干部局、建设厅制定自治区所属在银川企业离休干部住房补贴实施意见，启动自治区所属在银川企业离休干部住房补贴审核发放工作，安排拨付区本级行政事业单位住房公积金7982万元，住房补期6768万元，解决了宁夏地矿局等11家中央下划单位下划以前的住房补贴。

2009年，做好自治区本级行政事业单位住房公积金筹集、审核、计算工作，按政策审核、追加部门单位公积金补贴1.1亿元；做好住房补贴审核工作，审核下达两批区直部门住房补贴资金2540万元。按照自治区党委、政府要求，会同自治区老干部局、房改办等部门，审核下达对自治区所属在银川企业无房或住房面积不达标的企业离休干部住房补贴1046万元，并确保及时足额落实到个人。

二、保障性安居工程支出

宁夏财政统计中，住房保障支出始于2010年，其支出主要表现为保障性安居工程支出。保障性安居工程支出主要用于廉租房等建设支出。

2009年，制定2009—2011年廉租住房保障工作任务目标。其中，3年新增廉租住房5.4万套，对6.9万户城市低收入住房困难家庭实施住房保障，其中2009年新建廉租住房1.55万套，回购、改建、租赁廉租住房4500套，采取实物配租、租金补贴、租金核减方式，对2.93万户城市低收入住房困难家庭应保尽保。

是年，在中央分配宁夏的地方债券中安排5.1亿元，按每平方米400元对廉租住房建设给予补助。其中，宁夏山区8个县补助资金由市县借贷，自治区财政给予还本付息，其余市县按照谁借贷谁还款的原则，由市县借贷并还本付息。争取财政部中央廉租住房保障专项补助资金3亿元，比上年增加1.9亿元，增长1.6倍，为宁夏廉租住房保障工作开展提供了保障。

截至2009年11月底，全区新建廉租住房1.55万套已全部开工建设，回购、改建、租赁廉租住房4500套已全部落实房源，对人均住房面积不足13平方米的3.29万户城市低收入家庭发放了廉租住房补贴，超计划完成3600户。

2010年，宁夏住房保障支出28亿多元。安排4亿元，对4.6万户城市困难家庭实施住房保障。全区开工建设廉租住房1.4万套、经济适用住房1.8万套，改造棚户区9170户。全年共下达13.44 亿元，支持廉租住房、林业棚户区危旧房、国有工矿棚户区危旧房、采煤沉陷区、公共租赁住房等保障性住房建设和改造，确保低收入群体住房需求。

2011年，落实中央保障性安居工程专项补助资金和自治区预算配套资金9.4亿元，支持新建廉租住房1.79万套，公共租赁住房1.46万套，新增廉租住房保障1.4万户，超额完成全年任务。

2012年，安排住房保障支出86亿元，支持实施保障性安居工程。通过发放廉租住房租赁补贴、实物配租、租金核减、配售经济适用住房等方式，解决120多万名城乡群众的住房困难问题。

2013年，安排住房保障支出57.2亿元，支持全区5.2万套保障性安居工程建设。

2014年，下达保障性住房建设资金40.5亿元，支持建设保障性住房12.3万套（户），占年度计划的102.1%。

2015年，争取中央财政资金18.79亿元，自治区配套补助资金2.45亿元，用于全区城镇保障性安居工程计划的实施。会同宁夏惠民基金管理有限公司对接2013—2015年国家开发银行棚户区改造项目贷款300.8亿元，全区共开工建设保障性安居工程9.48万套（户），占年度计划的104%。

2016年，争取中央保障性安居工程补助资金17.32亿元，自治区财政配套补助资金2.53亿元，全部下达各市、县（市、区）用于安居工程建设。自治区安排保障性安居工程专项资金19.9亿元，各市县对接国家开发银行金融贷款120.9亿元，用于保障城市棚户区改造。各市、县（市、区）采取政府购买服务方式，对接国家开发银行和农业发展银行2016年棚户区改造贷款124.48亿元，支持全区实施保障性安居工程6.35万套（户），完成全年计划的100%，对18.6万人实施了住房保障。

2017年，争取到中央财政专项资金14.37亿元，自治区财政安排3.15亿元，棚户区改造配套均补助5.2万元，比上年增长16%，推进完成棚户区改造开工5.34万套；争取中央调剂补助3.25亿元，年底交付使用公租房3.53万套。支持建成各类保障性住房6.05万套（户）。

2018年，自治区财政厅共争取中央专项补助资金17.32亿元，自治区本级安排2.83亿元，支持全区改造城镇棚户区3万套，向1.07万户城镇低收入家庭发放租赁补贴。

第七节　节能环保支出

节能环保支出，是指政府用于节约能源和环境保护的支出，包括环境保护管理事务支出、环境监测与监察支出、污染治理支出、自然生态保护支出、天然林保护工程支出、退耕还林支出、风沙荒漠治理支出、退牧还草支出、已垦草原退耕还草支出、能源节约利用支出、污染减排支出、可再生能源和资源综合利用等支出。

2007年，财政支出科目发生变化后，节能环保（环境保护）支出单列。

2007—2010年为环境保护支出。2011—2018年为节能环保支持。

2007—2018年节能环保（环境保护）共支出4335739万元。

在财政统计中，节能环保支出单列始于2007年，但21世纪开始时的土地、风沙治理和退耕还林草工程等环境保护就在不断加大投入中。

2001年，争取日元贷款重点风沙区生态治理工程项目顺利通过评估。重点风沙区生态治理工程日元贷款是一种期限长（40年含10年宽限期）、利率低（年利率为0.75%）的可利用外债。该项目的主要内容是通过在重点治理地区实施植树造林、围栏封育，核心城市周边绿化以改造治理沙化土地，增加林草覆盖率，减少水土流失，降低风沙危害程度。项目总投资5.9亿元人民币，其中申请日元贷款折合人民币4.15亿元。项目的通过与实施，为宁夏生态环境治理奠定了物质基础。

2004年，日元贷款宁夏重点风沙区环境治理项目，贷款金额为1297万美元；向世界银行和亚洲开发银行贷款实施干旱生态系统土地退化防治项目，投资额770万美元，国际农业发展基金资助的宁夏中部干旱带环境改良和扶贫项目，投资额1500万美元。此外，向财政部申报利用外国政府贷款再转贷资金2.2亿美元，申报项目4个，包括宁夏北部湿地生态保护项目、宁夏沿黄地区生态防护林体系建设项目等。

2005年，中央财政从专项资金中首次安排自治区及石嘴山市、吴忠市、中卫市环境监测能力建设环保专项资金980万元。

2007年，宁夏环境保护支出123990万元，一方面建立“以奖代补”机制，采取财政奖励资金与节能减排量挂钩的办法，带动社会资金投入环境保护，另一方面通过开展节能减排、清洁生产、循环经济试点和淘汰落后产能等工作，支持一批循环经济、节能降耗、清洁生产项目，促使企业实现清洁生产，促进循环经济发展。2008年，宁夏环境保护支出为175067万元。

2009年，自治区人民政府争取到中央农村环境综合整治资金5014万元，从地方债资金中安排资金1亿元，专项用于全区5个地级市的农村环境整治工作。争取中央污水管网建设以奖代补资金15279万元、中央财政减排专项资金5250万元，重点用于自治区及15个市县环保部门环境监测站标准化建设；自治区及银川市、石嘴山市全国环境保护重点城市和省级监测站饮用水源地水质安全分析特定项目监测能力建设；自治区环保部门环境监察执法标准化建设；补助自治区及下属5个地级市环保部门国控重点污染源监督性监测运行费；补助自治区及下属5个地级市环保部门国控重点污染源自动监控中心运行费。安排宁夏中北部土地开发整理重大工程项目4亿元、矿山环境治理12370万元、黄河流域宁夏段水污染综合整治工程建设项目4000万元、可再生能源建筑应用县级示范补助1150万元等。

是年，自治区财政安排节能减排专项资金6000万元，新能源和可再生能源发展专项资金1亿元。

2010年，宁夏全区环境保护支出30.8亿元。安排节能减排资金1亿多元，支持淘汰落后产能和节能技术改造。下拨资金1.1亿元，保障宁夏阶段性关停企业职工基本生活，维护关停企业切身利益。为103家企业办理再生资源退税5273万元。下达新能源产业发展扶持资金1亿元，专项支持风电、光电装备制造，风能、太阳能产业技术研发和技术平台建设。争取城镇污水处理设施配套管网建设“以奖代补”专项资金1.51亿元，较2009年6637万元增加8550万元，同比增长130%，铺设管网510.78千米。全年共安排各类节能减排专项资金2.71亿元，提前完成“十一五”规划时期污染减排目标任务。

2011年，宁夏争取中央财政企业节能技术改造奖励资金7933万元、淘汰落后产能中央财政奖励资金16484万元，支持冶金、石化、供热等行业的10个节能技改项目。投入资金7000万元，支持自治区级公共机构和下属5个地级市开展公共机构节能改造工作。争取和安排新能源和可再生能源发展专项资金32993万元，重点支持风能、太阳能产业，新能源科技研发，学校可再生能源利用等项目。安排资金1亿元，重点支持红寺堡鲁家窑等81个安置区农村能源建设。实施水、电、路、气、房和优美环境“六到农家”工程，下达示范项目资金3.06亿元，用于农村环境连片整治，支持农村自来水“百村千户”入户工程建设，改善农村人居环境。争取中央财政矿山环境治理项目资金16500万元，用于矿山环境治理。

2012年，宁夏节能环保支出35.37亿元。其中，安排资金3.6亿元，开展光电、光伏材料制造、风电规模化应用和可再生能源利用工作；安排资金14.2亿元，支持实施荒山造林、天然林保护、退耕还林补植补造，治理沙化土地730万亩；投入10亿元，对339个农村饮用水源地进行保护，对1040个村进行环境整治。

2013年，宁夏节能环保支出32.93亿元。投入资金7.5亿元，用于高速公路沿线大绿化大整治和贺兰山东麓环境综合整治；支持中南部城乡饮水安全水源工程和林业产业带、生态公益林建设，巩固退耕还林、草原生态保护、天然林管护成果。拨付资金23500万元，支持全区高标准农田建设。拨付中央财政资金3356万元，在青铜峡和中宁集中连片推进太阳能光电建筑应用。下达自治区财政资金2787万元，实施固原市、银川市太阳能路灯及银川一中公共机构节能改造。安排自治区新能源产业发展（科技研发）专项资金950万元，支持3大类11个新能源研发项目。拨付资金1500万元，集中推进6家新能源装备制造企业实施风电机组整机制造及配套零部件和光伏组件的生产及配套设备产业化项目。下达资金1800万元，推进银川、吴忠两市可再生能源城市示范建设。安排中央财政资金7535万元，支持推进吴忠金积工业园区、利通区毛纺织工业园区光伏屋顶发电项目建设。对铁合金、电石、水泥、造纸、味精和制革等行业共13家企业申报的落后产能进行核实，争取并拨付中央财政淘汰落后产能奖励资金2440万元。下达资金9063万元，继续实施北方采暖区既有居住建筑供热计量及节能改造。争取中央专项资金3927万元，实施十大重点节能技改工程。

2014年，宁夏统筹资金325.4亿元，开展十大重点节能技改工程，支持淘汰落后产能，培植绿色产业。其中，下达6000万元节能降耗技术改造专项资金，用于企业进行节能技术改造；下达煤矿瓦斯治理和安全技术改造专项资金900万元，支持煤炭生产企业推进煤矿安全技术改造；下达高耗能企业搬迁补助资金和淘汰落后产能中央奖励资金2360万元；安排关闭小企业补助资金3279万元，淘汰落后产能；下达企业工艺、技术、装备改造专项资金3500万元，引导装备制造业企业结构升级；安排新兴产业发展资金3000万元，支持骨干企业实施关键技术攻关和成果转化。拨付资金22.7亿元，支持全区覆盖拉网式农村环境综合整治、银川等5市及宁东大气污染防治、主干道大绿化大整治、移民迁出区生态修复、退耕还林、湿地保护、生态公益林等项目。

2015年，宁夏节能环保重点支持绿色发展、循环发展、低碳发展。一是下达41个发电（风力发电、光伏发电）项目、23个接网工程中央财政可再生能源电价附加补助清算资金37520万元，缓解新能源发电企业资金压力，帮助企业渡过难关。二是支持和鼓励开展建筑节能。在

2014年年末提前通知并及时拨付2015年奖补资金1.54亿元的基础上，拨付自治区配套资金1亿元，全面推进全区500万平方米北方采暖区既有居住建筑供热计量及节能改造。推动国家机关办公建筑和大型公共建筑节能工作，拨付资金1000万元，在全区16个公共机构实施节水、节电、节能改造，加速形成全社会参与节能减排的工作格局。三是全面完成农村环境综合整治。深入实施覆盖拉网式农村环境综合整治，安排资金4亿元，支持农村生活垃圾和生活污水治理，全区完成农村环境综合整治的村比例达到100%，集中式饮用水水源地水质合格率达到85%、农村生活污水处理率达到55%、农村生活垃圾处理率达到65%、畜禽粪便综合利用率达到70%。

2016年，宁夏投入10亿元，推进水、土、气污染综合整治，加强环保自身能力建设，将石嘴山市、青铜峡市和永宁县纳入国家循环经济示范城市，继续加大退耕还林、荒漠化治理、病险水库加固的投入力度，支持建成湿地公园19个、休闲森林公园26个，美丽小城镇29个、美丽乡村138个。拨付资金1亿元，支持全区500万平方米既有居住建筑节能改造任务。下达资金1500万元，推进在学校、医院、卫生院等公共建筑利用太阳能供应生活热水、照明等项目。争取并拨付中央水污染专项资金31180万元，实施沙湖、星海湖生态环境治理工程。下达中央土壤污染防治专项资金2424万元，实施吴忠市利通区巴浪湖村污灌区污染治理。整合资金45527万元，重点开展燃煤锅炉、工业炉窑、工业堆场除尘治理等大气污染防治，加强五市及宁东能源化工基地环保能力建设，购置喷雾降尘车、多功能清扫车各55辆。下达资金近2.5亿元，推进矿山环境治理项目、高标准基本农田建设、生态移民土地整治等重点重大项目建设。拨付资金1.33亿元，支持110国道绿化改造提升工程、青银高速黄河大桥至水洞沟段生态景观长廊等项目建设。

2017年，实行环境整治和节能降耗。一是在争取中央财政水污染防治专项资金2.16亿元（水污染治理9600万元，基建投资安排重点流域水污染治理1.2亿元）的同时，自治区财政安排资金7.08亿元，支持拆除改造燃煤锅炉846台。二是稳步推进国土修复治理。实施国土综合整治，拨付资金5亿元，开展高标准基本农田建设、银北盐碱地支沟治理、矿山地质环境恢复治理、基础测绘地理信息等建设。安排财政资金1100万元，支持各地开展汛期地质灾害防治和应急处置工作。投资8579万元，实施平罗县崇岗砂石矿区、银川河东机场周边和盐池县冯记沟砂石矿区生态环境恢复治理工程。三是深化公共机构节能降耗。下达资金5000万元，推进光电、光热等新能源在学校、医院等公共建筑的综合运用，支持公共机场节能改造，组织绿色建筑示范，加快形成全社会参与节能减排新格局。会同发改、林业、国土、农牧等部门，深入有退耕还林任务的县区摸底调研，对2017年退耕还林任务进行测算、论证，上报国家自治区新一轮退耕还林还草任务需求3.13万亩，争取到中央2017年退耕还林还草补助资金47841万元。

2018年，实施“蓝天·碧水·净土”三大行动。彻底淘汰城市建成区20蒸吨以下燃煤锅炉，建成投运银川“东热西送”一期工程，加大老旧车、柴油货车淘汰治理，排查整治“散乱污”企业1932家。全面打响黄河保卫战，严格落实五级河（湖）长制，全部取缔黄河干流工业企业直排口，所有园区污水集中收集处理，劣Ⅴ类水体全部清零，黄河流域水质优良比例达73.3%。推进农业绿色发展，制定出台农作物秸秆综合利用财政支持政策，预算安排秸秆综合利用补助资金7800万元，农药废弃物包装面源污染补助资金500万元，统筹整合资金7500万元，用于支持全区畜禽粪污资源化利用项目。安排资金13.4亿元，支持国土绿化行动，构筑生态屏障。重点支持六盘山400毫米降雨量精准造林绿化工程，引黄灌区平原绿洲绿网提升工程，南华山外围区域水源涵养林建设提升工程，同心、红寺堡文冠果生态经济林种植，四项重点工程造林绿化行动，湿地保护与恢复工程，贺兰山、六盘山、罗山自然保护区能力提升工程。开展大规模国土绿化行动，完成营造林150万亩、荒漠化治理90万亩，城市建成区绿地率达37.2%，森林覆盖率达14.6%。

第三章　教育科技文化体育卫生事业支出

教育科技文化体育卫生事业（简称教科文体卫）支出是国家预算支出中用于发展教科文体卫等各项事业所需要的人员经费和公用经费支出，包括教育、科学研究、文化、出版、文物、体育、卫生、公费医疗、计划生育、地震、海洋、通信等事业费。

1991—2018年，宁夏在教科文体卫支出中各款、项名称及其划分，时有变动，个别项亦曾有过跨大类的调整。

1991—1997年，教科文体卫类支出包括文教卫生事业费、卫生经费（1996年始）、科学事业费、科技三项费等。1991—1997年，文教卫生事业费总支出357165万元。

1998—2006年，科技三项费、文体广播事业费、教育事业费、科学事业费、卫生经费各单列。2007年，财政支出科目发生变化后，至2018年，教科文体卫支出科目分别为教育、科学技术、文化体育与传媒、医疗卫生。

2007—2018年，全区教育总支出为11590918万元，科学技术总支出为1543838万元，文化体育与传媒总支出为1926190万元，医疗卫生与计划生育总支出为6513581万元。

第一节　教育支出

教育支出，指政府用于教育方面的全部开支，具体包括教育行政管理、学前教育、小学教育、初中教育、普通高中教育、职业高中教育、普通高等教育、高等职业教育、广播电视教育、留学生教育、特殊教育、干部继续教育、教育机关服务等不同教育类别方面的基本建设投资、教育经常费用等全部开支。

1991—1997年，财政中文教卫生事业费综合统计。1998—2006年，教育事业费总支出为1185585万元，2007—2018年为11590918万元。

1991年，在连续几年发动社会力量集资办学，基本解决危房、教学仪器、课桌凳的基础上，采取自治区补助一点、市县自筹一点、教职工个人拿一点的办法，共筹集资金1530万元。其中，自治区筹集550万元，市县筹集576万元，个人集资404万元，当年动工建设教职工住宅面积65750平方米。另外，新建教学用房4960平方米。在集中力量解决教职工住房的同时，还安排专项资金300万元，用于宁夏大学、唐徕回民中学等部分学校教学设备的购置。

1992—1993年，全区文教卫生事业费支出87318万元，平均支出43659万元。1994年，宁夏被列为世界银行贷款“第二个贫困地区基础教育发展”项目省区，贷款500万美元，地方配套资金等值500万美元，用于宁夏南部山区8个县基础教育发展。此项目实施后，宁夏南部山区8个县新增校舍22万平方米，改造危房4.8万平方米，补充图书104.3万册，购置课桌凳3.6万套。同时，为825所小学、110所初中配备教学仪器。

1995—1998年，宁夏继续执行世界银行贷款“第二个贫困地区基础教育发展”项目。此项贷款执行期为5年。整个项目完成后，宁夏南部山区8个县大部分小学、初中校舍面积达到国家规定标准，基本消灭了危房，项目学校教学仪器、图书达标率分别达到95%以上，基本实现了中小学办学条件标准化。

2001年，教育支出为10.89亿元。自治区财政投入资金启动贫困地区义务教育工程（二期“义务教育工程”）、中小学危房改造工程，以及百所标准化中小学建设工程。

2002年，教育支出为12.69亿元，比1997年增长2.9倍。二期“义务教育工程”自2001年实施一年后，项目覆盖山区8个国家级贫困县的173个乡镇，涉及小学1327所、初中164所。截至2002年年底，新建学校13所，建筑面积10257平方米，投入资金576.3万元，改扩建学校84所，建筑面积5.11万平方米，投入资金2468.08万元。全年对54所学校实行危房改造，施工面积34221平方米，其中已经竣工21所，完成投资1816.4万元。财政会同教育部门下达吊庄教育专项资金100万元，分配到9个县区的26个学校，集中解决吊庄孩子上学问题。财政部、教育部划拨免费提供教科书专项经费875万元，使21个市县的31万名学生受益。

2003年，教育支出为13.78亿元。在确保二期“义务教育工程”顺利实施的同时，加大中小学危房改造力度。义务教育阶段农村中小学生免费教科书按时发放。保证中小学教师工资按时足额发放。

2004年，进一步加大对基础教育的投入。二期“义务教育工程”实施以后，连续4年投资1.7亿元，其中地方配套资金5300万元，建成446所项目学校。投入资金5000万元，其中地方配套1704万元，用于自治区116所中小学校15.7 万平方米的危房改造项目。投入1.2亿元（其中国债资金6000万元，财政资金6000万元），对自治区10个项目县的29所学校进行改造建设。是年，自治区财政共安排资金1945.3万元，用于中小学远程教育试点工程，建设131个教学光盘播放点、535个卫星教学收视点和70个计算机教室，全部覆盖试点地区的农村中小学。

2005年，教育支出19.52亿元。一是支持农村中小学义务教育事业发展，扩大国家“两免一补”政策范围，对山区农村义务教育阶段的学生全部免收杂费、免费提供教科书，对寄宿制学生给予生活补助，全区有53.7万名学生受益，使8100多名贫困家庭学生重返课堂，3万多名家庭经济困难的寄宿生得到了生活补助。全年累计共建中小学283所，完成353所学校的改扩建任务，新建改扩建校舍393221平方米，采购图书568854册，购置课桌凳127507套，购置学生用床39196张。安排资金3430万元，用于银川市、石嘴山市、吴忠市、固原市等市县所有农村中小学远程教育工程实施，建设206个教学光盘播放点、699个卫星教学收视点和150个计算机教室，全区农村学校面貌发生崭新的变化。二是促进高中教育事业发展。自治区财政共筹集资金8000万元，支持市县高中建设。银川六盘山寄宿制高级中学在校生3000人，学生全部免收学费、住宿费，提供学生生活补助，并实行奖学金制度。按照六盘山高级中学的建校模式，2005年又安排资金3800万元，支持宁夏育才学校建设。此外，对银川一中、银川二中和市县高中建设也给予资金支持。

2006年，全年完成预算内教育支出24.6亿元，比上年增长26.7%。在全国范围内率先实现省域内所有公办学校义务教育阶段学生全部免收杂费。对近54万名贫困家庭的学生免费提供教科书和统一教辅材料。对寄宿生补助生活费，贫困家庭寄宿生按每人每天1元标准补助生活费。为减轻市县财政负担，自治区承担近80%的地方配套资金。按小学生每生每年40元、初中生每生每年60元标准，为农村义务教育阶段中小学校下达公用经费补助资金1753万元。继续促进高等教育、职业教育、民族教育、现代远程教育发展。拨付资金6000万元，支持9个市县实施企业移交学校危房改造工程。

2007年，继续加大对教育的投入力度，自治区本级财政预算安排教育支出6.5亿元，比上年增长23.1%。新增教育经费继续向农村、困难群体倾斜，促进教育公平。实施农村中小学教师特设岗位计划，为12个县（区）及移民吊庄乡镇农村学校招聘特岗教师981名，每人每年安排补助1.5万元。是年，自治区财政将新增的10亿元全部用于全区高中标准化、寄宿制中学生活设施、职业教育基地、城市中小学操场标准化等建设项目和化解义务教育债务方面。加快高等教育发展，支持宁夏大学、固原师范专科学校、宁夏医学院的项目立项建设。通过多种方式，建立覆盖高校、高职和中职院校的家庭经济困难学生资助体系。

2008年，宁夏顺利通过国家“两基”验收，是宁夏改革开放30年来取得的最重要成就之一。投入专项资金2亿余元，用于彻底消除全区280所义务教育阶段中小学10万平方米D级危房，购置学生用床课桌凳，充实中学理化生实验室，完善学校音体美设备等。继续提高义务教育经费保障标准，自治区义务教育阶段公办中学、小学公用经费补助标准大幅度提高，农村小学由每生每年168元提高到300元，农村初中由每生每年220元提高到500元，义务教育阶段家庭经济困难寄宿生生活费补助标准由每生每年280元提高到小学每生每年560元，初中每生每年840元。扩大免费教科书发放范围，实现全区农村义务教育阶段教科书全部免费。提高农村义务教育阶段中小学校舍维修改造测算单价标准，由400元/平方米提高到500元/平方米。实现了义务教育“四项达标”，安排资金6亿元，实施104所城市中小学操场标准化建设和8所标准化高中建设。为57所寄宿制中学建成学生浴室。加强职业教育基础设施建设，落实家庭经济困难学生资助政策。

2009年，建立农村义务教育经费保障财政稳定投入机制，将农村中小学公用经费标准分别提高到500元和300元。安排3000万元，逐步为全区中小学配齐音体美设备。下拨资金3.06亿元，分步骤、分级次对存在安全隐患的校舍进行改造。同时，下达资金8574万元，专项用于“大班额”问题突出的银川市（含兴庆区、金凤区、西夏区）和盐池县新建初中学校1所、小学6所。根据《自治区党委人民政府关于巩固提高“两基”工作的意见》精神，到2012年实现全区基本普及高中阶段教育的目标，在2008年实施8所高级中学新建和扩建项目的同时，2009 年安排下拨资金2亿元，对盐池高级中学、中宁高级中学、红寺堡中学等普通高中学校实施标准化建设工程。从2009年春季学期开始，启动南部山区8县（区）及红寺堡开发区普通高中阶段家庭经济困难学生生活费补助试点政策，补助标准为每生每天3元、每学年750元，按10个月逐月发放。加大对高等院校和职业院校的投入，2008—2009年共帮助偿还贷款利息2亿多元。综合运用奖、贷、助、补、减等多种方式，资助高校、高职和中职学校家庭经济困难学生。

2010年，安排资金11.4亿元，实施中小学校舍安全工程，新建、维修、加固中小学校舍105万平方米。贺兰县、吴忠市利通区和彭阳县启动义务教育均衡发展试点工作，义务教育经费保障标准提高到小学生均400元、初中生均600元，此外还按生均75元标准落实了取暖费。启动“营养早餐”工程，对宁夏山区37.5万名义务教育学生每天发放1个鸡蛋。下达职业教育专项资金2.7亿元，使中等职业学校农村家庭经济困难和涉农专业近5万名学生享受免学费政策。

2011年，大力发展学前教育，新建幼儿园9所，改建33所。深化农村义务教育经费保障机制改革，提高公用经费基准定额生均标准。投入12亿元，改造中小学校舍面积112万平方米。启动实施农村义务教育薄弱学校改造计划。继续实施中南部地区“营养早餐”工程，西海固地区农村小学生“营养午餐”工程试点进展顺利。普通高中家庭经济困难学生国家资助范围扩大到全区，实现资助面达在校生的30%。支持职业教育基础能力建设和学校规范化管理。安排15亿元，启动高校债务化解工作，实施宁夏大学“211”工程建设、宁夏医科大学博士点建设项目等。落实国家奖、助、贷、免学费政策。

2012年，实现真正意义上的免费义务教育。完善“三免一补”政策，扩大免费教科书发放范围。调增农村中小学生均公用经费标准，小学由168元提高到575元，初中由220元提高到775元。在固原市、西吉县等9个市县试点，为学前一年在园家庭经济困难儿童每人每年提供1000元的资助，受助幼儿2786人，占在园幼儿总数的30%。安排6.6亿元，启动实施“营养改善计划”，家庭经济困难寄宿学生生活费补助标准达到小学每生每天4元，初中每生每天5元。将营养早餐和营养午餐工程合并为营养改善计划，使营养改善计划生均财政补助标准达到每天4.6元，保证35.9万名学生每人每天吃到1个熟鸡蛋，31.7万名学生吃上一顿营养午餐。统筹安排资金3亿元，支持营养改善计划学校食堂建设、设备补充、学生餐具购置等，确保学生营养改善计划顺利实施。安排38亿元支持“校安工程”建设，完成323万平方米校舍改造任务。每县建成1所标准化高级中学，200 余所中小学校建成标准化操场。将2亿元教育口结余结转资金统筹用于全面改善贫困地区义务教育薄弱学校基本办学条件项目。全力化解23亿元高校债务，支持宁夏大学“211工程”、宁夏医科大学“创博申大”，加快宁夏高等教育事业发展。

2013年，为缓解“入托难”，下达专项资金2.2 亿元，支持实施学前教育发展。下达资金3200万元，引导各市县发展民办学前教育，多渠道增加学前教育资源。下达资金1.1亿元，对全区103所农村中小学体育运动场地实施改造。下达资金5596万元，改善农村中小学校冬季供暖条件。下达教育现代化专项资金1.2亿元，为农村中小学配置教学仪器设备和图书，促进城乡、山川教育均衡发展。下达农村义务教育薄弱学校改造资金3亿元,支持改善义务教育阶段学校办学条件。下达农村义务教育学校校舍维修改造长效机制资金7850万元,支持学校校舍及其附属设施日常维修、大修改造和抗震加固。下拨义务教育保障机制公用经费补助资金5.6亿元,确保学校正常运转。下达资金1亿元,解决好7.7万多名进城务工人员随迁子女接受义务教育问题。下达资金5134万元,支持实施农村中小学远程教育信息化建设,完善信息化基础设施,提升优质资源均衡配置和服务能力。下达资金4110万元,支持集中连片特困地区普通高中校舍改扩建、体育场改造、配置图书和教学仪器设备购置。安排资金7000万元,改善职业教育办学条件,提高职业教育办学质量。下达资金1亿元,支持宁夏大学提升综合实力。下达高校生均拨款奖补资金1.2亿元,支持改善学校基本办学条件。下达中央财政支持地方高校发展和高等教育质量提升工程资金8000万元,支持高校实验室建设、人才培养等,促进高等教育内涵式发展。下达义务教育家庭经济困难寄宿生生活费补助资金1亿元。

2014年,学前一年教育试点资助政策实现全覆盖。统筹2亿元教育口结余结转资金,用于全面改善贫困地区义务教育薄弱学校基本办学条件改造项目,完成146所农村中小学体育运动场改造、农村中小学55万平方米供暖设施改造、远程教育等重点项目。

2015年,继续支持学前教育、义务教育等发展。下达资金2000万元,支持实施自治区第二个学前教育三年行动计划。统筹各类资金13亿元,改善薄弱学校办学条件。下达义务教育经费保障机制改革资金7.9亿元,支持义务教育学校正常运转。农村义务教育学生营养改善计划生均财政补助标准由4.6元增加到5.6元,比中央确定的标准高1元。农村特岗教师工资性补助标准由每人每年2.7万元增加到3.1万元。提高普通高中和中等职业学校国家助学金生均资助标准,由每年1500元增加到2000元。

2016年,下达资金3.4亿元,支持实施幼儿园建设工程,改善办园条件,扩大学前教育规模。安排资金12亿元,支持义务教育薄弱学校改造。下达资金2.5亿元,支持实施农村义务教育学生营养改善计划。下达资金9850万元,支持改善全区普通高中学校基本办学条件。下达资金3.5亿元,用于职业院校实训基地建设、信息化建设、拨款标准奖补等。为加快发展贫困地区职业教育,在固原市推行“9+3”职业教育,即在9年义务教育的基础上,对未被普通高中录取的初中毕业生实行免费中职教育。下达资金2.1亿元,支持高校提升学科建设、人才培养和科学研究水平,促进高等教育内涵式发展。

2017年,教育支出总计170.65亿元。统一城乡义务教育经费保障机制,将农村“三免一补”政策扩大到城市,建立城乡生均公用经费随学生流动可携带机制,共下达义务教育公用经费补助资金7.22亿元。自治区学前至高等教育各个阶段学生资助政策实现了全覆盖。推动高等教育“双一流”(一流大学、一流学科)建设,促进高等院校内涵式发展。

2018年,宁夏教育投入增幅高于全国平均水平,连续6年占地区生产总值的 4%以上,成为西部第一个全省通过县域义务教育基本均衡发展验收的省份。是年,按照自治区第二轮学前教育三年行动计划,安排资金4.2亿元,支持幼儿园建设工程,进一步群众入园难。落实农村义务教育学生营养改善计划，将农村学校附设学前班在园幼儿纳入保障范围，共惠及25万余名学生。安排资金27.45亿元，全面落实“三免一补”政策，统一城乡义务教育学校生均公用经费基准定额，并向寄宿制学校、小规模学校、特殊教育学校倾斜。继续实施“全面改薄”（全面改善贫困地区义务教育薄弱学校基本办学条件）项目，促进义务教育均衡发展。安排资金4.19亿元，支持改善职业学校办学条件，促进校企合作、产教融合、资源共享，推进现代职业教育改革发展。对建档立卡贫困家庭高职学生免除学费，将“9＋3”职业教育政策从固原地区扩大至宁夏山区9个县（区），助推精准脱贫。安排资金5.34亿元，以“双一流”建设为抓手，强化政策和绩效导向，促进高等教育内涵式发展。统筹安排资金1.1亿元，支持利用信息化手段扩大优质教育资源覆盖面。宁夏作为全国唯一以省级投入搭建信息化平台覆盖全学段的省份，被列为国家级“互联网 ＋ 教育”示范省区。

第二节　科学技术支出

科学技术支出指用于科学技术方面的支出，包括科学技术管理事务、基础研究、应用研究、技术研究与开发、科技条件与服务、社会科学、科学技术普及、科技交流与合作等方面的支出。

1991—1997年，科学技术支出表现为科技三项费用支出和科学事业费支出。1991—1997年，全区科技三项费支出14836万元，科学事业费支出16467万元。

1998—2006年，全区科技三项费用支出72066万元，科学事业费支出51774万元。

2007—2018年，统称为科学技术支持，总支出为1543838万元。

按照国家规定，从1987年开始，全区科学事业费归口科学单位管理，并实行逐年核减事业费办法，减少对科技事业费等方面的投入。20世纪90年代初中期，科技方面的投入逐步减少，1995年前后达到最低值，以后科技方面的投入逐步回升并逐年增加。

1991年，科技三项费用支出2063万元，为年度调整预算的65.6%，比上年增长12.9%；科学事业费支出2095万元，为年度调整预算的85.7%，比上年增长4.7%。1992—1993年，科技三项费用支出3654万元，年均支出1827万元。

1994—2004年，科学技术总投入103423万元。一方面用于科技基础条件建设与科研设备和仪器等科研设施的更新等；另一方面用于科研成果的转化。

2005年，推进科技特派员创业行动。累计投入资金1100万元，选派1101名专职特派员深入24个市县开展活动。此项活动使农民人均增收310元。科技特派员工作成效受到科技部、人事部的肯定，并决定在全国开展省级科技特派员基层创业行动试点工作。

2006年，落实“科教兴宁”“人才强区”战略和全区科技大会精神，将科技基础条件建设200万元、科技专项100万元、科普专项100万元、科研院所包干经费218.83万元，统筹设立“科技基础条件建设专项资金”，组织实施科技基础条件建设、多元化科技投入体系建设、科技特派员创业行动计划，重奖科技人员和创新团队等。

2007年，强化科技在新农村建设中的引导示范作用。自治区财政安排资金400万元，推动农村科技特派员创业行动。安排资金1500万元，支持科技富民强县行动。

2009年，安排4000万元，用于招才引智工作，支持引进领军人才；对25家高新技术企业实行税收优惠政策；加大对自主创新、科技攻关、科技“富民强县”和农村科技特派员等项目的投入力度，科技总投入达到4.4亿元。推动农村科技特派员创业行动。安排专项资金1000万元，支持农村科技特派员领办、创办合作社和协会，带动农民致富，实现农民和科技特派员“双赢”。先后两批分别下达科技攻关项目资金和国际科技合作项目资金共2266万元，对自治区“十一五”科技规划确定的自主创新重点领域及特色优势产业的重点项目给予支持，引导企业提升科技创新水平，增加产品附加值和市场竞争力，走高水平、高质量、高效益的新型发展道路。下达自然科学基金专项资金450万元，支持基础科学研究工作，夯实科技发展基础。

2010年，安排资金7862万元，组织实施科技富民强县、科普惠农兴村计划、科技特派员创业行动、科技兴农、科技基础条件建设和现代农业产业技术体系建设等。安排专项资金170万元，专项奖励科技进步奖及科技先进工作者。

2011年，自治区财政安排科技类资金12219万元，集中力量支持企业技术创新中心能力建设、科技成果转化、科技攻关、中小企业科技进步、国际科技合作和基础科学研究。一是支持企业技术创新中心能力建设。为扶持全区企业技术中心发展，打造有利于实现关键技术突破、升级，增强企业发展后劲的自主创新平台，按照绩效考核结果，下达企业技术中心“以奖代补”专项资金2000万元，对考核合格的31家企业技术中心给予补助，支持企业技术中心提升科研基础条件，完善科技创新体系。二是支持科技成果转化。下达科技成果转化资金700万元，支持全区28个科研机构、企业加强产学研合作，促进科技成果转化，全面提升企业自主创新能力。三是支持科技攻关。拨付科技攻关计划项目资金4195万元（含陕宁科技合作专项），支持重点实验室、科研教育机构、相关企业推进重大关键性技术突破、引进技术的创新和高新技术的应用。四是支持中小企业科技进步。为更好地扶持科技型中小企业发展，鼓励科技人员创新创业，推动高新技术产业发展，安排科技型中小企业创新基金4424万元，支持处于产业化初期、技术含量高、市场前景好、风险较大的科技型中小企业技术创新项目。五是支持基础科学研究。下达自然科学基金专项经费600万元，重点支持对科技、经济、社会发展有重要影响的150多个基础科学项目研究，推进优势学科和优势技术领域的发展，培育拥有自主知识产权的科研成果。是年，拨付国际科技合作项目资金300万元，支持全区企业和科研机构加强与海外的科技交流与合作，加强科技人才交流。

2012年，拨付“创新发展专项资金”7630万元，综合运用风险补偿、投资退出、后补助等方式，分别对科技创新团队、科技创新平台、重大科技成果转化和重点技术创新项目给予支持。安排资金8776万元，保障科技特派员创业行动、科技富民强县、科技兴农等活动。

2013年，下达科技兴农、科技富民强县、科技基础条件建设等资金5760万元，改善科研单位工作条件，推动科普活动开展，提高科技事业的整体发展水平。选派百名科技扶贫指导员，与宁夏中南部100个贫困村建立结对帮扶关系，培育科技示范户，引进示范推广新品种、新技术。

2014年，安排资金5195万元，支持实施科技惠农、科技富民强县、科技特派员创业行动等项目，提升公民科学素养，引领群众科技致富。

2015年，设立国家级高新区公共服务体系建设专项资金，通过评审论证，安排灵武、石嘴山两个高新区的6个公共服务平台项目和10个中小企业技术创新项目资金1000万元。累计安排2000万元，对科技型中小微企业科技成果转化项目予以贷款贴息和科技贷款风险补偿基金，全区风险池资金规模达3800万元。

2016年，拨付8770万元专项资金，落实科技后补助政策。安排科技金融贴息和科技型中小微企业贷款风险补偿资金各1000万元，推进合作金融机构加大对中小微企业科技贷款支持力度，对科技型中小微企业科技成果转化和产业化贷款项目给予贴息补助，缓解企业科技贷款难问题。安排企业科技创新平台建设资金2334万元，继续支持国家级和自治区级企业技术中心科技研发机构建设，引导企业加大研发力度，增强科研基础条件建设能力。

2017年，按照《自治区党委政府关于深入实施创新驱动发展战略加快推进科技创新的若干意见》，自治区本级财政安排R&D（研究与发展）投入预算总额达到5.52亿元，比上年增长65.2%，促使2017年全社会R&D投入占地区生产总值预计数比重达到1.02%。设立科技创新投资基金3亿元，全面落实科技后补助政策，完善以奖代补办法，支持创新平台建设、高新技术产业发展和人才引进。下达专项资金6975万元，支持沿黄科技创新改革实验区建设，提高自治区自主创新能力。支持实施科技扶贫指导员、科技特派员创业行动、“三区”人才支持计划科技人员专项等项目，引领群众科技脱贫、科技致富，助推科技精准扶贫。

2018年，全区科技支出34亿元，比上年增长33%，其中自治区本级R&D投入9.5亿元，比上年增长82%，全区R&D投入强度达到1.3%。按照《自治区党委 人民政府关于推进创新驱动战略的实施意见》（宁党发〔2017〕26 号）要求，加大财政投入力度，安排沿黄实验区科技创新专项资金2亿元，比上年增加1.3 亿多元，安排自治区现代农业科技创新示范区建设专项资金1亿元，比上年增加8900万元，为支持建设创新发展先导区提供有力保障。

第三节　文化体育与传媒支出

文化体育与传媒支出，是指国家用于发展社会文化、体育事业的经费支出，主要包括国有博物馆、图书馆、艺术馆、纪念馆、文艺团体、体育以及新闻、通信、广播、电视、出版等部门的经费支出。

1991—1997年，文教卫生事业费支出为一类。

1998—2006年为文体广播事业费支出，总支出242417万元。

2007—2018年为文化体育与传媒支出。2007年文化体育与传媒支出70629万元，2010年达到160933万元，4年间翻了2.3倍。到2015年超过20亿元。

一、文化与传媒支出

1991年，文教卫生事业费类共计支出36497万元，1992年为40866万元。为保证广播电视、《宁夏日报》等文化单位正常业务的开展，拨专款支持。

1993年，文教卫生事业费类共支出46452万元。坚持自治区财政“保吃饭、保重点”的原则，宁夏展览馆、群艺馆、电影制片厂由原来的全额预算管理改为差额预算管理，实行“差额管理、定项补助、超支不补，结余全留”的预算管理办法。博物馆、书画院的公务费和京剧团、歌舞团、话剧团的公务费在1992年基础上减半安排，取消《通俗文艺家》的出版补贴。缩减下来的经费相应建立“以文补文”专项周转金和奖励经费，用以扶持以文补文活动并对此项活动开展得好的单位予以奖励。对宁夏电视台，以1992年年初核定的人员经费为基效，实行人员经费总承包，一定三年不变，增收节支全部留用，减收、增支不补。对出版社，在继续执行承包合同、实行经费递减的基础上，减少对《宁夏画报》出版补贴。减下来经费用于专项出版补助。

1994—2004年，继续坚持“保吃饭、保重点”的财政原则，首先保证有关文化单位人员工资的发放、正常业务的开展。2000年后，在加强文化事业经费管理工作的基础上，贯彻落实国家有关方针、政策，筹措资金，重点对公益性文化事业单位，以及具有代表性、示范性和民族艺术、高雅艺术的创作和生产，对优秀的民间文化遗产的保护和利用，对基层公共文化设施建设等，加大投入；对宣传西部大开发、宣传宁夏、扩大交流、促进群众文化活动的开展及文物发掘等方面加大经费投入。

2005年，全面启动广播电视“村村通”工程。安排专项资金用于实现“村村通”的村台（站）维护和设备更新，免费向80%左右的农民传送8套电视节目。投入资金，保障宁夏第一届文化艺术节圆满进行，支持文艺精品创作，开展文化下乡，加强宁夏山区8个县和宁夏川区吊庄的乡镇文化中心建设，初步搭建全国文化信息资源共享工程宁夏分中心框架，加强宁夏灵武恐龙化石遗址保护工作。

2006—2009年，安排资金兴建乡镇文化中心，为宁夏山区各县购置文化流动车，启动农村数字化电影免费放映工程；扩大博物馆、纪念馆免费开放范围；支持“民族民间文化保护工程”、“全国文化资源共享工程”、文化精品工程等一批文化重点项目的实施。2009年，建立文化产业发展专项资金，对《花儿》舞剧、宁夏电影制片厂及《画皮》电影给予奖励。

2010年，安排3843万元，构建乡镇文化站、社区文化中心、农家书屋、博物馆、纪念馆、全国爱国主义教育示范基地等公共文化服务体系。争取中央文化产业发展项目专项资金3500万元，支持宁夏广播电视网络公司、宁夏中广传媒有限公司、黄河出版传媒集团有限公司等4个项目。安排资金2000万元，新创打磨优秀精品剧目30多部（台），支持文化部门实施“七个一”工程等。安排资金450万元，开展送戏进农村、社区、校园、军营、工地等活动。下达资金404万元，对10项非物质文化遗产进行保护。下达资金50万元，支持文化信息资源共享工程。安排专项资金3500万元，保障第二届中国宁夏国际文化艺术旅游博览会、宁夏第十三届体育运动会、宁夏黄河金岸国际马拉松赛等大型节庆活动如期举办。安排2400万元，解决6万户20万人收听收看广播电视难的问题。安排资金800万元，从2010年起将农村电影场次补贴标准由每场100元提高到200元。开展数字电影进乡村、进广场、进农场、进社区、进学校等多种形式的放映活动，完成4万场免费电影放映，实现“一村（农场、牧场）一月一场”的目标。

2011年，拨付资金1.2亿元，率先在全国试点广播电视直播卫星“户户通”工程。安排专项资金3000多万元，帮助宁夏报业集团、宁夏广电传媒集团、黄河出版传媒集团、宁夏演艺集团等文化单位解决发展中遇到的困难和问题。争取中央文化产业发展专项资金2300万元，扶持宁夏广播电视网络公司、石嘴山华夏脉文化旅游有限公司、宁夏话剧艺术发展有限公司发展。筹措资金4000多万元，重点保障第三届中国宁夏国际文化艺术旅游博览会、“感恩母亲河，万人颂黄河”、第三届房车节、书画大采风等活动的开展。

2012年，在2011年1.2亿元的基础上再筹措资金1亿元，完成广播电视直播卫星“户户通”工程，全区80万户群众受益。在全国率先完成县级城市影院全覆盖，为每个县级城市数字影院安排资金70万元。支持举办第22届全国图书交易博览会、第四届中国（宁夏）国际文化艺术旅游博览会等一系列有特色、有声势的重要文化活动。拨付注册资本金1亿元（2011年拨付5000万元，2012年拨付 5000万元），支持组建宁夏文化产业投融资有限公司。

2013年，统筹下达农村文化建设专项资金4620万元，为全区各村的共享工程服务点、农家书屋、农村文艺演出等给予补助，奖励地方发展农村特色文化、保护农村优秀传统民间文化、培养农村基层文化队伍。统筹下达资金3077万元，加大文物保护力度。安排文化事业建设经费1500万元，对一批以道德模范和各行业先进人物为原型创作的影视剧、歌舞剧、文艺演出节目、“五个一”工程图书出版等项目给予支持。下达资金6000万元，支持组建宁夏文化产业投融资有限公司。下达文化产业发展专项资金6400万元，支持宁夏传媒、电影、报业等文化改制企业做大做强。

2014年，拨付资金2.9亿元，支持建设标准化乡镇文化站10个，扶持移民新村建设示范文化室、文化大院200个，组建宁夏文化产业投融资公司，促进文化产业发展；支持建设标准化乡镇文化站10个，扶持移民新村建设示范文化室、文化大院200个，开展送戏下乡1300场、农村公益电影放映4万场次，实施博物馆、纪念馆、图书馆、体育馆等公共文化体育设施免费开放。支持举办自治区第十四届体育运动会等体育赛事，支持实施全民健身工程。

2015年，文化体育与传媒共支出209656万元。按照每个村每年1万元的标准，支持农村文化设施维护和农村文化体育活动持续开展。支持实施中央广播电视节目无线覆盖等工程，确保群众收听收看到稳定、清晰的广播电视节目。将送戏下乡演出、农村公益电影放映工程列为政府购买服务项目，所需经费纳入部门预算。自治区财政按照歌舞类每场1.2万元，戏曲类每场1.5万元的标准，购买演出场次1600场，农村公益电影放映按照每场200元的标准，购买放映场次4万场。

2016年，下达资金2.3亿元，支持构建体现时代发展趋势、具有宁夏特色的现代公共文化服务体系。将“送戏下乡”演出、农村公益电影放映列为政府购买服务项目。支持建设标准化乡镇文化站。落实博物馆、纪念馆、美术馆、公共图书馆、文化馆(站)等公共文化设施免费开放政策,支持城市社区(街道)文化中心免费开放。支持农村文化活动持续开展。

2017年,文化体育与传媒共支出228151万元。文化方面支持建设606个贫困村综合文化服务中心,实现贫困地区全覆盖,补齐文化发展短板。支持实施“送戏下乡”演出、农村电影公益放映、公共文化设施免费开放等文化惠民工程,加快构建覆盖城乡、惠及全民的公共文化服务体系,城乡群众精神文化生活日益丰富。支持文化遗产保护工作;支持文化产业发展壮大,培育骨干文化企业实力;支持实施舞台艺术工程,鼓励创作文艺精品。

2018年,安排资金6060万元,保障自治区成立60周年文艺宣传活动和群众文艺会演顺利开展。统筹安排公共文化服务体系建设方面的资金2.75亿元,重点用于公共数字图书馆建设、广播电视无线覆盖及各市县基本公共文化服务保障, 支持实施送戏下乡演出、农村电影放映、公共文化设施免费开放等,率先在全国实现村级综合文化活动中心全覆盖。安排自治区文化产业专项资金6000万元,比上年增加4500万元,推动文化繁荣发展。

二、体育支出

在财政支出中,1998年文体广播事业费支出为一类,开始有体育专门支出。

1998—2002年,体育支出主要为运动场地建设支出,运动会相关训练支出等。

2003年,文体广播事业费共计支出31619万元,体育经费较之以往大幅度增加,其支出主要用于保障第七届全国少数民族传统体育运动会举办。

2004—2007年,体育支出主要为体育场馆建设和体育健身场地建设。2007年,筹集彩票公益金3.5亿元,支持体育事业发展。

2008年,拨付资金3亿元,投入贺兰山体育场建设。

2009年,文化体育与传媒共支出90306万元。体育支出重点保障在宁夏承办的四类五项重要赛事,包括中美滑水明星对抗赛、全国摩托艇锦标赛、第十一届全运会武术套路预赛、中西部地区业余网球公开赛和全国少儿游泳锦标赛。自治区财政根据自治区政府分两年实施“农民体育健身工程”的决定,筹措资金670万元,完成在固原地区建设500个村级“农民体育健身工程”建设任务。

2010年,安排资金1718万元,按国家标准完成746个体育健身场地建设。下达资金270万元,建成社区、文体广场全民健身路径100条。安排资金790万元,支持亲水健身中心和体育运动训练中心完善设备。协助体育部门开展全区县级以上全民健身系列活动及“百乡千村”农民体育活动。

2011年,文化体育与传媒共支出139377万元。体育支出重点用于建成 22个乡镇农民健身工程,完成150条全民健身路径工程;建成2个县级体育健身场馆,2个社区多功能健身示范广场;支持举办第三届国际马拉松体育赛事。

2012年,文化体育与传媒共支出144441万元。体育支出继续用于建成22个乡镇农民健身工程,完成150条全民健身路径工程;建成银川市西夏区、吴忠市红寺堡区等 2个体育健身场馆；保障第三届黄河金岸国际马拉松赛、“环青海湖”国际公路自行车（宁夏）段比赛活动开展；组织开展“宁夏百乡千村农民体育活动月”等县级以上全民健身系列活动100多次。

2013年，文化体育与传媒共支出165998万元。体育方面，配合自治区“十二五”生态移民工程建设，为全区27个生态移民村各建设1个农民健身工程，每个投入49万元，进一步改善生态移民村公共体育服务设施；支持参加第十二届全国运动会。

2014—2017年，支持实施全民路径健身工程。全区8家大型体育场馆实现免费、低收费开放。

2018年，安排资金7198万元，支持体育部门所属大型体育场馆、中小型体育场馆和学校体育设施向社会免费低收费开放，引导提升运营管理、公共服务水平。支持实施全民健身路径工程，改善群众体育健身环境，满足群众体育健身需求。支持举办重大体育赛事和大型运动会。支持青少年校园足球改革与发展。

第四节　医疗卫生支出

医疗卫生支出指政府医疗卫生方面的支出，包括医疗卫生管理事务支出、医疗服务支出、医疗保障支出、疾病预防控制支出、卫生监督支出、妇幼保健支出、农村卫生支出等。在财政支出中主要表现为公共卫生支出、计划生育支出、公费医疗与医疗改革支出等几类。

1991—1995年，文教卫生事业费合并。1996—2006年，卫生经费单列。1996—2000年，卫生经费合计支出96211万元，2001—2006年卫生经费合计支出289133万元。

2007—2018年为医疗卫生与计划生育支出。2007年，医疗卫生与计划生育支出为114174万元，2018年突破百亿元，达到1055509万元。

一、公共卫生支出

1991—2002年，公共卫生支出主要为新建、翻建基层卫生院公共卫生业务用房、建设公共卫生医疗救治体系等。

2003年，筹措资金支持建立突发性公共卫生事件应急机制。预防“非典”期间，全区各级财政拨付“非典”防治经费6474万元，重点用于“非典”防治防疫设备的配置、公共场所的消毒、疫情监控经费、农村和城市困难人群防治防疫经费、防“非典”知识宣传、一线医务人员特殊补贴等。建立高效快捷、上下联动、部门配合的“非典”防治资金保障运行机制。通过政府采购，快速为定点医院及传染病医院配备价值1981.5万元的急需设备；拨付一线医务工作者临时性特殊补贴资金316万元；拨付“非典”病人、疑似病人、留观救治费用425万元。重视农村“非典”防治工作，杜绝“非典”疫情向农村扩散。针对农村医疗基础设施落后、技术力量不足、疫情检测体系不健全，下拨农村“非典”防治经费400万元。筹措资金22万元，组织人员编印《农村防治“非典”知识手册》90万册。

2004年，筹集资金1411万元，用于突发公共卫生事件医疗救治体系建设。安排资金1000万元，用于自治区传染病医院大中型设备的政府采购。进一步做好新型农村合作医疗试点工作，在平罗县和隆德县两个新型农村合作医疗试点县运行的基础上，将试点范围扩大到永宁县、中宁县和青铜峡市。

2005年，筹集安排公共卫生经费支出6200万元，重点用于传染病防治和计划免疫、医院医疗救治能力建设项目、卫生监督项目等。财政部、卫生部、国家中医药管理局补助宁夏公共卫生建设项目资金3825万元，项目涉及县医院医疗救助能力建设，卫生监督机构能力建设，提高农村公共卫生服务能力。支持社区卫生服务能力建设，安排专项资金，对达标的社区卫生服务中心（站），一次性奖励10万元，奖励资金重点用于购置设备，加强社区全科医师的规范化教育培训。按照国家有关卫生院、自治区有关卫生室设备配备标准规定，通过政府集中采购，对全区卫生院、卫生室一次性配齐所需医疗设备。对乡镇卫生院医护人员，实行全额工资财政供给制度，财力缺口由自治区财政实施转移支付补助，对村卫生室医生给予每月补助100元，由自治区财政和市县财政共同负担，保证一线工作人员工资正常发放。同时加大培训力度，对现有乡镇卫生院年龄在45岁以下的医护人员进行轮训。继续在平罗、隆德等5个县进行新型农村合作医疗改革试点。

2006年，进一步推进公共卫生体系和应急机制建设，确保禽流感防控工作的各项资金需求。安排资金2亿元，对全区18个乡镇卫生院和2555个卫生室进行房屋新建、改扩建与设备配备，将新型农村合作医疗制度改革试点扩大到11个市、县（区），落实乡镇卫生院在编人员工资、村医生活补助和乡村医护人员培训任务。

2007年，安排专项资金2000万元，启动针对全区380万名农民的卫生政策和健康知识普及宣传教育活动。推进公共卫生保障体系建设，在银川、石嘴山、中卫3个市试点，实行全区农村特困医疗救助和大病医疗救助制度，患有重大疾病的农民最高可得到政府5万元的救助。对全区0～14岁儿童五种计划免疫实行免费政策，保障广大儿童的身体健康。

是年，推进农村医疗卫生体制改革。一是及时拨付中央专项资金4026万元，保证中央补助地方卫生建设项目的顺利实施。二是执行中央补助宁夏中医药发展专项资金1100多万元（2006年安排的专项资金在2007年使用），用于提高宁夏中医医院急诊急救能力、中医制剂能力、感染性疾病科、中医特色专科、针灸理疗康复特色专科建设，以及加强全区乡镇卫生院中医临床技术骨干培训和乡村医生中医专科学历教育。三是建立基层卫生机构公用经费保障新制度。制定《关于乡镇卫生院绩效考核与财政补助办法》《关于城市社区卫生服务机构绩效考核与财政补助办法》《关于村卫生室绩效考核与财政补助办法》，从2007年7月1日起，对乡镇卫生院公用经费补助标准按照服务人口，宁夏山区每人每年补助3.5元、宁夏川区4元，其中自治区财政补助3元，宁夏山区和宁夏川区财政分别补助0.5元和1元。对社区卫生服务机构经费补助标准按照服务人口，银川市、石嘴山市辖区每人每年补助9元，其中中央财政4元，自治区财政2元，各市财政3元；吴忠市、中卫市辖区每人每年补助7元，其中中央财政4元，自治区财政2元，各市财政1元；固原市辖区每人每年补助6元，其中中央财政4元，自治区财政2元。对村卫生室按照服务人口每人每年2元的标准补助公共卫生经费，宁夏山区村卫生室补助由自治区财政全额承担；宁夏川区村卫生室的补助，由自治区财政和县级财政分别承担50%。基层卫生机构公用经费采取“以奖代补”的方式，根据绩效考核兑现补助资金，并设立奖励资金，对考核优秀的卫生行政部门、基层卫生服务机构和医务人员给予奖励。是年，自治区财政根据卫生厅统计的服务人口数量及补助标准，拨付基层公共卫生经费3103.9万元，其中中央财政补助866.9万元，自治区财政补助2237万元。

是年年底，中央安排宁夏公共卫生专项资金6151万元，安排中医药能力建设专项资金960万元。

2008年，全年下达基层公共卫生经费3103.7万元。其中，按照服务人口及每人每年补助3元的标准，下达乡镇卫生院公共卫生经费1167.9万元；按照服务人口及宁夏山区市县每人每年补助2元、宁夏川区市县每人每年补助1元的标准，下达村卫生室公共卫生经费635.5万元；按照服务人口及中央财政每人每年补助4元、自治区财政每人每年补助2元的标准，下达城市社区卫生服务机构公共卫生经费1300.3万元。

是年，筹措专项资金1110万元，保障实施国家免疫规划相关冷链系统建设和运转、预防接种等工作所需经费。其中：一次性投入800万元，重点支持全区预防接种实施单位冷链系统建设，购置电冰箱、冷藏包、疫苗运输车及建设冷库等；安排预防接种信息管理建设资金200万元，提高预防接种工作管理水平；安排培训、宣传、监测等工作经费110万元。此外，还下达预防接种工作经费500.7万元，保障国家免疫规划项目实施。

2008年下半年，宁夏筹措资金2280万元，专项用于对食用问题奶粉婴幼儿免费筛查、诊疗以及设备（B超、尿分析仪、治疗仪）的购置，其中用于筛查、诊疗工作经费730万元，设备购置1550万元。

2009年，启动实施国家确定的6项重大公共卫生项目（涉及宁夏5项）和 9项基本公共卫生服务项目。自治区财政厅安排专项资金，拨付中央专项补助资金10627万元，保证各项工作顺利进行。是年，自治区财政安排免疫规划疫苗采购资金1182万元。同时，下拨免疫规划预防接种工作经费689万元，全力保障免疫规划项目实施。下拨的预防接种工作经费包含两部分：一部分是按照国家免疫规划的相关要求，对常规免疫规划预防接种给予补助；另一部分为针对8月龄～6岁儿童的麻疹强免工作换防接种给予补助。

2010年，共下拨基本公共卫生服务经费8652万元。安排4990万元，用于支持自治区级医学优势专科建设。安排400万元，用于宁夏野外移动医院建设。安排1600万元，用于医疗设备、耗材、器材购置等。拨付2188万元，扶持中医药事业发展。下拨“四免一救助”补助资金2530.8万元。安排各类补助资金3622万元，完善基层医疗卫生机构补偿机制，加强基层医疗卫生机构服务能力建设。自治区财政分配下拨中央补助公共卫生专项资金7938万元。深化基本公共卫生服务，将人均基本公共卫生服务经费补助标准提高到25元。

2010年起，自治区财政每年安排专项资金300万元，利用3年时间，共安排专项资金900万元，实施“健康宁夏全民行动”项目。

2011年，自治区财政全额下拨基本公共卫生服务经费14719.7万元，其中中央财政补助资金拨付12500万元，自治区财政补助资金拨付2119.7万元。基本公共卫生服务内容，由9类33项扩展到10类43项，人均经费标准提高到25元（中央财政补助20元，自治区财政对宁夏山区补助4元、对宁夏川区补助3元，剩余部分由各市县财政负担，有条件的市县可根据各地经济发展水平适当提高）。

是年，自治区财政统筹专项资金7310万元，确保农村改水改厕、农村妇女"两癌"（宫颈癌、乳腺癌）筛查等重大公共卫生服务等项目实施。自治区财政全额拨付2011年妇幼卫生"四免一救助"项目补助资金3332.6万元，其中2011年住院分娩补助2844.2万元，2011年婚前医学检查补助488.4万元。安排专项资金1500万元，为全区21家妇幼保健院配备急需的彩超、妇科治疗仪、X光机、产床和生化分析仪等专用设备，提高妇幼保健机构服务能力。安排中医药发展专项资金330万元，主要用于扶持中医药基础设施建设、人才培养、学科建设、专科建设、农村中医药研究开发、适宜技术推广等建设项目。安排资金280万元，支持3500名白内障患者实施复明手术。

2011年是"健康宁夏全民行动"项目实施第二年，自治区财政预算安排专项资金300万元，专项用于健康教育读本和宣传品印制及健康卫生栏目制作和播放等工作。

2012年，自治区财政全年下拨基本公共卫生服务经费14004.8万元，主要用于基层医疗卫生机构开展10类43项基本公共卫生服务，并要求市县实行国库集中支付管理，村医补助由银行代发，加强资金监管和绩效考核力度。全年安排重大公共卫生专项资金13822万元，主要用于农村孕产妇住院分娩、艾滋病防治、结核病防治、其他传染病防治、地方病防治、精神疾病防治、慢性病防治、SARS人禽流感鼠疫防控、妇幼卫生、职业病防治和食品安全等重大公共卫生服务项目。实施妇幼卫生"六免一救助"政策。根据《自治区人民政府办公厅转发自治区卫生厅财政厅人力资源社会保障厅民政厅关于实施妇幼卫生六免一救助意见的通知》（宁政办发〔2012〕9号），从2012年2月起，在原"四免一救助"政策基础上，将乳腺癌免费筛查和宫颈癌免费筛查项目纳入其中，变为"六免一救助"项目，新生儿筛查和准新婚夫妇婚检补助标准也进一步提高。2012年，自治区财政共安排"六免一救助"资金4464万元。支持全区1033个村级卫生室标准化建设，第一批医学优势专科建设如期完成，自治区野外医院建成投入使用，食品药品安全、疾病预防、卫生监督能力不断提升。

2013年，建立健全基本公共卫生经费保障机制，基本公共卫生经费标准由上年人均25元提高到30元，下达基本公共卫生经费13111.5万元。加大转移支付力度，支持巩固完善基本药物制度和基层医疗卫生机构运行新机制，下达资金5445万元。下达建设资金1705万元，支持村卫生室标准化建设任务。统筹资金2474.1万元，支持"六免一救助"。安排资金5885.4万元，用于疾病控制、预防保健、卫生监督等重大公共卫生项目。安排资金2200万元，支持全区220个乡镇卫生院远程会诊系统建设，支持全区3000名基层医疗卫生技术人员参加相应的专业培训。安排526万元，用于县乡医务人员培训项目的实施。支持实施重大公共卫生服务项目、重点特色专科建设和县级公立医院综合改革，全面完成村卫生室标准化建设，在全区开通220个远程会诊系统网点。

2014年，基本公共卫生服务经费标准从人均30元提高到35元。支持城乡社区卫生服务站建设，拨付统筹基本建设资金2200万元，新建、改建城市和农村社区服务站。拨付12555万元，支持县、乡、村三级医院基础条件建设，提升县级医院接诊能力。

2015年，人均基本公共卫生服务经费标准从35元提高至40元，并按照人均1元的标准安排绩效考核工作经费。自治区财政安排2500万元，通过购买房屋产权的方式，解决城市社区卫生服务站业务用房问题。安排1000万元，实施乡镇卫生院温暖工程，为宁夏南部山区8个县及吴忠市红寺堡区乡镇卫生院配置采暖设施。统筹安排各类培训资金4572万元，重点支持住院医师规范化培训、订单定向免费培养医学生、对口支援、乡镇卫生院医务人员轮训、村医基本公共卫生培训和京沪闽进修等项目。此外，自治区财政将公共卫生作为民生项目，安排专项资金4063 万元，开展妇幼健康行动计划项目和城市饮用水监测能力提升项目，免费为10～12 岁儿童接种麻腮风疫苗，实施艾滋病关怀救治工程。

2016年，将基本公共卫生服务经费人均补助标准提高到45元，并按照人均1元标准安排工作经费，加强基本公共卫生服务项目绩效考核工作，提高资金使用效益。争取将宁夏作为全国综合医改试点省份，使自治区所有城市公立医院和县级公立医院率先纳入全国试点范围，筹集公立医院补助资金2亿元，制定出台《公立医院补助资金管理暂行办法》，在中央财政人均补助3万元的基础上，将住院医师规范化培训补助标准提高到4.2万元。

2017年，将基本公共卫生服务经费人均补助标准提高到50元，支持家庭医生签约服务工作。同时，进一步整合重大公共卫生服务项目，重点实施妇幼卫生健康行动计划、爱国卫生及健康促进项目等民生项目，为宁夏南部山区9个县（区）配备基本的妇幼卫生保健设备，为全区各级疾控中心、预防接种单位配备疫苗运输车、冷库等设备。实施农村基层远程医疗会诊、新建267个标准化村卫生室和购买30所城市社区卫生服务站业务用房，开展千名医师下基层活动，提升基层医疗卫生机构服务能力，促进分级诊疗实施。

2018年，宁夏被列为国家首个“互联网 + 医疗健康”示范区。是年，支持住院医师规范化培训、助理全科医生培训和特设岗位全科医生计划，自治区财政每人每年分别给予4.2万元、3万元、6万元补助。实施城市社区卫生服务中心能力提升项目，自治区财政为每个城市社区卫生服务中心补助200万元，支持各市县为其配置基本医疗设备，打造9所标准化城市社区卫生服务中心。开展千名医师下基层活动，吸引二级以上医疗机构的中级及以上医师人员下沉到基层为当地老百姓服务。促进公共卫生服务均等化。将基本公共卫生服务经费人均补助标准提高到55元，开展基层糖尿病医防融合管理工作，推动电子健康档案向个人开放。坚持预防为主的方针，支持妇幼卫生健康行动计划、食品安全标准与监测、爱国卫生及健康促进等重大公共卫生服务项目，将新生儿疾病筛查病种数由5项扩充到52项，政策每年惠及10万名新生儿。支持下属5个地级市饮用水水质检测能力建设、自治区危重孕产妇救治中心和新生儿救治中心建设，全面提升全区公共卫生服务能力。实施京宁合作精准帮扶重点专科建设项目，按照地级市100万元、县（区）80万元的标准，支持贫困市县公立医院重点专科建设。统筹安排贫困地区临床服务能力建设资金2015万元，每县支持1家县级医院、2家基层医疗卫生机构提升临床服务能力。

二、计划生育支出

1991—1993年，在文教卫生事业费中将计划生育计费分列。

1991年，计划生育费支出1029万元。

1992年、1993年，计划生育费支出分别为1187万元和1266万元。

1994—2008年，计划生育费支出主要用于落实计划生育政策，支持“少生快富”工程和奖励扶助工程等计划生育项目的实施。

2009年，宁夏在全国率先提高“少生快富”工程奖励标准，其中两女户奖励标准由5000元增加到8000元，其他户奖励标准由3000元增加到8000元。“少生快富”工程于当年在同心县、固原市原州区、西吉县、海原县4个县区进行试点。同时，加大试点县（区）计划生育服务站（所）设备配置的投入，使其达到规范化、标准化要求。是年，将独生子女家庭子女伤残的补助标准由国家规定的每人每月80元提高到100元。

2010年，安排资金4100万元，支持“少生快富”工程和纯女户家庭提前进入奖励扶助工程。安排1683万元专项资金，用作人口和计划生育目标管理责任制、计划生育综合业务、信息网络建设和改造等项目经费。筹集1000多万元，为全区194个乡镇和14个农林牧场各配备1辆计划生育服务流动车。安排资金202万元，实施计划生育家庭子女保险。安排专项资金40万元，联合计生、民政等部门在部分回族民众居住区建立100个文化书屋，并配备相关设施，提升民族地区计生工作水平。

2011—2014年，提高“少生快富”工程和农村计划生育家庭奖励扶助标准。将全区22个市、县（市、区）全部纳入免费孕前优生健康检查范围。配合卫生、计划生育部门开展流动人口卫生计生关怀关爱专项行动，创新计划生育工作机制，稳定和加强县级以下计划生育工作网络和队伍，进一步完善计划生育利益导向政策体系。

2015年，全年安排计划生育补助资金14673万元，进一步完善计划生育“少生快富”工程及扶助项目资金拨付流程，建立适时结算和年底核查机制，加快预算支出进度，缩短资金拨付周期。

2016年，会同有关部门落实两孩政策，健全计划生育投入保障机制。制定《计划生育服务补助资金管理暂行办法》，整合计划生育和公共卫生服务补助资金。提高计划生育家庭特别扶助标准，残疾或死亡的城乡夫妻特别扶助金标准分别提高到每人每月600元、800元，并对失独家庭一次性给予2万元的抚慰金。

2018年，医疗卫生支出共1055509万元，继续支持计划生育保障项目，妥善解决历史遗留问题，为两孩政策实施前的“失独家庭”发放一次性抚慰金。

三、公费医疗与医疗改革支出

1991年，文教卫生事业费支出共36497万元。在公费医疗改革方面，市县财政部门和卫生部门相配合，按照国家、集体、个人合理负担的原则，实行医疗费用与个人挂钩和将公费医疗交医疗部门管理等改革措施。年内有隆德、盐池、灵武、中卫、泾源等县以县政府的名义发布公费医疗改革措施。全区公费医疗经费管理改革方案呈报自治区人民政府审批。

1993年，文教卫生事业费支出共46452万元。实行公费医疗经费交由医院管理和个人少量负担的办法。全区22个地、市、县不同程度地改革了旧的公费医疗经费管理办法，实行交医疗单位管理、定点医疗、发代金券、限额报销等多种办法。在各项医疗收费标准平均上调40%、药品大幅度涨价的情况下，当年人均医疗费支出222.54元，比上年人均增支17%。是年，缩小宁夏医学院附属医院和自治区人民医院的差额补贴范围，除人员基本工资及原来由财政暗补改明补的政策性补贴以外，其他各项补助由医院自行解决。减下来的经费除增加防疫保健部门业务费投入，增加设备购置、维修专款以外，还设立了公费医疗专项奖励经费。在公费医疗经费交医院管理的基础上，海原、固原两县进行了医疗经费社会保险试点，拓宽了改革思路。

1995年，文教卫生事业费支出共63037万元。为了适应建立社会主义市场经济体制的要求，保障行政事业单位职工的基本医疗，根据国家《关于职工医疗制度改革的试点意见》，结合自治区实际，拟定《宁夏回族自治区行政事业单位医疗保险试行办法》，并在银川、青铜峡两市，对行政事业单位职工进行医疗保险改革试点，同时要求试点市制定实施细则。试行办法规定职工医疗社会保险实行社会统筹医疗基金与职工个人医疗账户相结合，医疗保险费由单位和个人共同负担的办法。

1996年，确定银川市、青铜峡市、固原县等5个市县进行公费医疗保险改革试点。同时，加大自治区本级公费医疗改革力度，修改、完善宁夏大学公费医疗经费继续交由自治区人民医院管理的试点办法。银川市进行调查研究、测算，先后制定13个配套管理办法和规定。青铜峡市抽调专人进行调查、测算，提出初步改革意见。公费医疗保险改革试点为1996年国务院医疗保险扩大试点工作提供了经验。按照国务院扩大试点意见，自治区人民政府将银川市、青铜峡市列为国务院医疗保险扩大试点城市。

2000年，稳步推进宁夏城镇职工医疗保险制度改革。按照国务院提出医疗保险制度改革与医疗卫生体制、药品生产流通体制改革同步进行的要求，结合宁夏“地方小、参保人数少、工资基数低、基金总量少、抗风险能力差”的实际，提出了建立自治区医疗保险制度和保险基金安全保障机制的思路。

2002年，全区财政拨付9800万元，用于弥补部门和市县历年拖欠的医疗经费。在自治区财政帮助下，全区22个市县中有16个市县启动了医疗保险制度，对启动医疗保险制度的市县补助启动经费20万元，用于微机联网、软件开发等。建立全区离休干部健康档案，确定离休干部每人全年医疗费统筹标准为8000元，行政、全额单位财政补助100%，差额事业单位财政负担60%、单位负担40%的政策，对区属困难企业的685名离休干部医疗费给予适当的补助资金302万元。

2004年，建立农村医疗救助制度，对全区农村特困户医疗救助情况进行摸底调查，及时向中央申请宁夏农村特困户医疗救助资金716万元，解决2.4万人看病困难的问题。

2005年，初步建立农村特困群众救助制度，完善农村特困户医疗救助管理办法，构建以常规医疗救助、新型农村合作医疗救助及大病医疗救助为内容的救助体系，全年共拨付农村特困户医疗救助专项资金1027万元，帮助解决农村困难群众看病难问题。

2007年，全区医疗卫生支出114174万元。所有市县（市、区）全面实施了新型农村合作医疗制度改革，比预定时间提前一年。

2009年，拟定银川市为新医改试点地区，全面推行新医改政策的落实，以带动全区其他市县开展新的医疗体制改革。为解决城乡群众“看病难”“看病贵”的问题，自治区政府批准城乡困难群众医疗救助办法，全年共筹措城乡医疗救助资金1.7亿多元。2010年，完成财政部等有关部委下达的医改任务，获得国家“以奖代补”专项补助资金4900万元。

2011年，新农合和城镇居民基本医疗保险财政补助标准提高到年人均200元，提高报销比例，扩大报销范围。自治区财政统筹安排资金 1.9 亿元，加大城乡医疗救助力度。

2012年，支持县级公立医院改革，探索公立医院管办分开、医药分开、营利性与非营利性分开的改革模式。取消县级公立医院药品加成收入，建立财政补偿机制，减轻群众医药负担。自治区财政参与自治区三大医疗集团建设，整合全区医疗卫生技术力量，实现优质医疗资源共享，建立专家流动机制，打造远程会诊平台，提升全区医疗卫生服务水平。支持自治区人民医院在海原县合作建设宁南医院，并安排专项资金1800万元，支持宁东急救中心能力建设。

2014年，推进县级公立医院综合改革，争取中央支持，将永宁县等6个市县列入国家县级公立医院综合改革试点，每个市县补助400万元，将银川市列入公立医院改革国家联系试点城市，补助2000万元。会同自治区卫计委研究出台县级公立医院综合改革试点实施方案，指导各试点县建立起维护公益性、调动积极性、保障可持续的县级公立医院运行新机制，不断提高县级公立医院医疗卫生服务水平。

2015年，推进公立医院综合改革，统筹安排公立医院综合改革补助资金 1.05亿元，对每个试点县补助400万元，对试点城市一次性补助2000万元，试点城市辖区补助100万元。会同自治区卫计委研究制定《县级公立医院改革补偿（暂行）办法》，在落实政府对公立医院投入政策的同时，着重突出加强医院财务管理的内容，通过强化项目预算管理、准确核定成本费用、加强结余资金管理等措施，降低医疗成本和提高运行效率。深化基层医疗卫生机构综合改革，统筹使用中央下达的基本药物制度补助资金6050万元，加强基层医疗卫生机构能力建设，为其配置基本的医疗设备，落实村医生活补助每月不低于500元政策。

2016年，推进公立医院综合改革，争取将宁夏作为全国综合医改试点省份，使自治区所有城市公立医院和县级公立医院率先纳入全国试点范围，筹集到公立医院补助资金达2亿元，制定出台《公立医院补助资金管理暂行办法》，在中央财政人均补助3万元的基础上，将住院医师规范化培训补助标准提高到4.2 万元。

2017年，配合自治区医改办推动公立医院综合改革，会同自治区卫计委起草《城市公立医院改革补偿（暂行）办法》，经自治区人民政府印发实施，对公立医院取消药品加成财政部门按照20%～30%的比例予以补助，补助比例在全国属较高水平。同时，对公立医院基本建设、设备购置和重点学科建设等发展建设支出提出明确的补助政策，确保公立医院健康有序发展。支持公立医院综合改革，推进公立医院全面预算管理，设立专项资金，通过以奖代补方式推动各市县公立医院综合改革。支持住院医师规范化培训、助理全科医生培训和全科医生特设岗位计划，加强卫生人才队伍建设。是年，全面实施重特大疾病医疗救助，加强医疗救助与扶贫政策、大病保险等统筹衔接。完善低收入家庭大病保障机制，提升医疗救助分层分类救助水平。

2018年，深入推进公立医院综合改革，建立五级远程医疗服务体系，实现与所有省（市、自治区）定点医疗机构异地就医直接结算，全区公立医院药占比下降到30%。做好健康扶贫工作，将建档立卡人员全部纳入健康扶贫医保政策倾斜范围，筹措资金3000万元，按照60%的补助比例，支持各市、县（市、区）建立健康扶贫政府兜底保障机制。自治区财政在分配公立医院综合改革补助资金等医疗卫生专项资金时，对深度贫困地区给予倾斜照顾。

第四章　社会保障支出

社会保障是指国家通过立法，动员社会各方面资源，保证无收入、低收入以及遭受各种意外灾害的公民能够维持生存，保障劳动者在年老、失业、患病、工伤、生育时的基本生活不受影响，同时根据经济和社会发展状况，逐步增进公共福利水平，提高国民生活质量。

1991—1997年，社会保障支出为抚恤和社会福利救济。1998—2006年，社会保障支出为抚恤和社会福利救济费支出、社会保障补助支出。1991—1997年，宁夏抚恤和社会福利救济支出总计23648万元。1998—2006年，抚恤和社会福利救济费支出总计201031万元，社会保障补助支出总计670130万元。其中，1998年社会保障补助支出为8946万元，1999年为18390万元，是上年的2.06倍。2001年，社会保障支出为73194万元，2002年为187490万元，是上年的2.56倍。2003年后，社会保障支出有所下降。

2007—2018年为社会保障和就业支出，主要包括社会保险基金补助支出、就业补助支出、社会福利和残疾人事业支出、自然灾害生活救助支出等。2007—2018年，全区社会保障和就业支出总计9089763万元。

第一节　社会保障基金支出

社会保障基金是根据国家有关法律、法规和政策的规定，为实施社会保障制度而建立起来、专款专用的资金。社会保障基金一般按社会保险基金、社会救济基金、社会福利基金等不同的项目分别建立，其中社会保险基金是社会保障基金中最重要的组成部分，其支出内容详见此篇第六章基金支出第二节社会保险基金支出。

第二节　就业补助支出

2007年财政支出中，将就业支出和社会保障支出归为一类，为“社会保障和就业”支出，但就业支出在20世纪末期和21世纪初期就已列支。

2000年，财政厅自治区支持将国有企业下岗职工基本生活保障、失业保险和城镇居民最低生活保障“三条保障线”转化为失业保障和城镇居民最低生活保障“两条保障线”。首先在石嘴山市试点，按企业、财政各承担经济补偿金一半的办法，财政拨款700万元使2000多名下岗职工进入劳动力市场就业，由于该项工作走在全国前列，受到财政部的好评。

2002年，贯彻执行全国再就业工作会议精神，拨付下岗职工再就业培训和补助3063万元，完成中央和自治区政府下达的再就业任务。

2003年，自治区财政厅根据中央有关精神出台《宁夏再就业补贴及奖励资金管理暂行办法》《宁夏小额担保贷款基金与贴息资金管理暂行办法》等相关办法，从资金列支渠道、补贴对象补贴标准、优惠政策等多方面作出规定，从制度上保证再就业资金安全顺畅。在发放上，全年安排再就业资金8400万元，比上年增长13.5%。在措施上采取政府出资购买公益性岗位，启动石嘴山市扶持“4050”人员再就业工作，建立再就业资金使用情况季报制度，保证自治区财政与各市县信息共享。

2004年，安排再就业资金5673万元，为再就业工作提供了资金保障。筹措专项资金1910万元，购买3000个公益性岗位，安置“4050”人员。实施“促进大学生就业”计划，筹集1360万元，解决3000名大学生就业问题。筹集安排1000万元资金，用于“百万农民工培训工程”，争取中央财政专项资金400万元，启动实施《2004年宁夏农村劳动力转移培训实施方案》，重点用于提高农民就业技能和素质培训，确保农村劳动力转移真正实现“走得出、稳得住、收入高”目标。拨付资金4308万元，帮助32家困难企业解除3792名下岗职工的劳动关系，补助市县困难企业经济补偿金2082万元。先后下达破产企业职工安置资金近5000万元，重点解决吴忠材机厂、吴忠配件厂、西北煤机二厂等破产企业职工安置资金的缺口问题。对下岗职工和失业人员实行税费减免政策、社会保险补贴、再就业培训补贴、职业介绍补贴、公益性岗位补贴，以及小额贷款担保基金等各项优惠政策。

2005年，在就业方面，一是加强普通大中专学校毕业生就业工作，筹集拨付专项资金2142万元，通过到南部山区支教、到事业单位实习等手段帮助2600名大学生解决就业问题。二是推进劳务产业发展。自治区财政筹集1000万元专项资金，用于区、市、县、乡四级劳动力市场信息网络建设，完善劳动力市场服务工作体系。拨付劳务输出专项资金2994万元，用于10万名农村劳动力技能培训和2万名农民工技能鉴定等，逐步实现全区劳务输出规模化、技能化。三是加强下岗失业人员再就业工作。在落实中央及自治区再就业优惠政策的基础上，及时拨付再就业补贴资金2185万元，用于下岗失业人员职业培训、职业介绍、社会保障和公益性岗位补贴。此外，筹措1859万元，继续购买3000个公益岗位帮助“4050”下岗失业人员再就业。年内实现下岗失业人员再就业8060人。

2006年，按照自治区人民政府总体部署，全面贯彻落实国务院《关于进一步加强就业再就业工作的通知》精神，自治区财政共筹集就业资金4.74亿元，其中中央补助2.13亿元，自治区级财政安排8200万元。是年，全区就业补助资金总支出45153万元。

2007年，安排资金6193万元，继续购买3000个公益性岗位，解决“4050”人员的就业问题。支持2300名高校毕业生到宁夏南部山区从事“三支一扶”工作，制定、落实了一系列再就业财税优惠政策。

2008年，筹集就业资金3亿元，建立和补充小额担保贷款基金，支持创业培训和劳务产业发展，做好特困人员和高校毕业生就业工作。预算安排6400万元，作为高校毕业生就业补助。

2009年，实施自治区政府购买公益性岗位财政补助政策，分别下达补助资金3170万元和3289万元，用于2007年、2008年度自治区购买公益性就业岗位。会同相关部门下发《关于下达2009年自治区购买公益性就业岗位计划的通知》，并拨付2009年度自治区购买公益性就业岗位补助资金2581万元。根据各市县上报的灵活就业“4050”人员申领社会保险补贴人数，按照核定的补贴标准，拨付全区灵活就业人员社会保险补贴资金3408.1万元。

2010年，自治区财政支持就业创业专项工作，预算安排就业专项资金 5000万元，中央补助宁夏就业专项资金3.69亿元，自治区财政统筹拨付就业专项资金4亿多元，支持和促进全民创业和就业各项工作全面推进。一是统筹安排创业就业专项资金，做好促进大学生等就业困难人员就业工作。拨付全区创业培训补助资金539万元。拨付4458 万元，支持小额担保贷款工作。拨付农民工和企业职工技能培训专项资金960万元。拨付创业就业和完善社会保障“以奖代补”资金1200 万元。下达银川市、石嘴山市、吴忠市、中卫市、固原市创建创业型城市专项补助资金500万元。全年共拨付1.9亿多元，用于支持大学生“三支一扶”，见习医生生活补助，高校毕业生到事业单位实习，鼓励企业吸纳高校毕业生就业工作。二是全年安排落实3268万元，支持城镇登记失业人员和进城求职的农民工职业技能培训和鉴定工作。三是继续购买3000个公益性岗位，帮助零就业家庭实现动态清零。下拨购买公益性就业岗位补助资金9969万元，用于2008—2010年购买的公益性就业岗位补助支出。四是下拨4804万元，对灵活就业人员给予社会保险财政补贴。

2011年，统筹安排4.2亿元就业与创业专项资金，做好就业扶持和就业援助工作，新增城镇就业7万人。是年，自治区财政厅发挥财政职能作用，不断创新财政管理机制，加大投入力度，配合自治区人力资源和社会保障厅实施积极的就业政策，深入推进全民创业富民强区工程，全年共下达各市县就业资金42603万元，确保各项创业就业民生工作顺利推进。继续购买3000个公益性岗位。设立“宁夏农村妇女创业小额担保贷款专项基金”，连续3年每年注入3000万元资金，协调合作金融机构按照担保基金的10倍进行放大，并要求各市县财政按照自治区拨付的担保基金1∶1比例进行配套，每年支持推动10万名妇女创业就业。加大对农民工技能培训和技能鉴定经费补助力度，鼓励和支持农村剩余劳动力就地就近转移就业和外出务工。

2012年，自治区财政厅发挥财政职能作用，不断创新财政管理机制，加大投入力度，配合自治区人力资源和社会保障厅实施积极的就业政策，深入推进自治区全民创业富民强区工程，全年自治区财政安排各类就业资金 4.4亿元，确保各项创业就业民生工作顺利推进。

2013年，健全职业培训制度，推动农村转移劳动力职业培训与技能人才开发工作。截至年末，自治区高校毕业生总体就业率90%以上，新增城镇就业 7.2万人。培训城乡劳动力4.3万人。加大劳务产业支持力度，推动农村劳动力转移就业。鼓励和引导区内大型企业面向生态移民就地就近开展定向式、订单式培训。全年农村劳动力转移就业70.3万人，实现工资收入46亿元。购买5041个公益性岗位（主要安排社会福利机构服务人员），帮助6143名城镇长期失业人员实现就业。

2014年，继续实施积极的就业政策。一是就业资金投入稳步增长。自治区财政在争取中央财政支持的基础上，进一步优化支出结构，加大就业资金投入力度，支持各项就业创业扶持政策的落实。自治区当年共筹措各类就业专项资金67146万元。二是支持城乡劳动力职业培训和创业培训。通过"订单式"和"培训整合"等措施，创新管理方法，提升城乡劳动力职业技能和创业意识。全年自治区共安排各类培训7.45万人，其中创业培训1万人，城乡劳动力培训4万人，贫困地区农村劳动力技能培训0.5万人，新型农民培训1.95万人。三是扶持就业困难群体再就业。自治区继续购买公益岗位3500个，按照当地最低工资标准发放工资并代缴养老、医疗、工伤三项社会保险。按照自治区和县（市、区）两级财政分级负担方式，对全区超过5万名"4050"灵活就业人员发放社会保险补贴。四是做好高校毕业生就业工作。按照国家和自治区关于做好高校毕业生就业工作有关精神，继续做好高校毕业生就业工作。继续招募2200名"三支一扶"高校毕业生到基层服务，自治区财政按当地事业单位本科生转正定级工资标准发放工资并按规定代缴养老、医疗、工伤三项社会保险。实施高校毕业生到事业单位实习项目，自治区财政按照当地最低工资标准发放生活补助。鼓励企业吸纳大学生就业，自治区财政按每人每年5000元标准进行补助，连续补贴两年。鼓励大学生自主创业，自治区财政按照每人每年6000元的标准给予补助。对毕业年度内有就业意愿并积极求职，享受城乡居民最低生活保障的自治区内高校毕业生，给予每人1000元的求职补贴。五是推进全民创业小额担保贷款工作。自治区财政不断完善财政支持创业就业机制，放大小额担保贷款拉动就业的倍增效益，让更多群众受益，确保小额担保贷款成为"民心工程"。

2015年，支持就业和再就业。一是支持就业工作，改变传统培训模式，探索建立"订单式"培训制度，解决求职者"就业难"和企业"招工难"等问题。整合培训资源和培训资金，将多个部门的培训资金整合到人社部门进行统一管理，建立相互制约的机制，规范培训资金支出范围和相关标准。二是支持创业工作稳步推进，通过举办网络创业大赛的形式，激发大众创业热情，营造创新创业氛围，推动大众创业、万众创新。逐年增加创业培训指标，下达创业培训任务1.2万个，创造新岗位2万个，完善财政支持创业就业机制。自治区财政全年下达小额担保贷款贴息资金3.93亿元，下达担保基金1亿元，发放小额担保贷款29亿元，超额完成年初确定的任务。

2016年，安排就业资金6.2亿元，支持开展创业就业培训，落实社会保险补贴、职业培训补贴，支持开展大学生"三支一扶"，购买公益性岗位5500个。安排资金4.2亿元，继续支持创业担保贷款，启动实施"外语＋"复合型人才回乡创业"千百十"（自治区每年安排1000万元复合型人才回乡创业基金，支持100名"外语＋"复合型人才回乡创业，培育10个以上业绩突出、带动力强的外向型创新企业）行动计划，推动大众创业、万众创新。

2017年，支持创业就业工作。一是做好就业困难群体就业工作。全年筹措创业就业资金6.2亿元，实施就业技能培训3.5万人，企业岗位技能提升培训1.5万人，创业培训1万人。购买公益性岗位7000个，其中3500个专项用于建档立卡贫困人口就业。二是做好大学生就业工作。筹措“三支一扶”专项补助资金2.8亿元，下达高校毕业生“三支一扶”计划3000个，并通过大学生实习、求职创业补贴等形式，全力支持大学生就业工作。三是继续实施阶段性降低社保缴费费率和援企稳岗工作，稳定就业岗位。四是采取五项措施帮扶贺兰山国家自然保护区退出及关停非公有制企业职工就业和安置工作。

2018年，筹措就业补助资金 70835万元，进一步完善就业资金管理办法，按照基础、投入和绩效三个因素实行因素法分配资金，体现制度的科学性、公平性及合理性。建立考核和奖励机制，从当年起，将考核成绩在前9名的市、县（市、区）确定为A类、B类、C 类3个考核等次，分别给予500万元、300万元、100 万元绩效补助资金。继续实施高校毕业生创业引领计划、农民工职业技能提升计划、农民工返乡创业计划，保障高校毕业生、去产能安置职工、农村转移劳动力等重点人群就业，支持人社部门实施就业技能培训6万人，购买公益性岗位7000个，招募高校毕业生实施“三支一扶”计划 3000 个。坚持以创业带动就业，农村劳动力转移就业78万人，城镇新增就业 8 万人，城镇登记失业率控制在3.9%。

第三节　社会救助支出

一、最低生活保障支出

宁夏最低生活保障制度始于20世纪90年代。

1998年，在银川市、石嘴山市、青铜峡市、灵武市和吴忠市利通区建立了城镇居民最低生活保障制度，在同心县、固原县、贺兰县、惠农县进行农村最低生活救助制度试点。

1999年，为区级国有企业下岗职工发放基本生活保障金2370万元，保障国有企业下岗职工的基本生活。争取中央财政1亿多元的社会保障资金的支持，解决煤炭系统离退休人员、国有企业下岗职工下划地方管理工作中，离退休人员养老金、国有企业下岗职工基本生活费及缴纳“三险”费拖欠和缺口的具体问题。

2000年，全年共筹集下岗职工基本生活费12146万元，保障下岗职工4万人，区财政支出保障金9300万元，保证了国有企业下岗职工的基本生活。认真贯彻《城市居民最低生活保障制度》，切实保障城市贫困居民的最低生活，为8000名失业人员发放失业救济金500多万元，为4万名城市低保对象发放保障金1300万元。2001年，全区社会保障补助支出73194万元。

2002年，扩大城市最低生活保障覆盖面，全年支出5716万元，用于13.8万人的生活需要。拨付下岗职工基本生活保障资金7433万元，保障自治区级国有企业和部分市县国有企业下岗职工的基本生活。

2003年，推进城市居民最低生活保障制度的建立和完善，逐步扩大城市低保覆盖面，核实保障对象、保障标准，努力做到应保尽保。按照《城市居民最低生活保障条例》中“市县财政支持力度越大，区财政配比系数越高”的原则，争取最低生活保障“安全网”工作。

2004年，加强城市居民最低生活保障资金管理，落实属地管理原则，不断完善城市居民最低生活保障制度。自治区财政补助各市县低保资金9652万元，解决19.6万人的生活困难问题。制定下发《宁夏回族自治区城市居民最低生活保障资金管理暂行办法》，全面推进社会化发放低保金工作。根据自治区党委要求，将全区低保标准提高10元。

2005年，完善城市居民最低生活保障资金管理制度，建立稳定的筹资机制。全区各市、县（市、区）已基本实现由银行代发低保金，社会化发放率达到98%，低保总人数达到213522人，拨付城市居民最低生活保障资金14906.6万元。推进农村最低生活保障制度试点工作，将银川市兴庆区、金凤区、西夏区，石嘴山市大武口区、惠农区，吴忠市利通区、青铜峡市列为试点地区。按照财政分级负担的原则，补助银川市辖区20%，石嘴山市辖区30%，吴忠市利通区、青铜峡市40%，共补助农村低保专项资金253万元。

2006年，进一步完善城市低保财政补助政策，按照自治区人民政府办公厅《关于调整全区城市居民最低生活保障标准的通知》精神，自治区财政共安排专项资金3000万元，用于城市低保提标工作。是年，根据自治区政府决定，全区农村最低生活保障试点由上年的7个市县（市、区）扩大到14个，按照宁夏山川有别的原则给予适当的补助，不足部分由市县承担，区财政预算共安排专项补助资金804万元。

2007年，保障城市低保对象基本生活需求。从2007年4月1日起，提高全区城市居民最低生活保障补助标准，在原有基础上提高10元，即银川市、石嘴山市从190元提高到200元/月，其他市县区从160元月提高到170元/月。调标后新增城市低保对象2.8万人，全区城市低保对象人数达到21万人，自治区财政筹措资金1.45亿元，其中提高标准所需补助资金2000万元。同时，按照中央要求，自治区财政及时下拨因物价上涨因素对城市低保人员临时性生活补助资金4633万元，每名低保对象累计享受约220元的副食品补贴和液化气补贴。全面建立并实行农村村民最低生活保障制度，低于国家统计局公布的贫困线标准的农村村民23万人全部纳入低保范围。将农村低保标准确定为人均月补差最低不得低于20元，最高35元，具体执行标准由各市县自行制定。自治区财政对市县补助按照人均月补差35元算账，补助比例按照银川市辖3个区20%，石嘴山市30%，永宁县、贺兰县、灵武县、平罗县、吴忠市、中卫市40%，宁夏山区各市县按人均20元月标准补助。是年，全年自治区财政共拨付农村最低生活保障资金4537万元。

2008年，自治区财政筹措资金，保障城乡低保对象基本生活需求。针对居民消费品价格特别是食品价格持续上扬状况，自治区财政筹集资金1亿元，两次提高城乡低保补助标准。1月1日起，城市低保对象每人每月增加补助15元，农村低保对象每人每月增加补助10元。从7月1日起，城市低保对象每人每月再增加补助15元，农村低保对象每人每月再增加补助10元。两次提高补助水平后，全区城市低保对象人均补助水平达到138元/月（含一次性临时生活补贴），农村低保对象人均补助水平宁夏山区达到40元/月，宁夏川区达到55元/月。

2009年，拨付5.8亿元提高城乡低保和“五保户”补助标准，实施城乡困难人员高龄津贴政策。拨付五保供养补助资金2234万元。从7月1日起，调整全区城乡低保补助标准，城市低保标准银川市、石嘴山市每人每月230元，吴忠市、固原市、中卫市每人每月200元。全区农村低保标准每人每年900元。

2010年，筹措城乡低保资金7.3亿元，实现动态管理下的应保尽保。启动物价联动机制，对城乡低保等困难群体发放3项临时补贴。财政将农村散居五保对象补助标准从每人每年900元提高到1200元。下拨五保供养经费2776万元。按照国家和自治区相关要求，在春节期间为五保供养对象每人发放临时价格补贴60元，发放冬季取暖费50元，发放一次性节日临时生活补贴60元。是年，自治区财政厅会同民政部门制定政策，将农村低保对象中接受义务教育阶段学生补助水平每人每月提高10元，高中（高职）阶段学生补助水平每人每月提高20元，全日制大中专在校学生补助水平每人每月提高30元。

2011年，调整全区城乡居民最低生活保障标准。城市居民最低生活保障标准，银川市、石嘴山市由每人每月230元调整为265元，吴忠市、固原市、中卫市由每人每月200元调整为245元。农村居民最低生活保障标准，由每人每年900元调整为1350元。是年，自治区财政下拨城乡低保补助资金10亿多元。

2012年，提高城乡居民最低生活保障水平和农村居民最低生活保障标准。城市低保标准由每月人均215元提高到255元，农村低保标准由每年人均1350元提高到1750元。是年，自治区财政共拨付城乡居民最低生活保障补助资金 77495万元。安排专项资金4280万元，用于保障五保老人基本生活和五保供养提高标准补助。

2013年，提高社会救助水平。一是提高城乡低保标准，适时发放各类补贴。自7月1日起，城市低保标准调整为每人每月300元，农村低保标准调整为每人每年1930元，全年下拨城乡低保资金11.94亿元。发放春节一次性生活补贴14891万元。为城乡低保对象连续4个月发放临时物价补贴，发放开斋节、古尔邦节每人300元生活补贴。拨付冬季取暖补助资金，城市低保对象每人200元，农村低保和五保对象每人100元。二是农村五保供养对象补助标准随城乡低保提标而提高，分散供养提高到1930元/年，集中供养对象提高到300元/月。

2014年，进一步完善城乡居民最低生活保障制度。下拨城乡最低生活保障资金13.23亿元。完善物价补贴联动机制，以城乡居民基本生活费用价格指数月度涨幅和居民消费价格指数（CPI）中粮食价格指数月度涨幅为依据，确定联动机制启动和中止的临界条件，适时调整城乡居民最低生活保障标准，发放临时物价补贴。建立最低生活保障绩效考评制度，并将考评结果与资金分配挂钩，切实提高城乡低保资金使用效益。

2015年，按照自治区政府统一要求，提高城乡低保补助标准，城市低保由人均每月300元提高到380元，农村低保由人均每年1930元提高到2400元。全年筹措资金2.7亿元，妥善解决五保供养对象、困境儿童、高龄失能老人、优抚对象等特殊群体的救助问题，规范财政补贴资金使用范围、流程和内容。

2016年，根据自治区政府统一部署，将城市低保标准由380元/月提高到440 元/月，农村低保由2400元/年提高到3150元/年。80岁以上城市低收入老人津贴标准由400元/月提高到450元/月，农村老人由220元/月提高到270元/月，90 岁以上城乡老人均由450元/月提高到500元/月。

2017年，将符合条件的城乡低收入家庭和残疾人家庭及时纳入最低生活保障范围，加强农村低保制度与扶贫政策在政策、标准、对象和管理上的衔接。健全特困人员供养标准动态调整机制，逐步提高生活不能自理特困人员集中供养率。

2018年，自治区财政通过预算安排、争取中央补助、整合项目资金等多渠道筹措资金，加大社会救助资金投入，将城市低保标准提高到560元/月、农村低保提高到3800元/年，累计筹集社会救助资金23.5亿元，比上年增长10.8%。一是加强社会救助体系建设。推进社会救助资源统筹。坚持低保制度“保基本，兜底线”的功能定位，减少低保福利捆绑，避免低保福利化趋势，促进低保制度健康可持续发展。联合自治区民政厅、扶贫办，出台《关于在脱贫攻坚战三年行动中切实做好社会救助兜底保障工作的实施意见》，完善农村低保、特困人员救助供养、临时救助等保障性扶贫政策，发挥社会救助在打赢脱贫攻坚战中的兜底作用，保障好特贫人员的基本生活。二是提高城乡困难群体保障水平。三是推进社会救助资金统筹合并。将城乡低保资金、特困人员救助供养和临时救助工作资金统筹为困难群众基本生活救助资金，实现社会救助“收入一个笼子，支出一个口子”，提高了社会救助资金统筹能力和社会效益，解决了社会救助资金使用分散、条块分割、效益不高的问题。四是加大对低保对象申请家庭经济状况核查力度。推进低保对象精准认定，提升基层社会救助经办能力和困难群众满意度。

二、危窑危房改造支出

2000年开始，社会救助支出的一个主要方面是城乡居民危窑危房改造支出。

2001年，拨付乡镇危房改造及改善办公条件资金2100万元，缓解市县支出压力，确保市县改善基层基础设施建设、工资正常发放。

2005年，拨付专项资金3750万元，对宁夏南部山区8000户危房危窑进行改造。

2006年，按照自治区党委、政府统一部署，继续做好南部山区危窑危房改造工作。全年共安排改造任务8000户，安排资金4500万元，其中中央下达资金2500万元，地方预算安排2000万元。

2007年，根据自治区党委、政府总体部署，为把危窑危房改造项目作为自治区成立50周年献礼项目，原定在2009年完成的危房改造任务提前到2008年完成。2007年筹集资金6900万元，其中财政资金3000万元，民政资金3750万元，残疾人保障金150万元，共完成1.3万户，其中救助户4100户，扶持户8900户。在救助户、扶持户中有残疾人户2500户。

2008年，根据自治区政府有关会议精神，安排资金1.2亿元，对1.9万户危窑危房改造户给予补助。

2009年，完成自治区“民生计划”5万户农村危房改造任务。争取国家支持，将宁夏列为国家农村危房改造工程试点省区，中央财政下达宁夏专项资金9800万元，支持宁夏农村危房改造工作。统筹安排2亿元，支持2.5万户特困农户危窑危房改造任务。

2010年，自治区财政统筹安排危窑危房改造资金33751万元，其中中央补助宁夏改造资金1.66亿元（比2009年增加6800万元），自治区财政预算安排资金17151万元。完成危窑危房改造任务 32261 户，其中民生计划3万户，山区地震防御区农村危窑危房2661户。

2011年，投入5.45 亿元，支持农村5.7万户危窑危房和棚户区改造。考虑到原材料及劳动力工资上涨等因素，自治区财政厅会同建设部门提请自治区人民政府提高农村危房改造补助标准：极度贫困户，宁夏川区极度贫困户每户由自治区财政补助1.6万元，宁夏山区极度贫困户每户由自治区财政补助1.8万元；低保户，宁夏川区低保户每户由自治区财政补助1.2万元，宁夏山区低保户每户由自治区财政补助1.4万元；其他贫困户，宁夏山区其他贫困户每户由自治区财政补助0.8 万元，宁夏川区其他贫困户每户由自治区财政补助0.6万元。

2012年，自治区财政拨付农村危房改造补助资金 6亿元，完成危房改造6万户。

2013年，自治区筹集资金7000万元，将宁夏中南部地区2342户因重灾倒损房屋统一纳入2013农村危房改造计划，进行恢复重建。全年累计下拨危房改造资金40932万元，改造4万户。

2014年，全年共筹集资金8.4亿元，用于农村危房改造项目。财政部门会同相关部门，制定《农村危房改造实施方案（2014—2017年）》，将农村危房改造项目列入地方债，多方筹措改造资金。

2015年，全年争取中央补助资金7.2亿元，自治区本级共筹集资金7亿元，用于全区农村危房改造任务。全区农村危房改造任务比上年增加 6万户，增长3倍，全年争取中央补助比上年增加5.2亿元，增长2.6倍。

2016年，结合涉农资金整合工作要求，研究农村危房改造资金整合及任务落实。督导固原市全面完成危房改造攻坚计划，其他市县完成当年任务。

2017年，宁夏完成棚户区改造5.34万套，完成农村危窑危房改造2.2万户。

2018年，下达危房改造资金33237万元，集中支持低保户、分散供养特困人员、贫困残疾人家庭和建档立卡贫困户等四类重点对象优先完成危房改造。争取中央提前下达补助资金5.3亿元，为全区全面完成危窑危房改造任务创造有利条件。

三、自然灾害救助支出

宁夏属自然灾害频发地区，在财政预算安排中，每年都安排一定的自然灾害救助支出。

1996年，宁夏南部山区发生洪涝灾害，自治区对校舍受灾情况进行调查摸底，及时拨款500万元，用于救灾，确保2万多名学生按时开学。

1998年5月，贺兰山东麓发生严重洪灾，沿线各地人民生活和农业生产遭受极大损失。自治区财政厅及时向灾区拨付数百万元防洪抢险资金，为战胜洪灾，重建家园，恢复生产赢得时间。

1999年，“五号病”、洪涝灾害发生后，自治区财政厅及时安排拨付专项资金，用于救灾。

2000年，宁南山区各县大多地方未发生有效降雨，出现了三季连旱的少有天气，旱情十分严重。经争取，财政部先后三次拨付宁夏特大抗旱经费1500万元。自治区及时下达到宁夏南部山区。

2001年，宁夏南部山区持续干旱，自治区及时下拨救灾款8658万元，保证山区180万人旱灾之年的基本生活需要。

2002年1—11月，自治区共下拨救灾资金5435万元，其中下拨给宁夏山区8个县3797万元，约占救灾款总额的70%。救济灾民100万人次，保障了灾区群众的基本生活。安排专项救助资金1440多万元，对7.2万名特困灾民进行最低生活救助。按照“政府补助、群众自筹、邻里互帮互济”的方式和“统筹兼顾，保证重点”“统一规划，合理布局”的原则，安排专项建房补助资金600万元，帮助4020户重灾民新建了住房。

2003年，共下拨救灾资金3000余万元，做好救灾工作，保障灾后人民正常生活。面对“非典”疫情，财政部门筹措并拨付防治“非典”资金6474万元，建立防疫联动工作机制。

2004年，全区共下拨救灾资金5639万元，共救助灾民150万人次，确保受灾群众的基本生活。另外，筹集安排救灾储备仓库建设资金500万元和救灾储备物资资金950万元。针对全区旱情严重，冰雹、冻灾以及病虫害等自然灾害频发实际，投入农业防灾、救灾资金近4000万元，最大限度地降低各类灾害的损失程度，增强农民生产自救信心。

2005年，全年共拨付各种救灾资金6250万元。争取中央财政农业防灾、救灾资金近4000万元，及时下达有关市县，对缓解全区旱情、冻灾、雹灾、安全度汛、疫病防治等方面都发挥了较好的作用。为解决中部干旱带遭受50年不遇的旱灾，整合资金1500万元，集中用于解决中部干旱带抗灾保畜工作，最大限度地缓解灾情，减少旱灾带来的损失。

2006年，针对全区旱情严重，冰雹、冻灾以及禽流感、口蹄疫等自然灾害频发实际，共争取中央财政农业防灾救灾资金近8000万元，及时安排下达有关市县，减轻受灾损失。

2007年，中央下达宁夏救灾资金7900万元，主要用于宁夏中部干旱带及南部山区受灾群众的饮水、口粮等基本生活支出，确保受灾群众基本生活需求。

2008年，针对年初遭受的冰雪冻害，紧急下拨灾民生活救助和设施农业恢复重建资金6000多万元。5月汶川大地震发生后，一方面安排资金357.8万元帮助受灾群众恢复重建房屋，另一方面拨付4700多万元为宁夏赴四川抢险救援队伍配备装备器材，同时安排资金提高宁夏自身抗震物资储备和地震预报监测能力。

2009年，下达3亿元资金，用于自然灾害救济，支持自治区应急救援队组建，启动救灾物资储备、救灾仓库和野外移动医院建设。其中，预算安排2000万元专项资金，分别用于救灾物资储备和救灾仓库建设。拨付自治区设在海原的救灾库建设资金400多万元，拨付自治区民政厅区本级救灾库建设资金500多万元。同时，自治区党委、政府决定在海原县建设一所野外移动医院，以应对突发的自然灾害应急救援，预算安排资金2000万元，其中基础设施建设资金400万元，设备采购资金1600万元。

2010年，宁夏先后遭受持续干旱、冰雹等灾害，自治区财政厅先后拨付救灾补助资金1.4亿多元，用于解决受灾群众口粮、饮水、衣被、住房等基本生活困难。

2011—2013年，自治区财政厅每年预算安排救灾物资储备经费1000万元。为了应对干旱等自然灾害对受灾群众的影响，2011—2013年，自治区财政厅分别拨付救灾资金5000万元、1.6亿元、4100万元，主要用于解决受灾群众饮水、口粮等基本生活困难以及遇难人员家属抚慰支出等。

2015年，通过国家灾情管理系统，及时向中央反映宁夏中部干旱带7月以来的旱情，为中央支持宁夏救灾工作提供可靠数据，全年争取中央救灾资金1.75亿元。

2018年，加大资金投入力度，密切关注全区各市县自然灾害发生情况，及时下达自然灾害生活救助资金，强化资金监督管理，提升救灾资金使用效益。

第四节 社会福利支出

一、残疾人事业支出

21世纪开始，宁夏加大对残疾人事业的支出力度。

2005年，安排残疾人爱心工程专项资金、白内障复明手术专项资金、康复经费、残疾人就业保障金共800余万元。安排专项资金，为全区200余名城镇残疾人个体工商户办理养老保险。

2006年，全年共安排专项资金293万元，通过爱心工程、康复等项目，坚持做好残疾人康复工作，不断提高残疾人生活自理和社会适应能力。把教育和培训作为提高残疾人自身素质重要手段，安排专项资金300万元，依托劳动、教育及其他社会培训机构，广泛开展残疾人技术培训，促进了残疾人教育、就业工作。按照自治区统一部署，安排专项资金300万元，继续支持残疾人危房改造工作，改善了贫困残疾人的生活状况。

2007年，支持残疾人事业发展。一是安排专项资金200余万元，通过爱心工程、残疾人康复等项目，做好残疾人康复工作，不断提高残疾人生活自理和社会适应能力。二是通过残疾人就业保障金安排专项经费600万元，依托劳动、教育及其他社会培训机构，开展残疾人技术培训。三是继续安排专项资金，支持残疾人危房改造工作。

2008年，按照《宁夏回族自治区人民政府关于2008年继续实施10项民生计划为民办30件实事的通知》精神，自治区残联会同财政部门共安排专项资金345万元，决定实施以下9项民生计划：一是爱心启明计划，为贫困残疾人白内障患者免费复明手术1000例；二是轮椅捐赠计划，为肢残人免费提供轮椅2500辆；三是精神残疾人救治计划，对1750名精神残疾人免费提供服药或医疗救助；四是辅助用具配发计划，为肢残人、盲人、聋人免费提供4000件辅助用品用具供应服务；五是肢残儿童矫治手术计划，为肢体残疾儿童免费实施矫治手术100例；六是扶残助学计划，资助800名贫困残疾儿童少年接受义务教育，资助符合条件的贫困残疾大中专学生；七是培训就业计划，为5000名贫困残疾人免费提供职业技能和实用技术培训；八是扶贫解困计划，扶持农村贫困残疾人种植养殖示范户1000户；九是继续实施危房改造计划，对200户农村贫困残疾人危窑危房进行改造。

2009年，按照自治区人民政府实施10项民生计划为民办30件实事的相关要求，涉及残疾人的主要有7件实事，自治区财政共安排专项资金450多万元，同时自治区财政下达农村贫困残疾人危房改造资金414万元。

2010年，自治区财政安排专项资金，支持残疾人居家托养、农村贫困残疾人危房改造、贫困残疾人就学等残疾人事业。

2011年，率先在全国建立重度残疾人津贴制度。自治区财政安排专项资金近2000万元，用于残疾人康复、扶残助学资金、贫困残疾人职业技能和实用技术培训、残疾人创业就业，扶持残疾人家庭发展种植养殖业，残疾人居家托养、机动轮椅车燃油补贴等项目。

2012年，自治区财政预算安排专项资金1020万元，为贫困残疾人配发辅助器具4000件，为社区配发残疾人康复训练器材100套，为贫困肢残人捐赠轮椅2800辆，为贫困肢体残疾人安装假肢200例，为2000名在读的贫困残疾学生提供资助，为4000名有就业需求的贫困残疾人免费进行职业技能和实用技术培训，扶持残疾人就业创业1000人，扶持1000户残疾人家庭发展种植养殖业。同时，拨付专项资金609万元，用于支持残疾人居家托养。拨付417万元，用于残疾人机动轮椅车燃油补贴。拨付中央彩票公益金1566万元，支持残疾人事业发展。

2013年，按年人均700元标准，自治区财政安排专项资金1363.8万元，对居家托养的1500名智力、精神和重度残疾人进行护理补贴；为贫困残疾人配发辅助器具1万件，捐赠轮椅3000辆，安装假肢240例，抢救性康复贫困残疾儿童100名；为社区配发残疾人康复训练器材120套；资助在读贫困残疾学生2000名；免费培训有就业需求的贫困残疾人6000名，帮扶1200名残疾人就业创业；扶持1200户农村残疾人家庭发展种植、养殖业。下拨重度残疾人生活津贴7691.5万元，为一、二级城乡重度残疾人发放每人每月100元生活津贴。

2014年，针对贫困残疾人，从最低生活保障中加大扶持力度，下拨重度残疾人津贴资金7700万元。

2015年，全年安排1.6亿元，落实残疾人生活救助、康复、就业等保障政策，为符合条件的重度残疾人发放生活津贴。

2016年，健全完善困难残疾人生活补贴和重度残疾人护理补贴制度，为符合条件的困难残疾人、重度残疾人发放生活补贴、护理补贴1.4亿元。

2017年，继续为符合条件的困难残疾人、重度残疾人发放生活补贴和护理补贴。落实残疾人生活救助、康复、就业等保障政策，开展一系列助残项目，改善残疾人生活状况。

2018年，以加快推进残疾人小康进程为主线，不断完善残疾人服务保障体系，全年共投入资金6665万元，对残疾人实施康复服务10万人次、扶残助学430人、托养6190人次，残疾人就业创业惠及1.7万人次。建立自治区残疾儿童康复救助制度，扩大救助对象范围及救助内容，提高救助标准，使残疾儿童站起来、走起来、听得见、能交流，有效促进残疾儿童全面发展。

二、儿童福利支出

在社会福利支出方面，21世纪开始加大对儿童福利的支出力度。

2007年，实行儿童计划免疫免费政策。根据自治区党委、政府有关精神，从2007年起，全区全面实行儿童计划免疫免费补助政策，自治区财政共安排610万元，对计划免疫疫苗、一次性注射器实行免费提供，并印发《关于加强预防接种工作经费保障的通知》（宁财社发〔2007〕136号），对预防接种疫苗购置和工作所需经费予以保障。在中央财政对各市县（市、区）预防接种经费按照每针次2元的标准给予补助的基础上，自治区财政对宁夏南部山区及吴忠市红寺堡开发区按每针次1元、其余市县按每针次0.5元的标准给予补助，不足部分由市、县（市、区）政府解决，共补助全区预防接种工作经费95万元。

2009年，自治区财政安排免疫规划疫苗采购资金1182万元，同时下拨免疫规划预防接种工作经费689万元，全力保障免疫规划项目顺利实施。下拨的预防接种工作经费包含两部分：一部分是按照国家免疫规划的相关要求，对常规免疫规划预防接种给予补助；另一部分为针对8月龄~6周岁儿童的麻疹强免工作预防接种给予补助。

2010年，将父母双亡的992名散居孤儿养育标准提高到每人每月600元，共发放散居孤儿养育津贴565万元。

2011年，由自治区财政厅牵头，在全国率先建立全区统一的孤儿养育津贴保障制度，将事实无人抚养的孤儿纳入孤儿养育津贴范围，独立实施，不纳入低保范围。其中，对父母双亡的孤儿养育津贴发放标准每人每月为700元，事实无人抚养的孤儿养育津贴为每人每月500元，儿童福利机构内供养的孤儿养育津贴为每人每月1000元。社会散居孤儿养育津贴一律采用银行卡形式发放，儿童福利机构孤儿养育津贴由财政拨入机构账户、机构统筹安排孤儿养育。自治区财政统筹安排6600多万元，使全区7177名各类孤儿受益。

2013—2016年，财政支出主要用于孤儿养育津贴和流浪乞讨人员救助。2013年、2014年、2016年，分别下拨孤儿养育津贴4198万元、3411万元、3035万元。2013年、2014年，流浪乞讨人员救助支出分别为1150万元和850万元。

2017—2018年，自治区每年各建设200个留守儿童“儿童之家”，每个补助5万元。为全区所有农村社区配备“三留守”关爱行动督导员，每人每年补助3600元。扩大困境儿童保障范围，建立困境儿童保障标准动态调整机制。2018年将机构抚养孤儿养育津贴增长到每月1049元，父母双亡孤儿养育津贴增长到每月737元，事实无人抚养孤儿增长到531元。

三、老年人福利支出

21世纪开始，在社会福利支出方面加大对老年人福利的支出力度。

2005年，针对农村敬老院基础设施陈旧老化现状，自治区财政通过补助专项资金和对市县转移支付1200余万元，对全区农村敬老院进行改扩建，将较为分散的136所乡镇敬老院建设改造成为相对集中、规模适中、设施配套、服务完善的52所中心敬老院。通过转移支付由市县统筹安排用于五保供养的专项资金800万元，妥善安排全区12450名五保供养老人的生活。

2006年，为进一步落实民政部、财政部、国家发改委《关于进一步做好农村五保供养工作的通知》精神，按照自治区统一部署，全年共安排敬老院建设22所，安排专项资金2760万元。

2007年起，在全区农村全面实行五保供养制度。五保人员入住敬老院集中供养标准按照当地城市低保补助标准执行（银川、石嘴山、灵武、永宁、贺兰、平罗6个市县每人每月200元，其他市县每人每月170元）。五保人员未入住敬老院分散供养标准按照农村村民低保标准最高限每人每月35元执行。所需补助资金全部由自治区财政负担。是年，全区共有五保人员1.6万人，其中集中供养0.6万人，分散供养1万人，自治区财政按标准和全部人数拨付资金1500万元。

2008年，在全区提高五保供养资金，其中集中供养人员按提标后的当地城市低保标准给予补助，即银川市、石嘴山市每人每月230元，其他县（市、区）每人每月200元。分散供养人员按提标后的农村低保标准高限给予补助，即每人每月55元。

2009年7月1日起，分散供养人员按农村低保标准执行，集中供养人员按城市低保标准执行。是年，预算安排700万元，用于全区老年活动中心建设。

2010年，自治区财政安排专项资金1500万元，支持老年福利中心建设。

2011年，完善高龄老人津贴制度。自治区财政厅会同民政厅，从2011年8月1日起，调整宁夏高龄老人津贴发放范围和发放标准，城镇享受高龄老人津贴范围扩大到80周岁以上没有领取基本养老金的老年人，宁夏南部山区和中部干旱带高龄老人津贴统一提高到宁夏川区水平。具体是适度扩大发放范围，城市高龄津贴发放范围由原来城市低收入家庭中无固定收入的80岁以上老年人调整为城市家庭中80周岁以上无基本养老金收入的老年人，基本养老金收入包括离退休工资和基本养老金，不含子女赡养赠予和遗嘱生活费、优抚对象享受的优待抚恤金。同时，调整津贴发放标准，由原来宁夏山区与川区有别、全区11个标准调整为不分山区川区、全区 5个标准，具体为80~89周岁城市高龄津贴标准为每人每月255 元，90~99周岁城市高龄津贴标准为每人每月300元；80~89周岁农村高龄津贴标准为每人每月110元，90~99周岁农村高龄津贴标准为每人每月150元；100周岁以上城乡高龄津贴标准为每人每月350元。是年，自治区财政安排资金给予足额保障。

2012年，自治区财政预算安排专项资金4280万元，用于保障五保老人基本生活和五保供养提标补助。

2013年，深入研究机构养老、社区养老、居家养老三位一体养老模式，鼓励市县开展居家养老服务信息平台建设、日间照料中心建设，落实民办养老机构开办费、床位补贴等激励政策。2013年7月1日起，将高龄津贴原来5个标准合并调整为3个标准，80~89 周岁城市高龄津贴提高到300元，80~90周岁农村高龄津贴提高150元，90周岁以上城乡高龄津贴提高到350元。

2014年，支持养老服务体系建设，下拨民办养老服务机构床位补贴180万元，下拨居家养老服务信息平台建设资金100万元，下拨中央福彩公益金 4774 万元，建设农村幸福院。

2015年，继续提高企业退休人员养老保险金发放水平，按照10%的调整比例，月人均增加232元，达到人均每月2469元。城乡居民基础养老金发放标准由每人每月85元调增为115元。下达民办养老机构一次性床位补助132万元，通过政府购买服务，推动社会养老事业市场化运作。

2016年，以政府购买服务为抓手，推进养老服务产业发展，加大民办养老机构一次性床位补贴投入力度，引导社会力量参与养老服务业。支持建成25所农村敬老院、420个农村老饭桌、75个社区日间照料中心，逐步实现“老有所养”。是年，80~89周岁城市老人高龄津贴标准提高到 450元/月，农村老人提高到270元/月，90岁以上城乡老人提高到500元/月。

2017年，新增中央专项补助资金3926万元，将石嘴山市纳入全国第二批居家和社区养老服务改革试点地区。调整企业和机关事业单位退休人员，以及城乡居民基础养老金标准，机关事业单位退休人员月人均养老金达到4321元，企业退休人员月人均养老金达到2850元，城乡居民基础养老金标准达到每月120元。

2018年，安排1000万元，用于支持居家及社区养老服务项目。将民办养老服务机构的床位一次性开办补助由5000元提高到8000元，运营补贴从1200元提高到1800元。加大扶持力度，推进医养融合快速发展，对民办非营利养老机构每张护理型床位给予一次性5000元的额外补助政策，可以和每张普通养老床位8000元的一次性开办补助政策同时享受，调动社会力量参与养老服务业发展积极性。

第五章　经济建设支出

经济建设支出是指国家用于生产性投资和基本建设方面的财政支出，这些支出或与社会公共需要有关，或与宏观调控有关，主要包括用于工业、农业、林业、水利、气象、施工、铁道、交通、邮电等方面的基本建设拨款或贷款等。

经济建设支出主要由基本建设支出、农业支出、工业交通支出等类别构成。1991—2006年，基本建设支出单列。1991年宁夏基本建设支出15313万元，1995年支出15941万元，“八五”期间基本建设支出保持稳定状态。1996年，宁夏基本建设支出26209万元，2000年支出93938万元，相较于“八五”期间，“九五”期间基本建设支出增速较快。2001年后，宁夏基本建设支出快速增长，2006年达到389413万元。2007年后基本建设支出融入农业、交通运输业等支出中。1991—1997年，农业类支出包括农林水利气象等部门事业费和支援农村生产支出。1991—1997年，农林水利气象等部门事业费总支出为109102万元，同一时间内支援农村生产支出总计为93626万元。1998—2006年，农业类支出包括农业水利和气象等部门事业费支出、支援农村生产支出、农业综合开发支出、农业支出和林业支出几款。2007年，财政科目发生变化后统称农林水事务支出。2018年，宁夏农林水事务支出总计2190612万元。1991—2006年，工业交通等部门事业费支出总计119198万元。2007后主要为交通运输支出。2007—2018年，交通运输总支出6468722万元。

宁夏财政从全区经济社会发展大局出发，按照自治区党委、政府统一部署，努力构建公共财政框架，大力调整支出结构，不断增强保障服务能力，努力完善财政综合调控措施，加大经济建设支出，适度安排重大项目建设资金，为推动自治区经济社会快速健康发展，发挥了重要作用。

第一节　基本建设支出

基本建设支出是指财政部门根据国家批准的基本建设投资计划，从财政专户中核拨的用于部门和单位基本建设的支出。基本建设支出主要包括工业建设、建筑业建设、农林水利气象建设、地区资源勘探建设、运输邮电建设等支出。

一、1991—2006年基本建设支出

1991年，基本建设支出15313万元，为年度调整预算的97.5%，比上年增长4.8%。其主要支

出为基础设施建设。

1994—1996年，基本建设共计支出53944万元，主要用于银川河东机场、陕甘宁盐环定水利工程、“1236”工程、银川文翠路给排水工程等几个重点建设项目支出。

1997年，基本建设计支出27550万元。集中筹集资金12440万元，用于银川河东机场、宁夏人民会堂、宁夏体育馆等一批庆祝自治区成立40周年重点建设项目的主体施工和设备采购支出。

1998年，值自治区成立40周年之际，在国家增加投资宏观政策指导下，自治区加大基础设施投入。基本建设投资完成59.5亿元，比上年增长23.9%。全年基本建设和更新改造项目1163个，比上年增加144个，其中新开工项目848个，比上年增加140个。重点工程和重点项目进展顺利，全区安排的10个重点建设项目完成年度计划的80%。宁夏化工厂第二化肥改扩建工程是宁夏唯一的国家级重点工程，完成年度计划的95%；姚叶一级公路、陕甘宁至银川输气管道、贺兰山东麓防护林等一批重点建设项目进展顺利。宁夏人民会堂、宁夏体育馆等40个宁夏大庆重点建设项目于当年建成并投入使用。

1999年，基本建设支出60595万元，主要用于基础设施建设、公路建设、扶贫扬黄灌溉工程建设等。

2000年，为贯彻中央西部大开发战略、加大基础设施投入力度的指示精神，自治区争取中央国债资金14.5亿元，安排投入交通、城市基础设施建设、农村电网改造、国家粮库建设等10大类47个项目。

2001年，立足“西部大开发，宁夏要争先”大局，优化支出结构，突出支出重点，全年共安排重点建设项目13个，完成投资额53.73亿元，主要用于水利、交通、农村电网、城市供排水等基础设施建设。安排建设资金7000多万元，先后解决了自治区政府办公大楼、政协办公大楼、民运会场馆建设、全区民兵武器库建设及预备役基地建设等重点建设项目的资金缺口问题，保证了政府、政协办公大楼的交付使用。

2002年，抓住国家继续实施西部大开发历史机遇，争取国债专项资金228741万元，用于小城镇建设、旅游发展、信息化建设等。政府外债近4亿美元，主要用于道路、生态、卫生、农业等。发挥国债资金和政府外债对重大建设项目实施的保证作用。

2003年，争取国债补助资金14亿元，国债转贷资金3亿元。在国债资金支持下，银川至青岛、丹东至拉萨高速公路宁夏段全线贯通，银川河东机场段高速公路建成使用，银川热电厂3号机组、石嘴山电厂2号、3号机组并网发电，农村电网二期改造工程全面竣工。扶贫扬黄灌溉工程、银川北部污水处理厂投入使用。沙坡头水利枢纽、陕甘宁至银川输气管道复线等工程进展顺利。

2004年，围绕自治区“三化一县域”（工业化、城市化、农业产业化、县域经济）发展战略，自治区财政争取中央国债资金和外国政府贷款，重点用于城市基础设施和农村公益设施建设。截至年底，自治区财政共下达中央国债专项资金133886.3万元，拨付自治区本级国债专项资金69764.1万元，保证自治区重点工程项目和城市基础设施建设资金需要。安排1亿多元专项资金，支持宁夏迎宾馆、自治区人大议事厅、自治区党校综合楼、六盘山高级中学、银川一中迁建、宁夏疾病预防控制中心等项目建设。争取条件优惠的世界银行和亚洲开发银行贷款15亿美元，完成银川河东机场至甜水堡公路等高速公路项目建设6个，涉及学校基础设施建设的教育发展项目3个，农业、卫生、文物保护和城市基础设施项目各1个。

2005年，全年累计下达基本建设支出预算326382万元，其中下达国债专项建设资金139866万元，中央预算内基本建设资金82866万元，地方预算内基本建设资金103650万元。自治区本级完成基本建设支出256188万元。自治区财政共筹集建设资金8.8亿元，用于自治区重点项目建设，其中安排建设资金5000万元，用于太中银铁路、宁夏图书馆、宁夏博物馆、宁夏科技馆、固原体育馆、宁夏会展中心等庆祝自治区成立50周年重点项目建设。

2006年，拨付贷款31亿元，重点支持宁东能源化工基地建设、宁夏发电集团产业项目和部分市县基础设施建设。全年完成基本建设支出38.8亿元，特别是在庆祝自治区成立50周年重点工程项目上发挥财政主渠道作用，先后筹集资金近9亿元，保障重点工程资金需求。

二、2007—2018年基本建设支出

2007年，累计安排基本建设资金23.5亿元，重点支持宁东能源化工基地、太阳山新材料基地和工业园区的基础设施建设；筹集资金16亿元，保障庆祝自治区成立50周年重点项目支出和太中银铁路等重点工程资金需求。

2008年是自治区成立50周年，自治区财政再投资16亿元，支持建成一批重点工程。调度1亿元，用于固原、中卫新线机场建设，安排2亿元资金支持海原新区建设，增加沿黄城市带设施建设、小城镇和城市环卫设施建设补助，全力推动全区新型工业化、城市化进程。

2009年，自治区财政安排建设资金8亿元，其中宁夏地方债券资金6亿元，自治区财政以奖代补资金2 亿元，支持宁夏“黄河金岸”工程建设。按照自治区党委、政府要求，2010年6月，全区“黄河金岸”工程402千米的标准堤防全面完工投入使用。2009年，中卫市、青铜峡市、吴忠市的标准堤防工程已完工投入使用。

2010年，自治区财政安排沿黄各类建设资金近20亿元，石嘴山市、青铜峡市等财政部门也加大资金筹措力度，共推“黄河金岸”建设。黄河圣坛、枸杞博物馆等标志性文化场所初具规模。此外，自治区还投入20多亿元，用于宁夏中北部土地开发整理、包兰铁路复线、宁夏大剧院、职业教育实训基地、城市公厕、村级公益事业一事一议等项目。各市县也注重整合资金和项目，不断加大对城乡建设的投入力度。

2011年，安排12.5亿元，支持固原区域中心城市和南部山区大县城建设，提升城市承载能力。筹集资金40亿元，支持生态移民工程、保障性住房、乡村道路、人畜饮水等项目实施。安排资金30亿元，推进沿黄经济区等项目建设，中华黄河坛、黄河古镇等一批标志性建筑修建完成；安排2.24亿元，用于宁夏国际会议中心配套设施、宁夏大剧院、公安交通应急指挥中心项目建设和银川河东机场三期扩建等项目前期建设。

2012 年，筹措建设资金15.3亿元，重点支持李俊、陶乐、迎水桥、青铜峡等沿黄经济区13个特色小城镇及黄河楼、黄河文化展示园等标志性建筑建设。统筹整合中央预算内、自治区财

政专项、地方债资金等近25亿元，全面支持固原市及宁夏南部山区供暖、给排水、城市道路及农、林、水等各领域建设，不断提高固原市及宁夏南部山区县城的综合承载能力。拨付资金加快宁夏大剧院、宁夏国际会议中心、宁夏工人文化宫、宁夏艺术学校新校区配套项目建设。

2013年，安排专项资金67亿元，重点支持银川综合保税区和滨河新区建设、石嘴山棚户区改造、固原区域中心城市和大县城建设、中卫旅游业发展等。

2014年，统筹安排资金83亿元，重点支持沿黄经济带、宁夏南部区域中心城市和大县城建设，支持建设23个美丽小城镇和100个美丽乡村等基础设施建设。落实中央财政国家级经济技术开发区基础设施贷款贴息政策，争取中央贴息资金1454万元，支持银川、石嘴山国家级经济技术开发区和“黄河善谷”慈善园区基础设施项目建设；统筹拨付资金1.5亿元，集中力量推进内陆开放型经济试验区和银川综合保税区基础设施建设等；安排资金3亿元，支持高标准实施重点小城镇基础设施建设。

2015年，安排资金20亿元，继续推进固原区域中心城市和大县城建设。以城乡基础设施建设和人居环境改善为切入点，安排资金3亿元，支持高标准实施重点小城镇基础设施建设。

2016年，全年累计支出建设项目243亿元，完成一批重大基础设施建设项目。下拨资金6000万元，用于慈善园区建设。

2017年，统筹资金95亿元，保障银西高铁、城际铁路、空港综合交通枢纽、京藏高速改扩建、沿黄生态经济带、银川都市圈等重点项目和庆祝自治区成立60周年项目建设。安排清水河城镇产业带资金22亿元，继续支持中南部地区城市和产业园区道路、桥涵、给排水、集中供热、垃圾和生活污水处理、老旧街巷改造及城市绿化亮化等基础设施新改扩建项目，提升城市综合承载能力和服务功能。以城乡基础设施建设和人居环境改善为切入点，拨付资金3亿元，支持高标准实施20个重点小城镇基础设施建设。安排信息化专项资金3亿元，加快“N多云”应用和新型智慧城市建设。设立2亿元服务业引导专项资金，采取投资补助、贷款贴息、资本金注入等方式，支持服务业设备购置安装、软件开发、技术转让、人员培训、系统集成、设计咨询、研发服务及必要的基础设施建设等项目。

2018年，统筹基本建设资金8.5亿元，比2017年增加1亿元，重点用于重大基础设施和民生改善领域。统筹中央财政资金7.9亿元，全面完成银川市地下综合管廊和固原市“海绵城市”三年试点建设任务。下达资金2.5亿元，支持市、县（市、区）庆祝自治区成立60周年项目顺利实施。稳步实施国土综合整治，拨付资金4.6 亿元，开展高标准基本农田建设，矿山地质环境恢复治理、基础测绘地理信息建设等。

第二节 农林水事务支出

1991—1997年，农业类支出包括农林水利气象等部门事业费和支援农村生产支出。

农林水利气象等部门事业费包括农垦事业费、农场事业费、农业事业费、畜牧事业费、农机事业费、林业事业费、水利事业费、水产事业费、气象事业费、乡镇企业事业费、农业资源调查和区划费、土地管理事业费、其他农林水事业费等13种。

支援农村生产支出是国家预算中用于支持农村集体（户）发展生产的各项支出的总称。支援农村生产支出主要包括小型农田水利和水土保持补助费，其中包括抗旱经费和农村小型水电站的补助费；支援农村合作生产组织资金；农村开荒补助费；农村技术推广和植物保护补助费；农村水产、造林和林木保护、草场和畜禽保护补助费；发展粮食生产专项资金；农业发展基金，1989年开始设立，主要用于增强农业发展后劲，解决增产粮、棉、油的关键措施，如改造中低产田，开垦宜耕地，农田水利建设，农业技术推广等。

1991—1997年，农林水利气象等部门事业费总支出为109102万元，同一时间内支援农村生产支出总计为93626万元。

1998—2006年，农业类支出包括农业水利和气象等部门事业费支出、支援农村生产支出、农业综合开发支出、农业支出和林业支出几款。农业水利和气象等部门事业费支出和支援农村生产支出其支出内容同1991—1997年。支援农村生产支出与农业综合开发支出至2002年。2003—2006年农业支出单列，2005—2006年林业支出单列。

农业综合开发是指国家为支持农业发展，改善农业生产基本条件，优化农业和农村经济结构，提高农业综合生产能力和综合效益，设立专项资金对农业资源进行综合开发利用和保护的活动。主要包括农业综合开发项目（土地治理项目和产业化发展项目）和土地治理项目（高标准农田建设、生态综合治理、中型灌区节水配套改造等）和产业化发展项目（经济林及设施农业种植基地、养殖基地建设，农产品加工，农产品流通设施建设，农业社会化服务体系建设等）。

1998—2006年，农业水利和气象等部门事业费支出269194万元。1998—2002年，支援农村生产支出84195万元，农业综合开发支出44879万元。2003—2006年，农业支出268975万元。2005—2006年，林业支出194390万元。

2007年，财政科目发生变化后统称农林水事务支出，即2007—2018年为农林水事务支出。2009年始单列粮油储备事务支出。

一、农业支出

1991年，面对春冻自然灾害，发挥自治区级财政宏观调控能力。一是全面规划“八五”期间前三年粮食生产专项资金使用情况，落实配套资金，促进全区粮食生产实现“四连冠”。二是统筹安排，因地制宜，确定宁夏山区8个县脱贫致富专项资金，保证8个县每年有1500万元的专项资金用于改善生产条件，并将推广旱作新技术作为预算内安排农技推广和植保补助的重点。三是强化财政支农周转金管理。发放1亿多元财政周转金，全区财政支农周转金的回收率也由过去的24%上升为68%。

1992年，全区用于农业方面的财政性资金总额达34382万元，比上年增长6.6%。年初，自治区财政在分配预算指标时，压缩其他支出，保证用于农业的资金不减，并筹措资金，增加对农村社会化服务体系建设和乡镇企业的投入。同时，保证农业（农、林、牧、副、渔）综合开发项目一期工程中85万亩耕地开发的竣工和二期工程75万亩耕地开发的按期实施。世界银行贷款项目、发展粮食生产专项资金和盐环定扬黄工程配套资金得到落实，为调整宁夏农村产业结构、发展“两高一优”农业作出了努力。

1993年，全区支农总支出25375万元，其中支农生产支出12033万元，农林水事业费支出13342万元，两类支出比例为47：53，比上年净增2976万元，增长13.3%。重点支援农业项目有河套农业综合开发、盐环定扬黄工程、世界银行贷款扩灌工程、粮专资金项目区等，足额资金的配套，保证了这些重点项目的顺利实施，为全区粮食连年增产丰收奠定了基础。

1994年，全区支农支出执行数为29957万元，其中支农生产支出12965万元，农林水气事业费支出16992万元。在财政支农资金的使用上，按照“统一规划、统筹安排、渠道不乱、用途不变、相对集中、保证重点”的原则，把各类财政支农资金捆起来，集中用于农业基础设施建设、扶持“两高一优”农业发展、支持农村社会化服务体系建设、增加农业科技投入和加快乡镇企业发展上。

1995年，自治区财政筹措1640万元配套资金，用于第二期农业综合开发项目建设，投入500万元用于扶持“强乡富民”工程建设，投入100万元用于“兴果富民”工程建设。安排农技推广资金200万元，重点支持12个“两高一优”农业技术推广项目。是年，自治区本级财政安排七、八两类支农支出1.86亿元，比上年增长25%。全区各级财政用于支农的各类资金达4.5亿元，比上年增长21%，高出同期财政支出增长5个百分点。

1996年，全区财政支援农村生产和农林水等部门的事业费支出近3.7亿元，比上年同期增长31%，高出全区同期财政总支出增长水平5个百分点。同时，各级财政部门将促进资金到位率放在支农资金管理突出位置，资金到位率达到90%以上，比上年提高11个百分点。重点支持宁夏山区打井打窖，解决人畜饮水和发展节水农业。筹集资金，为盐环定扬水共用工程竣工和扬黄扶贫灌溉工程开工奠定了基础。重点支持农业科研和农业新技术推广、农业社会化服务体系建设、农村小康建设、灌区养牛业发展、“强乡富民”、“兴果富民”、“两杏一果”工程。

1997年，继续抓好粮食生产“四个一”工程。加强“强乡富民”等支农在建项目的后续管理。实施“优质名牌枸杞基地建设”“牛胚胎移植”“种子产业化”等新项目。按照“打破基数、优化结构、保证重点、突出效益”的原则，加大重点项目支持力度，落实项目资金，重点支持发展特色农业、养殖业及农副产品加工业，扶持农业基础设施、农业科技进步与农村社会化服务体系建设，改善农业生产条件，促进农业持续、稳定发展。

1999年，先后投入6.28亿元，支持扶贫攻坚、抗旱救灾、农业产业化和农田水利基本建设，配合有关部门实施“绿色通道工程”和“千户农宅”等重点农业建设项目。同时，财政在山区重点扶持马铃薯脱毒繁育基地建设、“两杏一果”工程建设、“集雨节灌”工程、种草养畜、膜侧播种等项目。在宁夏川区重点扶持水稻控灌技术示范推广、水稻旱育稀植和冬季小麦种植示范、种子工程等项目。

2000年，抓住西部大开发历史机遇，多层次、多渠道筹措资金，自治区本级投入3000万元，财政部资助500万元，重点用于“富民工程”。与有关部门联合，继续实施“强乡富民”“兴果富民”“两杏一果”“枸杞基地建设”“种子产业化”“工厂化秸秆养畜”“优质米基地”等工程。

2001年，为适应新时期农业和农村经济发展的要求，自治区党委、政府决定在“十五”计划期间，重点建设十个农业科技示范园、十个优质农产品基地、十个农业产业化龙头企业（简称“三个十工程”），全方位构筑宁夏农业和农村经济发展新格局。先后投入3000万元，用于“三个十工程”。

2002年，按照“突出重点、合理分布、灵活调配、统筹使用”的支农资金投入、分配原则，财政重点支持自治区确定的“三个十工程”“乡镇企业二次创业行动计划”“千村扶贫”“中部干旱带草畜产业的发展”“十万贫困户养羊工程”“富民工程”等项目，与农业部门联合实施的“种子工程”“天然林保护”“黄河护岸林”“退耕还林草”等生态工程，与林业部门联合实施的“优质枸杞无公害行动计划”。是年，全区各级财政支持农业的资金达12.9亿元，比1997年增长2.1倍。

2003年，根据自治区产业布局和区域特色优势产业发展现状，自治区财政继续集中资金3000万元，对“三个十工程”给予重点扶持，保障农业产业化体系形成。自治区财政投资3亿元，采取“以川促山，山川共济”的发展方针，在宁夏南部山区实施“千村扶贫”“十万贫困户养羊”“中部干旱带草畜产业”“少生快富”“小额信贷财政担保”“百万亩草产业”工程，在引黄灌区及宁夏川区继续扶持“富民工程”“无公害优质名牌枸杞工程”。

2004年，筹集资金5000多万元，重点用于“三个十工程”“乡镇企业2321行动计划”“8613农业科技工程”等，做大做强奶、羊、枸杞、马铃薯等战略性主导产业，做精做细优质水稻、玉米、淡水鱼、蔬菜、葡萄酒、牧草和秸秆加工特色产业。是年，在16个农业综合开发县（包括县级市、区）、9个自治区属国营农场和监狱农场（县级）投入开发资金34824亿元（不包括银行贷款），安排土地治理项目37个，安排产业化经营项目10个。

2005年，深化农民补助资金“一卡通”发放。自2003年率先试行政府直补农民资金“一卡通”发放以来，纳入一卡通系统直接兑现农民的资金有退耕还林资金、良种补贴、化肥补贴、粮食补贴、“少生快富”补贴等资金，累计发放资金11亿元。

2006年，整合各类资金2亿多元，保障特色优势产业、农产品龙头企业和宁夏南部山区草畜产业发展三大政策的实施。促进农业基础设施和重点农业项目建设，支持35万亩高标准机修农田、10万亩压砂西甜瓜基地、引黄灌区百万亩中低产田改造、203个“整村推进”试点村、六盘山肉牛基地、山区马铃薯基地、小流域综合治理、土地开发整理等一大批农业重点项目。全年用于农业、林业、水利和扶贫的支出达25.7亿元，比上年增长23%。保障粮食安全，自治区财政下达产粮大县奖励资金6000万元。开辟财政支农新领域，进一步推进农业循环经济示范建设和农业资源污染综合整治试点工作。

2007年，整合财政支农、农业综合开发、财政扶贫等各类财政支农资金2.54亿元，立足引黄灌区、中部干旱带、南部山区三大区域布局，以枸杞、牛羊肉、奶产业、马铃薯、瓜菜等五大战略性主导产业和优质粮食、淡水鱼、葡萄、红枣、农作物制种、优质牧草六大区域性特色优势产业及其产业大县为重点，提升特色优势产业规模化、专业化、产业化、标准化和组织化水平。自治区财政安排资金1.26亿元，支持青铜峡河西灌区总排水干沟农业综合开发扩整改造二期工程、宁夏南部山区35万亩高标准基本农田建设、百万亩中低产田改造工程等农业综合开发项目。整合资金7000多万元，用于测土配方施肥、动植物良种繁育标准化种养和动植物病虫害防治工作。

2008年，全年拨付农林水支出45.2亿元，增长60%，实施生态移民、设施农业、节水灌溉、压砂硒瓜等一批重点农业项目。发放涉农补贴17.2亿元，农民人均享受补贴478元。

2009年，整合资金4.2亿元，促进农业特色优势产业集聚升级。筹措1.6亿元，支持宁夏中部干旱带和南部山区发展设施农业，使全区设施农业面积达到84.5万亩。安排专项资金1亿元，支持装备制造业发展和“五优一新”产业集群发展。开展村级公益事业“一事一议”财政奖补试点工作，先后分2批确定558个村开展581个建设项目，投资规模2.15亿元。投入1.5亿元，促进现代农业提质增效。

2010年，围绕“三大示范区”建设，整合8亿多元，扶持13个农业特色优势产业和120个现代农业示范基地建设，做大基地、做强企业、做活市场。支持宁夏南部山区设施农业、马铃薯脱毒育种三级体系、春秋覆膜等重点工作。新增农资综合补贴资金，集中用于粮食基础能力建设。财政支持农田水利、林业生态工程、扶贫、农垦等方面的工作也呈现整体推进、重点突破的良好局面。

2011年，发放各项惠农补贴资金12.7亿元。整合2.3亿元，推进优质粮食、奶、瓜菜和马铃薯四大现代农业产业发展。安排1.2亿元，支持农垦系统农业基础设施建设和现代农业发展。安排3.1亿元，支持140万亩覆膜保墒旱作节水农业、宁夏中部干旱带和宁夏南部山区设施农业和马铃薯三级繁育体系建设。安排农业开发土地治理项目资金4.05亿元，完成治理面积33.6万亩。下达8.79亿元，用于巩固宁夏中北部土地治理项目成果。

2012年，整合资金40亿元，扶持优质粮食、高效节水补灌、设施种养业发展，在全区建成40多个设施农业示范区、5个优质水稻示范县、170个设施养殖示范村、50余万亩优质粮食基地。安排农业综合开发资金41亿元，改造中低产田120万亩，建成高标准农田48万亩。争取中央将宁夏中北部土地开发整理项目列为全国3个示范省区之一，投资36亿元，新增耕地86万亩。

2013年，农林水支出149.38亿元，扶持优质粮食、马铃薯、牛羊肉、枸杞、葡萄等特色优势产业发展，西吉县、彭阳县、泾源县、隆德县、盐池县、固原市原州区等地的“一县一业”发展初现经济效益。

2014年，统筹安排资金53.3亿元，扶持葡萄、枸杞、草畜、蔬菜等特色优势产业发展，支持“一县一特”向纵深发展；改善农业生产条件，建设高标准农田22.4万亩，实施宁夏北部地区百万亩盐碱地改造工程，推广高效节水灌溉项目；支持农业科技研发、技术推广、产业联合，推进农村综合改革，在全区所有村建立村级公共服务运行维护机制；开展农业保险工作，在全国率先实现种植业、养殖业和林果业的保险全覆盖。

2015年，整合农业资金16亿元，重点支持葡萄、草畜、瓜菜园艺等产业发展。全年安排产业化项目资金28243万元（其中中央财政资金7909万元，配套资金3164万元，自筹17170万元），重点扶持优质水稻、枸杞、牛羊肉、奶牛、蔬菜、葡萄、优质牧草、花卉等特色产业发展和种植结构调整。下达农作物良种补贴资金7279万元、农资综合补贴64222万元、种粮农民直接补贴8239万元、农机购置补贴2.48亿元、马铃薯良种补贴5400万元。争取中央现代农业发展资金3亿元，支持蔬菜、草畜产业、肉牛（羊）标准化养殖场建设、农业科技成果转化与推广等。安排资金2000万元，用于吴忠、银川两市奶产业风险补偿基金。安排项目资金3117万元，实行重大农业技术推广项目。安排资金1260万元，支持国家级和自治区级专业合作社发展。安排清真产业发展资金4500万元。筹措土地治理项目投资5.7亿元，安排土地治理项目51个，建设面积42.15万亩。安排产业化项目资金2.8亿元，扶持产业化经营项目86个。下达农林业生产救灾资金3000万元，支持防灾救灾。

2016年，农林水事务支出201.29亿元。全年共安排涉农资金100.6亿元。自治区下达农业支持保护补贴资金7.92亿元。安排资金4.2亿元，支持农业特色优势产业发展。安排土地治理项目资金58749万元。安排产业化发展财政补助项目资金6874万元，扶持项目75个。下达粮食“危仓老库”维修改造投资计划7410万元，维修改造38个库点，仓容63万吨。拨付粮食风险基金7424万元，推进储备粮轮换，保障粮食安全。安排中央财政贴息资金4150万元，扶持59个产业化贷款贴息项目，撬动银行贷款15.2亿元，帮助解决新型农村经营主体贷款难、融资贵等问题。

2017年，全年共安排涉农资金91.6亿元，其中争取中央资金45.8亿元，自治区安排资金45.8亿元。安排资金17.2亿元，支持优质粮食、现代畜牧、酿酒葡萄、枸杞、瓜菜等“1+4”农业特色优势产业发展。拨付粮食风险基金1.15亿元，推进储备粮轮换，保障粮食安全。下达永宁、中宁等9个产粮大县奖励资金1.69亿元，支持改进粮食流通工作，推进农业供给侧结构性改革。下达农机购置补贴资金1.21亿元。下达中央及自治区农业保险保费补贴资金21943万元，为各类农户及农业企业提供87.1亿元风险保障，参保户数达53.7万户，受益农户12.1万户（次）。向贫困县区拨付农业保险保费补贴资金10168万元，为贫困县区各类农户及农业企业提供30.7亿元风险保障，参保户数25.3万户，受益农户达4.71万户（次）。落实强农惠农政策，增加农民补贴性收入7.8亿元。

2018年，宁夏共安排各类涉农资金116.8亿元，比上年增长24.8亿元，增幅达27%。其中，农业23.3亿元，林业13.4亿元，水利20.9亿元，扶贫56.9亿元（含地方债和闽宁资金），气象服务、农业科技及农垦改革发展2.3亿元。安排20.9亿元资金，支持高效节水灌溉、中小河流综合治理等项目建设，实施引黄灌区盐碱地改良工程，加强水利设施维修养护，推动农田水利建设。共安排资金531万元，扶持农业科技推广项目12个。安排资金21.7亿元，支持农业提质增效，提升农业现代化水平。

二、林业支出

财政统计中，2005年、2006年林业支出单列。2005—2006年，林业支出共194390万元。

2007年，财政科目发生变化后，农林水事务支出为一类，共279206万元。2007—2018年，林业支出的一项主要内容是退耕还林还草和生态移民。

2009年，及时兑付退耕还林补助资金29410万元，鼓励农户按照要求退耕还林。

2010年，继续巩固退耕还林成果。安排下达巩固退耕还林成果基本口粮田、农村能源、后续产业、补植补造项目资金14725万元，完成基本口粮田18.4万亩、设施农业1.96万亩、补植补造25.36万亩、林果产业14.8万亩的建设，完成节柴灶1.12万个、太阳灶17150个、太阳能热水器6046 台的农村能源建设，培训农民71499人(次)，使退耕农户长远生计得到了保障。安排生态移民资金23539万元，支持续建和新建的18个生态移民区移民住房、学校、村级活动场、乡村卫生院、后续产业、农田水利设施建设，提高移民区生活设施、生产条件配套水平。安排生态效益补偿基金3860万元，加强 541万亩国有、集体和个人公益林的保护与管理。安排国有贫困林场扶贫资金900万元，改善贫困林场职工生产、生活条件，提高社会化管理水平，促进贫困林场职工尽快脱贫致富，共享发展成果。安排林改工作经费467万元，支持彭阳、盐池、永宁3县推进集体林权制度改革试点工作。

2011年，下达盐池、同心、海原3个县牧民生产资料补贴资金8874万元，批复盐池县、海原县、固原市原州区、隆德县和彭阳县5个县区实施方案，并拨付禁牧补助资金7601.6万元。会同自治区林业局组织天然林保护二期前期工作，及时将11030 万元森林管护费和林场职工社会保险经费落实到位。完善生态效益补偿政策，提高848万亩地方生态公益林生态效益补偿标准，由每亩3元提高到每亩4元，提高地方公益林管护水平。安排资金4000万元，提高补助标准，推进枸杞、葡萄、红枣、苹果、杏、花卉、设施果树等特色经济林产业发展，新增经济林面积45.76万亩，建设高标准经济林示范园区23个。安排生态公益林建设资金1000万元，加强生态公益林建设。安排林改工作经费641万元，支持林改工作顺利推进。

2012年，安排14.2亿元，支持实施荒山造林、天然林保护、退耕还林补植补造，治理沙化土地730万亩，呈现出人进沙退的局面。安排退耕还林资金2亿多元，支持生态移民区拱棚、水利设施、养殖棚圈、氨化池等建设。落实草原生态保护奖励补助机制政策。下达草原生态保护补助奖励资金3.59亿元，保障补助资金落实到户。落实天然林保护二期工程政策，提前安排二期工程资金1.1亿余元，保障森林管护经费和林场职工社会保险缴费及早到位。落实森林生态效益补偿基金政策，提前下达中央财政森林生态效益补偿基金和自治区财政预算安排的森林生态效益补偿资金7999万元，全区846万亩国有公益林和848万亩地方公益林得到补偿。配合中央财政开展林木良种补贴、造林补贴和森林抚育补贴三项林木直补试点工作，落实直接补贴资金9000余万元。支持林业产业带和生态公益林建设，预算安排资金5600万元，推进枸杞、葡萄、红枣、苹果等特色经济林产业发展。通过财政贴息资金1187万元，撬动银行资金1190余万元，支持林业企业和合作组织及个人发展林业基地。安排生态公益林建设资金1000万元，森林植被恢复费3587万元，推进林业综合能力建设。安排资金1160万元，加强4个国家级林业自然保护区和3个国家级湿地公园建设。预算安排资金200万元，开展自治区级湿地保护试点，对西吉震湖等4个自治区级湿地实施湿地监测、植被恢复、生态补水等保护性工作。安排资金1400万元，支持实施23个林业新技术引进及推广示范项目。安排资金700万元，支持葡萄霜霉病等林业有害生物防治。安排资金789万元，支持集体林权制度改革。安排资1000万元，支持13个国有贫困林场基础设施建设。安排森林公安转移支付资金和森林防火资金775万元，加强森林公安办案场标准化改造，提高办案业务经费保障水平。

2013年，落实好国家森林生态效益补偿政策，中央财政提高森林生态效益补偿标准，将集体和个人所有国家级公益林补偿标准从10元/亩提高到15元/亩。比照中央标准，自治区也提高了地方所有公益林补偿标准，由3元/亩提高到6.5元/亩。争取国家沙化土地封禁保护区补助试点项目，中卫市、灵武市、同心县和吴忠市红寺堡区被列入国家首批补助试点范围。

2014年，安排1097万元，实施林业贷款贴息政策，对林业企业和个人用于林业建设的银行贷款给予财政贴息。安排1125万元，支持森林防火和森林公安建设，提高林业执法水平。安排4900万元，支持开展湿地保护，提高全区湿地保护水平。

2015年，下达林业各项补助资金10亿元，支持生态林业建设，其中自治区财政安排生态移民迁出区修复资金1000万元，用于385万亩移民迁出区生态恢复，安排休闲森林公园建设资金4000万元，支持全区24个休闲森林公园建设。下达林业各项补助资金10亿元，支持生态林业建设。

2016年，国家下达宁夏年度退耕还林任务后，各市县完成退耕还林任务，自治区根据任务完成情况及时拨付退耕还林补助资金60861万元。

2017年，争取到中央退耕还林项目资金47841万元，自治区财政追加退耕还林政策补助资金4983万元，分解下达各市县完成退耕还林任务。

2018年，安排13.4亿元资金，支持国土绿化行动，构筑生态屏障。重点支持六盘山400毫米降雨量精准造林绿化工程，引黄灌区平原绿洲绿网提升工程，南华山外围区域水源涵养林建设提升工程，同心县、吴忠市红寺堡区文冠果生态经济林种植，四项重点工程造林绿化行动，湿地保护与恢复工程，贺兰山、六盘山、罗山自然保护区能力提升工程。推进贺兰山自然保护区生态环境综合整治，支持开展自然保护区人类活动整治绿盾行动，加快六盘山、罗山自然保护区实地勘界落界工作，启动建设贺兰山、六盘山、罗山监控预警系统。加大林业有害生物防治和森林火灾预防。实施枸杞产业优势再造工程，推动枸杞产业全环节升级和全链条增值，扶持葡萄产业及品牌发展。

三、水利支出

1991年，筹措和安排灌区农业综合开发重点项目地方配套资金750万元，为青铜峡甘城子和吴忠扁担沟两个扬水工程，安排地方配套资金500万元。

1992年，为达到“中国北方灌溉项目”协议中贷款支付计划的要求，累计提取世界银行贷款2967万美元，折合2220.9万个特别提款权，约占项目协议数2613万个特别提款权的85%。

1994年，为从根本上改变宁夏贫困地区经济发展问题，自治区党委、政府提出扬黄扩灌，改善农业基本生产条件，建设大柳树灌区第一期扶贫工程——扶贫扬黄新灌区设想，简称“1236”工程。在争取国家支持的同时，自治区财政坚持扶贫与综合开发相结合，筹集资金2000万元，用于该项工程的前期启动建设。

1995年，为筹集“1236工程”第一期工程所需地方配套资金，自治区财政一方面通过预算内资金调度，投入2000万元用于项目建设；另一方面制定通过征收三税附加、预算外资金附加，发行彩票和社会募捐等渠道筹资的方案，每年筹资1.5亿元，6年共筹资9亿元，用于工程建设资金的配套。

1996年，是“九五”计划开局之年，全年全区财政支援农村生产和农林水等部门的事业费支出近3.7亿元。自治区财政筹集资金上千万元，重点支持山区打井打窖，解决人畜饮水和发展节水农业。为盐环定扬水共用工程竣工和扬黄扶贫灌溉工程开工支付资金等。是年，为宁夏军区“百井扶贫”工程和自治区地矿厅“特别找水”计划注入500多万元启动和配套资金，保证工程的顺利实施。山区八县建设高标准基本农田21.5万亩，共打土圆井4763眼、生产窖39144眼，结合推广窖水节灌技术，种植地膜玉米25.9万亩。

1997—2002年，继续实施“1236”工程、盐环定扬水灌溉工程，实施“宁南山区集雨节灌工程”等。这些工程的实施对加快宁南山区脱贫致富步伐，提高节水利用率，稳定粮食产量等起到重要的作用。

2003年，支持引黄灌区抗旱打井以及种植业结构调整，农业产业化发展等重点工程项目建设资金5400万元，其中安排抗旱打井资金3000万元，种植业结构调整等工程项目2400万元。抗旱打井资金的投入为全区农业抗旱保增收发挥了作用。建立青铜峡金沙湾节水灌溉示范区，全套采用西班牙节水灌溉技术及设备。当年建成矮秆喷灌面积1199亩、高秆喷灌面积342亩、滴灌面积557亩、指针式喷灌面积1243亩。

2004年，重点在青铜峡金沙湾建成0.5万亩高标准节水灌溉技术示范区。在自治区农垦局黄羊滩农场、简泉农场、暖泉农场、自治区监狱管理局关马湖农场新建和扩建大型移动式喷灌示范区2万亩，采购、安装、运行大型指针式喷灌机20台。在地处黄土高原半干旱带的彭阳县长城塬乡白岔村建设微喷、滴灌示范区0.1万亩。在固原市原州区三营镇小河村井灌区建设喷灌示范区0.1万亩。

2005年，拨付资金18亿元，重点支持扶贫扬黄工程、黄河治理工程。

2006年，支持以小型公益水利设施工程建设和财政“一事一议”农村小型水利建设岁修补助项目的实施，按照“民办公助、民办民管民受益”的原则，整合资金3000万元用于农村小型公益水利基础设施建设。

2007年，整合资金6000万元，在宁夏南部山区9个县区新实施9个小流域综合治理项目。安排财政扶贫资金5000万元，支持宁夏扶贫扬黄工程建设。投入资金4000万元，用于农村小型公益水利基础设施建设。

2008年，安排资金3000万元，比上年增加1000万元，专项支持全区小型农田水利基础设施条件的改善和项目建设。争取中央水利专项资金6000万元，比上年增加4300万元。继续支持包括灌区末级渠系改造在内的小型农田水利设施建设，促进农业节水灌溉的发展。

2009年，争取中央财政小型农田水利建设专项资金1.06亿元，自治区预算资金6000万元，支持自治区农田水利设施建设和中部干旱带高效补灌工程实施。有7个市县列入首批全国小型农田水利重点示范县。加快人饮工程建设，安排资金3900万元，支持农村自来水进村入户工程建设，解决121个村、11万人的饮水困难，提高农村自来水普及率。针对春夏旱情严重情况，下达资金4300 万元用于抗旱，确保全区农业增效和农民增收。

2010年，加强农田水利建设。全年投入农田水利建设资金1.88亿元，加快小型农田水利建设重点县和专项农田水利设施建设，推进中部干旱带和南部山区高效节水补灌工程建设步伐，年度新增投入5300万元。安排“百村千户”农村自来水入户资金6100万元，解决1.5万户农户饮水安全。安排资金 800万元，专项用于固海、盐环定扬水工程老化失修工程改造。拨付抗旱补助资金、防汛岁修资金、水保资金1100万元，支持水利防灾减灾建设。安排资金2200万元，推进水管体制改革。

2011年，增加投入，抓水利综合建设。一是抓好小型农田水利重点县建设。安排小型农田水利项目32 个，投入资金31336 万元，新建截潜坝、滤水池7座，新建及改造泵站27座，新打机井44眼，改造机井365眼，新建蓄水池20 座，新建首部过滤系统394座；砌护渠道905千米，配套渠系建筑物13236座；整治沟道 881千米，配套沟道建筑物1337座；铺设低压管道2634千米，铺设喷滴灌带（管）46429千米，配套管道建筑物 9927座；安装变压器90 台、水泵1490 台（套），架设高低压电线 55 千米，安装控制柜、变频柜148面，新建各类管理用房 7455平方米。项目实施后，新增节水灌溉面积30.4万亩，年新增节水能力5270万立方米。二是发展高效节水补灌项目。争取中央资金1.55亿元，重点实施9 处高效节水补灌项目，建设蓄水池72座，泵站18座，首部枢纽12套，铺设管理489.58千米，毛管 5651 千米，配套建筑物 754座，发展高效节水补灌面积 28.91万亩。三是支持防汛、抗旱和农田水利灾害防治工作。针对南部山区持续旱情，及时下达特大抗旱补助资金2040万元，用于群众拉水燃料补助、修复抗旱应急人饮和水源工程。下达特大防汛补助项目资金2400万元，用于泵站维修、塌岸治理、拦洪库坝体防渗及坝坡砌护、防洪堤维修加固等。下达山洪灾害防治县级非工程项目建设资金6000万元，用于山洪灾害监测预警及平台设备的购置、安装，软硬件的购置、开发、集成，防御预案编制，宣传培训和演练等非工程措施支出。四是支持农村自来水“百村千户”入户工程建设。五是下达7900万元，通过铺设入巷入户管道、建设闸阀井和联户水表的方式对37处集中供水工程进行扩建改造，通过铺设入巷入户管道、建设闸阀井和联户水表井的方式，解决群众自来水入户问题，

137个村9.3万户41.5万人饮水问题得到解决。下达3100万元资金，支持3大扬水水管单位和4个自流管理单位测水设施自动化和现代化试点补助。下达资金900万元，支持固海、盐环定重点扬水工程老化失修改造。

2012年，投入水利资金39亿元，支持17个县小型农田水利和中部干旱带节水工程建设。安排水利建设基金3亿元，支持黄河近期防洪工程、农村人饮安全工程、灌区续建配套工程等自治区重大水利项目建设。争取中央财政专项资金2.74亿元、自治区财政安排资金7500万元，对全区19条中小河流进行整治。统筹中央和自治区财政专项资金20364万元，继续实施病险水库除险加固。完成除险加固水库12座，开工建设小(二)型水库65座。结合宁夏南部山区“五小水利”现状和规划，安排资金3400万元，支持彭阳、隆德、西吉、原州、泾源、海原、吴忠市红寺堡等 7 个县(区)开展“五小水利”工程建设试点。投入资金1200万元，开展流域治理，淤地坝加固、维修，减少水土流失。安排资金2770万元，解决群众饮水困难问题。下达资金1000万元，支持固海、盐环定扬水病险工程维修改造。下达资金758万元，保障县级国有公益性水利工程维修养护。

是年，宁夏在中央财政立项的小型水利重点县数量达到18个县(区)，覆盖全区主要县区，中央财政资金也由2010年的6400万元增加到2012年的2.65 亿元，涨幅达到4倍。第一批小型水利重点县三年计划已全部完成并通过验收。第二批、第三批小型水利重点县均已完成任务量的 85%以上。追加的中央财政高效节水项目7个县，也已完成招标工作。

2013年，通过水资源费等渠道，加大对水土保持和水资源监控能力建设项目支持力度，支持中央试点示范项目实施，加强水资源节约、管理和保护。支持减少农业水源污染。

2014年，争取中央财政抗旱与防汛资金1.47亿元，支持抗旱和防汛工作。安排资金3844万元，开展水土保持工作，进行淤地坝加固、维修等。推广规模化高效节水灌溉技术，对竞争2014年小型农田水利重点县建设(高效节水灌溉)项目的18个县(市、区)进行遴选，确定永宁县、贺兰县、灵武市等13个县(市、区)为高效节水灌溉项目县(市、区)。

2015年，安排水利资金11亿元，支持农田水利建设，防汛抗旱及水土保持、应急度汛等。加强以高效节水为重点的农田水利建设，新增节水灌溉30万亩，建设高标准农田50万亩，推广覆膜保墒旱作节水农业200万亩，不断提升农业综合生产能力。加强农田水利建设和生态环境。

2016年，利用亚洲开发银行贷款项目，累计开挖疏浚沟渠及沟道治理1277.46千米，推广节水技术控制面积15.51万亩。利用以色列政府贷款高效节水项目，对贺兰山东麓8个市县13.8万亩种植基地和86个酒庄的喷滴灌等基础设施进行改造提升，促进水资源高效利用。按照《宁夏引黄灌区盐碱地治理工程规划(2016—2020年)》要求，承担西大沟上段、三二支沟下段、盐湖沟中段、五二支沟和五四支沟5条沟道的治理任务，整治沟道长度38.5千米。

2017年，下达水库移民后期扶持资金10203万元。制定扶持措施，加强移民村基础设施建设，加大产业扶持力度，发掘水库移民村的自然资源和优势产业，重点扶持能让贫困移民直接受益的种植、养殖等特色产业。

2018年，安排资金20.9亿元，支持高效节水灌溉、中小河流综合治理等项目建设，实施引黄灌区盐碱地改良工程，加强水利设施维修养护，推动农田水利建设。

四、扶贫支出

1994年10月，自治区党委、政府制定《宁夏“双百”扶贫攻坚计划》，确立“兴水治旱，以水为核心，以科技为重点，扶贫到村到户”思路，决定用7年时间（1994—2000年），在8个国家级贫困县的100个贫困乡镇100多万名农村贫困人口实施大规模的扶贫攻坚战略决策。这是宁夏历史上第一个有明确目标、明确对象、明确措施和明确期限的扶贫开发行动纲领。自此，宁夏各级财政部门围绕为贫困地区脱贫致富的“双百扶贫攻坚计划”，多方筹措扶贫资金，开展扶贫工作。“双百”扶贫攻坚计划主要从以下两个方面实施。一是兴水治旱。针对西海固地区严重旱情，狠抓农田基本建设，7年间，国家累计投入资金27.65亿元，先后启动固海扬水、盐环定扬水等130多处水利、水保工程，累计打水窖、土圆井23万多眼，治理水土流失面积5500平方千米，修建高标准基本农田240多万亩，造林600多万亩，兴修公路3400多千米。二是生态移民。从1998年起，开始实施“1236”工程。1999年1月，正式成立红寺堡开发区，主要搬迁同心县、海原县、固原市原州区、彭阳县、西吉县、隆德县、泾源县7个县（区）的贫困户。同时，还建成吊庄移民基地25处，开发耕地83万亩，搬迁贫困人口32.8万人。

截至1999年，“双百” 扶贫攻坚计划实施后，8个国家级贫困县（区）农民人均纯收入由1993年的429元提高到1108元，人均产粮由273千克提高到358千克；贫困人口由139.8万人减少到30.5万人，贫困面由69.9%下降到13.9%，在全国率先实现了整体基本解决温饱的目标。

2000年，继续坚持开发式扶贫，支持退耕还林还草工程。固原、彭阳两县被国家列入科技扶贫试点县，六盘山地区被国家确定为全国首例旅游扶贫实验区。财政从扶贫资金中拨付2亿元，用于南部山区退耕还林还草建设。世界银行贷款项目古王扶贫公路竣工。

2004年，安排财政扶贫资金2亿多元。其中，宁夏南部山区“35万亩旱作基本农田建设”项目4200万元，“10万贫困户养羊工程”1500万元，“少生快富工程”3000万元，宁夏山区劳务输出工程1000万元，中部干旱带草畜产业工程1000万元，百万亩人工种草工程2000万元，宁夏扶贫扬黄工程2000万元，山区及吊庄乡教育、文化、卫生、基础设施建设项目1640万元。按照财政资金与银行信贷资金捆绑使用的原则，进一步扩大财政资金的“倍增效应”，安排小额信贷财政担保工程奖金2000万元，按1：5比例，吸引农村信用社小额贷款5000万元，专项用于山区贫困农民发展草畜产业。本着“宜牛则牛、宜羊则羊、因地制宜”的原则，围绕农民增收，探索更为有效的扶贫方式，在南部山区选择30个村实施“黄牛改良示范项目”由2003年的70万元增加到2004年的300多万元，对山区贫困农户的脱贫致富发挥了较好的作用。

2005年，支持宁夏南部山区扶贫开发工作，促进全区经济和谐发展。一是集中资金，突出重点，全面推进“整村推进”工程实施，即在宁夏南部山区选择贫困人口相对集中、班子强、工作基础较好的203个村，作为第一批“整村推进”重点村，平均每个村两年投资100万元。为确保这项工作稳步推进，与相关部门配合，集中力量，筹措资金，重点解决203个贫困村的生产、生活条件和实现稳定解决温饱。共整合安排财政扶贫资金、“三西”资金、以工代赈等专项资金近1亿元，确保“整村推进”工程所确定各项目标任务完成。二是加大中部干旱带投入力度，促进该地区草畜产业发展。安排500万元，重点对中部干旱带滩羊、滩鸡、柠条等优势特色产业给予扶持。对固原市切块下达的财政扶贫资金达到6900万元，比上年增加1000万元，重点用于培育壮大后续产业和优势特色产业。三是加大宁夏南部山区生态养牛工程扶持力度，总结“南部山区黄牛改良试点项目”经验，安排资金600万元，实施宁夏南部山区生态养牛工程，使黄牛改良工程资金由2004年的314万元增加到2005年的600万元，对宁夏山区贫困农户的脱贫致富发挥了较好的作用。

2006年，加强扶贫开发工作，确保扶贫开发目标如期实现。全力推进“整村推进”工程。按照“统一规划、整合项目、集中资金、保证重点、以点促面、全面推进”工作思路，总结“整村推进”203个试点村经验，筹措资金，整合财政扶贫资金、三西资金、以工代赈等专项资金近1亿元，继续支持“整村推进”203个试点村扶贫开发项目，确保各项任务完成，使试点村的农业生产和农民生活条件有了明显改善，基本实现了稳定解决温饱的目标。同时，做好第二批“整村推进”试点村规划方案，为全面推进“整村推进”工程奠定良好的基础。进一步加大产业扶贫力度，促进南部山区特色产业发展。整合安排各类资金3000多万元，全面支持实施以泾源县为核心的六盘山肉牛基地建设项目。整合安排各类资金3000多万元，支持以西吉县为核心区的马铃薯基地项目建设，重点用于马铃薯贮藏窖、马铃薯原种、原种繁育等建设，新建各类马铃薯贮藏窖2万多座、原种繁育1000万粒、原种和一级种10万多亩。

2007年，整合资金4025万元，继续实施“百万农民培训工程”劳动力转移培训（阳光）工程，加大对贫困家庭青年农民中长期培训，使每个贫困家庭中至少有一名能外出务工稳定就业6个月以上的专业技工。并将南部山区劳务输出培训人员补助标准由人均200元提高到300元。

2008—2012年，在财政部5年内支持30亿元基础上，整合地方专项资金50亿元、国家发改委投资26亿元，用于宁夏中南部地区生态移民工程建设，促进务工移民向城镇集中。推进务工移民安居保障工程建设，支持银川市、石嘴山市、吴忠市、固原市、中卫市等13个工业园区、企业、现代农业基地等劳动密集型用工单位，建设劳务移民扶贫试点安居保障租赁住房。

2010—2012年，分别安排资金8519万元、5000万元和3 亿元，实施旱作基本农田建设和小流域综合治理等贫困村整村推进村级“互助资金”试点。2010年，盐池县率先实现互助资金整县推进。

2013年，整合资金21亿元，支持易地扶贫搬迁生态移民工程，宁夏南部山区500个贫困村整村实现推进。

2014年，创新扶贫资金分配方式。打破以往按项目分配资金模式，创新以“因素法”分配资金模式，将扶贫资金7.6亿元切块至重点贫困县（区），重点支持500个重点贫困村实施整村推进，贫困县根据当地发展实际共整合各类资金37.2亿元，发挥了扶贫资金使用效益。继续推进生态移民工程建设，累计拨付生态移民资金79.2亿元。

2015年，加大生态移民支持力度，累计拨付资金11亿元，占批复资金的100%，建成移民住房2159套，搬迁4万多人。

2016年，共安排财政扶贫资金52.88亿元，比上年增长77.4%。其中，争取中央财政扶贫资金15.3亿元，比上年增长44%，自治区安排扶贫资金23.4亿元，易地扶贫搬迁资金14.2亿元。发挥扶贫基金杠杆作用，安排扶贫资金6.5亿元，分别在固原市、中卫市和吴忠市建立扶贫产业担保基金，安排资金2亿元，用于贫困地区劳动技能培训。安排地方债务13亿元，用于改善和提高贫困地区生产生活条件。安排扶贫搬迁资金20.2亿元，搭建自治区易地扶贫搬迁融资平台。安排地方债务7.8亿元、易地搬迁专项建设基金4亿元，用于项目注册资本金。推进教育扶贫，实施普通高中建档立卡家庭经济困难学生免除学杂费政策，在固原市推行“9＋3”义务职业教育。

2017年，中央及自治区本级财政共安排脱贫攻坚专项资金42.3亿元，其中中央18.3亿元（含财政专项扶贫资金18.1亿元，中央专项彩票公益金支持贫困革命老区扶贫开发资金0.2亿元），自治区本级23.2亿元（含本级预算安排财政专项扶贫资金5.4亿元，地方债14.3亿元，扶贫产业担保基金3.5亿元），闽宁资金0.8亿元。累计安排10亿元扶贫产业担保基金，发挥财政资金的撬动和“引擎”作用，推动产业发展。筹集资金21.7亿元，支持4万户建档立卡户易地搬迁。自治区财政直接投入各类扶贫资金96.2亿元，其中9个贫困县统筹整合70.16亿元，重点支持产业发展、基础设施建设、易地扶贫搬迁和危房危窑改造等。安排农业综合开发资金2亿元，用于贫困县涉农财政资金整合试点，为贫困县“销号摘帽”注入新动能。争取国际农业发展基金农业综合开发项目资金3600万美元，引入农业生产适应气候变化和可持续发展理念，为产业扶贫注入活力。发挥政府投入的主体和主导作用，19.3万名建档立卡贫困人口脱贫，302个贫困村脱贫出列，盐池县已具备脱贫摘帽基本条件。

2018年，打好加大投入、整合资金、突出绩效、强化监管“组合拳”，赋予贫困地区使用扶贫资金的自主权，集聚扶贫资金向“五县一片”深度贫困地区倾斜，做到保障有力、靶向精准、监管到位。是年，全区共投入各类扶贫资金109.22亿元，比上年增长14.64%。其中，中央财政共下达自治区专项扶贫资金21.13亿元，比上年增长16.5%；自治区安排财政专项扶贫资金6.6亿元，比上年增长21.3%，资金的增幅和占比均超过中央考核标准。支持盐池县高质量脱贫“摘帽”，隆德、泾源、彭阳3个贫困县初步具备“摘帽”条件。扶贫资金统筹整合工作走在全国前列，在全国率先开发使用扶贫资金监管信息系统。

五、水库移民扶持支出

水库移民扶持支出主要发生在2000年后。

2009年，自治区下拨水库移民资金5461.21万元，用于移民搬迁、生态环境改变等。

2010年，实施库区移民项目121项，下达移民后期扶持项目资金3768.72万元，涉及18个市县(区),受益移民43809人;下达移民后期扶持直补资金2076.24万元,涉及13个市县(区),受益移民33662人。争取移民后期扶持结余资金2655万元,比上年增加2027万元。

2011年,共实施库区移民项目135项,下达移民后期扶持项目资金4023.1万元,涉及17个市县(区),受益移民65630人;下达移民后期扶持直补资金2006.1 万元,涉及16个市县(区),受益移民33435人。水库移民扶持资金的使用,促进了库区经济发展、生态环境改善、水库移民增收和农村社会稳定。

2013年,对以前年度水库移民补贴资金发放和项目资金使用进行检查,将直补资金通过"一卡通"兑付给移民。

2015年,下达水库移民后期扶持资金11212万元,支持水库移民扶持工作开展。加大生态移民支持力度,累计拨付资金11亿元,占批复资金100%,建成移民住房2159套,搬迁人口4万多人。

2016—2018年,自治区财政厅会同自治区水库移民办、发改委组织专家对2016—2018年大中型水库移民后期扶持项目资金及结余资金申报项目的可行性进行审查,根据专家审查意见选择确定支持项目,2016年、2017年分别下达项目资金17306万元、10203万元,由各地根据移民实际和需要及时组织相关项目的实施。

第三节 工业交通运输业支出

财政统计中,1991—2006年为工业交通等部门事业费支出。2007—2008年将工业与商业金融等事物合为一体。2007年,交通运输支出单列。2009年后工业不再合列或单列。

1991—2006年,工业交通等部门事业费支出总计119198万元。

2007—2018年,交通运输总支出6468722万元。

一、工业企业支出

1991年,工交商等部门事业费支出2026万元,为年度调整预算的80.9%,比上年下降7.0%。是年,在政策上采取放水养鱼的办法,根据企业技改任务重,资金困难实际,对吴忠卷烟厂、银川橡胶厂、银川毛纺厂等企业给予减免税利3000多万元的优惠政策。其次,安排挖潜资金500名万元,对石嘴山钢厂等企业重点支持。面对企业产品销售不畅,资金紧缺等困难,先后为大河机床厂、宁夏钢铁厂、吴忠仪表厂等企业安排各种生产性资金4000多万元,其中周转金1700万元,流动资金1350万元。争取380万元资金,用于银川氮肥厂和贺兰化肥厂"两煤改一煤"以及"水循环利用"技术改造。由财政补助300万元挖改资金,对全区商业仓储和商办工业设施进行更新改造。

1992年,落实中央和自治区制定的关于搞活企业的若干政策措施,使企业增加用于推进技术进步、调整产品结构、增强发展后劲的资金达5418万元。一是安排1300多万元资金,对银川橡胶厂、吴忠仪表厂、青铜峡化肥厂等10户重点税利企业重点扶持,支持其推进技术进步,加快技术改造步伐。二是安排1000万元资金，对暂时亏损、但产品有销路、有发展前景的企业进行必要扶持，为企业创造扭亏条件。三是从1992年开始，3年内安排1200万元资金，用于支持太西煤出口基地建设。四是通过贴息、借款等形式支持企业发展生产，调整产品结构，全年累计发放预算内、外各类周转金近2亿元，支持项目500多个。

1993年，多方筹措财政周转金2000多万元，先后对银川橡胶厂、西北轴承厂、吴忠仪表厂、银川亚麻厂、银川棉纺厂、银川二毛厂，以及市县的部分企业给予重点扶持。安排挖潜改造资金1290万元，对宁夏钢铁厂、吴忠配件厂、大河机床厂、长城机床厂、银川起重机厂、青铜峡造纸厂，以及市县的部分企业给予支持。

1994年，筹集资金1.2亿元，以财政拨款、贴息及周转金形式，支持企业进行技术改造和新产品开发。筹措和调剂财政周转金2720万元，重点支持石嘴山钢铁厂、吴忠配件厂、青山试验机厂、宁光电工厂、长城机床厂、银川起重机厂、宁夏铁合金厂、银川棉纺织厂、银川亚麻厂，以及吴忠、中卫、彭阳等市县的部分骨干企业和拳头产品，促其上规模、上档次、上水平，努力提高产品在全国市场中的份额。安排周转金290万元，对短期内扭亏、减亏有望的银川氮肥厂、宁夏化工实验厂、贺兰山磷矿等企业给以扶持。

1995年，先后筹措财政周转金3350万元，对扭亏有望的宁夏电化厂、吴忠仪表厂、银川拖拉机厂、青铜峡造纸厂、宁夏制药厂等区属企业及石嘴山、中卫、贺兰、惠农等市县部分企业的短、平、快项目给予重点扶持。针对1995年宁夏工业生产市场有效需求不足，电力短缺，原材料大幅度涨价，生产成本升高等不利因素给企业扭亏增盈工作带来的困难，自治区财政从政策上帮助企业，将以前年度企业收入退库借款1500万元全部予以豁免，直接用以弥补亏损，减轻了企业债务包袱。

1996年，为确保企业技改项目按期实施，通过所得税返还和安排财政贴息、财政周转金等形式筹集资金1亿多元，对宁夏炼油厂、宁夏制药厂、吴忠仪表厂、青铜峡造纸厂、汝箕沟煤矿等企业给予重点扶持。

是年，实施《关于推进企业技术进步加强财源建设有关政策的规定》《关于实施“东西合作工程”的政策规定》《关于加快小型企业改革与发展的若干政策措施》，从资金方面支持企业发展，仅办理退库、财政返还和政策性减免税达1.4亿元，如果加上连带减免的中央收入拨付2800万元用于石嘴山钢厂、吴忠仪表厂等12家重点企业增资减债。石嘴山钢铁厂通过学邯钢，消化电力、原材料涨价等增支因素，降低成本费用3300多万元，实现当年扭亏为盈。在“抓大放小”方面已有3家大型骨干企业销售收入过10亿元；规范、组建9个企业集团。

1997年，先后安排财政周转金1700多万元，对银川电线厂、吴忠配件厂等10家企业优先扶持。安排资金100万元，专项用于扶持区级施工企业的技术进步和设备更新，对宁建二公司、宁建五公司、宁夏建筑机械厂等3家企业的技改项目进行贴息。

1998年，打破企业身份，改变先国有、后集体，先自治区属、后市县，其他靠后的做法，对自治区确定的21家优势企业，落实税收返还财政贴息、加速折旧、补充资本金1800多万元。对自治区16家重点民营科技企业制定扶持措施，采取借款、贴息等方式安排资金430万元，对技术含量高，产品有市场，发展潜力大的民营科技企业给予支持。先后共拨付财政资金3500多万元，对扭亏、减亏、增盈有望的大河机床厂、银川亚麻厂、银川起重机厂、青铜峡水泥厂、宁夏恒力钢铁集团公司、吴忠仪表厂、青铜峡造纸厂等企业优先给予扶持。

1999年，在工业支出方面，一是针对宁夏国有大中型企业设备老化、技术水平低、工艺落后等问题，安排企业技术改造贷款贴息专项资金1000多万元，鼓励企业进行技改创新。二是筹集1200万元资金，采取拨补资本金的方式，对贺兰造纸厂、青铜峡水泥厂、银湖酒业公司等一批企业的技改项目给予支持。三是拨付300万元，对年内减亏有望的银川亚麻厂、银川涤纶厂等企业给予资金支持。四是支持一批高新技术项目的发展。先后从资金和政策方面对智能化机床、高比容钽粉、钽丝、苦参素注射液、汝铁硼、陶瓷微粉、三星锅炉、防火阻燃剂等一批高新技术项目给予扶持。自治区财政还筹集1000万元，启动高新技术风险投资基金，拨补1300万元启动三市一地中小企业担保基金，对民营科技企业的技术引进和开发项目予以支持。

2000年，先后安排企业技术改造项目贷款贴息专项资金1000万元，对吴忠仪表股份有限公司执行器、调节阀改造项目，宁夏恒力钢丝绳股份有限公司2万吨柔性抽油杆项目，以及宁夏制药厂、宁夏赛马水泥有限责任公司等优势骨干企业技术改造项目给予贴息支持。拨补资本金300万元，对银湖酒业公司、灵武精米加工厂技改项目给予填平补齐，促其早投产、早见效。投入资金1600万元，重点支持宁夏西北奔牛机械有限公司、宁夏电机有限公司、青铜峡造纸厂、宁夏赛马水泥集团有限公司等国有大中型企业实施重大技术创新项目。抓好企业扭亏增盈工作。全区各级财政部门贯彻中央关于国有企业三年改制与脱困的方针，集中力量筹措资金，分别拨补资本金100万元、担保贷款300万元，对有大量订货合同、能大幅减亏的大河机床厂和长城机床厂进行扶持，对清河机械厂等几家企业提供担保贷款共1000万元，缓解了企业的资金困难。另外，给予中卫农牧厂、灵武绒线厂解困资金各100万元，促其破旧立新安排财政资金282万元，解决西北煤机二厂、三厂和银川起重机厂等特困企业严重拖欠职工工资问题。

是年，全区国有控股工业盈亏相抵实现利润2.9亿元，彻底扭转严重亏损的被动局面，36家重点脱困企业有28家摆脱困境，脱困率达77.8%，比全国平均水平高5.1个百分点。

2001年，抓好企业提高技术装备水平和产品、技术开发创新工作。安排2.5亿元企业挖潜改造资金，对宁夏恒力公司、青铜峡造纸厂、宁夏启元药业公司等10多家优势骨干企业列入国家和自治区重点技改投资计划的50项技术改造项目给予支持。安排资金2000万元，采用借款、贷款担保、方向贷款贴息等方式，对一批符合宁夏产业发展方向，产品具有较高科技含量和技术附加值、市场前景好、经济效益突出的民营科技企业给予扶持。此外，推进国有企业改本改制工作，拨付破产安置资金3.75亿元，对资不抵债、抵债、长期亏损、资源枯竭的银川毛纺厂等9家企业进行破产清算，妥善安置下岗职工；解决宁夏物资集团公司等特困企业严重拖欠职工工资问题。

2002年，保持上年水平，继续支持企业提高技术装备水平和产品、技术开发创新。同时，安排科技三项费资金1200多万元，支持宁夏恒力集团公司、东方钽业集团公司、宁夏机械研究院等单位科技攻关和国际科技合作项目。

2003年，安排企业挖潜改造与兼并破产资金4.4亿元，支持工业结构战略性调整和企业技术改造。培育具有核心竞争力的企业集团和工业园区，促进传统产业升级换代。发挥财政资金引导作用，支持企业技术创新和科研成果转化。自治区财政拨付重点技术创新项目资金350万元，支持宁夏东方钽业股份有限公司、吴忠仪表股份有限公司、宁夏启元药业有限公司等企业进行技术创新和新产品试制。争取财政部产业技术成果转化资金450万元，重点支持宁夏长城机床厂、宁光电表有限公司、宁夏康亚药业有限公司等5家大中型企业实施产业技术成果转化项目。安排2900万元非公有制经济发展资金，促进民营工业企业和中小企业技术改造、科技创新和产业升级。拨付资金1400万元，通过借款和贷款担保等方式，对宁夏香山酒业公司、宁夏多维药业公司、宁夏力成公司、宁夏鑫达镁业公司等一批非公有制企业予以扶持。下达科技三项经费1515万元，对各市县、部门科技攻关计划给予经费补助。拨付企业挖潜改造专项资金5450万元，对宁夏煤业集团所属乌兰矿、白芨沟矿、宁夏丰友化工公司、王洼煤矿、宁夏四正生物工程公司、宁夏日报社印务中心、美利纸业公司等技术改造项目给予资金补助。

2004年，鼓励外贸企业扩大出口申报项目，筹集西部外贸发展基金3298万元，为外贸出口增长提供资金保障，全年全区出口总额达6.5亿美元，比上年增长26.3%，增幅位居全国前列。筹集1100万元，用于市县工业园区基础设施建设，提升园区服务功能，增强园区的聚集功能和辐射效应作用，支持县域经济发展战略实施。

2005年，针对各工业园区普遍存在的基础设施建设水平滞后、配套设施不完善等问题，全年共下达工业园区基础设施建设补助资金4500万元，促进工业园区健康发展。通过实施外贸企业出口奖励政策，鼓励宁夏惠冶镁业有限公司、宁夏灵武中银绒业公司等78家自治区重点出口创汇企业开拓市场，下达外贸发展资金2400万元，资助启元药业、东方有色、佳通轮胎、华源冶金等一批出口创汇能力强、市场占有率高、成长性好的企业实施改扩建。安排资金7000万元，重点解决宁夏建设集团三建公司、吴仪集团宁光电表公司等破产企业职工安置问题。根据部分自治区属企业经营困难实际，区别情况，分别对待，拨付流通现代化贴息资金，对商业集团公司，农垦集团公司的糖酒连锁公司、畜牧发展公司等企业的连锁经营给予扶持，带动整个集团生产经营。

2006年，加快企业自主创新步伐，支持大型水轮机叶片、高精度石油轴承、金属镁生产节能降耗等一批重点科技攻关项目，引导和带动企业、金融和社会投入科技资金10多亿元。安排企业挖潜改造专项资金5700多万元，对宁夏电投钢铁公司的60万吨冶轧项目、青铝集团5万吨铝合金生产线、东方有色集团5000吨微合金炉料项目、美利纸业集团10万吨杨木化机浆项目、英力特化工集团20万吨PVC项目等列入自治区重点技术改造计划的60个项目给予资金补助或贴息支持。安排资金900多万元，对宁夏阿尔法绒业、宁鲁石化公司、马斯特集团等自治区30家重点非公有制企业的技术改造项目给予资金扶持。

2007年，加快新型工业化进程，支持神华宁煤集团、青铝集团等骨干企业实施技术改造，增强核心竞争力，共拨付企业技术改造资金18亿元，补充项目资本金3.2亿元。促进企业自主创新体系构建，支持大型水轮机叶片、风力发电机核心装备国产化、钽铌铍稀有金属材料、多晶硅关键技术研发等一批重点科技攻关项目。投入资金2.5亿元，加快以宁东基地为龙头的工业园区建设步伐，打造工业经济持续发展平台。

2008年，下达专项资金2120万元，支持丰友化工的大化肥装置、宁鲁石化的10万吨二甲醚生产、伊品食品集团的8万吨/年赖氨酸、恒力钢丝绳60万吨棒线制品配套改造、红枸杞产业集团420万盒枸杞油胶丸等一批化工、新材料、装备制造、农副产品加工重点骨干企业的技改扩能改造项目。下达重点及科技型技术创新和高技术产业化项目补助资金1700万元，对天地奔牛的硬面减速技术成果转化、中色东方集团的片式锂电容和铝电解电容器、发电集团的高纯硅产业化及光伏试验电站、共享铸钢三峡水轮机叶片产业化开发、中卫大河龙门五面体加工中心研制及产业化等一批重点骨干企业实施的重点技术创新和高新技术产业化项目进行扶持。

2009年，安排2亿元资金，继续加大工业园区基础设施建设投入力度。

2010年，全区工业类支出20.8亿元，比上年增长45.8%。一是支持企业科技创新，拨付科技攻关、科技成果转化等专项资金5729万元，并争取中央科技型中小企业技术创新基金项目资金5198万元，支持企业科技攻关、成果转化、科技创新、技术合作等。下达工程技术研究中心和重点实验室“以奖代补”资金800万元，继续对工程技术研究中心、重点实验室科研条件建设给予支持。二是培育壮大特色优势产业。促进羊绒产业做大、做强。拨付羊绒产业发展专项资金3080万元，对40个羊绒产业项目给予扶持，重点支持企业新产品开发、技术改造、品牌建设等。三是支持装备制造业加快发展。下达装备制造业发展专项资金5610万元，重点支持装备制造企业进行技术改造和核心技术、关键共性技术研究，将宁夏装备制造业向高端推进，向前沿推进，成为支柱产业和优势产业。四是支持“五优一新”产业集群集聚发展。安排“五优一新”产业发展专项资金5000万元，对新能源、新材料、装备制造、生物医药、特色农产品加工和高新技术产业等进行扶持，促进产业集聚发展，增强产业比较优势。五是加快改造传统产业。制定《轻纺工业发展专项资金管理暂行办法》，下达轻纺工业发展资金1230万元，重点支持企业技术研发、市场开拓、品牌建设等，加快产业升级和技术进步。出台《煤矿瓦斯治理和安全技术改造专项资金使用管理办法》，下达专项资金480万元，支持安全技术改造，推进煤矿瓦斯治理。六是大力发展新兴产业。拨付软件产业发展专项资金500万元，助推软件等战略新兴产业崛起。下达资金3000万元，支持高新技术企业发展。

2011年，全区工业支出25亿元，比上年增长15.2%。加快“五大十特”工业园区基础设施建设，推进“五优一新”产业集聚发展，支持战略主导产业技术改造和光电、光伏材料、风电规模化应用，新兴产业活力加速释放。拨付工业化专项资金1.97亿元，支持93家企业实施技术改造。

2012年，推进新型工业化进程。一是促进特色优势产业加快发展。切块下达“五优一新”产业集群发展专项资金5000万元，支持“五优一新”产业集聚发展，提升产业综合竞争力。拨付羊绒、轻纺等发展专项资金6510万元，支持企业技术改造，建设公共服务平台。拨付装备制造业发展专项资金5600万元，引导装备制造业企业加大重大关键共性技术投入力度，提升协作配套能力。切块下达地方特色中小企业发展专项资金6901万元，鼓励产业特色鲜明、比较优势突出的特色中小企业加快发展，促进特色优势产业做大做强。二是助推新兴产业发展壮大。安排高新技术产业基地战略性新兴产业发展资金3000万元，支持15家龙头骨干企业实施关键技术攻关和成果转化，努力将高新技术产业基地打造成发展战略性新兴产业、培育经济持续发展动力的重要载体。下达软件产业发展专项资金1000万元，重点支持软件企业产品开发、技术攻关，助力软件产业发展。三是支持园区基础设施建设。下达工业园区建设资金3000万元，对32个重点工业园区基础设施建设给予支持，提升工业园区服务中小企业的能力和水平。拨付慈善工业园区建设资金3000万元，集中财力对六大慈善园区基础设施建设给予支持，推进“黄河善谷”建设进度。下达固原盐化工循环经济扶贫示范区基础设施建设资金4000万元，支持示范区加快建设步伐。注入宁夏生态纺织投资控股有限公司股本金5000万元，拨付示范园区筹备处工作经费1000万元，支持生态纺织产业示范园区建设。

2013年，支持全区重点工业企业技改，扶持“五优一新”、羊绒等特色优势产业做优做强。安排 4.2 亿元，支持宁东基地、慈善园区、固原盐化工示范区、生态纺织园区建设，主动调度市县财政间隙资金扶持实体经济。支持重大科技成果转化和14家落后产能企业改造升级，集中培育12家高新技术企业发展壮大。发挥财政资金撬动效应，支持担保体系建设，优化金融环境，鼓励发行区域集优债券，提升中小微企业融资能力。

是年，拨付中小企业担保体系建设资金30000万元，用于增强龙头担保机构资本实力，充分发挥担保机构缓解中小企业融资难问题的积极作用；拨付中小企业信用担保资金730万元，扩大担保机构融资担保服务供给能力，改善中小、小微企业融资环境；拨付创业园区建设资金3000万元，对创业园区基础设施建设和公用服务设施建设给予扶持，优化小微企业创业环境。

2014年，统筹安排资金5.9 亿元，扶持生态纺织、羊绒等产业做大做强。下达资金2.6亿元，建立科技后补助机制，促进支持科技成果转化，提升企业创新能力。支持新能源装备制造项目建设，推广可再生能源应用试点示范。下达5000万元增链补链专项资金和6500万元优化产业结构专项资金，支持企业调整产业结构，提升产业综合竞争力。下达3500万元企业工艺、技术、装备改造专项资金，引导装备制造业企业加大重大关键共性技术投入力度，提升协作配套能力，支持自治区经济转型和结构升级。下达保增长奖励资金5290万元，对全区工业增长贡献较大的企业，主营业务收入同比增长11%及以上且新增量在5000万元及以上的规模以上工业企业、新入规企业进行奖励。

2015年，在工业支出方面，一是支持新型工业化发展，促进工业经济转型升级和结构调整。下拨6000万元专项资金，支持7个市县慈善园区建设，培育园区骨干企业发展壮大，引导园区集约发展。下拨1.02亿元工业园区建设资金，支持灵武生态纺织园及宁夏生态纺织示范园等工业园区建设,培育生产纺织产业发展壮大,产业做大做强。下达2.68亿元新型工业化和节能减排专项资金。全年共拨付保费补贴资金8424万元,对担保机构给中小企业尤其是小微企业提供担保进行补贴。二是推动大众创业、万众创新。助力石嘴山市获得全国首批15个"双创示范"城市之一,获得国家6亿元资金支持。三是加大创新力度,探索财政支持企业发展新模式。整合专项资金10亿元,设立自治区政府产业引导基金,计划到2017年,基金总规模达到104亿元,其中政府出资30亿元,计划撬动社会资本74亿元。四是加大科技投入,促进科技与经济紧密结合。对156个项目给予企业科技创新后补助15047万元,其中自治区本级财政拨付7956万元,市县承担7091万元。安排专项资金3838万元,对自治区级企业技术中心、重点实验室、工程技术研究中心创新平台建设予以补助,增强各类创新平台的基础条件建设能力。安排高新技术产业基地战略性新兴产业发展资金2000万元,采取事前和事后方式,对涉及先进装备制造、信息技术、环保、生物技术、新材料等领域8个事前和7个事后产业化项目予以扶持。设立国家级高新区公共服务体系建设专项,通过评审论证,安排灵武、石嘴山两个高新区6个公共服务平台项目和10个中小企业技术创新项目资金1000万元,推动银川和石嘴山市高新区公共服务功能,优化企业发展环境。累计安排2000万元,对科技型中小微企业科技成果转化项目予以贷款贴息和科技贷款风险补偿基金,全区风险池资金规模达3800万元。安排预算3900万元,继续支持中部干旱带旱作节水农业试点、科技支撑计划、对外科技合作交流、自然科学基金等项目。

2016年,统筹安排资金5.9亿元,继续扶持生态纺织、羊绒等产业做大做强。下拨6000万元慈善园区建设专项和6000万元工业园区低成本化改造资金。一是转变工业企业支持方式,增加资金供给能力。为逐步改变以前给企业直接补贴的财政补助方式,自治区财政联合经信委创新财政支持工业企业方式,变直补为撬动,设立2亿元专项担保基金。由自治区2家国有担保机构宁夏担保集团和西部(银川)担保有限公司放大10倍为工业企业提供专项融资担保。同时,对提供融资担保的工业企业不收取担保费用,担保费用由担保基金全额承担。全年共为企业担保贷款19亿元,在解决工业企业融资困境的同时,进一步减轻了企业负担。制定自治区工业企业结构调整专项奖补资金细则,完善自治区化解产能过剩配套政策,争取中央专项资金7601万元,筹措地方资金3898.5万元,完成2016年度煤炭行业化解产能107万吨/年任务。二是试点园区低成本化改造,推动园区发展。下拨6000万元慈善园区建设专项和6000万元工业园区低成本化改造资金,推进工业园区降成本增效益,提升慈善园区和工业园区产业配套水平。筹措6000万元效能考核奖补资金,推进工业园区快速发展。

2017年,向区属国有企业集团增资20亿元,提升国有企业发展竞争力。在国有企业改革方面:一是安排专项资金3.45亿元,支持区属国有企业职工家属区"三供一业"分离移交工作;二是为区属国有集团公司增加注册资本金6亿元,增强国企发展实力;三是牵头完成宁夏机场政府投资股权确认工作,由宁夏交通投资集团代持政府股权,间接增加交通投资集团资产13亿元;四是统筹安排国有资本经营项目支出预算3621万元,支持自治区战略主导产业、新兴产业和特色优势产业的发展壮大。在支持中小企业发展方面：一是设立1亿元中小微企业转贷基金，同时合作银行承诺2亿元授信额度作为补充，为中小微企业提供日费率不高于0.4‰的过桥贷资金支持，缓解企业偿债压力和金融机构信贷风险；二是设立8000万元担保体系建设专项，通过向政府性担保机构注入资本金和向担保机构为中小企业提供担保业务按2%比例给予补贴的方式，鼓励担保机构向中小企业特别是小微企业提供融资担保服务，促进融资性担保行业健康发展；三是扩大融资担保风险补偿金规模，由上一年度3000万元增至6000万元，加快推进政府、银行、担保合作模式，建立“5221”多层次损失风险分担机制；五是安排专项资金1亿元，支持中小企业创新发展，启动创业创新企业示范，为双创示范、专精特新、创业孵化示范基地、中小企业服务平台、非公有制经济领军人才培训等推进中小企业发展的项目给予支持；六是安排专项资金3亿元，将自治区政府产业引导基金规模增至23亿元，吸引更多社会资本投资实体经济，为企业股权融资提供持续性资金来源。

2018年，自治区财政安排企业创新驱动战略资金29.58 亿元，比上年增加8.48亿元，增长40%。解决民营企业融资难题，安排5亿元重点技术改造项目资金，其中3亿元采用贴息方式下达，2亿元综合奖补资金采用因素竞争法分配至市县，由市县统筹安排。对86个重点技术改造项目贴息2.44亿元。安排专项资金2亿元，对企业直接融资给予补贴。对成功发行债券融资的民营企业，按发债额度给予2%的贴息。设立总规模为10亿元的工业企业贷款风险补偿金。对5亿元民营企业债券融资补贴资金1050万元。安排资金7120万元，支持双创载体建设，比上年增长50%。其中，安排自治区双创示范基地奖励资金2000万元，对认定为自治区级的双创示范基地4家单位每家给予500万元奖励；安排企业双创示范项目资金4000万元，用于支持企业“双创”平台建设项目；安排1120万元，对自治区科技9个企业孵化器、37个众创空间予以奖励。

是年，推进国有企业改革，全年共计安排5亿元，分别向宁夏国有资本运营集团注资2亿元、宁夏交通投资集团8000万元、宁夏旅游投资集团3000万元、宁夏电力投资集团5000万元，以及宁夏国有资产投资控股集团3000万元，壮大区属国有企业实力，助力国有企业改革发展。

二、交通运输支出

在财政统计中，2007年交通运输支出单列。1991—2006年的交通支出融入“工业交通等部门的事业费”中。

2008年，投入7亿元资金，支持农村公路及客运站建设，新建、改建农村公路900余千米，建设农村客运站25个，建设农村客运招呼站80个。自治区财政从车辆购置税中安排1.85亿元，下达中央国债资金1.2亿元，用于支持农村公路和客运站建设。全区村通客车率达到93.8%，超出年初计划0.8个百分点。筹集资金资助宁夏山区8个县1个区发展500辆小客车，结合各地实际及时下达500辆小客车的分配计划。筹措专项资金500万元，对资助发展的客车每车给予补贴购车资金1万元，确保500辆小型客车投入运营。

2009年，落实公交优先战略，坚持提升公共交通普遍化服务原则，下达城市公交补贴4037万元、农村道路客运补贴713万元、城市出租车补贴 2265万元、水路客运补贴20万元，推进城市公交及城乡客运一体化建设。

2010年，安排中央车辆购置税转移支付资金2.2亿元，用于支持农村公路和客运站建设，新建、改建农村公路677.5千米，改造农村公路危桥61座，建成25个农村客运站，建设农村客运招呼站240个。

2011年，拨付航空运输发展专项资金7300万元，支持航空运输发展，银川河东机场新开迪拜、福州等12个通航点和14条航线，旅客吞吐量2011年350万人次。中卫、固原机场航线稳定运营，实现宁夏"走出去，引进来"对外开放战略延伸。安排资金3.71 亿元，支持农村公路通达通畅工程、村通沥青（水泥）路和客运站建设，新建、改建农村公路 2686 千米，15个市县、区的17个村通沥青（水泥）路206.4千米；改造农村公路危桥33座，新建农村客运站3个，建设农村客运招呼站240个，并超计划完成120处安保工程。

2012年，安排地方债券资金2亿元，支持银川河东机场三期扩建。下达航空运输发展专项资金1亿元，用于区内"一干两支"机场航线补贴，稳定航线运行，提高基础设施保障能力。整合资金3.4亿元，支持银川市开通 BRT（快速公交系统），推进石嘴山市、吴忠市、中卫市和固原市城市公交建设，开展西吉县城乡客运一体化试点工作，解决群众出行难、山区群众出行不安全问题。拨付成品油税费改革转移支付资金11.18亿元、通行费30.83亿元，支持公路新建、改扩建、公路还贷。安排资金18.76亿元，推进13个国道、省道重点公路路段，19个国道、省道灾后重建以及35条县乡农村公路建设。全年共新改建农村公路2184千米，建成村招呼站242个。实施安全保障工程111处，改造危桥19座，分别完成下达目标的109%、110%、158%和157%。

2013年，拨付交通运输资金60亿元，支持青兰高速公路东山坡至毛家沟（宁甘界）段、盐池至红井段公路等高速公路、西吉至毛家沟公路、彭阳至青石嘴等国道、省道干道及农村公路的新、改、扩建，新改建农村公路2200千米；实施交通安全保障工程14处，改造危桥14座，建设4个县乡级客运站、400个村招呼站；开通高速公路不停车电子收费站22个。统筹资金6亿元，加快银川河东机场三期扩建。下达航空运输发展专项资金1.25亿元，支持开通银川至迪拜航线和银川至台北、香港航线，推进国际国内航线稳定运行。拨付 2683万元，支持中卫、固原支线机场正常运营和持续协调发展。同时，会同西部机场集团宁夏机场公司做好2013年度机场建设费建设项目申报工作，共计申报银川河东机场地面服务业务用房、绿化设施改造、中卫沙坡头机场设备购置等28个子项目，总投资6825万元。

2014年，拨付资金69亿元，用于重大交通建设项目。争取中央财政支持，安排青兰高速公路东山坡至毛家沟段、银川公交都市等重点项目及农村公路路网建设及改造等交通专项资金35.35亿元，比上年增加16.6亿元，增长88.4%。安排地方政府债券资金2亿元，推进银川至西安铁路、甘塘至武威南铁路增建二线工程前期工作。全额拨付年度建设资金7.43亿元，支持改善全区农村公路交通条件。安排地方政府债券资金1.3亿元，推进银川河东国际机场三期扩建及场外工程建设。拨付资金1.5亿元，对区内机场新开航线航点实施补贴。推进固原市城乡客运一体化发展，投入资金1亿元，支持推进固原市构建市、县、乡三级城市客运网络体系。

2015年，推进自治区“三环八射九联”路网建设，提高农村公路通达通畅水平，构建贯通东西、连接南北的综合交通运输体系，为群众营造方便的出行条件。拨付交通专项资金98.6亿元（其中中央财政资金48.6亿元，比上年增长39%），支持青兰高速公路东山坡至毛家沟（宁甘界）段、宁东石槽村至红柳沟（宁陕界）段公路、黄河大桥等交通运输重点项目建设，提升通达能力；新建、改建农村公路1000千米，实施安保及灾害防治工程6处，新建农村客运招呼站150个，进一步改善农村交通条件。支持航空运输发展，拨付资金1.6亿元，支持银川河东国际机场、中卫沙坡头机场、固原机场新开航线航点补贴。

2016年，下达资金10亿元，统筹推进自治区铁路建设。下达资金2亿元，用于银川河东国际机场、中卫沙坡头机场、固原机场新开国际国内航线航点补贴。拨付交通专项资金39亿元，支持京藏高速石嘴山至中宁段、青银高速银川至宁东段扩容改造、国道109线桃山口至郝家集段、省道303线盐池双井子梁至灵武白土岗段公路、银川兵沟黄河大桥等交通运输重点项目建设。拨付资金1亿元，支持石嘴山市、固原市及所属县区、盐池县推进城市公交及城乡客运一体化建设。根据《宁夏回族自治区农村（水路）客运出租车等行业油价补贴资金管理暂行办法》，拨付出租车、农村客运等行业补贴资金1.57亿元。

2017年，下达铁路建设资金10亿元，推进银川至西安高铁、石嘴山至固原城际铁路（吴忠至中卫段）、中卫至兰州铁路（宁夏段）等项目进程。拨付资金8.9亿元，推进银川国家航空港综合交通枢纽、区内运输机场新开客货运航点航线及新增驻场运力。安排资金51.3亿元，加快青银高速、京藏高速改扩建、叶盛黄河公路大桥等重大项目建设。安排全区各市县城市公交车、出租车、农村客运等行业油价补贴资金1.8亿元，促进公共交通健康发展。牵头完成宁夏机场政府投资股权确认工作，由宁夏交通投资集团代持政府股权，间接增加宁夏交通投资集团资产13亿元。

2018 年，首次发行土地、交通专项债券13亿元，支持银西高铁、城际铁路、银百和京藏高速公路改扩建等重大项目建设。争取包银高铁建设债券资金36亿元，确保包银高铁宁夏段顺利开工。下达铁路建设资金46 亿元，促进银川至西安高铁、石嘴山至固原城际铁路（吴忠至中卫段）等项目顺利推进。筹措资金38亿元，加快银百高速公路、京藏高速改扩建、石嘴山红崖子黄河公路大桥等重大项目建设。拨付资金3亿元，推进区内运输机场新开客货运航点航线及新增驻场运力，完善银川河东国际机场干线网络，促进中卫沙坡头、固原六盘山支线航空航线稳定运营。采取切块下达方式，安排全区各市县城市公交车、出租车、农村客运等行业油价补贴资金1.55亿元，促进公共交通正常运营和健康发展。

第四节　其他经济建设支出

其他经济建设支出，主要是指除基本建设支出、农林水事务支出、工业交通运输业支出等重点经济建设支出外，包括企业挖潜改造资金支出（1991—2006年）、简易建筑费支出

（1991—1998年）、流动资金支出（1991—2000年）、地质勘探费支出（1991—1997年）、支援不发达地区支出（1991—2006年）、粮油物资储备事务支出（2009—2018年）、资源勘探信息支出（2010—2018年）、国土海洋气象支出（2010—2018年）等2007年财政科目发生变化前、后停止支出的项目，或不再单列、新单列的项目。在1991—2018年宁夏财政年鉴中，其他经济建设支出主要以统计数据出现。

一、企业挖潜改造资金支出

企业挖潜改造资金，是国家预算拨款和企业上缴的基本折旧基金用于企业挖潜、革新和技术改造的专项资金。2007年财政科目发生变化后，企业挖潜改造资金（企业技术改造支出）不再单列。

1991年，企业挖潜改造资金为6969万元，1995年为7021万元，1993年为19627万元，达到“九五”计划时期的最高值。1996年，企业挖潜改造资金为15355万元，2000年为32790万元，“十五”计划时期企业挖潜改造资金增速较快。2001年，企业挖潜改造资金51947万元，达到“十一五”规划时期的最高值。2006年，企业挖潜改造资金40952万元。

二、简易建筑费支出

简易建筑费是基层供销合作社用于修建简易或临时性建筑设施的经费。该项费用的使用范围是因经营业务需要而修建的造价低、面积小、结构简单的仓库、货棚、果菜窖（洞）、畜禽圈棚、烘房、蒸房、晒场、水泥地面、围墙、水渠、水池、水井、警卫房、茶炉房、厕所等。基层供销合作社在工程竣工后，将所支出的修建费一次性或分期摊销商品流通费中的“简易建筑费”子目内。1973年新增简易建筑费用类。1999年后不再列支简易建筑费。

1991—1998年，宁夏简易建筑费总支出为3024万元，年均支出378万元。

三、流动资金支出

流动资金是指企业流动资金情况。企业流动资金按其所处的领域分为生产领域的流动资金和流通领域的流动资金。前者又可分为储备资金与生产资金，后者又可分为货币资金与商品资金。流动资金在生产资金中占有很大比重，在纺织工业、机械工业、食品工业中要占三分之二以上。

从1983年7月1日开始，国营企业流动资金全部交由人民银行统一管理。企业需要增加流动资金，由银行按信贷政策供应，财政不再增拨。地方和部门用自筹资金新建工厂，在安排基本建设投资的同时，所需自有流动资金，统由财政核拨。2001年后流动资金不再列支。

1991—2000年，宁夏企业流动资金支出总计为9744万元。

四、地质勘探费支出

地质勘探费是指地质勘探单位经过批准纳入国家计划的地质勘探工作所需的费用。主要包括各种地质勘探的钻探、工程建筑、化验分析、地形测量及其他工作费用、工资及津贴、职工福利费、劳动保护费、外部施工费、修理费、运输费和管理费等拨款。

1991—1997年，宁夏地质勘探费支出除1995年为57万元外，其他年份均为50万元。1998

年为100万元，1999年跃至1045万元，是上年的10.45倍。2000年为5577万元，是上年的5.34倍。至2006年达到14941万元。

2007年财政支出科目发生变化后，地质勘探费不再单列。

五、支援不发达地区支出

1980年，为了扶持经济不发达地区加快生产建设步伐，逐步改变经济落后面貌，避免地区间经济发展悬殊，国务院决定设立“支援不发达地区发展资金”。宁夏是中央列入支持的16个重点省区之一。1980年开始，中央每年分配宁夏1800万元，主要用于发展农业、林业、牧业、渔业、农村副业生产和农村水利、电力等方面的建设。1983年，财政部印发《支援不发达地区发展资金管理办法》，随着1986年、1997年、1999年等年份对《支援不发达地区发展资金管理办法》的修订，中央分配宁夏的“支援不发达地区发展资金”也在增加。

1991—1995年，宁夏支援不发达地区总支出为8707万元。1996年为9417万元，1997年超过两亿元，为2.29亿元。2006年达到4.4亿元。2007年，财政科目发生变化后，支援不发达地区支出不再单列。

六、粮油物资储备事务支出

财政统计中，粮油物资储备支出始于2009年。粮油物资储备支出包括粮油事务支出、物资事务支出、能源储备支出、粮油储备支出、重要商品储备支出等。2009—2018年，宁夏粮油物资储备支出总计42.16亿元，年均支出42160万元。

七、资源勘探信息等支出

资源勘探信息等事务支出包括资源勘探业、制造业、建筑业、工业和信息产业监管、安全生产监管、国有资产监管、支持中小企业发展和管理以及其他资源勘探信息等方面的支出。2010年，资源勘探信息等事务支出单列。2010—2018年，宁夏资源勘探信息等事务总支出为2719039万元，年均支出302115.44万元。

八、国土海洋气象等支出

国土海洋气象等支出是反映政府用于国土资源、海洋、测绘、地震、气象等公益服务事业方面的支出。2010年，国土海洋气象等支出单列。2010—2018年，宁夏国土海洋气象等支出总计806737万元，年均支出726.06万元。

第六章　基金支出

基金预算支出，指财政预算部门主要用于政府性基金预算收入安排的支出，包括工业交通部门基金支出、农业部门基金支出、商贸部门基金支出、文教部门基金支出、社会保障基金支出、其他部门基金支出和地方财政税费附加支出等。

宁夏基金预算收入较少，根据“量入而出”的原则，主要安排政府性基金支出和社会保险基金支出。政府性基金支出主要用于工业、农业等部门，尤其是农业水利部门和工业先进制造业等部门。在社保基金支出方面：1995年，自治区出台《宁夏行政事业单位职工医疗保险试行办法》等，在银川、青铜峡两市行政事业单位开展职工医疗保险试点。1998年，宁夏制定《贯彻〈国务院关于建立统一的企业职工基本养老保险制度的决定〉的实施意见》，在全区范围内施行企业职工养老保险制度改革。2001年，全面构建失业保险、养老保险和医疗保险社会保障体系。2014年，在进一步推动城镇居民基本医疗保险改革、农村居民养老保险改革的基础上，加快推进全社会保险制度改革。

第一节　政府性基金支出

根据《财政部关于印发〈2001年政府预算收支科目〉的通知》（财预〔2000〕129号）的规定，基金预算支出主要包括工业交通部门基金支出、商贸部门基金支出、文教部门基金支出、社会保障基金支出、农业部门基金支出、土地有偿使用支出、政府住房基金支出、其他部门基金支出等。在财政统计中，政府性基金支出始于1997年。

2010年，制定《宁夏回族自治区重大水利工程建设基金征收使用管理暂行办法》，征收基金1.2亿元用于水利建设。

2011年，下发《宁夏回族自治区水利建设基金筹集和使用管理办法》（宁政发〔2011〕116号）。加强对水利建设基金等政府基金的支出与管理。

2017年，增加工业担保基金规模至3亿元，为工业转型升级重点项目贷款提供免费融资担保，撬动银行贷款30亿元。

2018年，出资2亿元，撬动社会资本2亿元，申请科技部参股1亿元，设立规模5亿元宁夏信业科技成果转化投资基金，为自治区科研院所和科技型企业科技成果向生产力转化提供融资支持。批复2.2亿元农业直投基金，政府产业引导基金完成对小任果业、小鸣农牧和九三零农牧等3个农业项目股权直投，投资总额1亿元。政府产业引导基金完成中国自动化（吴忠仪表）相关产业项目5 亿元股权投资，为自治区先进制造业发展助力。

表3–1　1997—2006年宁夏回族自治区政府性基金支出决算情况表

单位：万元

科目	1997年	1998 年	1999 年	2000 年	2001 年	2002 年	2003 年	2004 年	2005 年	2006 年
	决算数									
工业交通部门基金支出	24154	1102	24408	25120	26828	25146	33183	42973	55233	63417
商贸部门基金支出			377	1408	4378	4909	3141	2770	3908	5949
文教科部门基金支出	5538	3185	2617	1794	1351	1377	863	1336	1023	1736
社会保障基金支出		471	429							
农业部门基金支出	119	1898	2774	5447	3263	7625	2147	5994	11325	12167
土地有偿使用支出				7499	10142	17435	47039	59035	88110	102662
政府住房基金支出						108				
其他部门基金支出	1620		12	95	105	176	39	1239	1305	2189
地方财政税费附加支出	10283	9997	10728	9766	8496	9105	17199	14459	21232	24855
其他				66						145
当年基金支出合计	41759	16653	41345	51195	54563	65881	103611	127756	182136	213120
调出资金				635	1054	1551	796	1774	2633	2100
年终滚存结余	10404	5920	13332	18780	25752	31418	32333	49863		96264
基金支出总计	52163	22573	54677	70610	81369	98850	136740	179423	241223	311484

说明：1998年为市县汇总数

表3–2　2007—2018年宁夏回族自治区政府性基金支出决算情况表

单位：万元

科目	2007年	2008年	2009年	2010年	2011年	2012年	2013年	2014年	2015年	2016年	2017年	2018年
	决算数											
一般公共服务		17024	25667									
教育	11581	8438	5103	3499	27292	39764	39052	54061				
文化体育与传媒	1269	1858	1244	1857	1857	2082	5079	2361	723	976	830	2328
社会保障和就业	3795	2735	3467	11709	11255	13272	15050	15354	7366	17738	11675	9911

续表 3-2

科目	2007年	2008年	2009年	2010年	2011年	2012年	2013年	2014年	2015年	2016年	2017年	2018年
	决算数											
节能环保						30104	138418					
城乡社区事务	341052	441532	696659	1113091	1597287	1409497	1551932	1662989	1188892	969097	759286	1194080
农林水事务	26243	34950	43324	23108	76623	66950	76719	101880	173	24160	2027	14125
交通运输	73219	90784	44198	247410	317097	311733	340744	285238	319017	311413	298232	302052
资源勘探电力信息等事务			1899	2028	2848	22369	12264	20647	11399	10340	3275	
粮油物资储备管理等事务			2172	1998	1522							
商业服务业等事务						1800	1400	800	3705	3620	5478	9955
工业商业金融等事务	8302	7565										
其他支出	1375	1859	1010	25667	22923	46134	46142	57781	209086	132799	129811	476858
债务付息支出										32512	54068	77396
债务发行费用支出										1026	350	1154
当年支出合计	466836	606925	824743	1430367	2058704	1943705	2226800	2201111	1753822	1503681	1265032	2087859
上解上级支出						9000	10100	10500				
债务还本支出									572139	837427	497942	214861
调出资金	3500	2000	5427			53012	35296	17176	418349	163845	168985	67878
待偿债置换专项债券结余										54372	242	1171
年终结余	122063	196280	250843	553072	615771	712688	756608	700781	402190	263532	125314	132826
其中：本级	75425	120944	171504	237955	310208	463286	440276	390755	251545			
基金支出总计	592399	805205	1081013	1983439	2674475	2718405	3028804	2929568	3146500	2822857	2057515	2504595

第二节　社会保险基金支出

社会保险基金是社会保障基金中最重要的组成部分，分为养老保险基金、失业保险基金、医疗保险基金、工伤保险基金和生育保险基金等，其中养老保险基金数额最大，在整个社会保险制度中占有重要地位。在宁夏财政统计中，社会保险基金统计始于2010年，社会保险基金各项目详细支出统计始于2016年。

1995年，自治区出台《关于职工医疗制度改革的试点意见》《宁夏行政事业单位职工医疗保险试行办法》，明确职工医疗保险由用人单位和个人共同缴纳，用人单位缴纳的保险费为上年度本单位实发工资总额（含离退休费）的5%～10%，个人缴纳的费用为本人工资的1%～2%，实行社会统筹医疗基金与职工个人医疗账户相结合，医疗保险费由单位和个人共同负担的管理办法。是年，在银川、青铜峡两市行政事业单位开展职工医疗保险试点。

1996年，宁夏全区社会保障支出3.2亿元，比1990年增加1.9亿元，平均每年递增16.2%，高于同期财政收入3.7个百分点，占同期财政收入的19.7%。养老保险失业保险覆盖面进一步扩大，社会化程度逐步提高。是年，全区参加社会统筹的职工人数29.2万人。经银川、青铜峡两市试点，将全区行政事业单位实施多年的公费医疗制度改为职工基本医疗保险制度。

1998年，企业职工基本养老保险覆盖面进一步扩大，参加统筹的职工由前两年的29万人增加到41万人。失业、工伤、生育保险等保障制度改革取得新的进展。根据国务院相关文件，自治区财政厅会同劳动人事厅等部门制定宁夏《贯彻〈国务院关于建立统一的企业职工基本养老保险制度的决定〉的实施意见》，在全区范围内施行，完成宁夏企业职工养老保险制度改革方案与全国方案的并轨。

2000年，财政支持将国有企业下岗职工基本生活保障、失业保险和城镇居民最低生活保障“三条保障线”转化为失业保障和城镇居民最低生活保障“两条保障线”，并探索新征管模式，提高社会保险费征缴率，扩大社会保险覆盖面。是年，征缴养老保险金6.61亿元，征缴率为88%，清欠0.94亿元，总计比上年多收0.6亿元；征缴失业保险金2.81亿元，征缴率为80%，清欠807万元，比上年增加3倍；筹集下岗职工基本生活保障金1.3亿元，保障下岗职工4万人，并对困难企业兜底，促进企业深化改革。全区全年为离退休人员发放养老金8.4亿元，社会化发放人数达12.54万人，发放率达92%。

是年，进一步推进职工基本医疗保险制度改革。5月，自治区财政厅印发《关于加强职工基本医疗保险财务管理工作的通知》，对原财政负担享受公费医疗单位职工基本医疗保险作出具体规定。一是各级国家公务员和依照公务员序列管理的人员，由国家预算开支工资的，按编制人数核定单位应缴纳的基本医疗保险费，超编人员不予核定，缴费由同级财政在预算中安排，按实有人数核拨。二是原享受公费医疗的事业单位职工的基本医疗保险缴费规定：1. 享受财政补助的国家医疗机构，单位应缴纳的基本医疗保险费，各市县视医院收入情况核定补助，经费在同级财政预算中安排；2. 属于基础教育的中小学校编制内教职工的医疗缴费，由同级财政按医改方案在预算中安排；3. 属于财政补贴的非基础教育院校编制内教职工医疗保险费的缴纳，视单位业务收入情况由同级财政在预算中按应缴费的30%～70%核定补助；4. 企业职工的基本医疗保险缴费由企业按原渠道解决大学生的医疗费仍按现行规定执行；5. 医疗保险经办机构业务工作所需经费由同级财政部门在预算中安排；6. 行政事业单位离休人员和老红军的医疗费管理办法由市县确定。

2001年，构建失业保险、养老保险和医疗保险社会保障体系。自治区本级与银川市、石嘴山市、惠农县等12个市县启动基本医疗保险制度改革，当年参保职工28万人，参保率达到41%。

2002年，按照中央文件精神，自治区财政厅联合相关部门下发《宁夏回族自治区离休干部医疗保障机制实施办法》的补充办法，建立全区离休干部健康档案。确定2002年离休干部每人全年医疗费统筹标准为8000元，行政、全额单位财政100%补助，差额单位财政负担60%、单位负担40%的政策。全年财政实际支出离休干部医疗费2443.8万元。是年，自治区财政共拨付9800万元用于弥补部门和市县历年拖欠的医疗经费。在自治区财政支持下，全区22个市县中有16个市县启动医疗保险制度，对启动医疗保险制度的市县补助启动经费20万元，用于微机联网、软件开发等。

2005年，做好“两个确保”和“低保”工作。确保企业离退休人员养老金按时足额发放，确保国有企业下岗职工基本生活费按时足额发放，保证城市居民最低生活保障金按时足额发放。同时，进一步做好国有企业下岗职工基本生活保障向失业保险并轨工作。自2000年财政支持将国有企业下岗职工基本生活保障与失业保险并轨后，至2007年，基本解决下岗职工基本生活保障向失业保险并轨问题。期间，支付下岗职工基本生活保障金是财政支出的重要组成部分。

2007年，在银川市、石嘴山市、中卫市开展城镇居民基本医疗保险试点工作，各级政府对参保居民补助标准不低于每人每年40元。连续第三年实施企业退休职工基本养老金提标政策，按照人均月增加120元的标准，全区职工养老金月人均水平达到100元，企业退休职工养老金人均月发放标准884元增加到998元。

2008年，扩大城镇居民基本医疗保险试点，提高财政补助标准，不低于80元/人，其中中央财政补助标准提高到40元/人。自治区财政按照不同的补助比例，分别对宁夏川区和宁夏山区市县给予补助。

2009年，自治区财政拨付“新农合”中央补助和自治区补助资金27169.9万元。通过启动城镇居民基本医疗保险试点，不断探索、以点带面，实现了全区城镇居民基本医疗保险制度全覆盖。拨付城镇居民基本医疗保险中央补助资金2860万元，自治区财政补助资金3689万元（包括2008年、2009年城镇居民大额医疗保险补助资金1744万元）。继续支持城镇职工、农民和城镇居民的医疗保险工作，扩大支付范围，提高报销标准，“新农合”参保率达到 94.5%，居民医保参保率达到 98.5%，公共医保政策基本实现全覆盖。城乡居民基本医疗保险补助标准提高到每人每年372元，住院报销比例提高至66%，门诊报销比例提高至63%。

是年，为推动农村养老保险试点工作，自治区财政预算安排专项资金1000万元。截至年底，有18万名农民参保，6万名左右60岁以上农民按时领取基础养老金，自治区拨付中央和地方财政补助资金1427万元。

2010年，根据人力资源和社会保障部、财政部有关精神，从1月1日起，继续调增宁夏企业退休人员基本养老金，每人每月调增120元。是年，自治区本级共拨付企业离退休人员养老金20多亿元，保证了离退休人员按月及时足额领取养老金。同时，支持扩大农村社会养老保险试点范围，覆盖面达到全区60%的县、市（区）。自治区财政筹措新农保试点资金12483万元，其中预算安排新农保试点经费5500万元，中央补助专项6983万元。宁夏山区8个县（区）纳入国家新农保试点范围。自治区通过国家、自治区、地级市三级新农保试点，所辖22个县（区）统一实现新农保制度全覆盖。这比国家提出的全国覆盖远景奋斗目标提前了整10年。

是年，提高新型农村合作医疗和城镇居民基本医疗保险筹资标准和补助水平，将各级财政补助标准从每人每年120元提高到200元。为保证此项工作顺利推进，自治区财政拨付新型农村合作医疗补助资金68903万元，其中自治区财政补助资金23000万元，中央财政补助资金45903万元；拨付城镇居民基本医疗保险补助资金16824万元，其中自治区财政补助5700万元，中央财政补助11124万元。

2011年，为了继续推进新型农村社会养老保险试点，自治区财政拨付新型农村社会养老保险补助资金25520万元，其中中央财政补助资金18192万元，自治区财政补助资金7328万元。8月，自治区人民政府下发《关于统筹城乡居民社会养老保险试点的实施意见》（宁政发〔2011〕108号），将新型农村社会养老保险与城镇居民社会养老保险制度统一、合并实施。调增企业退休人员基本养老保险金。经人力资源和社会保障部、财政部批复，自治区人民政府批准，宁夏于2011年1月1日起，调整企业退休人员基本养老金：每人每月平均调增基本养老金120元，并在普调基础上，对具有副高级以上职称的企业退休科技人员、1953年年底以前参加工作的退休人员、原工商业者、养老金偏低的企业退休军转业干部等特殊群体予以适当倾斜。据有关部门统计，2011年企业退休人员基本养老金人均调增180多元。社保“一卡通”于9月先行在石嘴山市运行，年底总计发行“一卡通”110万张。

2012年，社会保障支出完成101.5亿元，比上年增长13%。连续8年调增企业退休人员养老金。企业退休人员每人每月基本养老金平均提高160元，人均每月达到1785元，比2008年增长54%。城乡居民基础养老金由每月人均55元提高到70元。城乡居民医疗保险财政补贴由80元提高到300元。在全国率先合并实施新农保和城镇居民社会养老保险。全面推行“社保一卡通”，安排“一卡通”卡发行经费500万元。

是年，城乡居民基本医疗保险财政补助标准由每人每年200元提高到每人每年300元，全年自治区财政统筹安排城乡居民基本医疗保险财政补助资金118821万元。全区城乡基本医疗保险参保率达到95%。

2013年，进一步提高企业退休人员基本养老金、城乡居民社会养老保险、基础养老金和基本医疗保险财政补助标准。调整后，自治区企业退休人员月人均养老金水平达1971元，比2012年提高186元，较上年增长10.4%。在巩固全区城乡居民社会养老保险统筹实施基础上，自治区财政每人每月增加15元，加上国家补助，城乡居民基础养老金调增至每人每月85元，全年财政统筹安排城乡居民社会养老保险补助资金4亿元。

截至2013年年底，城乡居民基本医疗保险参保率达95%以上。城镇职工基本医疗保险用人单位缴费比例提高到8%，城乡居民基本医疗保险政府补助标准提高到每人每年340元。7月起，针对城乡居民基本医保参保人员在石嘴山市、固原市开展城乡居民大病保险制度试点，大病保险起付额(6000元)以上合规医疗费用报销不低于50%，最高达70%。是年，自治区财政统筹安排资金14.4亿元，提高城镇职工基本医疗保险以及大病保险等。大病保险制度2014年在全区全面推开。

2014年，加快推进社会保险制度改革。一是加大社会保险投入力度。截至年底，争取中央企业职工基本养老保险基金20.4万元，下拨城乡居民基本养老保险补助资金4.8万元，下拨城乡居民基本医疗保险补助资金6.5万元。二是完善社会保险政策。实现城乡居民大病保险制度全覆盖，受益人群达到462万人，20种大病保险比例再提高，在大病保险分段支付比例基础上提高1~3个百分点。三是调整社会保险待遇水平。将社会保险缴费基数(社会平均工资)调整为52185元。连续第十年提高企业退休人员基本养老金发放水平，全区养老金发放水平达到2178元。城乡居民基本医疗保险补助标准提高到每人每年372元，住院报销比例提高至66%，门诊报销比例提高至63%。四是加强社会保险基金管理。自治区8个市县职工基本养老保险基金预算收入14.6亿元，基金支出 34.6亿元，当年资金缺口20亿元，除动用完历年基金结余后，需自治区调剂14.3亿元。为此，自治区出台相关政策，建立养老金区级统筹调剂金制度，进一步规范企业职工基本养老保险调剂金使用和管理，强化市县责任，确保基金安全运营。五是出台援企稳岗促进就业补贴政策。发挥失业保险基金作用，通过实施社会保险补贴、岗位补贴、职业技能培训补贴三项补贴政策，帮助因经济下行带来不利影响的困难企业渡过难关。补贴标准为：社会保险补贴每人每月补贴652元；岗位补贴是对开展在岗培训、轮班工作、协商薪酬等办法稳定员工队伍，不裁员或裁员不超过职工总数 10%且已参加失业保险的困难企业，每人每月补贴652元，最长补贴6个月；职业技能培训补贴针对参加失业保险并在2013年上半年足额缴费的企业，可以再享受一次职业技能培训补贴，每人一次性补贴700元。

2015年，继续提高企业退休人员养老保险金发放水平，按照10%的调整比例，月人均增加232元，达到人均每月2469元。城乡居民基础养老金发放标准由每人每月85元调增为115元。自治区财政厅会同人社部门出台《关于失业保险支持企业稳定就业岗位有关问题的通知》，实施稳岗补贴政策，将失业保险费率由3%调整为2%。

是年，调整城乡居民医疗保险筹资水平，财政补助标准在2014年基础上增加60元，初步建立了城乡居民医疗保险基金省级调剂金制度。

2016年，全区社会保险基金总支出为311.31亿元，比上年增长23.57%，完成年度预算支出的80.66%，其中社会保险待遇支出266.74亿元，本年收支结余41.85亿元。

2017年，全区社会保险基金总支出355亿元，比上年增长5%。一是提高养老保险待遇水平。调整企业和机关事业单位退休人员以及城乡居民基础养老金标准，机关事业单位退休人员月人均养老金达到4321元，企业退休人员月人均养老金达到2850元，城乡居民基础养老金标准达到每月每人120元。二是提高城乡居民医疗保险个人筹资水平和财政补助标准，将个人缴费标准由以前的90元、250元和505元分别提高到130元、270元和545元。将财政补助标准由472元提高到502元，高于国家规定标准52元。城乡居民大病保险人均筹资水平由32元提高至37元。三是建立城镇职工基本医疗保险基金自治区统筹制度，启动自治区属机关公务员参加工伤保险。

2018 年，全区各项社会保险基金支出完成354亿元，同口径增长5%，完成年度预算支出的95%（剔除企业职工基本养老保险中央调剂金影响因素）。是年，下达社会保险基金中央补助资金599552万元，其中企业职工养老保险基金351260万元，机关事业单位养老保险基金30206万元，城乡居民养老保险基金42520万元，城乡居民医疗保险基金175566万元。自治区社会保险基金配套资金124667万元，其中城乡居民养老保险基金35259万元，城乡居民医疗保险基金89408万元。下达老工伤自治区补助资金1681万元。拨付企业职工基本养老保险、工伤保险和失业保险调剂金分别为203246万元、4368万元和2062万元。

是年，继续提高城乡居民基本养老保险基础养老金和城乡低保标准，将农村建档立卡贫困人口全部纳入医疗救助范围，实现跨省异地就医住院医疗费用直接结算，在全国率先建立病残津贴制度。连续14年调增企业退休人员养老金标准，调增后，企业退休人员待遇人均水平为3010元，比2017年（2850 元）提高160元，调整水平为5.6%。连续3年调高机关事业单位养老金标准，人均达4695元，比2017年（4514 元）提高181元，调整水平为4%。进一步提高城乡居民基础养老金标准、城乡居民医保标准等。是年，城乡居民养老保险基础养老金人均提高23元，其中中央财政承担18元，自治区财政承担5元，调整后，全区城乡居民养老保险基础养老金自治区最低标准为每人每月140元。在调整各级政府财政补结构的同时，进一步提高城乡居民基本医疗保险个人缴费标准，从2017年一档130元、二档270元、三档545元分别调到一档180元、二档320元、三档760元，进一步壮大基金规模。

是年，21万名被征地农民按新政策参加养老保险。年末全区参加城镇职工基本养老保险人数216.32 万人，比上年年末增加10.41万人。参加城乡居民基本养老保险人数181.37万人，比上年年末减少4.11万人。参加基本医疗保险人数626.25万人，增加8.03万人，其中参加城镇职工基本医疗保险131.93万人，增加8.47万人。参加城乡居民基本医疗保险 494.32万人，减少0.44万人。参加失业保险人数91.97万人，增加3.42万人。参加工伤保险人数93.32万人，增加2.97万人。参加生育保险人数88.07万人，增加 6.34 万人。

表3-3 2016—2018年宁夏回族自治区社会保险基金支出情况表

单位:万元

年份	项目	合计	企业职工基本养老保险基金	城乡居民基本养老保险基金	机关事业单位基本养老保险基金	职工基本医疗保险基金	城乡居民基本医疗保险基金	工伤保险基金	失业保险基金	生育保险基金
2016 年	支出	3113560	1786792	71826	300022	497795	320241	48287	53569	35028
	其中:1. 社会保险待遇支出	2667367	1520666	71336	293101	413661	266096	38437	35625	28445
	2. 其他支出	183				1	155	27		
	3. 转移支出	42330	5431	488		36411				
	当年收支结余	406634	105490	39151	123667	92927	14774	2786	32331	–4492
	年末滚存结余	3345731	1827503	232036	123667	514549	180133	96192	347596	24055
2017 年	支出	3554394	1901979	83090	546817	491827	377356	54895	49957	48473
	其中:社会保险待遇支出	3253830	1661033	82751	546817	491359	347070	43936	32391	48473
	其他支出	559					559			
	转移支出	6988	6236	334		412	6			
	当年收支结余	362060	135943	41033	89773	89050	–15245	10295	15892	–4681
	四、年末滚存结余	3707791	1963446	273069	213440	603599	164888	106487	363488	19374
2018 年	支出	3543379	1894307	102475	603711	435702	381331	46820	30161	48872
	其中:社会保险待遇支出	3398751	1783103	99360	601202	435568	360981	46814	22851	48872
	其他支出	8514	5906		2508	97	3			
	转移支出	12455	9295	3111		37			12	
	中央调剂资金支出	96000	96000							
	当年收支结余	663417	243999	50764	79349	202499	48865	9626	24744	3571
	年末滚存结余	4371074	2207445	323833	292789	806098	213753	116113	388098	22945

第七章　一般预算其他支出和预算外资金支出

一般预算其他支出，是指一般预算支出中除去主要支出类别“类”“款”“项”“目”四个级次以外的一般预算支出，主要有上解支出、国债转贷资金与债务还本付息支出等。具体划分由财政部门统一规定。

预算外资金支出是指不列入国家预算管理的财政支出。因其资金来源的不同和支出用途不同，管理方式亦不同。

宁夏财政一般预算其他支出和预算外资金支出属于补充型财政支出，是由地方各级财政部门直接管理的各项地方附加，主要用于补助、兴办为农业生产服务的小型企业、农田水利建设、农村公益事业、城市公用事业的修建维护及地方国营企业固定资产技术改造等；由各级主管部门、企业使用的各项专用基金，开支范围主要是固定资产更新改造、职工福利、职工奖励及发展生产诸方面。由事业行政部门以收抵支的特种奖金，需依照国家规定的用途支出。

第一节　上解支出

上解支出是下级财政部门将本年度的财政收入上解至上一级财政部门。

1991—2006年，上解支出即为上解中央支出，其中包括体制上解支出和专项上解支出。宁夏上解中央的支出均为专项上解支出。1991—2006年，宁夏上解中央支出总计为26814万元。

2007年财政支出科目发生变化后，上解中央支出改为上级上解支出。

2007—2008年上解上级支出为财力性转移支付和专项转移支付。财力性转移支付包括体制上解支出和出口退税专项上解支出，宁夏财力性转移支付均为出口退税专项上解支出。专项转移支付均为专项上解支出。

2009—2018年上解上级支出为一般性转移支付和专项转移支付两类。一般性转移支付包括体制上解支出、出口退税专项上解支出等，而专项转移支付主要为专项上解支出。2009—2018年，宁夏上解上级支出总计为163280万元。

第二节　国债转贷资金与债务还本付息支出

一、国债转贷资金

国债转贷资金是由国家增发一定数量的国债，通过财政部转贷给省级政府，用于地方的经济和社会发展建设项目的资金。省(区)级人民政府根据建设项目的特点,决定和落实还款资金的来源,在各自省(区)范围内统借、统筹、统还。省(区)级财政部门作为省(区)级政府的债权、债务人的代表,负责对财政部的还本付息工作。

1998年,财政部为贯彻党中央、国务院关于增发国债并将一部分国债资金转贷给地方政府使用的决定,制定颁发了《国债转贷地方政府管理办法》。办法规定国债转贷资金用于以下建设项目:农林水利投资、交通建设投资、城市基础设施和环境保护建设投资、城乡电网建设与改造、其他国家明确的建设项目。

1998—2007年,宁夏拨付国债转贷资金总计为303788万元,年均30378.8万元。

二、债务还本付息支出

债务还本付息支出是指国家直接作为债务人必须按时归还的本息支出。具体包括:地方政府一般债券、地方政府向外国政府借款、地方政府向国际组织借款、地方政府其他一般债务等还本付息支出。

2009年始有债务还本付息支出统计。2009—2018年,宁夏债务还本付息总支出为1857469万元。国债还本付息支出2018年达到整个国债还本付息期间的一个峰值,为339124万元。

三、债务发行费用支出

债务发行费用是指发行者支付给有关债务发行中介机构和服务机构的费用。包括中央政府国内债务发行费用支出、中央政府国外债务发行费用支出、地方政府一般债务发行费用支出。

2015年,宁夏财政始有债务发行费用支出统计。2015—2018年,宁夏债务发行费用支出分别为2237万元、2605万元、3451万元、3071万元。

第三节　预算外资金支出

1991年,宁夏预算外资金支出8.75亿元,1993—1995年有所下降。1996年突破10亿元后,一直呈增长趋势。

1997年财政预算科目调整前,预算外资金支出主要包括固定资产投资支出、福利奖励支出、行政事业支出 、上缴国家能源交通基金、上缴国家预算调节基金以及其他支出等。1998—2006年预算外资金支出主要为行政事业费支出、基本建设支出、城市维护支出、乡镇统筹自筹资金支出等。2007年后,预算外资金支出纳入专户支出范围,支出涉及公共服务支出、教育科技文化体育卫生事业支出、社会保障支出以及经济建设支出等各个方面。

2013年突破20亿元,达到20.18亿元。2015年达到峰值的53.8亿元后,又逐渐回落。2015年后,预算外资金支出在财政专户管理中进行统筹管理。

表3-4　1991—1997年宁夏回族自治区预算外资金支出情况表

单位：万元

科目	1991 年	1992 年	1993 年	1994 年	1995 年	1996 年	1997 年
固定资产投资支出	37749	44038	10411	13917	19542	14949	5510
城市维护支出	770	661	1429	2427	2511	6662	2263
福利奖励支出	16731	15705	2485	2629	300		
行政事业支出	1257	1257	10909	14909	19304	50439	64880
转作抵支收入			967	1257	1603		
上缴国家能源交通基金	3344	3824	1498	1403	34		
上缴国家预算调节基金	2292	2591	1005	897	20		
其他支出	14040	14864	14112	14528	15334	12457	8079
乡镇统筹支出						1936	3043
社会保障基金支出						19527	26710
挖潜改造支出						739	20
当年支出合计	87459	94255	42816	51967	61361	106254	110350
解缴上级支出		130	720	708	7779		
补助下级支出		61	328	1074	735		
政府调剂资金						1404	505
调出资金		115	286	567	430		
年终滚存结余	41205	49748	21861	26087	30415	61181	55429
其中：有价证券（当年累计数）	6433	5951	1525	965	1271	15233	
向外单位投资	423	458	555	622	968		
银行存款	13105	13519	10563	11376	15838	32353	
总计	128664	144309	66011	80403	100720	168839	166284

表3-5　1998—2006年宁夏回族自治区预算外资金支出情况表

单位：万元

科目	1998 年	1999 年	2000 年	2001 年	2002 年	2003 年	2004 年	2005 年	2006 年
行政事业费支出	53855	72622	115674	103876	128015	135289	119894	161830	176355
其中：项目支出					2012	16865	3549	4359	5785
基本建设支出	7274	21125	549	2582	3127	787	1028	31	6
城市维护支出		2392	1172	3645	1441	2030	1385		
乡镇统筹、自筹资金支出	3906	5837	4697	8005	999	734			
其他支出	8724	5244	7599	8303	6682	4627	29394	15626	3957
当年支出合计	73759	107220	129691	126411	140264	143467	151701	177487	180318
政府调剂资金		255	848	816		992	767	2584	1623
其中：调入预算内资金			19	616		992	665	2084	1256
年终滚存结余	25464	5999	14612	30901	38676	52478	24431	28138	30852
合计	99223	113474	145151	158128	178940	196937	176899	208209	212793

表3-6　2007—2014年宁夏回族自治区预算外资金支出情况表

单位:万元

科目	2007 年	2008 年	2009 年	2010 年	2011 年	2012 年	2013 年	2014 年
一般公共服务	22845	30977	34715	11993				
公共安全	857	808	1446	1858				
教育	54252	62552	67411	74852	54273	44474	45224	54739
科学技术	2339	3403	3672	4583				
文化体育与传媒	13525	18991	19674	22249				
社会保障和就业	5923	5639	4560	2129				
医疗卫生	5778	5534	7015	7003				
环境保护	119	45	163	212				
城乡社区事务	17074	12697	13073	18102				
农林水事务	3212	2931	3509	4183				
交通运输	103184	148659	173451	16434				
资源勘探电力信息等事务			931	1194				
商业服务业等事务				9				
金融监管等事务支出			101					
工业商业金融等事务	994	1386						
地震灾后恢复重建支出								
国土资源气象等事务				3045				
住房保障支出				75				
粮油物资储备管理事务			357	7				
其他支出	14087	14191	23055	19753		131969	156580	166837
其中：彩票发行销售机构业务费安排的支出								7515
当年支出合计	244301	307946	353267	188035	81775	176443	201804	221576
上解上级支出	13000				136048			26909
其中:彩票公益金上解上级支出	13000							26909
调出资金	2849	15035	1473	4293	19731	21979	27484	26909
1. 调出至公共财政预算	2849	1975	1473	3308	19731	21979	27484	26909
2. 调出至政府性基金		13060		985				
年终结余	65711	69284	122711	155149	184413	198457	254069	285607
其中:自治区本级	25070	19635	47380	49419	61157	107792	131222	170042
总计	325861	392265	477451	347477	340192	396879	483357	534092

表3-7　2015—2018年宁夏回族自治区财政专户管理资金支出决算情况表

单位：万元

科目名称	2015年	2016年	2017年	2018年
支出总计	537925	492110	398808	
财政专户管理资金支出	253622	188134	134158	
其中：教育支出	60921	69909	75307	
调出资金	22825	5764	887	
1.调出至一般公共预算	7555			
2.调出至政府性基金预算	15270			
年终结余	261478	298212	263763	
资产	335593	393401	393548	
其他财政存款	321377	372983	369078	
暂付款	14216	20418	24470	
负债	74115	95189	129785	
净资产	261478	298212	263763	

表3-8　1991—1997年宁夏回族自治区一般预算支出决算情况表

单位：万元

科目	1991年	1992年	1993年	1994年	1995年	1996年	1997年
预算科目	决算数						
基本建设支出	15313	14392	14724	11794	15941	26209	27550
企业挖潜改造资金	6969	7740	19627	6850	7021	15355	15508
简易建筑费	346	369	387	390	315	306	500
地质勘探费	50	50	50	50	57	50	50
科技三项费用	2063	1999	1655	1650	1613	2441	3405
流动资金	1796	1172	2176	825	870	820	910
支援农村生产支出	11419	11115	12033	12964	11938	15500	18657
农林水利气象等部门的事业费	10166	11284	13342	16992	16760	19963	20595
工业交通等部门的事业费	1689	3083	2199	2761	2633	3035	3091
商业部门事业费	337	364	491	661	757	920	952
城市维护费	5020	5497	5648	5474	7408	9499	12658
文教卫生事业费	36497	40866	46452	57815	63037	54238	58260
科学事业费	2095	2529	1707	2303	2376	2634	2823
其他部门事业费	5849	6802	7450	8640	8611	10968	15405
抚恤和社会福利救济费	2658	2543	2539	3220	3473	4205	5010
行政管理费	14102	16777	20566	25049	27916	27890	31519
公检法支出	5171	6132	7205	9307	10938	12826	16279
价格补贴支出	26704	13453	11668	13574	19867	18661	16052
支援不发达地区支出	1895	1854	1401	1868	1689	9417	22905
其他支出	9035	10211	19647	8361	17513	26575	28582
专项支出	1104	1203	2785	2968	3925	5836	

续表 3-8

科目	1991 年	1992 年	1993 年	1994 年	1995 年	1996 年	1997 年
预算科目	决算数						
农业综合开发支出						4909	5542
卫生经费						16440	17099
行政事业退休经费						5886	12325
当年支出合计	160496	158636	193959	193754	229963	295196	336300
上解中央支出	448	1539	963	5000	2205		37
专项上解数	448	1539	963	500	2205		
增设预算周转金			1			361	933
社会保险基金支出	7964	7606	15636	14247	15686	19460	23752
社会保险基金支出余额		9652	3283	3856	5521	8222	7203
电力建设资金专项支出	3510	5236	4820	5145	9390		
电力建设资金支出结余		13	1693	433	-2.78		
年终滚存结余	22287	24834	30699	54717	79563	94938	98038
其中:自治区本级	16422	23463	28858	49436	72340	86765	93731
减:能源基金当年收入及上年结余	1138	1058	847	617	472	60	
其中:自治区本级	1138	1058	847	617	472	60	
减:结转下年的支出	20828	32786	38065	56214	65396	79222	77868
其中:自治区本级	15453	25904	29899	45891	54512	66982	69963
净结余	321	-9010	-8243	-2114	13695	15656	20170
其中:自治区本级	-169	-3499	-1888	2928	17356	19723	23768
总计	19705	207516	251024	277152	340250	418177	466363

说明:1991年支出合计171970万元，除电力建设专项支出3510万元和社会保险基金支出7964万元为160496万元;1991年其他支出类中含城镇青年就业经费;1991年净结余中含专项结余3379万元,剔除专项结余净结余应为-3058万元;1991年的排污费及水资源结余列入结转下年的支出中

表3-9　1998—2006年宁夏回族自治区一般预算支出决算情况表

单位:万元

预算科目	1998 年	1999 年	2000 年	2001 年	2002 年	2003 年	2004 年	2005 年	2006 年
	决算数								
基本建设支出	61890	60595	93938	242952	255018	203563	205213	384608	389413
企业挖潜改造资金	13575	22373	32790	45265	32809	39719	32627	33440	40952
简易建筑费	411								
地质勘探费	100	1045	5577	9963	10935	11236	12217	13393	14941
科技三项费用	3882	7671	6495	7079	7832	7500	8147	12658	10802
流动资金	825	30	20	300					
支援农村生产支出	18539	18140	14928	14177	18411				
农业支出						51442	61434	65865	90216
农业综合开发支出	5051	8344	8558	12652	10274				

续表 3-9

预算科目	1998 年	1999 年	2000 年	2001 年	2002 年	2003 年	2004 年	2005 年	2006 年
	决算数								
林业支出								93249	101141
农业水利和气象等部门的事业费	26966	26940	33106	47982	63682	16798	15646	16574	21500
工业交通等部门的事业费	3145	3308	3945	7542	9608	11915	14827	19490	26927
流通部门事业费	1168	1122	1763	1979	1501	1361	1325	1639	2672
文体广播事业费	16166	16141	18094	22720	26989	31619	29998	36337	44353
教育事业费	58971	69766	80830	108879	126889	137830	161044	195197	246179
科学事业费	3307	3625	4583	5263	5851	5771	7163	7513	8698
卫生经费	19234	19922	23516	39445	37244	44812	43539	54008	70085
税务等部门的事业费	15343	18277	21483	29515	333555				
其他部门的事业费						37186	45902	53523	63103
抚恤和社会福利救济费	7066	7304	8843	13726	21318	26717	27844	35847	52366
行政事业单位离退休经费	16142	20165	25108	34662	42549	53414	61181	68903	74117
社会保障补助支出	8946	18390	53824	73194	187490	88764	57117	70364	112041
国防支出	358	402	417	570	789	1621	1941	1679	1959
行政管理费	37233	39588	45521	60773	69594	77326	87671	106901	129959
外交外事支出	568	1434	957	941	973	969	1320	1226	1748
武装警察部队支出	409	607	532	474	329	1343	2526	3437	6272
公检法司支出	22769	25774	31562	38218	44419	51587	65600	80944	97586
城市维护费	14217	15859	17710	19018	24797	27957	43181	59852	81276
政策性补贴支出	17110	18625	17031	21747	17201	19375	16438	16485	32994
支援不发达地区支出	27410	26005	19783	26153	37182	34583	35558	37181	43867
土地和海域开发建设支出	4415	3562					80	60	60
车辆税费支出								13036	25529
专项支出	5993	5947	6288	8086	9355	10940	18607	24108	42132
其他支出	40030	34385	31175	42512	46056	44223	65539	94992	99201
当年支出合计	451239	495346	608380	935787	1145650	1057793	1230177	1602509	1932089
上解中央支出				2205	2205	2205	2205	3205	4597
专项上解				2205	2205	2205	2205	3205	4597
增设预算周转金	720	5	5	8	15	10		10	10
拨付国债转贷资金数	21175	46976	66294	67589	31753	31007	15978	13762	9154
国债转贷收入结余	6290	28336	8542	2280	6527	17000	2802	40	210
调出资金	934	952	787	1002	1092	1389	1688	2155	2171
年终滚存结余	65999	114655	169818	217425	236176	230561	266747	522705	645036

续表 3-9

预算科目	1998 年	1999 年	2000 年	2001 年	2002 年	2003 年	2004 年	2005 年	2006 年
	决算数								
其中:自治区本级	58919	103325	133454	162132	186113	164665	246118	388913	489392
减:结转下年的支出	79733	120409	181525	227421	247125	237369	378858	531465	632876
其中:自治区本级	67950	105579	135078	163292	187273	164907	246118	388913	489392
净结余	-13734	-5754	-11707	-9996	-10949	-6808	-12111	-8760	12160
其中:自治区本级	-9031	-2254	-1624	-1160	-1160	-242			
总计	546357	686273	853826	1226296	1423418	1339965	1619597	2144386	2593267

表3-10　2007—2012年宁夏回族自治区一般预算支出决算情况表

单位:万元

预算科目	2007 年	2008 年	2009 年	2010 年	2011 年	2012 年
	决算数					
一般公共服务	383921	423470	469657	517664	519551	614428
公共安全	147180	192769	241673	314890	351162	409659
教育	473068	540553	653025	815869	1030173	1064541
科学技术	47857	43265	44017	59666	78682	96084
文化体育与传媒	70629	70925	90306	160933	139377	144441
社会保障和就业	254973	370490	476765	350312	719470	896035
医疗卫生	114174	171073	229169	340180	410933	460892
环境保护(节能环保)	123990	175067	225874	307857	352253	353727
城乡社区事务	174252	333778	425640	618913	815137	1096330
农林水事务	279206	451996	686819	942262	1121904	1397982
交通运输	84780	100795	203850	218039	415387	510212
资源勘探电力信息等事务			142913	216629	205437	269865
商业服务业等事务				103342	161770	145664
金融监管支出			64100	9315	69522	49486
工业商业金融等事务	163873	220573				
国土资源气象等事务				71484	71091	88002
住房保障支出				280463	338584	562316
粮油物资储备管理事务			143070	22881	25184	29633
粮油储备事务支出					1969	
国债还本付息支出			72612	82100	71722	274467
其他支出	97506	148027	167248	136224	151266	165764
当年支出合计	2418545	3246064	4323624	5575285	7059096	8643616
上解上级支出		2205	2205	4987	8794	5724
一般性转移支付				1319	3019	2448
财力性转移支付	1137					
出口退税专项上解支出	1137			1319	3019	2448
专项转移支付	2256	2205	2205	3668	5775	3276

续表 3-10

预算科目	2007 年	2008 年	2009 年	2010 年	2011 年	2012 年
	决算数					
专项上解支出	2256	2205	2205	3668	5775	3276
债券(务)还本						300000
债券转贷支出						
增设预算周转金	100			1000		
拨付国债转贷资金数						100
国债转贷资金结余	110	110	110	1000	110	10
安排预算稳定调解基金				229873	430590	114087
调出资金	2346	3206	2574	4547	6286	6790
年终结余	1018061	1054058	1443970	1045294	928591	860835
其中:自治区本级	735629	627125	968028	707759	521282	334509
减:结转下年的支出	1010574	1033720	1433666	1035551	918733	852344
其中:自治区本级	735629	627125	968028	707759	521282	334509
净结余	7487	20338	10304	9743	9858	8491
支出总计	3442645	4305463	5772483	6861096	8433467	9931162

表3-11 2013—2018年宁夏回族自治区一般预算支出决算情况表

单位:万元

预算科目	2013 年	2014 年	2015 年	2016 年	2017 年	2018 年
	决算数					
一般公共服务	641499	616790	670870	757915	861544	913080
公共安全	465031	476440	512331	614268	645903	684026
教育	1129532	1226824	1425106	1525692	1706535	1704652
科学技术	106857	116635	172478	182544	255529	340206
文化体育与传媒	165998	160171	209656	252281	228151	233322
社会保障和就业	1027729	1164310	1462268	1642422	1623230	1759944
医疗卫生	537729	652693	741106	820297	979826	1055509
节能环保	329285	345962	454942	366900	576074	723808
城乡社区事务	1337881	1040745	1459604	1821429	1869973	1984931
农林水事务	1493837	1570466	1662705	2012876	2223884	2190612
交通运输	545177	730038	978468	730326	1008152	943498
资源勘探电力信息等事务	276473	297843	282169	339591	451684	379348
商业服务业等事务	162275	186370	200811	219785	166249	154330
金融监管支出	10705	161182	71102	181629	34839	49745
国土资源气象等事务	121099	83864	81193	86781	106599	96624
住房保障支出	556201	813856	722466	635823	603166	544351
粮油物资储备管理事务	29059	28282	26717	29133	35113	52528
粮油储备事务支出	29059	28282	26717			
国债还本付息支出	178609	164077	140798	230118	303842	339124
债务发行费用支出			2237	2605	3451	3071

续表 3-11

预算科目	2013 年	2014 年	2015 年	2016 年	2017 年	2018 年
	决算数					
其他支出	99137	158006	95285	80056	37469	31560
当年支出合计	9224819	10004526	11384858	12545380	13727841	14190592
上解上级支出	16019	12784	12784	26752	37193	30440
一般性转移支付	2098	2119	2119	2100		
出口退税专项上解支出	2098	2119	2119			
专项转移支付	13921	10665	10665	24652		
专项上解支出	13921	10665	10665			
援助其他地区支出	500	100				
债券(务)还本	180000	130000	1490751	1634033	1591459	1799616
增设预算周转金			-53	-919	-979	-961
国债转贷资金结余	10	10	10	10		
安排预算稳定调解基金	105597	135600	599386	435986	611745	806249
调出资金	9257	1544				
待偿债置换一般债券结余				161591	4654	32224
年终结余	770745	903358	920782	681377	584554	498917
其中:自治区本级	297806	502914	406787			
减:结转下年的支出	766181	899451	920782	681377		498917
其中:自治区本级	297806	502914	406787			
净结余	4564	3907				
支出总计	10306947	11187922	14422298	15484210	16556467	17357077

表3-12　2009—2018年宁夏回族自治区政府性支出决算情况表

单位:万元

科目	2009 年	2010 年	2011 年	2012 年	2013 年	2014 年	2015 年	2016 年	2017 年	2018 年
	决算数									
一、一般预算支出	469657	5575285	7059096	8643616	9224819	10004526	11384858	12545380	13727841	14190592
二、政府性基金支出	25667	1430367	2058704	1943705	2226800	2201111	1753822	1503681	1265032	2087859
三、国有资本经营预算支出			1110	1410	11768	2854	8998	43490	49115	17122
四、社会保险基金支出		635704	974555	1239212	1535202	1875136	2162058	3113560	3554394	3543379
五、预算外财政专户支出	34715	188035	136048	176443	201804	221576	253622	188134	134158	
六、抵扣项目				234978	420996	476745	566856	889113	890662	24755

续表 3-12

科目	2009 年	2010 年	2011 年	2012 年	2013 年	2014 年	2015 年	2016 年	2017 年	2018 年
	决算数									
其中：财政对社会保险基金的补助		112706	162098							
当年支出小计		7716685	10067415	11769408	12779397	13828458	14996502	16505132	17839878	19814197
上解上级支出	2205	4987	8794		26119	23284	26564	26752	37193	30440
一般预算上解支出	2205	4987	8794	14724	16019	12784	26564	26752	37193	30440
政府性基金上解支出				5724	10100	10500				
社会保险基金上解支出				9000						
援助其他地区支出					500	100				
财政部代理发行地方政府债券还本（债券还本）				300000	180000	130000	2062890	2471460	2089401	2014477
当年支出合计	5501634	7721672	10069620	12084132	12986016	13981842	17085956	19003344	19966472	21859114
增设预算周转金		1000	0				–53	–919	–979	–961
拨付国债转贷资金数				100				10		
国债转贷资金结余	110	110	110	10	10	10	10			
安排预算稳定调节基金		229873	430590	114087	105597	135600	599386	435986	611745	806249
调出资金							443230	179696	171890	73014
年终结余	1817524	3128051	3779119	4108982	4372899	4617400	4527217	4810195	4691498	5036873
待偿债置换债券上年结余								215963		
一般预算年终结余	1443970	1045294	928590	860835	770745	903358	920782	681377	589208	531141
政府性基金年终结余	250843	553072	615771	712688	756608	700781	402190	263532	125556	133997
国有资本经营预算年终结余			3296	6606	797	1	3670	5380	5180	661

续表 3-12

科目	2009年	2010年	2011年	2012年	2013年	2014年	2015年	2016年	2017年	2018年
	决算数									
社会保险基金年终结余		1374536	2047049	2330396	2590680	2727653	2939097	3345731	3707791	4371074
预算外(财政专户管理资金)年终结余	122711	155149	184413	198457	254069	285607	261478	298212	263763	
支出总计	7321473	11080706	14286029	16307311	17464522	18734852	22655746	24428312	25440626	27774289

表3-13　1991—2018年宁夏回族自治区财政支出及占地区生产总值比重情况表

年份	地方财政支出(亿元)	地区生产总值(亿元)	地方财政支出占地区生产总值比重(%)
1991年	16.05	71.78	22.36
1992年	15.86	83.14	19.08
1993年	19.4	103.82	18.68
1994年	19.38	133.97	14.46
1995年	23	169.75	13.55
1996年	29.52	193.62	15.25
1997年	33.63	210.92	15.94
1998年	45.12	227.46	19.84
1999年	49.53	241.49	20.51
2000年	60.84	265.57	22.91
2001年	93.58	298.38	31.36
2002年	114.57	329.28	34.79
2003年	105.78	385.34	27.45
2004年	123.02	460.35	26.72
2005年	160.25	606.1	26.44
2006年	193.21	725.9	26.62
2007年	241.85	919.11	26.31
2008年	324.61	1204.02	26.96
2009年	432.36	1353.31	31.95
2010年	557.53	1696.39	32.87
2011年	705.91	2111.43	33.43
2012年	864.36	2352.71	36.74
2013年	922.48	2590.34	35.61
2014年	1000.45	2766.76	36.16
2015年	1138.49	2927.01	38.90
2016年	1254.54	3167.99	39.60
2017年	1372.78	3443.56	39.87
2018年	1419.06	3705.2	38.30

表3-14　1991—2002年宁夏回族自治区各市县地方财政支出情况表

单位：万元

地区	1991年	1992年	1993年	1994年	1995年	1996年	1997年	1998年	1999年	2000年	2001年	2002年
全区总计支出	160496	158636	193959	193754	224075	295196	336300	451239	495346	592882	916514	1145650
自治区本级	67114	64808	80808	75654	92232	126589	139806	204286	221324	266998	441621	562360
地市县级	93382	93828	113151	118100	131843	168607	196494	246953	274022	325884	474893	583290
银川市	22847	22290	26501	28728	37065	44675	52350	70080	73760	95241	130043	182655
市本级	18147	16805	19732	21258	28798	35105	41770	57404	60486	79513	104988	131544
永宁县	2188	2771	3657	3534	4190	4836	5169	6103	6496	7910	13224	16069
贺兰县	2512	2714	3112	3936	4077	4734	5411	6573	6778	7818	11831	13352
灵武市										15498	19273	21690
石嘴山市	17629	15878	20575	20371	23364	28235	31361	37887	40227	51234	76002	80668
市本级	11180	8846	11129	10898	12668	15367	16731	20505	22652	28159	45994	45168
平罗县	4071	4474	6139	6226	6982	8156	9222	10886	10190	11589	16617	20032
陶乐县	914	955	1106	1180	1219	1711	1997	2466	3084	5082	5376	6561
惠农县	1464	1603	2201	2067	2495	3001	3411	4030	4301	6404	8015	8907
吴忠市	28517	30105	37473	39008	45957	55387	62694	74157	83735	87225	138730	167391
市本级	1329	1520	1798	1726	1990	2398	2496	3869	5836	6790	16427	21558
利通区	5408	5884	6971	6517	8234	10095	10971	12411	11470	12046	20951	19787
青铜峡市	4325	4159	6344	6280	7522	10188	12064	12197	13660	15805	25628	30529
中卫县	4474	4838	6241	6198	7878	8728	9833	11293	12358	15896	23784	26762
中宁县	3167	3420	4092	4693	5170	5638	5868	7393	8023	9608	14318	19731
灵武县（市）	3332	3628	4710	4956	5888	6799	7856	7911	9377			
盐池县	3063	3110	3475	3843	3922	4792	6115	8328	10981	12561	17598	22489
同心县	3419	3546	3842	4795	5353	6749	7491	10755	12030	14519	20024	26535
固原市	24389	25555	28602	29993	31345	40310	50089	64829	76300	92184	130118	152576
市本级	2202	2661	3191	3582	3776	3995	4631	6408	6524	8384	11362	13209
固原县	6061	6235	6722	6590	6955	8334	10693	14389	16083	19851	29632	37204
海原县	3808	3900	4507	5104	4928	6175	8052	9712	13496	15041	21318	25307
西吉县	4745	4679	5615	5778	6129	8528	9929	12362	14753	16873	25196	28217
隆德县	2822	2948	3452	3743	4166	5772	7283	8875	9631	12249	15614	18448
泾源县	1601	1883	1851	1961	1997	2414	3455	4556	6530	7181	8028	9755
彭阳县	3150	3249	3264	3235	3394	5092	6046	8527	9283	12605	18968	20436

表3-15　2003—2009年宁夏回族自治区各市县地方财政支出情况表

单位:万元

地区	2003年	2004年	2005年	2006年	2007年	2008年	2009年
全区总计	1057793	1230177	1602509	1932089	2418545	3246064	4323624
自治区本级	463857	520091	718290	814458	865654	1167992	1369137
地市县级	593936	710086	884219	1117631	1552891	2078072	2954487
银川市	190634	236567	276850	361239	484708	630430	898476
市本级	138743	177871	199938	254596	327780	410204	583427
永宁县	16820	17414	21859	29625	43134	63239	82308
贺兰县	14852	16437	21387	26683	42609	64768	86803
灵武市	20219	24845	33666	50335	71185	92219	145938
石嘴山市	84641	96488	149331	179144	223651	317339	421890
市本级	55887	65362	102377	121160	150285	212285	296306
平罗县	22343	31126	46954	57984	73366	105054	125584
陶乐县	6411						
吴忠市	119051	140896	161620	212013	333683	418114	591083
市本级	25929	26839	34973	71547	146327	147936	188519
利通区	22377	28233	25671				
青铜峡市	28244	32917	40048	52423	66480	89883	129415
盐池县	18562	25145	26806	32422	45075	65720	94617
同心县	23939	27762	34122	41368	58786	85146	130749
红寺堡区				14253	17015	29429	47783
中卫市	73197	93857	110946	144899	202550	295682	443030
市本级	26005	39665	46362	61900	83943	117337	171327
中宁县	20844	25432	30941	39266	59254	82022	123919
海原县	26348	28760	33643	43733	59353	96323	147784
固原市	126413	142278	185472	220336	308299	416507	600008
市本级	20176	25972	36460	38969	59286	72768	104738
原州区	29667	31509	43043	50541	63339	89667	125655
西吉县	27062	29596	38614	48026	70373	90612	141778
隆德县	20164	19614	24900	29062	39297	61257	75522
泾源县	9301	12423	16357	20266	32343	35432	54643
彭阳县	20043	23164	26098	33472	43661	66771	97672

表3-16　2010—2018年宁夏回族自治区各市县地方财政支出情况表

单位:万元

地区	2010年	2011年	2012年	2013年	2014年	2015年	2016年	2017年	2018年
全区总计	5575285	7059096	8643616	9224819	10004526	11384858	12545380	13727841	14190592
自治区本级	1605095	2000263	2231298	2188943	2409918	3112664	3066278	3579426	3471793
地市县级	3970190	5058833	6412318	7035876	7594608	8272194	9479102	10148415	10718798
银川市	1199157	1472546	1867446	2205311	2639036	2878980	3310717	3418283	3632756
市本级	704761	874762	1092984	1320640	1636158	1858152	2162047	2189993	2283431

续表 3-16

地区	2010 年	2011 年	2012 年	2013 年	2014 年	2015 年	2016 年	2017 年	2018 年
永宁县	140892	180797	206078	243312	278827	314378	300914	297528	311721
贺兰县	136129	163715	225419	248186	272002	271869	322582	328433	316699
灵武市	217375	253272	342965	393173	452049	434581	525174	602329	720905
石嘴山市	614539	648406	777175	831682	791844	793531	882217	901063	1005745
市本级	430802	446145	550029	578317	518391	508215	579745	577491	644150
平罗县	183737	202261	227146	253365	273453	285316	302472	323572	361595
吴忠市	785706	1081638	1399324	1398375	1447684	1568074	1766106	2002162	2048878
市本级	259943	343344	487886	477658	481413	500245	504507	535249	572145
红寺堡区	60782	115570	142014	151210	155705	174971	220625	281471	267789
盐池县	119543	175361	209240	239415	262616	284015	329841	366215	366828
同心县	180538	229261	300557	308046	315483	361316	436715	528471	530635
青铜峡市	164900	218102	259627	222046	232467	247527	274418	290756	311481
中卫市	584159	775183	1008440	1106005	1061792	1196414	1429628	1566932	1625528
市本级	233508	302723	394290	445093	401003	467660	594620	597937	598806
中宁县	175274	237504	312803	306257	287355	319633	377858	449771	439463
海原县	175377	234956	301347	354655	373434	409121	457150	519224	587259
固原市	786629	1081060	1359933	1494503	1654252	1835195	2090434	2259975	2405892
市本级	288111	409279	540565	576756	671947	807075	892048	894072	971543
西吉县	184889	258553	316371	339132	355083	386036	448286	512188	570030
隆德县	118627	142897	171967	192861	195738	216547	254826	288891	281197
泾源县	70234	102210	117061	141378	148593	149616	191508	202097	209466
彭阳县	124768	168121	213969	244376	282891	275921	303766	362727	373656

说明：1.1991—2018年银川市（1级）为银川全市（大市）财政（2000—2001年不含灵武市），银川市（2级）为银川市本级、兴庆区、西夏区、金凤区财政。

2.1991—2009年石嘴山市（1级）为石嘴山全市（大市）财政，石嘴山市（2级）为石嘴山市本级、大武口区财政；2010—2018年石嘴山市（1级）为石嘴山全市（大市）财政，石嘴山市（2级）为石嘴山市本级、大武口区、惠农区（县）财政。

3. 1991—2005年吴忠市（1级）为银南行署（银南地区）全地区财政，吴忠市（2级）为银南地区（市级吴忠市）本级财政，利通区为县级吴忠市（1998年后为利通区）财政；2006—2018年吴忠市（1级）为吴忠全市（大市）财政，吴忠市（2级）为吴忠市本级、利通区财政。

4.2003—2018年中卫市（1级）为中卫全市财政，中卫市（2级）为中卫市本级和沙坡头区财政。

5.1991—2009年固原市（1级）为固原行署（固原地区）全地区财政，固原市（2级）为固原市（县）本级财政。2010—2018年固原市（1级）为固原全市财政，固原市（2级）为固原市本级和原州区（固原县）财政。

第四篇　财政信用与财政平衡

财政信用是以政府为主体，按照信用原则筹集和运用财政资金的一种经济行为，又称国家信用。财政信用分为投资信用与筹资信用。投资信用是国家作为债权人，为扶持国内某些事业或企业而投放的各种政府贷款或资金、基金等，如财政周转金、国家资本金、政府投资基金等。筹资信用是国家作为债务人，通过国家债券、政府借款等形式从国内外筹集财政资金。国家债券包括国内债券与国外债券。国内债券是指政府在本国发行的公债券、国库券以及各种专项债券。国外债券指政府在其他国家或国际金融市场发行的公债。

财政收支矛盾是财政分配的基本矛盾。任何国家在经济发展阶段都面临财政收支总量关系的处理问题。如果一个国家或地方政府在一定时期内（通常为一年）财政收支大致相等，则财政是平衡的。

宁夏通过对支农周转金、文教周转金、企业周转金、商贸及其他周转金等财政周转金，以及国家资本金和政府基金的投入，一方面支持工农业生产和文化教育事业等方面的发展，另一方面通过周转金的返还、周转和国家资本金的投入等增加政府、企业的信誉和社会效益。

宁夏财政平衡一般以公共财政收支、政府性基金预算收支、国有资本经营收支、社会保险基金收支、预算外资金收支等收支是否平衡来衡量。平衡各级政府之间存在的财政能力差异，实现各地公共服务水平均等化，转移支付和税收返还等是实现财政平衡的主要方式。另外，发放国债和地方政府债券也是平衡财政的补充手段。

第一章　周转金与资本金

财政周转金，是指国家预算采用信用形式安排支出，到期回收周转使用的基金。地方财政周转金是由地方财政部门管理，按照有偿原则周转使用的财政资金。地方财政周转金来源包括地方财政预算支出中按国家财政制度规定可以由无偿拨款改为有偿使用的资金、从上级财政部门借入的财政周转金、借用周转金的单位归还的周转金本金、周转金占用费和存款利息等。国家资本金是有权代表国家投资的政府部门或者机构以国有资产投入企业形成的资本金。无论是什么政府部门或机构投入的，只要以国家资金进行投资的，均作为国家资本金。

1996年，自治区制定出台《宁夏回族自治区财政周转金管理实施细则》，对财政周转金实行分级管理。在此基础上，通过对预算周转金、支农周转金、文教周转金、企业周转金、商贸及其他周转金等的管理，平衡预算，并支持农业开发和农村经济发展，支持文化、教育事业发展，帮助企业解决资金临时性周转困难，支持企业技术改造和产品开发，支持商贸流通，促进整个社会经济发展等。

宁夏通过宁夏农业综合投资有限责任公司、宁夏银行、黄河农村商业银行、宁夏担保集团有限公司、宁夏惠民投融资有限公司、宁夏国有资本运营集团有限责任公司等公司国家资本金和政府基金投资，加大政府在宁夏经济建设中的资本投入。

第一节　财政周转金

一、周转金管理

1995年，自治区出台《扶持市县财政收入上台阶办法》，坚持给予扶持政策同取消定额补助挂钩、扶持与奖罚相结合的原则，对列入财政收入上台阶的市县，自治区采取提前拨补与借用周转金相结合的办法，提前拨补按取消定额补助的数额在第一年与第二年分别给予50%。周转金按挂钩比例计算，每年的借款额相当于取消定额补助的133.3%。

1996年，制定出台《宁夏回族自治区财政周转金管理实施细则》，实行统一政策，分级管理。

2000年，按照国务院要求，对财政周转金进行整顿，截至年底，自治区本级借出财政周转金41072万元，其中地市县财政借款29728万元，自治区属单位借款11344万元。对近300个借款单位15年来的借款进行实地调查，地市县级财政周转金成为呆账的13213万元，占44%，呆账资金大部分有法院破产裁定书。是年，共拨付各地市县农业综合开发有偿资金3508万元，回收本金1284万元，回收占用费37.5万元。归还中央财政借款1150万元，归还占用费33.65万元。

2001年，通过转增资本金、核销、扣款等方式清理整顿周转金。是年，豁免市县周转金借款9005万元。

二、预算周转金

预算周转金是指各级政府为调剂预算年度内季节性收支差额，保证及时用款而设置的周转资金。各级政府预算周转金从本级政府预算的结余中设置和补充，其额度应当逐步达到本级政府预算支出总额的4%。预算周转金由预算部门财政周转金实行集中管理、集体决策、分工负责、互相监督，统一开户，统一核算。1993年，自治区增设预算周转金1万元，1997年增设预算周转金933万元，1998年增设预算周转金720万元，1999年增设预算周转金5万元，2003增设预算周转金10万元。2005—2006年，每年增设预算周转金10万元。2010年增设预算周转金1000万元。2018年增设预算周转金961万元。

三、支农周转金

1991年，全区共拨付流动资金1.77万元，当年发放周转金270万元，累计发放周转金8212万元，支农周转金增长68%。

1992年，出台《宁夏回族自治区财政支农周转金使用管理办法》，其主要内容为：支农周转金回收期限一般为两年，回收后的财政支农周转金将继续滚动使用；采用“期内占用费低费率、逾期占用费高费率”的原则收取财政支农周转金占用费，所收费用用于补充财政支农周转金。是年，发放周转金2212万元，应回收1992年到期1390万元，实际回收706万元，回收率约为51%。

1993年，制定财政支农周转金使用管理办法。1994年，向财政部借入周转金200万元。对全区支农周转金进行检查，核实债权债务，对到期应偿还周转金逐项进行清理，收回逾期周转金600多万元。

2000年，根据财政部有关要求，取消财政支农周转金，保留农业综合开发周转金。是年共拨付各地市县农业综合开发有偿资金3508万元，回收本金1284万元，回收占用费37.5万元；归还中央财政借款1150万元，归还占用费33.65万元。

四、文教周转金

1988年9月16日，财政部发布《关于社会文教行政事业周转金的设置、使用和管理的暂行规定》，明确各级财政部门设置周转金，采用有偿方式，周转使用。1993年，自治区用文化事业单位压缩下来的经费建立“以文补文”专项周转金和奖励经费，用以扶持“以文补文”活动。1994年，向财政部申请借入文教周转金200万元，对历年借出的周转金进行清理，共收回逾期周转金600多万元。1996年，通过扣款或扣担保单位拨款等手段，收回到期周转金180多万元。

五、企业周转金

1993年，自治区财政厅印发《宁夏回族自治区乡镇企业周转金使用管理暂行办法》，从当年起设立乡镇企业专项周转金和贴息资金，试行风险抵押。是年，利用财政周转金2000多万元，对银川橡胶厂、西北轴承厂、吴忠仪表厂、银川亚麻厂、银川棉纺厂、银川二毛厂以及部分市县企业给予重点扶持。

1994年，筹集和调剂财政周转金2720万元，重点用于支持石嘴山钢铁厂、吴忠配件厂、青山试验机厂、宁光电工厂、长城机床厂、银川起重机厂、宁夏铁合金厂、银川棉纺厂、银川亚麻纺织厂及吴忠、中卫、彭阳等市县的部分骨干企业和拳头产品；安排周转金290万元，对短期内扭亏、减亏有望的银川氮肥厂、宁夏化工实验厂、贺兰山磷矿等企业以扶持。是年，回收周转金795万元。

1995年，筹措财政周转金3350万元，对扭亏有望的宁夏电化厂、吴忠仪表厂、银川拖拉机厂、青铜峡造纸厂、宁夏制药厂等区属企业及石嘴山、中卫、贺兰、惠农等市县部分企业的短、平、快项目给予重点扶持，使企业技术改造和产品开发中的资金紧缺矛盾得到基本解决。1997年，安排财政周转金1700多万元，对扭亏、减亏、增盈有望的银川电线厂、吴忠配件厂、银川毛纺厂、银川棉纺厂、宁光电工厂等企业优先给予扶持。

1999年，豁免石炭井矿务局、灵武矿务局、青铜峡水泥厂、银川起重机总厂、银川化肥厂、宁夏亚麻厂等改制企业财政周转金，增加企业国家资本金，降低企业资产负债率。

六、商贸及其他周转金

1993年，组织对历年商贸业务周转金进行清理，改进资金借款方式，加速资金周转，提高资金使用效果。

1996年，对商贸周转金的借贷及用户的信用情况进行清查排摸，参照财政部周转金管理办法确定“限定投向，择优扶持；拾遗补阙，注重改造；讲求效益，严格手续；周转使用，按期归还”的商贸周转金使用原则。

1998年，从商贸周转金中划转及清理自治区粮食局应交未交财政资金。1999年，会同自治区粮食局、审计厅、农业发展银行等部门，对全区粮食企业的新增粮食财务挂账和其他不合理贷款逐户清查、核实和分解，清理收回财政周转金2007万元。2003年，核销自治区粮食局直属企业财政周转金借款，转为组建中的自治区粮食集团公司资本金。2007年，全部豁免自治区财政借给各市县的财政周转金划拨到宁夏伊斯兰投资有限公司的周转金。

第二节　国家资本金

一、国家资本金投入与管理

1993年，根据《商品流通企业财务制度》规定，明确国有外贸企业固定基金、流动基金、专用基金中的更新改造基金，以及国家专项拨款中的挖潜更新改造拨款余额为国家资本金。

1994年，在国有企业中建立资本金效益考核制度，对67户自治区级试点企业资本金进行逐户核实。是年，调增国家资本金8.3万元，对资产负债率高、资本金不足的企业，在财税政策上给予扶持。

1995年，凡股份有限公司中的国有股权，未明确授权持有机构的一律由各级国有资产管理部门持有。

1996年，为深化投资体制改革，建立投资风险约束机制，有效控制投资规模，提高投资效益，促进国民经济持续、快速、健康发展，国务院下发文件，决定从1996年开始，对固定资产投资项目试行资本金制度。试行投资项目资本金制度主要是对各种经营性质项目，包括国有单位的基本建设、技术改造、房地产开发项目和集体投资项目等。

1997年，将自治区拨改贷资金本息余额转为国家资本，对部分管理水平较高，产销衔接较好，具有较强发展后劲的重点企业增拨资本金1930万元，分配吴忠仪表厂300万元、宁夏电机总厂100万元、银川化肥厂250万元、石嘴山钢厂350万元、宁夏焦化炼铁总厂200万元、青铜峡造纸厂250万元、宁夏中药厂80万元、宁夏制药厂200万元、宁夏水泥厂200万元。

1998年，对自治区确定的21户重点优势骨干企业，落实税收返还、财政贴息、加速折旧、补充资本金1800多万元。

1999年，对贺兰造纸厂、青铜峡水泥厂、银湖酒业公司等一批企业技改项目，采取拨补资本金1200万元的方式给予支持。

2000年，拨补资本金300万元，对银湖酒业公司、灵武精米加工厂技改项目给予填平补齐，对有大量订货合同、能大幅减亏的大河机床厂和长城机床厂分别拨补资本金100万元。

2001年，制定下发《宁夏回族自治区企业国有资本与财务管理暂行办法》，从国有资本投入管理、国有资本营运管理、国有资本收益管理、财务考核与评价等5个方面明确主管财政机关、企业及企业集团各自的管理职责与权限。

2011年，制定印发《宁夏回族自治区区本级国有资本经营预算编报办法（试行）》，对国有资本经营预算收支范围、预算编报程序、预算执行和预算监督等作了规定。印发《关于下达自治区国有企业2010年度国有资本经营预算收缴比例的通知》，明确不同行业收益收缴比例，共收缴9户自治区级国有企业2010年度国有资本经营收益756.6万元，并将收缴收益全部拨付给企业作增加国有资本金。

2012年，注入宁夏农垦集团公司国家资本金2000万元，支持黄羊滩农场1万亩葡萄种植基地建设。

2013年，自治区财政厅、科学技术厅《关于转发〈科学事业单位财务制度〉的通知》明确规定，转为企业管理的单位，其全部资产扣除负债后转作国家资本金。

2014年，财政部印发《关于完善政府预算体系有关问题的通知》，加强国有资本经营预算支出与一般公共预算支出的统筹使用。国有资本经营预算支出范围除调入一般公共预算和补充社保基金外，限定用于解决国有企业历史遗留问题及相关改革成本支出、对国有企业的资本金注入及国有企业政策性补贴等方面。一般公共预算安排的用于这方面的资金逐步退出。

2015年年末，自治区地方国有控股及参股金融企业资本总额为511464.13万元，国家资本及国有法人资本共193926.10万元，占资本总额的37.92%。

2016年，为国有企业注入资本金12035万元，成立宁夏扶贫开发投融资有限公司，服务于易地扶贫搬迁工作。安排地方债务7.8亿元、易地搬迁专项建设基金4亿元，用于项目注册资本金。

2017年年底，全区地方金融企业资产总额2805.88 亿元，负债总额2403.69亿元，所有者权益总额402.18亿元，形成国有资产234.17亿元。

2018年，自治区设立政策性纾困基金，按照分期分批、积极稳妥的原则，由宁夏国有资产投资控股集团有限公司负责管理运作，主要通过债权、股权直投、参股设立子基金、转贷助贷、贷款风险补偿金、贷款贴息等方式，支持困难企业脱困。是年，注入国有资本金11331万元。

二、公司选介

宁夏农业综合投资有限责任公司 2009年12月27日，宁夏农业综合投资有限责任公司在银川挂牌成立，注资2.8亿元。公司经营范围包括现代农业项目投资，融资性担保业务，土地开发投资，受托办理财政资金平台投放与管理，以及其他农业项目的投资等。2011年4月20日，由宁夏农业综合投资公司与马来西亚法希姆科技有限公司联合投资组建的宁夏法希姆国际清真产业有限公司在银川成立。5月12日，宁夏农业综合投资有限公司全资子公司——宁夏绿色六盘农业发展有限公司注册成立。2013年7月20日，自治区人民政府批复，同意将银川热电有限公司所持黄河农村商业银行全部股份划转给宁夏农业综合投资公司。2014年，补充资本金1亿元。

宁夏黄河坛文化产业发展有限公司 2010年8月成立。2011年1月11日，宁夏黄河坛文化产业发展有限公司增资扩股后注册资本金达到2.25亿元。其中，自治区财政厅以金沙湾景区建设投资入股1.25亿元，占该公司注册资本55.56%；宁夏金沙湾农业综合开发技术示范推广中心（有限公司）以现金和实物出资5000万元，占注册资本22.22%；宁夏农业综合投资公司以现金投资入股5000万元，占注册资本22.22%。主要从事文化艺术交流，旅游产品的开发与销售，农林产品种植、生产、加工、销售等经营服务活动。

宁夏现代农业集团公司 2011年4月15日，自治区人民政府批复成立宁夏现代农业集团公司并拨付注册资本金1000万元，自治区财政厅为该公司的出资人和管理机构。2012年，自治区财政厅决定，宁夏现代农业有限公司注册资本金增加为58261万元。集团公司经营业务涉及农林种植、禽畜养殖、农产品加工、文化旅游、酒店经营、餐饮服务、物业管理、机械施工、农机服务等9大板块。

宁夏文化产业投融资有限公司　2012年，自治区人民政府同意组建宁夏文化产业投融资有限公司，为大型国有独资非银行金融机构，由自治区财政厅、文化厅监督管理。是年，首期拨付资本金5000万元，至年底国有注册资本金达8.48亿元。该公司主要为文化企业、文化项目贷款、担保；重点文化项目等文化设施建设和大型文化活动投融资；按照国家政策规定，发行中长期企业债券和短期融资债券等。

宁夏广电报业传媒有限公司　2012年9月成立，注册资本金为250万元。公司经营范围：编辑、出版发行《宁夏广播电视报》；发布广告；指导群众收听、收看广播电视节目等。

宁夏银行　1998年成立银川市商业银行，由自治区和银川市两级财政控股，自治区财政出资4600万元。2007年12月28日，经中国银行业监督委员会批准，银川市商业银行更名为宁夏银行。2009年，增资扩股8800万元。2012年12月，自治区人民政府同意自治区财政投资并增持宁夏银行股份11794万股。2018年，全行下辖44家分支机构，其中宁夏境内辖39家支行、1家营业部和1家小企业信贷中心，营业网点遍布全区各市县，金融服务覆盖宁夏全境。

黄河农村商业银行　成立于2008年12月，是中国银监会确定的全国省级农村信用联社改革试点单位。黄河农村商业银行成立后，通过入股的方式改制为具有法人资格的农村股份制银行，通过控股管理各县市联社，业务范围覆盖宁夏全境。2009年，农村信用联社向黄河农村商业银行入股2.1亿元。2010年，筹措入股资金0.9亿元。是年，宁夏电投集团向黄河农村商业银行入股1亿股。

宁夏担保集团有限公司　2007年9月26日成立。该公司是将宁夏投资置业有限公司全部资产、宁夏电力投资集团有限公司在宁夏恒大中小企业担保有限公司、宁夏中小企业担保有限公司、宁夏银控科技创业投资有限公司、银川经济技术开发区投资控股有限公司、上海宁夏投资发展有限公司、宁夏教育信息技术股份有限公司的股权划转，再注入部分资金或资产，重新组建的国有独资公司，主要从事各种担保、咨询服务、投资业务成立时，注册资本亿元。2009年，自治区财政补充资本金3.1亿元。公司成立后，缓解了全区企业担保难、融资难问题。

宁夏园艺产业有限责任公司　2009年成立，有国有资本金600万元。公司经营范围：农业科技技术示范；农业技术培训；农业科技成果转化；举办展览展示；花卉蔬菜生产、销售；旅游观光；园区物业管理；花卉、蔬菜、种子、种苗以及农产品销售加工等。2013年4月7日，自治区财政厅决定将宁夏园艺产业有限责任公司500万元国有股权无偿划转给宁夏现代农业集团有限公司。

宁夏惠民投融资有限公司　2014年4月，根据自治区人民政府第20次常务会议《关于自治区财政厅申请组建棚户区改造融资平台的批复》（宁政函〔2014〕47号），自治区人民政府授权自治区财政厅履行出资人职责，设立省级综合性投融资平台公司——宁夏惠民投融资有限公司。公司经营范围：负责全区棚户区改造工程项目融资；自治区重点工程和重大项目融资；国有资产经营等。

宁夏国有资本运营集团有限责任公司　2014年12月3日成立，注册资本300亿元，为国有独资公司，受自治区政府直接领导和管理。公司经营范围：投资及相关业务；政府重大建设项目融资；先进制造业、现代服务业和高新技术产业项目的投资与运营；国有股权持有与资本运作；国有资产及债权债务重组；财务顾问和经济咨询业务；经批准的非银行金融服务业项目的运作；经批准的国家法律法规禁止以外的其他资产投资与运营活动等。

宁夏机场有限公司　2004年成立。公司经营范围：民用机场航空运输保障服务；机场特种设备维修、新产品开发；机场技术协作及咨询服务；地面交通运输服务。2017年9月14日，自治区政府与西部机场集团在银川签署《陕宁机场联合重组补充协议》，宁夏机场公司注册资本从人民币2.2亿元增加至39亿元，增加规模为17.72倍，其中自治区政府占总股本的20%，后期继续注资6亿元，将比例提高到30%。

第三节　政府投资基金

一、政府投资基金管理

政府投资基金，是指由各级政府通过预算安排，以单独出资或与社会资本共同出资设立，采用股权投资等市场化方式，引导社会各类资本投资经济社会发展的重点领域和薄弱环节，支持相关产业和领域发展的资金。政府出资，是指财政部门通过一般公共预算、政府性基金预算、国有资本经营预算等安排的资金。财政部门根据本级政府授权或合同章程规定代行政府出资人职责。

2015年后，自治区各级政府不断探索支持实体经济发展的措施，设立各类股权投资基金、担保基金和风险补偿金等政府投资基金。

2017年，自治区政府印发《宁夏回族自治区人民政府投资基金管理暂行办法》（宁政办发〔2017〕204号），规范和加强对自治区政府投资基金投资运作的管理。截至2017年年底，全区各级政府共出资100.14亿元（自治区财政出资 53.91亿元），设立各类政府投资基金154支，资金规模172.38亿元。其中，股权投资基金6支，政府资本51.36亿元，撬动社会资本69.76亿元，总规模121.12亿元，对外投资累计100.66亿元；融资担保类基金148支，政府出资48.78亿元，撬动社会资本2.48亿元，总规模51.26亿元，累计撬动贷款492.53亿元。

2018年9月，自治区政府投资基金管理委员会办公室（自治区财政厅）出台《宁夏回族自治区政府投资基金（股权类）绩效考评管理暂行办法》，健全完善自治区政府投资基金管理体系，为确保政策目标实现、财政资金安全提供制度保障。

二、各级政府出资设立的投资基金

自治区财政单独出资设立基金　截至2018年，自治区财政单独出资设立的基金共13支，自治区财政共出资35.01亿元，资金规模50.64亿元，其中股权投资基金3支，财政出资24亿元，撬动社会资本15.62亿元，总规模39.63亿元，对外投资累计19.42亿元，包括自治区政府产业引导基金、创新创业投资基金、宁夏环保产业基金；融资担保类基金10支，资金规模11.01亿元，累计撬动贷款183.96亿元，包括工业担保基金、科技风险补偿金等。

自治区与市县财政共同出资设立基金　截至2018年，自治区与市县财政共同出资设立的基金共12类96支，包括创业、扶贫、特色农业等融资担保基金，总投资28.38亿元，其中自治区出资18.9亿元，市县出资9.48亿元，累计撬动贷款247.16亿元。

县财政单独出资设立基金　截至2018年，市县共出资36.75亿元，设立基金45支，累计撬动社会资本56.62亿元。其中，股权投资基金3支，分别为银川市产业基金、石嘴山市产业引导基金、青铜峡市金砖基金，政府出资27.36亿元，撬动社会资本 54.14亿元，总规模81.5亿元，累计实现投资81.24亿元；融资担保类基金42支，主要为担保基金和风险补偿基金，总规模11.87亿元，累计撬动贷款61.41 亿元。

第二章　政府性债务

政府性债务（亦称公债）是指政府作为债务人凭借其信誉与债权人之间按照有偿原则发生信用关系来筹集财政资金的一种信用方式，也是政府调度社会资金，弥补财政赤字，并借以调控经济运行的一种特殊分配方式。政府性债务是整个社会债务的重要组成部分，具体是指政府在国内外发行的债券或向外国政府和银行借款所形成的政府债务。政府性债务分为中央政府债务和地方政府债务。中央政府债务即国债，是中央政府为筹集财政资金举借的一种债务。

为了平衡财政，宁夏通过发放国债、地方政府债券等增加财政收入。在政府债务管理方面，一方面通过日常性管理、专项债务化解等加强国内债务管理；另一方面通过归口管理加强政府外债管理。2000年，建立外债动态台账，加大政府外债监控力度。宁夏政府性债务管理的各项指标始终处在绿色安全区域，在化解乡镇债务管理风险和政府外债管理方面，位居全国前列。

第一节　债券发行

一、国债

国债，是指国家发行的债券，是中央政府为筹集财政资金而发行的一种政府债券，是中央政府向投资者出具的、承诺在一定时期支付利息和到期偿还本金的债权债务凭证。由国家财政信誉作担保，信誉度高，历来有“金边债券”之称。其种类有凭证式国债、无记名（实物）国债、记账式国债3种。

1991年，国家推行国库券市场化，当年财政部分配宁夏国库券发行任务1.75亿元，实际完成1.95亿元，兑付本息5500万元，转让近1亿元，国债服务部发展到18家。1993年，中央分配宁夏国库券发行任务1.47亿元，完成1.48亿元，各级财政、银行、邮政部门共设兑付网点100多个，兑付国债券本息8495.9万元。

1993年，国债转让工作较上年有较大进展，机构交易趋于活跃，但由于发行市场受挫，同时以1992年国库券为代表的交易价格低于面值，柜台交易比较冷清，全年国债中介机构国债交易库存额为2857.4万元。

1994年，发行两年期国库券8000万元。1995年，发行国库券1.53亿元，兑付各年度到期国债券1.5亿元，经营收入2000万元，利润总额1200多万元。累计向全区财政国债中介机构发放借款3680万元，到期回收率100%，对国债重要凭证及“变造券”进行调查，对持有或已兑付1992年国库券进行清理，清点销毁已兑付国债券。1996年，共兑付到期国债本息2.8亿元。销毁1992年度已兑付国债券，收缴20余家单位的已兑付券面，分门别类进行整理，并会同自治区公证处、专员办、人民银行等有关部门复查后销毁。

1997年，完成三期国债券、一期定向券8800万元的销售任务，兑付国债券本息5098万元。1998年，国家拨付宁夏国债兑付资金17243万元，全区共兑付国债本息15588万元。

1999年，根据财政部《关于加强国债专项资金管理的通知》，自治区决定凡使用国债专项资金的建设项目，必须在建设银行开设“国债专项资金专户”实行单独建账，单独核算，按照“同比例直接拨付”，对区级建设项目由自治区财政直接拨付，市县级建设项目由自治区级财政拨付后，市县级财政结合当地实际直接拨付。是年，国家增发国债资金1200亿元，其中安排宁夏国债专项资金10.23亿元，涉及农林水利、交通、城市基础设施及环保、公检法司、高校扩招、广播电视、电网改造、高新技术产业化等8类57个项目。

2000年，国家共安排宁夏国债专项资金14.54亿元，涉及农林水利、交通、城市基础设施及环保、公检法司、高校扩招、广播电视、电网改造、高新技术产业化等10类48个项目。截至2000年12月25日，自治区财政共计拨付国债专项资金11.49亿元（包括结转4.4亿元），其中拨付转贷资金2.6亿元。是年，兑付到期债券38个品种，共5150万元。对未到期的凭证式国债清理造册，向工商银行宁夏分行营业部移交凭证式国债分4个品种，共1920万元。

2001年，国家共安排自治区国债专项资金25亿元，涉及农林水利、交通、城市基础设施及环保、公检法司、高校扩招、广播电视、电网改造、高新技术产业化等9类109个项目，其中自治区财政直接拨付资金21.23亿元。截至2001年11月30日，自治区财政共拨付国债专项资金13.39亿元，其中拨付转贷资金3.35亿元。

2002年，国家安排自治区国债专项资金228741万元，自治区本级安排统筹基本建设资金1.4亿元，国债专项资金涉及行业保持不变。2003年，争取国债资金17亿元，其中国债补助资金14亿元，国债转贷资金3亿元。2004年，国债专项资金预算指标139695万元，拨付国债专项资金133886万元，其中自治区级国债专项资金69764万元。

2005—2007年，中央增发国债补助资金311242万元，拨付国债转贷资金23016万元。2007年，中央拨付国债专项资金9.24亿元。2008年，中央下达国债资金1.2亿元，用于支持农村公路和客运站建设，扩大内需国债资金14.7亿元。

2009年，中央新增投资33.6亿元，自治区财政实际拨付33.56亿元。

2012年，财政部将中央财政转让贷给宁夏的1.55亿元公益性项目国债资本金，全部转为中央财政拨款，主要涉及5个所属地级市和部分县区的城市集污及污水处理工程、城市垃圾无害化处理工程、城市生活废弃物无害化综合处理工程、中回用管网配套工程等公益性项目。

二、地方政府债券

地方政府债券，是指有财政收入的地方政府及地方公共机构发行的债券。是地方政府根据信用原则，以承担还本付息责任为前提而筹集资金的债务凭证。同中央政府发行的国债一样，地方政府债券一般也是以当地政府的税收能力作为还本付息的担保。它是作为地方政府筹措财政收入的一种形式而发行的，其收入列入地方政府预算，由地方政府安排调度。

2009年，为应对世界金融危机，促进经济增长，财政部代理发行2000亿元地方政府债券。债券发行采用荷兰式招标方式确定票面利率，最低利率为1.6%，最高利率为236%。发行宁夏地方政府债券30亿元，票面年利率为1.7%，处于较低水平。地方政府债券资金自治区本级财政使用10亿元，市县财政使用20亿元。

2010年，财政部代理宁夏发行26亿元地方债（三年期18亿元，五年期8亿元）。其中，三年期地方债发行面值总额为286亿元，确定票面利率为2.77%；五年期地方债发行面值总额为152亿元，确定票面利率为2.9%。完成地方债券资金归还利息5099.9万元。

2011年，国务院批准宁夏2011年度发行地方债务为26亿元，发行13亿元。该期债券期限3年，票面年利率为3.67%，10月24日起在各交易场所以现券买卖和回购的方式上市交易。

2012年，争取扩大中央代发地方债支持规模，落实年度地方债券资金33亿元，较上年多发7亿元，增长26.9%。

2013年8月18日，财政部批准宁夏地方债规模49亿元。其中，三年期24亿元，票面利率4.25%；五年期25亿元，票面利率4.33%。

2014年，经国务院批准，上海、浙江、广东、深圳、江苏、山东、北京、江西、青岛、宁夏等10个省区市开始试点地方政府债券自发自还，不再由中央财政代发代偿地方债券。是年8月11日，发行55亿元政府债券，增加发债规模6亿元，发行期限由2013年的3年、5年期各占50%，调整为5年、7年、10年期的比例为4∶3∶3，延长期限2～5年，发行利率与现行国债水平持平。

2015年，中央财政核定宁夏政府债券发行额度为289亿元，其中置换债券207亿元，新增债券82亿元。

2016年，财政部下达宁夏政府债券发行限额547亿元，其中政府债务新增限额102亿元，置换债券发行规模上限445亿元。是年，通过发行政府债券，对到期和逾期存量债务进行置换，累计发行置换债券266亿元，维护市县政府信用，减轻市县偿债压力。

2017年5月25日，自治区十一届人大常委会第三十一次会议审议通过《宁夏回族自治区人民政府关于提请审议2017年地方政府债务限额的议案》，批准2017年全区地方政府债务限额1375.9亿元。是年，累计发行地方债券318.2亿元，其中新增债券133.2亿元，置换债券185亿元。是年，拨付地方政府债券41.76亿元、部门预算126.16亿元，累计完成项目支出72.76亿元，银川河东国际机场三期、中南部城乡饮水、百万亩盐碱地改良等一批惠民生、利长远的重大基础设施建成投用。

2018年，全年分5批在中央国债登记结算有限责任公司和上海证券交易所发行宁夏政府债券405.79亿元，其中首次在证券交易所发行宁夏政府债，成功吸引券商资金52.7亿元，首次发行宁夏政府项目收益专项债，首次发行土地、交通专项债券13亿元，支持银西高铁、城际铁路、银百和京藏高速公路改扩建、自治区成立60周年等重大项目建设，争取包银高铁建设债券资金36亿元，发行新增债券202亿元、地方政府置换债券120亿元、再融资债券84亿元，缓解市县还债压力，债务风险总体可控。

表4-1　2009—2013年宁夏回族自治区地方政府债券收入、还本和余额情况表

单位：万元

地区	2009年		2010年		2011年		2012年			2013年		
	当年地方政府债券收入	年末地方政府债券余额	当年地方政府债券收入	年末地方政府债券余额	当年地方政府债券收入	年末地方政府债券余额	当年地方政府债券收入	当年政府债券还本支出	年末地方政府债券余额	当年地方政府债券收入	当年政府债券还本支出	年末地方政府债券余额
合计	300000	300000	260000	560000	260000	820000	330000	300000	850000	490000	180000	1160000
自治区本级	100000	100000	60000	160000	50000	210000	50000	106950	160000	74126	14233	234126
银川市	51890	51890	49209	101099	27100	128199	30000	51890	106309	60000	29209	137100
永宁县	4320	4320	5121	9441	4500	13941	6000	4320	15621	10000	5121	20500
贺兰县	4240	4240	6193	10433	4000	14433	6000	4240	16193	10000	6193	20000
灵武市	6400	6400	8008	14408	6000	20408	6000	6400	20008	10000	8008	22000
宁东							30000		30000	35000		65000
石嘴山市	26500	26500	20066	46566	12850	59416	19750	26500	52666	35000	20066	67600
平罗县	6840	6840	9170	16010	7442	23452	8500	6840	25112	10000	9170	25942
吴忠市	12100	12100	14674	26774	14040	40814	20000	12100	48714	40000	14674	74040
红寺堡区	2080	2080	4000	6080	6988	13068	10000	2080	20988	11850	3250	28838
青铜峡市	9500	9500	11097	20597	20000	40597	11000	9500	42097	12000	11097	43000
盐池县	5160	5160	3580	8740	9958	18698	8000	5000	21538	9750	2830	27708
同心县	5400	5400	6646	12046	9635	21681	11000		27281	10750	6601	31385
中卫市	23780	23780	21423	45203	11050	56253	20000	23780	52473	45000	21423	76050
中宁县	12760	12760	8119	20879	14850	35729	15000	12760	37969	23000	8119	52850
海原县	10600	10600	3297	13897	7599	21496	14000	10000	24896	7250	3069	28849
固原市	7200	7200	12165	19365	18950	38315	22000	6000	53115	39124	7165	80074
西吉县	4800	4800	5743	10543	12488	23031	15000	1500	33231	17500	3793	44987
隆德县	3080	3080	3952	7032	7800	14832	8500	2500	20252	8250	452	24550
泾源县	2080	2080	2029	4109	5170	9279	7250	2000	14449	7900	1529	20321
彭阳县	1270	1270	5508	6778	9580	16358	12000	1000	27088	13500	3998	35080

表4-2　2014—2018年宁夏回族自治区地方政府债券收入、还本和余额情况表

单位：万元

地区	2014年			2015年			2016年			2017年			2018年		
	当年地方政府债券收入	当年政府债券还本支出	年末地方政府债券余额	当年地方政府债券收入	当年政府债券还本支出	年末地方政府债券余额	当年地方政府债券收入	当年政府债券还本支出	年末地方政府债券余额	当年地方政府债券收入	当年政府债券还本支出	年末地方政府债券余额	当年地方政府债券收入	当年政府债券还本支出	年末地方政府债券余额
合计	550000	130000	1580000	2890000	240000	4230000	3666557	370000	7526557	3182065	170000	105386	4057882	840107	13756397
自治区本级	321000	8168	546959	618425	60000	1105384	576255	63805	1617834	748425	-41973	2408232	1261944	136738	3533438
银川市	60000	27100	170000	564308	50000	684308	712446	50000	1346754	513553	6960	1853347	915477	146178	2622646
永宁县	12000	4500	28000	524822	6000	546822	642780	10000	1179602	282022		1461624	178854	158596	1481882
贺兰县	20000	4000	36000	61164	6000	91164	97356	10000	178520	54414		232934	46024	8430	270528
灵武市	5000	6000	21000	120356	6000	135356	50156	10000	175512	182937		358449	82608	27359	413698
宁东	30000		95000	73710	17750	150960	134349		285309	125150	12250	398209	107226	49226	456209
石嘴山市	27000	12850	81750	188271	19750	250271	262273	35000	477544	171990		649534	109983	39780	719737
平罗县	3000	7443	21500	46061	8500	59061	74078	10000	123139	69971		193110	163376	9191	347295
吴忠市	20000	14040	80000	103579	20000	163579	215406	40000	338985	383264		722249	67544	20436	769357
红寺堡区			28838	20805		49643	27734	6663	70714	30230	22325	78619	42562	16945	104236
青铜峡市	10000	20000	33000	63767	11000	85767	121706	12000	195473	56779		252252	54117	13485	292884
盐池县			27708	4495		32203	34370	7350	59223	38738	11628	86333	81946	10005	158274
同心县			31385	10888		42273	27078	6450	62901	51932	21535	93298	79797	12480	160615
中卫市	30500	11050	95500	199013	20000	274513	224412	40000	458925	149534	160	608299	158616	38908	728007
中宁县	5000	14850	43000	153051	15000	181051	131034	23000	289085	905		289990	117232	35128	372094
海原县			28849	29623		58472	32067	7474	83065	45855	24647	104273	103536	9218	198591
固原市	6500		86574	74351		160925	123998	14700	270223	124100	45760	348563	287762	53699	582626
西吉县			44987	3089		48076	106583	6700	147959	33172	29887	151244	54206	18221	187229
隆德县			24550	7102		31652	28578	5400	54830	62200	12988	104042	29372	9902	123512
泾源县			20321	8033		28354	16048	4458	39944	19799	7963	51780	36102	8583	79299
彭阳县			35080	15087		50167	27850	7000	71017	37095	15870	92242	79598	17599	154241

第二节　债务管理

一、国内债务管理

(一)日常性管理

1992年,自治区财政厅印发《宁夏回族自治区国债服务部办理国债券还本付息业务制度》,明确对个人发行的到期国债券办理国债还本付息业务,1984年及以前的券面按中签号码兑付,兑付中签号码以财政部的公告为准,1985年以后的券面到期后不核对号码,一次性兑付,超过还本最后年限的,不加计利息。从2000年开始,自治区财政厅在地方决算报表中增加债务统计简表,每年统计一次地方政府性债务。

2000年,印发《关于加强生态环境建设项目专项资金管理的通知》,规范资金使用管理。是年,组织对宁夏山区5个县的生态环境建设和银川、石嘴山、吴忠、灵武4个市的16个国债专项资金项目的资金使用和财务管理情况进行全面检查,追回挤占挪用的债券资金46.8亿元。

2001年7月20日至8月22日,聘请宁夏瑞衡资产评估公司,对生态环境国债建设项目和交通扶贫公路国债建设项目资金使用管理情况进行检查,对自治区扬黄灌溉工程、石中高速公路等13个国债资金项目进行审计,停拨问题突出的彭阳等县国债资金。

2002年,对中小学危房改造、高等教育、生态环境、扶贫公路、退耕还林5大类68个,涉及资金3.54亿元的国债资金建设项目进行检查,共查出违规违纪资金1395万元。

2006年,建立地方政府性债务报表体系,开始对地方政府性债务专项统计,完成对2005—2006年退牧还草项目国债资金管理和使用效益的核查。

2007年,对1998—2006年全区使用国债转贷资金项目进行梳理和计算,并按照财政部要求及时上报宁夏申请中央财政豁免使用国债转贷资金项目清单。年底,中央财政豁免自治区使用国债转贷资金20742万元。

2009年,自治区人民政府出台《宁夏回族自治区政府性债务管理办法》,启动市县政府性债务管理工作,推行地方政府债券"联合贷款"模式,拨付6. 3亿元建立自治区还贷准备金。

2010年,将49个项目纳入各级政府性债务项目,加强管理。2011年,根据国家加强金融宏观调控政策,规范政府融资平台,拓宽融资渠道。

2013年8月1日,审计署西安特派办开始对自治区、市、县、乡四级政府及中央驻宁夏单位截至2012年年底和2013年6月底的政府性债务进行全面审计。

2017年,印发《关于进一步加强政府性债务管理的实施意见》,对政府置换债券资金实行集中管理和分账核算,健全债务风险预警、应急处置、统计监测机制,消化存量,遏制增量,严防违规举债。是年,加大监督检查力度,追回挤占挪用的债券资金46.8亿元。

2018年,出台防范化解隐性债务风险实施意见,制定隐性债务风险化解方案,按月核算政府债券还本付息数据明细,分年度、分类型、分地区测算还本付息明细,督促、核对自治区本级及市县按时足额偿还债券本息。

(二)专项债务化解

专项债务,包括地方政府专项债券(以下简称专项债券)、清理甄别认定的非地方政府债券形式的存量专项债务。

高校债务　截至2009年年底,全区10所高校银行贷款余额为24.56亿元。2011年9月28日,自治区召开化解高校债务工作会议,计划用两年时间基本化解全区高校债务,自治区财政厅、教育厅分别与有关高校及石嘴山市、吴忠市政府签订化解高校债务责任协议书。截至2012年3月,共化解高校债务近23亿元,其中2011年153190万元,2012年75663万元,涉及宁夏大学、宁夏医科大学、宁夏师范学院、宁夏职业技术学院、宁夏工商职业技术学院、宁夏建设职业技术学院、宁夏司法警官职业学院、宁夏财政职业技术学院、宁夏理工学院及宁夏民族职业技术学院等10所院校,其中宁夏大学债务金额最大,涉及7.4亿元,其余高校大部分债务都在亿元上下。

卫生债务　2012年,制定化解债务奖补资金使用管理办法,拨付基层卫生院可用于化解债务资金6200万元。2018年,在全国率先指导公立医院编制现金流量预算,规范公立医院筹资和投资行为,加强医院债务管理,确保公立医院财务收支平衡。严防自治区级公立医院产生新的债务,对债务负担较重的三甲综合医院给予贴息补助。

乡镇债务　2005年下半年,自治区人民政府下发《关于清理核实乡镇债务的通知》,对乡镇债务进行全面清理登记。2006年,启动化解乡镇债务"以奖代补"机制,印发《关于对乡镇举债行为实行责任追究的暂行办法》(宁党办〔2006〕20号),制定《自治区财政厅关于化解乡镇债务考核奖励暂行办法》《自治区财政厅关于化解乡镇债务的实施意见》,对截至2005年12月31日前的乡镇债务进行为期3个月的审计核实,实际债务总额7.38亿元,剔除不实债务2.52亿元,通过核销财政周转金及债权债务人协议、债权债务冲抵等措施化解1.11亿元。

2007年,印发《关于化解乡镇债务考核奖励暂行办法》《关于化解乡镇债务的实施意见》,补助市县化解乡镇债务资金比例占乡镇债务的41%,全区化解乡镇债务71%。

2010年,宁夏被列为全国清理化解乡村其他公益性乡村债务试点省份,预拨宁夏化解乡村债务补助资金1.03亿元,在灵武市先行试点。2011年,在平罗县、贺兰县、吴忠市利通区和青铜峡市开展化解村级债务试点,将核实锁定的村级债务逐笔纳入账内管理。

二、政府外债管理

政府外债是指财政部代表我国政府对外举借的债务,以国家主权信用为基础,又称主权外债,可分为中央财政统借统还和"统借自还"两类。中央财政统借统还是指财政部统一借入并安排中央财政预算资金对外偿还;"统借自还"是指财政部统一借入,还款时由财政部或其他转贷机构对外垫付以维护国家信用,最终由实际使用贷款的部门或项目单位负责偿还。政府外债包括借用国际金融组织贷款、外国政府贷款以及境外发行外币债券三种形式。

为加强政府外债管理,宁夏先后出台《宁夏世界银行贷款项目管理办法》《宁夏世界银行贷款项目财务管理办法》《宁夏世界银行贷款项目会计制度》《宁夏世界银行贷款项目物资招标采购管理办法》等外债管理制度办法。

（一）外债项目

20世纪80年代初期，宁夏开始使用世界银行贷款，截至1998年年底，共使用世界银行签订贷款项目13个，贷款1.3亿美元。其中，农业开发项目2个，教育项目5个，卫生项目4个，交通项目1个，环保项目1个。已完成建设项目7个，贷款4380万美元，约占贷款总额的34%；正在建设项目6个，贷款8620万美元，约占贷款总额的66%。

1999年，自治区财政厅配合财政部签署宁夏扶贫扬黄一期工程利用科威特政府第二笔贷款3300万美元转贷协议；引进世界银行国有农场商业化贷款450万美元，开发建设甘草麻黄生产基地；引进498万美元，支持广夏公司发展葡萄酿酒基地；转贷荷兰政府贷款997万荷兰盾，建设宁夏河套银北灌区排水工程。

2002年3月，财政部代表中国政府正式与日本国际协力银行签署宁夏重点风沙区生态环境综合治理项目贷款协议。项目总投资为7.09亿元人民币，贷款额5.3亿元人民币（79.77亿日元），年利率0.75%，贷款期40年（宽限期10年），国内配套资金比例为25%。项目建设期5年（2002—2006年），建设任务5.76万公顷（约80万亩），涉及银川市、吴忠市、石嘴山市、自治区农垦局等14个单位的35个乡镇。

是年，自治区申请政府外债总额近4亿美元，主要用于道路、生态、卫生、农业等基础领域。其中：已签约的项目有利用日本协力银行贷款6400万美元的“日元贷款宁夏重点风沙区生态环境综合治理项目”、利用国际农业发展基金1500万美元贷款的“宁夏中部干旱扶贫和环境改良项目”、利用世界银行贷款100万美元的银川市城市规划项目；已完成预评估的项目有利用亚洲开发银行2.5亿美元贷款的同心至泾源高速公路项目，利用世界银行贷款、英国政府赠1500万美元的“西部地区基础教育发展项目”；已进入财政部备选清单的项目有利用日元贷款2000万美元的彩电中心项目，利用日元贷款2000万美元的西部人才开发项目，利用意大利政府贷款930万美元的中宁县急救中心、中宁县信息化建设项目，利用以色列贷款680万美元的石嘴山第一人民医院等6家医院项目。

2003年，利用亚洲开发银行贷款2.5亿美元，用于银川至武汉西部大通道宁夏境内同心县至泾源县段高速公路建设项目。利用世界银行第四期技术援助贷款100万美元实施银川市城市发展战略研究项目。利用世界银行贷款1500万美元，由英国政府提供赠款进行贴息。利用日元贷款宁夏重点风沙区生态环境综合治理项目进入全面实施阶段，防风固沙林、围栏封育、人工种草和中草药种植分别完成2002年度计划的86%、93%、63%和61%，完成工程投资1.82亿元；利用日元贷款各2000万美元的宁夏彩电中心项目和宁夏大学、宁夏医学院人才培养项目。

2004年，日元贷款宁夏重点风沙区环境综合治理项目自2003年进入全面实施阶段后，截至2004年年底，已提款报账2704万美元。

2005年4月，宁夏利用国际农业发展基金会1450万美元贷款实施扶贫开发项目宁夏中部干旱带农村综合开发项目。

2007年，完成宁夏医学院附属医院利用北欧投资银行980万美元贷款引进医疗设备项目、宁夏煤业集团利用波兰政府7500万美元贷款矿山设备采购项目的贷款协议签署及贷款跟踪支付工作。

2008年，确定自治区绩效评价外债项目13个，其中外国政府贷款绩效评价项目11个（主要包括农业项目4个，卫生项目3个，工业项目2个，环境、电信项目各1个），国际金融组织贷款项目2个。是年，自治区投资建设国道211线灵武至甜水堡及古窑子经吴忠至青铜峡公路，全程长202.61千米，投资56亿元人民币，其中世界银行贷款2.5亿美元（17.7亿元人民币）。

2009年，宁夏实施国际金融组织贷款项目5个，外国政府贷款项目7个。

2010年，有5个国际金融组织和外国政府贷款项目获得财政部批准，涉及医疗、节水、治沙等多个领域，总金额近14亿元人民币。

截至2011年年底，宁夏共利用国际金融组织、外国政府和国际商业银行等国外贷款项目84个，累计贷款签约额13.8亿美元。其中，外国政府贷款一、二类项目23个，未纳入政府外债财务核算范围的外国政府贷款三类及国际商业贷款项目21个，中央在宁夏企业外债项目13个。

2012年，利用亚洲开发银行贷款实施农业综合开发项目，自治区农业综合开发办与亚洲开发银行草签项目协定。国家发改委正式批复宁夏利用亚洲开发银行贷款实施农业综合开发项目可行性研究报告，项目概算投资约2.91亿元人民币，其中引进外资3000万美元。完成利用以色列贷款实施农田水利建设项目前期准备工作，概算总投资48227万元人民币，其中利用以色列贷款6000万美元，占总投资的78%，全部由中央财政统借统还。

2013年，《银川市利用德国促进贷款2000万欧元建设城市供热系统综合改造项目》和《吴忠市利用沙特政府贷款3000万美元实施吴忠市人民医院迁建项目》获批列入外国政府贷款项目规划。是年，宁夏在建外债项目15个，贷款总额为6.02亿美元，涉及农业、生态、交通、医疗和城市基础设施领域。

2014年，全区使用政府主权外债在建项目13个，贷款总额44亿元，分布在交通发展、生态治理、农业开发、医疗卫生等领域。新申报国际金融组织和外国政府贷款项目8个，预算贷款总额折合人民币约16亿元。亚洲开发银行贷款1亿美元的宁夏六盘山扶贫公路项目、赠款100万美元的宁夏绿色低碳交通技援项目先后获批。

2015年，亚洲开发银行项目考察团对宁夏六盘山扶贫公路项目进行考察，争取项目贷款额度由1亿美元增加到1.9亿美元。以色列贷款宁夏高效节水农业示范项目贷款总额6000万美元，是中央统借统还项目。

2016年，全区利用政府外债实施的在建项目9个，其中国际金融组织贷款项目4个，外国政府贷款项目2个，赠款项目3个。有2个项目涉及中期调整，分别是世界银行贷款黄河东岸防沙治沙项目和亚洲开发银行贷款宁夏中部节水特色农业示范项目，涉及调整金额1亿美元。

完成谈判的项目有2个，分别是科威特贷款吴忠人民医院项目和亚洲开发银行贷款宁夏六盘山扶贫公路项目，争取贷款资金 1.3亿美元。

2017年，争取各种国际贷款捐款10.86亿元。是年，启动实施六盘山扶贫公路项目，总投资16.5亿元人民币，其中利用亚洲银行贷款1亿美元，涉及固原市原州区、西吉县、彭阳县、泾源县、隆德县、海原县、同心县7个县（区）。

2018年，全区利用政府外债实施在建项目8个，贷款总额38707万美元，折合人民币26.7亿元。其中，国际金融组织贷款项目3个，贷款额2.5亿美元，折合人民币16.25亿元；外国政府贷款项目4个，贷款额12707万美元，折合人民币8.25亿元；清洁能源贷款项目1个，贷款额1000万美元，折合人民币6900万元。

（二）财务监管

1996年以前，世界银行项目管理工作在分散管理状态下运行，每个项目各自成立一个领导小组，下设项目办，自治区财政厅内部业务管理也是分散在几个处室，主要任务是筹措配套资金。1996年，按照业务归类的原则，将所有世行贷款项目统一归口管理。

1997年10月，自治区人民政府成立世行贷款工作领导小组，决定新上项目均不再成立单个项目领导小组，各行业项目办均由设在财政厅的宁夏世行贷款工作领导小组办公室负责指导工作。领导小组办公室建立完整的项目资料库，明确债权债务，落实还贷责任，把世行的债务按原贷款协议进行划分，属业务部门偿还的由业务部门按期从业务费中归还，属各级财政偿还的由各级财政按期归还，属自治区级财政负担的由区财政偿还。

1998年年底，全部按期偿还财政部到期的世行贷款债务，得到财政部的资金奖励。

2005年，尝试利用债务风险管理工具进行外债风险管理，批准自治区交通厅项目办委托专业银行通过利率工具，对亚洲开发银行宁夏公路项目的外债风险进行管理。

2007年，完成“宁夏外债管理信息系统”基础数据的录入及核对工作，使自治区政府外债管理实现新旧系统数据信息的顺利对接。

2009年，确定对外债项目实行绩效评价，对宁夏利用外债项目的基本信息进行补充完善，同时就财务管理系统进行升级。

2010年7月，制定《宁夏外国政府贷款项目采购管理实施细则》，加强自治区政府外债项目采购工作的管理，规范采购行为，保证采购质量，合理、有效地使用贷（赠）款资金。

2011年，发布《政府外债项目和中央旅游发展基金项目申报指南》，指导市县提前谋划项目、储备项目，促进提高财政外经项目管理的科学性、系统性。

2012年，建立外债风险管理制度、政府外债预警系统，通过利率掉期、货币掉期、期权等金融衍生工具降低债务成本，规避和防范外债风险。完善还贷准备金制度，各项目市、县建立二级还贷准备金账户，以确保及时偿还债务。首次将亚行农业项目工程类别支付比例由惯例40%提高到51%，成为与国际金融组织合作谈判的成功范例。采用国际通行的项目绩效监测系统（PPMS），用项目实施机构管理绩效显示项目结果和产出以及之间的联系。

2014年，首次聘请会计师事务所作为专业评价机构，分组对15个项目进行集中式评价。出台《宁夏回族自治区国际金融组织和外国政府贷款债务管理暂行办法》，实行“谁主管、谁负责，谁使用、谁偿还”，要求每年财政预算中安排的外债偿还准备金规模不低于本级政府主权外债债务余额的5%。

2016年，制定《自治区外债项目绩效评价管理办法》。2015年，按照管理办法统一形成绩效评价报告，分析研究，并将此作为当年相关项目调整、资金分配及各市县、各单位外债项目申请的重要依据。对于政府负有偿还责任的贷款，纳入各级政府预算管理和债务限额管理，其收入、支出、还本付息纳入一般公共预算管理；对于政府负有担保责任的贷款，不纳入政府债务限额管理。赠款纳入中央一般公共预算管理。

2017年，印发《关于进一步加强政府性债务管理的实施意见》，建立置换债务资金分账管理制度。

2018年，落实政府债务外贷限额管理工作，将政府负有偿还责任的贷款，纳入本级政府预算管理和债务限额管理。调整2018年度外贷计划金额38145.6万元，其中直接调减亚行贷款宁夏中部节水特色农业示范项目23443.6万元，调整亚行贷款宁夏六盘山扶贫公路项目2亿元，用于发行地方政府一般债。

第三节　债务风险评估

2000年，建立外债动态台账，加大政府外债监控力度。对全区历年政府外债项目进行清理，初步建立项目执行情况数据库。制订还贷准备金制度，保证按期偿还政府统借和担保的到期外债本息。

2009年，在财政部监测的地方政府外债6项指标中，宁夏的“外债财力增长比”“拖欠额变动率”两项指标处于橙色区间（即需关注），其他指标处于绿色区间（即安全区间）。

2011年，宁夏、辽宁、安徽、山西、海南有1项以上地方政府外债指标进入红色区域，给予风险警告。

2012年度，财政部考核外债财力增长比、负债率、债务率、偿债率、还贷准备金率、拖欠额变动率6项指标，其中内蒙古、贵州、宁夏各有一项指标进入红色区域，财政部给予风险警告。

2015年，自治区地方政府外债负债率、偿债率、还贷准备金率等指标均在绿色安全区域。2016年，自治区政府债务风险预警地区由2014年的3个减少为2个。

2017年，印发《关于进一步加强政府性债务管理的实施意见》，健全债务风险预警、应急处置、统计监测机制，风险预警地区由2个减少为1个，风险提示地区由4个减少为3个。

2018年，加强统计和预警监测，合理确定各市县（市、区）、各单位外债规模和结构，对负债率、偿债率、债务率、还贷准备金等主要债务指标进行动态监测和预警，防范外债风险。

第三章　财政收支结余

财政收支，是指国务院各部门和地方各级人民政府及其各部门、国有金融机构、企事业单位和其他组织按照《中华人民共和国预算法》和国家其他有关规定，纳入国家预算的财政收入和支出总体状况。财政结余，指财政年度内，国家预算执行结果收入大于支出的余额。中国的财政收支平衡政策是收支平衡，略有财政结余。财政结余也称“预算结余”。各级财政机关执行年度预算收支的结余。在各级总预算单位中，其年终的预算收入、上级补助收入、下级上解收入、调入资金等的全年收入合计，大于其预算支出、上解支出、补助支出等的全年支出合计，其差额即为当年财政结余。

宁夏财政收支结余主要表现为一般预算收支结余、政府性基金预算收支结余、国有资本经营收支结余、社会保险基金收支结余、预算外资金结余等几个部分。从各部分各年度财政收支结余整体看，宁夏基本实现“收支平衡，略有结余”的财政收支平衡政策。

第一节　一般预算收支结余

一般预算是对以税收为主体的财政收入，安排用于保障和改善民生、推动经济社会发展、维护国家安全、维持国家机构正常运转等方面的收支预算。

1990年，自治区进一步规范全额预算单位的经费及有业务收入单位收入结余处理，对农业和农林水气等事业经费实行预算包干、结转使用。1992年，将行政性收费、罚没款专项收入及专项收费纳入预算管理。

1994年，相对于滚动预算而言，对区本级行政事业单位实行“零基预算”管理。零基预算是指在编制预算时对所有的预算支出，均以零为基数，不考虑以前的执行情况，从根本上研究分析每项预算有否支出的必要和支出数额的大小。

1995年，对事业单位收入实行统一核算、统一管理，对行政单位实行“收支分开管理，定额、定项拨款，超支不补，结余留用”的预算管理办法，当年自治区一般公共预算结余5396万元。1997年，在国家财政政策刺激下，自治区国民经济保持稳定增长，财政收支预算执行取得良好结果，是年结余10.11亿元。

2000年，宁夏抓住中央实施西部大开发战略时机，组织收入，全区一般预算结余23.04亿元。

2007年，宁夏一般预算结余突破百亿元，为101.81亿元。2009年，一般预算结余145.8亿元，为历史最高水平。

中共十八大之后，中央加大对民生事业的投入力度，自治区每年将新增财力的70%用于保障和改善民生，一般预算支出逐年增加，结余有所减少，2013—2018年，年均结余72.66亿元，其中2018年结余49.89亿元。其间，受区域经济发展不均衡、吃饭财政、过度负债等因素影响，永宁县、平罗县及南部山区各县每年一般预算结余较少，结余率低于全区平均水平。2018年，全区有14个市、县（区）一般预算结余率低于全区3.5%的平均水平，其中8个在1%以下，最低的泾源县为0。

表4-3　1995—2018年宁夏回族自治区财政一般预算结余情况表

单位：万元

年份	1991 年	1992 年	1993 年	1994 年	1995 年	1996 年	1997 年
金额					5396	578	101134
年份	1998 年	1999 年	2000 年	2001 年	2002 年	2003 年	2004 年
金额	100764	154727	230381	286679	278418	257547	425139
年份	2005 年	2006 年	2007 年	2008 年	2009 年	2010 年	2011 年
金额	538609	645036	1018061	1157203	1458025	1045294	928591
年份	2012 年	2013 年	2014 年	2015 年	2016 年	2017 年	2018 年
金额	860835	770745	903358	920782	681377	584554	498917

表4-4　2010—2018年宁夏回族自治区各地一般预算结余规模、结余率情况表

地区	2010 年		2011 年		2012 年		2013 年		2014 年		2015 年		2016 年		2017 年		2018 年	
	规模（万元）	结余率（%）	规模（万元）	结余率（%）	规模（万元）	结余率（%）	规模（万元）	结余率（%）	规模（万元）	结余率（%）	规模（万元）	结余率（%）	规模（万元）	结余率（%）	规模（万元）	结余率（%）	规模（万元）	结余率（%）
合计	1042274	18.7	923139	13.1	854570	9.9	769333	8.3	903023	9.0	920782	8.1	681377	5.4	584554	4.3	498917	3.5
自治区本级	719622	44.8	521282	26.1	334509	15	297806	13.6	502914	20.9	406787	13.1	344303	11.2	251131	7.0	236089	6.8
银川市	63430	9.0	64682	7.4	107637	9.8	93463	7.1	51333	3.1	108691	5.8	4135	0.2	61020	2.8	46213	2.0
永宁县	5620	4.0	4261	2.4	5301	2.6	4471	1.8	5700	2.0	7007	2.2	1292	0.4	611	0.2	600	0.2
贺兰县	11027	8.1	10866	6.6	14364	6.4	13646	5.5	13093	4.8	14560	5.4	16884	5.2	12359	3.8	10154	3.2
灵武市	1529	0.7	4424	1.7	26456	7.7	11892	3.0	11519	25.0	12633	2.9	7134	1.4	43022	7.1	22183	3.1
石嘴山市	59091	13.7	67159	15.1	79238	14.4	63927	11.1	46351	8.9	83645	16.5	66162	11.4	46517	8.1	45534	7.1
平罗县	13264	7.2	12412	6.1	19605	8.6	25363	10	19048	70.0	8179	2.9	8797	2.9	6106	1.9	3078	0.9
吴忠市	25367	9.8	41375	12.1	56460	11.6	47427	9.9	38828	8.1	42572	8.5	23175	4.6	22698	4.2	19820	3.5

续表 4-4

地区	2010 年		2011 年		2012 年		2013 年		2014 年		2015 年		2016 年		2017 年		2018 年	
	规模（万元）	结余率（%）	规模（万元）	结余率（%）	规模（万元）	结余率（%）	规模（万元）	结余率（%）	规模（万元）	结余率（%）	规模（万元）	结余率（%）	规模（万元）	结余率（%）	规模（万元）	结余率（%）	规模（万元）	结余率（%）
红寺堡区	26505	43.6	28429	24.6	35818	25.2	32951	21.8	29655	19.0	42182	24.1	50954	23.1	20254	7.2	17361	6.5
青铜峡市	7820	4.7	7733	3.5	17892	6.9	32087	14.5	50429	21.7	46112	18.6	41076	15.0	38780	13.3	38365	12.3
盐池县	6989	5.8	9966	5.7	10470	5.0	10852	4.5	8324	3.2	9326	3.3	7716	2.3	4747	1.3	458	0.1
同心县	5098	2.8	20723	9.0	8133	2.7	2978	1.0	6439	2.0	17879	4.9	16454	3.8	14887	2.8	6850	1.3
中卫市	36797	15.8	64795	21.4	65471	16.6	58805	13.2	49071	12.2	62583	13.4	47385	8.0	29753	5.0	26954	4.5
中宁县	6837	3.9	8126	3.4	8055	2.6	11351	3.7	16549	5.8	17360	5.4	14514	3.8	11481	2.6	10663	2.4
海原县	13145	7.5	15305	6.5	28135	9.3	30513	8.6	19007	5.1	17011	4.2	16130	3.5	7545	1.5	8137	1.4
固原市	18444	6.4	16153	3.9	11173	2.1	9099	1.6	13479	2.0	10162	1.3	2704	0.3	4599	0.5	1854	0.2
西吉县	7524	4.1	14836	5.7	15014	4.7	12737	3.8	12873	3.6	5726	1.5	6525	1.5	5523	1.1	1997	0.4
隆德县	5261	4.4	1996	1.4	3723	2.2	3269	1.7	3009	1.5	4344	2.0	2287	0.9	110	0	446	0.2
泾源县	3215	4.6	2800	2.7	2207	1.9	1907	1.3	1589	1.1	1495	1.0	1352	0.7	972	0.5		
彭阳县	5689	4.6	5816	3.5	4909	2.3	4789	2.0	3813	1.3	2528	0.9	2398	0.8	2439	0.7	2162	0.6

说明：一般公共预算年终结余率=一般公共预算年终结余数/一般公共预算支出决算数×100%

表4-5　2010—2018年宁夏回族自治区各地一般预算年末暂存款规模情况表

单位：万元

地区	2010 年	2011 年	2012 年	2013 年	2014 年	2015 年	2016 年	2017 年	2018 年
合计	944599	1237537	2313798	1565831	177570	2136969	1767099	1657538	1952249
自治区本级	332482	404406	1355654	520368	574374	534536	302875	334831	447784
银川市	96524	158766	235545	256834	228307	314151	451267	527060	643533
永宁县	18846	32474	50320	82762	129562	274209	217517	141576	125343
贺兰县	15825	18301	27941	64198	121322	155716	66441	60900	45983
灵武市	27984	43103	36853	36862	52783	70762	70053	73502	62115
石嘴山市	78972	69172	67574	72962	73515	110252	89744	53709	82050
平罗县	37395	42126	40632	52710	63636	56218	59888	40061	43956
吴忠市	100253	126495	137620	106828	123546	139214	117328	106213	106144
红寺堡区	2030	4700	4800	7811	11859	11518	13518	7962	15306
青铜峡市	10171	17328	21296	39124	28138	59889	36570	36071	66365
盐池县	22879	38950	54081	64121	8420	5936	22538	11674	8862
同心县	31132	31974	27736	24143	30648	25294	9631	2931	2834

续表 4-5

地区	2010 年	2011 年	2012 年	2013 年	2014 年	2015 年	2016 年	2017 年	2018 年
中卫市	1894	7743	6187	5176	35281	28302	15429	8009	11923
中宁县	14784	14676	25082	35662	47928	109899	67953	60854	58477
海原县	2854	9482	6070	11465	13734	29663	13077	8230	9761
固原市	38569	48746	56912	37992	59428	72597	66161	56233	99330
西吉县	55918	76647	59750	41164	36775	19258	18955	15130	17193
隆德县	8303	17017	18069	15166	23720	39461	34185	14832	9727
泾源县	26712	48162	47505	608R2	67380	47720	65614	70656	61056
彭阳县	21072	27269	34171	29601	45404	32374	28355	27104	34507

说明：2016 年执行新的财政总预算会计制度，按照新旧制度衔接，将暂存款主要划分为应付国库集中支付结余和其他应付款，2017 年此表只统计应付国库集中支付结余规模

表4-6　2010—2018年宁夏回族自治区各地一般预算年末暂存款率情况表

单位：%

地区	2010 年	2011 年	2012 年	2013 年	2014 年	2015 年	2016 年	2017 年	2018 年
合计	16.9	17.5	26.8	17.0	17.7	18.8	14.1	12.1	13.8
自治区本级	20.7	20.2	60.8	23.8	23.8	17.2	9.9	9.4	12.9
银川市	13.7	18.1	21.6	19.4	14.0	16.9	20.9	24.1	28.2
永宁县	13.4	18.0	24.4	34.0	46.5	87.2	72.3	47.6	40.2
贺兰县	11.6	11.2	12.4	25.9	44.6	57.3	20.6	18.5	14.5
灵武市	12.9	17.0	10.7	9.4	11.7	16.3	13.3	12.2	8.6
石嘴山市	18.3	15.5	12.3	12.6	14.2	21.7	15.5	9.3	12.7
平罗县	20.4	20.8	17.9	20.8	23.3	19.7	19.8	12.4	12.2
吴忠市	38.6	36.8	28.2	22.4	25.7	27.8	23.3	19.8	18.6
红寺堡区	3.3	4.1	3.4	5.2	7.6	6.6	6.1	2.8	5.7
青铜峡市	6.2	7.9	8.2	17.6	12.1	24.2	13.3	12.4	21.3
盐池县	19.1	22.2	25.8	26.8	3.2	2.1	6.8	3.2	2.4
同心县	17.2	13.9	9.2	7.8	9.7	7.0	2.2	0.6	0.5
中卫市	0.8	2.6	1.6	1.2	8.8	6.1	2.6	1.3	2.0
中宁县	8.4	6.2	8.0	11.6	16.7	34.4	18.0	13.5	13.3
海原县	1.6	4.0	2.0	3.2	3.7	7.3	2.9	1.6	1.7
固原市	13.4	11.9	10.5	6.6	8.8	9.0	7.4	6.3	10.2
西吉县	30.2	29.6	18.9	12.1	10.4	5.0	4.2	3.0	3.0
隆德县	7.0	11.9	10.5	7.9	12.1	18.2	13.4	5.1	3.5
泾源县	38.0	47.1	40.6	43.1	45.3	31.9	34.3	35.0	29.1
彭阳县	16.9	16.2	16.0	12.1	16.0	11.7	9.3	7.5	9.2

说明：暂存款率=暂存款年末余额/公共财政支出决算数×100%；国库集中支付结余率=国库集中支付结余年末余额/一般公共预算支出决算数×100%

表4-7　2010—2018年宁夏回族自治区各地一般预算年末暂付款规模情况表

单位：万元

地区	2010年	2011年	2012年	2013年	2014年	2015年	2016年	2017年	2018年
合计	400121	547107	1751401	1138337	1462209	1947981	1104299	1107503	908430
自治区本级	149952	171754	1114906	140643	9247	251219	141553	138583	128169
银川市	29951	72652	68150	115170	239685	478815	442112	422919	357678
永宁县	9577	23529	59159	111261	147389	291092			
贺兰县	15432	17485	43503	90663	179249	184202	4634	9171	5770
灵武市	2570	2361	843	32400	41515	6932			
石嘴山市	11775	8263	59923	83798	40369	69077	62649	53615	70820
平罗县	26844	23563	40031	51881	72926	65487	63930	70957	59467
吴忠市	89077	133315	176114	198697	193310	174304	212982	165266	161222
红寺堡区	11587	13165	28927	45048	48235	47320	46536	44006	35774
青铜峡市	11031	9702	38770	87625	115023	114644	102920	95963	359
盐池县	130	2121	4757	6700	4700	3050	2858	9248	4517
同心县	1057	1756	4391	1559	2413	10682	772	772	336
中卫市	19767	32397	67542	78198	107422	71850			
中宁县	733	18701	18357	38359	91712	67120			
海原县	5905	2935	2422	3374	5409	2738	2538	2305	1688
固原市	9542	6958	7536	35619	50230	52139			
西吉县	106	94	27	25	6841	9227			
隆德县	591	1521	4304	9700	17119	28693	25077	23685	19495
泾源县	466	941	1445	2023	1391	14596	39310	68724	61555
彭阳县	4028	3894	10294	5594	4794	4794	2964	2289	1589

表4-8　2010—2018年宁夏回族自治区各地一般预算年末暂付款率情况表

单位：%

地区	2010年	2011年	2012年	2013年	2014年	2015年	2016年	2017年	2018年
合计	7.2	7.8	20.3	12.3	14.6	17.1	8.8	8.1	6.4
自治区本级	9.3	8.6	50.0	6.4	3.8	8.0	4.6	3.9	3.7
银川市	4.2	8.3	6.2	8.7	14.6	25.8	20.4	19.3	15.7
永宁县	6.8	13.0	28.7	45.7	52.9	92.6			
贺兰县	11.3	10.7	19.3	36.5	659.0	67.8	1.4	2.8	1.8
灵武市	1.2	0.9	0.2	8.2	9.2	1.6			
石嘴山市	2.7	1.9	10.9	14.5	7.8	13.6	10.8	9.3	11.0
平罗县	14.6	11.6	17.6	20.5	26.7	23.0	21.0	21.9	16.4
吴忠市	34.3	38.8	36.1	41.6	40.2	34.8	42.2	30.9	28.2
红寺堡区	19.1	11.4	20.4	29.8	31.0	27.0	21.1	15.6	13.4
青铜峡市	6.7	4.4	14.9	39.5	49.5	46.3	37.5	33.0	0.1
盐池县	0.1	1.2	2.3	2.8	1.8	1.1	0.9	2.5	1.2
同心县	0.6	0.8	1.5	0.5	0.8	3.0	0.2	0.1	0.1
中卫市	8.5	10.7	17.1	17.6	26.8	15.4			

续表 4-8

地区	2010年	2011年	2012年	2013年	2014年	2015年	2016年	2017年	2018年
中宁县	0.4	7.9	5.9	12.5	31.9	21.0			
海原县	3.4	1.2	0.8	1.0	1.4	0.7	0.6	0.4	0.3
固原市	3.3	1.7	1.4	6.2	7.5	6.5			
西吉县	0.1	0	0	0	1.9	2.4			
隆德县	0.5	1.1	2.5	5.0	8.7	13.3	9.8	8.2	6.9
泾源县	0.7	0.9	1.2	1.4	0.9	9.8	20.5	34.0	29.4
彭阳县	3.2	2.3	4.8	2.3	1.7	1.0	1.0	0.6	0.4

说明：暂付款率=暂付款年末余额/公共财政支出决算数×100%

第二节　政府性基金预算收支结余

政府性基金是指各级人民政府及其所属部门根据法律、行政法规和中共中央、国务院文件规定，为支持特定公共基础设施建设和公共事业发展，向公民、法人和其他组织无偿征收的具有专项用途的财政资金。属于政府非税收入。

1997年，自治区地方基金征收管理局成立，将养路费及公路建设基金纳入预算管理，对领用票据、政府基金组织、核拨等重大事项，实行规范统一管理，当年政府基金结余7261万元。1998年，政府基金结余突破亿元，为1.16亿元。

2005年，进一步规范政府基金收支管理，通过宁夏日报向社会公布129项全区行政事业收费和政府基金项目，当年政府基金结余突破5亿元。从2006年开始，加强政府基金征缴，收支规模快速攀升，成为地方财政收入体系的重要组成部分，2007年政府基金结余突破10亿元，2013年最高结余达到75.66亿元。

2015 年以来，自治区政府不断加大对实体经济发展的支持，政府基金支出增加，结余减少。2018年，出台《宁夏回族自治区政府投资基金（股权类）绩效考评管理暂行办法》，进一步完善政府投资基金管理体系，确保政策目标实现及财政资金安全。是年，政府基金结余13.28亿元，与2013年相比，政府基金结余年均下降29.4%。

表4-9　1997—2018年宁夏回族自治区政府性基金预算收支结余情况表

单位：万元

年份	1997 年	1998 年	1999 年	2000 年	2001 年	2002 年
金额	7261	11564	13332	18780	25748	31418
年份	2003 年	2004 年	2005 年	2006 年	2007 年	2008 年
金额	32333	49893	56454	96264	122063	195736
年份	2009 年	2010 年	2011 年	2012 年	2013 年	2014 年
金额	250485	553072	615771	712688	756608	700781
年份	2015 年	2016 年	2017 年	2018 年		
金额	402190	317904	125556	132826		

第三节 国有资本经营收支结余

国有资本经营收益包括国有企业、国有独资公司依法上缴的税后净利润，国有控股、参股企业分配的国有股利，以及企业国有产权转让收入和企业清算净收益中国家所得的部分，是政府非税收入的重要组成部分。按照现行企业利润分配体制，除个别企业以外，国有企业仍暂不向国家上缴利润，企业的国有产权处置收益主要由国有企业按规定自行支配使用。

1994年，宁夏经营性国有资产总额为39.58亿元，实现亏损0.69亿元，其中全民所有制企业实现亏损0.77亿元，股份制企业实现利润0.08亿元。1995年，自治区财政厅制定并实施《宁夏国有资本经营效益考核办法》，对自治区属的120家企业和市县所属的部分企业调查摸底，并从1995年起对国有企业国有资本运营情况进行考核。2006年，全区纳入国有资本经营的预算企业管理44家。截至2013年10月底，全区纳入国有资本经营预算的一级国有企业652013家，分布在煤炭、有色、电力、投资、地方金融、交通、房地产、建筑、地勘、轻工、流通、农业、广电、科研等行业，资产总额2499亿元，负债2059.5亿元。2017年，国有资本经营收支结余5180万元。2018年，国有资本收支结余617万元，累计结余661万元，结余大幅下降，是2017年的12%、2011年的20%。

第四节 社会保险基金收支结余

中国社会保险基金来源大致分为4个方面：一是由参保人按其工资收入（无法确定工资收入的按职工平均工资）的一定百分比缴纳的保险费；二是由参保人所在单位按本单位职工工资总额的一定百分比缴纳的保险费；三是政府对社会保险基金的财政补贴；四是社会保险基金的银行利息或投资回报及社会捐赠等。社会保险基金主要包含五大类，分别是基本养老保险基金、基本医疗保险基金、工伤保险基金、失业保险基金和生育保险基金。除基本医疗保险基金与生育保险基金合并建账及核算外，其他各项社会保险基金按照社会保险险种分别建账，分账核算。社会保险基金执行国家统一的会计制度。社会保险基金应专款专用，不允许任何组织和个人以任何形式侵占或者挪用。

1986年，宁夏开始建立城镇企业职工基本养老保险制度。经过30多年的发展，社会保险制度从国有企业扩展到各类企业、机关事业单位，从城镇扩展到农村，从就业人员扩展到非就业人员，从普通群体扩展到特殊群体。特别是2009年后，通过建立城乡居民养老、医疗保险制度和机关事业单位养老保险制度，出台政府补贴参保的被征地农民养老保险政策，解决企业职工养老、医疗、工伤保险历史遗留问题，实施全民参保登记计划等系统措施，使数量庞大的企业职工、城乡居民、灵活就业人员、被征地农民和机关事业单位工作人员纳入社会保险制度覆盖范围，各级财政补助逐年增多，社会保险基金收支结余不断扩大。

1996年，社会保险基金当年结余8532万元。2009年年末，全区社会保险基金累计结余98.83亿元，较上年年末增加17.44亿元，增长21.42%。2010年年末，社会保险基金累计结余突破百亿元大关，较上年年末增加42.15亿元，增长42.65%，增长幅度达历年之最。到2016年年末，社会保险基金累计结余超过300亿元，较上年年末增加40.67亿元，增长13.84%。

2013—2017年，中央共补助自治区企业职工基本养老保险基金122.16亿元，年均增长22.61%，其中2017年补助31.77亿元，同比增长12%。2018年，宁夏社保基金累计结余437.1亿元，其中基本养老保险基金收入为282.40亿元，基本医疗保险基金收入累计结余101.97亿元，工伤保险基金累计结余11.61亿元，失业保险基金累计结余38.81亿元，生育保险基金累计结余2.29亿元。

第五节　预算外资金结余

预算外资金是指国家机关、事业单位和社会团体为履行或代行政府职能，依据国家法律、法规或具有法律效力的规章而收取、提取和安排使用的未纳入国家预算管理的各种财政性资金。

1993年以前，中国的预算外资金包括国有企业及其主管部门集中的各种专项基金和地方、中央主管部门管理的预算外资金。1993年以后，随着预算管理体制改革的深入和完善，对预算外收入的范围进行调整，将拥有法人财产权的企业及其主管部门集中的资金不再列作预算外收入，1993—1995年预算外资金收入项目只包括行政事业性收费和地方财政收入两项。从1996年开始，电力建设基金、铁路建设基金等中央政府性基金（收费）纳入预算管理，加入乡镇自筹、统筹资金。

从1997年开始，又取消地方财政收入，增加政府性基金收入、国有企业和主管部门收入和其他收入。由此，1997年以后预算外资金收入项目包括行政事业性收费、政府性基金收入、乡镇自筹统筹资金、国有企业和主管部门收入和其他收入，其中主要是行政事业性收费。预算外资金主要用于基本建设支出、城市维护费支出、行政事业费支出、乡镇自筹统筹支出、专项支出和其他支出。

“八五”计划时期（1991—1995年），按可比口径统计，全区预算外资金收入累计完成243793万元，年均增长24.0%；累计支出218844万元，年均增长22.8%；累计结余110205万元，年均增长–26.1%。

1998年，颁布实施《宁夏回族自治区预算外资金管理条例》，规定预算外资金的收支结余除用于公共工程和社会公共事业发展的专项收费、基金和以政府信誉建立的社会保障基金，可以结转下一年度使用外，财政部门经本级人民政府批准，可以统筹调剂使用。2000年，将部分行政事业性收费和政府性基金收入纳入预算管理，当年预算外资金结余14612万元。2005年，将尚未纳入财政预算管理的其他政府非税收入分期分批纳入预算管理。2008年，将区属行政事业单位固定资产和无形资产收入纳入财政预算或财政专户。2014年，将非税收入全部纳入预算。到2017年年末，全区预算外资金结余298212万元。

表4-10　1991—2018年宁夏回族自治区预算外资金收支结余情况表

单位：万元

年份	1991 年	1992 年	1993 年	1994 年	1995 年	1996 年	1997 年
金额	13764	14240	17692	21861	26360	5696	572
年份	1998 年	1999 年	2000 年	2001 年	2002 年	2003 年	2004 年
金额	14826	5999	14612	30901	38676	14794	
年份	2005 年	2006 年	2007 年	2008 年	2009 年	2010 年	2011 年
金额	22095	30852	65711	69284	121661	144545	163763
年份	2012 年	2013 年	2014 年	2015 年	2016 年	2017 年	2018 年
金额	190516	251906	285607	261478	298212	298212	

说明：预算外资金交财政专户管理后，统计数字用的是专户结余资金

第四章　上级补助收入

上级补助收入，是上级财政按财政体制规定或因专项需要补助给本级财政的款项，主要有转移支付、税收返还收入、按财政体制规定由上级财政补助的款项、上级财政对本级的专项补助和临时性补助等。

中央对宁夏的财政补助主要表现为转移支付和税收返还。从1995年开始，中央财政实行对地方过渡期转移支付补助，但额度较小。1998年增加国债补助。2002年，将过渡期转移支付更名为一般性转移支付。是年，中央加大对宁夏的转移支付力度，财政转移收入占宁夏财政收入76.73%。至2018年，中央对宁夏一般性转移支付达5641916万元。与此同时，宁夏也探索对市县的转移支付办法，2010年，自治区对市县一般性转移支付1055831万元，至2018年达到3733236万元。1994年国家实行分税制改革，消费税和增值税大部分上划中央，当年，中央将其中的55701万元返还宁夏。1995年后，中央逐步加大对宁夏的税收返还，至2018年，中央对宁夏税收返还达到484206万元。同时，宁夏也实行对市县的税收返还政策，2010年自治区对市县税收返还42671万元，2018年达到433284万元。

第一节　转移支付

财政转移支付是以各级政府之间所存在的财政能力差异为基础，以实现各地公共服务水平的均等化为主旨，而实行的一种财政资金转移或财政平衡制度。

中国的财政转移支付制度是在1994年分税制的基础上建立起来的，是一套由财力性转移支付、专项转移支付和税收返还三部分构成，以中央对地方的转移支付为主的且具有中国特色的转移支付制度。

2010—2018年，中央财政对宁夏转移支付、自治区财政对市县转移支付详见表4-11。

一、中央对宁夏转移支付

中央对地方转移支付由财力性转移支付和专项转移支付构成。财力性转移支付是指为弥补财政实力薄弱地区的财力缺口，均衡地区间财力差距，实现地区间基本公共服务能力的均等化，中央财政安排给地方财政的补助支出，由地方统筹安排。财力性转移支付包括一般性转移支付、民族地区转移支付等。专项转移支付是指中央财政为实现特定的宏观政策及事业发展战略目标，以及对委托地方政府代理的一些事务或中央地方共同承担事务进行补偿而设立的补助资金，需按规定用途使用。

从1995年开始，中央财政实行过渡期转移支付补助，但额度较小。1998年，增加体现积极财政政策的增发国债补助。1999年，结合调整收入分配机制改革政策，增加工资性转移支付补助。2001年，中央增加对民族地区的转移支付补助和中小学教师工资转移支付补助。

2002年，将过渡期转移支付更名为一般性转移支付补助，并新增所得税基数返还和农村税费改革转移支付两项补助。是年，中央加大对宁夏的转移支付力度，财政转移收入占宁夏财政收入76.73%，为历年之最。

2003年，新增因农业税减免而影响地方收入的补助。2004年，对取消农业特产税、降低农业税率影响地方收入进行转移支付补助。2005年，新增缓解县乡财政困难转移支付补助。2006年，新增农村义务教育补助。2007年，新增资源、枯竭城市财力性转移支付补助。

2008—2013年，中央财政对宁夏专项转移支付和财力性转移支付所占比重分别为40%和60%，中央财政专项转移支付所占比重从2009年52.2%下降到2013年43.3%，5年下降18.9个百分点，一般性转移支付从47.8%上升到56.7%。2014年，中央财政预算中专项转移支付增长6.1%，一般性转移支付增长10.9%，专项转移支付所占比例下降为41.8%。

2016年起，中央财政对符合条件的产粮（油）大县给予一般性转移支付资金奖励，资金奖励直接到县。是年，宁夏共争取中央各类转移支付资金741.2亿元，增长7%，比上年净增加50.7亿元。中央对宁夏均衡性转移支付、民族地区转移支付、重点生态功能区转移支付增幅分别高于全国平均水平0.9、1.4、6.5个百分点。

2014—2018年，中央财政专项转移支付所占比重从37.67%逐年下降到28.89%，一般性转移支付从62.32%上升到71.11%。2018年，中央财政转移支付861.5亿元，占宁夏财政收入的31.27%，转移支付金额是1991年的115倍，其中财务性转移支付612.6亿元，专项转移支付248.9亿元。

二、自治区对市县区转移支付

一般转移支付　1994年分税制实施后，自治区开始探索对市县的转移支付办法。为保证困难地县工资的正常发放，自治区选择在职人员、离休人员、民办教师、非政党财政供应人员等几类人群，结合劳动部门提供的工资性支出负担情况，核定工资基数，并将地县地方收入的40%及定额补助、税收返还、增值税25%全部纳入工资基金专户，实行专营、专拨，形成了“三专一定”办法，到1996年，这一转移支付额已达11079万元。同时，对宁夏川区条件好的市县实行扣减定额与自治区财政扶持政策相挂钩的办法，按照扣减补助的数额，以一定比例给予提前拨补和周转金借款，1996年自治区拿出4819万元用于扶持市县财政收入上台阶。

2000年起，自治区开始实行过渡期转移支付办法。是年，自治区对市县区的定额补助25128万元，专项补助128119万元，增资转移支付21222万元，社保转移支付958万元，困难地区工资补助23146万元。

2001年，自治区通过一般性转移支付、民族政策转移支付、确保工资发放转移支付等办法补助市县，拨付市县增资转移支付4.6亿元，豁免周转金借款9005万元，拨付乡镇危房改造及改善办公条件资金2100万元，确保调资政策全面落实和工资正常发放及基础设施改善。

2003年，按照财政部统一要求，取消过渡期转移支付，制定出台《宁夏回族自治区一般性转移支付办法》。2005年，完善一般性转移支付办法，遵循稳定增长、综合调控、规范公平和增量调节原则，运用规范的公式化方式操作，以各地标准财政收支差额作为计算转移支付的依据。由于宁夏为少数民族自治区，不再单独设立民族地区转移支付资金，将民族地区转移支付与一般性转移支付合并，统一设立一般性转移支付资金，并统筹其他财力性补助资金，增加一般性转移支付资金规模。年中下达1.5亿元一般性转移支付增量的基础上，年底又下达一次性困难补助资金1.3亿元。为落实自治区出台的取暖费补贴调整政策，安排6715万元，按照宁夏山区人均650元、川区人均325元的标准分别给予了补助。

2006年，进一步完善政策体系，加大对市县的转移支付力度，建立市县公用经费自治区直补机制，推进均衡区域发展和公共服务均等化。是年，一般性转移支付比上年资金增加2亿元，缓解县乡财政困难奖补资金比上年增加5000万元，下达基层政权建设资金5000万元，提前一年完成全区188个乡镇的政权基础设施建设任务。

2007年起，自治区加大对市县的转移支持，一般性转移支付由2002年的3亿元增加到26.2亿元，增长8.7倍，年均增长54.3%。在转移支付资金中明确了化解乡镇债务、建立县级公安经费保障机制、提高住房公积金和医疗保险标准、消化财政赤字等资金使用方向，体现了转移支付制度的政策导向。2008年，进一步完善一般性转移支付办法，出台《财力性转移支付资金使用监督考评管理办法》，全年财力性转移支付和专项资金150亿元，比上年增加38.6亿元，增长34.6%。

2008—2013年，自治区财政对市县专项转移支付总计为1046.3亿元，财力性转移支付总计为788.8亿元，分别占转移支付总额的57%和43%。同期，宁夏专项转移支付和财力性转移支付的结构不合理，专项转移支付比重过高，而财力性转移支付的比例偏低。2013年与2009年相比，自治区财政对市县的专项转移支付所占比重最高时为60.2%（2011年），最低时为54.3%（2013年），财力性转移支付所占比重最高时为45.7%，最低时为39.8%（2011年），级差为5.9个百分点。2011年，自治区政府印发《关于建立和完善县级基本财力保障机制意见的通知》，取消银川市、石嘴山市、吴忠市、青铜峡市、平罗县等5个市县教育费附加收入总额上解15%的政策。是年，自治区对市县的各类转移支付资金规模达到309.7亿元，比上年增长24.3%，各市县的财力水平明显提高，区域之间的财力明显缩小，促进了地区基本公共服务均等化进程。2013年，健全自治区对市县基本财力保障机制，增加财力性转移支付比重，提升市县基本公共服务保障能力，全年各类转移支付453.7亿元，比上年增长3%，财力性转移支付比重由上年的41.1%增加到45.7%；进一步完善宁东财税体制，完成宁东镇资产债务移交工作，增强宁东财务自主、经费自给能力。

2014年7月，自治区财政厅印发《2014年自治区对市县均衡性转移支付办法》，建立自治区对市县的基本财力保障奖励补助转移支付制度、一般性转移支付增长机制、监督评价体系，促进转移支付制度规范化法制化。是年，向各市县下达转移支付资金497.6亿元，比上年增长9.7%。其中，一般性转移支付244.2亿元，占49%；专项转移支付253.4亿元，占51%，比上年下降3个百分点。

2015年，自治区财政进一步加大对市县的支持力度，共安排补助资金531.3亿元，增长9.9%。更加注重完善转移支付体系，优化转移支付结构，经过归并整合专项转移支付，自治区补助市县一般性转移支付占比提高了2.6个百分点。建立起一般性转移支付和专项转移支付相结合、相协调的转移支付制度体系，促进了区域均衡发展和基本公共服务均等化。

2016年，在进一步加大对市县转移支付力度的同时，更加注重完善转移支付调节地方差异的效果，推进基本公共服务均等化。2017年，扩大转移支付规模，补助市县资金由2013年的450亿元增加到2017年的686亿元，年均增长11.1%。2017年一般性转移支付占比达到49.5%。

2014—2018年，自治区本级专项转移支付由54.54%下降到43.78%，财务性转移支付由45.46%上升到56.22%。2018年，下达市县各类补助资金736亿元，较上年增长 6.5%。

“三奖一补”　2005年，为缓解县乡财政困难，财政部先后印发《关于切实缓解县乡财政困难的意见》《2005年中央财政对地方缓解县乡财政困难奖励和补助办法》，制定“三奖一补”政策，对缓解县乡财政困难问题提出了具体措施和明确要求。是年，宁夏根据中央相关意见和办法精神，制定《宁夏回族自治区缓解县乡财政困难实施意见》《宁夏回族自治区缓解县乡财政困难奖励补助办法》《宁夏回族自治区缓解县乡财政困难绩效考评办法》，提出了缓解县乡财政困难奖励补助的具体措施和办法，并及时下达缓解县乡财政困难奖补资金1.5亿元。

2006年，注重机制创新，构建“补财力”与“提标准”的双管解困模式，在2005年使全自治区乡镇人均公用经费水平统一达到3000元的基础上，2006年又把全区各市县行政机关的公用经费标准统一提高到4300元，迈出了推进基本公共服务均等化目标的重要一步。启动化解乡镇债务“以奖代补”机制，初步形成较为完善的奖补新机制。

2007年，测算下达奖补资金，对2007年缓解县乡财政困难奖补政策作了调整和完善，增加保持财政平衡奖、调节县级财力差异、增加重点支出比重等奖励内容，并据此测算下达缓解县乡财政困难奖补资金，兑现财政平衡和消化赤字奖励，对2004年以来保持财政平衡的每个市县给予奖励。进一步完善财政激励政策，对县域经济综合实力排名前六名的县（市）税收增收部分提高奖励比例。对进入全国百强县和西部百强县的县（市），在城市基础设施和工业园区建设专项资金投入方面给予倾斜。

2008年，为充分体现税收增收奖励的激励作用，结合市县收入基数的大小差异及增收的难易程度，对奖励办法进行改进，既考虑对增收额实行分档分系数奖励，又考虑同档内设立平均增幅作为激励，同时为促进市县税收均衡稳定入库，做到权、责、利相对等，建立“增奖降罚”的措施。为丰富产粮大县奖励政策，根据财政部的要求，自治区财政除继续实施产粮大县奖励外，按照突出重点品种、奖励重点市县的原则，根据市县油料作物产量折算油脂产量，并对产油量较大的市县给予专门奖励。建立起可用财力差异补助的全新机制，根据市县人均可用财力水平、享受自治区财力性转移支付占全区总额的比重、享受自治区财力性转移支付的增长率等三个因素，采取标准化算账，对财力水平低于平均水平、财力性转移支付所占比重下降及增长率低于平均增长率的市县，根据财政困难程度给予一定的补助。

2010年，在选取测算指标和测算方法时更多地体现公共服务面向全体人民群众和缩小山川基本公共服务差异的思路。

2011年，为落实好县级基本财力保障工作，提请自治区政府正式印发《关于建立和完善我区市县基本财力保障机制的意见》，依据意见精神，制定出台新的实施办法，对基本目标、主要内容、测算办法等做进一步明确和规范。

2012年，进一步完善自治区对市县级基本财力保障机制奖补转移支付实施办法等，明确“三保”项目，并对市县财政部门提高“三保”投入比例做了明确要求。

革命老区专项转移支付　2003年，为加强革命老区转移支付资金的管理，制定《宁夏回族自治区革命老区转移支资金管理办法》。2005年，对6个革命老区县的转移支付资金增加到每个600万元。

2007年，在中央补助的基础上增加配套资金，将革命老区转移支付补助市县扩大到9个。进一步加强革命老区项目的申报、审定、批复工作，规范革命老区资金的使用方向。是年，在一般性转移支付的基础上，设立税源贡献地专项转移支付，对自治区集中增值税企业所在县（市、区）按照上年集中总额的10%给予专项转移支付，重点用于工业园区和城市基础设施建设、招商引资、兑现财税优惠政策等。

2011年，出台《宁夏回族自治区革命老区专项转移支付资金管理办法》，资金分配对象为吴忠市红寺堡区、盐池县、同心县、海原县、固原市原州区、西吉县、隆德县、泾源县、彭阳县9个县（区），主要用于革命历史遗迹保护、革命纪念场馆的建设改造及老红军、军烈活动场等专门事务和改善民生事务，资金实行分级管理。

生态移民功能区转移支付　2010年，盐池县和吴忠市红寺堡区列入国家重点生态功能区转移支付范围。宁夏生态功能区转移支付资金由2009年的3.77亿元增加到2010年的6.49亿元。2011年，自治区财政共下达生态移民资金20.3亿元。中央财政确定了对自治区生态移民工作的资金补助方案，5年共补助30亿元，其中财力补助15亿元，整合专项补助15亿元。

2012年，自治区财政安排均衡性、激励性、生态功能区和资源枯竭城市四项转移支付资金177亿元。2014年，加大对六盘山生态功能区转移支付力度。自治区财政厅联合环保厅制定《宁夏回族自治区国家重点生态功能区县域生态环境质量考核办法》，提请自治区政府争取中央对宁夏六盘山重点生态功能区的转移支付力度。

表4-11　2010—2018年中央财政对宁夏回族自治区转移支付、自治区财政对市县转移支付情况表

单位:亿元

年份	中央财政对宁夏转移支付			自治区财政对市县转移支付		
	小计	财务性转移支付	专项转移支付	小计	财务性转移支付	专项转移支付
2010年	360.4	214.5	145.9	251.9	109.9	142.0
2011年	473	278.2	194.8	337.6	134.2	203.4
2012年	539.1	317.0	222.1	442.0	184.0	258.0
2013年	556.6	354.0	202.6	450.4	214.6	235.8
2014年	620.5	386.7	233.8	482.2	219.2	263.0
2015年	690.5	431.3	259.2	530.4	256.9	273.4
2016年	743.2	499.6	243.7	609	312.8	296.2
2017年	818	553.1	264.9	690.8	366.2	324.6
2018年	861.5	612.6	248.9	741.2	416.7	324.5

第二节　税收返还

税收返还主要包括增值税和消费税税收返还收入、所得税基数返还收入、成品油价格和税费改革税收返还收入、增值税“五五分享”税收返还收入、其他税收返还收入等。

一、中央对宁夏税收返还

1993年,国家提出分税制财政管理体制改革。1994年,实行新税制和分税制改革后,消费税和增值税的大部分上划中央,中央对宁夏税收返还55701万元。1996年,随着市场经济体制确立和发展,中央对宁夏税收返还突破6亿元,达到61107万元。

1998年,中央对宁夏税收返还63509万元。2000年,中央对宁夏税收返还66633万元。

2002年起,国务院决定实施所得税收入分享改革,使得中央对宁夏的税收返还大幅度提升,2003年一度达到94923万元。

2004年, 中央实施出口退税机制改革, 对宁夏的税收返还突破10亿元,2009年冲过20亿元,2012年达到23.69亿元。

2013年8月,中央在全国范围内开展营改增试点,对宁夏税收返还达到24.16亿元。

2009—2015年,中央财政对宁夏的税收返没有太大浮动,基本都在22亿元~24.5亿元之间波动,最低为2009年22.04亿元,最高为2014年24.22亿元。

2016年,中央全面推开营改增试点,并调整中央与地方增值税返还,当年税收返还达到41.97亿元,2018年增加到48.42亿元。

1994—2018年,中央对宁夏税收返还和转移支付详见表4-12、表4-13。

表4-12　1994—2009年中央对宁夏回族自治区税收返还金额表

单位：万元

年度	1994年	1995年	1996年	1997年	1998年	1999年	2000年	2001年
金额	55701	57731	61107	63509	63509	65370	66633	65800
年度	2002年	2003年	2004年	2005年	2006年	2007年	2008年	2009年
金额	67007	94923	106240	111789	116495	123799		220360

表4-13　2010—2018年中央对宁夏回族自治区税收返还和转移支付表

单位：万元

预算科目	2010年	2011年	2012年	2013年	2014年	2015年	2016年	2017年	2018年
合计	3604146	4729872	5391355	5565860	6205413	6905429	7432263	8179879	8614992
返还性收入	225456	231721	236894	241602	242250	238506	419706	484206	484206
增值税和消费税税收返还收入	114240	120505	125678	130386	131034	127290	308490	127290	127290
所得税基数返还收入	23216	23216	23216	23216	23216	23216	23216	23216	23216
成品油价格和税费改革税收返还收入	88000	88000	88000	88000	88000	88000	88000	88000	88000
增值税“五五分享”税收返还收入								245700	245700
一般性转移支付收入	1920157	2549748	2933183	3297836	3625650	4074429	4575831	5046141	5641916
体制补助收入	53345	53345	53345	53345	0	53345	53345	53345	53345
均衡性转移支付补助收入	1038300	1408000	1482200	1640000	1808800	2089000	2392800	5641916	3053700
革命老区及民族和边境地区转移支付收入	173161	187760	206137	239377	271442	462843	549370	619106	685312
调整工资转移支付补助收入	222822	234094	247449	253697	393087				
农村税费改革补助收入	31451	31701	30687	30687					
县级基本财力保障机制奖补资金收入	58540	65316	80802	140031	143831	149231	161800	37808	186461
结算补助收入	9742	40082	62675	58667	62877	74229	78533	93136	146589
资源枯竭型城市转移支付补助收入	20200	24900	30400	34900	37500	37500	33100	23500	23500

续表 4-13

预算科目	2010 年	2011 年	2012 年	2013 年	2014 年	2015 年	2016 年	2017 年	2018 年
企业事业单位划转补助收入	22500	22500	35980	39292	0	37808	37808	36100	37808
成品油价格和税费改革转移支付补助收入	18200	30700	31400	33700	37900	40100	40100	97120	36100
基层公检法司转移支付收入	73060	76780	86755	82265	84610	82511	85660	119320	97120
义务教育等转移支付收入	93456	102349	139961	152297	147524	134483	114390	424097	119320
基本养老保险和低保等转移支付收入	86006	189415	227188	282003	337141	275628	328321	175566	424097
居民医疗保险等转移支付收入		57975	72308	103685	122358	125479	138673	51176	175566
农村综合改革转移支付资金收入	14211	10833	26560	37687	45072	47891	47603	2841	51176
产粮(油)大县奖励资金收入		11005	12143	13410	14858	16892	19129	157600	28411
重点生态功能区转移支付收入			88200	100200	119100	122400	145100	364847	157600
固定数额补助						325089	349138	16000	364847
其他一般性转移支付收入	1253	400	16400				961	964	964
专项转移支付收入	1458533	1948403	2221278	2026422	2337513	2592494	2436726	2649532	2488870

二、自治区对市县税收返还

1994年1月1日起，宁夏对各市县区实行分税制财政管理体制，以1993年基期年核定。1996年，为稳定自治区本级收入，调整分税制，将宁夏炼油厂等10户重点企业增值税25%留归自治区本级，剩余增值税收入的25%全部划归市县级收入。2000年，对市县税收返还11293万元。2010—2015年，除2012年为47081万元，其他年度税收返还均为42671万元。2016年，由于地方增值税政策进一步调整，税收返还大幅上涨，突破41亿元，为419706万元。2018年，税收返还为433284万元，比中央返还宁夏少50922万元。

表4-14　2010—2018年宁夏回族自治区对市县税收返还和转移支付情况表

单位：万元

预算科目	2010年	2011年	2012年	2013年	2014年	2015年	2016年	2017年	2018年
合计	2519116	3376400	4420750	4504022	4821793	5303542	6090138	6908635	7411693
返还性支出	42671	42671	47081	42671	42671	42671	341232	433284	433284
增值税和消费税税收返还支出	11293	11293	11293	11293	11293	11293	309854	11293	11293
所得税基数返还支出	28770	28770	28770	28770	28770	28770	28770	28770	28770
成品油价格和税费改革税收返还支出	2608	2608	2608	2608	2608	2608	2608	2608	2608
增值税“五五分享”税收返还收入								390613	390613
其他税收返还支出			4410						
一般性转移支付支出	1055831	1299288	1792910	2103529	2149279	2526707	2786758	3229519	3733236
体制补助支出	30159	27623	131、117	122463	117333	115179	152373	162788	97002
均衡性转移支付支出	507603	711681	892155	1047975	1091974	1341345	1322537	1654957	1846566
革命老区及民族和边境地区转移支付支出				7600	17698	119322	166415	194248	220293
调整工资转移支付支出	168384	176864	185344	185344	211997				
农村税费改革转移支付支出	28196	26653	26653	26653					
县级基本财力保障机制奖补资金支出	61953	73353	80802	140041	143869	149231	161800	161800	186461
结算补助支出	1754	2618	9697	13533	13431	21942	144583	62895	287206
资源枯竭型城市转移支付补助支出	27532	34900	59400	34900	37500	37500	33100	29000	23500
企业事业单位划转补助支出	2920	3980	4527	4205	9063	6095	6095	6095	6095
成品油价格和税费改革转移支付补助支出		5000	2285	7500	3185				
基层公检法司转移支付支出	71724	49265	60524	66432	55815	40639	38607	31516	46561
义务教育等转移支付支出	129243	96467	119194	114121	106092	152292	135157	133851	141961

续表 4-14

预算科目	2010 年	2011 年	2012 年	2013 年	2014 年	2015 年	2016 年	2017 年	2018 年
基本养老保险和低保等转移支付支出		14582	91754	116852	91490	105090	32353	639851	76477
居民医疗保险等转移支付收入	2543	42567	73395	103676	123257	144424	127726	243997	267009
农村综合改革转移支付支出	23739	30696	29063	68764	63388	31374	89635	78490	104933
产粮(油)大县奖励资金支出		2890	12143	13410	14858	16892	19129	18157	18000
重点生态功能区转移支付支出				30060	48329	33300	145100	155100	157600
固定数额补助						212082	212148	228312	251891
其他一般性转移支付支出	81	149	14857					4328	1681
专项转移支付支出	1420614	2034441	2580759	2357822	2629843	2734164	2962148l	3245832	3245173

第五章　财　力

财力主要是地方可用财力，是指地方政府用于经济社会发展的可支配财政资金之和。按政府收支分类科目划分，地方可用财力主要包括税收收入、社会保险基金收入、非税收入、转移性收入四大部分。

宁夏地方政府可支配财力由地方一般预算收入、上级税收返还收入、上级财力性转移支付补助收入，以及原体制上解中央收入或中央补助地方收入等构成。宁夏财力还要减去各项财力返还，如税收返还等。

宁夏财力较弱，主要表现为财政自给率较低。1991年全自治区平均财政自给率42.44%，1995年财政自给率37.28%，2010年财政自给率为27.5%。2010年后，随着经济社会不断发展，宁夏财政平均自给率逐渐回升，2018年为30.8%。

第一节　人均财力

一、宁夏人均财力

宁夏属于待开发的输入型经济地区。1991年，全自治区财政人均财力14.37元，随着市场经济发展和分税制改革，到1994年，全区财政人均财力142.35元，财政支出的45%来源于中央补助，建设资金的30%来源于中央项目投资。到1995年，全区人均财力为167元，人均财力最高的地区除银川市外，青铜峡市为97元。“九五”计划时期，国家实施国有企业改制等政策，到2000年年末，全区人均财力达到356元，最高为青铜峡市，最低为海原县。

21世纪初，国家实施西部大开发战略，宁夏经济进入快速发展时期，“十五”计划末人均财力为800元，是“八五”计划末的4.8倍。2007年，全区可用财力达到188亿元，比上年增长30.2%。到2010年，全自治区财政人均财力达到5810元，最低的吴忠市红寺堡区（移民区）为1000余元，最高的灵武市（宁东能源化工基地）为5480元。随着宁东工业快速崛起，到2018年，全区财政人均财力为15205元，受资源枯竭等影响，人均财力负担最重的是石嘴山市。

2010—2018年，全区财政人均财力增长近万元。

表4-15　2010—2018年宁夏回族自治区各地人均财力情况表（按总人口计算）

单位：元

地区	2010年	2011年	2012年	2013年	2014年	2015年	2016年	2017年	2018年
合计	5810	7786	8974	10105	10961	12010	13104	1428	15205
银川市	3874	5548	6604	7933	8738	9773	10861	11486	11286
永宁县	3482	5227	6274	6983	7617	8315	9269	10099	9337
贺兰县	3825	5533	6624	7288	7586	8379	9107	8145	8330
灵武市	5486	6696	8642	9082	9511	9824	10678	19598	17190
石嘴山市	5006	5861	7237	6894	6423	6520	6818	6528	7741
平罗县	3947	4765	5485	5967	6083	6156	6519	7344	7668
吴忠市	3921	5233	6459	7015	6290	5883	8672	8299	8748
红寺堡区	1241	1198	1489	1757	1813	1864	2785	5690	6333
青铜峡市	3435	4305	5170	5869	6101	5291	5457	6149	6282
盐池县	3997	5379	7709	9249	10759	11676	11450	13113	14543
同心县	2492	3069	4272	5200	5640	6539	6821	7738	8737
中卫市	2990	4146	4963	5594	5963	6694	8009	8470	9510
中宁县	3090	3968	4819	5556	5779	6429	7278	8503	8269
海原县	2202	2942	3830	5057	5210	6016	6673	7666	8426
固原市	3811	4994	6444	7740	8301	9179	10289	11661	12697
西吉县	2522	3249	4156	5137	5622	6637	7372	8038	8696
隆德县	3138	3695	4943	6425	6814	8084	8594	9308	10003
泾源县	3400	3922	5098	6981	8004	9030	10155	11001	12141
彭阳县	3023	3829	4758	6129	6619	7282	8202	9346	10629

二、宁夏在全国省市人均财力占位

1991—1998年，宁夏财政支出占国家财政支出和全国地方财政支出的比重在不断下降，尤其1992年以来，宁夏和全国其他省区在经济发展上的差距越拉越大，宁夏人均地区生产总值在全国的排序，1978年为第11位，1989年为第19位，1997年已滑落到第27位。到2006年，全区人均财政收入居全国第14位，人均财政支出居全国第9位，人均可用财力居全国第11位，财力年均增长率居全国第4位。2018年，全国一般公共预算收入人均6976元，宁夏为6345元，在各省市中排第13位，在西部省市中仅比西藏自治区好；全国一般公共预算支出人均13410元，宁夏20626元，在各省市中排第5位。

第二节　财政自给

1985年，自治区平均财政自给率为28.69%，自治区级平均财政自给率为12.96%。1991年，自治区平均财政自给率42.44%，自治区级财政自给率为31.06%，分别比“六五”时期末提高13.75%、18.1%。

1994年实施分税制，中央对宁夏的税收返还逐年增多。“八五”末，宁夏平均财政自给率达37.28%。“九五”末，财政自给上涨最快的为银川市，是“八五”时期的1.7倍，同心县、固原市、泾源县、彭阳县出现负增长。2010年，自治区平均财政自给率为27.5%，其中自治区本级为24%，西吉县为2.4%，最高的银川市为62.7%，是西吉县的26倍。

2010—2018年，随着经济社会不断发展，财政平均自给率稳中有升，2018年为30.8%，最高的2014年为34.0%。但受市县政府过度负债建设和财政供养人员工资津补贴、城乡居民各项社会保障财政补贴不断增长，除中宁县、海原县、盐池县、固原市、西吉县、隆德县、泾源县财政自给率呈上升状态外，其他市县均为负增长，作为能源枯竭城市的石嘴山市降幅最大。

表4-16　2010—2018年宁夏回族自治区各地财政自给率情况表

单位：%

地区	2010年	2011年	2012年	2013年	2014年	2015年	2016年	2017年	2018年
自治区平均	27.5	30.9	30.5	33.4	34.03	32.8	30.9	30.4	30.8
自治区本级	24.0	27.3	30.1	36.6	36.2	34.2	38.6	40.1	47.5
市县汇总	29.0	32.4	30.7	32.4	33.3	32.3	28.4	27.0	25.3
银川市	62.4	73.8	72.3	71.9	66.2	65.8	56.2	56.4	53.0
永宁县	29.9	39.2	44.2	44.7	45.0	46.0	4.4	42.6	21.0
贺兰县	40.5	57.3	50.0	52.5	53.5	57.5	46.8	33.7	36.6
灵武市	47.6	56.2	40.2	40.1	40.2	42.9	44.6	50.3	47.4
石嘴山市	38.2	43.6	40.2	38.8	38.3	35.7	28.8	26.0	24.4
平罗县	28.3	33.4	33.7	33.8	33.9	30.2	26.5	24.9	22.8
吴忠市	25.1	27.2	24.5	24.4	24.4	22.5	26.7	24.6	24.9
红寺堡区	9.0	7.3	7.7	9.7	11.3	9.2	7.8	7.3	8.2
青铜峡市	32.5	30.4	30.5	41.6	44.8	28.3	27.3	27.3	23.2
盐池县	19.7	20.5	27.7	29.1	32.5	26.7	23.4	19.6	22.6
同心县	5.0	5.3	5.7	6.8	6.4	6.2	4.9	4.4	4.9
中卫市	18.2	20.9	18.6	18.4	23.1	21.7	18.4	17.8	18.5
中宁县	20.8	21.9	20.9	24.8	30.0	29.4	26.9	24.8	20.8
海原县	3.4	2.8	2.8	3.5	4.2	4.3	4.4	4.2	4.1
固原市	11.5	11.5	11.6	13.5	13.2	11.7	10.6	11.3	10.5
西吉县	2.4	3.2	3.0	3.4	3.8	4.3	3.4	3.3	3.0
隆德县	2.8	3.2	3.7	5.0	5.9	6.2	5.0	3.6	3.9
泾源县	3.6	3.5	3.9	4.5	6.8	8.4	7.1	7.5	7.5
彭阳县	7.3	9.7	9.5	10.4	10.4	8.0	7.2	6.6	7.1

说明：财政自给率=公共财政收入/公共财政支出×100%

第五篇 财政管理

财政管理，是指对财政收支活动进行计划、调节、监督等一系列活动的总称，是贯彻实施财政政策和财政规章制度，有效组织财政收支，合理调剂资金，实现财政职能的重要手段。其范围涉及国民经济的各个领域，包括预算管理、各部门财务管理以及财政综合管理等。

宁夏科学把握财政管理的重点：编制并执行好财政预算；在清产核资、评估资产、强化经营等基础上管理好国有资产；在严格公共服务财务管理、教育科技文化卫生事业财务管理、社会保障财务管理、经济建设财务管理的基础上做好部门财务管理；在严肃财政法治建设，加强财政信息化建设和会计管理、国库集中支付管理、购买管理等基础上保证制定的各项财政方针政策和制度、措施等能顺利执行；在完善财政监督机制、会计监督制度和开展的各项专项检查活动中加强财政监督。

第一章　预算管理

预算管理是为确保国家预算资金规范运行而进行的一系列组织、调节、控制、监督活动的总称，也是财政管理的重要组成部分。预算管理的实施必须以党和国家的方针政策为指针，以促进国民经济的平衡发展为重点，其任务和要求是在预算编制阶段，合理规划国家预算资金运行，实现预算内外双对应。

1995年《中华人民共和国预算法》实施后，预算编制、审批、执行等预算管理过程逐步规范化。在预算编制上，宁夏先后采用“零基预算”编制办法和“3E”行动计划，增强预算编制的科学性和合理性；在预算审批上，严格执行预算草案和执行报告由地方人民代表大会审批的程序；在预算执行上，加强对部门预算支出绩效管理，出台《宁夏回族自治区部门预算支出绩效考评管理办法（试行）》和《关于全面实施预算绩效管理的实施意见（送审稿）》等，健全预算绩效全过程管理机制，启动第三方预算绩效评价系统，实现预算编制与绩效评价的有机结合。

宁夏财政全面实施预算管理，把重点放在提高财政支出透明度、提高政府服务意识、规范政府财政支出行为上，提高了财政资金的使用效益和财政预算的约束力。

第一节　预算编制

一、编制

1992年，按照中央精神，有计划分步骤地将部分预算外资金纳入预算内管理。

1993年，自治区实施新的预算编制管理体制：一是总额分成办法。这种办法是根据前两年的财政收支情况核定收支基数，以地方支出占总收入的比重，确定地方的留成比例。实行这个办法的石嘴山市总额分成比例为78%。二是总额分成加增长分成办法。这种办法是在总额分成的基础上，收入比上年增长的部分，另加增长比例，即每年以上年实际收入为基数，基数部分按总额分成比例分成，实际收入比上年增长部分，除按总额分成比例分成外，另加增长分成比例。实行这种办法的是银川市总额分成比例为55%，增长分成比例为40%。银川市的这种办法是1992年开始实行的，1992年以前实行的是总额分成办法。三是定额补助办法。这种办法是对收不抵支的地区，按核定的收入和支出基数，支出大于收入的部分，实行固定数额补助。除银川市、石嘴山市外，自治区其余市县，均实行这种办法，其补助数额为永宁县674

万元、贺兰县310万元、平罗县396万元、惠农县428万元、陶乐县530万元、银南行署1019万元、吴忠市328万元、青铜峡市397万元、灵武县775万元、中宁县961万元、中卫县1518万元、盐池县1649万元、同心县1785万元、固原行署1783万元、固原县2874万元、海原县1986万元、西吉县2564万元、隆德县1596万元、泾源县909万元、彭阳县1616万元。

1995年1月1日,《中华人民共和国预算法》全面实施后,预算编制、执行等预算管理逐步规范化。

1996年,自治区人民政府印发《关于规范财政管理、强化预算约束的若干规定》,明确预算编制,必须遵循量入为出、收支平衡的原则,不得编列赤字预算。各级预算收入的编制,应当与当地国内生产总值的增长率相适应,不得以任何理由虚增、虚列预算收入。各级预算支出的编制,要贯彻厉行节约方针。当年预算支出的增长幅度应当低于当年可用财力的增长幅度。坚持统筹兼顾,坚持保工资、保改革、保重点的原则,依法安排农业、教育、科技等项预算支出。

1997年,预算编制中,按照自治区党委、政府确定的经济发展及"九五"规划目标,严格按照《中华人民共和国预算法》及其《实施条例》中规定的"量入为出、收支平衡、不打赤字"的原则,在收入安排上充分考虑自治区经济发展及上年影响收入的非正常因素。为增强预算编制的科学性、合理性,对本级支出预算采用"零基预算"编制办法,对财政供给的行政、事业单位人员经费、公用经费标准进行重新核定,在保证人员经费与公用经费的基础上,按照全区经济发展计划,确定生产和事业发展专项经费。

1998年,自治区财政厅下发《关于进一步做好预算编制与执行工作的通知》,要求按照"总量控制、定额包干、内部调剂、结余留用"的原则编制预算,使预算更加科学,真正体现分税制"一级政权、一级事权、一级财政、一级预算"的要求。

1999年,在预算编制上充分考虑扩大内需与推进各项改革的支出需求,对自治区党委、政府关于加快工业发展、科技进步和科教兴宁与可持续发展战略,以及保持社会稳定等项目予以重点保证。

2000年,自治区财政厅先后制定下发《关于预算编制改革的实施意见》《关于预算编制改革的具体实施方案》和《关于填报区直行政事业单位基本情况表的通知》,预算编制执行"两上两下"的编制程序:"一上"指各行政事业部门根据实际情况向自治区财政厅上报下一年度预算建议数;"一下" 指自治区财政厅在综合考虑宁夏财政整体收入情况和各部门资金需求的情况下, 向各部门下达预算控制数;"二上" 指各部门按照自治区财政厅下达的预算控制数,编制出下一年度的部门预算,再次上报自治区财政厅;"二下"指自治区财政厅汇总各部门预算数编制预算草案,报自治区人大审议通过后下达各部门执行。

2002年,改进预算编制方法,实行基本支出预算和项目支出预算管理,试用定员定额和项目库的方法编制预算。

2004年后,自治区本级部门预算编制程序由 "两上两下"改为"两下一上"。

2007年，自治区全面启用新的政府收支分类科目，在政府收支分类改革实现“双轨”运行的基础上，确保上年度各项预算数据转换工作，同时使用新、旧两套科目体系编制总预算和部门预算，以实现年度间的数据对比，加强新科目体系下的预算执行分析，增强对新科目运用的把握能力。

2008年，首次试编民生预算，并创新编制方法，由按照政府收支分类科目编制预算转向按照具体的内容和项目精细化编制预算，最后形成统一、规范、透明的民生预算。

2009年，自治区本级部门全面启用新的部门预算编制系统，将基础资料、项目管理、预算编审、结余资金管理、预算数测算等功能融合在一起，实行从基层单位数据上报、财政部门审核、预算批复、预算追加等全程信息化管理，提高预算规范化管理水平。

2010年，完善预算编制与执行、结转结余资金管理，建立资产配置与政府采购相结合的机制。规范部门结余资金管理，结合部门的结余资金情况来统筹考虑预算安排和资金追加；实行政府采购预算与实施采购相衔接，严格做到“有预算，有采购”，增强政府采购预算的约束力。规范非税收入预算编制，将除学校收费外的预算外管理的行政事业性收费全部纳入预算管理，实行分类核定，体现预算编制的完整性。

2011年，出台《关于进一步规范自治区本级预算追加和资金拨付的通知》，对预算追加的条件、时间界限等予以规范，严格控制预算追加。

2014年，修订完善《自治区本级项目支出预算管理暂行办法》等五项预算编制管理方面的文件，推行全口径预算管理，推进预算管理标准化体系建设。引入中期滚动预算管理理念，压缩代编预算规模。

2015年，自治区人民政府出台《宁夏回族自治区关于深化预算管理制度改革的意见》，进一步深化预算管理制度改革，建立全口径预算编制体系，明确和强化部门编制预算的主体责任。

2016年，自治区财政厅出台《预算编制风险防控管理办法（试行）》，以风险为导向，将风险防控措施嵌入预算编制的各个事项、各个流程和各个节点，实现对预算编制的全面管理和有效控制。严格预算编制控制数管理，全面推行预算安排与编报的精准度、契合度挂钩，与绩效管理挂钩，与支出进度挂钩，与项目结转结余挂钩的“四个挂钩”机制。

2017年，规范和创新预算编制方式，全面实行“零基预算”。除新增项目外，历年延续性项目也进行项目评审论证，不符合财政支出政策，无立项依据和测算依据的项目不安排预算，执行到期或一次性项目实行严格退出制。

2018年，预算编制打破不设边界、任意编制的传统做法，坚持分类对待，突出重点的原则，按照不同增长比例，初步核定不同处室预算控制数规模，一方面通过压缩一般性支出，保证重点部门、重点行业、重点项目资金需求；另一方面调动部门预算单位统筹预算，平衡资金的积极性。是年，为提高预算编制质量，启动非税收入预算编制管理工作。推进定额标准体系建设。调整基本支出定额体系，完善基本支出补助政策，制定《自治区本级项目支出定额标准管理办法(暂行)》,实施改革试点。

二、审批

1994年实行分税制体制后,自治区财政厅改变自治区代编市县预算的做法,每年由自治区级提前编制预算要求,市、县各级按照自治区级提出的编制预算要求,编制本级预算,并经同级政府审查、人大批准后报自治区财政汇总成全区预算。

1995年《中华人民共和国预算法》实施后,自治区财政厅制定一系列实施细则,强化、规范预算管理,突出人民代表大会通过预算的法律效力,严格执行追加支出的审批程序,预算草案和执行报告由人大审批,自治区人民代表大会被赋予监督预算外资金使用的权力,改变过去随意改变、频繁调整预算的做法。

1998年后,国家启动以强化预算审批权的行使为宗旨的预算审批制度改革。

2002年7月25日,自治区人大常委会颁布《宁夏回族自治区人民代表大会常务委员会预算监督条例》,宁夏预算监督工作逐渐规范化。

2006年,自治区财政厅制定下发《市县预算审查办法》《市县预算审查实施方案》,全面启动市县预算审查制度,对市县可用财力水平、是否编制赤字预算、财力满足工资发放情况,以及自治区各项补助资金是否落实到位、项目支出是否符合公共财政基本要求等内容进行全面审查,形成审查报告,下发审查意见,对不符合预算编制要求的提出整改。

2018年12月,自治区第十二届人民代表大会常务委员会第七次会议修订《宁夏回族自治区人民代表大会常务委员会预算监督条例》为《宁夏回族自治区预算审查监督条例》,对预算、预算调整以及决算的审查和批准作出具体规定,进一步加强预算审查监督,强化预算约束。

第二节 预算执行

一、收入管理

财政预算收入管理,是公共财政体制建设的基本内容,也是衡量财政管理现代化水平的重要标志之一。主要内容有细化预算编制内容,规范化的“零基预算”,编制部门预算,施行综合预算,明确预算运作程序,硬化预算约束等。预算管理体制属于财政基本制度之一,要根据国家财政制度变化相应进行调整,不需要每年进行调整。宁夏主要进行过以下调整。

1992年,宁夏对行政性收费、罚没款专项收入及专项收费实行预算管理。

1994年,自治区对区本级的行政、事业单位实行“零基预算”管理。依据各单位“三定方案”确定的编制人数和实际离退休人员及预算定额标准,结合各预算单位的工作任务,核定各单位的经费。

1995年,自治区将事业单位的收入(含预算外),全部纳入单位预算之中,统一核算、统一管理。改革行政单位预算管理办法,将原“预算包干”办法改为“收支分开管理,定额定项拨款,超支不补,结余留用”的预算管理办法;明确后勤部门与行政单位的财务关系,对后勤单位分别实行相应的企业或事业单位财务管理等。

1996年，通过开展地方税普查工作，清理和调整税收减免、先征后退等优惠政策，制定《关于进一步明确税费退库有关预算管理问题的规定》，规范税费退库程序，及时制止擅自减税免税等现象。

2000年年底，自治区党委、政府根据形势发展需要，提出全区财政收入突破20亿元，自治区本级突破5亿元的奋斗目标。针对自治区本级收入连续下滑、市县收入完成情况不平衡问题，自治区财政厅牵头召开财税库联席会议。为实现两个奋斗目标，相关部门组织联合调查组，对重点税源企业进行欠税清理，逐户落实超收任务。

2001年，自治区财政厅与有关部门共同研究制定部门罚没收入和行政性收费管理办法。在编制部门预算过程中对部门各类收入进行统筹考虑、综合平衡，进一步加强收入管理力度。

2002年，针对农业税任务政策性调减、所得税分享改革以及重点企业效益下滑等情况，自治区财政厅加强与国税、地税、人民银行等部门的沟通与协作，执行“加强征管、堵塞漏洞、惩治腐败、清缴欠税”的方针，3次召开全区增收节支会议，部署增收节支工作，强化收入征管，确保财政预算平稳运行。

2003年，受“非典”防治经费支出增加较多影响，财政收支矛盾尖锐。收入管理方面，加强对各项收入的分析和预测，保证各项收入及时入库。同时制定减免部分行业税收、行政性收费、财政基金的财政政策，减轻了企业和单位负担，促进了行业恢复性增长。

2006年，按照年初收入任务目标，自治区财政厅积极支持和配合税务部门做好税收组织工作，加强政府基金、非税收入和预算外收入的征缴，做好中央各项转移支付、专项资金争取工作，全力扩大自治区财力来源渠道。

2007年，为加快财政预算收入进度，一方面配合税务部门，做到依法应收尽收；另一方面营造增收环境，调整车船使用税、耕地占用税标准，充分调动各级政府、财税部门培育财源、生财聚财的主动性和积极性。

2008—2010年，在做好收入征管工作的基础上，进一步巩固税源基础。通过促进“五优一新”（能源、化工、农副产品加工、装备制造和新材料制造五大优势产业，以及高新技术产业）产业发展、加快装备制造业发展、推动节能减排等财税政策的落实，完善经济发展与财政增收良性互动机制，为完成财政收入任务创造条件。持续加强非税收入征管，增强非税收入入库的均衡性和稳定性。

2013年，财政部门妥善编制收入预算，做好任务分解，督促税务部门落实征管责任。面对严峻的经济和财政形势，切实加强收入的日常监测，及时掌握重点财源的发展变化和收入征管工作中遇到的问题，有针对性地采取加强财源建设、强化税收征管等措施。

2014—2017年，每年定期及时召开财政形势分析会，加强与国税、地税的沟通联络，切实做好收入组织工作，确保财政收入平稳增长。

2018年，建立税收增收奖励机制。加大资金下沉力度，对市县下达的一般转移支付资金同比增长11.9%，缓解了财力紧张局面，确保不出现财政运行风险。

二、支出管理

1992年，严格预算支出管理，不断提高资金使用效益。贯彻执行中央和自治区关于冻结党政机关和事业单位编制的决定，协同编办控制机关事业单位人员不断膨胀的势头。从政策等方面支持事业单位创办经济实体，增加收入，加快全额预算管理单位向差额管理、差额管理向自收自支转化的步伐，逐步削减直至取消财政拨款，减轻财政负担。继续控制社会集团购买力不合理增长，对行政事业单位原则上不再批准购置包括小汽车在内的新设备。对农业、教育的投入，按照分级负担、条块结合的原则，多渠道筹集资金，进一步完善国家、集体和农民个人三者相结合的投资体系，特别是逐步增加集体和农民个人的投入份额。财政投入将不断扩大有偿使用范围，在促进农业生产的同时，支持乡镇企业的发展，以提高资金使用效益。

1995年《中华人民共和国预算法》实施后，各级财政部门通过调整、优化支出结构，采取积极措施控支、节支，确保年度财政支出目标的完成。是年，规范事业单位支出管理，划分为事业支出、经营支出、附属单位补助支出和上缴上级支出四类。

1996年，为有效控制行政事业经费过快增长，自治区本级与部分市县推行零基预算管理办法，增强部门和单位节约用款、收支平衡意识。在自治区本级行政事业部门大型设备购置中，引进竞争机制，首次对锅炉设备采用招标办法，节减维修购置费用。有的地方和部门对电话费、会议费等较难控制的项目实行源头控制，定额管理，或重新核定、规范财政资金供应范围，改革修缮费、差旅费管理办法。

1997年，在预算执行过程中，注重跟踪地方财政经济走势及财政政策落实情况，及时反映预算收支执行中出现的新情况、新问题、新动向，做好预算执行分析工作。下发《关于开展地方预算执行分析工作评比办法的通知》，以评比促工作，推进预算执行。

2002年，针对支出增长较快状况，树立过“紧日子”思想，不断调整支出结构，严格控制一般性支出增长，提高对重点支出的保障能力。

2003年，进一步加大支出管理力度，出台加强预算追加的管理办法，大幅压缩一般性支出，确保财政预算稳步运行。

2007年，调整支出导向和结构，在大幅增加市县财力性转移支付，保持一般公共服务、教育、科学技术、社会保障和就业、医疗卫生等增幅较高态势的情况下，安排资金保障自治区重点建设项目，突出支持新型工业化、设施农业和义务教育事业等。

2008年，重点项目保障上确保庆祝自治区成立50周年重点工程建设及重大决策所需资金。保障自治区财政厅“民生财政八项行动”所需资金。解决预算执行中自治区党委、政府确定的新增支出和部分市县资金周转困难等问题。根据自治区党委、政府，以及自治区财政厅党组关于落实国务院拉动内需促进经济增长十项措施的战略部署，进一步调整、优化支出导向和结构，提高支出效能，完成财政预算支出任务。

2009年，按照年初确定的节支措施，对公务购车用车、会议经费、公务接待费用、出国（境）经费、部门单位业务费等支出实行零增长。对一般性的出书、研讨、纪念、庆典等活动，实行由部门单位自行解决经费，一般性支出的追加基本得到控制。贯彻《党政机关厉行节约坚决制止奢侈浪费的通知》精神，在预算执行中按照中央、自治区的规定，按照一定的比例对各部门的预算进行扣减，行政性开支压缩达到预期效果。

2010年，建立对市县财政支出进度考核制度，提高财政资金支出的时效性和均衡性。

2011—2012年，持续推行以优化支出为重点的结构调整，加大保障和改善民生的力度。2011年，自治区本级用于教育、科技、社会保障和就业、医疗卫生、环境保护、农林水、保障性住房等民生方面的一般预算支出达到104.5亿元，增长44.7%。2012年民生支出达635亿元，占公共财政预算支出的73%，同时，重点向农村、基层和财力薄弱的地区倾斜，不断提升基本公共服务均等化水平。

2013年，统筹做好财政支出管理工作，确保自治区党委、政府重点支出项目及民生计划的落实。创新工作机制，减少自治区本级实物配送规模和比例，采取预拨、提前通知等方式，加快资金拨付和项目实施。

2014年，分别出台《宁夏回族自治区财政厅预算执行管理考核办法（试行）》和《宁夏回族自治区市县级财政预算执行管理考核暂行办法》，从区本级和市县两个层面加强全区财政预算执行管理，建立支出进度与资金增量挂钩机制。

2016年后，不断完善对自治区本级部门和市县的支出进度督导、考核通报制度，强化部门预算执行主体责任意识，做到月月有目标、月月有督查、月月有通报，提升支出预算执行的均衡性、时效性。

2018年，修订印发《宁夏回族自治区财政收支考核暂行办法》，进一步完善预算执行考核办法。

第三节　预算改革

一、部门预算

国内预算编制制度是在计划经济体制下形成的，其基本框架一直没变。随着社会主义市场经济的建立与发展，财政管理体制在实践中的进一步完善，以及公共财政思想的确立，民主法治建设不断加强，传统的预算编制方式已经越来越不适应财政管理的需要。1999年6月，审计署在全国人大常委会会议上指出中央预算管理中存在的问题，全国人大常委会要求改进和规范中央预算编制，报送部门预算。基于此，中央财政决定加快预算编制改革步伐，从2000年起开始推行中央部门预算改革，即一个部门一本预算。

1999年11月2日，自治区人民政府印发通知，明确要求自治区本级对预算编制工作进行改革，自治区人大也提出细化预算的要求。结合自治区本级实际，自治区财政厅提出区本级预算编制改革的思路，即“提前预算编制时间，细化预算编制内容，改进预算编制方法，实行部门预算”。

2000年年底，宁夏被财政部确定为部门预算编制改革的5个试点省份之一，开始部门预算改革。

2001年，自治区出台《自治区本级基本支出预算管理试行办法》，要求各部门汇总部门所属各基层单位不同性质的资金（包括预算内收支、预算外收支和基金性预算收支等），综合为简一平衡的部门总预算，自治区财政厅在拨付资金时以部门为口径，统一审核和划拨。扩大部门预算的编制范围，将向自治区人大报送部门预算的范围由2001年的5个扩大到2002年的15个。2002年，又扩大到60个。

2003年，根据深化预算编制的需要，修订和完善《宁夏回族自治区项目支出预算管理办法》，新制定《宁夏回族自治区项目库管理办法》和《宁夏回族自治区基本数据信息库管理办法》，初步形成较为完善的部门预算编制制度体系，从原则、制度、内容、方法上对以后的部门预算改革作出明确规定。

2004年，除自治区安全厅外，自治区本级所有部门、单位均编制部门预算，并向自治区人代会上报，从而实现自治区本级部门预算的全面编制和自治区人民代表大会对部门预算的全面监督。

2005年，先后制定完善《自治区本级基本支出预算管理办法（试行）》《自治区本级项目支出预算管理办法（试行）》《自治区本级项目库管理规定（试行）》《自治区本级部门预算管理暂行办法》《自治区本级学校经费部门预算管理暂行办法》《自治区本级部门财政结余资金管理暂行办法》《自治区本级非税收入部门预算管理暂行办法》等7项制度和办法，进一步完善部门预算的制度框架和预算定额体系，所有市县推行部门预算的编制方法。

2006年，继续深化部门预算改革，进一步完善2007年部门预算编制的指导原则、编制口径、编制程序、预算定额标准等相关政策。根据政府收支分类改革和部门预算编制要求，对部门预算编制软件参数、报表格式进行重新定制。

2007年，提高自治区本级部门公用经费标准，重新修订《自治区本级学校经费部门预算管理暂行办法》，将包干核定经费的方式改变为标准化算账方式。原定额包干的单位实行按部门预算编制要求管理，按标准化方式核定经费。编制范围进一步扩大，将自治区本级行政事业单位住房公积金纳入部门预算。

2008年，针对部门反映预算资金审批环节多、程序复杂、支出进度慢等问题，从2009年起，区本级基本支出由国库统一受理、统一办理资金追加事宜。

2011年，部门预算编制由改革性工作转变为日常预算管理。继续推行绩效预算。对申报项目单项金额在500万元以上的项目，要求与部门职责相符合，与自治区发展规划相衔接，在“一上”时报财政审核。建立约束机制，压缩部门结余结转资金，对区本级部门连续两年未动用或连续三年未使用完形成的净结余，将动用净结余安排下一年度有关项目支出，随“一上”报自治区财政厅；对部门项目净结余较大的单位，将调减下一年度项目资金；对预算执行均衡性较差的单位，原则上扣减10%；进一步规范预算资金追加，建立项目结余资金与预算编制相衔接的约束机制。规范审核流程，要求财政厅各部门预算处对上报的项目支出预算和绩效说明书等资料进行审核，审核结果作为是否列入年度预算的依据，对专项业务类项目实行零增长；对论证充分、社会和经济效益好的项目，优先列入预算；对评审工作量大，专业性强的项目，委托财政评审中心评审后确定资金安排。

2012年，深化大中专院校等单位经费改革，建立综合定额与专项定额相结合、实物定额与特殊经费标准相结合的预算定额标准体系。以规范项目预算编制、推行预算绩效管理为重点，对编制2013年项目预算从项目类别、项目库滚动管理、预算执行、预算绩效管理等方面做具体规定。

2016年，深化部门预算编制改革。在全区开展预算编制“3E”（经济、效益、效率）行动计划主题活动，在预算编制中体现出经济、效率与效益，进而提高财政支出效率。实施预算编制控制数管理改革，增强预算单位的主体责任意识。启动实施财政项目库管理，提请自治区人民政府印发《关于实施财政项目库管理的意见》，所有拟申请各级财政资金的项目全部纳入项目库管理。

2017年，压缩代编预算规模，财政代编部门预算规模和代编项目数均较上年下降30%以上。

2018年，规范本级部门预算编制的内涵和界限。厘清部门预算与转移支付预算的项目界限，规范转移支付预算编制管理，细化部门预算编制，从源头上规避、减少本级代编预算和二次分配预算。

二、综合预算

2008年，自治区启动综合预算改革，先在自治区8个单位实行收支脱钩综合预算改革试点。2009年，结合自治区取消140项行政事业性收费，对自治区地税局等27个单位实行综合预算改革，保障其履行公共财政职能。

2010年，结合预算外资金纳入预算管理规定，扩大综合预算改革试点单位范围，自治区本级部门实施“收支脱钩”单位达到52个。2012年，除特殊原因不能实行综合预算改革的单位外，对其他单位的非税收入全部实行收支脱钩，综合预算改革试点单位达到60个。2013年，综合预算改革试点单位扩大到78个，试点范围逐年扩大。

2015年，除自治区质监局及下属全额事业单位、自治区交通厅、宁夏交警总队、自治区人防办、宁夏社会福利院、宁夏儿童福利院外，自治区本级所有全额拨款的行政事业单位（学校除外）均对非税收入实行“收支脱钩”预算管理改革。

三、预算公开

2005年起，自治区财政厅每年在门户网站中公开经自治区人代会审议通过的上一年全区及自治区本级预算执行情况和当年全区及自治区本级预算草案的报告。自治区财政厅公开的预算报告逐年细化，报告内含主要表格、图表以及注释，并对四本预算（一般公共预算、政府性基金预算、国有资本经营预算、社会保险基金预算）进行公开。

2010年后，自治区财政厅每年都汇编《阳光财政》，重点对各项民生政策的目标、内容、标准以及资金安排情况进行全面介绍，并对一些专业词汇、比较口径进行详细说明，与预算草案一同提交自治区人民代表大会，帮助人大代表"大账看得懂，细账看得清"。

2011年，自治区教育厅等59家一级预算单位在门户网站上公开预算信息。全区有17个市县（市、区）财政局通过当地政府网站或报纸公开2011年度财政总预算。有13个市、县（区）财政局公开教育、卫生等涉及民生的重大财政项目支出预算安排情况。

2012年，经自治区人大审核批复的107家一级预算单位中，有85家公开部门预算信息，占全部预算单位的79.44%，比上年增加26家。全区有20个市县（市、区）财政局通过政府门户网站公开了总预算。在全区市县中有1393户一级预算单位通过政府门户网站和单位网站公开部门预算。有21个市县财政局公开了民生预算，有15个市县财政局公开了财政专项支出预算。

2012年后，500万元以上项目资金安排情况在《宁夏日报》进行公开，接受社会监督。

2014年，相继出台《关于开展进一步提升"三公"经费制度执行力活动的通知》和《关于推进我区地方预算信息公开工作有关事项的通知》，加强预算公开力度。年初公开《关于2013年全区及自治区本级预算执行情况和2014年全区及区本级预算草案的报告》部分摘要和重点项目预算。

2015年，自治区财政厅提请自治区人民政府印发《关于深入推进全区预决算信息公开工作的意见》，自治区本级单位部门预算信息公开的数量、质量、及时性稳步提高，27个市县（市、区）全部公开了2015年经同级人大批准的财政预算报告及报表。

2016年，全面推进预算公开，制定《宁夏回族自治区预决算公开工作考核办法（试行）》等制度，基本建立推进全区预决算信息公开的制度框架。在自治区人民政府官网设置财政信息公开专栏，要求自治区本级所有预、决算信息必须在自治区人民政府官网登载公开。除涉密单位外，部门预、决算公开率均达到100%。上海财经大学发布的《2016年中国财政透明度报告》显示，宁夏财政透明度高居全国31个省份之首。

2017—2018年，不断完善预决算公开制度体系，加快预决算公开平台建设，预决算范围不断扩大。进一步加大预决算公开监督检查，自治区和市县预、决算公开率均达到100%。

四、专项资金管理

2013年，针对财政专项资金管理使用中多头管理、重复补助、零星分散、撒胡椒面等现象比较突出的状况，自治区财政厅起草《清理整合规范自治区本级财政专项资金的意见》，按照"激活存量，优化增量，保障重点"的原则，对专项资金整合范围、整合方式、整合步骤等作出明确规定，进一步完善专项资金管理的制度体系。印发《自治区专项资金管理办法》，提出专项资金的设立和调整、预算编制、预算执行、绩效管理等明确框架性、全过程管理要求，并完善专项资金的新增退出机制，确保财政资金规范管理、整合使用。

2014年，自治区财政厅提请自治区人民政府印发《宁夏回族自治区财政专项资金管理办法》，进一步明确财政专项资金设立、绩效管理、使用范围、退出机制等内容，将专项资金与项目绩效评价相挂钩。试行专项资金竞争性分配，将资金使用绩效与资金安排、分配相挂钩，加强资金的监督管理制约，为专项资金的设立、退出机制建立创造了条件。

2015年，整合压缩专项转移支付数量，在预算编制中对专项转移支付的项目按30%进行压减，从240项压减到170项左右，并且要求对于由部门单位直接实施的项目资金不得打捆。重点解决专项资金种类过多、重复严重、效益不高，部门增设专项资金冲动强烈，退出机制不完善等问题，自治区财政厅提请自治区人民政府出台《自治区本级财政专项资金管理办法》，初步建立自治区本级财政专项资金目录，实行财政专项资金清单管理机制，进一步优化专项资金结构，不断提升财政预算统筹力度。

2016年，规范和加强财政专项资金管理，对需新增设立的财政专项资金进行全面梳理，自治区财政厅提请自治区人民政府印发《自治区本级财政资金目录》，在此目录下建设财政项目库，要求凡申报2017年预算资金的项目必须在经自治区人民政府批准同意的目录下细化编制，项目预算要编制到具体项目内容和项目执行单位；凡审核通过纳入财政项目库的项目方可视财力纳入预算；未纳入项目库管理的项目一律不得安排预算。

2017年，强化自治区专项转移支付资金管理，经自治区人民政府审定后印发《自治区对市县（区）专项转移支付暂行管理办法》。

2018年，进一步压减项目个数，安排财政专项（一级项目）116个，较上年减少20个，下降16%，整合资金27.2亿元，集中财力保障“三大战略”等重点支出。加大专项资金整合力度，采用“大专项＋支出用途＋具体项目”的模式编制2019年自治区本级财政资金目录。

第四节　预算绩效管理

一、绩效管理体制

2006年，财政部全面启动地方财政预算绩效评价系统。按照财政部要求，自治区启动实施地方财政分析评价系统，进一步实现财政预算管理的规范化、制度化，实现预算管理信息化。制定《自治区本级财政支出进度考核制度（试行）》，启动对自治区本级预算支出进度考核评价制度。

2007年，出台《宁夏回族自治区部门预算支出绩效考评管理办法（试行）》，加强对部门预算支出的绩效管理。

2008年，绩效预算由试点进入全面实施阶段，基本支出由国库统一办理后，各部门预算单位的主要职责是对项目支出开展绩效评价。对综合性大型项目由基建投资评审中心实施绩效考评，评价结果作为下一年度预算安排的依据。

2010年，《自治区财政扶持企业发展专项资金项目绩效评价暂行办法》制定实施，健全规范、现实可行的绩效评价方法与工作程序逐步确立，初步搭建起覆盖资金使用全过程的项目绩效评价指标体系。至此，宁夏“以平台投放为抓手、以绩效评价为核心”的新型财政扶持企业发展资金支出机制基本确立。

2011年，按照财政部《财政支出绩效评价管理暂行办法》，各地、各部门理清思路，开始制定全面推进预算绩效管理方案和目标，计划通过3～5年时间，使预算绩效工作迈上新台阶。

2013年，自治区财政厅起草《关于全面推进预算绩效管理的指导意见》，报请自治区政府批转执行，为拓展绩效评价结果应用，提高预算绩效管理质量提供制度保障。是年，按照财政部要求，全面开展县级财政支出管理绩效综合评价。

2014年，《宁夏回族自治区预算绩效管理工作实施方案》出台，自治区财政厅拟定《宁夏回族自治区预算绩效管理办法（试行）》《宁夏回族自治区中介机构参与绩效评价工作暂行办法》《宁夏回族自治区本级部门预算绩效管理工作考评办法（试行）》，逐步建立起贯穿预算编制、执行、监督全过程的预算绩效管理制度体系。

2015年，自治区财政厅制定《自治区本级部门预算支出绩效管理综合评价办法》等一系列绩效管理制度办法。此后，预算绩效管理机制进一步完善，绩效管理嵌入预算管理全过程。是年，建立市县财政综合绩效考评体系，对市县财政实行综合绩效管理。基本建立起贯穿预算编制、执行、监督全过程的预算绩效管理制度框架。

2018年，根据《中共中央、国务院关于全面实施预算绩效管理的意见》（中发〔2018〕34号）要求，自治区财政厅起草《关于全面实施预算绩效管理的实施意见（送审稿）》，分步建设绩效评价指标体系，首先完成科技、环保、扶贫、教育四大类专项指标预算绩效体系建设。是年，不断健全预算绩效全过程管理机制，首次引入第三方机构开展绩效目标审核和中期绩效跟踪评价，创新本级部门整体支出绩效综合评价方式，实现预算编制与绩效评价有机结合。

二、项目预算绩效管理

2007年，彭阳县开展“2007—2008年整合资金支持新农村建设试点项目”绩效评价工作，标志着自治区财政支出绩效评价工作正式启动。

2008年，为支持9个市县（区）革命老区建设，规范革命老区资金管理，自治区财政厅试行项目绩效评审与下年度资金分配相挂钩的办法，增强革命老区市县财政加强革命老区专项资金管理的责任心和主动性。

从2009年开始，建立自治区本级部门项目库，将基本建设、企业发展、科技创新、环境保护、节能减排等项目纳入项目库管理，通过建立项目支出预算标准体系，逐步清理、规范自治区本级部门项目库，实行滚动管理。通过规范项目审核管理流程，实行项目支出科学化管理。通过实施项目管理绩效评价与跟踪问效，提高财政资金使用效益。是年，纳入自治区本级项目库储存项目的有5000多个。

2010年，按照自治区党委要求，为落实好自治区人民政府确定的民生计划，选取塞上农民新居、农村危窑危房改造、购买公益性岗位、村级互助资金、校舍安全工程5个项目实施绩效评价，通过开展前期调研、资料整理、实地查看、问卷调查、走访农户等方式，全面掌握五项民生计划的落实情况及实施效果。

2011年，印发《关于全区财政系统开展“项目管理年”活动的指导意见》《全区财政系统“项目管理年”活动督查考核办法》，启动“项目管理年”活动。2012年，出台《自治区财政厅部门预算管理处“项目管理年”工作考核办法》，对自治区财政厅10个部门预算处和农业综合开发办预算管理进行考核。

2013年，出台《自治区本级项目支出预算管理暂行办法》，建立起以绩效管理为核心，涵盖项目库建设、项目编制审核及预算执行全过程的项目支出预算管理框架体系。是年，开展区级部门支出管理绩效综合评价，对自治区500万元以上项目开展重点绩效评价。

2014年，所有纳入预算的支出项目在设立时有明确的预期绩效目标和可量化的绩效指标，使用过程中进行跟踪问效，项目执行结束后，对预算资金产出和结果进行绩效评价，建立以绩效为导向的财政专项资金管理机制。

是年，开展地方债券项目绩效监控，委托中介机构聘请国家科技评估中心、中国科学院科技政策所等国内知名行业专家，对自治区2013年度地方债券资金使用情况实施中期绩效监控，为建立健全债券资金项目绩效管理长效机制奠定基础。同时，开展重点项目绩效评价，在2015年预算编制中首次引进预算编制前置审查机制，对2015年部门申报的项目选取42个重点项目进行绩效目标专家审核，为项目预决算提供参考。此外，初步建立起专家学者库、中介机构库和监督指导库等。

2015年，继续扩大绩效目标审核范围，加大对重点项目绩效目标审核，建立重点民生项目绩效跟踪模式，实施绩效跟踪及绩效评价。

2016年起，自治区本级实现项目支出和部门整体支出绩效目标编报、审核全覆盖。对2015年14个重点项目进行绩效评价，对2015年自治区本级部门整体支出预算绩效管理进行综合评价，对2017年重点项目绩效目标进行专家评审，评价结果作为2017年部门预算编制的重要依据。是年，印发《宁夏回族自治区本级预算绩效专家库管理办法（试行）》，进一步建立完善自治区专家库评审制度。

2017年，进一步强化专家库和第三方机构库服务预算管理的支撑作用，完善全过程预算绩效管理工作机制，强化项目库管理，实现预算项目绩效目标全覆盖审核，无绩效目标、绩效目标审核结果为“差”的项目不予入库、不安排预算。首批开展项目绩效目标跟踪监控试点，开展重点项目第三方绩效评价和部门整体支出绩效综合评价，并与预算编制挂钩。

2018年，推动绩效评价提质扩面，开展重点项目绩效评价，在经济发展、社会事业、脱贫攻坚3个领域选取9个重大项目开展第三方评价。

第二章　国有资产管理

国有资产管理，是指国家对国有资产所有权行使，管理权限的划分，资产的保值增值，收益的享有、处分等进行的监督。是对所有权属于国家的各类资产的经营和使用，进行组织、指挥、协调、监督和控制的一系列活动的总称。

1990年宁夏国有资产管理局成立。1993年后，按照国务院国有资产管理的有关要求，宁夏国有资产管理部门通过对行政事业单位、国有企业、城镇集体企业、农村集体企业等单位企业资产的清产核资、资产评估，集团公司授权经营、企业改制与股权管理等国资经营，公车管理等行政事业单位资产管理，企业、行政事业单位产权登记和资产统计等加强国有资产管理。

第一节　体系建设

一、管理机构

1988年4月，全国人大七届一次会议批准在国务院设立国有资产管理局，归口财政部管理。1990年12月，宁夏国有资产管理局成立，为自治区财政厅隶属下的处级局。1996年升格为副厅级局，同年，经自治区人民政府同意，在全区各地先后成立市、县级国有资产管理局。1999年，撤销宁夏国有资产管理局，其业务工作划归自治区财政厅。

2012年经自治区人民政府批准，自治区财政厅资产管理处成立，主要负责全区行政事业单位国有资产监管。同时，自治区国资委将区属文化企业资产监管权移交自治区财政厅，此项职能也划归资产管理处。各市、县（市、区）财政局也组建资产管理机构，落实机构、编制、人员、职能“四到位”，进一步理顺全区国有资产管理体制机制。至2015年年底，全区30个市县（市、区）财政局中13家（银川市财政局、兴庆区财政局、贺兰县财政局、银川市经济技术开发区财政局、石嘴山市财政局、大武口区财政局、平罗县财政局、中卫市财政局、海原县财政局、吴忠市财政局、同心县财政局、固原市财政局、原州区财政局）成立资产管理科（股），4家（西夏区财政局、利通区财政局、红寺堡区财政局、隆德县财政局）将资产管理职能委托国有资产管理公司履行，1家（太阳山开发区财政局）资产管理职能由上级财政局（吴忠市财政局）代管。自治区本级124家一级预算单位中3家（自治区党委办公厅、自治区党校、自治区财政厅）成立资产管理处，3家（自治区公安厅、宁夏广播电视总台、宁夏社会科学院）成立资产管理科，118家自治区本级一级预算单位的资产是办公室、后勤服务中心、综合处、行政接待处兼管，资产账由财务处（规划处）管理。

二、管理机制

2012年，自治区财政厅成立资产管理处后，为规范全区行政事业单位和文化企业国有资产管理工作，明确财政部门、主管部门、行政事业单位和文化企业在资产管理方面的职责权限，自治区财政厅先后印发《宁夏回族自治区行政事业单位国有资产配置管理暂行办法》《宁夏回族自治区本级行政单位国有资产配置标准》《宁夏回族自治区行政事业单位国有资产使用管理暂行办法》《宁夏回族自治区行政事业单位国有资产处置管理暂行办法》，逐步推荐行政事业单位经营性资产管理办法、文化企业国有资产监督、评估、产权登记和绩效考核办法等制度，从政策角度确立了全区行政事业单位国有资产管理制度及框架。

2017年，为推进资产管理与预算管理相结合、资产管理与财务管理相结合、实物管理与价值管理相结合，完善资产管理内部控制体系，自治区财政厅依据财政部《行政事业单位国有资产年度报告管理办法》（财资〔2017〕3号），结合宁夏实际，研究制定《宁夏回族自治区行政事业单位国有资产年度报告管理办法》。同时，为规范国有资产处置事后监管，研究制定《宁夏回族自治区本级行政事业单位国有资产进场交易实施细则（试行）》。这些办法和细则的制定标志着国有资产管理从“入口”到“出口”全过程的监管体系基本建成。

此外，为进一步规范完善国有资产管理机制，宁夏先后建立国有资产管理与政府采购相结合工作机制、国有资产实施报告制度等。

第二节　清产核资

一、行政事业单位清产核资

1993年，按照国务院清产核资领导小组关于开展行政事业单位财产清查登记工作部署，自治区成立清产核资领导小组，制定印发《宁夏回族自治区行政事业单位财产清查登记工作实施方案》，在全区范围内开展行政事业单位清产核资工作。是年，全区共有4129户独立核算的行政事业单位参加了清查登记，清查前账面资产总额为35.04亿元，清查后为40.72亿元，净增5.68亿元，占清查前资产总额的15.35%。

1998年，全区3470户行政事业单位国有资产总额78.75亿元，比上年的60.28亿元增加18.47亿元，增长30.64%。

2000年后，为摸清行政单位资产管理、使用状况，采取财政主导、中介辅助、部门自查模式，委托会计师事务所以第三方介入资产审计清查。

2003年，制定《宁夏回族自治区预算单位清产核资资金核实办法》，组织两个检查验收小组对14个市县清产核资工作进行审核验收，同时抽查3%的基层单位。委托会计中介机构宁夏瑞衡资产评估公司对自治区级86个行政事业单位的清产核资进行审核验收。通过检查验收，全区各预算单位的清产核资工作除个别区级单位尚未完成外，基本上都按照全区统一的部署和工作要求，完成资产清查、报表审核汇总上报工作。

2005年，制定《宁夏回族自治区区级行政事业单位国有资产管理暂行办法（试行）》，自治区全面清理区级行政事业单位国有资产，摸清区级行政事业单位资产家底，发现资产管理中存在的漏洞和问题，为行政事业单位资产的科学配置、合理调度和处置以及下一步制定各种资产管理细则奠定基础。

2006年，按照财政部统一部署，自治区财政厅研究制定《行政单位资产清查工作实施方案》，启动全区资产清查工作。先后于2007年、2009年开展两次大规模清查工作，使清产核资步入制度化、规范化轨道。

2007年，自治区财政厅将行政单位附属的未脱钩经济实体、执行企业财务和会计制度的事业单位、事业单位兴办的具有法人资格的企业列入清查范围，对全区25个市、县（市、区）113个自治区本级主管部门，4457个行政事业单位的国有资产进行全面清查。对20%的区属行政事业单位的固定资产进行专项审计，公示结果，确保资产清查结果的真实、准确。

2009年，对自治区本级81个行政单位开展资产清查。通过资产清查，对多年积累的问题进行整改和规范，家底不清，账实不符的问题得到解决，为建立真实可信的资产管理数据库，实现动态管理打好基础。

至2011年年底，全区纳入国有资产信息系统数据上报的行政事业单位总数为3953户，资产总额为634.47亿元。

2012年，全面清理清查全区行政事业单位国有资产，建立全区行政事业单位资产数据库。

2016年3—9月，开展全区行政事业单位资产专项清查。完成全区资产清查及事业单位所属企业国有资产产权登记工作。清查结果：截至2015年12月31日，自治区行政事业单位资产合计1484.42亿元，其中流动资产573.01亿元，固定资产590.79亿元，负债合计412.03亿元，净资产合计1072.40亿元。

2017年，为保证资产清查工作与核实处置工作有效衔接，对区本级行政事业单位清理出的待核销盘亏资产4.97亿元、待报废资产6.92亿元和资金挂账1亿元开展核实处置工作，共受理自治区本级250家单位报废资产核实处置事项，审核资产总额达6.5亿元，其中审核通过162家单位，审核认定资产1.84亿元。

是年，按照《自治区财政厅自治区高级人民法院自治区人民检察院关于推进资产由自治区级统一管理的通知》（宁财资发〔2017〕61号）要求，由自治区财政厅、自治区高级人民法院和自治区人民检察院3家单位共同委托北京中天恒会计师事务所等5家会计师事务所对宁夏58家市县法检两院现有国有资产和债权债务进行全面清查。截至10月31日清查工作结束，涉及56家市县法检两院上划资产账面合计29.55亿元。

2018年，加强对资产出租出借行为监管，研究出台《自治区本级行政事业单位国有资产出租实施办法》，实现国有资产交易全流程公开透明。全区行政事业单位国有资产进场挂牌

148宗，挂牌金额1186.17万元，成交133宗，成交金额1421.06万元。实现资产配置预算网上自动审核，加强资金与资产的联动管理。截至年底，已审核新增资产配置事项2100项，审定预算金额26亿多元。

二、国有企业清产核资

1993年，按照国务院清产核资领导小组《清产核资总体方案》要求，选择自治区重工业厅、石嘴山市属36户工交企业进行清产核资试点工作，分资产清查、产权界定、价值重估、资金核实等阶段进行。通过资产清查，36户试点企业资产占用总额192548万元，占全区预算内工业企业总资产的30.75%。其中，固定资产净值53721元，占资产总额的27.90%；流动资产111896万元，占资产总额的58.11%；其他资产17867万元，占资产总额的9.8%；负债总额150387万元，资产负债率为78.10%；所有者权益总额为42161万元，占资产总额的21.9%；待处理固定资产损失3065万元，占资产总额的1.59%；待处理流动资产损失5999万元，占资产总额的3.12%。

1994年，确定石嘴山市、吴忠市、永宁县的35户企业和自治区重工业厅、轻纺厅、商业厅、水利厅等11个主管部门所属的118户企业进行清产核资试点工作。通过资产清查，107户试点企业（不含水利系统49户企业）资产总额为444601万元，负债为341512万元，所有者权益为103089万元，各项资金挂账28152万元，资产损失总额13825万元，其中固定资产损失3490万元，流动资产损失10068万元，其他损失267万元。资产负债率为76.81%。

1995年，国有企业清产核资工作全面结束。是年，全区1663户清产核资企业资产总额为121.11亿元，负债总额为94.13亿元，所有者权益为26.98亿元，资产负债率为77.72%。资产损失为4.07亿元，其中固定资产损失5839万元，流动资产损失3.46亿元。各项资金挂账6.87亿元。共审核批复全区107户试点企业的资产总额为44.35亿元，其中冲减净资产9695万元，企业自行消化2.17亿元。

1996年后，清产核资的后续工作主要包括对企业的资金核实批复和清产核资工作结果的分析总结及汇报。

1997年，国有企业通过清产核资、制度建设等迈上了良性发展轨道。截至年底，全区国有资产总量为135亿元，较上年下降0.47%；经营性资产70.05亿元，较上年下降8.2%；非经营资产60.95亿元，较上年增长10.90%。

三、城镇集体企业清产核资

城镇集体企业清产核资工作是继国有企业清产核资工作之后，国家为全面弄清和掌握城镇集体企业资产存量及经营效益状况，理顺产权关系，加强集体经济的资产管理，促进企业管理体制改革的又一项重要工作。按照国务院办公厅《关于在全国城镇集体企业、单位开展清产核资工作的通知》和财政部、国家经贸委、国家税务总局有关通知精神，全国从1996年起组织少量试点。自治区国资局（清产办）于当年起按照国务院相关要求进行城镇集体企业清产核资试点准备工作。

1997年，在全区范围内进行城镇集体企业户数清理，剔除不属于清产核资基本单位、不在城镇经营和私人挂靠性质的"假集体""三无"企业后尚有4299户城镇集体企业，按不低于10%的要求，在全区确定563户企业作为试点单位，其中地方企业152户，金融企业304户，电力系统企业107户（中央）。经产权界定、价值重估、资金核实后，152户地方企业资产总额为89113.5万元，负债总额72785.6万元，所有者权益16328.1万元，资产负债率为81.67%。

1998年，城镇集体企业清产核资工作全面完成。截至1998年3月31日，城镇集体企业、单位1438户。清产核资结果表明：1438户企业资产总额46.96亿元，负债总额40.02亿元，资产负债率85.23%；所有者权益6.94亿元；资产损失总额2.71亿元，资金挂账总额6.10亿元；1997年年末实现销售收入33.64亿元，盈亏相抵净盈利12.87亿元。

1999年，对各专业银行所属的50户集体企业进行清产核资补课，全面弄清和掌握各专业银行系统城镇集体企业资产存量及经营效益状况，理顺产权关系，加强集体经济的资产管理。对军队、政法机关下放移交的15户企业进行清产核资，保证了移交工作顺利进行。这15户企业的资产情况是：资产总额8912.7万元，负债总额5833.2万元，所有者权益总额3079.5万元，资产负债率为65.45%。

四、农村集体清产核资

2017年，全国农村集体资产清产核资工作启动。2018年，为稳步推进全区农村集体产权制度改革工作，自治区财政厅在充分考虑政策要求、工作实际开展的基础上，按照村均3550元标准，对宁夏山区 9个县（区）及中卫市沙坡头区、中宁县共计1384个山区村清产核资工作经费给予补助，共安排492万元。同时，及时下达中央农村集体清产核资工作经费596万元，农村产权制度改革试点市、县（石嘴山市、灵武市、隆德县）每村补助6000 元，已经享受自治区财政补助的山区村每村补助1500元，其余县（区）未享受自治区财政补助的村每村补助2840元。清产核资工作的实施保障了全区农村集体产权制度改革的顺利推进。

第三节　资产评估

一、评估机构

宁夏资产评估行政职能，分别由自治区及各地市县国有资产管理部门施行。各级执业人员按照独立、客观、公正、公平的原则规范执业。

1991年开始，自治区国资委等部门贯彻落实国家政策，结合宁夏实际，报批组建资产评估机构，培养考核认定注册资产评估师。

1994年，随着评估业务的日益增加，先后批准设立宁夏资产评估公司，宁夏资产评估公司吴忠市分公司、青铜峡市分公司、固原地区分公司和石嘴山市会计师事务所、宁夏第二会计师事务所以及西北无形资产评估事务所等开展资产评估工作的临时资格。帮助宁夏会计师事务所取得由国家证监委和国家国有资产管理局批准的从事证券业务的评估资格。

1996年，首次组织进行注册资产评估师资格的评定、考试、注册以及机构年检工作，以提高各机构的执业质量。

1997年，批准石嘴山市审计事务所、银川市审计事务所金融分所两家机构的临时资产评估资格。组织和完成了全国注册资产评估师的培训、考试工作。截至1998年年底，全区共有资产评估机构11家，其中专营机构3家，兼营机构8家。具有证券评估资格机构1家。共有从业人员200人，其中注册评估师41人，高级会计师12人，会计师65人，高级工程师25人，工程师32人。

1999年，根据国务院和财政部关于各类经济鉴证中介机构必须在1999年12月31日至2000年6月底完成与原挂靠单位人员、财务、职能、名称等四个方面彻底脱钩的要求，自治区财政厅对自治区资产评估专兼职机构的脱钩改制工作进行分类指导，按规定对机构的改制方案进行审批，基本完成资产评估机构脱钩改制任务。

二、评估业务

1991年年底，宁夏会计师事务所对石嘴山钢厂与石嘴山活性炭厂联营项目的资产评估，是为宁夏开展的首例资产评估业务。

1992年起，宁夏资产评估事业开始步入发展期。

1993年，按照国务院1991年91号令《国有资产评估管理办法》精神，大力开展《国有资产评估管理办法》等政策性文件宣传，加强对全区股份制改造、合资合作、产权转让等经济活动中的国有资产评估工作的管理。全年资产评估立项63项，其中已确认44项，评估前账面价值1.08亿元，评估后确认值2.04亿元，综合评估增值率为88.78%。

1994年，资产评估管理工作逐步规范化、制度化。按照国务院《国有资产评估管理办法》和其《实施细则》规定，自治区国有资产管理局结合企业股份制改造以及合资、合作、联营、拍卖等经济活动中的产权变动行为，将一切按规定应当评估的事项纳入评估范围并加强管理。共批准立项的资产评估项目100项，确认评估结果76项，评估后价值7.94亿元，评估资产增值幅度为45%。

1995年，全区资产评估共立项32项，经评估确认的国有资产总额约为0.5亿元，国有资产评估增值幅度为58%。

1996年，全区各资产评估机构完成资产评估项目46项，评估后资产总值9.3亿元，综合增值率10.5%。

1997年，先后完成对吴忠仪表厂、石嘴山钢铁厂等上市公司资产评估立项、确认的初审工作，对宁夏证券公司、标准件厂、水利厅、交通厅、粮食局等15家改制或产权交易企业资产进行评估立项、确认工作。

1998年，全年共批准资产评估立项41项，审核确认项目39项，其中改制企业10家，破产企业2家。评估资产账面净值19.8亿元，确认评估值22.6亿元，评估后资产价值比评估前净增2.8亿元，平均升值率14.1%。截至1998年年底，全区共批准立项的评估项目700项。审核确认评估项目568项，评估资产账面值88.8亿元，评定价值100.1亿元，评估增值率12.73%。

1999年，全年资产评估立项50项，确认25项，上报财政部立项、确认的企业上市资产评估项目6项。

2000年，委托会计师事务所和资产评估中介机构对全区各国债服务部进行清产核资和资产评估，摸清家底，为地方金融机构移交和国债中介机构及国债服务部的转制做好准备。

2001—2003年，主要是对改制企业改制资产进行立项和评估确认，同时抓好各改制企业资产损失核实和改制方案的批复工作，其中2001年50户，2002年14户，2003年18户。

至2017年年底，宁夏资产评估机构实现业务收入4747万元，年增长率32.9%。

三、行业监管

按照中国资产评估协会每年工作部署，对资产评估机构执业质量开展检查。通过检查，对一些机构和人员在执业过程中存在的问题及时予以纠正，强化资产评估机构和注册资产评估师的执业质量意识，规范资产评估机构和注册资产评估师的执业行为。

1998年，在资产评估机构年检中，改变往年由国资局独家检查的方式，组成由国资局负责，资产评估管理人员和资产评估机构人员共同参加的联合检查组进行年检。经审查，自治区11家资产评估机构（其中正式资格8家，临时资格3家）全部符合年检要求。

1999年，对全区11家评估机构进行清理整顿，有8家符合有关规定，3家存在一定问题，责成其定期进行整改和充实，并在规定时间内达到要求。

2000年，在业务检查中发现3家会计师事务所存在不符合独立审计准则、实务公告、规范指南的业务质量问题，要求各会计师事务所（资产评估机构）加强业务质量控制，对业务质量进行全面自查，且自查自纠，不断完善内部质量控制制度。

2002年，根据中国注册会计师协会《注册会计师、资产评估行业谈话提醒制度（试行）》，推进自治区行业自律性的谈话提醒工作。是年，针对宁夏永信会计师事务所青铜峡分所内部管理薄弱、执业质量控制差，宁夏宏源会计师事务所、宁夏诚信会计师事务所违规在同城设立验资点，银川西夏联合会计师事务所的注册会计师在其他中介机构出资并担任法人代表等问题，分别约请有关会计师事务所的主任会计师和直接责任人，就各自存在的问题和协会要求整改的意见进行谈话说明；对涉嫌违反法律、法规以及行业执业规范的机构及其从业人员给予谈话提醒。谈话提醒引起相关会计师事务所和执业人员的重视，谈话后即着手对存在问题进行整改，取得初步效果。2003年，进一步完善谈话提醒制度和业务报备制度，并制定《宁夏回族自治区注册会计师、注册资产评估师行业谈话提醒制度实施办法（试行）》。

2004年，对全区资产评估机构和从业人员的执业资质、执业质量及遵守评估规则等情况进行全面检查。完成8家资产评估机构、48名注册资产评估师的执业资质、内部管理、执业质量、职业道德等方面的实地检查，先后共抽查85份资产评估报告。对6家资产评估机构分别出具业务检查意见书，就存在的不同程度的执业质量问题，责成各资产评估机构进行整改；对其中2家资产评估机构执业质量问题较多，达不到资质规定条件的，检查组向自治区财政厅提出了予以行政警告的处罚建议。

2006年，根据自治区治理商业贿赂工作总体部署，重点对宁夏诚信会计师事务所、宁夏宏源会计师事务所、宁夏五洲联合会计师事务所、宁夏瑞联资产评估事务所4家资产评估机构和注册资产评估师遵守资产评估行业有关法律、法规、规章和制度，遵循资产评估准则的规定，遵守资产评估职业道德准则以及资产评估机构是否建立完善的内部管理制度和执业质量控制制度等方面的情况进行核查。

2007年，对4家资产评估机构2006年1月1日至2007年5月31日期间出具的评估报告进行抽查，随机抽取564份资产评估报告中的49份，抽查的报告数量占检查范围内出具报告数量的8.7%。实地检查结束后对检查中发现的问题和被检查资产评估机构或注册资产评估师的反馈意见进行归纳整理，逐一编写检查报告，并给予3家资产评估机构警告并限期整改的行业惩戒处理。

2008年，为了解掌握资产评估机构执行新审计准则和评估准则的情况，对4家资产评估机构的执业质量以及内部管理制度的建立和执行情况进行实地检查，占全区所有评估机构数量的6%。依据检查组提交的检查报告，对3家评估机构予以警告并限期整改的惩戒。

2010年，对3家资产评估机构进行实地检查，抽查资产评估报告21份，其中单项资产评估报告（含资产组）15份，企业价值评估报告6份。通过检查要求2家评估机构限期整改。

2011年，对2家资产评估机构进行执业质量检查，抽取资产评估报告13份。检查结束后，对2家资产评估机构给予限期整改，并对2家评估机构的注册资产评估师进行为期3天的强制培训。

2012年，对2家资产评估机构开展执业质量检查。2013年，对3家资产评估机构进行执业质量检查，对1家资产评估机构及其负责人予以行业内通报批评。

2014年，对2家资产评估机构进行执业质量检查，将建立健全内部治理作为检查重点。按照《资产评估执业行为自律惩戒办法》，对1家资产评估机构和1名注册资产评估师给予行业惩戒。

2015年，检查2家资产评估机构，并追踪2014年执业质量检查处理机构整改情况。

2016年，检查2家资产评估机构，下发执业质量检查的方案和通知，组织并完成现场检查。2017年，针对检查发现问题，协会约谈2家评估机构的负责人，提出对1家评估机构以及2名签字评估师的惩戒意见。

2018年，结合行业“质量提升年”活动，对2 家评估机构及其相关6 名评估师进行约谈。

第四节　国有资产授权经营

一、集团公司授权经营

1992年，按照公司法和国家国有资产管理局《关于企业集团国有资产授权经营的指导意见》精神，在坚持权、责、利相适应，加强考核、监督、管理的前提下，加快国有企业公司制改革步伐。

1995年，批准宁夏西北轴承集团有限责任公司为第一家授权经营集团公司。

1997年，参与宁夏钢铁厂、吴忠仪表厂、石化总公司等单位改建企业集团的国有资产授权经营工作，针对国有资产管理的一些具体问题，根据国家规定，结合改制单位实际，制定宁夏国有资产授权经营规范意见，支持企业改革和促进国有资产存量结构调整，提高国有资产经营效益。至1998年，全区先后组建起23家企业集团公司，总资产达112.45亿元，负债总额74.53亿元，净资产为29.53亿元。其中有17家按照公司法进行规范，理顺产权关系，形成以资本为纽带的母子公司体制，集团通过投资、控股、兼并等形式联结的公司、企业165家。经自治区人民政府批准授予投资主体和资产经营的国有控股公司13家，授权的国有资产总额27.95亿元，占区级国有企业资产总额的34.89%。

1998年，推进上市公司，加强国有股权管理，维护国有股权益。至1998年年底，宁夏已在上海、深圳上市的A股公司7家，资产总额33.10亿元，负债总额12.15亿元，净资产20.95亿元，其中国有股占总股本的47.95%。

二、企业改制与股权管理

1992年，依照《股份制企业试点办法》和《股份制试点企业国有资产管理暂行规定》及《国务院批转国家计委、国家体改委、国务院生产办公室关于选择一批大型企业集团进行试点请示的通知》等有关规定，参加对试点企业试点条件、方案的审定，资产评估和运作的指导监督等。共批准股份制试点企业28户，其中股份有限公司4户，有限责任公司2户，企业集团22户。

1994年，宁夏国有资产管理局主动介入股份制企业和中外合资企业的产权管理，重点抓银川橡胶厂、西北轴承厂、青铜峡水泥厂和长城机器制造厂、宁夏鑫盛公司等企业的合资、股份制改组中涉及国有资产管理的各项具体业务。其中，对全区税利大户银川橡胶厂的合资改造，宁夏国有资产管理局从产权管理的角度出发，全面参与合同、章程的审批，组织进行资产评估工作，解决了因合资可能导致注册资本之外2.5亿元国有净资产产权归属及收益的流失问题。

1995年，为贯彻落实中共十四届三中全会决定中关于现代企业制度下企业产权关系清晰、权责明确、政企分开、科学管理，确保国有资产保值增值的有关精神，宁夏国有资产管理局联合区级有关部门制定并实施《宁夏国有资本经营效益考核办法》，对自治区所属的120户企业和市县所属的部分企业进行有关数据调查摸底，并从当年起实行对国有企业国有资本运营情况考核。

1996年，参与自治区现代企业制度试点方案评审论证，支持自治区属企业进行股份上市公司改制。在审核的基础上对自治区建立现代企业制度的国有企业试点方案提出评审意见。按国家有关部门规定，国有企业改组为上市公司，其产权管理方案(包括资产重组、评估、持估单位确立，现有资产折估、股票溢价发行方案等)必须由省级国资部门审批。当年支持两家企业发行上市准备工作。

1997年，依据有关政策、法规，对自治区所属率先进行股份制改制的企业宁夏新材公司、宁夏水利制管厂的改制方案进行审批，2家改制企业改制资产1610万元，上缴国有资产收益107万元。通过对各地、市县国有中小型企业改制情况的调查统计，截至1997年年底，自治区各地市县国有中小型企业共改制302户，改制资产7.18亿元。其中，114户改制为股份合作制，占改制企业的37.71%，是国有中小企业改制的主要形式；66户改制为公司制，占改制企业的21.85%。以上两种形式的改制资产为5.64亿元，占总改制资产的78.55%。从改制结果看，效益上升或持平的224户，占74%，效益下降的78户，占26%，改制的总体效果良好。

1998年，自治区财政厅对已上市公司西北轴承、民族化工、新华百货等公司的配股、送股等事宜进行审批并上报财政部；完成宁夏恒力、美利纸业、吴忠仪表等3家新上市公司的资产重组方案和股权设置方案的审批工作，3家企业共筹资7.28亿元；对宁夏大元股份有限公司和宁夏圣雪绒集团公司两家拟上市公司进行材料审查、资产评估、方案批复等。在对已上市的7家公司1996—1998年国有股权情况调查中了解到，除银广夏外，其余公司国家股均居第一大股东。

截至1998年10月，自治区上市公司国家股合计34817万股，占总股本比例的47.95%，每股净资产平均为2.79元，每股净收益平均为0.19，均高于全国2.48元和0.10元的平均水平，在全国上市公司综合排序居中上位置。通过改制，使大多数国有中小企业实现了组织规范，产权明晰，权责明确，自主权得以落实，融资渠道拓宽，收到较好的效果。

至1999年9月底，自治区国有中小型企业改制面已达到84%，实行股份合作制的企业基本完成国有资产的退出，企业面貌发生显著变化。

2000年，自治区财政厅灵活运用中央决定的债转股、兼并和贴息政策推进国企改革、改制，先后实施灵武矿务局、青铜峡水泥厂等企业债转股工作；宁夏亚麻厂、宁夏焦化炼铁厂、银川化肥厂、石炭井矿务局、银川起重机厂、宁夏制药厂、宁夏中药厂改制工作；石嘴山三矿、银川针织厂、银川二毛厂等19户企业破产清算工作。

2001年，指导和帮助青铜峡水泥厂等企业实施好债转股、兼并重组工作，促进企业加快建立适应WTO要求和市场竞争需要的竞争机制。

2002年，先后对中卫肉联厂、宁夏医用氧气厂、宁夏勘察设计院、宁夏建筑设计院、宁夏汽车运输公司、宁夏公路工程局、宁夏博宇焦铁集团等14户改制企业改制资产进行立项和评估确认，及时完成各改制企业资产损失核实和改制方案的批复工作。

2003年，先后对香港嘉川发展有限公司、宁夏嘉屋房地产有限公司、宁夏旅游汽车公司、宁夏建筑设计院、宁夏工业研究院、宁夏枸杞研究所等18户企业改制资产进行资产评估备案，及时完成各改制企业资产损失核实和改制方案批复工作。

2004年，参与自治区计划破产和依法破产企业的破产清算，做好破产费用预案的审核把关工作。先后下达破产企业职工安置资金近5000万元，重点解决吴忠材机厂、吴忠配件厂、西北煤机二厂、西北煤机三厂等破产企业职工安置资金的缺口问题。

2005年，做好国有企业关闭破产工作，支持国有经济结构调整。主动参与自治区政策性破产企业和依法破产企业的破产清算工作。下达破产企业职工安置资金7000万元，重点解决宁夏建设集团三建公司、吴忠仪表集团宁光电表公司、吴忠仪表集团长城机床公司、宁夏物资集团公司及五市部分破产企业（系原区属下放企业）职工安置资金的缺口问题。

2006年，积极推进国有企业改革、改制工作。做好宁夏发电集团与吴忠仪表集团、电投公司与西洋恒力公司等企业间的重组工作，落实财政支持企业重组的各项政策。对重组后两公司实施的风电项目和60万吨冶轧项目给予贷款贴息。

2007年，做好区属国有企业重组工作，落实自治区政府确定的重组工作财政支持政策。拨付宁夏发电集团与吴仪集团重组工作贷款贴息资金350万元。支持宁夏建工集团公司重组，拨付开办资金200万元。做好企业关闭破产清算工作。参与西北轴承集团公司、宁夏大河机床厂、吴忠仪表集团有限公司、宁夏恒力实业公司等企业的关闭破产清算工作。自治区财政先后分三批下达破产补助资金7000万元，确保上述企业破产顺利进行，维护企业职工合法权益。

至2008年年底，自治区原有1890户国有企业已经改制1680多户，改制面达到94.3%。其中，小型国有企业主要是一些市属县属企业已经基本改制完毕，中型国有企业改制约80%，改革的重点已经转入大型国有企业。全区已有421户国有工业企业改为股份合作制企业，国有资产全部退出，有43户国有工业企业改为股份制企业，初步实现了产权多元化。

第五节　行政事业单位资产管理

一、管理改革

1993年，对行政事业单位财产进行全面清查，固定资产管理有所加强。经查全区独立核算的行政事业单位4129户，资金总额40.42亿元，比清查前增加5.38亿元，增长15.36%，其中固定资产清查前为27.59亿元，清查核实数为32.7亿元，增长18.72%。在清查过程中，各单位针对固定资产管理的薄弱环节，建立规章制度，固定资产管理得到加强。

1994年，对15个行政单位实行“零基预算”试点，根据财力、编制人数和单位的工作任务，以及单位工作的轻重缓急确定单位总预算，增人不增经费，减人不减经费，财政与单位双方签订经费预算合同，从而调动了单位当家理财的积极性，同时也减轻了财政负担。

1995年，为了进一步提高财政资金的使用效益，消除以往单位经费包干基数中不合理因素，避免单位向财政争基数、吵比例的现象，保证，党政机关事业单位的正常运转，减轻财政支出压力，调动各单位当家理财的积极性，在总结分析1994年自治区本级15个单位试行“零基预算”经验教训的基础上，对区级行政单位（除四大部门外）全面实行“零基预算”，并与各单位签订了1995年经费预算合同。

1996年，对自治区级行政事业单位的经费全面实行“零基预算”管理办法。依据各单位“三定方案”确定的编制人数和实际离退休人数以及预算定额标准，核定经费。在确定预算定额标准的基础上，资金安排上重点保证科技、教育等经费投入，从制度和定额管理上避免随意增加预算的弊端，确保预算安排的严肃性。

1997年，按照“零基预算”管理要求，对“预算定额标准”进行修订和完善，并按定额标准安排好各行政、事业单位的年度预算。是年，对近100个自治区级单位和22个市县的年度报表逐个进行审查、核实和汇总，及时上报财政部和有关部门，做好决算的批复工作，对一些单位违反财会制度，不按规定开支，挪用专项基金等问题进行严肃处理，维护了财经纪律的严肃性，规范了单位的财务行为。

1998—1999年，按照“零基预算”管理要求，在合理测定各单位支出标准、定额标准和实际情况上安排行政事业单位的年度预算；按照行政事业单位财务规则要求，将预算外资金和预算内资金预算安排统一起来，在实行收支两条线和财政专户储存的基础上，按照规则，确定各单位预算。

2000年后，自治区财政厅将加强行政单位资产管理作为推进财政科学化、精细化管理的重要手段，实现行政单位资产静态管理向动态管理的历史性转变。

2002—2003年，发挥财政职能，促进教育科技发展。提高行政政法经费保障，优先保证行政政法机关正常运转。加强文体广电事业经费管理，繁荣文化事业，营造健康向上的文化环境。

2004—2005年，为管好用好财政资金，规范财务行为，结合自治区行政事业财政工作实际，通过深入调研，拟定和出台了《宁夏回族自治区党政机关、事业单位工作人员差旅费开支规定》《自治区本级职工冬季取暖费标准》《自治区级党政机关工作人员公务移动通讯费补贴管理办法》《宁夏回族自治区小汽车编制管理办法》《关于机关事业单位实施地区生活补贴的通知》《关于建立优秀公务员（机关工作者）健康修养制度的通知》等规章制度。这一系列规章制度的拟定和出台，从政策角度确立了全区行政事业单位资产管理制度的基本框架。

2006年，进一步规范行政事业性收费和政府性基金征管，加强行政事业单位国有资产管理，建立和完善国有资产（资本）收益、特许经营权等非税收入管理办法，确保国有资产保值增值。

2007年，出台公有房屋出售管理办法，修订区直机关差旅费和会议费的管理办法，有效控制行政成本。

2009年，出台《行政单位国有资产管理暂行办法》，建立起资产动态监管体系，自治区本级国有资产有偿使用收入纳入财政管理；提请自治区政府及时出台《行政单位国有资产管理暂行办法》，建立“财政部门—主管部门—行政单位”构成的资产监管体系，在2010年预算编制中将自治区本级部分行政事业单位资产纳入预算管理。按照《政府工作报告》要求，将行政单位出租、出借资产收入纳入非税收入，实行收支两条线管理。全面启动自治区本级行政单位资产管理信息化系统推广工作。以公车、房屋、装备为重点的行政单位资产管理取得了突破性进展。

2010年，发挥财政行政事业单位财政管理科学化、精细化作用，出台《关于调整职工冬季取暖费发放标准》《人民调解案件补贴办法》《人才引进扶持资金管理办法》《关于进一步加强基层政法单位公用经费保障的意见》等措施，这些措施的实施提升了行政事业单位依法管理资产的水平。

2011年，通过出台政策、规范流程，使公务仓建设、办公用房维修、房屋租赁等资产管理工作规范化。对大型活动办公用品实施统一集中调度、使用、回收的公务仓管理；大型会议接待专用车辆实施能租不买，确需购买的和部门更新公务车结合起来共同购买，同时与各部门签订三年服务大型活动协议，确保活动用车及时有效；对办公用房维修建立了财政先行评审，按照评审价格限额招标的管理程序进行；建立行政事业单位房屋租赁备案制，租赁前需经财政评估、同意租赁后合同须备案，所得收入全部实行“收支两条线”管理等。通过公开招标，确定8家资产定点拍卖机构、9家资产定点评估机构，对行政单位资产处置采取进场交易方式运行，这些方式的运行规范了行政事业单位的资产管理。

2012—2014年，加强“三公”经费管理。一是实施指标控制机制。在部门预算管理中，除严格采集、编审单位公车数据、严格单位公用经费综合定额管理外，在预算编制中单列“三公”经费预算统计表，对“三公”经费预算指标实施控制，从源头上防止“三公”经费超支、增支、扩支。二是实施在线监督机制，即按季统计行政成本费用实际支出数据，认真核实，加强分析评估。对支出控制较差的市县和自治区本级部门单位，进行监督检查，责令加强管理，并督促自治区归口部门和单位及时公开预算、决算信息，推动全社会整体化监督。三是实施定点服务机制。通过政府购买服务、集中统一采购等方式，既节约行政运行经费，又为完善定点服务机制做好实践准备。

2013年，为规范全区行政事业单位国有资产管理工作，明确财政部门、主管部门、行政事业单位在资产管理方面的职责权限，先后印发了《宁夏回族自治区行政事业单位国有资产配置管理暂行办法》《宁夏回族自治区本级行政单位国有资产配置标准》《宁夏回族自治区行政事业单位国有资产使用管理暂行办法》《宁夏回族自治区行政事业单位国有资产处置管理暂行办法》，草拟了行政事业单位经营性资产管理办法等制度。这些规章制度的出台，进一步确立了全区行政事业单位资产管理制度架构的形成。

2015年，自治区政府印发《宁夏回族自治区行政单位国有资产管理暂行办法》和《宁夏回族自治区事业单位国有资产管理暂行办法》，对2007年和2009年分别颁布实施的行政和事业单位国有资产管理办法进行修订和完善。进一步理顺行政事业单位国有资产管理体制，从职能、权限、范围、流程、申报材料等方面对资产管理出租出借、对外担保、对外投资和各类资产处置作了详尽规定。根据工作需求，启动行政事业单位配置、使用、处置、产权登记等新模块暨子系统，督促相关单位试点利用资产信息系统实现资产配置、使用、处置、产权登记等事项的网络化审核审批流程，实现行政事业单位资产管理重点环节的动态监管。

2016—2017年，通过一体化拨付系统，继续强化对全区各级党政机关和事业单位“三公”经费及会议费、培训费的即时监控。印发《自治区财政厅关于进一步加强“三公”经费及会议费财政资金支出管理的通知》，进一步完善“三公”经费及会议费管理制度。

2018年，出台《宁夏回族自治区本级行政事业单位国有资产出租实施办法（试行）》，要求自治区本级行政事业单位国有资产出租统一进入自治区公共资源国有产权交易平台进行管理。至年底，全区行政事业单位国有资产进场挂牌148宗，挂牌金额1186.17万元，成交133宗，成交金额1421.06万元。

二、公车管理

1995年，为控制行政事业单位公车等超额支出问题，自治区印发《关于对区级行政单位小汽车费用试行专项定额管理的通知》等。通知下发后，从执行情况看，公车费用等支出大幅下降。

1996年，为确保党政机关事业单位正常运转，将有限的资金用在刀刃上。财政厅在调研的基础上提出小汽车购置经费等专项经费分配草案。

1997年，配合自治区党委建立小汽车维修点，控制行政事业单位小汽车维修费用等支出过快增长。

1998年，对自治区直属行政事业单位小汽车实行统一保险，使区级单位的小汽车保险费用在上年的基础上下降了20%。

1999年，根据自治区党委安排部署，对副省级以上离退休干部车辆问题等进行调研，通过调查，出台了《宁夏回族自治区副省级离退休车辆改革方案》《关于我区党政机关汽车配备有关问题的通知》等。方案和通知的出台对后续公车改革奠定了基础。

2002年，自治区制定《全区机动车辆统一采购管理办法》，对行政事业单位公务小汽车配备进行统一采购管理。

2005年，贯彻《宁夏回族自治区小汽车编制管理办法》（宁党办〔2004〕69号），制定《行政事业单位小汽车管理实施方案》和《宁夏行政事业单位小汽车编制管理实施细则》，规定对车辆超编的单位，暂不安排购车资金，同时停办车辆调拨等手续。是年，自行研制开发小汽车编制管理软件。

2006年，行政事业单位执行《宁夏回族自治区小汽车编制管理办法》和相关配套制度，不断深化公务小汽车管理工作。对行政事业单位公务小汽车的配备，严格实行排气量和价格“双控”标准。建立自治区行政事业单位公务车辆动态监管系统，实现车辆购置、使用、处置的全过程逐户监管，完成源头配置的编制约束化、标准控制化，对未经审批擅自购买的小汽车一律不予入户。在车辆处置上，对车辆的报废、转让实行规范的审批程序。对单位闲置车辆进行调拨，对报废车辆经拆解后送职业技术学校作为教具，对全额拨款的行政机关车辆实行集中拍卖，并进行拍卖收入上缴国库试点。

2007年，实行公务用车编制与车辆“实名制”，对全区公务用车实行全过程逐户监管。是年，依法委托中介机构将评估价值为18.27万元的11辆上缴公务车进行公开拍卖，成交总额为29.33万元，超出评估价格1.6倍，并将所得收入全部上缴自治区国库。研究制定公务小汽车旧车处置程序，出台自治区本级行政事业单位公务小汽车旧车利用及报废处置程序的规范性文件,将一部分上缴旧车调整作为教学用具。

2008年,强化对国家机关事业单位和团体组织公务机动车辆采购的管理,将小汽车、商务车、越野车的采购标准,分别由20万元、23万元、28万元,降低到18万元、20万元、25万元,采购次数由2007年每周采购一次,改为协议范围内每月采购一次,协议外公开招标车辆。是年9月,通过定点服务机构,组织对评估价值为222万元的16辆公务车辆进行公开拍卖,成交总额41.97万元。

2009年,先后两次组织公务车辆拍卖,成交总额78.79万元,增值84%。按15%的压缩率控制2009年公车购置运行开支数。

2010年,将车辆采购与年度预算结合起来,凡未列入年度预算的购车申请原则上不予审批。通过委托中介组织和定点拍卖机构,将保留价为51万元的26辆旧车以67.86万元的价格卖出,增值率33%。

2011年,制定《关于开展党政机关公务用车问题专项治理工作的实施方案》,成立治理工作机构,与纪委、公安等部门建立定期联席会议制度,开展公务用车问题专项治理工作。

2012年,印发《宁夏党政机关公务用车配备使用管理办法》和《宁夏党政机关执法执勤用车配备使用管理办法》，出台《宁夏党政机关违规车辆处置办法》，对自治区本级和各市县(市、区)重新核定下达一般公务用车编制,系统性压减比达4.3%。在自治区本级单位推行动态监管系统。实行车辆编制与预算指标双向控制,开展公车定点维修制度研究。启动事业单位车辆清理。

2013年,出台《自治区本级党政机关公务用车定点采购实施细则》,公布宁夏党政机关公务用车采购目录和宁夏党政机关公务用车定点供应商。是年,全区车辆运行费比上年减少6%。

2015年,全面推进自治区本级行政单位公车改革工作。通过测算自治区本级行政单位公车改革基础数据,配合相关部门修改完善公车改革实施方案。根据处置工作程序和要求,自治区财政厅制定《宁夏回族自治区区直机关核定取消公务车辆处置工作具体操作办法》,将涉改车辆移交拍卖公司公开拍卖,配合中介机构做好拍卖车辆合同签订、过户等手续。将专用工具车辆的审批权限下放至各市县,由各市县(市、区)财政部门审核采购计划后,参照一般货物采购程序进行采购。对全区范围内专用工具车辆采购实行协议供货,公开招标确定协议供货厂家,制定下发《宁夏回族自治区专用工具车辆协议供货管理办法》。及时审核市县(市、区)行政单位公车改革方案,并将审核意见报自治区公车改革办公室审批,为全面推开全区行政事业单位公车改革工作做好准备。

是年,对区直部门及参照公务员法管理的事业单位在编在岗公务员发放交通补贴,标准为正厅级每人每月1950元,副厅级每人每月1750元,正处级每人每月1200元,副处级每人每月1080元,正科级每人每月750元,副科级每人每月690元,科员及以下人员每人每月630元,公务交通列入财政预算。

2016年，研究制定《自治区区直机关公务用车制度改革定向化保障公务用车管理办法》《自治区区直机关执法执勤用车制度改革实施办法》和《自治区公务用车制度改革车辆处置管理办法》等配套制度，推进公务用车制度改革。截至2016年年底，共调拨车辆112辆，鉴定评估车辆932辆，举办拍卖会12场，拍卖成交车辆 690辆，成交金额4438.26万元，办理过户687辆，上缴入库4176.41万元。回收拆解车辆198辆，回收拆解残值入库18.82万元。是年，对自治区本级92家单位和5个市的公车改革方案进行审核，最终审定区本级保留车辆1024辆，并提交2017年自治区本级行政单位保留车辆预算安排。做好处置机构招标、车辆收缴封存、鉴定评估、拍卖和报废拆解工作。

2017年，完成自治区本级公务用车的编制、预算、配备、入户、使用、处置、注销和监管等工作。通过政府公开招标采购，确定52家车辆供应商作为宁夏党政机关定向化保障公务用车协议供应商，服务期限为2017年9月30日至2020年9月29日，并印发《关于公布宁夏党政机关公务用车协议供应商的通知》。开展自治区公车改革相关数据统计报告工作，掌握自治区各级行政事业单位的司勤人员、公务用车及公务出行支出费用情况，反映公车改革绩效，提升财政治理能力和水平。制定并印发《关于自治区本级公务用车标识化管理的通知》，组织实施自治区本级参改单位公务用车标识化涂装。

2017年12月5日，中办、国办印发《党政机关公务用车管理办法》。据此，自治区党委、政府将公务用车管理纳入自治区贯彻落实中央八项规定和党风廉政建设等重要内容，并由自治区财政厅牵头负责修订《宁夏回族自治区党政机关公务用车管理办法》（宁党办〔2018〕31号）。

2018年4月18日，修订后的《宁夏回族自治区党政机关公务用车管理办法》正式印发，为自治区党政机关公务用车管理的顶层制度文件，为公车改革后规范和加强保留车辆管理、高效保障公务活动指明方向、明确要求。

第六节　产权登记与资产统计

一、产权登记

企业产权登记　1992年，根据《国务院关于国有资产管理工作的通知》和《国务院办公厅转发国家国有资产管理局等部门1992年在全国范围内开展国有资产产权登记工作请示的通知》，自治区开始产权登记工作。登记范围是具有企业法人资格的全民所有制企业和实行企业化管理的事业单位。

1993年，全区各级国有资产管理部门共办理产权登记1556户，登记的资产总额138.7亿元，国有资产总额41.25亿元。

1994年，全区共办理企业产权登记1719户，登记的国家资本总额为40.6亿元。

1992—1998年，整个产权登记工作经历初始登记、严格操作和完善制度3个阶段。截至1998年年底，全区办理登记（年检）的各类企业达1246户，登记资产总额为401.36亿元，负债总额为296.22亿元，所有者权益为105.14亿元。其中，国有权益89.9亿元，比1992年初始登记增加了55.7亿元。

2000年，为贯彻落实中共十五届四中全会确定的“国家所有、分级管理、授权经营、分工监督”的原则，进一步明晰产权关系，摸清企业状况，防止国有资产流失。根据财政部要求，重新开展登记工作，当年完成1500多户企业的登记审核和换发新证工作。

2001年，根据财政部财企〔2000〕93号文件要求，对企业进行重新占有登记和换发新的产权登记证工作。通过宣传发动、组织协调、加强指导、规范操作等工作。截至2001年6月末，1013户企业的登记审核和换发新证工作已全部结束。通过这次重新占有登记工作，基本摸清了全区国有及国有控股企业的资产规模、资本结构、资金到位情况、国有资产总额及国有资产在不同组织形式、不同产业、不同地区、不同企业级次等方面的分布情况。

2002年，根据财政部相关文件要求，对1011户企业的产权登记情况进行了年检和总结分析，并对2001年度企业国有资产评估及合规性审核情况汇总分析。通过产权登记年检和相关统计分析，对全区企业经营性国有资产的分布、运营及保值增值状况有了全面了解。

2003年，进一步明晰产权关系，摸清企业状况，防止国有资产流失，根据财政部相关文件要求，自治区财政厅对730户企业的产权登记情况进行年检和总结分析，并将企业年检总结分析报告和汇总分析表按时上报财政部。

2011年，对地方金融企业国有控股及参股金融企业2010年度产权结构及变动情况进行核实检查，将黄河农村商业银行股份有限公司和宁夏担保集团首次纳入地方金融企业国有产权登记范围。截至 2015 年年末，自治区地方国有控股及参股金融企业资本总额51.15亿元，国家资本及国有法人资本共计19.4亿元，占资本总额的 37.92%。截至 2015 年年末，自治区地方国有控股及参股金融企业资本总额51.15亿元，国家资本及国有法人资本共计19.4亿元，占资本总额的 37.92%。

行政事业单位产权登记　1996年开始，对行政事业单位实行产权登记，按分级管理的原则，对全区财务独立核算的一、二级行政事业单位办理产权设立登记。

1999年，自治区编办对全区事业单位实行注册登记管理。是年，根据自治区人民政府驻外地办事处的国有资产长期失去监督管理的实际，专门组织力量到自治区人民政府驻外地办事机构进行现场年检办公。通过对驻外10个办事处占有、使用国有资产状况的年检，使得2775万元的国有资产纳入国有资产监督管理范围。

二、资产统计

1989—1994年，宁夏国有资产统计工作初步建立以企业财务汇总决算报表为基础的统计方法。

1995年，国家统计局决定从当年起开始实行对国有企业、行政事业单位等国有资产年度统计工作。

1996年是国有资产统计工作纳入国家统计体系统计报表制度执行的第一年，新统计采用计算机数据处理技术。根据当年统计，截至1995年年末，宁夏国有资产总额为121.64亿元，其中经营性资产58.57亿元，非经营性资产63.07亿元。

1997年，对全区22个市、县，21个主管厅局共1445户企业的报表进行审核、汇总。经统计，截至1997年年底，全区国家投资企业1448户（其中3户非银行金融机构）资产总额为260.96亿元，负债总额为197.59亿元，所有者权益为63.37亿元，国有资产总额为62.29亿元。

1998年，自治区财政厅按照财政部全国“统一报表”的要求，以历年国有资产年报为基础，经过调整、补充和完善，增加产权登记、保值增值等指标，在全区初步形成数据收集、录入、汇总、使用等口径一致的统一、规范报表体系，确保全国国有资产系统“统一报表”首年任务顺利完成。截至1998年年底，共统计汇总国有企业（单位）4712户，其中国有工商企业1237户，国有金融企业5户，行政事业单位3470户，国有建设单位775户，基本形成经济级次完整、数据齐全、资料真实、分类规范的统计数据库。

1999年，为适应社会主义市场经济条件下转变政府职能的要求，财政部在机构改革后决定自当年起将原40多类报表合并为“统一报表”。按照财政部下发的“统一报表”式样，自治区统一印制、发放全区国有非金融企业类、城镇集体类、行政事业类等的“统一报表”，对各相关业务处室“统一报表”软件进行测试，划定各口的工作对象。是年，完成全区金融企业类“统一报表”的布置工作。

2008年，宁夏率先在全国完成资产管理信息化试点工作，2009年全面启动自治区本级行政单位资产管理信息化系统推广工作。

2011年3月起，对自治区本级行政事业单位的国有资产有偿使用情况进行全面摸底，要求各有关单位按照要求如实填报《自治区本级行政事业单位国有资产有偿使用收入收缴年报表》，根据汇总结果对部分单位国有资产有偿使用收入收缴工作进行专项稽查。截至2011年10月20日，国有资产有偿使用收入达6067万元，比上年同期增加2690万元，增幅高达80%。其中，国有资产出租收入2601万元，同比增长14.7%；国有资产处置收入3466万元，是2010年同期的2.1倍。

2013年，首次利用资产管理信息系统，查询并分析区本级各行政事业单位通用办公家具及设备存量情况，根据各行政事业单位在编在岗人员数，按照《宁夏回族自治区本级行政单位国有资产管理暂行办法》[宁财（资）发〔2013〕684号]，初步审核46家自治区本级行政事业单位（一级预算单位）2014年申购办公家具及设备项目预算，并提出项目预算初审意见，从源头上对自治区本级行政事业单位通用办公家具及设备配置行为实施有效监控，提高存量资产的使用效益，实现资产管理与预算管理的首次对接。

2015年，全区国资部门监管和统计企业资产总额6130.67亿元、净资产1556.87亿元，比上年同期分别增长7%、6.4%。全年实现营业收入829.57亿元，比上年同期下降14.4%；盈亏相抵亏损3.94亿元；上缴税费66.59亿元，下降23.7%。其中：自治区国资委监管资产的45户企业资产总额2155.93亿元、净资产584.92亿元，同比分别下降2.1%和17.8%；全年实现营业收入574.79

亿元，同比下降18.7%，盈亏相抵亏损35.2亿元，上缴税费40.27亿元，同比下降29.7%。

2017年，全区国资部门监管和统计资产24户企业资产总额6442.85 亿元、净资产1341.62亿元，同比分别增长16.8%和33.7%；全年实现营业收入835.15亿元、利润70.94亿元、上缴税费102.1亿元，分别增长18%、1倍和52.4%；净资产收益率4.5%，增长2.5个百分点；国有资本保值增值率105.2%，增长2.3个百分点。

2018年，全区国资部门监管和统计资产企业资产总额8531.49亿元、净资产2470.9亿元，分别同比增长2.7%和19.1%；全年实现营业收入1000.44亿元、上缴税费127.3亿元、利润52.76亿元，分别同比增长10%、14.3%和下降23.7%。其中，自治区国资委监管和统计资产23户企业资产总额6544.08亿元、净资产1492.12亿元，分别同比增长4.2%和36.2%；全年实现营业收入897.65亿元、上缴税费115.08亿元、利润55.98亿元，分别同比增长9.4%、9.7%和下降7.4%；净资产收益率3.4%，同比下降0.7个百分点；国有资本保值增值率104.1%，同比增长0.1个百分点。

第三章　财政财务综合管理

宁夏各级财政部门把加强财政财务综合管理作为加强财政监督和财务管理的重要抓手，始终常抓不懈。通过对行政事业单位、外事服务、公共安全、商业服务业、住房保障、节能环保等公共服务财务管理，教育事业、科技事业、文化事业、卫生事业等教育科技文化卫生财务管理，社会保险、下岗职工保障资金、创业就业资金等社会保障财务管理，基本建设、农业、企业等经济建设财务管理，加强财政财务日常管理。通过完善管理制度、加强全过程管理监督等途径，实现了全系统全方位严肃财经纪律，规范财政财务收支行为，促进了财政财务健康、规范、有序发展。具体根据财政业务相关标准规范，强化综合管理平台建设。一是建立统一的基础数据体系，为各业务功能模块间的数据共享和利用提供基础支撑。二是建立综合管理系统，功能涵盖预算编制、支付管理、财务核算、决算管理、资产管理、基建管理、政府采购、企财管理、绩效管理、非税管理、税收管理、债务管理等功能。三是完善便民服务体系，打造适用于财政需要的基层综合管理平台，达到减轻基层工作量，防止因人为因素造成数据流失和工作失误，提高工作效率，实现过程规范、事中监督和实时反馈。设置自定义报表，日常报表查询等功能，实现低风险、高效益，低投入、高回报的经济效益。

第一节　公共服务财务管理

一、行政事业单位财务管理

（一）预算管理

1990年，印发《宁夏回族自治区行政事业单位"预算包干"的财务管理规定》，对全额预算单位的经费及有业务收入单位，收入结余处理、奖金提取等办法作出进一步的规范。对农业和农林水气等事业单位经费包干办法、各单位预算包干使用的有关问题作出明确规定。1992年，对行政性收费、罚没款专项收入及专项收费实行预算管理。

1994年，自治区对自治区本级行政、事业单位实行"零基预算"管理。依据各单位"三定方案"确定的编制人数和实际离退休人员及预算定额标准，结合各预算单位工作任务，核定各单位经费。

1995年起，将事业单位的收入（含预算外），全部纳入单位预算之中，统一核算、统一管理。规范支出管理，划分为事业支出、经营支出、附属单位补助支出和上缴上级支出四类。改革行政单位预算管理办法，将“预算包干”办法改为“收支分开管理，定额定项拨款，超支不补，结余留用”的预算管理办法；明确后勤部门与行政单位的财务关系，对后勤单位分别实行相应的企业或事业单位财务管理等。

（二）公用经费管理

差旅费管理　1991年，根据中央有关文件规定，拟定《因公临时出国人员用汇管理办法》。

1996年，制定《自治区级国家机关、事业单位工作人员差旅费开支规定》，重新核定、规范财政资金供应范围，改革差旅费等管理办法，同时加强对支出的监督检查，跟踪问效。

2004年，制定出台《宁夏回族自治区党政机关、事业单位工作人员差旅费开支规定》。2006年5月1日，经自治区政府批准出台实施《区属行政事业单位差旅费管理办法》。2012年，自治区财政厅印发《关于我区厅局级人员因公出国（境）乘坐交通工具有关规定的通知》，规定自2012年1月1日起，区厅局级以及相当于厅局级人员因公出国（境），国际航段可乘坐飞机公务舱、轮船二等舱、火车软卧。2014年先后印发《宁夏回族自治区本级党政机关差旅费管理办法（暂行）》《自治区本级党政机关公务人员赴外地挂职学习等期间伙食补助费交通费管理办法》。2015年，对全区党政机关、事业单位和社会团体实行公务机票政府采购。

会议费管理　1991年，在控制支出方面，对会议费、公费医疗费开支较大，浪费较严重的实际情况，实行不同的经费包干办法。

1992—1993年，严格执行年初核定的会议费定额标准。对会议费继续实行“总额控制、结余留用、集中审批、财政监督”的管理办法，抑制了会议费的过快增长。

1994年，制定下发《关于区级行政单位会议费试行定额管理办法》。

1996年，自治区本级与部分市县推行零基预算管理，改革会议费管理办法，取消年初单位预算中会议费指标，对会议费实行集中管理、总额包干、超支不补、结余留用办法。是年，自治区党代会、人代会、政协会全委会、劳模会，会议代表每人每天费用控制在80元以内，1998年调整到100元。1996年自治区级主管部门召开的会议每人每天的定额为60元，1998年调整到80元。

2009年，压缩年度预算指标，会议费实际支出比上年同期下降18%。

2013年，自治区人民政府审批出台《自治区本级行政事业单位会议费管理办法》，规定一类会议每人每天400元，二类会议每人每天300元。是年，全区会议费比上年下降40%。

2014年，印发《宁夏回族自治区本级行政事业单位会议费管理办法（暂行）》，对自治区内召开的各类会议的类别、费用定额标准、会期、人数等作了明确规定，将会议类型划分为四种类型：自治区党代会、人代会、政协会以及全委会（常委会）为一类会议，费用为每人每天590元；以自治区党委、政府召开的会议为二类会议，费用为每人每天510元；经自治区党委办公厅、政府办公厅批准召开的全区性行业会议为三类会议，费用为每人每天460元；其他类型的会议为四类会议，费用为每人每天140元。

其他公用经费管理　1991年，针对行政事业单位人员编制剧增、人浮于事的情况，按照编制，实行定标准、定支出、总额经费包干办法，控制机构和人员编制不合理增长；控制社会集团购买力，从严审核、审批高档消费品的购置，抑制了互相攀比，花钱大手大脚等倾向，控制了社会集团消费的不合理增长。

1992年，对事业单位实行分类排队、分级管理，逐步核减经费补贴。强化行政事业单位控购指标管理，减少不合理支出。

1993年，对公费医疗经费支出，在巩固上年交医院管理成果的基础上，又采取了定点医疗、发代金券和限额报销等多种办法对其进行完善。由于采取了上述节支措施，在各项医疗收费价格平均上调40%，药品大幅度涨价的情况下，全区人均医疗费仅比上年增长17%；在生产投入扩大、物价上涨、商品更新等影响下，为控购商品支出增势较猛势头，下发《自治区关于进一步控制非生产性支出过快增长的紧急通知》，通过对全区购买小汽车违纪情况的全面检查处理和税收财务物价大检查，严格控制社会集团购买力，在一定程度上抑制了控购商品支出的过快增长。是年，全区县以上单位社会集团购买力支出实际执行数3.6亿元，比上年增长20.5%，其中指令性部分支出1.6亿元，较上年增长16%，指导性部分支出2.05亿元，较上年增长24%，控购商品支出控制在合理增长幅度之内。

1994年，自治区财政厅在深入调查研究，总结试点经验，广泛征求意见的基础上，制定《关于自治区级党政机关团体公费安装住宅电话费管理办法》《全区交警系统财务管理办法》《计划生有财务管理办法》《关于对内宾接待工作费用开支标准暂行规定》《区级单位小汽车经费管理办法》等一系列规章制度，实施后产生了良好的效果；为控制行政机关经费过快增长，科学分配行政经费，自治区财政对全区15个行政单位经费实了“零基预算”试点，按照财力可能、编制人数和单位工作任务及轻重组态，确定单位财政经费预算，并以签订经费预算合同的形式固定下来，单位人员增减经费不调不动，调动了机关单位当家理财、节约支出的积极性，有效地控制了行政经费的过快增长；为进一步深化公费医疗经费管理制度改革，控制公费医疗经费支出的过快增长，在15个地、市、县采取公费医疗交由医疗单位管理、与个人挂钩，超支部分财政、单位、个人共同负担，节约部分留医疗单位周转使用的管理办法，控制了公费医疗经费的增长。

1995年，从严控制“人、车、会”、公款吃喝和办公自动化等超常规支出。自治区财政专门制定了控制会议费、电话费增长的一系列措施，实行“一会一定、超支不补”的办法，对车辆购置从严审批，坚决杜绝超标准购车，对经营性亏损，欠缴税利，拖欠职工工资的单位和企业，一律不准购买小汽车。为加大公费医疗改革力度，进一步控制公费医疗经费支出的增长趋势，自治区财政厅会同有关部门根据国家《关于职工医疗制度改革的试点意见》，拟定《宁夏行政事业单位医疗保险试行办法》，并明确在银川、青铜峡两市进行行政事业单位职工医疗保险试点工作，两市根据自治区试行意见制定了各自的实施细则，实行了社会统筹医疗基金与职工个人医疗账户相结合，医疗保险费由单位和个人共同负担的管理办法，控制了公费医疗经费的增长趋势。

1996年，在自治区本级行政事业部门大型设备购置中，引进竞争机制，首先对锅炉设备采取公开招标办法，节减了维修购置费用。按照国家和自治区的部署，全区开展了清理检查预算外资金的工作。

1997年，对大中型设备购置，试行政府统一采购管理，仅锅炉改造一项节支30%。针对财政管理中存在的重点、难点问题，分别制定了电话（含移动电话）费、会议费和小汽车维修等管理办法。

1998年，扩大政府采购范围，积极推行“车辆定点维修”和“会议费定额包干管理办法”，清理公费购置的移动通信设备和公费安装的住宅电话。

1999年，对“人、车、会、话”等公用经费实行定额包干管理办法。

2000年，在实行“零基预算”后，对公务费预算定额标准实行分类分档、按编制内实有人数核定。

2003年，大力压缩会议费、出国考察经费等，勤俭办事业，严禁铺张浪费，挖掘部门单位在节能、设备配备使用等方面的节支潜力，降低行政成本和机关运行成本。

2006年，启动行政事业单位差旅、会议定点饭店政府采购工作。实行接待费预算核定标准，在人大、政协等部门试点。收回被冒领的财政资金81万元。

2007年，建立定点饭店信息管理数据库，对全区出差、会议定点饭店实现全国联动、实时监控的网络化管理。先后制定出台《宁夏回族自治区本级行政事业单位房屋产权出售管理实施细则》。

2008年，在全区采购近60家饭店作为出差和会议公务接待定点饭店。

2009年，压缩年度预算指标，严格经费开支审核，严控公务性活动规模，全年公务接待支出比上年同期下降13%。停止对一般性的出书、研讨、纪念、庆典等活动的经费审批。

2011年，印发《关于进一步加强“三公”经费支出管理的意见》，建立完善行政成本支出季报制度。2012年，在预算编制中单列“三公”经费预算统计表，控制“三公”经费预算指标。通过政府购买服务、集中统一采购等方式实施定点服务。研究制定党政机关物业服务标准，组织开展区级党政机关物业管理定点服务商招标。

2013年，通过自治区厉行节约季报表反映，全区党政机关行政成本支出同比减少1.05亿元，下降9%，其中公务接待费支出同比下降29%，大型活动经费下降51%。对宁夏2013—2014年党政机关出差和会议定点饭店供应商资格进行竞争性谈判招标，对全区77家定点会议、出差饭店和26家定点物业供应商进行考核。

2014年，2014年，推进定点物业、定点维修等定点服务管理制度落实，年内全区“三公”经费和会议费下降15%。

2015年，为加强和规范党政机关会议定点管理，节约会议费支出，降低行政运行成本，先后印发《宁夏回族自治区党政机关会议定点管理办法》及《宁夏回族自治区本级党政机关会议定点管理办法》。

2017年，自治区财政厅修订自治区本级党政机关培训费管理办法。其中，自治区外一类培训标准为每人每天700元，二类培训600元；自治区内一类培训标准为每人每天500元，二类培训450元。一类培训是指参训人员主要为厅局级及以上人员的培训项目，二类培训是指参训人员主要为处级以下人员的培训项目。

二、外事服务财务管理

（一）外汇管理

1991年，根据中央有关文件规定，拟定《因公临时出国人员用汇管理办法》。

1992年，首次在中国银行宁夏分行开设临时出国人员非贸易外汇账户。

1994年，在中国银行宁夏分行建立购汇人民币限额账户，制定人民币限额审批核销制度，并制定非贸易非经营性外汇财务管理的有关规定和人民币限额账户管理规定。

1995年，建立经费内部核算制度，全年审批核销购汇人民币限额428万元。

1996年，自治区财政厅外经处成立，统一管理外事服务及经费。

2003年，加强非贸易外汇专管员制度，非贸易外汇专管员注册登记70余人。截至12月20日，全区实际出国用汇数折算人民币约660万元，个人用汇为80万元，总计约740万元，为财政部下达年度预算的59%，比上年同期减少10%。

2005年，简化非贸易外汇审批核销手续，办理91个团组的出国用汇及其他用汇，批汇人民币限额869万元。

2007年，由于外汇购汇政策变化，个人购汇标准提高等因素影响，出国用汇折合人民币为927万元，占全年非贸易外汇人民币限额预算的83%。

（二）出国费用管理

1992年，对宁夏因公临时出国人员的国外伙食费、公杂费，实行“分项计算、定额包干、结余归己、超支不补”的管理办法，原则上包干发给个人掌握使用。具体包干标准，伙食费按财政部规定的包干标准，公杂费在财政部规定标准之内，按80%计算包干发给个人。实行定额包干的团组，回国后免个人领款单办理伙食、公杂费核销手续。对副省级以上干部担任团长的团、组，参加国际学术交流会议的团、组，属于中央各部委组团的，在批件中已明确其国外费用实行按实报销的团、组，执行特殊任务，不宜实行定额包干的团、组的伙食费、公杂费可以不实行定额包干办法，其各项费用开支标准按财政部规定标准执行。因公临时出国人员住宿费、国际旅费及其他费用仍实行在财政部规定标准，按实报销的办法。凡使用非贸易外汇出国的团组回国后，必须到自治区财政厅办理用汇核销手续后，方可回本单位报销。企业使用自有外汇出国的，各项费用开支标准及办法参照本规定执行。

1995年，制定下发《宁夏回族自治区因公临时出国人员经费管理暂行规定》，对自治区临时纳入出国人员出国经费的开支作明确规定。

1997年，严格控制出国团组和人员，规范出国审批程序和资金划拨、核销手续。对违反审批程序或规定的一律不承担外汇指标，不拨付出国经费。截至12月31日，共支出出国经费467

万元，支出地方外事费589万元，分别比上年同期增长15.6%和10.12%。同时，制定下发《接待外宾费用开支标准和纳入管理办法》。

1998年，自治区地方外事费的支出大部分用于出国经费，为了阻止无任务的搭车出国，自治区严格控制出国团组和人员，规范出国审批程序和资金划拨、核销手续，严格执行《因公出国人员经费核算办法》。对违反审批程序或规定的一律不承担外汇指标，不拨付出国经费。截至年底，共支出出国经费300万元，支出地方外事费432万元，分别比上一年同期下降40%和32%。

1999年，严格执行因公临时出国人员费用开支标准，对违反审批程序或规定的团组或个人，一律不承担外汇指标，不拨付出国经费。

2004年，共办理138个团组的出国用汇及其他用汇，涉及566人次，批汇人民币限额1100万元。针对出国经费支出管理中存在支出不规范、随意性大、透明度低、核销不及时现象，采取确定国外接待单位、公开竞争报价、择优选择的方式审核出国经费，统一省级团组的住宿、宴请、交通费用等。

2005年，简化非贸易外汇审批核销手续，坚持外汇专管员制度，加强人民币经费预算管理，引入境外接待机构竞争机制，提高境外接待服务质量，增加接待单位选择和经费使用透明度，节约出国经费。全年共办理91个团组的出国用汇及其他用汇，批汇人民币限额869万元。

2008年，出台《宁夏党政干部因公出国（境）经费管理暂行办法》，规定因公出国（境）实行经费和外汇双控制的办法，并采取经费先行的措施，坚决制止公款出国（境）旅游，2009年1月1日实施。2009年，出台《宁夏回族自治区行政事业单位因公出国（境）经费管理办法》。两个办法严控出国（境）规模和费用。2009年，出国经费预算直接扣减20%。出国团组42个，出国用汇折合人民币663.5万元，比上年节约207.1万元；出国经费366.9万元，比上年减少165.9万元。

2010年，坚持先预算后计划；坚持先经费审核后计划审批；坚持高端团组单列预算，一般团组分列预算方式；坚持出访经费竞争报价和机票公开采购制度。是年，自治区本级“出国经费”支出为预算的58.3%，同比减少31.5%。

2011年，印发《宁夏回族自治区行政事业单位干部因公出国（境）经费及用汇管理的补充规定》，建立经费预算和出国任务联动审批机制。对省级领导及正厅级干部出访经费年初单列“出国经费”预算；副厅级以下干部出国经费预算列入提高后的单位公用经费，压缩行政经费的同时压缩出国经费。在经费先行审核程序中要求出国（境）组团单位提供3家以上符合条件中介机构竞争报价，严格按照最低价中标原则确定承担境外服务中介机构。是年，自治区本级“出国经费”支出为预算的74.5%，实现中央和自治区要求的出国经费“零增长”目标。

2013年，实行计划与经费预算联动审批机制，对无实质内容的一般性公务考察团组，不予办理出国（境）经费审批手续；凡未经同级财政部门办理经费先行审核手续的出访团组或个人，外事部门均不予办理出访任务批件；执行境外公务接待竞争报价和国际机票公开采购制度，凡未经3家以上中介机构竞争报价的团组，一律不予办理审批手续。是年，确定选择建设银行为外汇代理银行，对非贸易非经营性用汇管理实行“财政监管，银行办理，单位报销”的管理办法。

2014年，为进一步规范因公出国经费和外宾接待等外事经费管理，印发《宁夏回族自治区外事经费管理实施细则（暂行）》。对符合各项规定的团组，出具因公出国人员经费预算先行审核表，作为外事部门下达出国任务批件的有效依据。同时，坚持非贸易非经营性用汇季报表制度。

2015年，下发《2015年因公出国（境）计划及经费的通知》，按照《宁夏回族自治区外事经费管理实施细则（暂行）》［宁财（外）发〔2014〕859号］要求，办理经费先行审核，实行“源头控制”和“过程控制”双控机制。经自治区财政审核因公出国（境）团组数350个，办理经费先行审核1100人次，出国团组数和出国人次较上年有所回落。自治区本级单列“出国经费”支出507.02万元，为年初预算的52.8%。

2017年，实行出国经费“控制数”管理，将出国费“控制数”嵌入年度部门预算，实现出国计划审批与经费预算、经费先行审核的衔接统一。全年压减出国（境）经费预算5480万元，压减比例为年度预算总额的62%。

三、公共安全财务管理

1993年，执行中央关于对政法部门罚没款原则上全部用于办案经费，实行收支两条线，全额先缴后全部拨付，专款专用，解决办案经费不足问题。2001年，制定《宁夏回族自治区政法补助专款管理实施细则（试行）》，对中央政法补助专款实行项目管理。2005年，按照中央政法补助专款管理办法，及时拨付中央和自治区政法补助专款。2006年，建立政法项目专家评审立项制度，对结余资金超大的不追加预算，对项目结余大的督促尽快实施，化解公检法司历年项目资金结余7000多万元。

2008年，通过“以奖代补”的形式对经费保障达标市县予以奖励。出台基层司法行政机关的公用经费保障机制。2009年，按照各市县政法机关人员、当地财力和办案数量，采用因素法分配基本办案费和基本技术装备保障经费，建立“以奖代补”办案专项资金。

2010年，建立全区基层政法单位电子账务管理体系，设立基层政法单位财务季报系统，同时在重大项目专家评审的基础上，引进“专家监理制”方式，对2010年投入的城市监控系统指定项目专家，定期实地督查。

从2012年开始，全区公安强制戒毒人员给养费比照劳教戒毒人员标准纳入自治区财政保障范围。

2014年，试点财政支持创新社会治理工作，对于开展工作成效突出的地区优先安排资金，对重视不够、工作停滞的地区，不予安排资金。

2016年，将吴忠市中级人民法院、吴忠市人民检察院、青铜峡市人民法院、青铜峡市人民检察院、盐池县人民法院、盐池县人民检察院等6个法院检察院作为全区司法体制改革试点单位，财物统一上划自治区财政保障管理。11月，印发《宁夏回族自治区区级以下法院检察院财物由自治区级统一管理实施方案》。

2017年自1月1日起，自治区级以下各市、县(区)法院、检察院，银川市铁路运输法院、检察院财物由自治区统一管理，并作为自治区财政一级预算单位。

四、商业服务业财务管理

(一)商贸流通业财务管理

1991年，制定《专项削价处理商品的财务处理办法》《商业企业成本管理办法》，从商业成本和处理商品方面加强对商业财务管理。

1993年，贯彻落实《全民所有制工业企业转换经营机制条例》和《全民所有制商业企业转换经营机制实施办法》，做好企业转换经营机制方面的配套改革，把应放给企业的自主权下放给企业。根据国务院加快粮食流通体制改革精神，自治区人民政府决定从7月1日起放开粮食购销及其价格。粮食购销及其价格放开后，国有粮食企业独家经营的局面被打破，形成了国有、集体、个体经营粮食的新局面。

1994年，以提高经济效益为中心，加强国有商业企业的扭亏增盈工作，在自治区所属7家公司建立扭亏增盈目标责任制，把扭亏增盈目标层层分解到企业、柜组和个人，一级抓一级，实行职工利益同企业减亏、扭亏挂钩办法。为适应粮食流通体制改革，根据国务院要求，建立粮食风险基金制度，并制定出具体实施细则，同时，制定新的粮食财务管理办法。

1995年，围绕“米袋子”“菜篮子”制定相应的财政、财务配套措施；参与粮食、物资流通体制改革；配合国有资产管理局，做好商贸企业清产核资工作。

1996年，对商贸周转金的借贷及用户的信用情况进行清查排摸，坚持一户只借一笔款、还旧贷新周转金管理。将商贸事业单位的财政拨补经费改为按“零基预算”核定的办法，即按测定的同类单位统一的费用标准，以及单位相关的数据资料如人员、车辆等来核定当年的经费包干数。

1997年，为抑制国有商业企业亏损，增加盈利，制定《宁夏外贸企业资金管理的若干暂行规定》《关于加强供销社的财务管理通知》，并补充完善《区直属商业企业加强内部财务管理若干规定》。

1998年，积极参与粮食流通体制的改革；深化国有商贸企业改革，促进企业扭亏解困；贯彻落实自治区《关于加强我区国有企业财务监督的实施办法》精神，对企业资金运营、经营活动、成本费用、资产处置、利润分配等财务管理的各个环节实施有效监督，规范企业财务行为。

1999年，深化粮食流通体制的改革，参与盐业经营体制改革；制定《宁夏回族自治区出口商品贴息实施细则》，对出口商品贴息范围、申请条件、贴息标准及补贴程序等做了规定。

2002年，根据《自治区人民政府关于加快商品流通改革与发展的意见》和《扶持现代流通业发展财政贴息资金管理暂行办法》，对申请现代流通业发展财政贴息资金的项目调查，对8个项目进行扶持。

2003年，认真落实自治区关于深化粮食流通体制改革的政策措施，研究探索粮食补贴方式的改革。

2004年，贯彻执行自治区人民政府关于加快商品流通改革与发展的意见精神，按照扶持现代流通业发展财政贴息资金管理暂行办法的有关规定，积极推进以连锁经营、物流配送和电子商务为重点的流通现代化。按照财政部等七部委的有关文件精神，做好供销合作社财务挂账分户分解上报工作。

2004年，按照建立社会主义市场经济要求，推进和深化粮食流通体制改革，做好各项粮食财政财务管理工作。2006年，采取有效措施，确保国家石油价格改革财政补贴政策的落实到位。2009年，贯彻落实自治区家电、摩托车下乡政策，在加强政策宣传的同时，抓补贴兑付、资金管理和监督检查。家电下乡惠民政策的实施，使全区超过50%的农村家庭购买了家电下乡产品，支撑了消费持续增长。

2011年，制定下发《宁夏回族自治区现代物流业发展专项资金管理暂行办法》，研究确定并支持14个物流园区、1个口岸共15个建设项目。

2012—2013年，贯彻落实对种粮农民直补政策，兑付对种粮农民资金直补，惠及全区96万户农户。在落实石油价格改革财政补贴资金的基础上，研究制订分行业补贴标准和补贴依据等实施方案。

2014年，制定宁夏回族自治区调整优化服务业结构打造服务业发展升级版的财政政策，重点支持商品储备、电子商务、三方物流、城乡一体化、社区商业生活圈建设。启动物价联动机制，加强政府调控市场物价力度，建立政府控股农贸市场机制。

2015—2016年，在对自治区2009年后县级行政单位粮食生产有关数据核对的基础上，落实中央财政产粮大县奖励；科学管理粮食风险基金，加强粮食流通能力，推进储备粮轮换，切实保障粮食安全。继续开展老旧汽车报废更新补贴申报工作，加快宁夏老旧汽车报废更新速度。

2017年，自治区财政厅联合自治区民委印发《宁夏回族自治区民族贸易和民族特需商品生产贷款贴息资金管理办法》，增加单个企业年补贴金额不超过500万元的限制性条款，降低区本级财政的兑付风险。

2018年，采取切块下达方式，安排全区各市县城市公交车、出租车、农村客运等行业油价补贴资金1.55亿元，促进公共交通健康发展和正常运营。拨付优质粮食工程资金3.04亿元，推进粮食生产提质增效。

（二）旅游业财务管理

1993年，财税体制改革前，允许国有旅游企业“税前压贷”。

1994年起，对旅游企业的所得权实行先征后返，返还资金全部用于旅游业发展。坚持谁投资谁受益的原则，执行国家、地区、部门、集体、个人一起上，自力更生和引进外资一起上的方针。

1995年，出台旅游企业实行免征三年所得税政策，建立行业财务及经济效益评价指标基本数据统计制度。

2007年起，宁夏被列为国家旅游发展基金管理办法改革试点省区，并下达旅游发展基金1000万元，为历年最高水平。

2008年，实施旅游专项资金和贷款贴息资金，带动景区投入。

2009年，制定下发《宁夏回族自治区旅游发展专项资金管理暂行办法》，财政部门坚持“目标化、规范化、标准化”原则，对旅游项目资金实行管理。

2011年，建立自治区旅游发展资金项目，从调研征集、论证筛选、资金下达、组织实施、监督检查到绩效评价全过程进行管理。

2012年，围绕“两山一河”“两沙一陵”“两文一景”九大特色旅游资源加强基础设施建设。支持建设独具特色的黄河文化、红色文化旅游区，拨付专项资金用于中华黄河坛、沙坡头大峡谷、华夏河图、六盘山、同心西征纪念园等项目建设。安排旅游宣传专项资金，用于在中央电视台播出宁夏旅游形象广告和旅游产品广告。拨付专项资金用于全区重点区域旅游规划编制、重点景区修建性详细规划编制，以及乡村旅游规划编制，形成较为完善的旅游规划体系。

2013年，以特色旅游资源为依托，集中财力实施重点旅游项目，促进旅游产业蓬勃发展，支持构建旅游产业发展新格局。

2014年，按照“整合资金、集中财力实施大项目、精品项目带动战略”工作思路，加大休闲生态、自驾营地、乡村旅游、智慧旅游、旅游集散中心等特色旅游方面的持续投入。运用自治区旅游发展专项资金，借鉴政府外债项目成功管理机制，采取“严格论证，关口前移，三年滚动，绩效评价”的管理理念和成功经验，履行旅游专项资金管理牵头职责，发挥财政资金引导和杠杆作用。

2015年，围绕自治区《关于做强做大文化旅游产业的决定》，打造国际旅游目的地战略部署，按照“整合资金，集中财力实施大项目、精品项目带动战略”工作思路，在保障重点项目的同时，突出在休闲生态、自驾营地、乡村旅游、智慧旅游、旅游集散中心等特色旅游方面的投入。另外，按照财政部《关于做好2015年旅游发展基金补助地方项目申报工作的通知》要求，组织筛选11个项目上报财政部。

2017年，开展旅游产业发展研究，科学编制经费预算，合理安排地方政府债券资金，支持全域旅游发展。是年，开展国家旅游发展基金项目专项检查，强化旅游发展基金实效。

2018年，围绕建设国家全域旅游示范区目标，促进旅游业提质增效。注重旅游品牌建设与推广，加强重点旅游景区及相关服务设施建设。

五、住房保障财务管理

（一）房改资金管理

1993年，建立住房资金收支报表制度，截至年底，20个市县中已有14个市县的房改方案经自治区房改领导小组批准，实行新房新制度，采取先售后租、租售结合的措施。

1996年，制定《自治区区直和中央驻银单位国有住房出售收入具体管理办法》，对于专业银行房地产信贷部政策性房改金融业务的财政财务管理，协商确定利润分成比例。1998年年底，全区共有14个市县出台房改方案，15个市县包括自治区本级建立住房公积金制度，出售公房698.4万平方米，占存量住房的49.2%，回收售房收入20.5亿元。加强专业银行政策性房改金融业务的财政财务，收回建设银行城建支行应上缴财政利润10万元。

2000年，建立与自治区房改领导小组共同审批售房收入制度，检查自治区本级行政事业单位的房改情况，对未规定上缴售房收入的单位下发催款通知书。2004年，清理检查自治区本级行政事业单位1998—2004年售房情况、售房收入使用及结余情况，清理出各单位存留的售房收入4056万元。

（二）住房公积金管理

1993年，宁夏回族自治区人民政府制定《宁夏回族自治区住房资金筹集、使用和管理的暂行规定》，坚持“国家、单位和个人共同负担”的原则，财政部门会同房改、城建、银行等部门做好住房资金的筹集、使用和管理。明确提出城市住房基金、行政事业单位住房基金、企业住房基金、住房公积金、其他住房资金的具体管理规定。1996年，加强对住房公积金管理中心和专业银行房地产信贷部政策性房改金融业务管理，挤出资金补助单位缴纳住房公积金。

2000年，制定《自治区本级行政事业单位住房公积金筹集、使用管理办法》。是年，利用单位售房收入缴纳公积金使财政减少支出500多万元。自治区本级住房公积金缴交率由7%上调至9%。

2005年，修订《自治区本级行政事业单位住房公积金筹集拨付管理办法》，调整住房公积金计算基数，将风沙费、误餐费、地区生活补贴等纳入住房公积金计算基数。2007年，扩大住房公积金计提基数，将生活性补贴、工作性津贴、职工年度取暖费列入住房公积金计提基数，使自治区本级行政事业单位绝大多数职工住房公积金增加一倍，住房公积金缴交率由10%提高到12%。

2009年，对住房公积金再次作出调整，全额预算拨款单位财政全额核拨，差额单位按现行财政负担比例60%或90%核拨，定补、包干拨款单位根据定额补助政策或包干协议核拨，自收自支单位由单位自行解决，有售房收入的单位用售房收入缴纳住房公积金。

2010年规定，单位利用售房收入和其他资金缴纳住房公积金的，要在自治区财政厅核定的住房公积金预算指标内缴纳。自治区住房公积金管理中心区直分中心在银行设立职工住房公积金资金专户。

（三）住房补贴货币化管理

2000年，明确自治区本级行政事业单位的一次性住房补贴由财政和单位各负担一半。审核各单位的售房收入使用情况，对不符合国家有关房改政策动用售房收入的单位，一律不予审批，挤出资金让单位为职工缴纳住房公积金以及住房补贴。

2002年，对自治区本级在银川行政事业单位住房补贴情况进行测算汇总，提出先按月发放2002年当年补贴，遗留问题以后视财力情况解决的建议。

2005年，改变住房补贴管理方式，将存储在住房公积金管理机构的住房补贴，直接发放给职工本人。

2008年，将住房补贴纳入部门预算编制范围之内。当年实际住房补贴额同时为下年度住房补贴预算额，列入下年度财政预算，凡在规定时间内没有送审的单位，下一年度的住房补贴由单位自筹解决。

从2010年起，申请单位当年实际住房补贴金额与年度住房补贴预算差额部分，由自治区财政多退少补。凡单位漏报以及其他原因和当年增加人员，住房补贴资金财政不再办理补核、补批手续，由单位自行解决。调入人员从次年起计发住房补贴。住房补贴直接发放到职工个人手中。不得挪用住房资金，不得随意提高住房公积金缴交率或扩大缴交基数，违者将停止核拨住房资金，并按有关规定追究相关人员的责任。

(四)廉租住房资金管理

2007年，制定《宁夏廉租住房保障资金管理实施办法》，实行专项管理、分账核算、专款专用。专项用于廉租住房保障开支，包括收购、改建和新建廉租住房开支，以及向符合廉租住房保障条件的低收入家庭发放租赁补贴开支，不得用于其他开支。其中，中央廉租住房保障专项补助资金，专项用于支付符合条件的廉租住房保障对象的租赁补贴所需资金，不得用于廉租住房的购建等其他开支。市、县(市、区)财政部门在安排年度廉租住房保障支出项目预算时，确保将住房公积金增值收益计提贷款风险准备金和管理费用后的余额全部用于廉租住房保障;其次要按规定将土地出让净收益不低于10%的比例用于廉租住房保障。上述两项资金不足的，可以适当提高土地出让净收益用于廉租住房保障的比例，仍不足的由市、县(市、区)财政通过本级预算以及上级补助(包括中央预算内投资补助以及中央财政和自治区级财政专项补助)予以安排。

2008年，修订《宁夏回族自治区廉租住房保障专项补助资金实施办法》，人均住房面积低于10平方米扩大为人均住房面积低于13平方米。

2009年，在中央分配宁夏的地方债券中安排5.1亿元，按每平方米400元标准对廉租住房建设给予补助，其中宁夏山区8个县补助资金由市县借贷，自治区财政给予还本付息，其余市县按照谁借贷谁还款的原则，由市县借贷并还本付息。

2012年，出台城市棚户区改造专项补助资金管理办法，减免保障性安居工程和生态移民工程建设各项行政事业性收费和政府性基金。

2013年，决定设立宁夏地方政府综合性融资平台公司，承担全区保障性住房融资平台职能，同时承担自治区重点民生工程和重点建设项目融资职能。2014年4月底，完成宁夏惠民投融资有限公司组建、工商注册登记等工作，并以低廉成本开展运行。是年，推动国家开发银行总行分两批承诺授信棚户区改造贷款156.57亿元。

2017年，会同自治区住建厅等部门下发《宁夏回族自治区城镇保障性安居工程专项资金管理办法》《宁夏回族自治区城镇保障性安居工程财政资金绩效评价实施细则》《宁夏棚户区改造工作激励措施暂行实施办法》，明确资金分配、资金申报和审核、资金下达、使用管理、绩效评价、法律责任，进一步支持各地租赁补贴、城市棚户区改造及公共租赁住房建设。是年，重点推进棚户区改造，推动房地产库存量大的市、县（市、区）提高货币化安置比例，健全政府购买棚改服务政策。

六、节能环保财务管理

2008年，落实中央淘汰落后产能财政奖励资金，印发《关于落实〈北方采暖地区既有居住建筑节能计量及节能改造奖励资金暂行办法〉的通知》，在中央财政补贴基础上增加自治区财政补贴。2009年，出台《宁夏回族自治区高效照明产品推广财政补贴资金管理暂行办法》《宁夏回族自治区节能技术改造财政奖励资金管理暂行办法》《自治区财政支持节能减排工作的意见》《鼓励引进先进节能减排装置财政补贴资金管理办法》等节能减排制度办法。

2011年，推进北方采暖区既有居住建筑供热计量及节能改造工作，参照中央财政3项全改45元/平方米的标准，按照1∶1的比例安排配套资金4500万元，对银川市、隆德县等给予奖励。2012年，继续实施北方采暖区既有居住建筑供热计量及节能改造，按照中央财政3项全改55元/平方米的奖励标准，自治区财政给予45元/平方米配套奖励，对全区100万平方米的既有居住建筑实施节能及供热计量及节能改造。

2018年，印发《宁夏回族自治区环境质量和污染物排放总量考核奖补和处罚资金管理办法》，新增2亿元通过以奖代补方式对完成考核任务的市、县（市、区）给予奖励。首次采用因素法分配财政污染治理资金，提前调度将全年资金计划一次性告知市县。

第二节　教育科技文化卫生事业财务管理

一、教育事业财务管理

1998年，对中央专款的“普九”资金实行专户管理。财政部、教育部为宁夏21个市县的31万名学生划拨免费提供教科书专项经费875万元。

2005年，对于国家贫困县、吴忠市红寺堡开发区等贫困地区农村义务教育阶段学校学生免收杂费，全部由自治区财政负担；对宁夏川区农村义务教育阶段学校中家庭经济困难学生、城市低保户等家庭经济困难的学生免收的杂费，由自治区财政按宁夏山区补助标准拨付市、县（市、区）财政，补助标准与城市及宁夏川区农村“一费制”标准之间差额部分，由市、县（市、区）财政补足。对国家扶贫开发重点县农村学校公用经费预算安排实行奖励，按照山区各县（区）划拨的公用经费标准，依据“以奖代补”办法，按1∶1的比例给予补助。

2006年，将免学杂费的范围从农村扩大到城市，自治区本级财政承担的资金超过1亿元。实行“垫付结算”制，由自治区本级财政统一先期垫付市县财政应负担的差额部分资金，并通过国库集中支付直接到学校，年终由自治区财政与市县财政进行结算。

2012年，制定《宁夏回族自治区学前一年教育资助制度试点工作助学金管理暂行办法》，在固原市、西吉县等9个市县试点。制定《宁夏回族自治区财政扶持民办幼儿园发展奖补资金管理暂行办法》,引导各地扶持民办幼儿园发展。制定《宁夏回族自治区农村义务教育学生营养改善计划专项资金管理暂行办法》,确保学生营养改善计划顺利实施。

2013年,制定《宁夏回族自治区农村义务教育学生营养改善计划学校食堂财务管理暂行办法》,规范学校食堂财务管理。

2014年,对义务教育经费保障机制改革等往年分批次下达的专项资金一次性全部拨付完毕。财政支持现代职业技能公共实训中心建设和“一省一校”项目实施,完善学生资助政策体系,促进城乡义务教育均衡发展。

2015年,制定学前教育生均公用经费保障机制。选择部分普惠性幼儿园作为试点,采取发放助学券、购买学位(学生在民办学校就读,但其所需学费的部分或全部由当地政府承担)、补贴教师工资等方式开展购买服务工作。

2017年,统一城乡义务教育“三免一补”政策,进一步完善城乡义务教育经费保障机制。全面落实公办学前教育、普通高中教育生均公用经费保障奖补机制。指导和督促市县履行主体责任,加大投入,落实中等职业学校生均拨款制度。制定《普通高中国家助学金管理办法》等财政专项资金管理制度。完善以改革和绩效为导向的高校财政拨款制度。

2018年,全面落实“三免一补”政策,统一城乡义务教育学校生均公用经费基准定额,并向寄宿制学校、小规模学校、特殊教育学校倾斜。继续落实农村义务教育学生营养改善计划,将农村学校附设学前班在园幼儿纳入保障范围,共惠及25万余名学生。

二、科技事业财务管理

1996年,财政部、国家计委、国家经贸委、国家科委出台《科技三项费用管理办法》,明确“管理费的提取只限于直接承担科技三项费用项目并实行独立核算的科研院所和高等院校,其所提取的管理费不得超过项目经费总额的5%,单个项目(专题)的提取额最高不得超过5万元。负责主持科技三项费用项目的各级科技管理部门、业务主管部门一律不得以任何形式提取管理费。企业不得从科技三项费用中提取管理费”。

1999年,宁夏出台《宁夏科技发展计划项目暂行管理办法》,明确项目承担单位提取的管理费一般不得超过拨款经费的10%,承担科技攻关项目的主要科技人员可享受项目津贴,承担重大攻关计划项目的,可从项目费中提取8%以下,一般攻关项目提取5%以下作为津贴经费,由项目主持人分配规定,从2001年1月1日起停止执行。同时,停止各单位自行制定的有关列入国家、地方科技项目,可以从项目经费中提取管理费(超过5%)及津贴费的规定。

2001年3—5月,自治区财政厅、科技厅对自治区1999年、2000年部分科技攻关项目三项经费使用情况进行检查,发现管理部门、研究院所和大学层层提取管理费,以及提取和加大比例提取津贴费,甚至项目还未实施就开始提取津贴费的违规现象。检查组要求各相关单位限期整改。

2006年,对2003—2005年自治区财政厅下达科技厅、农林科学院、卫生厅、青铝集团等10

个项目单位及5个地级市的科技三项费用进行专项检查。印发《科技型中小企业技术创新资金管理暂行办法》《自治区工业园区建设财政补助资金管理暂行办法》《应用技术研究与开发资金项目绩效评价试行办法》。

2013年，会同有关厅局制定《整合科技资金加大R＆D投入的实施（暂行）办法》。

2014年，制定《宁夏回族自治区科技特派员创业行动专项资金管理暂行办法》，对全区营养改善计划专项资金使用、结余情况进行专项检查。是年，制定《宁夏企业科技创新后补助实施细则》，对自筹资金研发成功获得自主知识产权的新技术、新产品、新工艺等创新项目，按照确认的研发经费20%～30%给予补助。印发《宁夏科技型中小微企业风险补偿专项资金管理暂行办法》。

2017年，设立科技创新投资基金。印发《宁夏回族自治区知识产权补助资金管理办法》。

2018年3月，修订科技型中小微企业风险补偿专项资金办法，由自治区和有关市县财政预算安排，用于补偿合作金融机构在支持科技企业研发、科技成果转化和产业化过程中所发生的贷款损失的资金。补偿资金支持企业首次贷款额度不超过300万元，续贷额度不超过500万元，续贷次数不超过4次。合作金融机构在补偿资金规模的基础上给予5～10倍放大的贷款规模，并在利率上予以一定的优惠。对不良贷款进行代偿时，自治区补偿资金与试点单位补偿资金和合作金融机构按4：4：2的比例共同承担风险。

是年，对知识产权补助资金管理办法进行修订，明确获得国内及中国港澳台地区授权的发明专利每件补助1.5万元；获得美国、日本、欧洲授权的发明专利每件补助5万元；获得其他国家授权的发明专利每件补助2万元；同一专利获得两个以上发达国家发明专利授权的最高补助不超过7 万元。对高价值发明专利每件给予5万元以内的奖励。被认定为国家知识产权（专利）示范企业的，一次性给予20万元资助；被认定为国家知识产权（专利）优势企业的，一次性给予15万元资助；被认定为自治区知识产权（专利）试点企业的，一次性给予10万元资助；通过国家知识产权管理标准体系认证的企业，一次性给予15万元奖励。

三、文化事业财务管理

1991年，为广播电视、宁夏日报增拨设备专款，基本上保证这些单位正常业务的开展。

1993年，宁夏展览馆、群艺馆、电影制片厂由原来的全额预算管理单位改为差额预算管理单位。实行“差额管理、定项补助、超支不补，结余全留”的预算管理办法。博物馆、书画院的公务费和京剧团、歌舞团、话剧团的公务费在1992年基础上减半安排，全部取消《通俗文艺家》的出版补贴，缩减下来的经费建立“以文补文”专项周转金和奖励经费，用以扶持“以文补文”活动并对此项活动开展得好的单位予以奖励。对宁夏电视台，以1992年年初核定的人员经费为基数，实行人员经费总承包，一定三年不变，增收节支全部留用，减收、增支不补。在承包期内包括调资、国家调整津贴、补贴及人员增加等各种增支全部自行解决。对出版社，在继续执行承包合同、实行经费递减的基础上，减少对《宁夏画报》的出版补贴，减下来经费用于专项出版补助。

1995年，出台《宁夏回族自治区国有文教企业专项资金管理办法》，建立将先征后退减免的宣传文化企业所得税和增值税集中到自治区财政厅、文化厅、新闻出版局共同负责管理的国有文教企业专项资金专户。

2011年，对符合奖励条件的51件原创文化作品给予奖励。2012年，制定《宁夏回族自治区舞台艺术精品创作工程专项资金管理办法》（宁财教发〔2012〕512号），扶持一批精品剧目。

2017年，做好中央补助地方公共文化服务体系建设资金绩效评价工作，对公共文化服务体系建设项目进行全面综合评价，对中央补助地方公共文化体系资金进行绩效分配。

2018年，制定出台《宁夏回族自治区文化产业发展专项资金管理办法》（宁财规发〔2018〕27 号），首次提出用股权等方式支持文化产业发展。制定《宁夏回族自治区属国有文化企业负责人经营业绩考核和薪酬管理办法》，经营业绩考核实行年度考核与任期考核相结合，包括社会效益考核指标和经济效益考核指标，基本分为100分，对超额完成目标或未完成目标的给予加分奖励或扣分惩罚，加分上限为20分，扣分下限为基本分；企业负责人薪酬由基本年薪、绩效年薪和任期激励收入三部分组成。

四、卫生事业财务管理

（一）公共卫生服务财务管理

2007年，加大社区卫生服务能力建设力度，开创全区乡村和社区卫生服务机构公用经费补助新模式，下达资金用于社区卫生服务机构购置医疗设备，安排资金对城市社区医护人员进行培训。

2009年，支持人人享有基本医疗卫生服务试点工作。自治区财政厅会同卫生部门研究制定《人人享有基本医疗卫生服务试点工作资金管理暂行办法》，加强专项资金管理，规范支出行为。自治区财政承担近70%资金，基本医疗卫生服务补助资金主要用于提供10大类40项基本公共卫生服务，按照50%比例下拨试点地区。

2011年，印发《关于建立健全基层医疗卫生机构补偿机制的实施意见》，完善基层医疗卫生机构补偿机制，设立“一般诊疗费”，加强基层医疗卫生机构“收支两条线”管理，并对其经常性收支差额予以补助，保障其正常运行。从3月1日起，提高妇幼卫生“四免一救助”财政补助和医保基金补偿标准。

2012年，完善城乡基本公共卫生服务经费保障机制和医改配套政策，支持实施重大公共卫生服务项，实行市县国库集中支付管理，村医补助由银行代发。

2013年，完善基层医疗卫生机构政府补偿机制，建立健全基本公共卫生经费保障机制。落实乡镇卫生院工资全额保障、收支两条线管理，落实社区卫生服务机构购买服务政策。

2014年，确保11类50项基本公共卫生服务项目开展。开展普惠性健康体检项目，财政部门按照每人5元的标准安排体检工作经费。继续实施艾滋病防治等重大公共卫生项目，开展妇幼卫生“七免一救助”、4~8岁儿童补种麻腮风疫苗等卫生惠民项目。

2016年，加强基本公共卫生服务项目绩效考核工作。制定《计划生育服务补助资金管理暂行办法》，整合计划生育和公共卫生服务补助资金。提高计划生育家庭特别扶助标准，残疾或死亡的城乡夫妻特别扶助金标准分别提高到每人每月600元、800元，并对失独家庭一次性给予2万元的抚慰金。

2018年，将基本公共卫生服务经费人均补助标准提高到55元，积极开展基层糖尿病医防融合管理工作，推动电子健康档案向个人开放。坚持预防为主的方针，支持妇幼卫生健康行动计划、食品安全标准与监测、爱国卫生及健康促进等重大公共卫生服务项目，将新生儿疾病筛查病种数由5项扩充到52项，政策每年惠及10万名新生儿。支持五市饮用水水质检测能力建设、自治区危重孕产妇救治中心和新生儿救治中心建设，全面提升全区公共卫生服务能力。

（二）公费医疗财务管理

1992年，公费医疗制度引入与个人利益挂钩的控制机制，将公费医疗经费交给医疗单位管理或代管，实行定点医疗，本着就近就医的原则，首先由单位确定定点医院，然后将医疗经费拨给医院，医院负责该单位职工医疗服务，并负责经费管理。其治疗、报销均由定点医院负责。定点医院不能诊治时，经院方同意，可转院治疗，转诊费用由定点医院结算，公费医疗人员凭公费医疗卡就诊。实行经费定额包干制。在保证因病施治、合理用药、合理检查的前提下，医院结余的公费医疗经费留给医院使用。实行单位包干管理。凡享受公费医疗的职工，一律实行定点医院就医，取消合同单制，一联由医院保存，另一联交病人连同收据送患者单位审核后报销。除年老体弱行动不便及癌症患者外，其他职工一律不准使用家庭病床。单位医疗费用超支时，除个人负担外，可以职工福利费弥补。年内，隆德、盐池、灵武、中卫、泾源等县实施改革，印发改革方案。

1993年，在海原、固原两县公费医疗经费实行社会保险试点。

（三）医疗单位财务管理

1993年，缩小宁夏医学院附属医院和自治区人民医院的差额补贴范围，除人员基本工资及原来由财政暗补改明补的政策性补贴以外，其他各项补助由医院自行解决。减下来的经费除增加防疫、保健部门业务费投入，增加设备购置、维修专款以外，还设立公费医疗专项奖励经费。

1996年，卫生医疗单位的业务收入由各级财政分别实行按比例或按收支结余的一定数额纳入同级财政专户管理。是年，对医院实行效益工资挂钩分配办法，将超收部分和工资分配挂钩。财政对医院的差额补助逐年核减。同时由卫生主管部门对医院实行目标责任管理。

1998年，明确自治区级医疗卫生单位按业务收入的30%每10天上缴一次，各市县上缴比例及时间由各市县自行确定。

2002年，规范财政对卫生事业发展提供资金补助的范围及内容，规范各级财政补助办法，制定下发《医院财务制度》的补充通知，规定医院固定资产管理及修购基金的提取办法，执行《医院药品收支两条线管理暂行办法》，解决医院“以药养医”的问题，控制医院药品费用不合理的支出，规范医疗行为。各医院能及时将药品收支结余按季度上缴社会保障财政专户。

2005年底,制定《宁夏回族自治区乡镇卫生院发展建设财政补助政策实施意见》《宁夏回族自治区村卫生室项目建设管理办法》及《宁夏回族自治区村卫生室发展建设财政补助政策实施意见》,明确政府对乡镇卫生院、村卫生室建设提供资金保障的内容和范围以及财政补助的方式和标准。落实乡镇卫生院在编人员工资和村医补助工作。

2008年，支持县级综合医院提升装备水平根据各医院实际购买设备金额按比例给予补助,其中:宁夏山区按40%补助,宁夏川区按20%补助,补助资金分五年拨付项目县医院执行,剩余设备购置资金由医院自筹解决。

2012年,取消县级公立医院药品加成收入,建立财政补偿机制,主要由医保基金给予补偿，对医保基金不予补偿的宁夏户籍参保人员在县级公立医院合理使用的非医保药品由财政进行补偿。

2013年,加大转移支付力度,支持巩固完善基本药物制度和基层医疗卫生机构运行新机制,制定公立医院改革财政以奖代补资金管理办法,重点支持县级公立医院改革,取消药品加成财政补偿、基层卫生医疗机构设备配置标准化建设等。

2014年，永宁县等6个市县列入国家县级公立医院综合改革试点，每个市县补助400万元,将银川市列入公立医院改革国家联系试点城市,补助2000万元。

2015年,推进公立医院综合改革。统筹安排公立医院综合改革补助资金10500万元,对每个试点县补助400万元,对试点城市一次性补助2000万元,试点城市辖区补助100万元。

2017年,推动公立医院综合改革,根据《城市公立医院改革补偿(暂行)办法》,对公立医院取消药品加成财政部门按照20%～30%的比例予以补助,补助比例在全国属较高水平。推进公立医院全面预算管理，设立专项资金，通过以奖代补方式推动各市县公立医院综合改革。将基本公共卫生服务经费人均补助标准提高到50元,支持家庭医生签约服务工作。

2018年,支持公立医院综合改革,印发《关于做好2019年自治区级公立医院预算编制工作的通知》,在全国率先指导公立医院编制现金流量预算,通过现金流量预算表,规范公立医院筹资和投资行为,加强医院债务管理,确保公立医院财务收支平衡。严防自治区级公立医院产生新的债务,对债务负担较重的三甲综合医院给予贴息补助。按照各市、县(区)财力状况和工作成效等因素合理分配公立医院综合改革补助资金,支持各市、县(区)推进公立医院综合改革。

第三节　社会保障财务管理

一、社会保险财务管理

(一)养老保险财务管理

养老保险制度改革开始于1989年。1991年,改革企业职工养老保险制度,在原来国家、企业负担的基础上增加个人负担，比例不超过本人工资标准的3%，企业缴纳的部分在税前提取。企业补充养老保险所需费用从企业自有资金的奖励和福利基金内提取。同时，对基金收支、管理服务费实行专户存储。

1992年7月1日起，实行自治区国有企业职工退休费用统筹，部分市、县开展“三资”企业、私营企业、乡镇企业职工和临时工的养老保险统筹工作。

1994年，经自治区人民政府批准，对养老保险基金的提取比例适当调整，本着“以支定收、略有结余、留有部分积累”的原则，固定职工的统筹比例由原来按工资总额的18%调整为21%，劳动合同制工人的统筹比例由原来的15%调整为18%。管理费提取比例：国有企业固定工养老保险基金按收缴额的3%计提，合同制职工按收缴额的5%计提；各市、县集体所有制企业管理费，按当地政府批准的比例计提。国有企业固定工养老保险基金的管理费由自治区社保局统一按收缴额的3%提取，其中1%返还市县，2%统一调剂使用。其他企业职工养老金的管理费，由市、县提取，按计划使用。是年，全区从养老保险基金中提取管理费561万元，管理费支出537万元，占管理费收入的95.2%，比上年增长37.3%。

1998年，财政部出台《企业职工基本养老保险基金实行收支两条线管理暂行规定》，明确企业职工基本养老保险基金逐步纳入社会保障预算管理，在社会保障预算制度建立之前，纳入单独的社会保障基金财政专户。

1999年7月1日起，执行新的社会保障基金财务会计制度，实行宁夏职工基本养老保险基金收支两条线管理，区级及各市建立社保财政专户，将基本养老保险基金全部纳入单独的社会保障基金财政专户。

2000年，建立独立于企业之外的社会保障管理和服务体系，实行社会保障待遇的社会化发放，养老等社保对象由社区统一管理。

2008年，印发《关于增加区属企业离休人员生活补贴有关问题的通知》，对企业离休人员生活补贴标准参照国家行政机关离休人员生活补贴标准执行，并规定已参加企业基本养老保险统筹的由养老保险基金支付；未参加企业基本养老保险统筹的，从原渠道列支，解决企业离退休人员生活补贴与国家行政机关离退休人员不一致的问题。

2009年，核销宁夏第一塑料厂等12户国有集体破产企业基本养老保险历史欠费597.07万元。

2010年，支持扩大农村社会养老保险试点范围，覆盖面达到全区60%的县、市（市、区）。

2014年，会同人社部门研究制定《城乡养老保险制度衔接暂行办法》《进一步完善城乡居民基本养老保险制度有关问题》《促进被征地农民养老保险实施》等政策办法，完善各项社会保险制度。

2016年，推进机关事业单位养老保险制度改革，启动保险费征缴及待遇发放。

2017年，启动机关事业单位养老保险制度改革实施准备期预算管理和基本养老保险基金清算工作。是年，制定《宁夏社会保障资金信息化管理系统建设方案》。8月，宁夏被财政部定为全国社会保障资金信息化建设6个试点省之一，自治区财政厅筹建自治区社会保障资金信息化系统。

2018年，建立企业职工养老保险中央调剂金制度，进一步提高养老保险基金抗风险能力，下半年，中央财政下达调剂金3.6亿元。

（二）医疗保险财务管理

2009年，根据中央和自治区统一部署，自治区财政厅与人社厅、国资委等部门研究制定《关于妥善解决全区关闭破产国有企业退休人员等医疗保险问题方案》，将国有破产关闭企业和困难企业退休人员纳入医疗保险之中，并给予财政支持。在做好国有破产关闭企业和困难企业退休人员医疗保险工作的同时，推进新型农村医疗保险试点工作。

2011年，开发统筹城乡医疗保险软件，于9月在石嘴山市上线试运行，实现医疗费用即时结算。

2014年，制定《进一步完善基本医疗保险制度的若干意见》，完善医疗保险制度。是年，城乡居民大病保险制度在全区全面推开。

2016年，印发《关于规范城乡居民医疗保险财政补助资金拨付办法的通知》，明确各级财政负担比例，资金拨付流程、结算办法及调剂管理制度，完善城乡居民基本医疗保险大病医疗、门诊统筹、总额预付等政策，全面推进医保支付方式改革。

2017年，出台《宁夏回族自治区跨省异地就医预付金管理办法（试行）》，及时开立预付金清算划拨账户。截至2017年11月30日，共收到5个统筹地区上解预付金2499万元。

（三）失业保险及下岗职工保障资金财务管理

1993年，待业保险基金与养老保险基金同步开始建立，在自治区所有国有企业中按照职工标准工资的1%缴纳待业保险基金，由各级劳动服务机构负责收缴，主要用于停产、半停产企业职工待业救济金的支付，以及职工辞退期间的救济金支付和企业停产期间的职工培训等。

1994年，全区有待业保险机构21个，其中县、市级20个，自治区级1个。待业保险基金管理费的提取仍按国家规定职工标准工资的1%计征。全区待业保险机构从基金中提取管理费收入38万元，比上年增长58.3%。管理费支出51万元，比上年增长70%。

1995年，自治区财政厅与社保局等单位研究制定《宁夏回族自治区职工失业保险基金管理规定》《宁夏回族自治区职工失业保险基金“转业训练费”和“生产自救费”使用管理暂行规定》，理顺下岗职工社会保障预算、决算的审批及报表编制等工作。

1999年，筹措资金为国有企业下岗职工发放基本生活费2370万元。

2000年，建立和完善社会保障体系，支持将国有企业下岗职工基本生活保障、失业保险和城镇居民最低生活保障“三条保障线”转化为失业保障和城镇居民最低生活保障“两条保障线”。是年，坚持下岗职工基本生活保障“三三制”（企业承担1/3、政府财政预算1/3、社会筹集1/3）原则，由财政负担的部分，每月初及时足额地将保障金直接拨付到企业再就业中心。对困难企业支付保障金确有困难的财政及时实施兜底。

2002年开始，下岗职工生活保障资金全部由原来的预算拨款，改为专户拨款，将预算安排的社保资金及时转入“社会保障基金财政专户”，自治区补助市县的社保资金，直接由自治区社保基金专户拨付到市县“社会保障基金财政专户”，封闭运行，封闭管理。

2003年1月1日至2015年12月31日，自治区对下岗失业人员实行小额担保贷款，自治区级不设贷款担保金。自治区财政对各市县担保基金进行补助，以市级财政进入担保基金专户的金额给予配比的原则，银川市1∶0.4，石嘴山市1∶0.5，吴忠市1∶0.5，固原市1∶1。担保基金补助采取分期预拨，年末结算补齐差额部分资金的办法。

2009年，核销海原县油面厂失业保险历史欠费1.37万元。阶段性使用失业保险基金1000万元，给符合条件的企业支付社会保险补贴、岗位和职业技能培训补贴。

二、创业就业资金财务管理

2006年，制定出台《宁夏回族自治区再就业补贴及奖励资金管理暂行办法》《宁夏回族自治区劳务输出人员培训财政补助资金管理办法（试行）》等，规范资金管理。就业补助资金按资金使用进度，及时通过“财政社会保障补助资金专户”和“财政社会保障基金专户”拨付，实行专户管理。对劳务产业技能培训和技能鉴定资金采取“阳光工程”的运作模式，采取代金券方式，保证培训、鉴定工作的开展和实际效果。每年组织1～2次就业资金使用管理情况的专项检查，进一步规范全区再就业资金的管理和使用。

2008年，按照《宁夏回族自治区支持创业小额担保贷款管理办法》，采取年初预拨方式，按规定及时弥补各市县财政贴息资金缺口。

2009年，经当地人民政府批准，全区19个市县建立小额担保贷款机构，支持创业小额担保贷款。是年，印发《宁夏回族自治区支持创业小额担保贷款考核奖励办法（暂行）》，拨付考核奖励资金49万元。在已有基础上补充灵武市、固原市、固原市原州区、隆德县、泾源县等5个市县（市、区）小额贷款担保基金1560万元。截至年底，全区小额贷款担保基金总额达1.5亿元，其中自治区财政支持9600多万元，市县配套6379万元，2009年金融机构放贷规模达2.68亿元。同时，筹措小额担保贷款贴息资金2003万元。

第四节　经济建设财务管理

一、基本建设财务管理

（一）管理机构

20世纪80年代，基本建设财务管理由建设银行宁夏分行代管。1991年，宁夏综合投资公司成立，负责管理经营性基本建设资金。1994年，为适应财政、金融、投资体制的重大变革，建设银行开始向商业银行转变，自治区财政厅决定收回原委托建设银行宁夏分行代行的财政职能，自1995年1月1日起正式实行。1996年5月，自治区财政厅基本建设处成立，专门负责基本建设财务管理及相关事宜。

1997年，自治区财政厅挂牌成立宁夏回族自治区基本建设工程预决算审查中心，业务由财政厅基建处指导，具有法人资格，为独立核算单位，主要负责财政性投资基建项目审查工作。

（二）拨款管理

1996年，自治区财政厅下发《关于自治区基建预算资金拨款办法暂行规定的通知》《关于自治区财政基本建设资金拨款管理办法的通知》，取消限额拨款办法，建立计委下达投资计划，财政部门下达投资预算，建设单位按预算领拨资金的拨款程序，参与建设工程项目概算的审查、竣工验收和决算审查工作，将补助市、县基建项目资金的拨款工作由委托建设银行办理改为由市、县财政部门负责办理。

1997年，坚持基本建设资金拨款程序，明确规定建设单位（项目）在申请拨款时，须向财政部门提供施工图预算、开工批准书、招标合同等有效文件，并按期向财政部门报送项目进度和资金使用情况报表，否则财政部门不予拨款；对"拼盘"项目，规定自筹资金必须与财政投资同比例、同进度到位，对于自筹资金来源不落实和不到位的项目，财政部门不予下达投资预算。

2000年，制定资金拨付使用情况月报制度，按照计划进度和确定的建设项目，拨付项目单位的资金。自治区本级全年完成基本建设支出12.77亿元（含划市县5.17亿元），完成年度调整预算的94%，支出进度比往年明显加快。

2002年，自治区财政厅印发《自治区本级基本建设资金拨款办法》，明确基本建设资金实行"按计划、按程序、按预算、按进度、同比例"的拨款原则，要求凡使用预算内基本建设项目的单位要开设基本建设预算资金专户，使用国债专项资金的项目要开设国债专项资金专户，实行专款专用，单独建账，单独核算。

2003年，自治区财政厅印发《基本建设贷款中央财政财务贴息资金管理办法》，明确已享受财政部门其他贴息的基建项目，不再享受基建财政贴息。少于3年的按项目建设期时进行贴息，多于3年的，均按不超过5年进行贴息，贴补率原则上不得超过当期的银行贷款利率。

2009年，印发《自治区本级单位财政基本建设资金国库集中支付管理暂行办法》，实行财政直接支付和财政授权支付两种方式，特殊情况的可实行实拨资金方式。建筑安装工程、设备采购、工程监理费设计费等支出按规定程序直接支付到合同施工单位及设备供应商等收款人。移民征地拆迁等资金原则上支付到移民等收款人。年度财政投资数额不足20万元人民币的工程采购支出（含建设单位管理费）以及不适合直接支付的零星支出，由各预算单位通过国库支付系统网上申请，报经自治区财政厅审核批复后实行授权支付。

（三）资金使用评估与审查

1996年，根据财政部下发《关于加强基本建设财务管理若干意见的通知》，明确规定凡有财政性资金投入的基本建设项目，其工程预决算必须经财政部门审查后，才能办理工程款拨付和结算的依据。是年，全年审核汇总区级建设项目546个，审查建设资金13.5亿元，交付使用资产8.3亿元，汇总国有施工企业16户，国有房地产开发企业7户。开展预算内基本建设资金跟踪调查和投资效益普查工作，先后对银川河东机场、陕甘宁盐环定水利工程、"1236"工程、银川文翠路给排水工程等几个重点建设项目的资金运用情况和财务管理状况进行检查，对宁夏炼油厂、宁夏化肥厂、西北轴承厂、宁夏水泥厂等一些大中型建设项目或已投产项目进行投资效益调查。

1997年，审查基本建设项目单位619个，基本建设投资341915万元；汇总国有施工、房地产开发企业38户，资产总额196548万元。对一些建设项目和企业违反财会制度和财经纪律的不合理开支、乱挤乱摊成本费用、错计漏税金等行为进行纠正。

1998年，开展建设项目工程预决算审查工作，加强基本建设财务监督管理，对庆祝自治区成立40周年重点项目、政府性投资项目等进行预决算审查，审查项目44个，资金7595万元，净核减资金1214万元，审减率为16%。

1999年，审查基本建设单位（项目）775个，基本建设投资45亿元；汇总国有施工、房地产开发企业42户，资产总额26亿元，国债资金总体到位率为63%。

2000年4月，自治区基本建设工程预决算审查中心成立，继续推行和完善财政性基本建设投资预决算审核工作，审查项目28个，审核资金9974万元，共减资金1086万元，资金核减率10.8%，为国家节约资金1086万元。

2001年，审查财政性投资项目的招标标底编制工作，进一步推进和完善财政基本建设财务管理工作。审查基本建设项目50余个，资金14352万元，核增资金77万元，核减资金2333万元，资金核减率16%，为国家节约资金2256万元。

2002年，制定《宁夏回族自治区财政投资评审暂行实施办法》，明确凡财政性投资占项目总投资50%以上的拼盘项目，财政部门应对其整体工程进行投资评审；财政性投资总投资不足50%以上的拼盘项目，按实际投资比，确定评审工作重点及方式，评审按照投资隶属关系和出资比例实行委托评审。是年，审查工程项目38个，送审值12122万元，审定值10613万元，核减1509万元，核减率12%，其中财政性投资工程送审值9450万元，审定值7560万元，核减1890万元，核减率20%。

2003年，全年完成各类评审项目75个。其中，工程项目32个，送审值7836万元，核减905万元，核增4万元，审定值6935万元；财务决算7个，审核竣工决算52596万元。

2004年3月，自治区基本建设工程预决算审查中心更名为宁夏财政投资评审中心。全年完成各类评审项目102个。其中，编制概算8个，工程造价7883万元；编制标底预算48个，标底预算造价26976万元；完成竣工结算审核42个，送审值6618万元，审定值5596万元，核减金额1022万元，审减率15.4%；编制工程竣工财务决算4个，审定值33831万元。

2005年，永宁、贺兰、隆德3个县财政局分别成立基本建设评审机构。是年，全区完成政府工程评审项目38个，资金总额达4.8亿元，审减资金5039万元，审减率11%。

2006年，完成对自治区传染病医院、宁夏疾病控制中心、省级干部住宅楼二期工程、省级干部住宅楼三期工程、宁夏扶贫扬黄工程、买家河湾等8项变电工程、宁夏药检所实验楼的财务竣工决算评审。

2007年，评审各类项目83个，评审投资额5.54亿元，审定投资5.16亿元，审减不合理资金0.38亿元。评审专项核查2项，涉及资金7亿元。通过各类评审，发现建设项目概算编制不细致，预算超概算、结算超预算现象严重。

2009年，全年完成基本建设投资预决算评审项目48个，评审投资额22.98亿元，比上年评审的8.78亿元投资额增长近两倍；审减不合格资金407亿元，比上年审减额翻四番，均创历史最高纪录。完成财政部及自治区财政厅安排的各类专项核查11项，涉及资金49.16亿元。自治区党委办公楼新区结算工程报送值4.81亿元，初步审定值4.08亿元，审减资金0.73亿元；自治区人大常委会议事厅主体部分结算工程报送值2.84亿元，审减资金0.68亿元。这两项工程通过初步评审就节约财政资金1.41亿元。各市县财政投资评审机构完成评审项目18个，送审投资额8.68亿元，核减额1.3亿元。

2010年，编制财政投资基本建设项目概算、预算6个，送审资金7353万元，审减资金2770万元，完成自治区卫生监督所、自治区粮食局信息化建设工程等结算评审17个，送审资金4162万元，审减资金350万元。选取塞上农民新居、农村危窑危房改造、购买公益性岗位、村级互助资金、校舍安全工程5个项目进行绩效评价，评审资金20.4亿元，根据调研情况，对项目打分评价，形成评审报告。

2011年，全年评审项目348个，审核资金125.97亿元。完成自治区财政投资项目概算、预算编制27个，送审资金1.23亿元，审减资金 4984.74万元。

2012年，完成基本建设项目评审、重大专项资金评审等财政项目审核83个，审核资金77.58亿元。

2013年，建立自治区本级维修、改造、修缮项目绩效评价指标体系，进一步完善项目单位意见反馈单制度，对评审项目资料的接收、传递、评审、退还及归档等流转过程的控制，初审及复审人员的职责分工、权限分配及三级会审制度等都作了补充。

2014年，联合宁夏大学专家学者及社会中介机构开展绩效评价、餐厨废弃物资源化利用和无害化处理、病险水库除险加固、中小河流治理、国家“城市矿产”示范基地项目评估。全年完成概算项目12个项目，涉及资金6.12亿元。

2015年9月，宁夏财政投资评审中心更名为宁夏财政预算中心。是年，完成部门预算支出项目评审、基本建设项目评审、本级行政事业单位办公用房修缮等项目共19个，其中本级办公用房修缮项目6个，自治区党校体育馆地面维修项目、老年大学周转用房等概算评审项目3个，宁夏干部疗养院维修改造等结算项目9个，自治区政府附属用房等财务决算项目1个，涉及资金共10936.54万元，审定8564.28万元，审减2372.26万元。

2016年，宁夏财政预算中心将工作重点由原来的政府投资评审和政府投资工程预算与结算为主，转变为围绕财政预算管理开展预算绩效评价、财政预算评审、财政专项资金重点检查等工作。

2018年，对自治区38个重点项目和“三大战略”9个重点项目进行绩效评价。

二、农业财务管理

（一）支农资金管理

支农资金整合 1994年，自治区财政厅整合各类财政支农资金，集中用于农业基础建设、扶持“两高一优”农业发展、支持农村社会化服务体系建设、增加农业科技投入和加快乡镇企业发展。全年用于农业发展支出4.2亿元，同比增长23.5%。

1995年，坚持“打破基数，优化结构，集中资金，保证重点”的原则，对专项资金集中使用，打破部门界限，按项目择优扶持；事业费分配本着“保机构运转和事业发展”的基本原则，全面推行“零基预算”。

2001年，将原来的75类农业专项资金合并为14类。

2005年，探索农业财政资金投入新机制，在宁夏南部山区6个县区启动实施黄土丘陵地区小流域综合治理与扶贫开发相结合的试点项目。制定下发《宁夏回族自治区农业机械购置补贴专项资金使用管理办法》《宁夏农村劳动力转移培训财政补助资金管理办法》《宁夏回族自治区防汛物资储备及经费管理试行办法》《宁夏引黄灌区支斗渠水费管理办法》。制定《宁夏人工影响天气专项资金管理暂行办法》，将人工增雨火箭弹经费由自治区财政和市县各负担50%，调整为全部由自治区财政负担。

2007年，开展以县为单位整合资金试点项目，启动实施“中卫市整合支农资金支持设施蔬菜产业发展项目”“彭阳县整合支农资金支持新农村建设项目”试点；联合自治区扶贫办在固原市原州区、泾源县启动实施“县为单位、整合资金、整村推进、连片开发”整合扶贫资金试点项目。

2009年，推进特色优势产业发展，整合资金4.2亿元。对现代农业生产发展资金进行绩效考评，建立资金绩效评价制度和资金统计制度。

2012年，继续推进涉农资金整合机制，整合归并多个用途相近、性质相同、数额较小的专项资金。

2013年，将性质和用途相近的资金进行归并整合，着力减少专项资金数目，形成现代农业生产发展、小流域综合治理和县域特色产业发展资金等资金整合平台。将县域特色产业发展资金切块下达到市县，给予市县资金使用自主权。完善设施养殖业整村推进机制和财政奖补机制。开展小型农田水利建设资金、天然林资金、水资源费、县域特色产业资金和财政扶贫资金的监督检查和绩效评估。

农村各项改革资金管理 2006年，推进农村综合改革试点工作，自治区农村税费改革领导小组及办公室更名为自治区农村综合改革领导小组及办公室。在灵武市进行农村财政、财务、财产的“三财”科学管理试点工作。

2008年，印发《关于开展农村“三财”管理改革试点工作的指导意见》，在开展农村“三财”管理试点工作基础上提出扩大农村综合改革试点范围的意见，将自治区农村综合改革试点扩大到吴忠市。

2010年，宁夏列为全国3个农村综合改革示范区试点省份之一。制定《自治区农业产业化龙头企业扶持资金管理办法》，重点支持产业化龙头企业土地流转、原料农产品收购、产业基地建设、技术改造和产业升级、新产品研发、品牌宣传。印发《现代农业生产发展资金使用管理细则》《林业贷款财政贴息资金管理实施细则》《森林生态效益补偿基金管理实施细则》《小型农田水利设施建设补助专项资金管理实施细则》和《宁夏小型农田水利重点县建设管理实施细则》《农业产业化龙头企业扶持资金管理暂行办法》等6个资金管理办法和《县级财政支农资金整合工作考评实施细则》，对16个市县（区）现代农业生产发展资金项目，7个小型农田水利重点县建设项目，9个市县小流域综合治理项目进行绩效考评。

2014年，对农村综合改革示范试点奖励资金实行专账管理，统一科目核算，专款专用，严禁挤占挪用。

2015年，开展农村公共服务运行维护机制改革，按照每村不低于4万元的标准给予补助，县级财政按照一定比例进行配套，各级财政对村级公共服务运行维护资金投入不低于6万元。

2017年，进行村级集体经济发展改革试点，按照1∶1的比例安排自治区级配套资金，投入支持资金2亿元。将全区8个贫困县（区）的40个村列为试点村，探索财政补助资金形成的资产折股量化为村集体和农民持有的股份，建立股权扶贫机制。

2018年，投入财政资金2.4亿元用于扶持全区120个扶持村级集体经济发展试点工作，实现全区扶持村级集体经济发展试点县（区）全覆盖。建立以奖代补激励机制。是年，按照村均3550元标准，对宁夏山区 9个县（区）及沙坡头区、中宁县共1384个山区村清产核资工作经费给予补助，农村产权制度改革试点的石嘴山市、灵武市、隆德县每村补助6000元，已经享受自治区财政补助的山区村每村补助1500元，其余县（市、区）未享受自治区财政补助的村每村补助2840 元。

发展互助资金管理　2007年，在南部山区6县区及部分吊庄地区择优筛选25个村实施贫困村村级发展互助资金试点。

2009年，制定《宁夏回族自治区"贫困村村级发展互助资金"管理办法（试行）》，新增320个试点村。

2011年，以合作组织发展资金为试点，利用农业投资公司的融资平台，建立"财政补助资金＋企业（合作组织）保证资金＋农投担保资金"的农投担保平台，撬动银行信贷资金。财政贴息资金试点以县为单位，集中贴息到户。

2012年，通过农业投资公司，采取"先担保，后奖补"的方式，支持农业产业化龙头企业和农民专业合作组织发展。推进支农项目竞争立项机制，通过社会招标、专家评审，继续对农业科技项目实施竞争立项。

2014年，采取财政担保、风险补偿等方式建立"贷款担保基金"及"风险补偿基金"，推进自治区特色优势产业发展和应对市场风险。

2016年，搭建产业融资担保平台25家，整合产业担保基金3亿元支持市、县（市、区）融资担保平台，撬动银行贷款近10亿元，支持农户、企业和合作社发展。

2018年，在各县（市、区）建立贷款担保基金和风险补偿基金，综合运用贷款担保、贷款贴息、风险补偿等市场化扶持方式，撬动银行贷款39.2亿元，支持农户及各类新型经营主体发展。

退耕还林还草资金管理　2000年，确立彭阳、固原、西吉、泾源、隆德5个国家试点示范县开展退耕还林还草试点和绿色通道工程。2001年，就2000年退耕还林还草面积较大的彭阳县、固原县退耕还林还草现金补助发放情况进行调查。实行一户一卡制、制定全区统一的奖惩制度、对退耕户实行微机管理。2002年，制定《自治区退耕还林政策补助资金管理办法》及其实施细则。

2003年，实行退耕还林草工程现金银行直接支付，开发退耕还林草信息管理系统，建立信息档案。

2005年，对宁夏南部山区9个市县退耕还林粮食实物供应成本进行核实，严格执行退耕还林粮食供应补贴包干政策。

2009年，修订完善《自治区退耕还林政策补助资金管理办法》，对全区退耕还林任务较大的12个市县（市、区）进行核查验收，对已核查的市县按照退耕还林保存率的核查结果下达，没有进行核查的市县（市、区）暂按80%下达补助资金。凡林木保存率达不到合格标准的，坚决暂停兑现钱粮补助，由各市县立即组织退耕农户查漏补缺，搞好补植补种。

2010年，完善退耕还林政策，对退耕还林任务较大的12个市县（市、区）进行核查验收。

2011年，中央在宁夏、甘肃、新疆、内蒙古、西藏、青海、四川、云南8个主要草原牧区建立草原生态保护补偿机制，实施禁牧补助、草畜平衡奖励、牧民生产资料综合补贴和牧草良种补贴等政策。是年，自治区加强退耕还林工程管理，印发《宁夏退耕还林工程管理考核办法（试行）》的通知》[宁林（办）发〔2011〕37号]，对自治区退耕还林工程管理实行年度考核，将考核结果作为安排退耕还林年度任务、工作经费、评选退耕还林工作年度先进、兑现造林补助资金奖惩的主要依据。明确退耕还林补助粮的组织及供应、资金结算，确保资金退耕还林补助粮正常供应；退耕还林政策补助资金实行分账核算、专款专用，现金补贴通过政府直补农民"一卡通"信息系统直接兑付给退耕农户。同时，提高地方生态公益林生态效益补偿标准，由每亩3元提高到每亩4元。

2012年，首次采取"以奖代补"方式安排使用资金，以自治区林业局评定退耕还林工程档次实施财政奖补。

2013年，发放草原生态保护补助奖励，开展补助奖励资金绩效评价，加大资金政策落实力度。提高森林生态效益补偿标准，中央财政将集体和个人所有国家级公益林补偿标准从10元/亩提高到15元/亩，自治区也将地方所有公益林补偿标准由3元/亩提高到6.5元/亩。中卫市、灵武市、同心县和吴忠市红寺堡区被列入国家首批沙化土地封禁保护区补助试点范围。

2014年，对宁夏退耕还林工程政策粮食补助资金进行清理，及时兑付退耕还林补助资金，共拨付各类退耕还林补助资金42044万元。

2017年，提高退耕还林政策补贴标准，追加2017年度退耕还林政策补助资金4983万元。

2018年，将宁夏生态移民迁出去腾退耕地纳入新一轮退耕还林范围。

“一事一议”资金管理　2003年，加强对村内兴办生产公益事业“一事一议”筹资的收取、管理和使用，全面推行村务公开和民主管理，对面向农村的服务性、经营性收费实行公开、公示制度。

2005年，制定《关于用水协会资金管理办法》，安排资金1500多万元，支持农村用水协会的培育和农村小型农田水利“一事一议”公益建设试点项目。

2007年3月，自治区农村公共财政支付服务局成立。2008年，在13个市县（区）的68个村共安排村级公益事业“一事一议”财政奖补项目79个，其中小型水利项目68个，村庄绿化项目11个。自治区被列为全国农村公益事业建设“一事一议”财政奖补制度试点省区。

2009年，制定《宁夏回族自治区村级公益事业建设一事一议财政奖补试点实施方案》，分片召开村级公益事业“一事一议”财政奖补工作会议，按照村民自愿、直接受益、量力而行、民主决策、上限控制的原则，及时组织村民则按程序开展村级公益事业“一事一议”项目建设，并逐级进行项目申报。是年，分两批确定558个村开展581个建设项目。

2010年，建立“一事一议”财政奖补资金执行情况月度分析报告制度，按月通报“一事一议”财政奖补资金支出情况，分析影响支出进度的原因，扩大财政奖补试点。

2011年，将村内小型农田水利建设、生态移民新村巷道建设，以及将村内道路修建、小型农田水利建设、人畜饮水工程建设、文化设施建设作为重点工作，安排1188个村（包括国有农场）开展“一事一议”财政奖补工作，比上年662个村增加 526个村。到2011年7月底，宁夏所有村实施资金村级公益事业“一事一议”财政奖补项目，成为全国第一个以省为单位将此项惠农政策落实到所有村的省区。

2012年，对2011年项目实施情况进行检查验收，完善“一事一议”财政奖补项目库，扩大“一事一议”财政奖补范围和规模。安排 884个村（包括国有农场）开展“一事一议”财政奖补工作，分3批拨付财政奖补资金29938.83万元。

2013年5月，自治区农村公共财政支付服务局更名为自治区农林财政局。是年，制定宁夏财政奖补项目、资金管理办法，指导各地开展“一事一议”财政奖补工作，建立起村级公益事业建设稳定的财政资金奖补机制，推动农村公益事业发展。

2014年，对2013年批复实施的项目进行抽查，对成效明显的县区增加财政奖补资金金额，对做得不好的县区减少奖补资金金额，并要求限期整改。

2015年，加大对“一事一议”财政奖补投入，执行财政奖补资金与农民筹资筹劳同步到位奖补政策。村级组织农民筹资筹劳方案经乡镇政府初审后，报县级农民负担监督管理部门审核同意后，财政部门下达奖补资金计划，连同农民筹资筹劳作为“一事一议”财政奖补投资。

2016年，制定村级公益事业建设整体规划，将符合“一事一议”财政奖补范围的村级公益事业纳入建设任务，建立“一事一议”财政奖补建设项目库。按照每年覆盖面不低于村总数1/3

的目标，共拨付村级公益事业“一事一议”财政奖补资金6.3亿元。凡是没有纳入“一事一议”财政奖补项目库和年度计划的项目一律不得安排奖补资金。

2017年，自治区农村财政管理局创新“一事一议”财政奖补管理方式，统筹中央、省级、县级财政共7.9亿元。

2018年，抓好“一事一议”财政奖补项目库建设，突出财政奖补与农民筹资筹劳并进。

农业保险管理　2008年，进行农业保险试点，将设施农业、小麦、水稻、玉米、压砂西瓜、葡萄、苹果纳入农业保险试点范围。

2009年，制定《2009年政策性农业保险试点实施方案》，扩大特色种植业试点险种，将枸杞和长红枣等区域优势品种纳入保险试点范围。提高奶牛保险保费自治区财政的补贴标准，由20%提高到30%，降低农户缴纳保费比例，由40%降低到30%，减轻农户的缴费负担。是年，强化保费补贴资金的管理。

2010年8月，自治区政府印发《宁夏农业保险试点实施方案》，全面推行农业保险工作。

2011年，自治区财政厅联合农牧厅、林业局、保监局、人保财险公司下发《关于规范农业保险工作费用的通知》，从费用界定、费用提取、支付管理、使用管理、执行日期等5个方面明确承保公司支付农业保险相关经费的具体规定，解决农险承保、理赔操作中的劳务费用问题。

2012年，扩大自治区财政保费补贴种类和范围，新增加茴香、苜蓿保险险种，确定茴香的保险金额为400元/亩，保险费率6%；苜蓿保险金额为800元/亩，保险费率6%。自治区农垦局承担的农垦企业保险保费补贴改由自治区财政承担。

2014年，自治区财政厅会同自治区农牧厅、人保财险公司到农业保险规模大的市县进行重点督导。2015年，农业参保范围由养殖业向种植业、林果业拓宽；由粮食作物向特色优势产业拓宽，作物种类由小麦、玉米、水稻向葡萄、枸杞、温棚蔬菜瓜果拓宽，提高了抵御自然风险的综合能力。

2016年，引导特色优势产业参加农业保险，支持开展21个农业保险险种，基本覆盖优质粮食产业和主要优势特色农产品，主要包括小麦、水稻、玉米（制种玉米）、葵花、马铃薯；能繁母猪、成年奶牛、后备奶牛以及温棚、压砂西瓜、脱水蔬菜、枸杞、葡萄、苹果、长红枣、红枣、苜蓿、茴香、肉牛基础母牛、肉羊种羊、基础母羊等。建立农业保险竞争机制，引入中国平安保险股份有限公司宁夏分公司、中国大地财产保险股份有限公司宁夏分公司开展农业保险业务。

2017年，引进太平洋保险股份有限公司宁夏分公司开展农业保险业务。与农业发展银行宁夏分行等10余家银行签订业务合作协议，与人保财险公司宁夏分公司签订战略合作协议，建立保担（保险公司＋农担公司）合作模式，开发支农信贷担保产品——“塞上·兴农贷”，为新型农业经营主体提供信贷担保超过5000万元。

2018年，修订《宁夏农业保险实施方案》，根据农业保险大灾风险准备金管理的相关规定，督导检查保险经营机构的农业保险大灾风险准备金提取使用情况，鼓励各保险经营机构利用商业化手段开展大灾保险和进行再保险，进一步分散农业风险，对县（市、区）地方特色的险种进行商业性农业保险。

粮食风险基金管理 1994年,自治区建立粮食风险基金制度,并制定具体实施细则。

1995年,完善粮食风险基金管理,在农业发展银行开设专户管理,划入地方财政配套5800万元粮食风险基金到专户。

1996年,对粮食风险基金资金的使用情况进行审核评估。

1998年,制定自治区粮食风险基金专户管理办法及补贴拨补办法。

2000年,安排8807万元粮食风险基金。清理核实陈化粮处理情况,制定补贴标准,并拨补价差亏损。

2003年,动用2亿元粮食风险基金帮助国有粮食企业解决政策性财务挂账等问题。

2004年,从自治区粮食风险基金中安排2亿元资金,一次性解决1998年6月以来国有粮食购销企业形成的政策性亏损挂账(包括处理陈化粮差价亏损)问题,同时对市县粮食购销企业欠交自治区财政各种价差款3423万元进行清收,全部解缴国库。

2005年,改革粮食风险基金的投款渠道,粮食风险基金中支出政策性补贴直接拨付到粮食企业。

2006年,保证粮食风险基金规模不减少,确保政府宏观调控粮食市场需要。

2017年1月3日,自治区财政厅转发《财政部关于明确粮食风险基金管理审批责任追究制度》,明确"谁审批、谁负责",资金分配到省后,需要省内细化落实分配到具体项目或个人的,地方财政和有关部门按照部门职责分工对资金省内分配结果的准确性负责。

(二)农业综合开发资金管理

1998年,加强农业综合开发项目进展情况摸底调查,调整资金投入方向,扶持农产品加工龙头企业,延伸产业链。加大农业综合开发有偿资金清收力度,与各市、县财政和农口主管部门协调解决。

2002年,加大有偿资金回收力度,对不能按时还款的单位采取扣款和调减下一年度项目资金等办法,严重者停止拨付和安排项目资金。申请国家农发办减、缓、免历年部分有偿资金,2002—2003年连续两年向国家农发办申请核销农业综合开发呆账资金1390万元。

2003年,根据年度项目验收评分结果,对全区综合评比倒数第一名和第二名的项目市县,分别扣减下一年度农发项目投资40%和20%。对连续两年不偿还到期有偿资金的市县,停拨当年项目资金。完善农业财政资金管理办法和制度,财政担保资金规模达到2000万元,吸引农村信用社小额贷款5000万元,专项用于山区贫困农民发展草畜产业。

2005年,对全区18个项目单位、2001年度37个土地治理项目和10个产业化经营项目进行资金全面考核和检查验收,核销农业综合开发有偿资金呆账1183万元。

2006年,启动实施国家农业综合开发利用世界银行贷款项目,安排世界银行贷款100万美元,用3年时间完成93个农民用水户协会的建设任务,其中青铜峡市20个、银川市29个(含贺兰县)、自治区农垦局44个。完成日元贷款生态项目建设任务。是年,实施以同心县、青铜峡市为重点的“全球环境基金赔款”项目。

2008年，建立先建设后补助的农业综合开发投入机制，鼓励各县市在头一年秋季即开始项目的先期建设施工，完成大量土方工程，并在第二年农业综合开发土地治理项目计划中予以支持。

2009年，建立以考评结果为资金分配主要依据的资金分配模式，引入“3S”信息管理系统，开发建设以“3S”技术为核心的管理信息系统，逐步开展农业综合开发项目数据采集、录入工作，对年度农业建设项目通过“3S”系统基础数据调查管理，促进财政支农项目和资金管理的精细化。

2011年，海原县新增为国家农业综合开发县，宁夏农业综合开发覆盖到除泾源县以外所有市县和农垦、监狱系统，全区农业综合开发项目县的比例位居全国前列。在全国各省区市中率先制定印发《宁夏农业综合开发部门项目管理实施办法》，开展宁夏农业综合信息管理系统开发工作。

2013年，制定《宁夏农业综合开发绩效综合考评暂行办法》。委托中介机构对2011—2012年度批复的农业综合开发项目资金到位、使用、管理等情况进行审计检查。印发《宁夏农业综合开发科技推广项目管理暂行办法》，开展“3S”信息管理系统的维护及第九期农业综合开发项目数据采集、录入工作。

2014年，引入会计事务所等中介机构参与农业综合开发项目资金管理。制定《宁夏农业综合开发部门项目管理实施办法》，建立农业综合开发部门项目联席会议制度，形成部门项目联合申报评审、联合编报计划、联合批复下达、联合检查验收的“四个联合”管理模式。

2015年，建立产业发展融资担保基金，按照1∶5比例放大贷款用以支持奶产业、牛羊肉、种植等龙头企业、专业合作社、养殖大户发展。聘请银川西夏联合会计师事务所对21个市、县和自治区农垦局年度农业综合开发项目计划批复及资金到位、使用、管理情况进行检查，规范农业开发项目评审，分级建立项目库。

2017年，制定《宁夏农业综合开发资金和项目管理实施办法》。创新投融资方式，加大贷款贴息项目扶持力度，批复宁夏川区11个市县贷款贴息项目39个。

2018年，组织召开全区农业综合开发主任培训班，对《宁夏农业综合开发项目和资金管理实施办法（暂行）》等相关政策制度，以及项目资金管理、申报、评审、绩效评价等内容进行培训。举办全区农业综合开发项目统计会审和以色列政府贷款宁夏农田水利建设项目培训班，加强项目资金和贷款管理。

（三）农业农村补贴管理

种粮补贴 2002年，采取财政补助、市县及农民自筹等方式，通过政府采购方式购买农作物良种。

2004年，自治区党委、政府印发《关于实行粮食补贴方式改革的意见》（宁党发〔2004〕8号），制定《关于贯彻落实财政部关于实行对种粮农民直接补贴调整粮食风险基金使用范围的实施意见的通知》。是年4月，放开粮食收购价格和粮食购销市场，将按保护价敞开收购农民余粮的间接补贴调整为对生产环节粮食优良品种和科学种田进行补贴直接补给农民（农工），切断政府对粮食购销企业经营补贴，推进粮食购销企业改革实现市场化。

2005年，将粮食直补范围由上年的宁夏川区各市县、农垦所属农场扩大到扬黄灌区主要从事粮食种植生产的农民（农工）。同时，调整资金补贴依据，将按农业税计税面积为依据调整为按实际耕地面积进行补贴。调整产粮市县（区）资金补贴标准，产粮大县按每亩12元的标准补贴，其他市县（区）仍按每亩10元的标准补贴。是年，全区20个市县（市、区）（包括农垦）有16个实行粮食直补政策。

2009年，制定出台《宁夏2009年农作物良种补贴实施方案》，全年发放农作物良种补贴7164.5万元。

2014年，印发《关于进一步完善对种粮农民直接补贴政策的通知》，从补贴对象、补贴范围、资金审核和发放方式等方面进一步规范粮食直补政策。

农机购置补贴　2002年，采取财政补助、市县及农民自筹等方式，通过政府采购为农民购置农机设备。

2008年，优先扶持农村残疾贫困农户，对贫困残疾农户购置小型饲草料加工机械在已有补助标准基础上再增加100元补贴资金。

2010年，加大农机具购置补贴力度，补贴范围覆盖全区22个市县（区）和农垦系统职工，补贴机具种类扩大到32个，并提高对主推的先进适用机械补贴标准。

2016年，对农机购置补贴采取“先买先补”的原则。

2017年，优化调整农机补贴种类和范围，对新建农机作业服务公司、三星级农机作业服务公司购机，以及特色优势产业发展急需的关键环节机具采取累加补贴方式。

2018年，采取先购机后补贴与先申请补贴后购机并存的方式进行农机购置补贴。是年，中央和自治区累计预算安排农机购置补贴资金18060万元。

“一卡通”管理　2002年，以退耕还林现金补助为突破口，探索直接兑付农民现金补助“一卡通”办法。2003年，联合开发宁夏农民直补“一卡通”信息管理系统，当年在全区范围内推广使用。2005年，将粮食种植户以及化肥补助、良种、民政、社保等资金纳入“一卡通”范围。

2006年，研发出“一卡通”信息管理网络版，并在吴忠市利通区、中卫市两地试点的基础上向全区推开。农机具国家补贴资金按照购销协议，经验收后由自治区财政厅统一与供货方进行结算。是年，首次拨付淡储化肥利息补贴251.45万元。

2009年，完善政府直补农民“一卡通”系统。全面清理“一卡通”基础信息数据，对存在的一人多号、多人一号、人号不符等问题进行查处、统一。

三、企业财务管理

（一）工业企业财务管理

企业技术改造财务管理　1991年，贯彻中央和自治区党委、政府关于搞好大中型企业的各项政策措施，制定12条具体贯彻意见，对青铜峡水泥厂等10多户企业，按销售收入再增提0.5%～1%的技术开发费和企业加速折旧和增提大修理基金。

1992年，执行中央和自治区制定的关于搞活企业的若干政策措施，允许企业按销售收入按1%～1.5%的比例增提技术开发基金。

1997年，为帮助煤炭行业实现全行业扭亏为盈，采取提前拨补亏损补贴的办法，解决企业技改资金缺口。

2009年，为实现“十一五”规划期间单位国内生产总值能耗降低20%左右的约束性指标，加强重点耗能企业节能工作，促进企业开展节能技术改造，自治区采取“以奖代补”方式对十大重点节能工程给予适当支持和奖励。印发《宁夏回族自治区节能技术改造财政奖励资金管理暂行办法》，对《“十一五”十大重点节能工程实施意见》（发改环资〔2006〕1457号）中确定的燃煤工业锅炉（窑炉）改造、余热余压利用、节约和替代石油、电机系统节能和能量系统优化等项目进行扶持。节能量在10000吨标准煤以上（含10000吨），按照250元/吨标准奖励；节能量在5000吨～10000吨标准煤，按照200元/吨标准奖励。该规定执行期限暂定2010年12月31日。开展“以奖代补”专项资金绩效评价工作，对宁夏启元药业、神华宁煤集团公司等22家企业技术中心“以奖代补”专项资金使用效果及可持续状况进行评价。

2018年5月，印发《宁夏回族自治区技术改造综合奖补资金管理办法（暂行）》，明确专项资金采用因素分配法，参考因素有：经济指标所占比重为40%，其中，第一年为50%，主要包括地区工业增加值及增幅、工业技术改造投资绝对值及增幅、R&D 投入强度、规模以上企业数量等，且经济指标以自治区统计年鉴和投资年鉴为准；工作指标所占比重为20%，其中第一年为30%，主要包括各地对企业技改工作的重视程度、支持企业技改的政策措施及资金保障、技术创新工作成效等；财政指标所占比重为10%，其中第一年为20%，主要包括财政自给率、财政困难系数等；考核指标所占比重为30%，从第二年开始，主要包括专项资金使用情况、取得成效、资金执行进度等。

企业扭亏增盈财务管理　1993年，把扭亏增盈计划下放到企业各主管部门和市县，并对各行业企业也提出扭亏增盈的具体要求。即工业盈利企业的销售收入利润率比提高0.5个百分点，企业亏损面减少5个百分点，经营性亏损企业亏损减少20%，政策性亏损也严格控制，尽可能减少，不得突破。对亏损大户继续实行鞭策鼓励措施。即在分配措施上对亏损企业实行工资总额包干，凡当年完成扭亏任务的，除提取相应的包干工资外，每多减亏1万元，可允许每计提0.1万元～0.3万元的包干工资；多增亏1万元，包干工资总额下浮0.1万元～0.3万元。深化“三项制度”改革，继续抓好企业工效挂钩以及岗位技能工资制的试点工作，建立健全和强化“一主几辅”的指标考核体系，使企业以后工资的提取逐步走向“上不封顶、下不保底”。扩大岗位技能工资制试点，在银川橡胶厂、西北轴承厂、长城机床厂、银川起重机厂、石嘴山钢铁厂、宁夏中药厂等15家企业试运转。

1994年，对各行业和企业提出扭亏增盈的具体要求，即工业盈利企业销售利润率增加0.5

个百分点，企业亏损面减少10个百分点，亏损额减少10个百分点。制定《企业目标经营责任制考核奖惩办法》，将企业扭亏增盈工作目标同资产经营目标及风险抵押措施结合起来。制定地方国有企业利润分配暂行规定，国有企业在统一实行33%所得税的前提下，考虑到小型企业和赢利企业利润上缴水平较低的现状，暂设18%、27%两档照顾税率。在1995年年底以前，暂对地方国有企业免缴税后上缴利润。

从1994年1月1日起，依法按规定的所得税税率缴纳所得税。取消税前还贷政策，但对还贷确有困难的企业，经同级财政部门审核批准后，可采取列收列支或财政退库方式解决等。对一些长期亏损大户，在工资分配上实行包干制，规定凡当年完成扭亏减亏任务的，除提取相应的包干工资外，每多减亏1万元，允许增0.1万元～0.3万元的包干工资，少减亏1万元，则下浮0.1万元～0.3万元。对长期亏损、扭亏无望的企业，则通过破产、租赁、兼并等形式促进企业转换经营机制，扭转亏损局面。

1995年，依照企业目标经营责任书中的考核奖惩办法进行严格考核，对扭亏增盈成效显著的宁夏石化总公司、煤炭厅、石嘴山市经委和宁夏炼油厂、石嘴山钢厂等11户企业表彰奖励；对发生巨额亏损的大河机床厂等26户企业通报批评和经济处罚。利用亏损补贴资金对部分减亏、扭亏有望的企业进行补贴，在工资分配上对亏损大户采取相应的鞭策措施，即将扭亏减亏任务与企业工资分配挂钩，凡全年实现扭亏任务的，除提取相应包干工资外，每多减亏1万元，允许增提0.3万元包干工资；多增亏1万元，包干工资下浮0.3万元。

1997年，对煤炭行业采取提前拨补亏损补贴的办法，解决企业技改资金缺口。对亏损大户在工资分配上实行包干工资。对国有企业采取拨补资本金、借给周转金、返还所得税等方式，加大财政支持企业改革的投入力度。根据“优化资本结构试点城市”优惠政策，将企业扭亏增盈与优化资本结构、实施破产、兼并有机结合起来，召开小型企业产权制度改革座谈会，拟定加快发展第三产业的财税政策、支持小型企业产权制度改革若干政策。对实现税利在300万元以上、亏损在200万元以上的盈亏大户进行通报。对各行业和企业提出扭亏增盈的具体要求：工业盈利企业的销售收入利润率比提高0.5个百分点，工业企业亏损面减少5个百分点，经营性亏损企业的亏损额减少，管理费用比下降5%。对重点扶持的12户区属企业跟踪问效，对宁夏炼油厂等8户年上缴税利超过200万元，利税增幅增长15%以上的区属企业，按不同的递增比例给予奖励。是年，对亏损大户继续实行鞭策，在工资分配上实行包干工资。

1998年，对亏损企业实行“包干工资”办法，凡完成当年下达扭亏、减亏任务的，除提取相应“包干基数”工资外，允许按规定增提效益工资。每多减亏1万元，允许再增提0.3万元的效益工资，多增亏1万元，包干工资下浮0.3万元。

1999年，对1998年企业扭亏增盈任务进行考核，对实现税利300万元以上的企业进行奖励，对亏损200万元以上的企业通报批评。

2014年，实行企业供暖亏损补贴，对宁夏西部热电有限公司、国电石嘴山热电厂核拨2240万元。

企业担保金管理　1999年，启动三市一地中小企业担保基金，对民营科技企业的技术引进和开发项目进行支持；筛选出宁盈防火材料公司、多维药业、吴忠三惠化工厂等民营科技企业提供贷款担保630万元、借款610万元、贴息贷款额度2280万元。

2009年，出台《宁夏中小企业信用担保机构专项补助资金管理暂行办法》和《宁夏中小企业信用担保机构担保业务管理暂行办法》，向财政部争取到中小外贸企业融资担保专项资金4600万元，对宁夏担保机构以资助、奖励、补充资本金等形式给予支持。在银川市、石嘴山市、中卫市及灵武市开展担保机构风险抵押金试点工作，先后安排羊绒及其他产业贷款担保机构风险抵押金5000万元，引入互助式担保理念，搭建良性循环的资金融通平台。

2016年，为逐步改变给企业直接补贴的财政补助方式，自治区财政厅联合经信委创新财政支持工业企业方式，变直补为撬动，设立2亿元专项担保基金，由自治区2家国有担保机构宁夏担保集团、西部（银川）担保有限公司放大10倍为自治区工业企业提供专项融资担保。同时，对提供融资担保的工业企业不收取担保费用，担保费用由担保基金全额承担。

企业工资福利管理　1992年，完善国营企业工效挂钩办法，实行增人不增资、减人不减资，企业工资总额随经济效益上下浮动。是年，对完成当年扭亏任务的亏损企业允许发放一个月标准工资的奖金；多完成10%～20%的可发1～2个月的标准工资的奖金；超额20%以上的可发2～3个月标准工资的奖金。对企业留利无奖金来源的，经同级财政部门批准，其奖金可一次性列入成本（奖金进成本后的亏损不得大于下达的亏损指标）。对完成自治区和主管部门下达增盈任务的企业，在国家规定奖金税起征点的基础上，允许有支付能力的企业增发半个月标准工资的奖金，从提取的奖励基金或工效挂钩工资基金中开支，免征奖金税或工资调节税。对超额完成增盈任务10%～20%的企业，可按职工人均半个月的标准工资增提奖励基金，超额增盈任务30%以上的企业，可按职工人均一个月的标准工资增提奖励基金，企业提取的奖金额不得大于增盈额，下年度在所得税前列支。

1993年，在贯彻《企业财务通则》《企业会计准则》的前提下，下放财权，对职工福利基金赤字。从1993年1月1日起，对企业原在税后留利中列支的水电补贴和发放的书报费，全部进入成本费用。凡是以前实行总挂分提、分挂分提办法的企业，均一律改为总挂总提办法，其奖金进入成本，对具备条件但未实行挂钩的企业，均实行工效挂钩办法，对暂不具备条件的企业，可以采取工效总额包干的办法，不实行工效包干的企业，奖金不能进入成本。

是年，与银川橡胶厂、宁夏炼油厂签订《关于企业实现税利上台阶的协议书》，规定宁夏炼油厂1993年试生产实现税利达到1.5亿元，允许企业从完成后的第一个月起，职工每人可增加一级工资，试生产实现税利达到2亿元，允许企业职工每人再增加半级工资。同意银川橡胶厂1993年在实现税利1亿元的前提下，免征1993年的工资调节税和个人收入调节税，允许上半年一次性从成本中增提大修理基金200万元，用于职工危房改造。

1995年，对于以实现税利为主要效益指标的企业，辅以实现利润指标进行考核，凡当年完成财政、劳动部门核定的实现税利指标，但实现利润比下降的，相应扣减企业当年提取效益工资的1%～5%；企业工资提取实行“上不封顶，下不保底”，凡完不成当年核定的效益指标，根据企业效益指标下降幅度大小，确定工资总额在1%～20%的范围内下浮。对原未核入工资基数的水电费、煤炭补贴、书报费、粮食补贴从1996年起列入工资总额基数，企业不得另列工资性开支项目。是年，对未完成效益指标的27户企业进行工资下浮，共下浮企业工资、减少成本开支1186万元。

1997年，对亏损大户继续采取鞭策措施，即在工资分配上对亏损企业实行包干工资，凡当年完成扭亏减亏任务的，除提取相应的包干工资外，每多减亏1万元，允许再增提0.3万元的包干工资，多增亏1万元，包干工资下浮0.3万元。

（二）粮食企业财务管理

1991年，实行粮食企业“定额补贴、财务包干”办法。

1992年，根据国家粮油购销价格的调整，取消政府储备商品的费用补贴。深化生猪、肉食、蔬菜经营改革，制定全面放开价格有关财务处理的规定，全面放开粮食购销价格。

1994年，对自治区国有粮食企业1993年以前形成的粮食财务挂账进行清理，分清政策性挂账和经营性挂账的具体项目。制定自治区新的粮食财务管理办法。

1996年，修订自治区储备粮油费用、利息补贴等标准。改革补贴办法，变普遍性补贴为调控性补贴，及时拨付粮食、商业等政策性财政补贴资金。是年，制定《消化粮食、财务挂账有关问题的处理办法》，并于5月完成与各市县政府、财政签订消化粮食政策性财务挂账责任书工作，建立“粮食财务挂账”专户。此外，将1638.1万元的粮食企业政策性财务挂账，由自治区财政代市县财政垫付，一次全部拨给企业。

1997年，对粮库建设采取企业贷款、财政贴息办法，一定三年。以保护价是年，从农民手中收购玉米1亿公斤。对国有粮食企业收购的定购粮食和按保护价收购的议购粮，其超过正常周转库存部分发生的利息费用，用粮食风险金给予补贴，利息补贴费用暂定一年，即1997年4月1日至1998年3月31日。

1998年，对1997年国务院决定对国有粮食企业收购的定购粮和按保护价收购的议购粮，其超正常周转库存部分由财政给予利息、费用补贴，制作超储库存粮食利息费用补贴决算表。对自治区储备粮油利息、费用补贴标准进行测算、确定，进一步完善粮食财务管理。是年，制定自治区储备粮食的超储粮食财务管理及处理办法、消化粮食新增财务挂账办法、自治区储备粮油轮换办法。

1999年，对各市县粮食部门1998年度的粮食政策性补贴款项进行审核，核减虚报应补下放性补贴220万元。

2001年，核实中央将新建粮库装新粮划转为中央储备粮，将地方代管的中央储备粮划转为企业商品粮数量、库存价格，并根据中央有关精神制定新成品差价补贴办法。

2002年，调整自治区储备粮利息费用补贴计算办法，将利息补贴按自治区储备粮食银行贷款额减除企业国家流动资金额计算的方法，调整为按自治区储备粮食银行贷款额计补利息补贴。

2003年，制定《国有粮食购销企业改革专项资金使用管理办法》，对国有粮食购销企业前几年借贷未还的6900万元粮库建设贷款，继续进行财政贴息。

2004年，印发《宁夏回族自治区国有粮食购销企业粮食财务挂账处理意见》，并于10月25日起，组织7个核查组，对全区19个市县210多家国有粮食购销企业1998年6月1日至2004年3月31日期间发生的亏损进行清理审计，确认自治区国有粮食购销企业发生3.1亿元亏损，认定政策性粮食财务挂账总额为2.34亿元，自治区财政筹集资金给予一次性消化处理解决，彻底解决“老账”问题。制定《宁夏回族自治区国家粮食储备库财政、财务管理办法》，明确货币资产管理，存货管理，固定资产、递延资产和无形资产管理，信贷资金管理，国有资产管理，费用管理及财政补贴管理、盈亏管理等，规范自治区直属粮食储备企业财务管理行为。

2005年起，自治区储备粮油的利息、费用补贴，由自治区财政厅直接拨付直属库或代储库，费用补贴标准按粮食每年每千克补贴0.02元，食油每年每千克补贴0.06元标准实行包干，利息补贴按当期粮油收购贷款1年期利率计算；实行按季拨付、年终清算制度。自治区储备粮食轮换费用、价差，按每年实际轮换量（不分品种），每千克0.025元的标准核定，由自治区财政包干给自治区粮食储备管理局。企业轮换时，自治区财政根据自治区粮食储备管理局确定的轮换方式、计划、进度和核定的费用标准预算给轮换企业，轮换结束后进行清算。

2006年，将各县（市、区）国有粮食购销企业1992年4月1日至1998年5月31日的政策性粮食财务挂账从企业剥离挂到市县粮食局统一管理。

2010年，实施“百家成长千家培育”中小企业发展工程，采取逆向贴息方式，对金融机构向进入自治区“百家成长千家培育”信息库的中小企业按银行基准利率发放的贷款，给予银行一定比例的利息补助。

2012年，制定《宁夏回族自治区农副产品平价商店补贴资金管理办法》，通过价格调节基金，对建立的平价商店给予一次性建店补贴、定期租金补贴、不定期限价补贴等资金扶持。对2012年已建成的97家平价商店给予一次性建店补贴和租金补贴。

（三）外经贸企业财务管理

1991年，印发《关于改革和完善外贸财务管理的若干意见》，规范对外承包企业决算编报。

自1993年1月1日起，对自治区区属外贸企业实行利改税，核定企业盈亏指标。

1995年，制定下发《宁夏外贸企业财会基础管理工作实施细则（试行）》及考核评比办法，按月编报主要经济指标执行情况月报表。

1996年，针对国有外贸流通企业基础差、包袱重、地方初级产品多，出口产品竞争力弱的特点，以及重创汇轻效益的老观念，决定：减免企业所得税；对传统出口产品柳编制品给予出口经营亏损补贴；对外贸企业招商引资，出国（境）展览宣传等促销活动所需经费给予补贴；调整外贸企业出口收汇新增效益工资挂钩比例，由利润与收汇4∶6的比例，调整为重效益的利润占55%，收汇占45%的比例。截至年底，外贸企业亏损挂账累计1.9亿元。

1997年，免征外贸企业当年度所得税，所免税先用于弥补本企业亏损挂账，剩余的补充国家资本金。将工资总额与出口收汇、盈亏双挂钩的办法改为只与盈亏挂钩办法；将按增减比例挂钩改为按减亏增盈额挂钩，即企业每增盈减亏1万元，可提取一定数额的新增效益工资，反之同口径扣减。为防止由于偶然因素造成企业新增效益工资畸高畸低的现象发生，继续实行上封顶下保底的办法。准予将夏城进出口公司的308万元未分配利润、106万元盈余公积和89万元资本公积共503万元转为实收资本——国家资本金。对60%的外商投资企业进行年度财务决算检查，监督外商投资企业正确运用财务制，银川中策橡胶有限公司等10户规模较大、效益较好的外商投资企业实行重点管理，建立月报表制度。

1998年7月1日起，对出口企业实行出口商品贴息补贴。

2000年，做好出口商品退税、贴息及清算工作，促进工贸企业扩大出口。依据《宁夏回族自治区出口商品贴息实施细则》，对属于贴息范围的各工贸企业出口商品应补利息进行审核和拨补，对1999年度出口商品利息补贴进行清算。

2002年，审核区内各外贸出口企业2001—2002年度一般现汇贸易商品出口额、西部地区自产产品出口额、纺织品等七大类商品出口额，并及时下拨贴息资金。

2003年，为鼓励企业多创汇、多出口，解决企业资金周转问题，会同自治区外经贸厅拨付创汇增量奖励资金、首次出口企业出口创汇奖励资金、出口新市场开拓奖励资金、境外工程承包及劳务输出市场开拓费等资金1069万元，支持创汇企业生产发展。

2005年，鼓励和支持骨干外贸企业做大做强。年初下达出口奖励资金1200万元，对宁夏惠冶镁业有限公司、宁夏灵武中银绒业公司等78户自治区重点出口创汇企业和开拓新兴市场的企业进行奖励。下达外贸发展资金2400万元，对启元药业、东方有色、佳通轮胎、华源冶金等一批出口创汇能力强、市场占有率高、成长性的企业实施的改扩建项目给予补助。并对长城须崎铸造公司、圣雪绒集团公司、多维药业公司等一大批企业开拓国际市场给予资金补助。

2006年，支持机电产品、高新技术产品、重点支柱出口商品扩大出口，先后安排外经贸发展促进资金3400多万元，对宁夏圣雪绒国际集团有限公司、宁夏启元药业有限公司、灵武中银绒业股份有限公司、宁夏华源冶金实业公司、宁夏天马冶化实业有限公司等24户重点出口企业实施的扩大出口项目给予支持。安排中小企业国际市场开拓资金1000万元，对企业实施的质量认证、宣传推荐、国外商标注册、企业网站建设等给予支持。

2009年，制定《保持外贸稳定增长专项资金暂行管理办法》。全年共安排拨付区域外贸协调发展资金、稳定外贸专项资金7000多万元。调整企业出口政策，每两个月兑现一次外贸出口奖励政策，鼓励企业增加出口。

2012年，拨付外经贸区域协调发展促进资金4562万元，对自治区内重点出口企业技术改造、引进先进产品生产线等进行补助，优化外贸经济结构调整。下达外贸公共服务平台建设资金2177.4万元，对重点外贸企业公共检验检测平台、电子商务公共交易平台、公共服务平台和公共展示平台等给予支持。拨付中小企业国际市场开拓资金2812万元，支持200多家中小企业开拓国际市场。

2013年，拨付外经贸发展促进资金9973万元，对重点出口企业技术改造、引进先进产品生产线等进行补助；下达对外合作专项资金362万元，用于鼓励企业实施“走出去”战略，充分利用国际技术和资源；拨付中小企业国际市场开拓资金2482万元，共支持上百家中小企业开展境外品牌推介、资源开发、质量认证、宣传推荐、国外商标注册、企业网站建设等活动，鼓励中小企业开拓国际市场；下达外贸公共服务平台建设资金2275万元，着力打造企业公共检验检测平台、电子商务公共交易平台、公共服务平台和公共展示平台等。

2014年，制定《宁夏回族自治区外经贸发展专项资金实施细则》，安排资金2.16亿元支持自治区企业通过独资、合资、合作的方式在境外设立商品展销中心、专业市场、特许加盟店等机构或销售网点，力促外贸发展方式转变，鼓励自治区企业实施“走出去”战略，积极开拓国际市场。

（四）外商投资企业财务管理

1992年，制定《宁夏回族自治区外商投资企业财务管理实施细则》《对外承包企业财务管理办法》，明确外商投资企业的财务工作按企业隶属关系，由同级财政部门负责管理，企业的会计核算，必须采用借贷复式记账法，按月、季、年划分记账时间，企业的会计年度按照日历年度确定，即每年1月1日起至12月31日。企业的一切自制凭证、账簿、报表，都必须用中文书写，如合同另有规定，也可同时用投资双方商定的一种文字书写。企业可以以人民币作为记账本位币，也可以以某种外币（国家外汇管理局公布牌价的外币，下同）作为记账本位币。

1996年，印发《关于对全区外商投资企业年度会计决算进行检查的通知》，对全区外商投资企业年度报表进行检查。在全区范围内进行外商投资企业财政登记工作，截至年底，全区外商投资企业办理财政登记、纳入财务管理的企业有198户，汇编财务决算的147户。是年，印发《境外企业管理暂行规定》。

2002年，抽取11户外资企业对2001年度会计决算进行检查，发现存在外方出资不到位及抽逃或变相抽逃注册资金行为，在出资期限、出资方式、注册资本变更等方面存在不符合规定的情况；一些企业以白条入账、“在建工程”未按规定使用时间结转“固定资产”“应收账款”账龄超长等现象。

（五）中小企业专项扶持资金管理

2007年，设立中小企业和非公有制经济专项扶持资金，全年下达中小企业和非公有制经济专项扶持资金1000万元，对宁夏汇川服装有限公司、银川西部大森数控技术股份有限公司、宁夏世纪伟业中小企业服务中心有限公司等15户企业给予重点支持。

2012年，研究制定《中小企业“百家成长千家培育”发展工程专项资金暂行管理办法》和13条支持小微企业发展财政政策措施。安排中小企业发展专项资金4728万元，对66家中小企业项目给予支持。研究提出通过调度财政间歇资金借给5个地级市无偿使用的方式支持中小微企业发展，自治区财政安排13亿元财政间歇资金，借给5个地级市通过融资平台撬动银行贷款，拓展中小微企业融资空间。拨付创业园区建设资金3000万元，对创业园区基础设施建设和公用服务性设施建设给予扶持，优化小微企业创业环境。

2013年，安排国家中小企业发展专项资金4028万元和地方特色产业中小企业发展资金6319万元，对60家中小企业给予支持，促进中小企业结构调整，改善中小企业服务环境。推进中小企业“百家成长千家培育”发展工程，拨付专项资金5396万元，对银行向中小微企业发放不超过同期基准利率贷款给予逆向贴息，相应撬动10家银行向222家中小企业及小额贷款公司发放不超过同期基准利率贷款27.92亿元。优化中小微企业公共发展环境，下达中小及非公有制企业公共服务体系建设资金2000万元，对29家中小企业服务平台给予支持，提升公共服务平台公共培训、信息服务、公共技术研发、产品质量检测等水平。

2014年，设立科技型中小微企业贷款风险补偿基金。自治区财政厅同宁夏银行合作，安排科技型中小微企业贷款风险补偿专项1000万元，用于对合作金融机构在支持科技型中小微企业的科技成果转化和产业化过程中所发生的贷款损失补偿；安排5000万元设立中小企业直接融资发展基金，按照1∶8倍的放大比例支持中小企业集合发债直接融资。

2015年，出台《关于进一步促进融资性担保行业发展的若干意见》（宁政办发〔2015〕60号），鼓励担保机构向中小企业特别是小企业提供融资担保服务。全年共拨付保费补贴资金8424万元，对担保机构给中小企业尤其是小微企业提供担保进行补贴。划拨600万元专项资金，探索小微企业贷款保证保险业务，合作银行提供不低于风险补偿金20倍的保证保险贷款额度，保险公司对小微企业贷款进行保证保险。小微企业以贷款银行为被保险人，向保险公司投保制定险种后，不需提供抵押物或担保，贷款银行即可向其发放单笔300万元以内的贷款。

2016年，制定《宁夏小微企业融资担保代偿补偿资金管理实施细则》，设立小微企业融资担保风险补偿资金，加快建立政府、银行、担保机构共同合作的代偿风险分担机制，鼓励担保机构向中小企业特别是小微企业提供融资担保服务，促进融资性担保行业健康发展。制定《小微企业贷款风险补偿资金实施细则》，设立小微企业贷款风险补偿资金，出资3000万元设立小微企业贷款风险补偿金，专项用于银行对小微企业贷款发生本金损失的补偿资金。设立1亿元中小微企业转贷基金，同时合作银行承诺2亿元授信额度作为补充，为中小微企业提供日费率不高于0.4‰的过桥贷资金支持，缓解企业偿债压力和金融机构信贷风险。设立8000万元担保体系建设专项，通过向政府性担保机构注入资本金和向担保机构为中小企业提供担保业务按2%比例给予补贴的方式，鼓励担保机构向中小企业特别是小微企业提供融资担保服务，促进融资性担保行业发展。扩大融资担保风险补偿金规模，加快推进政府、银行、担保合作模式，建立多层次损失风险分担机制。安排专项资金1亿元，支持中小企业创新发展。启动创业创新企业示范，为双创示范、专精特新、创业孵化示范基地、中小企业服务平台、非公有制经济领军人才培训等推进中小企业发展的项目给予支持。

2018年，加快推进政府、银行、担保合作模式，建立完善的多层次损失风险分担机制。安排2.1亿元担保体系建设专项，对担保机构为中小企业和民营企业提供融资担保业务按2%比例给予补贴。争取中央支持中小企业发展专项资金937万元，用于对符合条件的融资担保机构进行业务补贴支持。

第五节　会计管理

一、会计制度

（一）企业会计制度

1992年11月，为与社会主义市场经济体制改革目标相适应，财政部发布《企业会计准则——基本准则》《企业财务通则》（简称“两则”），作为企业会计制度的基本准则。

1993年，财政部结合原有40多个企业会计制度和行业生产经营活动的不同特点及管理要求，分别制定13个全国性、分行业的会计制度及10个行业的财务制度（简称“两制”），从而形成一个比较完整的企业会计核算制度体系，自1993年7月1日起在全国各类企业实施。是年，宁夏初步确立资产、负债、所有者权益、收入、费用和利润六大会计要素，实现会计核算模式的转换。

1999年10月31日新修订的《中华人民共和国会计法》规定，国家实行统一的会计制度。

2000年6月21日，国务院发布《企业财务会计报告条例》，规范企业财务报告的构成、编制、对外提供及法律责任。为贯彻执行新修订的《中华人民共和国会计法》和《企业财务会计报告条例》，2000年12月29日，财政部发布《企业会计制度》，于2001年1月1日起先在股份有限公司执行，后逐步扩大到除金融企业以外的其他大中型企业，打破行业、所有制、组织形式等局限，建立统一的企业会计核算体系。

2001年11月27日，财政部发布《金融企业会计制度》，于2002年1月1日起先在上市的金融企业执行。

2005年1月1日起，财政部相继颁发实施3项新会计制度，即《小企业会计制度》《民间非营利组织会计制度》《村集体经济组织会计制度》。

2006年2月15日，财政部颁布新的《企业会计准则——基本准则》和《企业会计准则第1号——存货》等38项具体准则，同年10月30日印发《企业会计准则——应用指南》。

2008年，扩大新企业会计准则实施范围，扩大至中央管理企业、金融企业和地方国有大中型企业。自治区财政厅抽调专家成立企业会计准则实施小组，确定宁夏恒力钢丝绳股份有限公司、中色（宁夏）东方集团公司为新企业会计准则实施跟踪定点单位。至年底，新准则已在自治区11家上市公司实现平稳过渡，在宁夏电力投资集团等5家自治区属国有企业进行试点，取得较好效果，在规范会计基础工作，提高会计信息质量等方面取得成效。

2009年，继续扩大新企业会计准则实施范围，要求地方国有企业尚未执行的从2009年1月1日起全面执行《企业会计准则》。市县属国有企业和自治区各厅、局管理的企业，具备条件的在2009年1月1日执行新企业会计准则，最迟于2010年1月1日起全面执行新会计准则。

2010年，陆续印发《企业会计准则解释公告》第1~4号，形成由基本准则、具体准则、应用指南和解释公告组成的新企业会计准则体系。

2012年，自治区财政厅转发《财政部关于印发小企业执行〈小企业会计准则〉有关问题衔接规定的通知》（财会〔2012〕20号），指导各市县财政局督促小企业做好清产核资、会计核算新旧衔接和会计信息系统改造等工作，确保2013年新旧会计准则顺利衔接和平稳过渡。至2013年年底，宁夏国资委监管的地方国有企业36家中有27家执行企业会计准则，上市公司全部实行企业会计准则。银川市国资委监管的40家企业也全部执行企业会计准则。其他非上市大中型企业也基本执行企业会计准则。

2014年，转发财政部新修订并印发的长期股权投资、职工薪酬、公允价值计量等7项新企业会计准则，并举办新企业会计准则培训班。

2015年，转发财政部《2015版企业会计准则通用分类标准》《企业产品成本核算制度——石油石化行业》等制度文件，要求相关单位贯彻执行。

（二）行政、事业单位会计制度

1998年前，行政单位和事业单位统一执行1988年修订、1989年1月1日施行的《事业行政单位预算会计制度》。各类事业行政单位，按照各级单位预算同各级财政总预算的缴拨款关系，分为全额预算单位、差额预算单位和自收自支单位3种会计核算形式。

1998年1月1日起，财政部规定行政单位、事业单位会计制度分设，行政单位和事业单位分别执行《行政单位会计制度》《事业单位会计制度》。

2012年，财政部修订《事业单位会计准则》和《事业单位会计制度》，自2013年1月1日起实施。

2013年，自治区财政厅印发《关于贯彻实施〈事业单位会计准则〉和〈事业单位会计制度〉的通知》，对自治区各部门和市县财政局贯彻落实准则、制度提出明确要求，并举办培训班，围绕《会计准则》《会计制度》的修订背景、具体条款及相关账务处理等内容开展业务培训。

2013年年底，财政部集中修订《科学事业单位会计制度》《高等学校会计制度》《中小学校会计制度》和《彩票机构会计制度》4个行业事业单位会计制度，自2014年1月1日起施行。

2017年10月24日，财政部印发《政府会计准则制度》，自2019年1月1日起全国各级各类行政事业单位全面实施新的政府会计政府准则、政府会计制度以及应用指南，建立权责发生制政府综合财务报告制度，进一步规范政府的会计核算，保证会计信息质量，夯实国家治理体系基础。

二、会计考试

（一）会计从业资格考试

1996年，按照《会计证管理办法》（财会字〔1996〕18号）规定，实行不具备中专以上会计类专业学历，或者具备中专以上会计类专业学历但毕业时间超过两年的人员，要取得会计从业资格必须通过会计从业资格考试制度。考试教材全部采用根据财政部《会计从业资格考试大纲》由自治区财政厅编写的会计从业资格考试用书。

2005年，自治区财政厅结合财政部《会计从业资格考试大纲》和自治区实际，制定《宁夏回族自治区会计从业资格管理办法》。

2008年，会计从业资格考试改变全部采用纸上答题、手工阅卷、手工登分模式为网上报名、网上编排考场、全客观答题、机器阅卷、网上查分的模式。

2010年，开始实施会计从业资格无纸化考试。2013年，全区会计从业资格无纸化考试首次使用财政部统一的会计从业资格考试题库。

表5-1　2002—2016年宁夏回族自治区会计从业资格考试情况表

单位：人

年份	报名（人）	参考（名）	合格（名）	合格率（%）
2002年	1829	—	949	51.80
2003年	1752	—	707	50.20
2004年	1944	1590	468	29.40
2005年	4277	3798	2497	65.75
2006年	6303	5671	3596	63.41
2007年	7291	6569	3270	49.80
2008年	9435	8658	3501	40.44
2009年	20666	18474	4116	40.22
2010年	14730	12469	3665	32.94
2011年	14460	—	4640	32.10
2012年	—	—	5934	—
2013年	26032	—	6116	23.49
2014年	32797	28073	6987	24.89
2015年	30536	26134	6116	23.40
2016年	—	25336	—	—

（二）会计职称考试

会计员、助理会计师、会计师考试　1990年年初，财政部、人事部决定改革会计专业职务聘任制度，实行会计专业技术资格考试制度。1992年3月，财政部、人事部联合颁发《〈会计专业技术资格考试暂行规定〉及其实施办法》，决定从1992年8月1日起，除高级会计师仍实行评审制度外，对初、中级会计专业技术资格实行全国统一考试制度，不再进行相应会计专业职务的评审工作，并对考试种类、科目设置、报考要求等作出具体规定。根据规定，资格考试分为会计员、助理会计师和会计师。助理会计师、会计师资格考试分为甲、乙两种：甲种考试为相应专业技术资格应具备的专业水平和业务能力的考试，参加甲种考试必须具备规定的学历或取得相应乙种考试合格证书；乙种考试为财会基础理论和专业知识考试，凡不具备规定学历的会计人员必须取得规定档次的乙种考试合格证书后才能报考相应档次的甲种考试。此后，又将助理会计师、会计师资格分设A、B类。A类为具备规定学历人员的考试，B类为不具备规定学历人员的考试。A类为一次通过，B类可以一次或相邻的两年内通过。

表5-2 1992—1998年宁夏回族自治区会计专业资格考试情况表

单位:人

年份	报名	实考	合格人员		
			会计员	助理会计师	会计师
1992年	7549	5667	352	208	68
1993年	5434	3516	202	371	194
1994年	6252	4184	358	618	522
1996年	8512	4992	147	241	307
1997年	7401	4060	70	284	231
1998年	6805	3772	73	549	249

说明:1995年因科目调整停考一年;1996—1998年合格人员为A类报考人员

初、中级资格考试　1995年、1997年、2000年、2004年,财政部、人事部又多次联合发文对会计专业技术资格考试的有关政策进行调整。原来会计员、助理会计师、会计师3个级别的考试合并为初级资格(会计员、助理会计师)考试和中级资格(会计师)考试。初、中级会计专业技术资格实行全国统一考试后,不再进行相应会计专业职务任职资格的评审工作。

2001年,全区初、中级会计专业技术资格考试报名人数首次突破万人。2002年,全国会计专业技术资格考试从报名录入、考场编排、试卷要求、考试规则等方面作出较大调整,财政部会计司和全国会计考试办与自治区财政厅会计处和自治区会计考试办签订《2002年全国会计专业技术资格考试考务工作责任书》,自治区财政厅会计处也与3市1地和各考点签订责任书和协议书,进一步明确目标和责任。

2013年后,统一全国会计资格考试初级、中级、高级资格网上报名信息系统平台。

表5-3 1999—2018年宁夏回族自治区会计专业资格考试情况表

年份	报名(人)	合格			
		初级(人)	合格率(%)	中级(名)	合格率(%)
1999年	7740	918	29.89	298	22.24
2000年	7492	642	23.1	228	16.4
2001年	10041	728	23.74	185(全科)	11.04
2002年	8861	506	18.85	605	10.29
2003年	9153	478		378	
2004年	9503	556	19.78	533	7.76
2005年	8983	433	17.7	584	9.22
2006年	9496	555	18.63	406	7.21
2007年	9463	604	19.67	311	5.00
2008年	8577	476	17.79	265(全科)	
2009年	9178	677(全科)	17.95	220(全科)	11.01
2010年	9583	572	14.27	197	14.43
2011年	9909	721	16.48	124	8.15

续表 5-3

年份	报名(人)	合格			
		初级(人)	合格率(%)	中级(名)	合格率(%)
2012 年	11238	980		205	
2013 年	13437	1064	15.92	246	10.03
2014 年	13820	992	15.36		
2015 年	15321	1350	18.11	333	14.06
2016 年	16634				
2017 年	20001	1826	20.50		
2018 年	40004				

高级资格考试　2004年前，会计人员高级资格任职主要采取评审制度。

1993年，会计高级资格评审合格25人，1994年评审合格45人。1995年，通过1994年遗留的37人，当年评审通过4人。1997年，有23人通过高级评委会的评审。1999年，通过高评会评审程序的9人。2000年，通过18人。2001年，通过25人。2002年，评审合格16人。2003年，评审通过24人。

2004年，根据人事部办公厅、财政部办公厅《关于高级会计师资格考评结合扩大试点工作的通知》（国人厅发〔2004〕14号）精神，自治区财政厅与人事厅共同印发《宁夏回族自治区高级会计师任职资格评审条件》和《2004年度全区高级会计师资格考试报名工作有关事宜的通知》，开展高级会计师考评结合试点工作，申请参加高级会计师评审的人员，需考试合格后（考试成绩全国范围内3年有效），方可参加评审。

2013年，全国会计资格考试报名首次统一全国会计资格考试初级、中级、高级资格网上报名信息系统平台。自治区人力资源和社会保障厅、自治区财政厅共同组织对所有申报人员进行首次论文答辩。

2015年，首次实行高级会计师资格网络申报与纸质申报并行。

2017年，出台《宁夏回族自治区会计系列高级专业技术职务任职资格评审条件（试行）》，启动正高级会计师评审工作。当年72人递交副高级会计师评审材料，通过论文答辩评审，51人取得副高级会计师任职资格。

2018年，申报正、副高级会计师职称80人，通过论文答辩评审取得任职资格61人。

表5-4　2004—2018年宁夏回族自治区会计资格高级职称考评情况表

单位：人

年份	考试情况		评审情况	
	报名	合格	申报	合格
2004 年	598	264		
2005 年	239	17	147	89
2006 年	177	65	74	68
2007 年	205	37	57	54
2008 年	209	59（全国）	26	22

续表 5-4

年份	考试情况		评审情况	
	报名	合格	申报	合格
2009 年	291	12(全国)	46	36
2010 年	272	37	40	31
2011 年	329	88	47	44
2012 年		88		60
2013 年	424	54	72	63
2014 年	448		80	66
2015 年	305	73	95	79
2016 年	300			76
2017 年	385		72	51
2018 年	426		80	61

说明:(全国)为通过全国成绩合格标准

注册会计师执业资格考试　1991年,注册会计师全国统一考试制度正式创立,注册会计师考试也成为国内声誉最高的执业资格考试之一。1994年,《中华人民共和国注册会计师法》颁布实施。《中华人民共和国注册会计师法》的实施,注册会计师考试由原来的考核制度转型为考试制度。

2007年,财政部注册会计师全国考试委员会决定启动注册会计师考试制度改革工作。

2008年,中国注册会计师协会完成《注册会计师考试制度改革工作方案(征求意见稿)》(会协〔2008〕62号)。

2009年,全面实施注册会计师考试制度改革的总体目标。改革后,考试制度将考试分为两个层级的专业考试,即考试科目设为"6 +1"模式。专业阶段考试科目为会计、审计、财务成本管理、经济法、税法、公司战略与风险管理(新增科目)。综合阶段考试科目为综合测试。同年,财政部发布第55号令,宣布修订后的新版《注册会计师全国统一考试办法》自公布之日起施行,同时宣布2001年8月1日财政部发布的《注册会计师全国统一考试办法》废止。

2012年,注册会计师全国统一考试专业阶段和综合阶段实行计算机化考试(简称机考)。实行机考后,各科考试题型保持不变。

表5-5　1991—2008年宁夏回族自治区注册会计师考试情况表

年份	报名(人)	合格(人)	年份	报名(人)	合格(人)
1991 年	77	6	2000 年	2425	30
1992 年	0	0	2001 年	2987	19
1993 年	217	32	2002 年	2925	30
1994 年	528	50	2003 年	2904	30
1995 年	1018	11	2004 年	2383	24
1996 年	992	34	2005 年	2125	21
1997 年	1212	24	2006 年	2061	28
1998 年	1652	15	2007 年	1972	20
1999 年	2047	21	2008 年	1669	16

表5-6　2009—2018年宁夏回族自治区注册会计师考试情况表

年份	报名（人）		报名（科次）		专业阶段合格（人）	全科合格（人）
	专业阶段	综合阶段	专业阶段	综合阶段		
2009年	1459	166	3501	436	99	29
2010年	1421	0	3426	0	10	0
2011年	1524	12	3850	24	18	3
2012年	1450	28	3692	56	28	3
2013年	1601	58	4246	116	33	30
2014年	1794	57	4861	114	16	30
2015年	2904	47	7517	94	32	35
2016年	3342	40	8892	80	32	26
2017年	4853	52	13080	104	40	38
2018年	6322	57	16971	114	85	41

资产评估师职业资格考试　2015年，根据《国务院机构改革和职能转变方案》和《国务院关于取消和调整一批行政审批项目等事项的决定》（国发〔2014〕27号）关于取消“注册资产评估师职业资格许可”的相关要求，人力资源社会保障部、财政部制定了《资产评估师职业资格制度暂行规定》和《资产评估师职业资格考试实施办法》，原人事部、原国家国有资产管理局《关于印发〈注册资产评估师执业资格制度暂行规定〉及〈注册资产评估师执业资格考试实施办法〉的通知》（人职发〔1995〕54号）、《人事部、财政部关于调整注册资产评估师执业资格考试有关政策的通知》（人发〔2002〕20号）、《人事部、财政部关于在注册资产评估师执业资格中增设珠宝评估专业有关问题的通知》（人发〔2003〕19号）同时废止。中国资产评估协会具体承担资产评估师职业资格的评价与管理工作。

资产评估师转型为水平评价类职业资格考试。资产评估师职业资格考试设《资产评估》、《经济法》、《财务会计》、《机电设备评估》和《建筑工程评估》5个科目。资产评估师（珠宝）职业资格考试设《资产评估》、《经济法》、《珠宝鉴定与分级》、《珠宝评估方法》和《珠宝评估案例分析》5个科目。这次考试是资产评估师职业资格管理方式改革后首次举行的考试。

2016年，原纸笔考试改为计算机闭卷考试（简称机考）。

2017年，考试科目由原《资产评估》《经济法》《财务会计》《机电设备评估》《建筑工程评估》5科调整为《资产评估基础》《资产评估相关知识》《资产评估实务（一）》《资产评估实务（二）》4科。为保证考试科目调整平稳过渡，原5个科目考试形式继续保留1年。

2018年，资产评估师资格考试报名均按照《资产评估基础》《资产评估相关知识》《资产评估实务（一）》《资产评估实务（二）》进行。

表5-7　2017—2018年宁夏回族自治区资产评估师职业资格考试情况表

年份	考试情况				
	报名（人）	报考科次	出考率（%）	合格	合格率（%）
2017年	334	797	77.78	17	5.08
2018年	613	1411	55.28	34	5.50

（三）会计从业资格管理

1987年开始，自治区试行会计人员持证上岗制度。

1991年，自治区财政厅将会计证管理权限下放给地、市财政部门管理，同时下发《关于贯彻会计证管理办法和加强会计证年检管理的实施意见》，坚持持证上岗和年检制度，会计证管理工作逐渐制度化、规范化。是年，自治区财政厅组织对全区1.4万个国营单位的会计人员换发了新证。

1992—1999年，逐步完善会计证核发工作，全区取得持证资格会计人员42566人，其中具有高级职称245人，中级职称6072人，初级职称32459人。

2002年，根据《宁夏回族自治区会计从业资格管理实施办法》规定，对符合条件的4600人发放会计从业资格证书，并对全区会计人员的会计从业资格证书进行年检，截至8月31日，全区年检通过36568人，占应检人数的69.96%。

2003年12月至2004年6月底，根据财政部要求，宁夏开展换发会计从业资格证书工作。自治区根据实际设计宁夏回族自治区会计从业资格证书申请表、宁夏回族自治区会计从业资格证书信息卡，确立宁夏会计从业资格证书实施“统一领导，分级管理”的体制。

2006年，为强化会计从业资格管理，更新会计人员信息资料库，根据《宁夏回族自治区会计从业资格管理实施办法》有关规定，从2006年9月到2007年3月，在全区范围内对自治区统一颁发的会计从业资格证书进行检查登记，主要检查2005—2006年持证人员完成继续教育学时情况；持证人员奖罚情况；持证人员工作单位、学历或学位、专业技术资格和职务等信息变更情况。检查登记期间，共培训人员36200人次，检查登记持有会计从业资格证书人员46235人。

2009年，全区注册登记持有会计从业资格证书人员达74396人，其中助理会计师13313人，中级会计师7811人，高级会计师496人。2010年，宁夏注册登记持有会计从业资格证书的人员达74396人。

2011年，为推进宁夏会计人员管理系统信息化进程，在全区范围内开展会计从业人员注册登记与信息采集工作，截至2012年12月底，全区共有89256人进行注册登记。

2013年，继续在全区开展会计从业资格证书注册登记工作，及时更新会计从业人员信息档案，确保会计从业人员信息的真实、完整、准确。截至2013年12月31日，全区共有80180人进行注册登记。

2014年，全区会计从业资格无纸化考试继续使用财政部统一的会计从业资格考试题库，全区报名32797人，实考28073人，出考率85.6%。成绩合格6987人，合格率24.89%。

2015年，按照财政部要求，在全区范围内组织开展全国会计专业技术资格考试工作。初级无纸化考试报名10338人，实考7456人，合格1350人，合格率18.11%；中级笔试考试报名4983人，实考2368人，合格333人，合格率14.06%；高级笔试考试报名305人，实考152人，合格73人，合格率48.03%。按照《宁夏回族自治区会计从业资格管理实施办法》组织会计从业资格无纸化考试有关工作，全年共组织考试2次，报名30536人，实考26134人，合格6116人，合格率23.4%。

2016年，共组织各类会计考试18批次，42834人参加会计从业资格初、中、高级职称考试。其中，组织会计从业资格考试11批次，25336人参加考试；初级职称报名11851人，7840人参加考试；中级职称报名4783人，2621人参加考试；高级职称报名300人，142人参加考试。完成高级会计师考评结合工作，76人经考试、资格审查、论文答辩后评为高级会计师。

2017年，共组织各类会计从业资格考试9批次，20392人报名参加会计初、中、高级职称考试。

2018年，会计系列初、中、高级资格考试及全国领军、国际化高端报名人数41050人。

三、会计培训

1991年，为了使无学历的会计人员上岗前有一定专业知识，自治区财政厅组织举办了多期会计人员岗前学习班，共培训400多人，通过培训使无学历上岗人员具备了一定的专业知识，为顺利地上岗奠定了基础。另外，自治区财政厅先后举办两期物资企业会计制度培训班，一期国营施工企业会计制度培训班，对相关企业会计进行新会计制度培训。

1995年，宁夏开始对社会会计人员进行初级会计电算化培训工作。培训工作在自治区财政厅的指导下，由会计处先对可以开展培训工作的单位进行培训资格审定，全区确定有资格的培训单位60多家，再对培训工作的质量进行监督、检查和指导。

1996年，按照《宁夏回族自治区会计电算化知识培训管理办法》要求，对符合规定的宁夏大学等14个单位，批准为全区会计电算化初级培训定点办学单位。通过初级培训，使会计人员能够掌握计算机和会计核算软件的基本操作技能。为防止不求质量，以经济利益为目的，乱招生现象发生，全区会计电算化知识培训工作实行管理、培训、考试三分离，管理工作由财政部门负责，培训工作由批准的办班单位负责，考试由宁夏大学天元计算机培训中心负责实施。截至2009年，宁夏共对74390多名会计人员进行了初级会计电算化培训，其中6万多名会计人员经过培训和考试获得初级会计电算化合格证。

2001年，按照财政部关于开展《企业会计制度》、会计准则的培训要求和自治区会计人员继续教育计划，举办两期企业会计准则、会计制度师资培训班，培训对象主要是上市公司、拟上市公司、自治区各业务主管部门和各地市县财政部门的业务骨干共180多人，确保《企业会计制度》首先在股份有限公司贯彻执行。

2003年，根据财政部要求，将会计职业道德培训纳入会计人员继续教育体系，确定为主要内容，并记入培训学时，截至11月20日，全区各市县、部门组织会计职业道德教育培训班83期，参加学习12463人。是年，在继续开展会计电算化初级知识培训基础上，全面启动会计电算化中级知识培训、考试工作。银川新世纪信息产业发展有限公司成为宁夏中级会计电算化考试考点，全区确定有中级会计电算化培训资格的单位10多家。截至2009年，对4926名会计人员进行中级会计电算化培训，其中3608名会计人员经过培训和考试获得中级会计电算化合格证。

2007年，自治区财政厅将大规模开展会计人员继续教育列为宁夏财政为民办15件实事之一，按照“谁管理，谁组织”的原则，自治区财政厅对全区会计人员的继续教育工作实行统一领导，各市、县财政局，区级业务主管部门按照会计从业资格管理权限，分别负责管理和组织实施所辖单位会计人员的继续教育。4月21—25日，全区企业会计准则师资培训班在吴忠举办，标志着宁夏大规模会计人员继续教育工作全面启动。全年全区共举办培训班124期，培训48199人次。

2008年，坚持“走出去，引进来，多方式，分层次”的培训原则，全区各级财政部门和主管业务部门共举办各类会计业务知识培训班300余期，培训会计人员4.78万多人次。

2009年，全区各级财政部门和主管业务部门共举办各类会计业务知识培训班780期，培训76380人次。

2010年，宁夏各级财政部门及业务主管部门举办会计准则、内控指引、财会法规、农村三财等各类培训班780期，培训7.02万人次。

2011年，各级财政部门和业务主管部门以企业会计准则、企业内部控制规范和会计人员职业道德建设等内容为主，共举办各类会计培训班680期，参加6.89万人次。

2013年，引入新的继续教育模式，与北京国家会计学院合作开展全区会计人员网络远程继续教育，宁夏会计人员网络继续教育学习系统上线运行，施行网络远程继续教育与面授继续教育方式双轨运行。配合财政部实施的大中型企事业单位总会计师素质提升工程，从2013年起，分期分批对全区大中型企事业单位总会计师进行轮训。

2016年，修订《宁夏回族自治区会计人员继续教育实施办法》，规范全区会计人员继续教育工作。开展会计人员继续教育网络培训机构评选备案，通过对会计人员继续教育网络培训机构的资格审定、公开评价、能力测试等方式，在全国范围内评选5家会计人员继续教育培训机构。

2018年，组织36名大中型企事业单位财务负责人分两个批次参加财政部全国总会计师素质提升工程培训班。开展2018年度全国会计领军(后备)人才及国际化高端会计人才选拔培养工作。加大政府会计改革的宣传、培训力度，举办4期政府、企业会计制度及行政事业单位内控培训。做好会计人员继续教育，提升会计人员业务素质。

至2018年，自治区有会计人员10万人，其中行政事业单位会计人员3.3万人。

四、会计基础工作

为进一步加强国有企业会计基础工作，提高会计工作整体水平。1987年起，自治区先后制定相应的试行办法、等级标准、达标标准等文件，并组织检查验收。到1990年，达标的国有企业2100户，占应达标户的55.29%。

1992年，自治区财政厅印发《会计工作“抓基础、上水平”活动试点办法》，鼓励、引导企业按照会计基础工作的标准和要求，苦练内功，建立完善的内部自我约束机制，发挥财会工作的职能作用。

1996年，自治区重新下发《宁夏回族自治区会计工作达标准、上等级办法》《企业会计工作达标验收评分标准》《行政事业单位会计工作达标验收标准》《工业企业会计工作升级验收标准》《商品流通企业会计工作升级验收标准》，使会计达标升级活动走向制度化、规范化。截至1996年，银川市已验收201户，自治区农垦局、经贸厅、轻纺厅等厅局也对其直属单位进行验收。

2003年，对已达标升级单位进行复查，确保其在会计基础规范化工作中的示范带头作用。

随着社会主义市场经济体制的确立和1993年以来会计制度的重大改革，会计基础工作出现了许多新情况、新问题。为适应会计基础工作的新要求，财政部对《会计人员工作规则》进行重新修订，于1997年6月17日发布《会计基础工作规范》，《会计人员工作规则》同时废止。

五、会计委派制度

1998年，灵武市率先在全区开展会计委派制度。截至2000年年底，自治区进行会计委派制度试点单位564个，委派会计人员487人。试点工作主要在市县推广，自治区区属部门未开展会计委派工作。

2001年，自治区会计集中核算制度改革首先从吴忠市开始，之后在银川市、石嘴山市相继推开。至2002年12月1日，自治区进行会计委派制度试点单位1137户，委派会计人员735人。试点形式主要有：成立会计核算中心，如银川市、银川市城区和郊区、吴忠市、石嘴山市、大武口区、石嘴山区、永宁县、贺兰县；成立会计管理局，如灵武市、盐池县、中宁县、固原县、彭阳县、海原县、泾源县；实行直接委派和会计集中核算相结合的混合形式，如同心县、银川市新城区（现西夏区）；其他形式，如吴忠市利通区不单独设置机构，由吴忠市财政局职能科（股）负责管理，隆德县、陶乐县开展会计人员交流。

至2006年，全区大部分市县（市、区）为制止新债的发生，从加强和完善乡镇财务管理方面着手，在“乡财县管”的前提下实行了会计委派制度，通过加强财务管理，进一步健全和完善财务管理制度。

六、会计中介机构管理

（一）会计师事务所

20世纪80年代，注册会计师行业恢复重建。1984年1月，自治区第一家会计师事务所正式成立，标志着改革开放后自治区注册会计师行业的创建。1989年6月，经自治区财政厅批准成立宁夏注册会计师协会，时有注册会计师21人，会计师事务所5家。

注册会计师行业发展初期，会计师事务所主要挂靠于各级行政部门，作为事业单位管理。1999年5月，撤销宁夏会计师事务所。1998年至2000年3月，自治区对注册会计师、注册资产评估师、注册税务师三大行业实行合并、脱钩改制。至2000年年底，全面完成会计师事务所脱钩改制工作，实现与挂靠部门的彻底脱钩，改制成为自我约束、自我发展、自主经营、自担风险的市场中介组织。通过脱钩改制，全区会计师事务所由22家减至13家，注册会计师减至198名。

2003年，按照财政部《关于进一步加强注册会计师行业管理的意见》（财会字〔2002〕19号）要求，自治区财政厅研究决定将委托自治区注册会计师协会行使的行政职能收回，由自治区财政厅行使。自治区财政厅下发《关于终止委托自治区注册会计师协会行使的行政管理职能的通知》（宁财会发〔2003〕327号），明确自治区财政厅会计处、监督检查局、税政条法处、注册会计师协会的职能。各职能处按要求与注册会计师协会完成注册会计师行业行政管理职能的交接工作。

2005年始，按照财政部新颁发的《会计师事务所审批和监督暂行办法》《代理记账管理办法》的规定，对会计师事务所的成立施行严格的审查审批制度，至2005年年底，自治区会计师事务所有16家。2007年，增至22家，其中有限所11家，合伙所11家。2008年，新增有限所1家。截至2009年年底，宁夏共有会计师事务所23家，年度业务收入5620万元，从业580人，其中注册会计师236人。

2010年，为贯彻落实国务院办公厅相关文件精神，结合宁夏实际，自治区出台《宁夏注册会计师行业发展的指导意见》，成为自1999年会计师事务所脱钩改制以来，自治区人民政府支持注册会计师行业发展的第一个纲领性文件。

2011年，新批准成立1家省外会计师事务所在宁夏设立分所，截至2011年年底，宁夏共有会计师事务所25家，其中有限责任所10家，合伙所11家，外省分所4家。从业人员632人，其中注册会计师215人。业务总收入9097万元。天华会计师事务所成为宁夏第一家进入全国百强的会计师事务所。

2012年，出台《宁夏会计师事务所收费管理办法》。

至2014年年底，宁夏共有会计师事务所23家，其中有限责任所9家，普通合伙所10家，外省分所4家，提供服务的企业超过7000余家。年度业务收入11965.85万元。从业人员495人，其中注册会计师175人。非执业会员235人。业务收入超过500万元的会计师事务所达到4家。

截至2018年，宁夏共有会计师事务所25家，其中有限责任所9家，普通合伙所16家。外省分所6家。年度业务收入16391.11万元。从业人员777人，其中注册会计师197人。业务收入超过500万元的会计师事务所9家。

（二）宁夏资产评估机构

1997年，宁夏资产评估公司与宁夏会计师事务所行政关系正式分离，分别设置机构。

1999年，根据财政部和中评协统一要求，宁夏资产评估公司于1999年12月28日，从人员、财务、名称、业务方面与原挂靠单位财政厅脱钩，组成有限责任制会计师事务所，定名为宁夏瑞衡资产评估公司。李玉霞为董事长，徐敬旗为总经理。

2009年，宁夏资产评估协会由全区资产评估行业的单位和个人组成专业性非营利社会团体法人，接受行政主管部门宁夏财政厅和登记管理机关宁夏民政厅的业务指导和监督管理。依据《中华人民共和国资产评估法》和《社会团体登记管理条例》的有关规定设立，承担《中华人民共和国资产评估法》及《宁夏资产评估协会章程》赋予的工作职能。

表5-8　2008—2018年宁夏回族自治区资产评估机构、执业资产评估师情况表

年份	资产评估机构数量（个）	执业资产评估师数量（人）	年份	资产评估机构数量（个）	执业资产评估师数量（人）
2008 年	4	59	2014 年	7	73
2009 年	5	60	2015 年	8	77
2010 年	5	62	2016 年	9	83
2011 年	5	64	2017 年	11	94
2012 年	6	66	2018 年	16	115
2013 年	6	66			

表5-9 2015—2018年宁夏回族自治区资产评估行业收入情况表

年份	资产评估行业收入(万元)	年份	资产评估行业收入(万元)
2015年	3000	2017年	4000
2016年	3800	2018年	4600

(三)代理记账机构

代理记账机构,是指依法经批准设立从事代理记账业务的中介机构。代理记账机构主要包括代理记账公司、会计师事务所、税务师事务所以及具有代理记账资格的其他社会咨询服务机构等几大类。代理记账机构从事代理记账业务必须符合财政部发布的《代理记账管理暂行办法》中的关于从事代理记账业务应具备条件的规定。代理记账机构根据委托,代表委托人办理下列业务:办理会计核算业务,即根据委托人提供的原始凭证和其他资料,按照国家统一的会计制度的规定,进行会计核算,包括审核原始凭证、填制证账凭证、登记会计账簿、编制会计报表等;定期向政府有关部门和其他会计报表使用者提供会计报表;定期向税务机关提供税务资料;承办委托人委托的其他会计业务。

2004年,按照财政部、自治区财政厅的相关规定,对开展代理记账的机构报送的相关资料,严格审查,批复符合条件的代理记账机构3个,并按要求上报财政部核查。

2008年后,鼓励、支持以代理记账、内控制度设计为主要内容的会计管理咨询行业发展。2008年共批准、设立会计代理记账机构13家。至2012年年底,全区共有会计代理记账机构39家,从业156人,服务客户505家,代理记账业务年度营业收入299万元。

2013年,为全面了解和掌握宁夏代理记账机构的基本情况和业务发展状况,开展自治区代理记账机构普查工作,并完成全国代理记账机构普查工作。

2015年,根据《代理记账管理办法》(财政部第27号令),组织学习、实施财政部研发的“全国代理记账机构管理系统”,提升代理记账机构信息化管理水平,促进代理记账行业更好地服务于小微企业。

2017年,坚持“谁审批,谁监管,谁负责”的原则,将代理记账资格的申报、审批、发放许可证书和监管等业务,全部下放到各市、县(市、区)财政局,方便群众就近办理。通过“全国代理记账机构管理系统”完成申报、审批、报备、换证、年检等各项工作,实行全流程信息化规范透明管理,促进代理记账行业持续健康发展。

2018年,以统一社会信用代码为基础,优化服务,简化申报材料,实行“不见面,马上办”,将代理记账业务资格的审批时限从20个工作日压缩至15个工作日;落实“先照后证”改革要求,完成全区代理记账机构备案工作。

第六节 财政账户管理

财政账户就是政府的财政部门开立的账户。财政部、中国人民银行《财政国库管理制度改革试点方案》将财政国库账户设置为国库单一账户、零余额账户、预算外资金财政专户、小额现金账户和特设专户五类账户的集合，统称为国库单一账户体系。

宁夏财政牢牢把握财政账户管理的重点，制度完善，监管严格，执行力强，成效显著。

一、财政专户管理

1994年，自治区在中国银行宁夏分行等单位，建立购汇人民币限额账户，制定人民币限额审批核销制度。

1995年，制定《宁夏回族自治区财政支农专项资金专户储存管理试行办法》，加强对支农专项资金专款专用的监督管理。

1997年，制定财政专户收缴、支出管理办法，将自治区本级行政性收费收入（含政府性基金、附加、提成）全额纳入预算管理，建立预算外资金财政专户，规定各部门、单位预算外收入须全部纳入同级财政专户，支出由财政部门从专户中核拨。

1998年，制定《粮食风险基金专户管理办法》，至年底，全区各市县均开设“粮食风险基金”专户。是年，设立了社保基金财政专户。

1999年，在自治区和部分市县率先实现专户核算会计电算化。开设票据专户，制定新的票据收据领取、使用和核销管理办法。

2000年，建立“收费收入集中户”管理制度。

2002年，组织自治区本级252个单位上缴并划转国库和财政专户各项基金、收费收入105156万元，比上年多征收18784万元。

2009年，在平罗县开展撤销非经营性预算单位的基本存款账户、专用账户。财政在商业银行开设“预算单位专项资金财政专户”试点。

2010年，清理、合并、撤销不必要的财政性资金专户10个。采取上门查账、随机抽样等方式检查自治区交通厅等26个财政收入汇缴分户的资金运行情况，根据国家实行燃油消费税改革，取消养路费和客货运附加费等政策规定，撤销自治区交通厅在建设银行开设的2个汇缴分户，并将分户剩余资金全部上解财政收入集中户。与宁夏银行协商，在石嘴山、吴忠、固原、中卫、灵武等市增设营业网点，解决办事群众不能直接到当地公安局开户银行缴纳出入境护照工本费的难题。

2011年，重点开展清理整顿财政专户和银行账户年检工作，按照财政专户管理的“三统一”（统一调度、统一收付、统一核算）的要求，对不符合规定开设的专户一律予以撤销，对同类性质多头开设的专户予以归并，对一年内没有业务往来的财政专户予以撤并。

2012年，健全完善国库单一账户体系。按照《财政部关于清理整顿地方财政专户的通知》要求，组织开展非税收入收缴账户管理检查，继续对代理银行在执行政策、履行协议、资金解缴、分户管理、服务质量和操作流程方面的情况进行调研检查，重点检查开户银行是否存在账目不清、滞留财政资金、岗位职责不明、内部管理混乱等情况。

2013年，完成政府外债资金专户归口国库管理工作，实现银行账户日常管理与监督信息化，并对18个市县财政专户进行清理整顿检查。

2014年，根据《国务院关于深化预算管理制度改革的决定》，修订《宁夏回族自治区级预算单位银行账户管理暂行办法》，并于9月1日上线运行自治区本级银行账户管理系统。

2015年，自治区财政厅制定《自治区本级存量财政专户销户方案》，对审计检查中发现问题，及时采取"补、改、规"等措施，清理社保补助金、偿债准备金及国际贷赠款财政专户6个，待清理存量财政专户消化率达66.7%。

2017年1月24日起，自治区各级财政部门在同级人民银行国库部门设立，作为置换债券资金的集中支付清算账户，将全区结余置换债券资金和2017年新发行的债券资金全部归集管理。

按照《社会保障基金财政专户管理暂行办法》《社会保险基金财务制度》，在每季度末依据账户余额，审核拨付市县各险种调剂金；同时每月末与社保、税务核对专户数据，确保数据一致；及时拨付中央驻宁夏单位和自治区本级离退休干部的医疗保障经费。

是年，全区财政专户管理资金收入102311万元，其中上年结余298212万元，净资产263763万元。

2018年，自治区财政厅出台《宁夏回族自治区本级预算单位银行账户管理暂行办法》，对本级预算单位银行账户的开立、变更、撤销，实行备案管理或审批管理等方式，人民银行核准制度。是年，将石嘴山市、贺兰县等市县零余额账户以外的实有资金账户纳入集中支付电子化管理。

二、单位账户管理

1997年，全面清理银行账户，实行预算外资金开户许可证制度，规定单位在银行只能开设一个财政收入过渡户，取消部门、单位内部职能处室预算外资金账户。

1998年，将卫生医疗单位业务收入纳入财政专户管理，实行同级财政部门核定收支计划，区级卫生医疗单位按业务收入的30%每10天上缴1次。

2000年，对公安等重点执收部门以外部门单位的收入过渡户改为"财政专户**单位分户"，按期划转收入。在工商、法院、交警、技术监督、运输管理等部门设立"收入汇缴专用存款账户"，定期向国库或财政专户划转收入。

2001年，对110个行政事业单位的367个账户进行清查。

2002年，对清理整顿银行账户工作进行复查自纠，共复查行政事业单位3911个、账户8386个，其中保留账户6527个、撤销账户1859个。

2004年6月，合并财政收费收入集中户与财政专户，收费收入集中户履行财政专户职能。

2006年10月，对单位遗存的基本建设账户、税收汇缴过渡账户等实有资金账户进行清理，将财政收费收入集中户与财政专户分设。

2015年，对少数自治区本级预算不执行规定的限期撤户，弥补监管漏洞。

第四章 财政法治

依法履行财政职能，持续推进财政法治建设，不断完善财政法律制度体系，规范财政权力运行，发挥法治在提升财政管理效能和推动财政体系改革中的作用，是财政工作的重点。财政立法是健全财政法治，实现依法理财、依法治财的前提。根据自治区人民政府法制办要求，自治区财政厅税政条法处每年都经过调研、论证并上报立法工作计划。对列入立法计划的工作按计划内容落实。按照财政普法规划和自治区有关要求，自治区财政厅坚持开展普法和财政法规宣传教育，确保普法工作有序化、常态化、规范化。同时，结合实际，坚持对有关规章的清理废止，确保财政管理依据合法。强化规范执法力度，2016年制定宁夏法治财政建设工作方案，2018年制定法治财政示范项目平台，培育先进典型，着力推进财政法治建设。

第一节 财政立法

1994年，协调审修《宁夏回族自治区国有土地使用权出让和转让办法》《宁夏回族自治区收费管理规定》《宁夏回族自治区实施〈中华人民共和国城市规划法〉办法（草案）》《宁夏回族自治区经济合同管理办法》等60多个条例法规。

1995年，协调审修《宁夏产品质量监督管理条例（送审稿）》《宁夏回族自治区实施〈中华人民共和国农业技术推广法办法草案〉》《宁夏回族自治区人民武装工作条例（草案）》《宁夏农村教育事业费附加征收管理办法》等50多个条例法规。

1996年，协调审修《宁夏回族自治区法制宣传教育工作条例》《宁夏回族自治区乡镇企业条例（草案）》《国务院关于违反财政法规处罚的暂行规定（修订意见稿）》《宁夏回族自治区公路路政管理条例》等40多个条例法规。

1998年，提请自治区人大常委会审议批准《宁夏回族自治区预算外资金管理条例》；研究制定《粮食风险基金管理办法》《工程资金管理办法》《世界银行贷款项目管理办法》等，加强资金管理；制定《关于进一步做好预算编制与执行工作的有关规定》等。

1999年，制定并经自治区人大常委会批准实施《宁夏回族自治区政府采购管理办法》和《宁夏回族自治区国家赔偿费用管理规定》。印发实施《关于〈宁夏回族自治区政府采购管理办法〉的实施意见》《宁夏回族自治区政府采购供应商资格认定管理暂行办法》《宁夏回族自治区政府采购招标投标管理暂行办法》。

2000年，为强化财政执法监督，保证各项财政法律、法规实施，防止和纠正违法或不当行政行为，保障公民、法人和其他组织合法权益，自治区财政厅制定《宁夏回族自治区财政行政执法错案追究暂行办法》；为规范财政部门行政处罚听证程序，维护公民法人和其他组织合法权益，根据《中华人民共和国行政处罚法》及有关法律、法规，制定《宁夏回族自治区行政处罚听证程序实施办法》；为加强国家赔偿费用的管理，制定《宁夏回族自治区国家赔偿费用财务管理办法》。是年，还协调审修《宁夏回族自治区民族教育条例（草案）》《宁夏回族自治区住房资金管理条例》《宁夏回族自治区气象条例》《宁夏回族自治区科学普及条例（草案）》等30多个条例法规。

2001年，协调审修《宁夏回族自治区失业保险办法》等20多个条例法规。

2002年，协调审修自治区人大、政府法制办、司法厅等部门送来的《中华人民共和国行政强制法》《宁夏回族自治区农业与生态建设专项资金审计监督办法》《宁夏回族自治区促进企业技术进步办法》《宁夏回族自治区中小学教师继续教育规定》《宁夏回族自治区土地储备办法》等20多个拟颁布的法律法规（征求意见稿）。

2003年，协调审修财政部、自治区人大、政府法制办、区直部门送转的《中华人民共和国彩票管理办法》《宁夏镁产业基金管理暂行办法》《企业国有资产监督条例》《宁夏回族自治区动物诊疗管理办法》等20多个征求意见稿或会签稿。

2004年，协调审修财政部、自治区人大、政府法制办、区直部门送来的《宁夏回族自治区国家建设项目审计办法》《宁夏教育督导条例》《宁夏回族自治区实施〈中华人民共和国老年人权益保障法〉办法》等16个征求意见稿及会签稿等。

2005年，协调审修财政部、自治区人大、政府法制办、区直部门送来的《宁夏回族自治区物业管理办法》《宁夏回族自治区城镇退役士兵自谋职业实施办法》等十几个征求意见稿或会签稿。

2006年，协调审修财政部、自治区人大、政府法制办、区直部门送来的《宁夏回族自治区收费管理条例》《宁夏回族自治区法律援助条例》等十几个征求意见稿和会签稿。

2007年，协调审修财政部、自治区人大、政府法制办、区直部门送来的《宁夏回族自治区地方税收保障办法》《宁夏回族自治区取水许可和水资源费征收管理实施办法》等十几个征求意见稿或会签稿。

2008年，协调审修财政部、自治区人大、政府法制办、自治区直属部门送来的《宁夏回族自治区招投标管理办法》《中华人民共和国注册会计师法》等十几个征求意见稿或会签稿。

2009年，协调审修财政部、自治区人大、政府法制办、自治区直属部门送来的《政府采购代理机构资格认定办法（修订草案）》等十几个征求意见稿或会签稿。

2012年，将《宁夏回族自治区非税收入管理条例》作为自治区财政厅2013年的立法规划建议上报自治区人大，推动财政立法进程，确保财政管理有法可依。

2013年，对《宁夏回族自治区非税收入管理条例》进行修改和完善，提请自治区人民政府将条例列入2014年自治区人大审议的立法项目。2014年7月23日，《宁夏回族自治区政府非税收入管理条例》由自治区十一届人大常委会审议通过，9月1日起施行，《条例》的出台标志着宁夏非税收入的征管工作有法可依、有章可循，更加规范。

2015年，自治区财政统筹安排人才专项资金1.49亿元，用于支持自治区人才支撑产业和技术发展。为了管好用好人才专项资金，发挥专项资金效益，一是全面强化人才专项资金制度体系建设。制定印发《宁夏回族自治区人才专项资金使用管理办法（试行）》，用制度管钱管事、规范操作；参与制定《关于建设银川人才管理改革试验区的实施意见》《宁夏回族自治区领军人才培养工程实施意见》《宁夏回族自治区院士后备人才培养计划实施办法》《宁夏回族自治区青年拔尖人才培养工程实施办法》等配套制度，对各项人才项目实施专一化管理。二是有效提升人才项目的计划性。制定或修改《宁夏非公企业人才发展服务试验区建设方案》《宁夏枸杞产业人才高地建设方案》《宁夏回族自治区高校与国外高校联合培养优秀人才计划的实施方案》等配套性文件，推进人才项目的计划性管控。

2016年，制定《2016—2020年宁夏法治财政建设工作方案》，印发全区财政系统、自治区财政厅机关各处室贯彻执行。制定《财政厅法律风险管理办法》，强化财政厅机关法律风险内控管理。

2018年，建立健全考核机制。出台《宁夏回族自治区法治财政建设考评办法》和《宁夏回族自治区法治财政建设考评指标细则》，通过细化考核指标体系、加大考核力度、增强法治财政建设工作实效。

第二节 法治宣传教育

一、普法宣传

“二五”普法（1991—1995） 1994年，执行《宁夏财政法规宣传教育五年规划》，先后向各市县财政部门印发专业法规学习材料。1995年，组织财政“二五”普法考核验收工作，开展自查和抽查，把财政“二五”普法考核延伸到基层财政所。

“三五”普法（1996—2000） 1996年，成立自治区财政厅“三五”普法领导小组，制定全区财政系统“三五”普法规划，明确各级财政干部需要共同学习掌握的财政、财务法规和年度考核实施计划。统一订购《法律知识讲座》《新法选编》等财政系统“三五”普法教材，举办全区财政系统领导干部法律知识培训班。2000年，制定《全区财政“三五”法制宣传教育考核验收方案》，列明考核验收的目的、内容、方式、实施步骤及评分标准。

“四五”普法（2001—2005） 2001年，制定《全区财政法制宣传教育第四个五年规划》，启动自治区财政“四五”普法工作。2002年，制定《全区财政“四五”普法年度考核方案》，对考核检查内容进行量化，为各市县财政局做好普法工作提供参考依据。2005年11月，通过财政部组织的财政“四五”法制宣传教育验收组验收检查。

“五五”普法（2006—2010） 2007年，制定《全区财政法制宣传教育第五个五年规划》。组织检查督导组对全区部分市县（区）财政部门落实财政“五五”普法规划工作进行抽查和督导，及时总结交流经验。2008年，针对全区5个地级市和部分县、企业就财政“五五”普法中期检查和有关税收政策执行情况进行调研，制定《全区财政系统“五五”普法考核评比办法》和《全区财政“五五”普法宣传教育考核验收计分标准》。

“六五”普法（2011—2016） “六五”普法较前几次主要的突破在于开展持续的“财政法规政策宣传周”活动。2012年，组织全区9849名财政干部职工及社会各界人士参加全国财政“六五”普法法规知识竞赛活动。2015年，自治区财政厅通过财政部及依法治区协调小组对自治区财政厅的“六五”普法验收。2016年，中宣部、司法部、全国普法办、财政部对2011—2015年法制宣传教育工作进行表彰，自治区财政厅、吴忠财政局获评全国普法办评为全国法制宣传教育先进单位，自治区财政厅被财政部评为全国财政六五普法先进集体。

二、财政法规宣传

1999年4月初，举办宁夏财政会计法规知识大赛，通过在《宁夏日报》刊登试题，在宁夏电视台举办电视知识竞赛，促进财政工作依法开展。

2002年8月，举办全区范围内的财政会计法规知识大赛，各市县党政机关、卫生教育、工业、商业、金融等行业200多个单位共7839人参加。

2003年6月，组织开展全区财政系统的财政会计法规知识竞赛。连续两年举办厅机关业务处室负责人、市县财政局局长、法制骨干法律知识培训班，集中学习行政法、行政复议及应诉、预算制度改革、企业会计制度等内容。

2004年，组织全区财政干部、财务会计人员参加财政部举办的全国财政会计法规知识竞赛。各市县财政部门和自治区财政厅机关22个单位近2000人参加。

2007年12月24—26日，举办一期全区财政法制知识培训班，各市县财政局局长、法制骨干参加培训。

2010年，转变思路，创新方法，全方位、创造性地开展“一百题、一本书、一台戏、一天讲、一专片、五分钟”财政法治惠民生系列宣传活动。

2011年，按照“12310”，即“报纸刊登一百题、组织编排2台戏、惠民政策3本书、电台播出10分钟”的总体思路，全面开展“财政法规政策宣传周”活动，此后成为每年惯例。当年举办财政法规政策百题竞赛活动。在宁夏经济广播电台播出财政法规政策知识10分钟。组织创作排练2台专题文艺节目到24个市县（区）巡演26场次。自治区财政厅推荐的《产房门前》被自治区依法治区领导小组办公室评为“全区十佳法制文艺节目”。将财政法规惠民政策分为三类，共印制15万册，组织全区财政系统近千名干部职工到36个固定宣传点和432个“六进”活动点广泛宣传。

2012年，自治区财政厅举办“全区财政系统2012年依法行政依法理财培训班”暨市县（区）局长座谈会，学习“推进依法行政依法理财及法治政府建设”“行政复议、行政处罚案例分析”等专题讲座。组织厅机关、事业单位共174名执法人员参加自治区执法人员培训和考试。对依法行政、建设法治政府理论及《中华人民共和国行政许可法》《中华人民共和国行政处罚法》《中华人民共和国国家赔偿法》等法律法规进行专门学习。

2013年，开展全区财政系统“财政法规政策宣传周”活动，具体采取“51256”方式，即以“一条短信、一本书、一期培训班、一个固定宣传点、一部咨询电话、两台戏、广播五分钟、法律六进”等为内容，财政干部上街头、下基层、进社区宣传财政法律、法规和惠民政策。制作时长12分钟的《创新思路、扎实推进——宁夏回族自治区财政厅“六五”普法工作纪实》在财政部“财政法制宣传”专栏进行展示。举办全区财政系统2013年依法行政依法理财培训班，全区财政系统27个市县区财政局及厅机关各处室共110人参加培训学习。

2014年，继续开展全区财政系统“财政法规政策宣传周”及“12·4国家宪法日”等系列宣传活动，进企业、上街头，大力宣传《中华人民共和国预算法》《宁夏回族自治区政府非税收入管理条例》等法律、法规和惠民政策。组织全区财政系统“依法行政依法理财”培训班，邀请财政部领导、自治区党校教授做专题讲座，营造良好法治宣传环境。深入11个市县（区）财政局开展法制宣传教育专题调研，为基层财政局的普法工作人员解疑释惑，就发现的问题及时研究、提供建议，促进财政系统普法工作有序开展。

2016年，在全国财政系统首创手绘漫画《中华人民共和国预算法》，使法律条文形象化、通俗化，免费发放5000册。通过创办“宁夏法治财政”微信公众号、创作《法治财政惠民生》系列微电影等举措，提升法治宣传效果，提高财政服务效率和水平。举办全区财政法治工作会议暨依法行政依法理财培训班，组织参加自治区法治政府建设电视知识竞赛，获得“自治区法治政府建设电视知识竞赛优秀组织奖”。

2017年，围绕“三大战略”宣传财政惠民政策，推进“法律八进”活动。拍摄系列微电影《法治财政惠民生》，参与全区财政系统微电影评选活动。完善“宁夏法治财政”微信公众号，及时发布财政法治信息。

2018年，创新开展财政普法活动。组织录播财政政策电视访谈节目，组织开展财政法律政策微信答题活动，参与全国省级法治报“七五普法塞上江南行”活动。印发宣传材料 5 万份，发送普法信息 5 万条，4.6 万人次参与财政微信答题活动，全国 29 家法治媒体对宁夏法治财政建设工作进行宣传报道，取得了良好的宣传和教育效果。

第三节　规范执法

一、依法行政

1995年，制定《财政资金管理办法》《财政周转金管理办法》《困难地县确保工资正常发放管理办法》等10项制度，初步完善财政法规制度。

2006年，为推进行政执法责任制，保证财政法律、法规和规章的正确有效实施，规范执法行为，完善执法程序，明确执法责任，提高执法水平，制定《宁夏回族自治区财政厅行政执法责任制实施方案》，确定自治区财政厅执法依据共153项。制定《宁夏回族自治区财政行政执法评议考核办法》和《宁夏回族自治区财政厅行政执法过错追究暂行办法》，使行政执法责任制具有较强的操作性，进一步强化财政执法监督。

2012年，围绕财政中心工作，通过规范程序、检查考核等各种方式，做好财政依法行政工作。做好规范行政裁量权工作，研究印发《财政规范行政裁量权工作实施方案》，制定《行政裁量权公开公示制度》《行政裁量说明理由制度》等8项配套制度。依据财政系统执行的法律、法规、规章和"三定方案"，对59项行政许可、行政处罚、行政确认等行政职权进行重新梳理，完善裁量基准表及流程图，做到流程清楚、文书规范、要求具体、时限明确。

是年，根据《宁夏回族自治区规范性文件制定和备案规定》（自治区政府令第79号）、《自治区财政厅规范性文件制定和备案审查办法》，完成《宁夏财政专项扶贫资金管理实施办法》等规范性文件法律审核共12件，并做好报备工作。开展行政执法案卷评查工作，按照《自治区财政厅关于行政执法案卷评查工作方案》，对2012年1月1日至9月30日自治区财政厅已办结的49件财政行政执法案卷进行自查，并对评查结果进行分析、整改，完成案卷评查的各项工作任务，进一步规范财政执法行为。

2013年，依照自治区人民政府降低行政成本目标，制定出台《行政单位财务规则》，督导单位完善内部财务管理和会计核算制度，进一步加强行政成本管理，为建设节约型机关奠定基础。为落实中央《党政机关厉行节约反对浪费条例》，根据财政部的要求，将现行公务用车、公款出国（境）、公务接待等涉及行政运行成本的各项经费管理制度进行梳理，制定并报请自治区人民政府审批出台《自治区本级行政事业单位会议费管理办法》，形成培训费、差旅费、重大活动经费等4个管理办法。

2015年，根据中共十八届四中全会关于"加强对重大行政决策合法性审查"的要求，在自治区政府部门中率先制定《自治区财政厅执法事项及重大决策合法性审查办法》。全年对厅机关重大行政决策、行政执法、合同、建议提案答复等291件进行合法性审查。

2016年，围绕依法行政依法理财工作总体思路，自治区财政厅研究制定《2016—2020年宁夏法治财政建设工作方案》。是年，对138件重大决策等事项进行合法性审查，报备规范性文件16件。

2018年，为开展法治财政建设，以示范项目创建为平台，推动全系统法治财政建设全面推开。采取分批次申报项目，先后公布29个市县（市、区）财政局的34个项目，主要涉及预算绩效管理、政府购买服务项目管理、国有资产管理标准化、财政监督体系建设、非税收入收缴电子化管理等五个方面，要求市县财政部门做到"规定动作"能达标，"自选动作"出成果。召开全区法治财政建设推进会，选取个别市县（区）财政局代表交流法治财政建设及示范项目工作经验，培育建设法治财政先进典型，最终实现示范引领、上下联动、整体推进。

二、行政审批

2004年，《中华人民共和国行政许可法》颁布实施。按照有关规定，自治区财政厅就涉及地方财政职能的行政许可项目进行清理，确定自治区财政厅需保留的行政许可事项7项，并列明每一事项的设立依据。

2008年，自治区财政厅确定7项行政许可事项和14项非行政许可审批项目进驻自治区政务服务中心进行集中办理。是年，共受理各类行政审批事项509件，其中已办结504件，占受理量的99.02%。

2009年，成立财政厅行政审批办公室，把分散在各业务处室的行政审批事项全部集中到行政审批办公室集中办理，确定3名工作人员，整建制进入政务大厅办公，推进了行政审批工作的开展。在赋予行政审批办公室负责集中办理20个行政审批事项的同时，以财政厅正式文件向行政审批办公室授权直接办理10项行政审批事项，授权办理事项占总办理事项的50%。为进一步减少行政审批事项，规范行政行为，根据自治区法制办的要求，对自治区财政厅行政许可事项和非行政许可事项再次进行清理确认，将1项非行政许可事项转为自治区财政厅内部工作程序办理，取消1项非行政许可事项。

2010年，行政审批办公室负责集中办理自治区财政厅19项行政审批事项，其中授权行政审批办公室在政务大厅直接审批的行政审批事项6项。10月20日，审批事项网上审批工作启动，全年授权办理事项占总办理事项的31.6%，授权直接审批的即时办结事项占总办结件的97%以上。

2012年，全面清理自治区财政厅行政审批事项。依据《中华人民共和国行政许可法》相关规定，对自治区财政厅22项行政审批事项进行全面清理，继续保留8项行政许可事项、14项非行政许可事项，3项非行政许可事项改变管理方式，由政务中心受理转办改为自治区财政厅内部工作程序办理，清理结果及时上报自治区人民政府审核。研究制定《财政部门行政审批标准化建设指导意见》，明确全区财政系统各级财政部门对本级财政行政审批项目的审批权限，逐步实现审批事项名称、法律依据、审批流程、收费标准、审批提交的资料、办理期限“六统一”。

2014年，继续开展自治区财政厅行政审批事项清理和流程优化，做好国家已下放和调整事项的承接落实工作。经自治区人民政府决定并公布，自治区财政厅取消1项非行政许可事项，调整11项非行政许可事项不再列入行政审批事项，最终保留行政审批事项6项，经流程优化，事项数量压缩33%，办理时限压缩50%。

2015年，开展“两单”（权力清单、责任清单）梳理工作，按时报送自治区政府审批。经自治区政府研究决定并公布，自治区财政厅权力清单、责任清单均为28项，其中行政审批5项，行政处罚19项，行政征收1项，行政检查2项，其他职权1项。

2016年，共办理各项行政审批业务2829项，其中办理自治区本级预算单位银行账户审批238项，政府采购方式变更943项，政府采购进口产品核准1515项，上传信息45篇，办理预约件55项，办理依法公开事项5项，答复网上咨询登记服务业务8项，办理会计师事务所设立1项，办理行政事业性收费事项1项，办理资产评估机构设立1项，办理自治区本级因公出国（境）经费先行审核事项19项，正常办结率100%，群众满意率100%。

是年，根据《关于进一步做好政府信息依法申请公开工作的意见》（宁政办发〔2010〕69号）要求，依托网络资源，政务服务窗口人员同时受理政府信息公开事项的申请受理和网上申报咨询登记业务，共办理公开事项5项、答复网上咨询登记服务业务8项。

至2018年12月31日，自治区财政厅进驻政务服务中心窗口行政服务事项14项，授权率100%；12项实现不见面办理，5项事项全程网办，不见面率85.7%。全年累计受理各类行政审批事项6743件，其中政府采购进口产品核准4238件，办结率100%；政府采购方式变更审批786件，办结率100%；因公出国（境）经费先行审核1638件，办结率100%；办结自治区本级预算单位银行账户审批40个；办理会计师事务所及分所执行许可3件。此外，答复网上咨询18项，处理政府采购质疑5件，完成信息报送25篇。服务对象覆盖所有区本级单位和部分群众，提前办结件实际节省共14909个工作日，无误件、误事、错件、违规件现象。

三、行政复议与处理

1995年，通过审查部分市县1994年预算执行结果和资金运用情况，开展治理“乱收费”工作，就涉及农业、交通、教育等行业的“三乱”现象进行专项治理，重点对中小学、公路乱收费进行严肃查处和清理。

2001年，根据宁夏注册会计师协会上报的《关于宁夏华诚会计师事务所及其注册会计师违法违纪问题处理意见的报告》，对照有关法律法规，确认宁夏华诚会计师事务所及其注册会计师在2000年1—8月执业期间出具的部分业务报告存在违法违纪问题，依法实施行政处罚。

2002年，审查西夏联合会计师事务所徐某某不服宁夏注册会计师协会《关于纠正个人业务承包和收入分成形式承揽业务的复函》提出的行政复议，做出不予受理的决定。调查研究宁夏注册会计师协会向自治区财政厅上报《关于宁夏正业通会计师事务所及其注册会计师违法违纪问题处理意见的报告》，确认宁夏正业通会计师事务所及其注册会计师在执业期间出具的部分业务报告存在违法违纪问题，按照规定程序以财政厅名义对宁夏正业通会计师事务所及其注册会计师实施行政处罚。此外，审核把关以自治区财政厅名义下发的行政处罚决定书46件。

2003年，为规范自治区财政厅行政复议和应诉工作，保证正确及时办理行政复议和应诉事项，根据《行政复议法》等有关法律法规，出台《宁夏财政厅行政复议和应诉工作规则》，明确厅行政复议机构和具体需要履行的职责，对行政复议申请的受理时限、行政复议案件的审查程序和内容、参加诉讼等内容作出详细规定。审核把关以自治区财政厅名义下发的行政处罚告知书和决定书60余件。

2004年，审核把关以自治区财政厅名义下发的行政处罚告知书和决定书50余件。是年，核实宁夏胜家缝纫干洗设备有限公司收到采购办作出的《关于政府采购女子监狱缝纫设备投诉的复函》不服申请行政复议一案。

2005年，审核把关以自治区财政厅名义下发的行政处罚告知书和决定书50余件，就原瑞衡评估公司对原中卫县城乡建设综合开发公司资产评估一事涉及行政处罚的有关问题进行审核研究，并做出处理。

2008年，洛阳瑞宝办公家具有限公司就自治区财政厅关于对宁夏博物馆文物库房设备招标投诉的处理决定不服提出行政复议，自治区财政厅按照法定程序答复并参加听证会，完善相关工作程序。

2009年年初，自治区财政厅受理山东烟台钟表研究所提出的投诉，经调查核实，认定宁夏回族自治区政府采购中心在2008年12月15日对宁夏回族自治区党委组织部景观塔钟楼政府采购项目公开招标过程中，评审委员会以天津《今晚报——北站两表相差7分钟——乘客不知该看哪个》的报道作为评标依据，对山东烟台钟表研究所的产品质量进行扣分，并根据《政府采购供应商投诉处理办法》规定，决定宁夏回族自治区党委组织部景观塔钟楼政府采购项目，由宁夏回族自治区政府采购中心重新组织招标。为此，天津方圆机电工业有限公司向自治区政府法制办提出行政申请，自治区财政厅书写答辩书，梳理法律依据和证据，在规定的时间内完成行政复议答辩工作。

2012—2014年，对政府采购处、监督检查局的投诉处理、行政处罚处理案件进行审核把关，保证财政行政处罚实体、程序合法有效。2012年审查25件，2013年审查17件，2014年审查26件，均未发生行政复议、行政应诉案件。

2012—2015年，对涉及自治区财政厅的行政复议案件，行政应诉案件进行研究讨论，及时向上级机关法制机构提交答复书及证据资料，按时出庭答辩。2012年办理行政复议案件21件、行政应诉案件1件；2013年，办理行政复议案件4件；2015年，受理行政复议申请1件，办理被行政复议案件2件。

2016年，受理行政复议申请1件，协调政府采购处组织现场调查，依法公开、公平、公正地作出行政复议决定。组织办理被行政复议案件2件，指导相关处室完善执法证据和处理依据，在法定期限内向财政部、自治区法制办分别上报行政复议被申请人答复书。

2018年，依法办理行政复议案件4件、行政应诉案件1件、国家赔偿费用审核9件，妥善化解行政争议，保护行政相对人合法权益。

第四节　规章清理

一、专项审查清理

1995年，为了解、掌握、比较新旧税收制度的变化对自治区一些企业的影响，自治区财政厅清理自治区人民政府从1990年到新税制运行前出台的有关税收政策和新税制运行后国家出台的有关税收政策文件，并将其分类、整理，汇制成目录后备案。

1996年，开展政府规章清理工作，共清理规章33件，其中继续有效需要执行的规章19件，不宜继续施行或自动失效的规章10件，需要继续执行但某些条文需要加以修改的规章4件。

2000年，根据国务院《关于纠正地方自行制定税收先征后返政策的通知》和财政部《关于做好地方清理自行制定税收先征后返政策统计工作的通知》要求，自治区财政厅全面清理1994年实行新税制以来，自治区党委、政府、人大制定的有关税收减免和返还的优惠政策，以及政府主席办公会议纪要等形式确定的税收减免和返还的优惠政策和自治区有关部门、各地市县政府自定的税收先征后返政策，共清理出有关政策文件106件，其中自治区人大制定的条例1件，自治区党委、政府、办公厅文件及政府主席办公会议纪要、专题会议纪要等57件，自治区财政厅、税务局文件1件，自治区经贸委文件11件，地市县政府文件36件。经过清理和统计，税政条法处按时向财政部上报了《关于宁夏清理自行制定税收先征后返政策统计工作的报告》。

2002年，对涉及自治区财政厅职责且现行有效的24件政府规章进行清理。

2007年，根据《自治区人民政府办公厅清理政府规章征求行政法规清理建议有关问题的通知》要求，筛选整理相关财政规章共16件，其中已停止执行等待废止的规章5件。经对照清理，提出继续有效3件、废止4件、继续执行6件和建议修改的3件，并上报自治区政府法制办。

2011年，对财政部门执行的1件地方性法规、14件政府规章、19件规范性文件及自治区财政厅印发的155件规范性文件进行逐一清理，并呈报自治区政府法制办审查。

2012年，对正在执行的198件地方性法规、规章、规范性文件进行清理，继续执行的地方性法规、规章、规范性文件178件，已修改和已废止的规范性文件16件，拟修改和拟废止法规、规章4件。

2013年，共开展专项清理3次，其中清理党内法规23件，政府规章、规范性文件216件。对1990—2012年自治区财政厅制定的现行有效的涉及行政处罚规范性文件进行专项清理，并及时向自治区党委、政府提交清理意见。

2014年，全面清理“红头文件”406件，其中废止73件、宣布失效25件、拟修改13件，暂不处理11件，继续执行284件。对自治区厅机关拟定的26件规范性文件进行合法性、可行性审核，及时报自治区政府备案审查。

2017年，建立《财政管理制度清单》和《自治区财政厅机关内部管理制度清单》制度，全面清理财政规范性文件408件。宁夏财政系统被确定为全国唯一的全域实施法治财政示范点建设单位。在区直机关中率先开展规范性文件“三统一”和有效期制度，截至12月31日，自治区财政厅制发“宁财规发”文件17件。

2018年，开展证明事项、产权保护等规范性文件专项清理。

二、法规数据库建立

2003年，根据全国“金财”工程会议精神，建立宁夏财政法规库，纳入自治区财政厅办公自动化系统，该库分为中央法规库和地方法规库。地方法规库的建立、维护和更新是《宁夏财政法规库》中的重点，为此，自治区财政厅成立宁夏财政法规库工作协调小组，并明确厅内各处室的职责分工，完成自治区财政厅1990年至2003年上半年文件的录入和制作工作，共计28479篇，初步建立地方法规库。

2005年，新的宁夏财政法规查询系统软件在自治区财政厅信息网上投入运行。此后每年均将编辑出版的《宁夏财政法规选编》上传至系统供查阅。

2015年，升级改造自治区财政厅官网“政策法规”专栏及财政法规数据库，增加行政审批、法制宣传教育、规范性文件等专栏，补充完善财政法规数据库有关内容，利用财政法规信息公开机制，自觉接受社会监督，促进依法理财。

第五章　财政监督

财政监督，是指财政部门在财政分配过程中，对国家机关、企事业单位、社会团体和其他组织或个人涉及财政收支、财务收支、国有权益以及其他有关财政管理事项进行监督，对其合法性进行监控、检查、稽核、督促和反映。

在财政监督上，宁夏抓好三大监督环节。一是事前监督。在财政收支活动前，如国家预算、财务计划编制、审核过程中进行监督。二是日常监督。落实收支活动过程中的监督，如解缴收入是否符合有关法规和政策规定，是否及时足额，支出用途及数量是否符合计划。三是事后监督。严格收支活动完成后的监督，如审查预算和财务计划执行情况，审查决算，检查经济活动及各项事业是否符合国家计划要求，是否取得应有的效益等。

宁夏财政监督的主要方式，是开展集中性检查和日常监督。1983—1997年，按照国务院部署，开展一年一度的税收财务物价大检查。1998年后，随着大检查的结束，财政监督职能由以检查方式为主转变为以日常监督为主，即把财务检查渗透到日常监督中，主要包括监督机制的制定、落实，对社会中介机构的监督等。

第一节　财政监督机制

一、过程监督

2007年，自治区财政厅建立事前、事中、事后全过程监督机制。开展对全区金融保险企业缴纳的营业税及所得税入库级次的事中检查，及时调整混库资金223.6万元，堵塞税收漏洞，确保国家财税政策的贯彻落实。2007年建立事前、事中监督，2011年建立健全事前、事中和事后监督相结合的财政监督机制，构建科学合理，系统全面，权责明确，运作规范的财政监督格局。

2009年，按照先行试点、逐步推进的原则，自治区财政厅对当年新增的现代农业项目试行事前、事中和绩效监督为一体的全过程监督，事前主要从项目的申报、可行性论证等方面开展，事中主要从项目实施管理、项目资金管理等方面进行，事后通过专家评审、群众调查等方法，评价政府投入取得的社会效益。

是年，为促进区直部门加强预算管理和财务管理，自治区财政厅对自治区农牧厅及其下属36个单位的2009年预算编制情况、2008年预算执行情况及会计信息质量三位一体工作进行综合性检查，共查出各类违规资金2782.28万元，提出改进意见及建议，并做出相应的处理处罚，要求归还所挪用资金70.67万元，收缴罚没款17.7万元。

2010年，继续对现代农业项目进行全过程监督。对永宁等13个市县（市、区）和自治区农垦局2009年已完成的23个现代农业项目（瓜菜产业）进行绩效考评。对11个市县（区）2010年的申报项目进行论证。

2011年，为建立健全事前、事中和事后监督相结合的财政监督机制，构建科学合理，系统全面，权责明确，运作规范的财政监督格局，自治区财政厅制定并出台《关于加强财政监督基础工作的意见》，成立自治区财政厅财政监督工作领导小组，进一步明确财政监督机构与预算管理机构的监督职责，并提出相应的财政监督工作机制。

2014年，结合推进宁夏财税体制和预算管理改革，对全区地税系统2013年度税收征管质量，预算编制、执行、决算及会计信息质量情况开展全过程、全方位的综合性监督。

2018年，按照《中共宁夏回族自治区财政厅党组关于深入开展违反中央八项规定精神突出问题自查自纠的通知》要求，对财政厅各处室超标准公务接待、违规公款吃喝、违规公款送礼、外出公款旅游内容开展财务内部审查工作。根据《关于开展督导全区财政收支执行进度的通知》（宁财便函〔2018〕880 号）要求，对固原市及所属县（辖区）进行财政收支督导。

二、绩效监督

2005年，自治区财政厅对彭阳县小虎洼生态环境建设与扶贫开发综合治理项目进行绩效监督，检查项目资金使用情况，对该项目产生的经济效益、生态效益、社会效益等作初步的分析评价。2005年后，完善财政绩效监督，财政监督工作向“三个转变，一个提高”的目标迈进，即开始转型改革，加大事前、事中监督力度，努力实现财政监督以事后为主向以事前、事中监督为主型的转变；探索开展财政绩效监督，努力实现常规性监督向常规性与效益性相结合的监督方式转变；发挥财政监督作用，实现财政监督检查型向财政监督管理型转变；进一步提高监督检查成效和监督检查成果利用水平，稳步推动财政监督工作再上新台阶。

2007年，自治区财政厅对固原市原州区、盐池县退耕还林、退牧还草资金开展绩效监督。彭阳县财政局联合农经、农业、林业、畜牧等部门，对长城塬节水高效农业综合开发示范项目开展绩效评价。中卫市财政局对“以工代账”香山硒砂瓜基地补灌工程、“整村推进”工程实施情况进行绩效监督。这两个县走出绩效监督的第一步，并取得了初步成效。

2008年，自治区财政厅从经济效益、生态效益和社会效益三个方面对固原市原州区刘店小流域综合治理项目开展绩效监督。评价结果显示，该项目的实施对改善群众生活条件、减轻自然灾害、改善生态环境，提高农民生产技能有裨益，初步解决了当地农民增收难问题。

2011年，按照“项目管理年”活动要求，采取绩效预算和绩效监督相结合方式，对部分市、县（区）的现代农业、小型农田水利建设和保障性安居工程等10多个项目进行绩效考评和检查。

2012年，通过采取绩效预算和绩效监督相结合的方式，开展现代农业、小型农田水利重点县等项目的绩效评价工作。

2013年，对彭阳县等8个县（区）2011—2012年度县域特色产业发展专项资金使用及项目实施进行绩效监督，从产业发展势头、组织实施、运行机制、资金管理、项目建设等方面进行综合评价。针对查出的未执行县级报账制、现金兑付补贴、擅自变更项目等违纪违规问题明确整改要求，并下发《关于县域特色产业发展资金绩效监督情况的通报》。

2015年，在财政监督中加强财政监督制度建设。对监督检查中发现的问题进行梳理、总结，对其中典型的问题进行归纳、提炼，做到问题定性统一、适用依据统一、处理处罚统一，整理编印《财政监督检查典型问题定性与处理处罚适用依据指南》，规范了处理处罚依据，降低了财政检查风险。

2016—2018年，根据《财政部关于加强内部控制工作的若干意见》，设立各级财政机构内控组织架构，制定内控操作规程，并将内控工作纳入年度考核。财政机构内控体系的建立，既明确了责任主体，又加强了业务衔接，进一步规范了财政工作程序，促进了财政管理，有效防范了财政工作风险。

2018年，根据《自治区人民政府办公厅关于印发国家级基层政务公开标准化规范化试点验收实施方案的通知》（宁政办法〔2018〕84 号）要求，分别对贺兰县、平罗县、青铜峡市、海原县和彭阳县5个试点县的财政预决算公开情况在网上进行逐条核查，将发现的问题及时反馈相关单位并督促整改。核查有效规范了市、县（区）财政预决算公开工作，促进政务公开工作由“粗”到“细”，确保自治区财政预算编制公开、透明、规范。

三、法治监督

2000年，为解决长期以来财政监督法治工作不健全等问题，自治区财政厅起草《宁夏回族自治区财政监督暂行办法（讨论稿）》。2002年1月，自治区政府以政府令的形式颁布《宁夏回族自治区财政监督办法》。印发《关于财政、审计处理决定有关补缴税款办法》等法规，加强财政监督法制建设。

2005年1月，自治区人民政府颁布《宁夏回族自治区专项资金监督管理办法》。

2006年，自治区出台《专项资金管理使用中违纪违规行为党纪政纪处分规定（试行）》，制定下发《关于进一步加强财政监督工作的通知》，编辑出版《财政监督常用法规选编》第一辑和第二辑。

2007年，修订《宁夏财政监督检查工作考核办法》，制定《宁夏财政检查和复核工作规程（试行）》，编辑出版《公共财政体制下的宁夏财政监督》一书。

2009年，制定出台《宁夏财政监督检查前期调研办法》，拟订《自治区财政厅聘用会计中介机构招投标办法》《宁夏财政监督档案管理办法》。编辑出版《财政监督常用法规选编》第三辑。

2010年，结合相关法规，对财政监督检查工作流程进行全面梳理，制定出台《宁夏财政监督检查操作规程》，以规范全区财政监督检查工作。

2011年，结合《财政检查工作办法》等法规，启动《宁夏回族自治区财政监督条例》立法工作。2012年8月1日，《宁夏回族自治区财政监督条例》经自治区第十届人民代表大会常务委员会第三十一次会议审议通过，并于2012年10月1日起施行。

2013年，印发《关于进一步加强专项资金监管的通知》《自治区财政厅聘请会计师事务所协助财政检查工作管理暂行办法》。编辑出版《财政监督常用法规选编》第四辑。

2014年，修订《宁夏回族自治区市、县、区财政监督工作考核办法》和《宁夏回族自治区财政监督工作考核办法》，制定《宁夏回族自治区财政厅财政监督检查结果利用暂行办法》。

2015年，制定并印发全区和自治区本级党政机关会议定点管理办法，对修订完善行政成本管控制度，深入推进厉行节约活动奠定了基础。

第二节　会计监督

为适应会计师事务所成为独立的社会中介组织，财政部门建立新的行政监管模式，由会计处和监督监察局分别履行审批会计师事务所和监管执业质量等职能。宁夏注册会计师协会逐步构建起包括注册会计师年检制度、业务报备制度、会计师事务所执业质量检查制度、谈话提醒制度、行业惩戒制度等行业监管体系。社会中介机构承担着验资、企业报表凭证以及其他专项资金的签证、企业财务报表的审查任务，是经济监督体系中社会监督的重要承担者。财政部门对社会中介机构的执业质量负担再监督的责任和权利。通过检查，规范被查单位的会计行为，提高会计信息质量和执业质量，维护财经纪律的严肃性。

一、会计信息质量检查

2001年，根据财政部要求，自治区财政厅抽查银川新华印刷厂、石嘴山煤炭基建公司等10家企业的会计信息质量。共查出违纪、违规金额4433.53万元，其中被查企业虚增利润475.31万元，虚减利润320.52万元，无原始凭证入账资产138.20万元，有账无货资产1405.91万元，长期投资成本不实1577万元。依法处理后，收回税款27.7万元，罚款4.3万元。

2002年，自治区财政厅以开展《中华人民共和国会计法》执法检查为契机，抽查宁夏大学、宁夏二建公司、银川市商业银行等13家企事业单位的会计信息质量。共查出违规资金53399.2万元。其中：高校少作收入880万元，少作支出854.2万元，未按规定提取勤工助学基金340.6万元；企业资产不实6858.4万元，所有者权益不实43836万元，损益不实9704.8万元，需补缴各种税款269.9万元，罚款22.8万元。

2003年，抽查银川啤酒厂、银川风机厂、宁夏第三建筑公司、灵武园艺场、宁夏糖酒副食品连锁经营公司等5家企业的会计信息质量。共查出违规资金2162.89万元，其中收入不实131.30万元，成本不实284.01万元，资产不实1511.82万元，其他方面的违规资金235.76万元。偷漏税款19.33万元。

2004年，检查全区医药系统24家企业的会计信息质量。共查出有问题资金3657.3万元，其中虚增资产254.3万元，少计资产149万元，多列负债23.9万元，虚列成本、费用89.9万元，少列成本、费用292.8万元，隐瞒或推迟确认收入985.8万元，应补缴税款45.8万元，潜亏1021.1万元。对自治区扶贫办、地矿局的财务收支及会计基础工作进行检查，发现自治区扶贫办存在挤占专项资金、超范围开支等问题，自治区地矿局存在无依据税务代开发票、会计基础工作不规范等问题。

2005年，检查宁夏经济技术协作开发公司、自治区体育局及下属单位、自治区劳教局及下属单位2004年度会计信息质量。宁夏经济技术协作开发公司存在推迟投资收益入账时间，随意变更会计处理方法，债权、债务清理不及时等问题；自治区体育局及下属单位存在没有设立彩票公益金管理专用账户，截留、坐支应缴财政收入，擅自扩大开支范围，用公款为单位职工购买商业保险等问题；自治区劳教局及下属单位存在未经批准擅自处置国有资产，往来账项长期挂账不及时清理，会计核算不规范等问题。

2006年，检查宁夏职业技术学院、吴忠职业技术学院、宁夏经贸职业技术学院、银川科技职业学院、宁夏建设职业技术学院、石嘴山职业技术学院等6所高校的会计信息质量。

2008年，检查全区新闻出版业22家单位2005—2007年度会计信息质量。发现有12家单位存在收入确认不及时或不正确、成本及费用核算不合规、长期投资及投资收益核算不正确、抵顶收入的固定资产不入账、未经批准擅自处置国有资产、会计基础工作不规范等问题，违规资金达3960.06万元。

2010年，结合“小金库”治理重点检查工作，检查宁夏银川新城国家粮食储备库和宁夏汇川服装有限公司的会计信息质量。发现私设“小金库”、虚增资产等违纪违规问题2009.40万元，要求限期整改，并处以1.5万元罚款。

2011年，检查宁夏科学技术协会及其下属单位2009—2010年度的会计信息质量，发现会计基础和会计核算不规范、挪用专项资金、固定资产管理不规范等违纪违规资金388.7万元，针对问题，责令改正，予以惩戒。

2012年，全区各级财政部门以重点领域、重点行业和重点企业的会计信息质量检查作为会计监督的中心工作，共组织332人，开展全区340家以能源、粮食企业和保障性住房项目为主，以行政事业单位、其他企业为辅的上下联动会计信息质量检查，查处违纪违规资金11159.16万元。

2014年，组织各级财政部门检查全区医药生产、流通企业，医院和基层医疗机构，以及公共交通行业117家单位、企业，共查出不设总账、明细账会计核算不规范1404万元，账表不符、账实不符24960万元，虚列、多列成本费用1890万元，变造会计账簿、编制虚假财务报告23882万元，挪用专项资金141万元，扩大经费开支范围及其他问题229万元，少缴税金154万元。对发现的问题，依法进行处理处罚和公告。

2016年，检查农业龙头企业和节能环保企业的380户行政及企事业单位。共发现违规单位184户，涉及违规金额175734.92万元。查出的问题主要包括成本核算不实、费用支出不实、利润不实、资产不实、所有者权益不实、挤占挪用、截留滞留财政资金等方面，均予以及时纠正和处理。对123户被查单位进行处理处罚，对39户被检查单位及7名责任人给予罚款的行政处罚，其中对单位罚款133.37万元，对个人罚款5.8万元，追缴财政资金12879.08万元。

2017年，检查全区953户行政事业单位和企业，共发现违规单位226户，涉及违规金额24859.28万元。依法对61家被检查单位进行处理处罚，对312家被检查单位及4名相关责任人给予罚款处理，有2家被检查单位给予责任人行政处罚，追缴财政资金458.61万元。

二、会计执业质量监督

1996年，自治区财政厅会同财政部驻宁夏财政监察专员办事处对9家会计师事务所的财务收支、验资质量、查账验证质量和税务代理质量进行检查，发现9家事务所都不同程度地存在一些问题，主要表现在验资报告不规范、审计工作底稿不完整、漏审重要项目等方面。

2001年，宁夏注册会计师协会对3家会计师事务所存在的不符合独立审计准则、实务公告、规范指南的业务质量问题提出警示，要求各会计师事务所（资产评估机构）加强业务质量控制，对业务质量进行全面自查自纠，不断完善内部质量控制制度。针对宁夏华诚会计师事务所及其4名注册会计师没有依法执业，出具虚假和严重不实验资报告、审计报告行为，逐人逐项再次核实，并延伸到会计师事务所的客户和相关单位调查取证，做到证据确凿、事实清楚。在此基础上，向自治区财政厅提交了关于宁夏华诚会计师事务所及其注册会计师违法违规执业问题的处理意见。

2002年，宁夏注册会计师协会根据全区执业机构数量和宁夏注册会计师协会掌握的各会计师事务所、资产评估机构的执业质量情况，确定宁夏正业通会计师事务所等5家会计师事务所为2002年度业务检查的对象。实地检查结束后，对5家存在的执业质量问题进行分析、评价，统一衡量标准，分别发出业务检查意见书，对较严重的违规执业质量问题提出严肃批评，要求限期整改，并于2002年12月20日前向宁夏注册会计师协会提交整改报告，作为年检是否合格的条件之一。

2004年4月起，按照《会计师事务所执业质量检查制度（试行）》和中国注册会计师协会要求，宁夏注册会计师协会每年组织工作组，通过抽检方式，开展会计师事务所的执业质量检查，针对检查反映出的问题，由协会作出相应处理。

是年，对宁夏五洲联合会计师事务所等4家会计师事务所的执业质量进行实地检查。从4家会计师事务所2004年1—7月出具的215份审计报告和733份验资报告中抽取30份审计报告和45份验资报告进行复核检查。宁夏注册会计师协会对基础制度较差，执业质量问题较多的会计师事务所进行跟踪监管。

2005年，扩大业务检查范围，先后对正中信会计师事务所、永信会计师事务所、永信会计师事务所石嘴山分所、永信会计师事务所青铜峡分所、天华会计师事务所灵武分所、宏源会计师事务所石嘴山分所2005年1月1日至6月30日出具的审计、验资的业务报告进行实地检查。以随机抽样的方法，从471份审计报告中抽取92份，从329份验资报告抽取66份，占检查范围内出具业务报告数量的20%。对被查机构存在问题的不同，分别作出责令限期整改、谈话提醒、书面批评、书面检查等处理。是年，自治区财政厅对宁夏瑞衡资产评估有限公司出具的《宁夏中卫县城乡建设综合开发公司拟改制项目资产评估报告书》进行检查，发现存在“存货在产品”评估价值取值参数的充分性、合理性不足、“应付账款”的真实性清查核实程序不到位、证据不足等问题。

2006年，宁夏注册会计师协会实地检查宁夏正大会计师事务所、盐池兴盐会计师事务所、宁夏华强会计师事务所、宁夏方正联合会计师事务所、宁夏五岳联合会计师事务所、宁夏众和会计师事务所等6家会计师事务所的执业质量。从6所会计师事务所2005年7月至2006年6月出具的70份审计报告和960份验资报告中抽取135份审计报告和181份验资报告进行复核检查。根据存在的问题作出行业自律惩戒决定：对2家提出书面改进意见和建议；对1家的资质和内部管理存在的问题提出整改要求，对2名注册会计师予以谈话提醒；对2家责令在3个月内进行整改，并在行业内通报批评，对6名注册会计师予以谈话提醒，给予其中1名在行业内通报批评；对1家予以行业内通报批评，对3名注册会计师予以谈话提醒。

2007年，宁夏注册会计师协会对12家会计师事务所2006年6月1日至2007年5月31日出具的审计、验资等业务报告进行实地检查。从1053份审计报告中抽取197份，从2456份验资报告中抽取361份进行复核检查。实地检查结束后给予5家会计师事务所行业内通报批评、3家会计师事务所限期整改、1家会计师事务所公开谴责的行业惩戒处理，给予8名注册会计师谈话提醒、6名注册会计师行业内通报批评、2名注册会计师公开谴责的行业惩戒处理。是年，自治区财政厅核查银川市工商行政管理局转来的原宁夏华诚会计师事务所连续两次为企业提供虚假验资报告的问题，对提供虚假验资报告的注册会计师庞某、杨某给予暂停注册会计师执业资格6个月的行政处罚，对魏某给予暂停注册会计师执业资格12个月的行政处罚。

2008年，宁夏注册会计师协会实地检查6家会计师事务所，占全区会计师事务所的25%。依据检查组提交的检查报告，对被检查单位提出处理意见：对1家事务所予以社会公开谴责，对2家事务所予以行业内通报批评并限期3个月内整改，对2家事务所予以限期3个月内整改；对2名注册会计师予以社会公开谴责，8名注册会计师在行业内通报批评，5名注册会计师进行训诫。同时，自治区财政厅延伸检查发现，灵武市农村信用社在企业变更注册资本事项中存在提供虚假证明、宁夏乌源煤炭销售有限公司等3家户企业在变更注册资本事项中存在抽逃出资等问题，并分别移交自治区银监局、银川市工商行政管理局进行处理。

2009年，自治区财政厅监督检查局、宁夏注册会计师协会联合成立执业质量检查工作组，对7家会计师事务所实行首次联合检查，通过日常监管与专项检查相结合，加大处罚力度，严厉惩治违法违规行为。

2010年，宁夏注册会计师协会实地检查5家会计师事务所，共抽查审计报告58份、验资报告36份。通过检查，对2家会计师事务所予以行业内通报批评；对1家事务所予以训诫，并限期整改。是年，自治区财政厅对2家会计师事务所予以行政警告，没收并罚款3.9万元。

2011年，自治区财政厅联合注册会计师协会，对五岳、中建华等5家会计师事务所进行检查，抽取审计报告90份、验资报告59份。按照中国注册会计师协会《会计师事务所执业质量检查制度改革方案》、新修订的《会计师事务所执业质量检查制度》和《资产评估执业质量自律检查办法》，充分体现风险导向检查理念，对检查对象质量控制体系的建立、制度执行和运行的有效性、职业道德守则遵循、会计信息质量、审计业务执业质量等方面的检查评价，指出被检查单位存在的问题和不足，提出整改意见。首次将内部治理、制度建设和制度执行情况纳入检查范围。检查结束后，对1家会计师事务所交由自治区财政厅监督检查局进行行政处理，对其他会计师事务所给予限期整改惩戒。

2012年，宁夏注册会计师协会对6家会计师事务所开展执业质量检查。对存在问题较多的银川安可信会计师事务所等3家机构进行行业惩戒处理，并对其合伙人（股东）进行谈话提醒。对2家会计师事务所合伙人（股东）进行约请谈话。是年，自治区财政厅对2家会计师事务所执业质量及会计信息质量情况进行抽查。针对查出的实施风险评估程序和实质性程序不到位、变更验资业务中未关注被审验单位以前的注册资本实收情况等问题，给予警告，且在全区注册会计师行业内通报，提高了会计监督的震慑力。

2013年，宁夏注册会计师协会对3家会计师事务所进行执业质量检查，加强对执业机构不正当低价竞争、执业质量、财务规范等方面的检查力度。对1家会计师事务所及其主任会计师给予公开谴责，对1家会计师事务所及其主任会计师进行约请谈话。是年，自治区财政厅组织全区各市、县（区）财政局对7家会计师事务所等单位进行检查，发现会计核算不实38846.36万元。针对检查发现的问题，依法对1家会计师事务所责任人进行行政处罚，吊销会计从业资格证书1人。

2014年，按照每年检查面不低于20%的要求，宁夏注册会计师协会对3家会计师事务所进行执业质量检查，将会计师事务所建立健全内部治理作为检查重点。对2家会计师事务所、2名注册会计师给予行业惩戒。

2015年，按照财政部对会计师事务所五年轮查一遍的要求，自治区财政厅检查5家会计师事务所的执业质量及其自身会计信息质量，发现审计报告意见段未披露相关保留事项的具体金额及对会计报表的影响程度；初步业务活动底稿及风险评估阶段底稿编制不完善、部分编制项目的内容存在缺失、部分底稿中未具体记录识别的审计风险点及相应的应对措施；审计业务中，部分项目实质性程序执行不足，审计程序缺失，部分会计科目的审计证据不充分；审计报告附注存在披露内容不准确，有重大担保、抵押信息及重大关联交易等重要事项遗漏的情况；事务所自身会计核算不规范等问题。对3家会计师事务所进行处罚，罚金共计12.5万元，并暂停3名注册会计师的执业资格。

2017年，自治区财政厅对7家会计师事务所和2家资产评估机构进行执业质量检查，责令3家会计师事务所进行整改。

第三节　税收财务物价检查

1983年，按照国务院部署，开始一年一度的税收财务物价大检查，自治区成立税收财务物价大检查办公室，挂靠自治区财政厅，与自治区财政厅监察处合署办公，财政、审计、税务、物价等业务部门共同参与。至1997年结束，前后历时14年。宁夏每年组织检查的力量都在千人以上（不含各单位自查人员），通过采取自查、互查和重点检查相结合的方法，对企业、事业、行政单位和社会团体、个体工商户遵守财经法规情况实施集中性的监督检查。14年间，全区累计查出各类违纪金额9.44亿元，应入库5.61亿元。通过大检查，一批违法乱纪问题和责任人被查处，一些严重经济犯罪分子受到党纪、政纪和刑事处理。在查出的案件中，采取不法手段偷税漏税、截留财政收入、任意扩大成本费用、化大公为小公、挥霍浪费等违纪金额均在10万元，贪污受贿万元以上的案件百余起。

第四节　专项检查

专项检查是财务检查的重要形式，也是一种行之有效的监督形式，具有专项性、单一性、及时性和时效性特点。

一、上级部门安排的专项检查

（一）小金库清理检查

1995年，国务院办公厅转发财政部、审计署、中国人民银行《关于清理检查小金库意见的通知》，决定在全国范围内开展一次清理小金库的专项检查。主要采取单位自清自查和有关部门抽调人员重点清查相结合的方式进行。检查范围包括凡违反国家财经法规及其他有关规定，侵占、截留国家和单位收入、私存私放的各项资金。全区共有4575户单位进行自查，自查出“小金库”资金327万元，同时又组织力量对594户进行重点检查。到1995年8月底，全区共清理检查出“小金库”资金511万元，应缴入库154万元，实际入库131万元。

2009年，按照中央统一部署，自治区成立“小金库”专项治理工作领导小组，全区26个市县和27个自治区直部门成立治理工作领导小组。共组织自治区668个单位和市县（市、区）4312个单位自查自纠。自查上报258个单位存在“小金库”问题，设立“小金库”327个，金额达7819.47万元。在自查基础上，全区从纪检、监察、财政、审计、税务等部门抽调386名业务骨干，组成85个重点检查组，对144个区直部门、市县单位进行重点检查、延伸检查；各市县（市、区）对1384个单位开展重点检查、抽查。同时，组织开展全区党政机关和事业单位银行账户清查，初步认定单位自查未报且财政未备案账户206个，占上报总数的7%。市县财政上报单位自查银行账户9451个，财政审批和备案账户8732个，未经财政审批和备案账户719个。2010年，组织党政机关和事业单位针对自查申报和重点检查出的问题，开展整改落实工作。

2010年，参与“国有及国有控股企业”“社会团体和公募基金会”的“小金库”专项治理工作，组织力量参加重点检查。截至2010年12月31日，宁夏党政机关和事业单位共整改纠正“小金库”416个，涉及违规资金（资产）10992.53万元；行政处罚32人、组织处理9人、党纪政纪处理19人、移交司法机关处理3人，行政处理处罚单位69户。是年，为推进宁夏“小金库”长效机制建设，结合宁夏实际，自治区财政厅代自治区党委、政府办公厅草拟《关于防治“小金库”的若干规定》，并由自治区党委办公厅、政府办公厅联合下发执行。

2011年，按照中央“小金库”专项治理工作统一要求，对列入“小金库”专项治理范围的6713个党政机关、事业单位、社会团体、国有企业进行全面复查，并对复查发现涉及资金310.34万元的33个“小金库”，要求相关单位在内部进行公示。重点抽查全区1334个单位，查出7个“小金库”，涉及资金115.37万元。对复查和抽查发现的425.81万元违纪违规资金，依法纳入规定的账簿内核算270.81万元，收缴财政资金154.7万元，罚款3.3万元。各级“小金库”治理单位结合查出的“小金库”及其他违纪违规问题，制定完善制度规定和办法60多项，为全区防治“小金库”提供了长效保障机制。

2014年，为进一步巩固“小金库”治理成果，根据财政部、审计署统一部署，自治区财政厅组织全区各级财政部门对收费收支纳入预算管理或有财政拨款的部门和单位，全面开展贯彻执行中央八项规定、严肃财经纪律和“小金库”专项治理工作。全区共有3553家单位参加此次专项治理自查工作，查出违规金额81742.6万元。自查自纠结束后，自治区财政厅监督检查局组织全区各级财政部门对594户收费收支纳入预算管理或有财政拨款的部门和单位开展辖区内重点检查工作。重点检查单位占全区预算单位的16.7%。共查出违规金额9459.26万元。发现部分单位存在资产出租收入不入账、虚列支出、超概算投资、违规发放津补贴和实物、“三公”经费管理核算不规范、未执行政府采购政策、财务管理和会计核算不规范、部分收入未实行收支两条线、公务卡执行不到位、违规多头开户等问题。

（二）预算外资金专项检查

预算外资金专项检查是中央、国务院作为整顿经济秩序，深入推进反腐败斗争的一个重要举措。按照国务院统一部署，1996年、1997年，自治区连续两年在全区范围内对预算外资金进行专项检查。全区应自查2063户，实际自查1965户，自查面达95%。查出1995年全区预算外资金收入11.56亿元，支出10.10亿元。重点检查出各类违纪金额3883万元。

（三）财政收入专项检查

2005年，自治区财政厅按照当年财政工作会议部署，对31户区属企业及宁夏煤业集团和宁东能源重化工基地2005年1—4月增值税25%部分入库级次情况开展专项检查，共查出应入自治区级金库而实际入市县（区）级金库的税款897万元，10月底前全部调入自治区级金库。2006年复查发现，个别市县（区）仍然存在将应入自治区金库的税收误入市县库的混库现象，共784.6万元。混库税款全部调入自治区级金库。

2008年，检查中央驻宁夏执法单位2007年至2008年9月的罚没收入入库级次情况，发现烟草专卖机构混库156.15万元，经协调后将混库资金调入自治区本级国库。

（四）其他专项检查

1993年，自治区财政厅按照财政部统一部署，采取自查、互查、重点检查和组织验收的方法，对1991年、1992年支援不发达地区资金和农业四税进行专项检查。通过检查基本摸清自治区对支援不发达地区资金的安排、使用和效益情况，发现资金使用不当、效益不高和挤占挪用等违纪问题。对农业四税的检查以乡镇为单位，采取条块结合，以条为主，谁安排使用、谁组织检查的方法。通过检查，全区共查出各类违纪金额312.8万元。对上述两项检查中查出的违纪问题和违纪资金，按有关规定进行处理和收缴。

2007年，全区财政监督机构对2004—2006年度"中央政法补助专款"的管理使用情况进行检查，查出挤占、挪用、滞留专项资金23万余元，对于违规问题按照相关规定进行了处理、处罚。

2011年，根据中央纪委关于加快转变经济发展方式监督检查工作会议精神及自治区纪委统一安排部署，由自治区财政厅牵头成立8个项目检查小组，对宁夏农村环境连片整治、须弥山景区项目、重大高新技术产业化项目等进行检查，发现农村环境连片整治资金存在专户管理难度大、前期设计不周全、招投标受时间限制、资金支付率不高等问题，并提出改进意见和建议，规范了资金的管理和使用。

2012年，自治区财政厅对全区农业产业化和林业产业化资金的管理和使用情况进行检查，发现部分单位存在专项资金普遍结余、实际实施量与计划实施量有差异等管理方面的问题，以及大额付款无原始凭证、挪用和虚报农业产业化资金、擅自变更项目内容等问题，涉及金额1397.30万元。

二、本级财政部门安排的专项检查

（一）"三专一定"专项检查

"三专一定"是自治区财政为确保困难地市县工资正常发放的一项重要政策措施。为落实政策，防止挤占、挪用专项资金发放工资现象的发生，从1995年开始，自治区财政厅每年都组织力量对实行"三专一定"的二地十一县执行政策及当年预算执行情况及总预算会计基础工作进行检查。通过检查，各地在财政状况紧张的情况下，大多能从严控制支出，确保工资发放，保证当地党政机关正常运转和各项事业发展。但工资基金管理工作中也存在少转工资基金、在工资基金专户中拨付非工资性支出、工资户与一般户串用、新人员过多、有挤占发放工资现象等问题。

（二）乡级财政专项检查

为加强乡镇财政建设，自1992年起，自治区开展对乡级财政的检查，检查一般通过县乡财政自查自纠和市县财政局普遍检查的方式开展。

1999年，对全区17个市县102个乡财政所进行全面检查。检查发现，不少市县由于管理、监督、培训不到位，乡财政管理混乱，问题较多。在预算管理方面，普遍使用转账支票进行拨款，部分乡财政存在使用现金支票拨款；大部分乡财政预算拨款无计划，不按预算进度拨款；普遍存在乡镇总预算会计与政府经费会计一人兼任现象；预算支出截留现象较为突出；税款缴存银行不及时；税票填写不完整、不规范等问题。预算外资金管理方面，记账凭证填制不规范；记账、复核没有经办签章，账簿使用不规范，登记不及时，付款凭证审批手续不完善，不按规定设置账簿和会计科目等问题。

2000年10月下旬，对石嘴山市、银川市的乡镇财政所进行检查。检查的内容主要包括乡镇财政所1999年至2000年9月的预算管理、预算外资金管理、财务管理、会计基础工作、农税征解情况，以及乡镇财政贯彻国家关于减轻农民负担、工作人员有无超编等情况。通过检查，检查出违纪事项30余项，违纪金额300多万元，应入库税金40多万元。

2001年，组织开展全区县乡财政、财务检查工作。检查分县乡财政自查自纠、市县财政局普遍检查和自治区财政厅组织重点抽查3个阶段。当年完成各市县乡财政第一、二阶段检查工作，共查出违纪、违规金额1340万元（不含呆坏账838.4万元），应入库84.1万元，已入库65.7万元；行政处分2人，罚款2人。

2002年，在上年度县乡财政自查自纠和市县财政局普遍检查结束后，自治区财政厅监督检查局组成4个检查组，对全区10%的乡镇进行重点抽查，共抽查30个乡镇，共查出账账不符、账实不符、固定资产不入账、向非预算单位拨款、随意变更会计处理方法、总预算会计原始单据短缺、将滞纳金收入抵顶农业税、用经费垫交农业税、未设预算外资金专户、房屋租赁收入不交营业税等问题，违纪违规金额2595.6万元，对查出的问题及时进行纠正和处理，在经济处罚方面，共罚款41.2万元，已入库40万元。

2009年，组织各市县对2004—2008年基层政权建设资金开展自查，自治区财政厅对在市县自查的基础上进行重点抽查。抽查中发现截留、挪用、滞留等违纪违规资金411.7万元，占自治区拨付资金总额的1.6%。针对问题，要求相关单位归还挪用资金122.97万元，继续拨付被截留、滞留资金288.73万元，同时处以11.11万元罚款。

2015年，对银川市8个县区16个乡镇的33个村，灵武市8个乡镇、中卫市2个乡镇2014年度财务管理、财政资金运行情况进行综合检查。检查发现的主要问题有：财务管理、会计核算不规范；账实不符、账证不符、账表不符，白条抵库、白条入账；违规设置会计账簿，挪用村级集体资金借给单位或个人使用；违规挤占村级资金，支付镇各项公用支出等。同时，检查发现部分乡村存在挪用专项资金、虚报套取财政资金、虚列支出套取集体资金等重大违规问题。年底，将乡镇及村级财务管理检查中发现的问题，全部移交当地财政部门处理。

（三）基建资金专项检查

1999年，自治区财政厅对全区22个地、市、县基建和国债转贷资金的管理进行专项检查。通过检查，发现存在的问题有：未建立基建资金专户；部分项目无预算，未按程序拨款；部分地区资金划拨手续不齐全；挪用、挤占基建资金；缺乏对基建资金使用情况的跟踪问效等。

2008年，检查全区2005—2007年度工业园区基础设施和生态建设补助资金管理使用情况，发现挪用专项资金178.38万元，作出原渠道归还挪用资金的决定，并予以行政处罚。

2011年，检查全区各市县（市、区）小城镇建设资金和寄宿制学校重点项目资金管理使用情况，其中小城镇建设资金检查采取上下联动方式。检查发现，小城镇建设资金存在项目申报资料不完整，项目管理及变更不规范等问题；寄宿制学校项目资金存在虚报、套取、滞留、截留等违纪违规问题，涉及资金1083.71万元。针对问题，除责令改正和罚款外，向相关部门和单位提出了改进意见和建议。

（四）民生资金专项检查

2000年，自治区财政厅与监察厅、民政厅、劳动和社会保障厅组成联合检查组，对全区22个地、市、县的社保、劳动就业、财政、民政等单位社保四项资金管理、使用情况进行专项检查，发现"两金"（养老金、失业保险金）欠缴严重、特困户增加、职工下岗程序和管理混乱、社保资金管理不规范，有挤占、挪用、下岗职工失业金一人代签代发，某社保局领导将企业顶账汽车带到新单位并在两单位都不入账等问题。

2002年，全面检查吴忠市利通区、海原县和同心县1992—2001年度救灾资金、企业下岗职工生活保障费和城市低保资金等社保专项资金，查出违规违纪资金473.5万元。同时，抽调人员随同自治区政府社保资金检查组，对全区22个地、市、县有社保、劳动就业、财政、民政等单位，对管理、使用社保资金情况进行检查，对发现的问题及时作出处理。

2006年，自治区财政厅对全区各市县（市、区）2004—2005年度的城市居民最低生活保障资金管理使用情况进行检查和调研，发现虚报资金5621.5万元，形成结余3788万元，违规使用资金86万元。此外，还存在配套不足、未安排工作经费、档案管理不规范、公示制度不严格及审批程序不完整等问题。针对上述问题，按照检查与审理相分离的工作机制，进行审查处理。

2008年，自治区财政厅对全区新型农村合作医疗基金的管理使用情况进行联动检查，发现挪用专项资金、未执行政府采购、应缴未缴、强制收费等问题，违规资金共计156万元。针对问题，5个地级市财政局对被查单位提出整改意见。对严重违规问题，依法进行处理。

2010年，自治区财政厅协助财政部驻宁夏专员办和自治区纪委，对中卫市廉租住房保障资金和中央扩大内需促进经济增长政策落实情况进行监督检查。

2012年，自治区财政厅对宁南山区区域中心城市及大县城建设项目资金进行检查，并与市、县（市、区）财政局通过上下联动方式，开展了对支农培训补助资金和农村财会人员财政支农政策培训专项经费管理使用情况的检查，查出挪用、滞留等违纪违规问题，涉及资金4998.03万元。

2013年，检查泾源县等6个县（区）2012年村卫生室标准化建设项目实施及资金管理使用情况，查出擅自变更项目内容、超概算建设等违纪违规资金660.63万元，对相关单位和责任人下达处理决定书，追回资金434万元。

2015年，检查全区2009—2014年成品油价格补贴资金使用情况，发现部分市县挤占、挪用、扩大补助范围等违规问题，下发处理决定10份，追回套取的财政补贴资金500多万元，确保专项资金的安全、规范和有效使用。

（五）涉农资金专项检查

2004年，自治区财政厅检查永宁、平罗、中宁、泾源等4个县33个单位2003年度财政农业项目资金的管理使用情况，涉及专项资金总额1394万元。查出违规资金94.7万元，罚款9.8万元。同时，对有具体建设内容的19个项目进行绩效监督检查，在检查中发现部分项目建设进度不够，管理水平、标准质量不高，资金综合效益不能充分发挥等问题，及时向有关部门反馈检查结果。

2007年，自治区财政厅对宁夏山区8个县2004—2006年度“退耕还林、退牧还草”资金管理、使用情况进行检查，共查出违规资金1251.61万元。对挤占、挪用、截留、虚报套取专项资金和从“一卡通”中直接扣取农村合作医疗保险或管护费等违规行为作出处罚，原渠道归还资金164.82万元，罚款13.7万元。同时，对西吉县退耕还林检查中发现的村支书、主任、会计3人合伙侵吞、私分补助粮款8.44万元重大违纪问题移交西吉县人民政府处理。

2012年，检查全区农业产业化和林业产业化资金的管理和使用情况，发现部分单位存在专项资金普遍结余、实际实施量与计划实施量有差异等管理方面的问题，以及大额付款无原始凭证、挪用和虚报农业产业化资金、擅自变更项目内容等资金方面的问题，涉及金额1397.30万元。

2013年，检查全区粮食直补资金、农资综合补贴资金、农村危房改造试点补助资金等强农惠农资金和中等职业技术学校贫困学生补助资金管理使用情况开展，查出虚报套取、截留挪用、补贴发放不规范等违纪违规资金2.13亿元。检查结束后，对相关单位和责任人下达处理意见书，对有关资金予以追回，并在全区通报检查结果。

2017年，检查全区2015—2016年涉农扶贫资金，发现21个单位及农垦集团存在问题73个，涉及资金54113.2万元。检查结束后，梳理核实各项问题，将38个重大问题线索移交自治区纪委，涉及违规金额5787.9万元。根据检查结果建立问题清单，全面督促整改任务落实。是年，按照自治区纪委《关于在全区深入开展查处涉农扶贫领域腐败问题专项行动实施方案的通知》（宁纪发〔2017〕23号），检查全区192个乡镇及44个街道办事处2276个村两级2015—2016年92项农业、农村、农民涉农资金共550851.15万元。检查发现624个具体问题，涉及资金7300.35万元，经过梳理，向自治区纪委移交问题20个，涉及违规问题金额1772.52万元。

（六）教育资金专项检查

2005年，自治区财政厅对自治区第二批国家贫困地区义务教育工程（简称“义教工程”）专项资金管理、使用情况进行检查，在市县财政局全面检查基本结束的基础上，重点抽查自治区教育厅及15个市县（市、区）教育局和129所学校，抽查面为32%，查出违规资金6728.86万元，其中挪用二期“义教工程”建设资金489.53万元，各市县（市、区）虚假配套资金1677.7万元，未经审核批准擅自调整项目建设内容的土建资金2821.56万元，未按规定进行公开招标的工程建设资金1740.07万元。另外，还存在部分项目未进行工程验收和竣工决算、未办理国有资产产权移交手续、部分市县未按规定对项目资金进行专户储存、专户管理等问题。

2007年，检查中宁县、西吉县2004—2006年教育专项资金管理使用情况，查出违规资金741.6万元，其中中宁县虚报项目套取专项资金149万元，西吉县挪用教育专项资金90万元。对中宁县虚报套取的149万元予以全部追回，责令西吉县将挪用的教育专项资金原渠道归还，并处以罚款。

2013年，检查全区2009—2012年度校舍安全工程项目实施及资金管理情况。重点检查其中89所项目实施学校，查出挪用、滞留、擅自变更项目等违纪违规资金2.97亿元，根据检查结果，对相关单位和责任人下达处理决定书。

2016年，重点检查26个市、县（市、区）全面改善贫困地区义务教育薄弱办学条件专项资金管理使用情况。检查发现无依据编制项目资金预算，虚报套取“薄改”专项资金3398.22万元，挤占、挪用“薄改”专项资金6649.82万元，建设类项目管理不规范、未按规定实施招投标，涉及资金1524.21万元，未按规定实行国库集中支付81561.86万元，项目实施进度缓慢，专项资金使用率不高等问题。针对查出的问题，下发处理处罚决定书27份。其中，对虚报套取、滞留和挪用“薄改”专项资金等共计1.04亿元执行扣款处理；对未按规定实施招投标的问题，责令限期改正，并处以9.14万元罚款；针对8.16亿元“薄改”专项资金未按规定实行国库集中支付的问题，责令改正；要求相关单位严格执行国库集中支付制度。

（七）科技资金专项检查

2001年，抽查1999—2000年自治区财政安排的科技三项费用资金管理和使用情况，共检查项目使用单位23个，查出擅自提高标准提取管理费、将项目资金转入预算外发放风沙费和首府津贴等11个方面的问题，查出违规金额188万多元，其中提高标准10个百分点多提管理费140万元。对检查出的问题，依法进行纠正，对固原地区科技局等单位在课题费中列支风沙费、误餐费和首府津贴问题进行处理，共收回违规资金67864.50元。

2006年，检查自治区科技厅、宁夏农林科学院、自治区卫生厅、青铜峡铝业集团、宁夏奔牛集团等10个项目单位和5个地级市的部分企业2003—2005年度的科技三项费管理和使用情况，发现违规使用资金合计224万元。针对检查发现的问题，分别下达原渠道归还或处以罚款的处理决定，罚款共计9.6万元。

2014年，结合内部监督，自治区财政厅对企业处、教科文处管理的2013年度科技专项资金开展专项检查和调研。检查各类科技项目26个，涉及专项资金3.71亿元。查出33个单位存在滞留、截留、挪用科技专项、私存私放财政资金、会计核算不规范等违规资金1225.09万元。追回财政资金42万元，罚款31.8万元。

（八）扶贫资金专项检查

2002年，自治区财政厅检查全区217个行政事业单位2000—2001年度财政扶贫资金管理使用情况，查出挤占挪用财政扶贫资金等违纪、违规资金910.1万元。共追缴财政资金181.9万元，其中罚款40.4万元，调账50.7万元。抽查中宁县、固原市原州区、盐池县、银川市、同心县和隆德县等6个市县，查出挤占、挪用等方面的违规金额154.80万元，应入库7.1万元。

2003年，检查海原县扶贫开发办公室、计经局、水务局、南华山水源涵养林总场，西吉县扶贫开发办公室、农牧局、水利局、交通局、六盘山外围水源涵养林总场2002年度财政扶贫资金使用情况。查出挤占、挪用财政扶贫资金192.33万元。

2008年，自治区财政厅组织、指导各市县财政局对2006年至2008年6月财政扶贫资金的管理和使用进行专项检查，检查覆盖面达到40%。检查发现挤占挪用、滞留、扩大资金使用范围和投向、多头或重复申报、多报预算等问题，违规资金合计1006.52万元，由各市县财政局依法进行处理。

2017年，联合自治区扶贫办成立联合核查组，分别对同心县、海原县、吴忠市红寺堡区、固原市原州区、隆德县5个县区2015年和2016年财政扶贫资金进行专项检查。12月初对检查发现的问题进行复核，就整改情况进行督导检查，并向自治区人民政府上报《关于财政扶贫资金专项检查发现问题整改落实情况的专报》。经核实，5个县区在扶贫专项资金使用中存在虚报冒领、滞留资金等6类共27项问题，涉及金额44333.48万元。是年，违规问题已整改18个，整改完成率达66.67%，整改到位资金42761.26万元，整改资金到位率达96.45%。

2018年，自治区财政厅通过采取查阅项目资料、审核会计凭证、现场核查、入户了解调查等方式，分别对吴忠市红寺堡区、盐池县、同心县、西吉县、固原市本级、中卫市沙坡头区等14个市县（区）2017年扶贫资金管理使用情况进行检查。通过检查发现部分项目未进行公开招投标、项目实施不规范、财务核算不规范、扶贫资金闲置、擅自变更补助标准、扩大项目管理费使用范围等问题。

（九）存量资金专项检查

2014年，检查全区28个市县（市、区）财政局2012年至2014年6月财政历年结余结转资金、财政网结资金、财政专户资金，发现国库暂付资金高达961231万元。对此，提出加强财政资金预算管理4条意见和建议，以专报形式上报自治区党委、政府。

2015年，检查发现2012年以来一般公共预算结转结余资金4.77亿元、政府性基金预算结转资金14.98亿元、转移支付结转结余资金1.58亿元、部门预算结转结余资金9.1亿元。经请示自治区政府同意，将自治区本级部门2012年及以前年度结余资金予以收回，统筹用于自治区经济社会发展急需资金支持的项目，并对检查中发现的其他问题均按财政部要求进行整改。

2018 年，各市县（区）财政局有序开展各项财政监督工作，其中盐池县财政局对5个单位进行存量资金检查，对国土局和住建局闲置两年以上未使用的182.96万元存量资金全部收缴财政。

（十）行政、事业单位资金专项检查

1997年7月，自治区财政厅与审计厅组成联合调查组，对同心县因超编挪占挪用专项资金问题进行专项检查。检查人员先后对一级、二级预算单位1991—1998年人员编制、工资情况进行检查。检查发现同心县因超发超编人员工资共挤占自治区专项资金和县财政建设资

金2627万元，其中挤占自治区专项资金1740万元，占挤占专项资金总额的94.13%。

2013年，自治区财政厅检查30个区本级事业单位2011—2012年度绩效工资发放情况，发现虚报套取绩效工资、违规发放津贴补贴等违纪违规资金1102.73万元。检查结束后对相关单位和责任人下达处罚决定书，追回自治区财政452.73万元，对单位和个人罚款11.9万元。检查自治区本级及部分市县（区）行政事业单位国有资产管理情况，发现固定资产账实不符、擅自处置国有资产等违纪违规资金1.56亿元。检查结束后对相关单位和责任人下达处罚决定书，追缴资金17.81万元，对单位和个人罚款20.2万元，对有关部门和单位提高国有资产管理水平提出政策建议。

2015年，自治区财政厅检查272户单位、企业，发现违规单位117户，涉及违规金额9.19亿元，处理处罚45户被查单位，其中对单位罚款32.15万元，补缴税款7.23万元，追缴财政资金125.89万元。检查发现，部分单位存在未经审批擅自收费和未按规定标准收取学费、固定资产账实不符等违规问题。自治区财政厅监督检查局依法进行处理、处罚，对相关违规资金予以收回。

2016年，对农业龙头企业和节能环保企业的380户行政及企事业单位实施会计监督检查。检查发现违规单位184户，涉及违规金额175734.92万元。查出的问题主要包括成本核算不实、费用支出不实、利润不实、资产不实、所有者权益不实、挤占挪用、截留滞留财政资金等方面，均予以及时纠正和处理。对123户被查单位进行处理处罚，对39户被检查单位及7名责任人给予罚款的行政处罚，其中对单位罚款133.37万元，对个人罚款5.8万元，追缴财政资金12879.08万元。

2017年，根据《财政部关于组织地方财政部门开展2017年度会计监督检查工作的通知》（财监〔2017〕6号）要求，对全区953户行政事业单位和企业实施会计监督检查，检查共发现违规单位226户，涉及违规金额24859.28万元。依法对61家被检查单位进行处理处罚，对312家单位及4名相关责任人给予罚款处理，有2户被检查单位给予责任人行政处罚，追缴财政资金458.61万元。

（十一）“收支两条线”专项检查

2002年，对全区公安系统“收支两条线”执行情况进行检查。2003年，对全区质量技术监督系统2001—2002年“收支两条线”执行情况进行检查，共查出违纪违规资金286.89万元，其中应缴未交区级罚没收入109.2万元，应缴未交财政专户的行政事业性收费1398.80万元，超标准超范围收费6.79万元，应缴未缴其他收入1.3万元。

2004年，对全区工商系统2003年度“收支两条线”执行情况及会计基础工作进行检查，检出问题资金891.3万元，追缴入库16.91万元。

2005年，对全区交通系统4个交通规费征收稽查分局、26个征稽所及14个车辆通行费收费站2004年度会计基础工作及执行“收支两条线”情况进行检查。通过检查发现，部分单位存在擅自调整收费标准、擅自减免收费项目、票据填列不规范、违反规定开设和使用银行账户、滞留财政收入、擅自处置国有资产等问题，共涉及资金30多万元。还发现个别单位用个人存折为养路费收入做过渡户、个别单位投资的企业管理不规范等问题。

三、其他专项检查

1993年5月，在全区开展各种代币购物券的检查，在各单位自查基础上进行检查。银川市组织力量重点检查各大商店和部分行政、企事业单位，纠正和制止部分单位随意使用代币购物券，以及由此产生的一些违纪问题。

2000年，自治区财政厅配合财政部驻重庆专员办和经济建设处，对自治区国债专项资金使用情况进行专项检查。10月18日至11月2日，对自治区生态建设综合治理工程、防护林工程1999年以来管理、使用国债资金情况进行专项检查，通过对区、市县两级的计划、财政、林业及项目建设单位的检查，发现自治区在管理、使用中央国债专项资金过程中存在配套资金严重不足，生态环境专项建设资金（包括中央补助资金和地方配套资金）未实行专户储存、专款专用、多头开户和一户多用、有挤占、挪用专项资金现象等问题。

是年，自治区财政厅对吴忠市利通区马家湖乡管理、使用石中高速公路国债专项资金情况进行为期半个月的专题检查。石中高速公路是中央国债投资项目，在修建石中高速公路吴忠过境段时，共占用马家湖乡土地430多亩，石中高速公路指挥部核定马家湖乡征地费拆迁补偿费、工作费共398万多元。在检查过程中发现该专项资金在管理、使用中存在未实行专户管理、将专项资金直接打入个人存折、虚列收入和支出、白条支付、坐收坐支、挪用征地费、资金账面结余与实际不符、印鉴未分开保管、支出没有领导签字、政府经费会计与出纳及专项资金会计与出纳由一人兼任、不设银行存款账、不设现金日记账、账账不符、账证不符、账实不符等主要问题。

2002年，为保证农村税费改革顺利实施，确保改革资金安全、有效运行，与自治区税费改革办公室一起对中卫县、彭阳县等7个试点县农村税费改革资金管理、使用情况进行检查，共查出挪用专项资金等违规资金100多万元，对违规问题及时进行纠正。

2003年，自治区财政厅通过计划生育单位自查、市县财政检查，区财政重点抽查3个步骤开展全区计划生育经费使用情况检查。各市县共组成25个检查组，对全区260个行政、事业单位管理、使用计划生育专项经费的情况进行检查，共查出违规资金127.87万元。自治区财政厅又组成3个检查小组对惠农县、中卫县、固原市原州区等10个县区进行重点抽查，新查出挤占、挪用等方面的违纪、违规资金313.26万元。

2004年，自治区财政厅对全区2001—2003年度“中小企业国际市场开拓资金”使用单位申请、使用资金情况进行检查，共查出违规资金102.5万元，追缴入库102.5万元，罚款8.9万元。

2006年，自治区财政厅对全区26个市县（市、区）2005年“缓解县乡财政困难奖励补助资金”拨付使用情况进行检查，发现部分市县财政局违规使用资金合计248.58万元。按照有关法规和文件精神，责令上述单位原渠道归还违规使用资金，按其违规金额一次性扣减2006年度奖补资金，并在全区财政系统内予以通报。

2007年，自治区财政厅对海原县、固原市原州区2006—2007年转移支付资金管理使用情况进行检查，查出原州区虚报套取化解乡镇债务资金130.84万元。

2008年，检查全区2007年度彩票销售和财务管理情况，共查出挪用专项资金、多报部门预算、违规购置汽车、未及时上缴财政专户等违规资金534.17万元。这些问题已按规定做出了相应的处理，并扣回多报的预算21.54万元。

2009年，为加强基层政权建设资金管理，自治区财政厅组织对全区乡镇基层政权建设资金开展上下联动检查。通过市县自查和自治区财政厅抽查，发现截留、挪用、滞留等违纪违规资金411.7万元，占自治区拨付资金总额的1.6%。针对这些问题，要求归还挪用资金122.97万元，继续拨付被截留、滞留资金288.73万元，并同时处以11.11万元罚款。

2010年，自治区财政厅开展全区旅游专项资金上下联动检查。在部署各市县自查前提下，组织力量在全区范围内开展重点检查。检查发现截留、挪用旅游专项资金100.40万元。针对查出的问题，追回违规资金。

2012年，检查宁南山区区域中心城市及大县城建设项目资金，并与市、县（区）财政局通过上下联动方式，对支农培训补助资金和农村财会人员财政支农政策培训专项经费管理使用情况进行检查，查出挪用、滞留等违纪违规问题，涉及资金4998.03万元。

2014年，按照财政部统一部署，自治区财政厅组织各级财政部门对全区医药生产、流通企业，医院和基层医疗机构，以及公共交通行业117家单位、企业，开展医药行业和公共交通行业会计监督上下联动检查。其中，自治区财政厅监督检查局对26户企业、4个行政事业单位和5家会计师事务所进行检查，共查出不设总账、明细账会计核算不规范1404万元，账表不符、账实不符24960万元，虚列、多列成本费用1890万元，变造会计账簿、编制虚假财务报告23882万元，挪用专项资金141万元，扩大经费开支范围及其他问题229万元，少缴税金154万元。

2016年，自治区财政厅在全区范围内首次开展非税收入收缴情况专项检查，重点对石嘴山市、固原市本级及所辖县区8个单位46个部门非税收入收缴情况进行专项检查。检查发现2014年违规问题涉及资金18698.16万元，2015年违规问题涉及资金1643.06万元，以及2个县区财政部门未制定各自行政区域非税收入管理制度和政策等问题。

2017年，为促进全区预算公开工作，努力打造“阳光财政”，确保自治区财政预算编制公开、透明、规范，财政厅组织开展了2017年度预决算公开检查，对自治区本级和23个市县、1181个部门的2016年决算公开和2017年预算公开情况进行检查，实现全区预决算公开全覆盖。

2018年，根据《关于开展督导全区财政收支执行进度的通知》（宁财便函〔2018〕880 号）要求，对固原市及所属县（区）2018 年财政收入、支出及 2019 年收入预算等方面进行督导检查。按照《中共宁夏回族自治区财政厅党组关于深入开展违反中央八项规定精神突出问题自查自纠的通知》要求，对财政厅相关处室，参与超标准公务接待、违规公款吃喝、违规公款送礼、外出公款旅游等开展财务内部审查工作。

四、举报案件专项检查

查处群众举报案件是财政监督机构的重要职责之一。自治区各级财政部门始终对群众举报的违纪线索进行跟踪检查。

1993年，全区各级财政部门共收到和接待群众来信来访、举报案件12件，其中查处某市税务局和该市石油分公司弄虚作假，擅自减免"两金"退库购买轿车案件。将擅自减免退库的"两金"51.1万元，如数收缴国库，并没收所购轿车。

1998年，自治区财政厅与自治区监察厅共同检查群众举报的自治区人防办及所属通讯站、设计室私设"小金库"、偷税漏税及其他财务违纪问题，共查出私设"小金库"16个，金额100万元，偷逃税款3.7万元等违纪违法问题。

2001年，根据自治区党委信访办《人民来信来访处理单第3号》转来反映某学校乱收费一事，自治区财政厅组织进行核查，共查出该校自1996年以来违规收费120万元，并按规定进行处理。

2002年，针对群体举报信反映的问题，自治区财政厅联合有关单位对石嘴山市质量技术监督局1999—2001年度收费和罚没收入执行收支两条线规定等情况进行检查，核实该局坐支应上缴的财政收入存在问题，3年共坐支83.1万元，同时，该局还存在票据、收据混用现象。

2003年，根据群众举报，对宏源会计师事务所购置小汽车产生的资产挂在个人户头问题进行检查核实，并对存在问题限期要求宏源会计师事务所进行纠正。

2005年，对自治区扶贫办培训中心挪用扶贫资金进行公费旅游等情况进行检查。经核实，2003年4月至2004年10月，自治区扶贫办培训中心共举办乡镇干部培训班8期，委托旅行社组织外出考察参观9期（含离退休老干部1期），先后有344人次参加，共发生考察费124.03万元。其中，用"三西"扶贫资金支付相关费用30.54万元，同时还存在未经批准擅自出境考察、部分培训中心人员家属随队参加国内和国外参观考察等问题。经请示自治区监察厅，向自治区扶贫办下发监督检查意见书，责成自治区扶贫办和培训中心相关领导在一定范围内作出检查，同时责令扶贫办制定切实有效的整改措施，进一步规范扶贫资金管理，杜绝类似问题再次发生。

2008年，全区各级财政部门共受理群众举报案件14件。自治区财政厅对固原市部分大学生家长反映的固原市人事局套取"大学生培训实习生活补助"私设"小金库"70多万元的问题进行核查。

2014年，根据群众举报，查处银川市城管局生活垃圾处理费征缴所任某、王某，银川市车辆安全检测中心郭某在2013 年9—11月，通过涂改车辆卫生费票据，私自截留财政收入的问题，追回个人侵占财政资金41490元，对相关责任人罚款6万元。

2015年，根据群众举报，检查某厂2005—2013年会计信息质量及企业改制过程中存在的问题，发现该厂存在记账凭证内容与实际对应的会计资料不相符、会计核算不规范、变造会计凭证、会计账表不符、年初年末结转数互不衔接、人为随意调整报表、未按规定保管会计资料、少交土地出让金7000万元等重大违法违规问题，涉及违规金额9100万元，根据相关法律法规给予该厂罚款12万元的行政处罚，同时将涉嫌侵吞国有资产的有关问题移交银川市检察院进一步核查处理。

2017年，对自治区纪委驻自治区财政厅纪检组转办件《经信委中小企业大厦挪用财政资金》和群众举报件（惠农渠管理处）进行检查，并将检查结果上报驻厅纪检组。对彭阳县城阳乡城阳村南山队农民电话举报其粮食补贴被他人冒领一事及时进行转办，移交彭阳县财政局进行查处。

2018年，会同有关部门，下达对平罗县法院、自治区疾病预防控制中心和银川市疾病预防控制中心的行政处罚决定书，并按照规定和程序将问题线索向纪检部门移交。在扶贫资金专项检查中，发现部分县区在扶贫资金管理和使用过程中存在挤占挪用、虚报套取等问题共10个，涉及问题资金2978.47 万元，在依法作出行政处理处罚的同时，正式移交自治区纪委。

第六篇　党务政务与社会事业

自治区财政厅党组始终把牢政治方向，结合财政工作实际，从组织、思想、制度等方面加强党的建设和党风廉政建设。着力抓基层打基础，以增强基层党组织政治功能、提升基层党组织组织力为重点，强化基层党组织的政治引领作用，切实把基层党组织建设成为坚强的战斗堡垒。同时，强化党组织抓群团工作的政治责任，指导和支持财政厅机关工会、团委、妇委会围绕机关党建工作开展活动，并通过招录、提拔、交流、职称晋升、开展岗位培训和加强管理等措施加强财政干部队伍建设。

20 世纪 90 年代中后期，随着干部素质逐步提升，在干部管理使用方面突破创新。在调整、选拔、配备干部中，以开放式考核代替以往封闭式做法，实行民主推荐、人事部门考察、分开考核、民主评议、党组审定的办法。对新分配的大学生和部分刚走上领导岗位的干部，试行实习期一年制度，通过实绩考核后再任命。2001 年，在干部队伍建设上突出抓制度建设，制定《机关工作人员平时考核办法》，印发平时考核手册，严格考勤报送和通报制度。

2013 年起，自治区财政厅党组坚持从严治党，完善规章制度，构建以法制为保障，以监督为关键的教育、制度、监督三者有机统一的惩治和预防体系。2015 年，坚持“德才兼备，以德为先”和“看德才选人、凭实绩用人”导向，落实选拔、引进、激励、锻炼四项举措，不断优化干部队伍结构。2017 年，制定干部动议系统方案，分析研判各处室（单位）职位空缺、人员需求、岗位特点和干部队伍结构等因素，形成科学系统、梯次衔接的干部队伍建设计划。2018 年，健全完善干部工作机制，印发《财政厅激励干部想干事能干事干成事的实施意见》《财政厅处级干部选拔任用办法》等文件，落实从严治党、从严管理干部要求，建立科学规范的干部选拔任用工作机制，用制度选人用人。加强纪律建设，压紧压实党风廉政建设主体责任，推动党风廉政建设和反腐败工作向纵深发展。建立完善干部职工教育培训长效机制。长期坚持上级布置与自主选题相结合、现场调研和线下分析相结合，加大研究力度，确定调研课题，形成有针对性、可行性的意见建议，提升调研成果。坚持目标导向和问题导向，强化政策研究，提升财政智库水平。强化行政事业单位会计人员对政府会计准则、制度的应知应会与继续教育结合培训，确保新制度准则学懂会用。加大信息系统培训力度，有序做好历史数据平移工作，努力构建覆盖全层级、涵盖全业务、信息互联共享的农发信息管理平台。同年 9 月，在湖北省举办的全国社会保险基金管理培训班上，自治区信息化建设再次受到财政部的高度表扬，被誉为继云南之后信息化建设的新标杆，有创新、有亮点。

第一章　党群工作

自治区财政厅党组始终把加强财政队伍建设放在重要位置，坚持以党的建设引领各项工作，坚持从严治党，完善党建制度，将党的建设与财政业务工作同规划、同部署、同落实、同检查、同考核，相互促进，共同发展，推动了财政事业的整体发展。主要结合财政工作实际，从组织、思想、制度等方面加强党的建设和党风廉政建设。同时，强化党组织抓群团工作的政治责任，指导和支持财政厅机关工会、团委、妇委会围绕机关党建工作开展活动，并通过招录、提拔、交流、职称晋升、开展岗位培训和加强管理等措施加强财政干部队伍建设。着力发挥行业党委、行业协会作用，开发建设宁夏注册会计师行业公共服务平台，促进协会管理职能建设，提高协会对行业监管力度，向社会公众提供了审计、评估业务防伪查询平台，规范了行业会员信用管理。创新行业人才培养方式，尝试创建财会人员实训基地。理顺自治区农林水财工会与行业工会、行业工会与基层工会隶属关系，健全行业工会管理体系。截至2018年，自治区财政厅党的组织机构有财政厅党组、厅直属机关党委、宁夏注册会计师行业和资产评估行业党委。厅直属机关党委设21个党支部，管理党员343名。行业党委对全区行业31家基层党组织和244名党员进行管理。财政厅党组、机关党委多次受到表彰奖励。

第一节　党建工作

一、组织建设

自治区财政厅党组　1954年9月甘宁并省前，宁夏省委设省财政厅党组小组。1958年10月宁夏回族自治区成立，设自治区财政厅党组。1964年8月，设自治区财贸政治部。1983年，撤销财贸政治部，恢复自治区财政厅党组。

表6-1　宁夏回族自治区财政厅历任党组书记、副书记一览表

姓名	籍贯	任职时间	备注
李　力	山西阳原县	1959年5月—1962年11月	党组书记
储仲余	河北博野县	1958年8月—1962年11月	党组副书记
		1962年11月—1966年5月	党组书记
高　益	陕西延川县	1978年3月—1983年6月	党组书记
张文琪		1978年3月—1981年10月	党组副书记
欧　斌	江苏淮阴	1983年6月—1984年10月	代理党组书记

续表 6-1

姓名	籍贯	任职时间	备注
雷　鸣	河北昌黎县	1984 年 6 月—1988 年 1 月	党组书记
程法光	河北雄县	1986 年 9 月—1988 年 1 月	党组副书记
刘元茂	山东齐河县	1989 年 9 月—1998 年 5 月	党组书记
马骏廷	宁夏吴忠市	1992 年 8 月—1998 年 5 月	党组副书记
邓炎辉	陕西合阳县	1998 年 8 月—2002 年 4 月	党组副书记、书记
陶　源	北京市	2002 年 4 月—2008 年 1 月	党组书记
路　芳	河北邢台市	2004 年 12 月—2012 年 1 月	党组副书记
王和山	宁夏西吉县	2008 年 1 月—2012 年 12 月	党组书记
张苏安	江苏涟水县	2013 年 7 月—2018 年 2 月	党组书记
陈春平	湖南祁东县	2018 年 2 月—	党组书记

自治区财政厅直属机关党委　1996年6月机构改革，自治区财政厅设机关党委，负责机关和直属单位的党群工作和精神文明建设。

1992年10月，举行自治区财政厅直属机关第三次党员代表大会，厅属各单位320名党员以无记名投票、差额选举的方式，选举产生中共宁夏财政厅第三届直属机关委员会。机关党委下设2个党委、1个党总支、7个党支部，即宁夏财经学校党委、宁夏税务职工中等专业学校党委、宁夏税务局机关党总支、宁夏信托投资公司党支部、宁夏会计师事务所党支部、宁夏信联实业股份有限公司党支部、厅机关老干部党支部和厅机关一、二、三党支部。

1994年5月，因税收体制改革，自治区国家税务局实行垂直管理，宁夏税务职工中等专业学校划归自治区国家税务局，党关系同时划转。

1995年4月，经自治区财政厅直属机关党委批准，宁夏信托投资公司党支部改设为宁夏信托投资公司党总支，下设3个支部，即宁夏信托投资公司党支部、宁夏信联实业股份有限公司党支部和宁夏皇都餐业有限公司党支部。1996年9月，宁夏国有资产管理局党支部成立。

1997年12月，自治区财政厅直属机关党委召开第四次党员代表大会，财政厅机关、宁夏信托投资公司、宁夏财经学校、自治区国有资产管理局和宁夏会计师事务所267名党员代表选举产生了中共宁夏财政厅第四届直属机关委员会。第四届直属机关党委下设1个党委（宁夏财经学校党委）、1个党总支（宁夏信托投资公司党总支）和3个党支部（宁夏国有资产管理局党支部、宁夏会计师事务所党支部）。厅机关党委将厅机关原4个党支部重新划分为6个党支部，即厅机关一、二、三、四、五党支部和老干部党支部。

1998年，伴随经济体制改革、机构改革和自治区财政厅相关处室职能变动，财政厅先后调整党支部设置，批准组建宁夏瑞衡资产评估公司、宁夏五联会计师事务所党支部（宁夏会计师事务所更名）。宁夏五联会计师事务所党团组织关系挂靠财政厅管理。宁夏信托投资公司与宁夏伊斯兰国际信托投资公司合并，宁夏信托投资公司党组织关系同时划转。是年，发展新党员7人，预备党员按期转正8人。

2000年，自治区财政厅机构改革结束后，根据财政工作职能转变的需要，将厅机关划分为8个党支部，批准成立宁夏注册会计师协会党支部和财政厅培训中心党支部，健全宁夏五联会计师事务所党支部。2001年推荐6人参加区直机关工委举办的入党积极分子培训班。2003年，坚持成熟一个发展一个，既不长期停顿，也不突出发展，全年发展预备党员7人。

2004年4月，重新调整厅机关党支部设置，配齐支部领导班子。6月28日，组织召开财政厅直属机关第五次党代会，选举产生新一届机关党委和纪委。加强对党员和入党积极分子教育培养，选送12人参加区直机关工委举办的入党积极分子培训班。全年发展预备党员6人，预备党员转正8人。

2005年，批准成立沙湖迎宾馆党支部。加强对党员和入党积极分子教育培养，选送5人参加区直机关工委举办的入党积极分子培训班。2006年，发展预备党员7人，预备党员转正8人。

2007年，重新调整党支部设置，以处室为单位建立党支部，全厅党支部由15个调整为28个，党支部书记由处室、单位主要负责人兼任，实行“一岗双责”。2009年，27个党支部按时改选换届，调整、健全党支部班子。在党员人数较多的农发办党支部和离退休干部党支部进行公推直选换届。全年选派5名入党积极分子参加区直工委组织的集中培训，发展预备新党员4人，预备党员转正9人。

2008年，注重在青年和妇女干部中培养入党积极分子，选送11人参加区直机关工委入党积极分子培训班。全年发展预备党员4人，预备党员转正6人。2009年，选派3名入党积极分子参加区直机关工委组织的集中培训。全年发展预备党员5人，预备党员转正4人。

2010年7月1日，召开中共财政厅直属机关第六次代表大会，审议通过工作报告，选举产生新一届机关党委和纪委。组织21名入党积极分子参加区直机关入党积极分子培训班。全年发展预备党员6人，预备党员转正6人。

2011年，组织16名入党积极分子参加区直机关集中培训。预备党员转正3人。2012年，发展预备党员1人。2013年，加强党支部规范化建设，厅机关23个党支部按期换届。发展预备党员3人。

2014年7月机构改革，明确机关党委负责机关党的建设工作，指导所属单位的党群工作。强化入党积极分子培训，有计划培养发展党员。2017年，预备党员转正5人。2018年，按照换届选举规定程序，机关党委完成21个党支部换届工作。

宁夏注册会计师行业和资产评估行业党委　2008年，宁夏注册会计师和资产评估行业发展迅速，从业人员不断增加，会计师事务所、资产评估机构（以下简称“执业机构”）30家，从业人员687人，党员关系分散，不易管理，为加强注册会计师行业和资产评估行业党的建设工作，经财政厅机关党委会研究同意，行业召开第一次党员代表大会，行业内46名党员代表采用无记名投票、差额选举的方式，选举产生中共宁夏注册会计师行业和资产评估行业第一届委员会和第一届纪律检查委员会。行业党委下设10个党支部，党员92人。

2010年，宁夏回族自治区机构编制委员会办公室给宁夏注册会计师和资产评估师管理中心增加副处级领导职数1名，专用于加强宁夏注册会计师行业和资产评估行业党的建设工作。

2011年，在庆祝建党90周年之际，行业结合“创先争优”举办红歌汇演、表彰工作，授予4个基层党组织为先进党支部称号、授予25人为优秀共产党员称号、授予6人为优秀党务工作者称号、授予2人为优秀党建工作指导员称号、授予2人为积极支持党建工作负责人称号。

2012年，宁夏注册会计师行业和资产评估行业党委被自治区党委组织部评为“全区创造争优先进基层组织”，被自治区社会组织工委授予“优秀指导单位”的光荣称号。行业推荐产生自治区第十一次党代表1人。

2013年，时任中国注册会计师协会秘书长陈毓圭同志到宁夏天华正业通党支部进行基层党建工作调研。

2014年，时任宁夏回族自治区党委副书记崔波同志到宁夏天华正业通党支部，对行业党委服务型党组织建设工作进行调研督导。

2015年，召开行业第二次党员代表大会，行业内61名党员采用无记名投票、差额选举的方式，选举产生中共宁夏注册会计师行业和资产评估行业第二届委员会和第二届纪律检查委员会。行业党委下设24个党支部，党员184人。时任宁夏回族自治区党委常委、组织部长傅兴国同志到宁夏天华正业通党支部，对行业党建工作进行考察调研。

2016年，宁夏注册会计师行业和资产评估行业党委被自治区党委组织部评为“先进基层组织”。行业开展“党员教育积分制”试点工作，召开“创新服务年暨积分制试点工作”交流推进会，5家执业机构作交流发言。

2017年，经自治区党委组织部和自治区非公经济组织和社会组织工委协调，将宁夏方正联合会计师事务所党支部的隶属关系由吴忠市财政局调整至行业党委。宁夏注册会计师行业和资产评估行业党委引导、支持和鼓励行业基层党组织参与我区精准扶贫工作，共有11家执业机构和3人以个人名义捐助18名学生，金额预计14万元左右。宁夏注册会计师行业和资产评估行业推荐产生自治区第十一次党代表1人、自治区“五一”劳动奖章1人。

2018年，在宁夏全区性行业（综合）党委抓基层党建工作述职评议考核中，宁夏注册会计师行业和资产评估行业党委被自治区非公经济组织和社会组织工委在评定为优秀等次。经自治区党委组织部和自治区非公经济组织和社会组织工委协调，将中联资产评估集团宁夏华恒信分公司党支部的隶属关系由银川市审计局调整至行业党委。行业推荐产生自治区第十一届政协委员。行业党委现下设27个党支部，党员198人。

二、制度建设

1996年，先后制定《财政厅机关干部政治学习制度》《财政厅机关党委关于坚持党的“三会一课” 制度》《财政厅机关党委对流动党员管理的暂行办法》《财政厅机关党委培养考察入党积极分子的规定》《财政厅机关党支部成员工作职责》等规章制度，印发《财政厅关于严格发展党员工作程序的通知》，加强机关干部政治学习和组织建设。

1998年，制定《财政厅基层党支部工作职责》《财政厅机关党支部成员工作职责》，印发《关于推荐优秀共青团员作为党的发展对象的通知》，防止和杜绝在发展党员工作中降低党员标准，违反组织原则，搞不正之风等现象发生。是年，完善党组中心学习制度。

1999年，印发《关于建立预备党员考察制度的通知》，规定预备党员在预备期内由所在党支部半年考察一次，各支部指定2名正式党员或入党介绍人对预备党员进行培养考察。

2003年，修订《财政厅机关干部政治学习制度》，建立理论学习由党组书记负总责、分管领导主要抓、机关党委直接抓的组织领导体系，从组织和制度上为理论学习提供保障。修订《财政厅机关党委培养考察入党积极分子的规定》。印发《财政厅机关党委关于建立预备党员考察制度的通知》《财政厅机关党委关于严格发展党员工作程序的通知》，把党支部工作和党员队伍管理纳入规范化轨道。

2004年，健全完善党建工作制度，制定《中共宁夏财政厅直属机关委员会工作规则》《财政厅党支部工作制度》《财政厅机关工会工作制度》《财政厅机关团支部工作制度》《财政厅副处级以上干部周六学习制度》等。修订完善党建工作制度，统一编入《宁夏财政厅机关工作制度汇编》。

2008年，修改完善《财政厅党组中心组学习制度》，注重把集中学习与实地调研结合起来。

2011年，制定完善《财政厅党组关于进一步加强和改进机关党的建设的意见》《中国共产党宁夏财政厅机关代表大会代表任期制暂行办法》《中共宁夏财政厅直属机关委员会工作规则》。实行民主集中制，完善议事和决策程序，完善机关党建工作责任制，抓好党组书记双向述职制度，落实领导干部双重组织生活制度、领导定期谈心制度。制定《中共宁夏财政厅机关代表大会代表任期制暂行办法》，实行党代表任期制，探索发挥代表作用的方法和途径。

2013年，修订完善《宁夏财政厅党支部工作规定》等党建工作制度，完善“一岗双责”制，强化财政厅领导、各处室负责人党建工作一肩挑、履双责的意识和能力。

2017年，印发《关于严格落实全面从严治党要求进一步规范“三会一课”制度的意见》，规范“三会一课”制度，党支部每月召开1次支部党员大会，每月至少组织1次集中学习，每季度组织1次党课。印发《自治区财政厅机关基层服务型党支部建设实施意见》《宁夏财政厅工会工作制度》《宁夏财政厅发展党员工作细则》《宁夏财政厅建设学习型机关的实施意见》《中共宁夏财政厅直属机关委员会工作规则》等，加强党的思想建设和组织建设。印发《关于推进和加强财政厅机关党支部评星定级和党员评星定格“双评双定”管理考核工作的通知》，开展党支部“评星定级”和党员“定格”工作。印发《基层党组织政治合格基本标准》《机关党委书记抓党建责任清单》《党支部书记抓党建职责清单》。

2018年，党组落实全面从严治党主体责任，坚持以党建引领和推动财政工作，着力打造党建、业务“双一流”。注重创新机制、用好载体、形成合力推动党建工作落实。党组先后5次专题研究党建工作，细化三级组织、六类个人的党建任务“责任清单”。健全党员教育目标管理机制，将党员教育培训纳入年度效能考核与支部评星定级考核。建立书记负责制、督察督办制、责任追究制。率先创建"宁夏财政智慧党建"平台，实现党建工作规范化、标准化、信息化。

三、政治理论学习

1991年，贯彻落实全区财政系统思想政治工作会议精神，抓好干部理论教育和形势政策教育。制定学习制度和计划，组织学习《马克思主义哲学纲要》《社会主义若干问题学习纲要》、党史和党建理论。分期分批选派处级干部参加自治区党校进修班培训。通过电视录像片、宣传专栏等形式，对干部职工进行爱国主义、社会主义和反"和平演变"教育。

1992年，组织干部职工学习邓小平南方谈话和中共十四大相关文件，举办2期培训班，聘请专家学者专题辅导。开展马克思主义理论和时事政策宣传教育，制定厅机关学习党史、党建理论安排意见，组织217名党员干部参加区直机关工委组织的党史党建理论公开答卷。

1997年，坚持每月计划安排，坚持每周五上午政治学习制度。组织学习《告全党全军全国各族人民书》《邓小平伟大光辉的一生》《邓小平文选》及时事政治和报刊发表的理论文章等。组织干部观看纪录片《邓小平》《鸦片战争》《红河谷》等。组织干部职工收看中共十五大开幕式盛况，举办学习中共十五大精神研讨会。

1998年，学习讨论中共十五大工作报告、江泽民在学习邓小平理论工作会议上的讲话，《中共中央关于在全党深入学习邓小平理论的通知》以及胡锦涛《深入学习邓小平理论、全面领会贯彻十五大精神》等理论文章。

是年，完善党组中心学习制度，成立由厅领导、各处室领导干部27人组成的党组中心学习组。坚持每两月组织学习1次，每次不少于半天，先后学习《江泽民在全国抗洪抢险总结表彰大会上的讲话》《江泽民同志在纪念党的十一届三中全会召开二十周年大会上的讲话》。

1999年，贯彻落实中央关于用邓小平理论武装全党的任务，抓好党员干部政治理论学习。组织学习江泽民《在纪念中国共产党成立七十八周年座谈会上的讲话》《中共中央关于国有企业改革和发展若干重大问题的决定》等。组织全体党员干部参加全区邓小平理论考试。

2000年，以抓好"三个代表"重要思想学习为重点，加强党员干部的思想建设，初步形成党组中心组、机关党支部、处室和业余自学4个层次的格局。组织党员干部学习《江泽民同志在广东省茂名市高州市"三讲"教育动员大会上的讲话》《江泽民同志在江苏、浙江、上海考察工作时的讲话》《邓小平文选》《讲学习、讲政治、讲正气教育读本》《党在社会主义建设新时期的主要历史经验》等。召开自治区财政厅党员学习"三个代表"重要思想座谈会。中心组全年集中学习6次，重点学习江泽民在宁夏和江苏、浙江、上海考察时的讲话及胡锦涛在宁夏考察工作时的讲话，以及《人民日报》、《求是》杂志刊登的理论文章。

2001年，学习江泽民七一重要讲话和中共十五届六中全会精神。坚持每月初提出计划，确定学习内容。组织党员干部学习江泽民在广东考察时的讲话和《庆祝中国共产党成立80周年大会上的重要讲话》。以《邓小平文选》《干部理论学习读本》《党在社会主义建设新时期的主要历史经验》为主要教材，组织党员干部研读原著。党组中心组做到自学有笔记、辅导有记录、发言有提纲。全年中心组集中学习6次，40多名领导干部撰写心得体会，部分在《宁夏日报》《宁夏财会》刊发。

2002年，学习贯彻中共十六大精神和“三个代表”重要思想。组织厅机关及下属单位干部职工集体收看中共十六大开幕式和闭幕式盛况。召开副处级以上领导干部学习座谈会、全体党员大会、离退休干部学习座谈会、党支部学习座谈会，传达学习中共十六大精神。举办全区财贸系统800人参加的学习贯彻中共十六大精神报告会。

是年，根据自治区党委关于加强中心组学习规定，按照抓规划、抓制度、抓学风、抓考核、抓交流要求，推动中心组学习经常化、制度化、规范化，做到学习有记录、讨论有主题、发言有提纲、自学有笔记。全年中心组集中学习7次，撰写的部分心得体会在《宁夏日报》《宁夏财会》和宁夏机关党建网刊发。

2003年，抓好在职干部理论学习，建立理论学习由党组书记负总责，分管领导主要抓，机关党委直接抓的组织领导体系，强化厅党组中心组、党支部、各处室学习和业余自学4个层次的格局。组织全厅干部职工学习中共十六届三中全会精神，胡锦涛“七一”“九三”讲话精神和自治区第九次党代会精神，以及政策形势方面的理论文章共80多篇。请中共十六大代表为厅机关干部和全区财政系统基层干部宣讲中共十六大精神。举办全区财贸系统800人参加的“学习贯彻中共十六大精神报告会”。组织厅机关处级干部60人参加自治区直机关工委举行的学习中共十六大精神考试。组织党员收看纪录片《邓小平》《共产党员》《规矩与方圆》以及反映英模事迹的电视片、录像片，参观邓小平一生图片展览和书画作品展览。全年党组中心组集中学习13次，中心组成员撰写的学习体会、调研报告在《中国财经报》《宁夏日报》《宁夏财会》等报刊发表。

2004年，制定建设学习型机关的实施意见，建立处级以上干部周六学习制度。坚持党组中心组每月学习1次，党支部两月学习1次，处室每周学习1次，采取集中学习与个人自学相结合、专题辅导与座谈交流相结合等形式。学习计划从过去的每季度安排1次改为每月安排1次。注重把政治理论学习与各类专题教育结合起来，重点学习《江泽民论有中国特色社会主义(专题摘编)》，中共十六大和十六届三中、四中全会精神等内容。印发《关于学习贯彻党的十六届四中全会精神的通知》，对学习贯彻中共十六届四中全会精神进行安排部署。党组中心组围绕“大兴求真务实之风”“加强党内监督”“树立科学发展观”和“加强党的执政能力建设”等专题进行15次集体学习讨论；中心组成员在《中国财政》《宁夏财会》《宁夏日报》刊发理论文章和调研报告10多篇。全年为党员干部购买发放学习书籍10余种1335本。

2005年，以学习实践“三个代表”重要思想为主线，突出学习重点，丰富学习内容，搞活学习形式，增强学习教育的针对性和时效性。以党章、中共十六大和十六届四中、五中全会精神为学习教育核心内容，重点学习《江泽民论加强和改进执政党建设(专题摘编)》《保持共产党员先进性教育读本》，以及自治区党委、政府相关文件精神和领导讲话。实行党组中心组、处室周五、党支部学习“签到制”和“补学制”。坚持集中学习与个人自学结合，采用专题辅导与讨论交流、上党课与搞培训等形式，多方面搭建学习平台，培育良好学风。举办领导干部读书班和党组中心组读书班。组织“重温辉煌历史，发扬光荣传统，坚持与时俱进，永葆先进性”知识考试。举办全国、全区先进工作者事迹报告会和优秀共产党员李双成先进事迹报告会。全年为党员干部购买发放各类学习资料1140余本。

2006年，重点学习党章、《江泽民文选》、中共十六届五中及六中全会精神、社会主义荣辱观、胡锦涛在纪念建党85周年暨总结保持共产党员先进性教育活动大会上的讲话。组织中心组集体学习14次，在《中国财政》《宁夏日报》《宁夏工作研究》《宁夏财会》等报刊上发表理论文章60多篇。组织处级干部参加自治区党委、自治区直机关工委举办的“坚持科学发展观、构建和谐社会”“全区领导干部学习贯彻‘十一五’规划报告会”。全年为党员干部购买发放各类学习书籍1500余本。

2007年，重点学习党的十七大、胡锦涛“6·25”讲话和在宁夏考察时的讲话、自治区第十次党代会精神。组织党员干部收看中共十七大开幕盛况。开展专题学习3次，举办全厅副处级以上干部、党支部书记学习贯彻中共十七大精神读书班。党组中心组围绕学习中共十七大精神、自治区第十次党代会精神、贯彻落实科学发展观等内容，集体学习讨论17次。中心组成员在报刊上发表理论文章40余篇。全年为党员干部购买发放各类学习书籍1300余本。

2008年，抓好党员干部政治理论学习，以学习邓小平理论和“三个代表”重要思想为主线，深化保持共产党员先进性教育，加强理想信念、宗旨意识、财政法规等方面的学习。重点学习中共十七大、十七届三中全会、科学发展观、温家宝在宁夏考察时的讲话、国务院《关于进一步促进宁夏经济社会发展的若干意见》、国家扩大内需十项措施、自治区第十次党代会、全区宣传思想工作会议、全区财政工作会议精神。党组中心组注重集中学习与实地调研相结合，组织中心组成员40余人赴宁东能源化工基地学习调研。党组中心组围绕学习中共十七大、科学发展观、自治区第十次党代会精神等专题，开展集体学习讨论12次，党组中心组成员和处级干部在报刊上发表理论文章和调研报告82篇。全年为党员干部购买发放理论学习书籍1600余本。

2009年，组织党员干部学习中国特色社会主义理论体系、科学发展观，以科学理论为指导，坚定理想信念，树立社会主义核心价值观。抓好党的路线方针政策教育、形势任务教育。印发《关于认真学习贯彻党的十七届四中全会和十七届中央纪委第四次全会精神的通知》，明确学习安排，要求全体自治区财政厅党员干部充分认识全会精神的重大意义，深刻领会和准确把握全会的精神实质，紧密联系工作实际贯彻落实。组织开展中国特色社会主义理论体系、科学发展观、党的基本知识、党风廉政建设等方面内容的答题测试活动，通报表彰集体前8名和个人前20名。组织各党支部学习散文《不能忘记老朋友》，引导党员干部学习周恩来总理高尚人格和优秀品质。制定《中共财政厅党组中心组学习安排》，创新中心组学习方法，组织中心组成员赴宁夏天地奔牛实业集团有限公司学习调研。全年党组中心组集体学习讨论

12次，中心组成员和处级干部撰写理论文章和调研报告120多篇，刊发50多篇。全年为党员干部购买发放理论学习书籍1200余册。

2010年，组织党员干部学习中国特色社会主义理论体系、社会主义核心价值体系、中央和自治区关于深入实施西部大开发战略的系列政策措施。党组中心组制订学习计划，充实学习内容。创新学习方式，抓好党员干部学习教育，在全区企业、农村、社区、学校建立21个学习实践联系点，以党组中心组或党支部活动为主，开展学习调研。采取专家讲学、座谈交流互学、党员干部自学相结合的方式，倡导研究式、开放式、互动式、反思式学习。建好"机关党建"网站，为党员干部学习交流提供平台。在《宁夏财会》《宁夏财政信息》刊登调研报告、读书心得。组织党员干部参加自治区党委举办的专题讲座、区直机关"科学发展大讲坛"系列讲座和以"励志·厚德·正行"为主题的区直机关第三届读书月活动。全年为党员干部发放学习书籍1200余本。

2011年，以"一创一争"活动为契机，引导党员干部把学习作为一种生活方式、政治责任、精神追求。组织学习中国特色社会主义理论体系、科学发展观、社会主义核心价值体系，中共十七届五中、六中全会精神，以及中央和自治区重大决策部署和重要会议精神。发挥党组中心组理论学习领学带学作用。组织党组中心组成员赴石嘴山市惠农区实地调研，学习调研做法在2011年8月30日《人民日报》《用学习为发展"充电"》一文中作为典型事例。全年组织党组中心组集体学习和调研12次，处级以上干部在报刊上发表理论文章100多篇。加强对党员的经常性教育，引导党员增强党性观念，强化党员意识，自觉履行党员义务。全年为党员干部购买发放各类学习资料2000余册。

2012年，将中央治党治国新思想、新观点、新方略纳入学习体系，增强学习前瞻性、系统性和时效性。组织党员干部学习中共十八大精神、自治区第十一次党代会精神、中央和自治区重要工作会议精神。坚持集中学习和交流研讨相结合、研读原文和撰写心得相结合、个人自学和理论辅导相结合。组织党组中心组集中学习11次，中心组成员和处级干部在报刊上发表理论文章和调研报告120多篇。全年为党员干部发放《十八大报告辅导读本》《中国共产党章程》等理论学习书籍1500余本。

2013年后，坚持以党组中心组学习为引领、支部学习为基本、专题教育培训为重点、多种学习形式为辅助，深入学习贯彻习近平新时代中国特色社会主义思想，树牢"四个意识"，坚定"四个自信"，做到"两个维护"。是年，集中组织党员干部学习中共十八大报告、中共十八届三中全会精神，学习中国特色社会主义理论体系、科学发展观，以及领会中国梦的重大意义、丰富内涵、精神实质和实践要求。聘请自治区党校教授为干部职工讲课辅导。全年党组中心组集中学习研讨12次，中心组成员和处级干部发表理论文章和调研报告120多篇。全年为党员干部发放理论学习书籍1500余本。

2014年，加强社会主义核心价值体系教育，抓好党的路线方针政策教育、形势任务教育，引导党员干部增强政治意识、大局意识、责任意识。全年发放各类理论学习读本1100余册。

2015年，丰富学习内容，教育引导党员干部牢固树立重视学习、善于学习、终身学习观念。全年发放各类理论学习读本1230册。

2016年，印发《2016年机关党委工作要点》《厅党组中心组学习意见》等。组织党员干部学习中共十八大，十八届三中、四中、五中和六中全会精神，党章党规和习近平总书记系列重要讲话。创建学习园地，展示党员干部学习心得体会、研讨交流文章、党性分析等学习成果。制作宣传展板，宣传党和国家以及自治区方针政策。党组中心组学习围绕财政中心工作、党建和党风廉政建设等内容，每季度确定1个专题集中研讨。全年为党员干部购买发放理论学习读本1000余册。

2017年，印发《财政厅关于深入贯彻〈宁夏回族自治区党委（党组）理论学习中心组学习实施办法〉的通知》《自治区财政厅推进"两学一做"学习教育常态化制度化工作实施方案》。召开学习贯彻中共十九大精神大会，自治区财政厅厅长陈春平传达中共十九大精神以及习近平总书记所作的工作报告、党章（修正案）和中纪委工作报告主要精神。成立自治区财政厅学习中共十九大精神领导小组和督导检查工作组。重点学习习近平总书记重要讲话，中共十九大重要文件、学习辅导材料、宣传报道和理论文章。财政厅领导到"下基层"联系点开展中共十九大精神宣讲28次。全年为党员干部发放学习书籍2100余本。全年集中学习12次，65人次作了发言，厅、处级干部共撰写70多篇理论文章和调研报告，有50多篇分别在《中国财政》《宁夏工作研究》《宁夏日报》《宁夏财会》等报刊上发表。

是年7月13日，自治区财政厅召开自治区第十二次党代会精神学习辅导讲座暨财政厅党组中心组学习（扩大）会。11月，举办自治区首场中共十九大精神宣讲会，分2期举办学习贯彻中共十九大精神主题培训班，培训260人次。

2018年，进一步推进党组理论学习中心组学习制度化、规范化、科学化，做到月度有计划、会议有主题、学习有讲评、会后有报告。丰富学习资料，重点学习习近平新时代中国特色社会主义思想，坚持用习近平新时代中国特色社会主义思想武装头脑，将《中国共产党章程》《十九大报告单行本》《习近平谈治国理政（第二卷）》《习近平新时代中国特色社会主义思想三十讲》等作为常态化学习内容。加强对党员应知应会理论知识的常态化抽查和测试，分批组织支部书记（委员）、党员干部进行应知应会理论测试。印发《自治区财政厅党组关于加强新时代财政意识形态工作实施方案》，加强党组意识形态工作责任制落实，将习近平总书记关于意识形态工作的重要论述和中央、自治区党委出台相关重要文件，纳入厅党组中心组学习专题。

是年，汇编印制《财政厅党员干部应会知识问答口袋书》《贯彻全区机关党的建设工作会议精神资料汇编》等理论书籍和资料1000余本。订阅《人民日报》《新时代先锋》《中直党建》等报刊，确保各党支部在集中学习的基础上，党员干部能够读原著、学原文、悟原理。厅党组理论学习中心组全年集体学习16次，研讨发言25人次，中心组成员年内蹲点调研共21人次。是年3月9日，举行党支部书记（委员）学习贯彻中共十九大精神应知应会理论测试。

四、主题专题教育

“三讲”教育 1999年，自治区财政厅党组根据自治区党委部署，组织开展领导班子、领导干部“三讲”（讲学习、讲政治、讲正气）教育。9月6日，召开“三个代表”重要思想学习教育动员大会。在4个阶段教育中，坚持将思想发动、理论学习、立说立行贯彻始终，注重群众广泛参与、认识不断提高、整改措施到位。突出反复查摆问题、敞开交流思想，勇于自我剖析、开展批评认真。强化标杆带头、巡视组指导把关的关键作用，确保工作有条不紊、整体推进、高标准、严要求、见实效。成立“三讲”教育领导小组及办公室。充分发动群众，设接待群众来信来访机构，派出2个检查组深入三市一地财政、国资部门召开座谈会和个别谈话，征求意见建议440条。2000年1月24日，召开“三讲”总结大会，当年开展“三讲”教育“回头看”活动。

“三个代表”重要思想学习教育 2000年6月29日，自治区财政厅召开党员学习“三个代表”重要思想座谈会。学习教育分加强领导、精心组织、强化措施、狠抓落实，全面完成学习培训、对照检查和整改提高3个阶段进行。2003年7月1日，召开深入学习贯彻“三个代表”重要思想动员大会，进一步推进学习教育。

保持共产党员先进性教育 2005年1月24日，自治区财政厅召开保持共产党员先进性教育动员大会，分学习动员、分析评议、整改提高3个阶段进行。通过征求意见、谈心谈话、党性分析、召开民主生活会等方式，查找在财政改革发展、机关行政管理、机关党建和思想政治工作、维护群众利益等方面存在的突出问题，研究制定整改方案。5月23日，召开整改提高转段动员大会。9月7日，自治区保持共产党员先进性教育活动领导小组到财政厅“回头看”，检查整改成果。

学习实践科学发展观活动 2008年10月10日，自治区财政厅召开深入学习学习实践科学发展观活动动员大会，分学习调研、分析检查、整改落实3个阶段开展学习实践科学发展观活动。11月18日，召开学习调研阶段总结暨分析检查阶段动员大会。2009年1月7日，召开深入学习实践科学发展观活动转入第三阶段动员大会。2月24日，召开总结大会。

党的群众路线教育实践活动 2013年，开展党的群众路线教育实践活动，教育引导党员干部围绕保持党的先进性、纯洁性，落实“照镜子、正衣冠、洗洗澡、治治病”的要求，开展以为民务实清廉为主要内容的群众路线教育。把教育活动和“三服务一推进”、机关干部下基层、党风党纪教育、廉政警示教育活动有机结合起来，创新学习形势，丰富教育载体。安排3次党组中心组集中学习讨论，研读《党的群众路线学习读本》等3本教材，学习领会习近平总书记系列重要讲话精神，结合实际交流发言，撰写个人对照检查材料。各党支部按照活动要求，进行5次专题学习、交流发言，召开专题组织生活会，查摆在“四风”方面存在的突出问题，开展批评和自我批评，处以上党员干部全部撰写学习心得体会。通过群众路线教育，党员干部的宗旨意识进一步增强，工作作风进一步改进，促进了财政各项工作任务完成。2014年2月18日，自治区财政厅召开党的群众路线教育实践活动总结大会。

“三严三实”专题教育 2015年5月，自治区财政厅印发方案，在处级以上领导干部中开

展“三严三实”专题教育，着力解决“不严不实”问题，切实增强践行“三严三实”要求的思想自觉和行动自觉。自治区财政厅将“三严三实”专题教育与党的群众路线教育实践活动、“守纪律、讲规矩”主题教育，以及干部监督管理紧密衔接，通过集体学习、分组讨论、专题党课、专题讨论等形式，提高专题教育效果。领导干部深入基层、深入群众，开展调研，了解情况，听取意见建议，带头查找梳理“不严不实”问题，列出问题清单，抓好整改落实和立规执纪。

“两学一做”学习教育 2016年，印发《关于在厅机关全体党员中开展“两学一做”学习教育的实施方案》。“两学一做”，即学党章党规、学系列讲话，做合格党员。明确学习教育重点任务、方式方法和目标要求。组织开展党员队伍突出问题专题调研和党员组织关系排查，党员基本情况调查摸底。坚持边学边查边改，细化党组织和党员队伍问题清单，组织党员干部对照政治合格、执行纪律合格、品德合格、发挥作用合格要求，采取自己找、群众提、上级点、互相帮、集体议等方式，查找梳理出突出问题，制定整改措施。2017年5月5日，自治区财政厅召开“两学一做”学习教育常态化制度化工作推进会暨党组中心组学习（扩大）会议。2017—2018年，推进“两学一做”学习教育常态化制度化，富“两学一做”学习教育内容，组织“四个合格”专题民主生活会，切实从思想上提高认识，增强干部队伍的核心意识和凝聚力、战斗力。

“不忘初心、牢记使命”主题教育 按照自治区党委统一部署，在全区财政系统集中开展“不忘初心、牢记使命”主题教育始于2019年6月。早在2017年5月4日，自治区财政厅团委就启动五四青年节座谈会暨“不忘初心跟党走”主题团日活动。12月22日，工会、团委举办“不忘初心开启新征程 牢记使命续写新篇章”主题演讲比赛。2018年6月26日，自治区财政厅举行“不忘初心跟党走 牢记使命创一流” 建党97周年主题党日活动，将马克思主义民族宗教观作为“不忘初心、牢记使命”主题教育主要内容，将习近平总书记关于民族宗教工作的重要论述纳入理论学习中心组学习和党员干部理论学习计划。

五、创建活动

1991年，自治区财政厅直属机关党委在全厅开展民主评议党员活动，加强党员干部组织观念和增强共产主义信念。

1997年，自治区财政厅直属机关党委举办财政厅第五期入党积极分子培训班，培训36人。七一前夕，表彰先进基层党支部5个、优秀党员24人和优秀党务工作者10人。

1998年，加强党员管理，实行接受预备党员和批准预备党员转正书面通知方法。

1999年，开展创建党建先进单位活动，从创建活动的主要内容、主要措施和时间安排等方面作出安排，加强党的思想、组织和作风建设。加强机关党员队伍建设，举办入党积极分子培训班，培训23人。建立预备党员考察制度。在厅机关党员中开展创先争优活动，“七一”表彰优秀党员20人和优秀党务工作者8人。

2000年，贯彻落实《中国共产党党和国家机关基层组织工作条例》，改进党组织活动方式，发挥党组织思想政治优势，加强对党员干部教育、管理和监督。坚持“成熟一个发展一个”

原则，严格执行入党积极分子培养和预备党员考察制度，全年发展新党员5人。

2001年，组织党务干部学习党章和《中国共产党党和国家基层组织工作条例》，执行《财政厅机关党委关于严格发展党员工作程序的通知》和《关于推荐优秀共青团员作为党的发展对象的通知》。自查和清理厅属各级党组织及机关各支部近年的党费收缴、管理和使用情况，健全和完善党费管理等各项规章制度。

2002年，改进机关党支部活动方式，通过组织活动，教育党员艰苦奋斗、爱岗敬业，增强机关党组织的凝聚力、战斗力。坚持接受预备党员和批准预备党员转正书面通知的制度，堵塞发展党员中的漏洞。征求党支部书记、党员和入党积极分子对机关党的工作的意见和建议。

2003年，落实《财政厅机关党委关于坚持党的"三会一课"制度》《财政厅机关党委培养考察入党积极分子的规定》《财政厅机关党支部成员工作职责》等，增强党支部的凝聚力和战斗力。通过加强学习，参加党务干部培训班、听取党务知识讲座等，明确党支部职责，提高党支部书记、委员政治素质和组织领导能力。在发展党员中，杜绝降低标准，违反组织原则，搞不正之风等现象发生。

2004年，组织9名新当选的支部书记、委员参加区直工委举办的支部书记培训班，并赴江西革命老区学习考察。

2005年，以开展保持共产党员先进性教育活动为契机，改进和创新党的组织活动形式，加强机关党的建设。加强对中介机构党组织和党员管理。举办党支部书记培训班。是年12月，自治区财政厅党建领导小组获评2005年度全区党建先进单位。

2006年，严格"三会一课"制度。落实《中国共产党党和国家机关基层组织工作条例》《区直机关党的工作责任制》，改进和创新党组织活动形式，加强党员队伍建设。落实《财政厅党支部工作规则》《关于加强党员经常性教育的意见》和保持共产党员先进性具体要求，创新"三会一课"制度，加强对党员的经常性教育。在"创先争优"活动中，全厅涌现出受到国家和自治区表彰的先进集体20个、先进个人20多名。厅机关党委表彰优秀党员25人、优秀党务工作者16人。探索和改进自身活动内容和形式，创新党组织生活，采取多种形式，组织党员干部到农村、企业、基层考察学习。开展创建"五个好"党支部活动，分别在抓学习、抓组织、抓创建、抓廉政和抓服务等方面整改提升。全年有6个党支部到延安、六盘山、盐池、将台堡等爱国主义教育基地，缅怀革命先烈，重温入党誓词。全年选送6人参加区直机关工委组织的集中培训。是年，财政厅机关党委获评自治区先进基层党组织，获得全国财政系统党建工作"新风奖"。

2007年，自治区财政厅机关党委采取分类指导方法，以机关党支部为重点，加强对中介机构党支部具体指导。拓展党支部生活内容与形式，坚持把每月第四周的周五作为党组织活动日，各党支部利用各种载体和平台开展组织生活。实行"党员示范岗"，将2006年自治区财政厅表彰的25名优秀党员命名为第一批"党员示范岗"，配发"党员示范岗"标牌，实行流动管理。自治区财政厅获评区直机关"创百佳"先进基层党组织，为自治区区直机关落实2007年党建工作目标责任制通报表彰单位。

2008年，各党支部坚持在党组织活动日深入基层开展主题实践活动，到革命老区开展革命传统教育。落实《关于加强党员经常性教育的意见》和保持共产党员先进性具体要求，探索党员教育、管理和监督新途径。

2009年，深化创先争优活动，改进“三会一课”组织形式，党支部每月至少组织集中学习或开展富有特色的主题实践活动1次。坚持开展讲党课活动。各党支部通过到爱国主义教育基地参观学习、开展联谊活动等形式，加强党组织工作的沟通交流。评选出“五个好”党支部9个、优秀共产党员35名、优秀党务工作者10名。

是年，全厅17个党支部采取联合形式，到企业和走村入户、到田间地头实地调研，深入基层开展主题调研实践活动，为财政支持“三农”政策措施提供第一手资料。7个党支部组织党员干部赴延安、六盘山等地参观学习，接受爱国主义教育和革命传统教育，6个党支部与其他厅局机关、事业单位党支部进行联谊，加强部门之间党组织工作的沟通交流。参加区直机关基层党组织生活创意设计大赛，推荐2个创意实例上报区直机关工委。

2010年，落实《财政厅党支部工作制度》，改进和创新“三会一课”制度，党支部每月至少组织1次集中学习或开展1次主题实践活动，自治区财政厅27个党支部开展基层调研和主题实践活动113次。

2011年，组织党员干部开展“一创一争”活动。贯彻落实《中国共产党和国家机关基层组织工作条例》《中国共产党和国家机关基层组织工作条例实施办法》，坚持抓支部、打基础、求创新、见实效，推进基层组织工作创新。注重增强党支部书记“一岗双责”意识，坚持“党建业务两手抓，两手都要硬”。加强专兼职党务干部队伍建设，提高抓党建、带队伍、促发展意识和能力。

2012年，开展“党员讲党课”活动，引导党员增强党性观念，强化党员意识。开展基层组织建设年主题活动。开展党支部规范化建设，完善加强基层党组织建设的体制机制，按照“支部班子好，党员队伍好，工作作风好，业务成绩好，群众反映好”标准，依照规定程序和步骤，对财政厅所属党支部进行分类定级。针对存在不足和薄弱环节，制订整改实施方案，推动党支部工作不断创新，实现基层组织战斗力提升。推行党代表任期制，召开中共宁夏财政厅直属机关第六次代表大会第二次全体会议，增强党代表履行职责意识，拓宽党代表发挥作用途径。自治区财政厅机关党委被中组部评为全国先进基层党组织。

2013年，上报厅机关党委及外经处党支部等党支部为区直机关“典型示范党组织”，创建材料在《机关党建》杂志予以刊登。推进党内民主建设，实行党代表任期制。做好党员组织关系接转、党费收缴管理、党内信息统计等基础工作。举办“学党章，守纪律”知识竞赛，党员领导干部发挥表率、示范、引导作用。开展“四比四看”（比思想看境界，比素质看能力，比作风看形象，比服务看成效）活动，七一前，对51名优秀共产党员、29名优秀党务工作者表彰奖励。

2014年，抓实做细，开展“转作风，抓发展”和“五有一好”（有服务名称、有服务标识、有服务内涵、有服务承诺、有服务措施，机关党组织和党员作用发挥好）党建服务品牌创建活动。机关党委印发实施方案，明确活动目标要求和任务措施，要求各党支部结合处室工作职能和中心任务，在改革创新、阳光财政方面向服务对象作出承诺，在服务水平方面有所提升。与有关党支部座谈交流，听取支部在活动开展中的主要做法，帮助支部将业务工作与“五有一好”党建工作相互结合，共同促进。组织农业处、国库支付中心、外债办 3 个支部书记参加自治区区直机关党组织书记示范培训班，提升“五有一好”支部建设水平。征订教材，发放各类理论学习读本1100 余册，帮助党员干部提高政治素质、理论水平和业务能力。结合财政业务特点，探索党建与业务工作结合的机制方法和形式载体，形成调研报告2篇。做好党员组织关系接转、党费收缴管理、党内信息统计等日常性工作。组织新任处级干部19人参加自治区直机关工委举办的培训班。2014年，结合社会主义核心价值观培养，组织开展“遵德守礼”活动。参加区直机关工委组织的“新丝路、新宁夏”知识答题活动，获得3 个二等奖和 2 个三等奖。

是年，注重树立典型，示范带动。将国库处党支部书记宋海燕推荐为“新丝绸之路女英豪”，在《中国妇女报》进行宣传报道。11 月 5 日，《宁夏日报》以《把钱用在刀刃上，把事办到心坎上》为题，对农业处党支部“五有一好”创建活动做法进行宣传报道。

2015年，制定实施方案，开展以“五个服务”（服务改革、服务发展、服务民生、服务群众、服务党员）为主要内容的基层服务型党组织创建活动。制定《自治区财政厅星级党支部创建考核细则》，明确活动目标要求和任务措施。统筹考虑，确定支部班子强、党员热情高，工作亮点多、处室职能贴近服务型支部创建工作的人事与老干部处、信息中心党支部为财政厅机关基层服务型党支部创建工作试点单位。树立典型，示范带动，推荐“宁夏好人”，在《宁夏日报》宣传报道。年内共发放各类理论学习读本 1230 册。

2016年，自治区财政厅领导带头在所属支部讲党课。强化党支部书记“一岗双责”意识，保证支部工作和处室业务工作两不误、两促进。开展星级支部创建活动，制定《财政厅党支部星级达标实施细则》，健全党建工作机制，创新党支部活动方式。发挥党员在党内生活的主体作用，增强党员队伍生机活力，激发党员坚定信念、牢记宗旨、爱岗敬业、勇于进取的自觉性。优化党务干部队伍结构，深化“创先争优”活动，向区直机关工委推荐基层服务型党支部1个、优秀党务工作者1名、优秀党员1名，并进行表彰奖励。

是年，强化党支部书记“一岗双责”意识，保证支部工作与业务工作两不误、两促进。改进和创新“三会一课”制度，结合“两学一做”学习教育，督导党支部每月至少组织一次集中学习，每个学习教育专题安排一次研讨交流或开展一次主题实践活动。以党支部评星定级为抓手，制定《财政厅党支部星级达标实施细则》，健全党建工作机制，创新支部活动方式，运用星级管理手段，推进财政厅机关各党支部强化服务理念、丰富服务内涵、创新服务举措、拓展服务途径。以“五有一好”系列活动、岗位技能竞赛活动、践行核心价值机关先行活动、“党群共建” 等活动为载体，有效提升机关党员干部“五个服务”能力素质。

2017年，自治区财政厅党组研究党建工作13次。印发《关于严格落实全面从严治党要求进一步规范“三会一课”制度的意见》，以“两学一做”学习教育常态化制度化和创建服务型党组织为载体，规范“三会一课”制度，党支部每月召开1次支部党员大会，党支部每月至少组织1次集中学习，每季度上1次党课。印发《关于推进和加强财政厅机关党支部评星定级和党员评星定格“双评双定”管理考核工作的通知》，以建设星级党支部为抓手，持续开展党支部“评星定级”和党员“定格”工作，全面加强支部建设。开展“我的初心我的成长——做政治合格共产党员”活动。各党支部书记到“下基层”联系点和基层党支部学习联系点“讲党课”40次，党员干部在支部“讲党课”31人次。组织全厅干部职工到白芨滩党员教育基地开展集中党日活动。

是年7月1日，自治区财政厅开展“喜迎十九大庆祝建党96周年 实干兴宁 依法理财 做合格党员”党日活动。8月，举办党务干部学习培训班。全年按季度分4次，每次按照25%的党支部进行党建工作检查，检查结果纳入年底效能考核评分占比。组织自治区财政厅40岁以下党员干部公文写作比赛。成立财政厅学习中共十九大督导检查工作组，对基层党支部每周二进行督导检查。做好年度机关党建述职评议。

2018年，创新构建“宁夏财政智慧党建”系统，通过规范机关党建管理流程，明确支部党建主体责任，建立机关党建管理考评动态指标体系。实施“三强九严”工程，将党建任务细化为9类责任清单，采取列清单、建台账、强监管、抓落实的方式进行落实。严格落实“三会一课”、组织生活会、民主评议党员、谈心谈话、支部主题党日活动制度。开展以交纳党费、政治学习、党性锻炼、业务讲坛、志愿服务、结对共建为主要内容的“1+4+X支部主题党日”活动。结合“两学一做”学习教育常态化制度化、机关干部下基层、“三强九严”、党的基本知识大学习活动及精准扶贫等工作，每月按要求召开支部党员大会、支部委员会，每季度安排1次党课，每半年召开1次组织生活会，将党员评议结果归入个人档案。落实党组织星级评定办法，深化星级党组织创建活动，实施动态管理。坚持问题导向，以会代培、以查促建，从抓好各党支部基本程序、规范记录入手，面对面查纠，手把手帮带，督导党支部做到程序严谨、组织合规，按季度区分排序。通过查阅资料、实地查看、抽查核实等方式，对自治区财政厅党支部进行5次全覆盖式的督导检查，下达整改通知55份，督导各支部整改落实。严格落实党员组织关系和党费管理规定，管好党员组织关系，督促新入职和离任离职党员及时转接组织关系，将支部月度党费缴纳作为年终党建效能考评依据。健全党员教育目标管理机制，将党员教育培训纳入年度效能考核与党支部评星定级考核。

是年，推动党建带群建，推进“互联网+精神文明建设”，举办自治区财政厅“砥砺奋进六十年民族团结一家亲”道德讲堂活动。组建青年党员攻关小组，实现预算监管信息化。坚持开展微信“每日答题”，推进学习常态化。与宁夏气象局等 12 家单位党支部联合开展主题党日活动，融党建、业务交流于一体，促进双提升。

第二节 群团工作

一、工会活动

组织建设 2004年，完成新一届自治区财政厅机关工会委员会换届，制定《财政厅机关工会工作制度》。

2005年，加强自治区财政厅机关工会组织建设，在自治区财政厅机关以处室为单位建立工会小组，确定工会小组长，登记工会会员并配发会员证。

2011年，召开宁夏注册会计师行业和资产评估师行业工会代表大会，选举成立第一届工会委员会。2012年，自治区财政厅机关工会指导沙湖假日酒店成立工会组织。2017年，召开宁夏注册会计师行业和资产评估师行业工会第二次代表大会。

2017年，修改完善《财政厅工会工作制度》。2018年3月16日，召开自治区财政厅工会第二次会员代表大会，选举产生新一届自治区财政厅工会委员会。

主要活动 2001年，自治区财政厅女工委员会获评全国女工委员会先进集体。2004年，自治区财政厅机关工会获评全区财贸系统先进工会组织，女工委获评全国财贸系统先进女工委委员会。

2006年，自治区财政厅机关工会贯彻落实《中华人民共和国工会法》《工会章程》，组织开展提高职工素质等活动，推动职工职业道德和诚信建设，维护职工合法权益。

2008年，组织学习中国工会第十五次全国代表大会精神，维护保障职工合法权益，推动职业道德和诚信建设。

2010年，开展“送温暖，献爱心”活动。举办健康知识专题讲座。

2011年，坚持开展“送温暖，献爱心”活动，看望慰问住院和生活困难职工，组织开展各类文体活动，丰富干部职工生活。

2012年，组织干部职工开展爬山及摄影比赛，参加自治区区直机关“体彩杯”第七届职工体育运动会。2014 年，参加自治区总工会组织的演讲比赛，获三等奖。开展“献爱心，送温暖”活动，筹款 8000 余元，支持“爱心圆梦”活动。

2017年，召开宁夏注册会计师行业和资产评估师行业工会第二次代表大会，推荐宁夏正大会计师事务所（有限公司）刘小红为自治区政协第十一届委员会委员。2018年，申报1家基层工会为宁夏农林水财轻工工会“模范职工小家”荣誉称号。

2018年，组织会员参加自治区财政厅“砥砺奋进六十年民族团结一家亲”道德讲堂活动。

二、共青团

组织建设 1997年3月，宁夏财政厅团委第三次团员代表大会召开，选举自治区财政厅第三届团委委员，下设宁夏财经学校团委、宁夏信托投资公司团支部、宁夏会计师事务所团支部、自治区财政厅机关团支部。

1998年，制定自治区财政厅团组织关系转接制度、《宁夏财政厅关于推荐优秀共青团员作党的发展对象的工作制度》，自治区财政厅属各级团组织中有14名团员青年通过团组织推荐加入了中国共产党。宁夏信托投资公司与宁夏伊斯兰国际信托投资公司合并，团组织关系同时划转。

2004年，制定《财政厅机关团支部工作制度》。2006年4月29日，召开共青团自治区财政厅第四次代表大会，选举产生共青团自治区财政厅第四届委员会。

2007年，自治区财政厅机关团支部、沙湖迎宾馆团支部委员会进行补选，健全团的组织。2011年5月18日，召开共青团自治区财政厅第五次代表大会。2018年12月14日上午，共青团自治区财政厅第七次代表大会召开，换届选举产生共青团宁夏财政厅第七届委员会委员，88名团员代表参加会议。

创建活动　1997年4月，自治区财政厅机关团委组织厅属各单位团员青年开展义务植树活动；五四青年节组织团员青年举办"托起明天的太阳"爱心捐资活动。

1998年，在团员青年中开展"读一本好书、做一件好事、唱一首好歌、献一份爱心"的四个一工程和"学团章、唱团歌、知团情"教育活动。

1999年，带领团员青年参加"清除城市垃圾，美化环境卫生"活动。五四青年节组织团员到盐池县开展爱国主义教育活动。

2000年，召开纪念五四运动81周年座谈会；组织团员青年参加"国青杯"邓小平理论知识竞赛，在青年干部中掀起学习邓小平理论热潮。

2005年，组织青年团员参加"保护母亲河"义务植树活动。

2007年，深化"五四红旗团委""青年文明号"创建活动。组织35岁以下青年学习胡锦涛致中国青年群英会全体代表贺信，并举办征文比赛。

2009年，组织40多人参加义务植树，自治区财政厅获评全区全民义务植树基地建设先进集体。组织召开纪念"五四"青年节 90 周年大会，开展专题团课教育。

2010年，开展"建设学习型团组织、做学习型团员"活动，组织团员青年开展爬山、唱红歌比赛等活动；组织团员参加区直机关工委"书香人生"主题诗会。

2011年，组织团员青年参加保护母亲河义务植树、金沙湾黄河圣坛义务劳动、青年志愿者宣传等活动；组织团员青年赴中卫市开展以"感受家乡发展，团结共促进步"为主题的团日活动。

2012年，结合共青团成立90周年，组织团员青年开展理想信念与"财政精神"大讨论。开展全系统青年思想状况和工作状态调研，指导注册会计师行业成立行业团工委。

2013年 5月4日，自治区财政厅团委举行纪念五四运动94周年活动。是年，团委倡议自治区财政厅机关和注册会计师行业团员青年献爱心，捐款捐物折价2万余元。

2018年，把习近平总书记关于青年工作的重要思想落实到团的全部工作和建设之中，组织团员青年学习《习近平关于青少年和共青团工作论述摘编》《习近平的七年知青岁月》，做到学而信、学而用、学而行，推动共青团工作上台阶。是年5月4日，举办青年干部政务礼仪培训班暨“学习新思想 建功新时代”主题团日活动。7月14日，举行青年干部职工座谈会。

三、妇委会

组织建设　2004年，完成新一届自治区财政厅机关妇委会换届。

主要活动　1992年，自治区财政厅组织妇女干部参加“巾帼建功”和“美好家庭”评选活动。

1997年，在“三八”妇女节期间，自治区财政厅机关妇委会组织参加全区“五好家庭”评选活动，评出“五好文明家庭”19户。

2005年，组织女职工到宁夏女子监狱进行警示教育，举办妇女健康知识讲座和健康问题咨询。

2006年，组织妇女干部职工到宁夏儿童福利院慰问，捐赠学习和生活用品。

2007年，开展“迎三八——财政干部参观新农村建设和现代化农业”实践活动。

2009年，在“三八”妇女节组织130多名妇女干部到贺兰县、平罗县开展主题调研，参观设施农业、农民新居示范点、平罗县新区规划建设，学习全国精神文明单位平罗县财政局的精神文明创建经验。

2010年，牵头银川市财政局、永宁县财政局、宁夏注册会计师管理中心共同举办“百年巾帼情——财政干部纪念三八国际劳动妇女节100周年”系列活动。

2011年，组织250余名女干部职工赴灵武市、青铜峡市开展主题实践活动。

2012年，组织妇女干部职工到宁东能源化工基地开展庆“三八”主题实践活动。

2013年，组织妇女干部职工开展“我和美丽有个约会”主题实践活动。至2018年，机关妇委会每年都坚持开展针对性强、富有特色的妇女工作，引导妇女干部职工在本职岗位上创先争优，在重大活动中发挥作用。

四、宁夏财政学会

组织机构　1980年9月成立，驻银川解放西街，挂靠自治区财政厅并获得经费支持。是以开展财政学术研究、理论探讨、学术交流为主的非营利性社会组织，为中国财政学会团体会员。2001年11月召开第七届会员代表大会暨全区财政理论讨论会。2008年11月3日举行第八次会员代表大会，进行换届，修改通过《宁夏回族自治区财政学会章程》。同时，恢复宁夏财政学会预算与会计研究会、农村财政研究会。有单位会员46个，个人会员210人。有理事85人，其中常务理事19人。有兼职工作人员3人。2010年5月26日，经自治区民政厅批复，宁夏财政学会变更为宁夏回族自治区财政学会。

主要活动　主办《宁夏财会》期刊。2009年1月被宁夏社会科学界联合会评为2006—2008年度宁夏社会科学先进学会。2011年5月17日，宁夏财政学会举办学会秘书长及科研骨干培训班。

2010年以来，学会强化财政科研工作。完成2015—2016年财政科研调研课题筛选及立项工作，参与区外财税政策研究及课题调研。牵头中国财政学会2015年全国协作课题“新预算法背景下地方投融资方式的转变”研究。牵头中国财政学会县级财政经济研究专业委员会布置的全国协作课题《新型城镇化与现代农业化促进发展的政策研究》。应邀参与“我区经济发展与税收收入的波动区间研究”课题研究。完成自治区地方志办公室负责的《宁夏年鉴》、自治区发改委负责的《国民经济和社会发展报告（白皮书）》、宁夏社科院出版的《宁夏经济蓝皮书》等部分组稿编稿工作。协助《宁夏财政年鉴》等刊鉴资料征集编辑。进一步发挥财政学会秘书处的组织协调功能，围绕财政中心工作的重大课题组织专题调研、学术研讨和评奖评优。加强对5个地级市财政学会及2个二级研究会的联系与指导。

五、宁夏注册会计师协会

组织机构 1989年4月，宁夏注册会计师协会成立，为挂靠自治区财政厅全额拨款事业单位，核定全额预算事业编制8名，经费自理，配处级领导职数一正一副。主要承担注册会计师行业管理，监管全区会计师事务所和审计师事务所业务。2001年11月召开第四次会员代表大会。

2007年，为适应注册会计师行业管理要求，在自治区民政厅登记为社会团体，同时在自治区财政厅成立宁夏注册会计师和资产评估师管理中心（全额拨款事业单位），原宁夏注册会计师协会在职人员关系及职能均转到宁夏注册会计师和资产评估师管理中心，宁夏注册会计师协会保留2名合同制人员。2008年，因财政部要求单设资产评估协会，又在自治区民政厅登记宁夏资产评估协会（社会团体），与宁夏注册会计师协会、宁夏注册会计师和资产评估师管理中心为三块牌、一套班子。

宁夏注册会计师协会最高权力机构为会员代表大会，选举产生理事会，理事会下设常务理事会和专业技术咨询委员会、检查委员会、惩戒委员会、申诉委员会、继续教育委员5个专业委员会，常设执行机构为秘书处，秘书处设会长及副会长、秘书长、副秘书长，由会员代表大会选举产生。协会具体业务工作由自治区财政厅指定分管副厅长负责（原为总会计师主管）。聘用人员的薪酬参照事业单位工资标准执行。截至2018年，宁夏注册会计师协会秘书处有秘书长1人（处级）、专职副书记1人（副处级）、副秘书长2人（1人为副处级、1人为聘用），在编人员1人，聘用职工3人，共8人。其中，具有研究生学历1人，本科学历4人，专科学历3人，注册会计师1人，高级会计师1人。宁夏注册会计师协会对全区31家会计师事务所和284名注册会计师进行管理，宁夏资产评估协会对全区16家资产评估机构和116名资产评估师进行管理。

职能设置 宁夏注册会计师协会和宁夏资产评估协会主要职能：宣传贯彻《中华人民共和国注册会计师法》《中华人民共和国资产评估法》，制定并组织实施全区注册会计师和资产评估行业发展规划；审批和管理本会会员，负责办理会员转会，注册会计师注册、资产评估师登记、转所，办理会计师事务所设立及资产评估机构备案所涉及的有关事宜；组织对注册会计师的任职资格、资产评估师年检、注册会计师和会计师事务所及资产评估师和资产评估机构的执业情况年度检查，指导其规范执业；组织贯彻实施注册会计师和资产评估行业执业准则、规则，并监督、检查其执行情况；制定和组织实施注册会计师及资产评估师和资产评估机构行业自律管理规范，依法对其违法违规执业行为予以惩戒和提出行政处罚的建议；组织和推动注册会计师、资产评估师开展职业道德、业务技能及其相关知识的培训；组织实施全区注册会计师、资产评估师全国统一考试工作；协调行业内、外部关系，向政府有关部门反映注册会计师、资产评估行业的意见和建议，支持会员依法执业，维护会员合法权益和正当权益；依法组织注册会计师、资产评估师业务交流，开展业务理论、方法、政策研究，为会员提供技术支持和信息服务；推动注册会计师、资产评估行业文化建设，开展行业宣传；代表全区注册会计师、资产评估行业开展国际国内交往活动；依法监督自治区境外会计师事务所（或社会审计机构）、资产评估机构和人员在宁夏开展业务的有关事项；办理中国注册会计师协会、中国资产评估协会交办的有关事项；办理国家法律、行政法规规定和国家机关委托或授权的其他工作。

宁夏注册会计师和资产评估师管理中心主要职能：管理、指导注册会计师和资产评估师行业党的建设和共青团、妇联、工会以及行业统战工作；负责全区注册会计师和资产评估师行业工作，指导行业协会的工作；负责制定宁夏注册会计师和资产评估师行业发展规划和制度；负责注册会计师和资产评估师全国统一考试在宁夏的组织实施；负责注册会计师任职资格、资产评估师职业资格备案、检查等。

行业管理　1989年起，自治区财政厅每年将协会工作列入财政厅计划范围，实行目标责任制。

2012年，对6家会计师事务所开展执业质量检查。对存在问题较多的银川安可信会计师事务所等3家机构进行行业惩戒处理，并对其合伙人（股东）谈话提醒。对2家会计师事务所合伙人（股东）也约请谈话提醒。

2013年，对3家会计师事务所进行执业质量检查，加强对执业机构不正当低价竞争、执业质量、财务规范等方面的检查力度。经检查，对1家会计师事务所及其主任会计师给予公开谴责，对1家会计师事务所及其主任会计师进行约请谈话。

2014年，按照每年检查面不低于20%的要求，对3家会计师事务所进行执业质量检查，将会计师事务所建立健全内部治理作为检查重点。按照《宁夏注册会计师行业律惩戒办法》，对2家会计师事务所、2名注册会计师给予行业惩戒。

2015年，检查3家会计师事务所，追踪2014年执业质量检查处理机构整改情况，约谈3家被处理机构相关负责人，3家机构按要求报送了整改报告书。

2016年，检查3家会计师事务所，按时下发执业质量检查方案和通知，组织并完成现场检查。检查后，约谈2家执业质量较弱的执业机构。

2017年，针对检查发现问题协会约谈4家事务所，提出对3家事务所以及3名注册会计师的惩戒意见。

2018年，结合行业“质量提升年”活动，对7家会计师事务所实施执业质量检查，对2家会计师事务所及相关7名注册会计师进行约谈。

主要活动　2012年，行业党委被自治区党委评为“创先争优先进基层组织”。2013年，协会被自治区民政厅评定为AAAAA级社会组织。

2013年以来，宁夏注册会计师协会和宁夏资产评估协会以注册会计师行业“紧紧抓住服务国家建设这个主题和诚信建设这条主线”为主线，在中国注册会计师协会、中国资产评估协会，以及中国注册会计师行业党委和中国资产评估行为党委指导和支持下，在自治区财政厅党组和自治区非公有制经济和社会组织工委领导下，带领全区注册会计师、资产评估师和从业人员，实施行业发展战略，开拓进取，务实创新，科学监管，进一步提升了行业社会公信力。结合行业实际，落实“做强做大”战略，引导执业机构“做精做专”、规范有序发展，促进行业规模结构合理优化；采取多种方式培养专业人才队伍，提高从业人员专业素质；加强行业监管，通过“整顿执业行为、提高执业质量”活动和“履行社会责任评价”等活动开展，建立行业监管长效机制。先后开展“制度建设年”“网络建设年”“基层组织建设年”“诚信文化建设年”“质量提升年”等活动，建立和完善以制度规范和推进行业党群建设工作长效机制。

2013—2014年，连续两年与中国注册会计师行业团委、自治区团委联合开展“中国注册会计师行业青年专家服务团宁夏行”活动，先后到东方钽业、宁煤集团、宁夏大学交流研讨，助力宁夏经济建设。2012—2017年，连续7年在全行业开展履行社会责任综合评价工作，并向有关部门重点推荐评价结果为优秀的会计师事务所和资产评估机构。

2016年，行业党委和一家执业机构党支部被自治区党委组织部、自治区非公有制经济和社会组织工委联合评为先进基层组织，宁夏注册会计师协会被民政部评为全国先进社会组织。

2017年，举办海峡两岸及港澳地区会计师行业交流研讨会，海峡两岸及港澳地区会计师行业代表及相关部门和单位特邀代表200余人参加，为提升宁夏影响助力。

2018年，开创“沪豫宁”资产评估行业高端人才培养模式，第一期培养资产评估师10名。与北京注册会计师协会联合举办合伙人能力提升研修班。协助北京注册会计师协会参与宁夏扶贫工作，在彭阳县义务举办行政事业单位会计制度培训班。倡导执业机构和会员个人持续帮扶18名贫困学生，资助期最长5年，累计资助22万元。承担自治区总工会分配给行业的10个贫困家庭的帮扶任务。是年，行业党委在非公有制经济和社会组织党建工作考核中获评第一名。行业内两家执业机构先后获评全国注册会计师行业“青年文明号”，一家执业机构团支部获评全国“五四青年团支部”。协会推荐的一名注册会计师获评全国行业十大“最美青工”，一名注册会计师获评全国行业十大“新业务拓展岗位能手”。

2012—2018年，行业先后产生自治区第十一次和第十二次党代会代表、自治区第十届和第十一届政协委员、宁夏第九届青联委员各1名，银川市政协委员2名，自治区“三八”红旗手1名、自治区“五一劳动奖章”获得者1名，全国资产评估行业领军人才1名。

六、宁夏会计学会

20世纪80年代，宁夏会计学会成立，2001年2月20日正式登记，驻银川解放西街。宁夏会计学会中国会计学会团体会员，是以理论学术研究、信息经验交流、会计业务培训，促进会计事业发展为主业的非营利性群众性学术团体和社团组织。2008年11月，召开第八次会员代表大会，换届产生理事85人，其中常务理事31人。2013年6月，取得社会团体法人登记证书。自2001年登记以来，组织开展了会计培训、会计学术研究、会计论坛等多项业务活动，为提高广大会计人员素质和技能提供优质服务。

七、宁夏珠算协会

组织建设 1980年9月22日成立，为自治区民政厅登记备案的社会团体，主管单位为自治区科协（2020年脱钩），受中国珠算心算协会业务指导。成立初，理事会设会长1 人，副会长2 人，副秘书长1 人，秘书长由副会长兼任。1983年1月9—13日举行第二次会员代表大会及年会，理事会设会长1 人，副会长3人，秘书长由副会长兼任。1986年1月10—13日选举产生第三届理事会，副会长增至7人。2001年11月召开第七次会员代表大会。截至2018年，宁夏珠算协会共召开9届会员代表大会。

主要业务 协助中国珠算心算协会实施珠算文化传承发展工作，完善珠算文化保护制度，促进珠算珠心算传承保护发展；组织珠算珠心算理论研究，探索珠算心算教育和开发儿童智力潜能，开展学术交流；培训珠算各类专业技术人员，提高珠算技术水平；承接政府委托的相关事项及政府购买服务事项；开展珠算珠心算教育咨询工作；开展珠算珠心算宣传活动，依照有关规定编辑出版珠算珠心算书籍、报刊、资料、软件和音像制品，提供珠算心算教学咨询等服务，维护、拓展网站建设；推动民营教育机构开展珠算珠心算教育工作。

主要活动 宁夏珠算协会由中国珠算心算协会授权面向全区珠算珠心算学习人员提供等级鉴定服务并颁发证书。每年开展一次自治区珠算珠心算技术比赛，涵盖成人组、学生A组、学生B组、学生C组及幼儿组。每年组织区内珠算珠心算专家、教师及办学负责人召开学术交流研讨会。定期参加全国珠算珠心算比赛和全国少数民族珠心算比赛，曾多次获全国赛团体二等奖、民族赛团体二等奖及个人全能一、二、三等奖。

1991年1月，宁夏珠算协会指导成立银南地区珠算协会。10月参加全国第九届少数民族珠算比赛，实现宁夏在全国少数民族珠算比赛中团体赛奖牌零的突破。

1992年7月，固原地区珠算技术等级鉴定站成立。1993年3月，编印《珠算计算技术》一书。7月，组队参加全国第10届少数民族珠算技术比赛，银川市国税局干部俞建国夺得除算一等奖、全能三等奖，是宁夏参加全国少数民族珠算技术比赛珠算选手最高纪录保持者。是月，宁夏珠算学校更名为宁夏会计珠算学校。8月，宁夏商业会计珠算协会成立。

1994年1月，全国珠协工作会议在北京召开，宁夏珠算协会、固原地区珠算技术等级鉴定站获评全国珠算技术等级鉴定先进单位。1995年11月18日，参加自治区科协举办的科技周科技一条街科普活动，宣传珠算珠心算使用功能和启智功能。

1996年8月，宁夏农业银行职工中专学校学员肖毅通过珠算能手一级鉴定，是全区职工中专学员在校期间通过鉴定的最高级别。12月，宁夏珠算协会、固原地区珠算技术等级鉴定站获评全国珠算技术等级鉴定先进单位，宁夏珠心算教师张惠英、何克亮和珠算教师凌淑英、史成泽获评全国优秀珠算教师。

1997年4月，吴忠市珠算技术等级鉴定站成立。是年，宁夏珠算协会组织参加珠算技术等级鉴定人数高达38593人次，合格7729人，其中能手级135人。

截至1998年，宁夏会计珠算学校8年共举办各类培训班146个，培训6860人。其中，珠算培训班108个，培训5233人；会计培训班30个，培训1259人；营业员培训班3个，培训146人。

1999年5月，举办全区第12届校际珠算技术比赛。6月，举办全区第17届珠算心算技术比赛。2000年6月，举办全区第13届校际珠算技术比赛、全区第18届珠算心算技术比赛。2001年6月，举办全区第14届校际珠算技术比赛、全区第19届珠算心算技术比赛。2002年6月，举办全区第15届校际珠算技术比赛、全区第20届珠算心算技术比赛，固原市第一中学扈晓军获全国首届珠算式心算比赛宁夏选拔赛成绩第一名。

2003年2月，宁夏珠算协会与宁夏青松计算机培训学校联合举办珠心算教师培训班，银川、石嘴山、青铜峡等地20多名珠心算老师参加学习。3月，先后在宁夏科技馆、青铜峡铝厂联合举办珠心算教师培训班。10月，举办全区第21届珠算心算技术比赛，首次把少儿珠心算技术比赛纳入全区比赛的序列。

2004年6月，举办全区第22届珠算心算技术比赛。8月，参加全国第16届少数民族“南化杯”珠算技术比赛，获团体三等奖，王海婷夺得全能一等奖。

2005年6月，举办全区第23届珠算心算技术比赛。8月，参加全国第二届珠心算技术比赛，夺得A组团体赛三等奖奖杯，实现宁夏在全国性大型比赛中团体赛奖杯零的突破。王海婷以1150分的成绩获得全能三等奖，实现宁夏在全国性大型比赛中个人奖牌零的突破。是年，全区参加珠心算等级鉴定的少儿达2040人次，合格794人次，发合格证书773本。

2006年6月，举办全区第24届珠心算技术比赛。8月，参加全国第17届少数民族珠算技术比赛，获团体二等奖。

2007年6月，举行全区第25届珠算心算技术比赛。11月21日，召开全区珠心算教师教学经验交流会，总结宁夏珠心算教学基本经验：熟悉教学对象，把握儿童的心理、生理特征；把握教学最佳期，以缩短教学周期；过好数字关，夯实识数，要形象、生动、直观，选好对照物；训练幼儿双手打算盘，突破指法关，提高珠心算速度和启智质量；充实教案备好课，一节课突破一个知识点，并做好承上启下的工作；课堂活跃，富有情趣，寓教于乐。

2008年7月，在银川阅海宾馆承办中国珠算心算协会举行的全国第十八届少数民族珠算技术比赛，13个代表队参赛，共150多人参加。

2017年9月承办第24届海峡两岸珠算交流研讨会，台湾代表团25人、中国珠算心算协会领导和宁夏珠算协会理事参会。

2018年6月，举办全区第35届珠心算比赛，分设大中专院校高职组、大中专院校中职组、中学组、学生A组、学生B组、学生C组、学前组7个组别。宁夏财经职业技术学院获得大专院校高职和中职组团体一等奖，该院王利慧获大专院校高职组全能一等奖、陈静获大专院校中职组全能一等奖。京华克丽斯艺术中心贺兰珠心算班获中学生组团体一等奖，大武口青少年宫启蒙珠心算获学生A组团体一等奖，北京神墨（大武口）教育中心获学生B组和C组团体一等奖、彭阳县第二小学获学前组团体一等奖，该校胡文浩获学生B组全能一等奖、李建学获学生C组一等奖、史浩辰获学前组加减算一等奖。喜娃娃艺术成长中心吴奇东获中学生组全能一等奖、马思妍获学生A组全能一等奖。7月，参加第5届全国珠心算比赛，宁夏选手参加全部5个组别的比赛，获团体三等奖。11月，在宁夏沙湖假日酒店承办全国首届珠算珠心算鉴定员培训及鉴定管理软件培训班，140人参加培训。全年组织珠算等级鉴定2023人次，合格545人。累计举办35届全区珠算心算比赛。

第二章 政务管理

自治区财政厅不断完善制度体系，重视人力资源管理，强化队伍、人才队伍建设，重视干部选拔、招录聘用、岗位交流、教育培训和年度考核，人力资源管理逐步走上正轨。重视效能目标管理考核，机关科学化、精细化管理水平不断提升，多次在财政部、自治区政府效能目标管理考核中名列前茅，连续5年获评自治区政府效能目标管理考核一等奖。

第一节 人力资源管理

一、队伍建设

干部选任　1991年开始，自治区财政厅按照国家有关规定，在处级以下干部中陆续任命多名正副主任科员、科员及办事员。1992年，评定主任科员4人、副主任科员11人、科员7人。1995年，重视对优秀年轻干部、少数民族干部和妇女干部培养选拔。提拔副处级干部3人、正科级干部9人。1997年，考察任免副处级干部11人，调整副处级干部2人。

1998年，制定《财政厅干部选拔任用及考察暂行办法》。任用主任科员31人，副主任科员15人，调整交流处级干部2人。截至1998年年底，自治区财政厅机关有正副厅级干部6人，正副处长及非领导职务干部57人，正副主任科员83人，科员7人。

1999年，任用正处级干部17人，含调研员6人。自治区财政厅党组任命副处级干部29人，含宁夏财经学校副校长2人、厅机关助理调研员10名人。2000年，在机构改革中采取全员竞争上岗方式，通过公开职位、报名、演讲、评委打分、民主测评、组织考察、任前公示等程序，探索干部选拔任用新方式。是年，有31人走上正副处级领导岗位，其中5名副处长和1名主任科员被提拔任命为正、副处长。

2001年，印发《关于公开选拔领导干部工作暂行规定》，加大对干部选拔任用监督力度。2003年，按照《党政领导干部选拔任用工作条例》，经民主推荐、组织考察、公示和党组研究，晋升正处级职务干部7人，晋升主任科员7人、副主任科员10人。

2004年，向自治区党委组织部和自治区人事厅申请增加一次性使用处级非领导职数14名，其中调研员5名，助理调研员9名。提拔副处级领导干部10人、调研员1人、助理调研员16人。将享受副处级待遇的5名干部转任为副处长3人、助理调研员2人。晋升主任科员7人、副主任科员1人。

2005年，向自治区党委组织部和自治区人事厅申请军转干部专项处级非领导职数3名，主任科员非领导职数12人，副主任科员2人。在厅机关公务员中选拔任用调研员5人、副处长2人、助理调研员1人。在厅机关事业单位中选拔任用副处级领导干部3人。在厅机关公务员中晋升主任科员12人，晋升副主任科员2人。2007年，提拔任用厅级干部2人，处级干部37人，科级干部17人。转任厅级干部1人、处级干部6人。2008年，任命正厅级干部1人，副厅级干部1人，正处级干部4人。晋升主任科员2人、副主任科员2人。按照推荐后备干部程序，推荐正厅级后备干部2人、副厅级后备干部7人、市县（市、区）党政正职后备干部1人。2009年，提拔副厅级干部2人。晋升主任科员4人、副主任科员5人。

2010年，贯彻执行《党政领导干部选拔任用工作条例》和干部选任工作四项监督制度，落实干部群众对选任工作的知情权、参与权、选择权和监督权。探索竞争性选拔干部常态化，尝试“四差额”和民主推荐相结合的选任机制，针对不同选拔对象，适用不同选任程序，使选任干部更加合理、透明，同时加大群众民主测评权，将差额考察中群众民主测评分比例由60%提升到70%，增强干部选任工作公信度。是年，选任正处级领导干部3人、调研员8人，副处级领导干部11人。晋升正副主任科员22人。

2011年，选拔正处长2人、副处长4人、调研员1人、副调研员9人。晋升主任科员10人、副主任科员6人。2012年，选拔正处长5人、调研员2人、副调研员1人。晋升主任科员17人、副主任科员1人。2013年，选拔正处级领导干部5人，调研员8人。晋升主任科员9人、副主任科员4人。任命农业综合开发办科长2人。2014年，选拔副处级领导13人。民主推荐选拔调研员7人，副处级领导干部5人。晋升主任科员8人。2015年，提拔任用正处级干部4人。

2016年，贯彻《党政领导干部选拔任用工作条例》，坚持德才兼备、以德为先和看德才选人、凭实绩用人导向，选拔正处级干部12人，副处级干部16人，其中竞争性比选副处级干部11人。晋升主任科员2人、副主任科员8人。

2017年，向自治区其他厅局和地级市推荐干部3人，其中副厅级1人、正处级2人。晋升主任科员和副主任科员4人。

2018年，出台《自治区财政厅处级干部选拔任用办法》和《自治区财政厅关于做好优秀年轻干部和女干部、少数民族干部、党外干部重点能培养对象推荐工作方案》。自治区财政厅党组坚持德才兼备、以德为先和看德才选人、凭实绩用人导向，强化干部选用、引进、调配三个抓手。全年提拔副处级干部6人，为2名符合条件干部晋升职级。对17名试用期满干部进行考核，按期转正定级。严格培养选拔优秀年轻干部“5123工程”和正科级优秀年轻干部储备培养，报送10名优秀年轻干部和女干部、少数民族干部、党外干部重点培养对象及6名正科级优秀年轻干部储备培养对象人选名单，推进优秀年轻干部锻炼成长。

招录聘用　1991年，自治区财政厅接收大学毕业生29人，考录工人4人。

1992年，调入干部20人，公开考录7人，接收大学毕业生等12人，调出干部14人。是年，加强对返聘人员统一管理，制定新的返聘管理办法，对返聘年龄、年限及审批程序等作出明确规定。按新规定清退一批返聘人员。

1994年，接收大中专毕业生15人。1995年，接收大中专毕业生37人。1996年，调入干部12人，接收转业安置干部1人，接收大中专毕业生13人。1997年，调入9人，接收大学毕业生8人，调出干部1人。1998年，调入干部8人，调出3人。接收安置军转干部2人、复转军人1人、大学毕业生2人。1999年，调入干部2人，接收大学生4人，调出5人。2003年，考录11人，接收大学生2人。2004年，接收转业干部2人、实习大学生5人，考录公务员10人。2005年，调入干部3人，调出干部1人。2007年，调入干部3人。2008年，招考公务员5人、事业单位工作人员2人。2009年，招考高学历公务员1人。

2010年，首次公开大规模从基层机关遴选公务员，共遴选10人。招录事业编制人员2人。选调干部22人。

2011年，选调干部2人。招录事业编制人员2人。2012年，招录行政和参公人员5人。遴选公务员5人。选调干部6人。2013年，招录公务员和参公人员各1人。遴选公务员和参公人员各1人。选调干部和工人各2人。2015年，招考公务员2人、事业单位工作人员4人。遴选公务员7人。选调10人。

2016年，招考公务员1人、事业单位工作人员4人。遴选事业单位工作人员1人。2017年，招考参公管理人员6人，事业单位人员6人，遴选干部4人。选调干部4人。从参公人员中择优转任公务员5人。

岗位交流　1992年，对财政厅机关部分青年干部进行岗位交流。启动青年干部下基层锻炼工作，安排3名青年干部到对口企事业单位锻炼。1995年，岗位交流12人。1997年，岗位交流6人。1998年，调整交流一般干部2人。2001年，调入9人，含接收大学毕业生、部队转业干部。调出3人。2002年，调入8人，含接收大学毕业生4人。调出7人。2003年，岗位交流正处级领导干部4人。2004年，交流干部15人。选派1名干部到中宁县喊叫水乡挂职锻炼。

1998年，拟定《财政厅机关干部岗位交流暂行办法》。1999年，制定《财政厅干部岗位交流暂行办法补充意见》。

2007年，加大干部交流力度，交流干部占任领导职务干部总数的51%，女干部占29.6%，少数民族干部占11.1%。2009年，结合机构改革推行处级干部岗位交流，对7个处室一把手进行岗位交流，任命4名副处长到4个处室负责工作，处室一把手轮岗面达61%，交流轮岗副处长2人。2009年，推荐1名副处级干部到永宁县挂职锻炼一年。

2010年，修订《财政厅公务员交流办法》，明确交流条件和任职年限，加大干部交流轮岗力度。2011年，加大干部交流力度，厅机关4名处级干部和2名科级干部进行跨处室交流轮岗。2012年，推荐2名正处级领导干部到区属国有企业担任财务总监，推荐1名正处级干部到地方政府任职。自治区财政厅机关5名处级干部和6名一般干部进行轮岗交流。2013年，推荐1名正处级干部到自治区政府机关事务管理局任财务处长，推荐3名正处级干部到自治区属国有企业担任副总，派出2名干部分别到国家部委和县级政府挂职锻炼。厅机关4名正处级领导干部轮岗交流。2014年，推荐2名干部到自治区政府部门处室任职，推荐4名正处级干部到国有企业任职，派出1名干部到县级政府挂职锻炼。自治区财政厅机关4名处级和2名科级干部轮岗交流。2015年，推荐1名正处级干部到自治区属国有企业任职，选派1名处级干部到县级政府挂职，组织厅机关5名青年干部到市、县财政部门锻炼，挑选市、县财政局4名干部到厅机关锻炼。自治区财政厅机关9名处级干部、3名科级干部轮岗交流。

2016年，健全落实干部挂职锻炼机制，选派1名干部到北京挂职学习，组织5名干部到市县财政部门挂职锻炼，组织市县财政局5名干部到厅机关锻炼，选派2名干部到农村基层挂职锻炼。43名干部职工轮岗交流。2017年，选派4名干部到财政部和市县其他部门、单位挂职。厅机关交流轮岗17人。

2018年，出台《财政厅处级干部轮岗交流办法》，制度规定，率先推动干部大轮岗、大交流、大锻炼，激发干部谋事干事的积极性主动性。全年轮岗交流在同岗位时间较长的正处级领导干部13人，优化厅机关干部队伍结构。按照自治区党委组织部统一安排，选派1名干部到市县挂职锻炼，提升干部多领域、多岗位工作能力。

公务员管理　1996年，自治区财政厅上报机关国家公务员制度实施方案、公务员过渡培训实施办法、公务员职位分类实施办法、非领导职务设置方案、公务员过渡界定方案等一整套推行国家公务员制度的具体法规性办法，保证国家公务员制度顺利实施。根据国家公务员非领导职务设置原则、设置办法，向自治区党委组织部和自治区人事劳动厅申请非领导职务职数60名。是年，组织实施厅机关国家公务员过渡培训、考试，160人参加考试，合格率100%。

1997年，完成自治区财政厅机关公务员职位分类和机关各处室职责细化，干部考核逐步走上正规化。按照自治区公务员年度考核办法，每年都对全体干部进行考核，客观、公正、全面评价干部德、能、勤、绩、廉，并将考核等次与干部选拔使用和工资挂钩。2006年，组织对自治区财政厅机关符合要求的公务员重新登记。

2007年，经自治区政府批准，征收局、国库支付中心、外债办、宁夏农村公共财政支付服务局为参照公务员管理单位，符合条件的34名干部进行参照公务员管理登记。申请增加总会计师1名，增加厅机关和参照公务员管理事业单位副处级领导职数9名、调研员4名、副调研员3名。

2011年，重新登记49名参照公务员法管理事业单位人员。为厅机关1名正团职和3名副团职转业干部及1名副处级干部解决非领导职务，为厅机关增加2名副调研员职数。

事业单位岗位设置　2003年，对自治区财政厅机关事业单位工勤人员进行岗位等级报批，11人确定为高级工，4人确定为中级工。

2009年，根据《宁夏回族自治区事业单位岗位设置管理暂行办法》，自治区财政厅制定事业单位人员岗位聘用管理办法。经批准设置岗位104个（19个岗位为“双肩挑”），其中专业技术岗位62个、管理岗位41个、工勤岗位1个。2016年，为符合条件的21名事业单位工作人员聘任职务。成立宁夏社会保险基金管理中心，新增事业编制4名，其中主任1名、副主任1名。2017年，聘任事业单位岗位14人。

编外聘用人员管理　2001年，制定《聘用临时人员管理暂行办法》。2010年，制定《财政厅编外聘用人员管理办法》。2014年，制定《编外人员聘用管理办法》，杜绝处室自行聘用、岗位混淆不清、待遇参差不齐等问题。

二、教育培训

1991年，制订《宁夏财政教育事业“八五”计划》，开展财政系统干部岗位培训教育。举办各类业务培训班10期。举办乡财政岗位培训班2期，培训乡财政干部262人。多次组织召开教学研讨会，总结教学和管理经验，研究制定提高教学质量措施和办法。在教学点实行统一考试制度。自治区财政厅被自治区职工教育领导小组评为全区职工教育先进单位。

1992年，按计划举办第5期乡财政、农业税人员岗位培训班，142人取得岗位合格证书，全区70%以上的乡财政人员接受岗位培训。举办1期干部岗位培训班，30人取得培训合格证书。组织开展全区财政、财务知识学习竞赛活动，从1991年12月下旬开始到1992年7月中旬结束，全区财政系统90%以上干部职工参加。

1993—1994年，企业财务会计制度改革和分税制财政管理体制改革，为适应国家财税体制改革发展需要，组织财政系统及社会财会专业技术人员，开展新财会制度和财税体制改革培训。

1995年，先后派出干部和教师42 人参加财政部在各地举办的微机操作、微机师资、会计电算化、分税制、新税制、经济师岗位、农财管理、财政监察、人事干部等培训班。

1996年，组织53名乡财政干部参加岗位培训。组织厅机关干部计算机初级培训，20人参加。

1997年4月16日至5月21日，在宁夏财经学校和固原财贸学校举办2期培训班，共40天，培训乡政干部104人。选派干部参加财政部、自治区党委组织部举办的各类培训班。

1998年4月15日至5月30日，在宁夏财经学校和固原财贸职工学校举办2期培训班，共45天，培训乡财政干部92人。制定自治区财政厅《1998—2000年处级以上领导干部进党校参加培训的安排意见》，安排7名处级干部和1名中青年干部参加党校培训。参加财政部举办的各级各类专业培训，培训32人次。为全区财政系统干部发放全国财政系统统一印制的培训证书，加强对培训工作的管理。

1999年4月20日至6月2日，在宁夏财经学校和固原财贸职工学校举办2期培训班，共40天，培训乡财政干部100人。参加自治区党校领导干部培训班，共9人，其中厅级1人、处级7人、科级1人。选派自治区财政厅机关、所属事业单位、各市县财政干部31人参加财政部举办各级各类专业培训。在财政部第四次全国财政系统干部培训工作会议上，自治区财政厅培训工作获财政部培训工作组织优秀奖和培训优秀奖。

2000年，制订《2000年宁夏财政系统干部培训计划》和《2001—2005年财政厅厅级干部和处级领导干部到学校进修计划》。组织8名干部参加自治区党校领导干部培训班，其中厅级2

人，处级6人。选派12人参加财政部举办的培训。

2001年，自治区财政厅总结“九五”计划时期财政系统干部教育培训工作，坚持每年制订财政干部教育培训规划、计划。是年，举办1期处级干部岗位培训班，邀请自治区党校教授就新时期领导干部新作风、道德素质、领导艺术、树立终身教育的观念等进行专题讲座。组织2名副厅级干部分别参加高级领导干部培训班和中央党校学习，5名处级干部参加自治区党校领导干部培训班。选派29名干部参加财政部举办的培训。

2002年，1名厅级干部参加自治区人事厅组织的高级领导干部研讨班，6名处级干部参加自治区党校领导干部培训班，21名干部参加财政部举办的培训，12名干部参加自治区人事厅组织的培训。举办全区财政系统领导干部WTO与财政知识培训班，邀请中央党校、财政部领导和专家学者讲课。

2003年，1名厅级干部参加中央党校学习，5名处级干部参加自治区党校领导干部培训，1名主任科员参加自治区党校中青年干部培训，29名干部参加财政部举办的培训，30人参加自治区人事厅组织的培训。组织举办厅机关干部计算机应用能力培训班，164人获得计算机等级培训证书。

2004年，举办各类培训班15次，培训系统内干部2600人次。1名厅级干部和9名处级干部分两批参加自治区党校领导干部培训班，57名干部参加财政部举办的各类培训，29名干部参加由财政部和自治区组织的国外培训。7月，举办为期3天的全区财政系统领导干部“科学理财”培训班，邀请中央党校哲学部、中国社会科学院财政与贸易经济研究所、南开大学国际经济贸易系和财政部预算司、国库司政府采购处专家领导授课。邀请中央支宁夏博士服务团成员为自治区财政厅机关干部进行4期财经知识系列培训讲座，提高干部运用财政经济政策水平和能力。

2005年，制定《全区财政系统大规模培训干部工作的实施意见》，建立健全和完善干部教育管理机制。规定每年对全区财政干部教育培训工作进行1次评估检查，检查面不少于20%。根据评估考核结果，每两年对在干部教育培训工作方面成绩突出的单位进行表彰奖励，基本形成比较完整的制度体系，从制度上规范和管理财政干部培训工作。

是年6月15日，在沙湖迎宾馆（宁夏财政干部教育培训基地）组织召开全区财政系统第一次干部教育培训工作会议，明确财政干部教育培训工作面临的新形势、新任务。举办全区财政系统“财政改革发展与构建和谐社会”领导干部培训班，全区各市、县（市、区）财政局局长及财政厅机关处级以上领导干部110人参加。12月，举办“科级非领导职务人员任职培训班”，培训2004年以来新录用人员和晋升科级以下非领导职务人员，以及调入机关工作人员，共45人。组织5名处级干部参加自治区党校领导干部培训班，选派76名干部参加财政部举办的各类培训，选派3名机关干部参加由财政部和自治区组织的国外培训。

2006年，召开全系统干部教育培训工作座谈会。拓宽培训渠道，在上海国家会计学院举办全系统干部教育培训管理者和领导干部岗位培训班，100余人参加。

2007年，注重开展有利于提升不同层次、不同类别财政干部干事、创业能力的综合性培训，营造全系统规范化、系统化、经常化培训氛围。4月10—11日，在银川召开全区财政系统干部教育培训工作座谈会。组织8名处级干部参加自治区党校领导干部培训班，选派126名干部参加财政部举办的各类培训，选派6名机关干部参加由财政部和自治区组织的国外培训。

2008年1月3—4日，举办新任职处级干部岗位培训班。4月16日，召开全区财政系统干部教育培训工作会议。4月16—18日举办以“学习实践科学发展观，促进财政跨越式发展”为主题的领导干部培训班。全年组织10名处级干部参加自治区党校县处级干部进修班，35名处级干部参加自治区人事厅组织的处级干部轮训班，156名干部参加财政部举办的各类培训，近30名机关干部参加财政部和自治区组织的国外培训。全年举办各类培训班31个，培训干部5560人次，其中培训财政系统干部2260人次。在组织开展各类常规岗位培训的同时，强化管理，印发《自治区财政厅干部教育培训学分制管理暂行办法》，为厅机关干部职工每人配发财政厅干部学分登记证。

2009年，召开全区财政系统干部教育培训工作座谈会。5名处级干部参加自治区党校县处级干部进修班，36名处级干部和主任科员参加自治区人社厅组织的处级干部轮训班，56名干部参加财政部举办的各类培训，13名干部参加财政部和自治区组织的国外培训。举办落实科学发展观、构建社会主义和谐社会、提高领导者素质、提高创新思维能力等专题讲座，邀请自治区领导作推动宁夏文化大发展、大繁荣、正确认识当前社会形势专题报告。全年举办各类专题讲座19次，举办各类培训班42个，邀请区内外专家学者授课40余人次，培训干部4000余人次。

2010年，举办培训班3期，培训干部430余人次。自治区财政厅被财政部评为全国财政系统干部教育培训工作先进单位，被自治区党委组织部评为全区干部网络培训试点工作先进单位。

2011年，召开第三次全区财政系统干部教育培训工作会议。举办全区财政系统领导干部项目管理培训班，培训全系统各级干部280余人。机关1名厅级干部、10名处级干部及2名科级干部参加自治区党委组织部举办的各类培训班，32人次参加财政部、自治区人社厅等部门组织的各类调训。印发《宁夏财政厅干部教育培训工作学分制管理办法（试行）》，建立健全调训干部学分管理制度。是年4月25—30日，自治区财政厅与政法主管部门在上海国家会计学院举办培训班，首次专题培训基层政法财务人员70多名。是年，自治区财政厅获评全国财政系统干部教育培训工作先进单位。

2012年，举办全区财政系统领导干部项目管理培训班，培训320余人。举办全区财政系统领导干部“学习十八大精神，推进两区建设”培训班，培训280余人。3名厅级干部分别到井冈山干部学院、自治区党校和新加坡参加专题培训，11名处级干部参加自治区党委组织部举办的各类培训班，28人次参加财政部、自治区人社厅等部门组织的各类调训。是年，财政厅被财政部评为全国财政系统干部教育培训工作先进单位。

2013年，举办全区财政系统领导干部培训班，培训280余人。机关6名厅级干部分别到清华大学、复旦大学和自治区党校参加专题培训，6名处级干部参加自治区党委组织部举办的主体培训班，17人次参加财政部、自治区人社厅等组织的各类调训。分专家学者讲坛、财政干部交流讲坛两个板块，开展“财政大讲堂”活动。

2014年，13名厅级干部分别到国家行政学院和自治区党校参加专题培训，10名处级干部到自治区党校参加主体班次相关培训，23人次参加财政部、自治区党委组织部、自治区人社厅等组织的业务培训。依托“财政大讲堂”举办全区财政干部投融资管理培训班。举办“财政大讲堂”，19名干部讲课。

2015年，7名厅级干部参加国家行政学院和自治区党校培训，9名处级干部参加自治区党校培训，14人次参加财政部、自治区人社厅等组织的业务培训。印发《关于开展2015年度“财政大讲堂”干部交流讲座活动的通知》，组织处级干部“上讲台”。举办全区财政系统青年干部教育培训班，培训210人次，通过理论讲座、现场模拟，帮助青年干部解读新修订的《中华人民共和国预算法》。在财政内网开设“网上图书馆”，上传电子图书5000余册，供干部阅读和下载，满足干部多元化、个性化学习需求。

2016年，统一安排“大培训”，全年举办各类培训班51场次。43人次参加财政部、自治区党委组织部及其他厅局组织的外出专项培训。借助财政部在宁夏举办的培训班，开展“搭车”培训，提升理论水平和专项能力。举办 “财政大讲堂” 5场次。

2017年，全年举办培训41个班次。采取“主导办＋搭车办”“走出去＋请进来”相结合的方式，利用各方资源，提高干部教育培训效率。举办处级干部理论培训班、全区财政系统公文写作培训班。举办“财政大讲堂”4期，邀请专家解读政府和社会资本合作PPP模式、政府投资性基金管理、运作等财政改革热点难点。借助财政部在宁夏举办的全国财政系统干部教育工作培训班，对5个地级市财政局相关人员进行“搭车”培训。选派干部参加自治区党委组织部、自治区人社厅等部门调训。

2018年，自治区财政厅根据新形势、新任务对财政干部的新挑战、新要求，有效整合利用外部资源，发挥自身优势，规范干部教育培训计划，科学设置培训内容，提升干部教育培训质量。全年共举办各类培训班47期。举办全区财政系统领导干部培训班，各市、县(市、区)分管财政工作领导，市、县(市、区)财政局局长，自治区财政厅机关全体干部参加。“搭车”参加培训，厅机关50余名干部参加自治区党委组织部、党校等部门的培训，自治区财政厅机关和全区财政系统干部近200名参加财政部在宁夏财政干部教育培训中心举办的培训班。举办“财政大讲堂”5期，举办“财政预算监管大讲堂”，融合政治教育和业务培训。开展网络培训，明确网络学习任务和要求，督促干部利用网络平台选课、听课，拓宽学习方式和知识获取渠道，着力满足干部多元化、个性化学习需求。

是年，提高培训针对性，共组织采购代理机构、评审专家、自治区本级预算单位及各市县区财政局相关工作人员开展4次政府采购业务知识培训，参加培训2000余人，培训内容涵盖政府采购预算编制与执行、服务平台流程操作、质疑投诉政策、信息报表报送、法律适用及案例分析等各方面。此次培训力度，整体提升了政府采购人员专业素养。

三、职称评聘

1991年，改选自治区财政厅机关中级评委会，组建自治区税务局会计系列和经济系列中级评审委员会。依照评审原则和任职条件，评审和推荐上报高级任职人员2名、中级任职人员26名，评审通过初级任职资格49名。组织参评专业技术人员32人参加全区外语和专业课考试、12人参加专业课考试。

1992年，召开2次评审会议，评审21名会计师、14名经济师、12名助理会计师、6名助理经济师。组织自治区财政厅会计人员报名参加会计专业技术资格全国统考，42人参加会计师资格考试，8人参加助理会计师和会计员资格考试。

1994年，成立自治区财税系统政工系列高级专业职务评审委员会，为财税系统125名具备中、高级条件的人员评审政工专业技术职称。解决部分系列评审指标少、评审对象多的矛盾，向有关部门申请增加40个评审指标，基本满足评审需要。对自治区财政厅机关及所属单位107人申报的会计、经济、教育、工程、政工等系列的专业技术职称进行审核、评审或委托评审。为参加全国会计、经济系列各档次职称考试的60名干部办理资格审查和报名手续。

1995年，经过考试、考核和评审委员会评审，为45人评定专业技术资格，其中高级会计师8人、高级经济师8人、会计师5人、经济师9人、助理经济师2人、高级讲师4人、讲师和馆员9人。摸清自治区财政厅及所属事业单位专业技术人员基本情况及评审指标需求。组织财政厅全国经济系列专业技术资格考试和外语考试人员的资格审定与报名，为6人办理专业技术资格证书。

1996年，组织自治区财政厅机关及直属单位会计系列、经济系列、外语等级考试的资格审查与报名，重新上报审核事业单位专业技术职务评聘指数。

1997年，下达自治区财政厅厅属事业单位研究、中级专业、工程等系列专业技术职称评聘职数。组织厅机关及厅属事业单位专业技术资格考试人员的资格审查与报名，其中会计系列56人，经济系列28人，外语等级考试11人。为30名干部职工办理职称证书，其中副研究员2名，高级讲师7名，经济系列4名，会计系列13名。

1998年，为17名干部职工办理职称证书，其中会计系列12名，政工系列7名。组织厅机关及厅属事业单位专业技术资格考试人员资格审查与报名，其中会计系列71人，外语等级16人，经济系列34人。至1998年3月，自治区财政厅机关具有高级会计师、高级经济师及高级政工师等高级专业技术职称21人，占干部职工总数14.7%；具备各种相关中级专业技术职称81人，占干部职工总数56.7%；具备各种相关初级专业技术职称16人，占干部职工总数11.1%，专业技术干部队伍向正规化、制度化方向发展。

1999年，核定厅属事业单位专业技术职称的评聘职数，中级专业系列评审高级讲师资格2人。组织自治区财政厅机关及厅属事业单位专业技术人员考试资格审查与报名，经济师报名15人，外语考试7人，会计系列52人。为12名通过全国考试获会计、经济系列职称人员办理资格证书和任职手续，其中助理会计师9人，会计师2人，经济师1人。

2000年，组织自治区财政厅机关及厅属事业单位专业技术人员考试资格审查与报名，其中经济师资格考试16人，会计师考试39人，助理会计师考试7人。为12名通过全国考试获会计、经济系列职称人员办理资格证书和任职手续，其中助理会计师9人，会计师2人，经济师1人。

2001年，重新核定事业单位专业岗位设置和职数，对专业技术人员进行重新造册分类登记，理清专业技术干部队伍结构。取得高级职称资格15人，聘8人。取得中级职称资格2人，聘2人。

2002年，评聘高级会计师4人，高级经济师5人，高级工程师4人，高级讲师3人，经济师2人，会计师1人，讲师4人。

2003年，评审正高职称5人，工程师1人。报考高级会计师21人，11人通过考试。

2004年，评审正高职称5人，工程师1人。11人通过高级会计师考试。自治区财政厅机关通过会计证年度检验并换证230人。

2005年，20人经过考试获高级专业技术职称，其中正高7人，副高13人。6人获得中级专业技术职称。2005年，4名工勤人员获得中级工资格并聘任。

2007年，授予高级会计师任职资格3人。晋升中级专业技术人员5人，聘任4人。聘任正高职称1人，副高1人。

2008年，取得高级政工师1人，正高级研究员2人。参加高级职称考评8人，中级1人。参加中级职称考试2人。

2012年，干部晋升高级职称2人。2013年，为15名干部聘任相应岗位或职称。2014年，聘任副高以上职称8人，中级职称3人。

2015年，聘任正高职称干部1人，副高职称2人，中级职称3人。

第二节　效能目标管理

一、制度建设

20世纪90年代，财政厅机关建立健全各项事务管理制度规定，提高管理水平。1991年，制定《财政厅档案管理规定》《财政厅公文处理规定》。1996年，编写《财政厅工作制度汇编》，包括党务党建、人事管理、政务管理和事务管理4大类32项制度，为全体干部职工日常工作提供规范性手册。

1999年，制定《财政厅机关文明办公暂行办法》。2000年，制定《财政厅考勤管理办法》，加强机关作风建设。2003年，修订《财政厅机关工作制度汇编》。2004年，编印《宁夏财政厅机关内部管理制度汇编》，为机关规范化管理提供保障。

2006年，制定并修改自治区财政厅机关和全区财政系统《财政信息管理办法》《关于进一步推进厅机关政务公开工作的意见》。2009年，修订《财政厅效能目标管理考核暂行办法》，从制度上保障效能目标管理工作稳步推进。

2013年，针对效能考核中不合理、不规范问题，修订《自治区财政厅效能目标管理考核暂行办法》，建立效能目标管理长效机制。

2014年，建立处室每周工作计划发布制度。2016年，修订完善《自治区财政厅效能目标管理考核办法》，建立科学、公正、合理的考核标准。修订完善《财政厅岗位利益冲突风险内部控制办法》，规范和加强岗位设置、回避制度、风险防控等。制定《财政厅公务员平时考核办法》，加强从平时、细节管理考核干部，提升干部考核的科学性和实效性。制定《自治区财政厅工作人员考勤管理暂行办法》，探索建立一整套网上"管人"机制，利用内网平台和信息化手段，干部日常考勤、因公外出、请销假及相关数据统计等事项逐步实行网上办理，提高干部管理效率。

2017年，制定印发《财政厅公务员平时考核办法（试行）》，进一步完善管理制度体系。

2018年，修订完善《财政厅机关效能考核办法》《自治区财政厅服务人大代表、政协委员工作规则》《自治区财政厅工作规则》《财政厅业务工作手册》《财政厅干部业绩纪实办法》《财政厅干部考勤管理办法》《自治区财政厅重点工作督查督办管理办法》《财政厅定密操作指南》等规章制度，规范工作流程，完善管理制度体系，用制度管人管事。

二、效能考核

2008年，自治区财政厅按照自治区政府加强效能建设的部署和要求，从简化行政审批、推行政务公开、规范执法行为、提高办事效率入手，针对查找的突出问题制定20项整改措施，实行效能目标管理考核，推进效能建设。清理取消5项行政审批事项，将保留的21项行政许可（审批）事项进入自治区政务服务中心集中办理。设立财政厅厅长接待日，简化和规范办事程序，提高办事效率和服务质量。是年，自治区财政厅在自治区政府效能目标管理考核中名列前茅。

2009年，自治区财政厅制定各处室签订效能目标管理考核责任书，修订《财政厅效能目标管理考核暂行办法》，制定《财政厅2009年效能目标管理考核实施方案》，组织开展年中、年底效能督察，督促各处室和单位按照年初确定的目标任务按期完成。是年，自治区财政厅获自治区机关效能目标管理考核一等奖。

2011年，制定方案，科学设置厅机关和各处室、单位效能目标管理责任内容。将自治区党委和政府重要会议、重要文件确定的工作任务纳入年度机关效能目标管理考核内容，按照年初定任务，年中勤督促，年底重考核要求，定期督促检查落实。至2012年，自治区财政厅连续5年获自治区政府效能目标管理考核一等奖。

2013年，修订印发《自治区财政厅效能目标管理考核暂行办法》，扩大考核范围，调整奖励、扣分事项。是年，自治区财政厅和石嘴山、吴忠、贺兰、同心、平罗、盐池、中宁、原州、泾源等10个市、县(区)财政局在效能目标综合考评中获得一等奖。

2015年，修订厅机关效能考核办法，充实内容，简化程序，细化指标。研究自治区效能考核方案和办法，年初收集和整理相关资料，为年底考评打好基础。

2017年，印发《财政厅2017年效能目标管理考核实施方案》。至2018年，自治区财政厅效能目标管理考核工作每年按程序稳步推进，完成自治区党委和政府的效能考核。

2018年，推进机关效能和干部业绩纪实考核“两项创新”，考核结果与评先、选用、晋级挂钩，得到财政部和自治区党委、政府肯定。

第三章　党风廉政建设

党风廉政建设和反腐败斗争是全党共同的重大政治任务。20世纪90年代以来，自治区财政厅党组不断强化职能职责，重视干部职工教育，完善规章制度，构建党风廉政建设体系。2009年，自治区财政厅被自治区党委、政府评为全区贯彻落实《关于贯彻〈建立健全教育、制度、监督并重的惩治和预防腐败体系实施纲要〉的实施意见》和党风廉政建设责任制先进单位。

中共十八大以来，自治区财政厅党组始终把牢政治方向，更加重视党风廉政建设责任归位和工作落实，开展主题教育、专题教育、廉政教育，切实贯彻落实中央八项规定精神，聚焦正风肃纪关键点，着力打造“清廉财政”品牌。全方位、立体式深查细照存在的问题，举一反三，扎实整改。坚持落实主体责任，强化责任追究，净化机关政治生态。驻厅纪检监察组深化制度监督，打造源头治腐体系。聚焦精准监督根本点，突出“两个维护”监督、政治生活监督、重大决策部署落实监督。聚焦标本兼治切入点，深入推进综合治理，持续开展专项整治、适时开展廉情分析、积极开展联合整治。坚持从严监督执纪，持续保持反腐败的高压态势，有案必查，有腐必惩。2018年，印发《中共宁夏回族自治区财政厅党组关于深入开展违反中央八项规定精神突出问题自查自纠的通知》，开展中央八项规定专项整治，从严整改中央巡视反馈的问题和严肃整治领导干部利用名贵特产类特殊资源谋取私利问题，加大违纪违规线索和问题查处力度，树立财政干部清廉干净的良好形象。

第一节　体系建设

一、组织建设

1996年6月机构改革，自治区财政厅设纪检组(监察室)。2000年6月30日，自治区纪委、监察厅印发文件，向自治区财政厅派驻纪检组、监察室，设纪检组长1名，纪检组副组长兼监察室主任1人名。纪检组监察室负责机关和直属单位的纪检监察工作。

2004年设机关纪委。2008年组建行业纪委。

二、制度建设

1991年，制定《财政厅经费开支管理规定》《财政厅公费医疗费管理规定》《财政厅会议管理规定》。1995年，制定《关于宁夏财政厅机关干部不准参加宴请和用公款支付的高消费娱乐活动的具体规定》《宁夏财政厅处级领导干部个人重大事项报告制度》，把禁止用公款“吃、喝、玩、乐”等作为反腐败工作重点。

1996年，制定《宁夏财政厅党风廉政建设责任制实施办法》《宁夏回族自治区财政厅财政资金监督管理办法》，在预防和治理腐败，堵塞体制、机制、管理和工作中的漏洞发挥了作用。

2000年，制定和完善《宁夏财政厅领导干部党风廉政谈话制度（试行）》《宁夏财政厅领导干部廉政档案管理办法（试行）》《宁夏财政厅工作人员在国内交往中收受礼品实行登记制度的实施办法》《宁夏财政厅领导干部报告个人重大事项的规定》《宁夏财政厅领导干部收入申报的规定》《财政厅出国人员管理办法》等多项制度，从源头上强化对领导干部的监督。

2001年，推行新任处级干部党风廉政谈话制度，对厅机关机构改革中竞争上岗的30名正副处长从增强党性修养、坚定理想信念、遵守政治纪律、改进领导作风等方面进行廉政谈话。

2004年，设机关纪委，完善反腐工作机制，构建财政部门惩防腐败体系。

2006年，建立反腐倡廉教育长效机制，把党风廉政建设纳入机关思想政治建设的总体规划，党风廉政教育内容和时间占机关干部理论学习的三分之一，做到有计划、有安排、有落实。建立领导干部定期讲廉政党课制度和党员干部廉政培训制度。制定《工作人员差旅费管理实施细则》，控制差旅费支出。

2009年，财政厅印发《关于认真贯彻落实厉行节约八项要求工作任务分工的通知》，制定《宁夏财政厅考察调研接待工作规定》，建立公务接待通报制度，改进考察调研接待工作。是年，自治区财政厅将自治区纪委推行的廉政风险防范管理工作与财政部部署的“权力搜索、监督定位、流程规范”工作结合起来，成立全区财政系统规范权力运行和推行廉政风险防范管理工作领导小组，制定《全区财政系统规范权力运行和推行廉政风险防范管理工作实施方案》，通过抓好正面宣传教育、警示教育和落实领导干部报告个人重大事项规定、礼品登记规定等，加强财政系统反腐倡廉建设。

2010年，按照“坚持、完善、废止”不同要求，全面清理、分类登记反腐倡廉制度，共清理制度125项，其中继续坚持100项，修订完善23项，废止2项，新建26项。

2011年，自治区财政厅机关党委制定《中共宁夏财政厅直属机关纪律检查委员会工作规则》。驻厅纪检监察组制定《对党员干部进行谈话函询的暂行办法》《执纪审查工作暂行办法》《监督提醒暂行办法》等规章制度，进一步规范反腐倡廉工作流程。

2013年，推进制度建设，印发《财政厅机关财务审批管理规定》，严格财务审批程序。重新修订《宁夏财政厅工作规则》《宁夏财政厅会议制度》等 10 多个制度规定，印发《财政部门行使行政处罚裁量权指导规范》，对 9 部地方性法规、政府规章，23 件规范性文件和 184 件财政厅制定的规范性文件进行清理，建议废止 21 件，修改 7 件，继续执行 188 件。

2014年，建立请示事项登记制度，健全和完善厅机关公务接待、督查督办、财务审批、车辆管理等规章制度。

2015年，自治区财政厅党组实行党风廉政建设主体责任定期汇报和检查考核制度，并将落实主体责任的情况作为年度述职述廉的重要内容。坚持约谈制度，明确自治区财政厅党组成员实施约谈以及诫勉谈话的要求和程序，使谈话工作有据可依、有底可查。自治区财政厅党组成员每年至少2次约谈分管单位主要负责人，听取党风廉政建设工作情况汇报，督促落实反腐倡廉工作任务。

2016年，修订完善财政厅党组落实党风廉政建设主体责任清单，党政一把手严格落实“五不直接分管”规定，明确每个岗位的责任项目、具体措施和完成时限。

2017年，印发《宁夏财政厅关于落实党风廉政建设主体责任和监督责任的通知》《中共宁夏财政厅直属机关纪律检查委员会工作规则》。

2018年，制定《贯彻中央八项规定实施细则的实施办法》，自治区财政厅党组履行党风廉政建设主体责任，11次专题研究部署党风廉政建设工作，签订党风廉政建设责任书，持续强化廉政教育和警示教育，健全源头治腐机制。厅党组落实中央纪委国家监委和自治区纪委监委深化派驻机构改革部署要求，全力配合驻厅纪检组履行职责。是年，制定党组党风廉政建设落实主体责任实施办法和责任清单。建立健全科级及以下干部职工廉政档案240份。将党风廉政建设和“四风”问题整治工作纳入年度效能目标考核，加大督促检查力度，推进各项目标任务落实。围绕构建作风建设常态化长效化机制，及时完善有关制度，增强针对性和可操作性，强化执行刚性。

第二节　廉政教育

一、宣传教育

1991年起，自治区财政厅党组组织党员干部坚持学习《中国共产党章程》《中华人民共和国宪法》《中华人民共和国行政监察法》《关于党内政治生活的若干准则》《中国共产党纪律处分条例》《中国共产党党内监督条例》《关于对党员干部加强党内纪律监督的若干规定》《中国共产党党员领导干部廉洁从政若干准则》《中共中央、国务院关于党政机关厉行节约制止奢侈浪费行为的若干规定》《关于加强领导干部反腐倡廉教育的意见》等法律法规，增强党员干部廉洁从政、依法行政、科学理财、为民理财的思想意识。坚持学习中央和自治区关于党风廉政建设的重要文件和领导讲话，提高党员干部贯彻落实国家财经工作方针、政策和各项法规的自觉性。

1998年，学习《关于实施党风廉政建设责任制的规定》。2001年，组织开展党风廉政建设教育月活动，通过学习毛泽东、邓小平关于党风廉政建设和反腐败的论述，引导党员干部正确认识和明确开展反腐败斗争的形势和任务，增强反腐倡廉的意识和自觉性。

2002年，开展以“八个坚持，八个反对”为主要内容的党风廉政教育活动，解决党员干部在思想作风、工作作风等方面存在的突出问题。

2005年，开展以“立党为公、执政为民、廉洁从政”为主题的理想信念教育，引导党员干部树立马克思主义世界观、人生观、价值观和正确的权力观、地位观、利益观。

2006年，以学习党章和进行社会主义荣辱观教育为重点，开展党风廉政建设宣传教育活动。组织处级以上干部参加自治区党委举办的党风廉政建设和反腐败形势报告会。

2007年，开展“加强作风建设，促进廉洁从政”主题教育活动。2008年，开展“转变作风，干干净净干事”主题教育活动。组织36人参加自治区区直机关新任处级干部廉洁从政学习。组织111名处级以上干部参加自治区预防职务犯罪工作条例知识答题活动。2009年，继续组织新任处级干部参加区直机关新任处级干部廉洁从政学习。组织党员干部观看王瑛先进事迹话剧《红叶旅途》。

2010年，在处级以上党员领导干部中开展“学廉政准则，促廉政从政”主题教育活动。在财政厅内网开设党风廉政宣传教育专栏。

2011年，以践行社会主义核心价值观为主线，组织开展“以人为本，执政为民”“学廉政准则，促廉洁从政”主题教育活动。组织开展以“保持党的纯洁性”为主题的廉政党课教育活动，各处室单位围绕在理想信念、思想作风、组织纪律、廉洁自律等方面查找出的问题，有针对性地制定了80 多条整改措施。

2012年，印发《关于在财政厅党员干部中开展“保持党的纯洁性发扬优良作风” 主题教育活动的通知》，着力解决党员干部在理想信念、思想作风、组织纪律、廉洁自律、队伍建设方面存在的问题。

2013年，加强廉政教育，各级财政部门普遍开展“学党章，守纪律，转作风”主题教育活动，通过举办“学党章，守纪律”知识竞赛、组织学习讨论、制定整改措施，增强党员干部党的意识和纪律意识。 厅机关在财政内网加载中央及自治区廉政法规文件 10 余份，在财政内网廉政专栏加载“廉政中国宣传教育”和“拒腐防变每月一课”光盘 22 期。 为财政干部配发“财政纪检监察文件选编” 和“财苑警示录”300 多本。2015年，开展“守纪律，讲规矩”主题教育，增强干部职工纪律和规矩意识。

2016年，坚持学习《习近平关于严明党的纪律和规矩论述摘编》，把党规党纪刻印在心里，体现在每项工作和日常生活中。抓好《中国共产党纪律处 分条例》《中国共产党廉洁自律准则》《中国共产党党内监督条例》《关于新形势下党内政治生活的若干准则》的学习宣传和贯彻落实，教育引导党员严格遵守党内法规，把自己摆进去，做到懂法纪、守底线、知敬畏、存戒惧。

2017年，组织党员干部集中观看《作风建设永远在路上》《防微杜渐警钟长鸣》等廉政教育视频。自治区财政厅党组主要领导和纪检监察组组长带头讲党课，通过政策讲解和案例分析，提醒党员干部牢固树立廉政意识。

2018年，强化规矩意识，重视教育的实效性，让党员干部知敬畏、存戒惧、守底线。抓教育培训，从党纪政务案件审核处理、中央八项规定精神政策解读、纪检监察工作实践与思考等方面，对厅系统各党支部书记、纪检委员、机关纪委委员和各市、县(市、区)财政局分管领导等共116 人进行全方位辅导培训，有效提升各级财政干部在党风廉政建设和反腐败工作方面的履职能力。抓廉政谈话早打招呼，对新提拔的处级领导干部进行集体廉政谈话，采取“谈话＋考试”的形式，使新履职的干部深入学习党纪法规，树立正确的政绩观，时刻保持警醒，把住关口，守住底线。

二、警示教育

2000年，组织干部职工观看《财苑警示录》《生死抉择》。通过观看警示教育片，剖析财政系统发生的腐败案例等形式，增强党员领导干部廉政意识。2003年，组织干部职工观看打击经济犯罪展览。

2007年，以新华社内参刊载的《一位“落马”贪官的“七笔账”》《财政部关于徐放鸣严重违法犯罪案件的通报》《贪图末路》《赌之害》等为题材，开展廉政警示教育。

2009年，通过组织观看《天平岂容失衡》和传达自治区纪委《关于陆占吉严重违纪案件的通报》等形式，开展廉政警示教育。

2012年，开展“爱岗敬业，勤政为民”警示教育月活动，在自治区财政厅机关掀起学习贯彻自治区勤政警示教育大会精神热潮。为自治区财政厅机关全体处级以上干部订购《领导干部廉洁从业阅读读本》，为全区财政干部配发《财苑警示录》，组织自治区财政厅机关、事业单位干部职工集中观看《苏共亡党亡国的历史教训》专题警示教学光盘。在财政内网加载自治区领导关于反腐倡廉建设论述 10 余篇，供党员干部随时学习。2013年，及时组织干部职工观看警示教育片，利用门厅电子大屏幕滚动播放中央和自治区廉洁自律有关规定。

2014年，通过向党员干部传达、剖析发生在全区财政系统的典型案例，组织观看自治区廉政警示教育展览等，开展廉政警示教育。2015年，向自治区财政厅党员干部传达通报中央纪委和自治区纪委的典型案例。

2017年，邀请自治区检察机关职务犯罪预防宣讲团，在全区财政系统开展预防职务犯罪警示教育专题宣讲。以案明纪以片示警，组织全厅副处级以上党员干部，到自治区警示教育中心，进行廉政教育，集中组织观看《作风建设永远在路上》《防微杜渐警钟长鸣》等廉政教育视频。以身边事教育身边人，先后召开党组会、厅务会和处级以上领导干部大会，要求全厅党员干部汲取董某违纪违法案件的深刻教训。

2018年，召开自治区财政厅系统党员干部廉政警示教育大会，通报系统内典型案例，对全系统工作纪律、财务纪律等情况进行全面自查自纠和整改，坚决防止和纠正“四风”新表现。集中组织观看《贪欲之祸》廉政教育视频。组织财政厅120名党员干部前往银川监狱，通过观看监区警示教育展览，听取职务犯罪人员现身说法等形式，开展廉政警示教育。举办全区财政系统党风廉政建设暨警示教育培训班。组织《贪欲之祸》廉政教育视频，以身边事教育身边人。

第三节　政风行风建设

1991年，根据财政部要求，自治区财政厅成立纠正行业不正之风领导小组，设办事机构，要求各地市县财政部门及自治区财政厅机关所属单位成立办事机构，加强行业不正之风纠正工作。

1998年，自治区财政厅机关组织开展以“学习理论、整顿作风、建章立制、树立形象”为主题的思想作风整顿。通过学、查、改，从干部管理、纪律作风和党员教育等方面，强化机关内部管理。

2000年，开展“严肃工作纪律、整顿机关作风”活动，制定禁止机关工作人员利用工作时间炒股等规定。

2003年，开展牢记“两个务必”教育活动。7月至2004年8月，在全区财政系统开展“树行业新风、促规范服务”活动。通过向自治区直部门、市县征求意见，查找出财政厅机关在财政管理、廉政建设、工作作风、服务态度等方面存在的突出问题21条，征求到意见和建议30条。研究制定涉及自治区财政厅整体工作的23项整改措施，明确承办处室、责任人、完成时限。2004年10月12日至11月20日，开展行风建设“回头看”活动。

2005年，主要围绕财政职能发挥，巩固行风建设成果，重点落实2004年在行风建设活动中制定的规范服务、提高效率等方面的制度和措施。

2006年，开展以“知荣辱、树新风，谋发展、促和谐”为主题的社会主义荣辱观教育实践活动，并与巩固和扩大保持共产党员先进性教育成果和推进机关精神文明建设、机关作风建设相结合。

2007年，制定《自治区财政厅关于进一步推进机关政务公开工作的意见》，坚持财政工作情况通报和新闻发布制度，定期向自治区领导、人大代表、政协委员和新闻媒体通报财政工作情况，接受社会各界监督。

2008年，结合自治区“思想道德建设年”，在全系统开展“诚信服务，理财为民”主题教育活动，引导干部职工积极参与、自觉行动，在全系统形成诚实守信、爱岗敬业、依法理财、廉洁从政的风气。组织开展“树行业新风，促规范服务”活动，按照“内强素质、外树形象、规范管理、优质服务”要求，抓好政风行风建设。是年，自治区财政厅获评全区政府系统督察工作先进集体、全区政务公开工作先进集体、全区依法治理示范单位。

2009年6月2—13日，组织厅机关干部职工分两批在宁夏武警总队开展机关干部“体验军营生活，加强作风建设”主题实践活动。

2010年，在全区财政系统中开展“抓落实，树形象”年活动。

2011年，根据自治区党委、政府统一部署，开展进一步营造财政部门风清气正发展环境活动，营造勤廉高效的行政环境、优质快捷的政务环境、规范有序的市场环境、高效发展的项目环境、诚信文明的思想环境。

2012年，将开展营造风清气正的发展环境活动引向深入，确定15项重点工作任务，明确工作目标。宣传先进典型和工作成效，营造“人人关注发展环境，人人建设发展环境，人人都是发展环境” 的氛围。自治区财政厅获全区开展进一步营造风清气正发展环境活动先进单位。是年，印发《自治区财政厅2012年纠风工作实施方案》，明确主要工作任务，提出落实纠风工作具体措施，抓好纠风工作，加大治理“庸、懒、散”力度。

2013 年，自治区财政厅党组制定《财政厅贯彻落实〈自治区党委、人民政府关于改进工作作风密切联系群众的若干规定〉的实施意见》，从6个方面提出22条具体措施。全系统开展“四比四看”（比思想看境界，比素质看能力，比作风看形象，比服务看成效）活动，自治区财政厅、贺兰、中卫、大武口、沙坡头、太阳山、同心、原州等 8 个县（区）财政局获得在本级政府部门政风行风民主测评排名前三名的好成绩。

2014年，印发实施方案，在全区财政系统开展民主评议机关和干部作风活动。厅领导带队调研走访服务对象和有关部门单位，发放征求意见表 288 份，征求到意见建议 4 条。对自查自纠存在问题，归纳10 个方面进行集中整改。自治区财政厅机关 31 个处室、事业单位和 129 名处级以上领导干部在财政内网进行民主测评。为强化社会各界对财政系统政风行风建设情况监督指导，从自治区人大、政协、纪委、市县财政局、自治区财政厅机关退休干部中聘任5人为全区财政系统政风行风特邀监督员，通过特邀监督员不定期明察暗访，了解掌握财政系统政风行风存在问题，及时查处纠正问责，推动政风行风建设。中卫市财政局、银川市金凤区财政局、同心县财政局在本级政府部门排名第一。

2015年，自治区财政厅领导带队下基层，发放征求意见表 300 余份，征求到意见建议 7 条。对自查自纠存在的问题，归纳 8 个方面进行集中整改。对 124 名处级以上领导干部进行民主测评，平均得分为 99.7 分，60% 以上的干部测评得分在99.8 分以上。坚持政风行风特邀监督员制度，通过明察暗访，及时查处纠正问责，在财政系统营造风清气正氛围。

2016年，结合“两学一做”学习教育，针对整治“三不为”问题，持续开展“转作风，抓发展”活动，加大对隐形“四风”问题和党员干部工作纪律、履行职责、行使权力等方面督察力度。发挥党员在党内生活中的主体作用，增强党员队伍生机活力，激发党员坚定信念、牢记宗旨、爱岗敬业、勇于进取的自觉性。

2018年，对照《形式主义、官僚主义新表现值得警惕》，列举10种表现80条清单，组织党员干部深查细找、举一反三。制定印发《财政厅激励干部想干事能干事干成事的实施意见》，健全机制，纠正 “懒、散、拖”的作风，营造风清气正氛围。聚焦表态多调门高、行动少落实差、以会议落实会议、以文件落实文件等突出问题，制定措施进行整改。

第四节　纪检监察

一、制度落实

1999年，根据中共中央、国务院《关于实行党风廉政建设责任制的规定》，结合实际，制定《宁夏财政厅党风廉政建设责任制实施办法》，明确落实党风廉政建设责任制要坚持党组统一领导，纪检监察部门组织协调，各处室各负其责。实行集体领导和个人分工负责相结合，做到目标明确、责任落实、权责清楚、奖惩分明。

2001年，为适应党风廉政建设工作发展需要，重新修订完善《宁夏财政厅党风廉政建设责任制的实施办法》《领导干部报告个人重大事项的规定》《实行礼品登记制度的规定》《实行个人收入申报制度》《领导干部离任谈话制度》《建立领导干部廉政档案办法(试行)》等6项制度。按照责任制实施办法,逐级签订党风廉政建设责任书,形成党政齐抓共管、部门各负其责、干部职工共同参与的工作局面。是年12月,印发《财政厅党风廉政建设责任制考核量化标准》和考核方案,考核厅机关各处室单位的责任制执行情况,促进各处室单位的党风廉政建设工作。

2003年,修订完善《宁夏财政厅党风廉政建设责任制考核量化标准》和《考核办法》,制定《财政厅党风廉政建设责任制追究实施细则》。

2005年,完善党风廉政建设责任制考核机制,把党风廉政建设责任制的落实情况作为年终考核的一项重要内容,与领导干部述职述廉相结合,与干部奖惩、任用挂钩。

2007年,强化党组书记负总责、分管领导具体抓、处室领导"一岗双责"、纪检监察部门组织协调的党风廉政建设领导体制和工作机制。是年,自治区财政厅被自治区党委、政府授予落实党风廉政建设和实施纲要先进单位。

2008年,学习中央《建立健全教育、制度、监督并重的惩治和预防腐败体系实施纲要》,坚持教育、制度、监督并重。落实行政执法责任制,执行"谁主管、谁负责"第一责任人制度。是年,自治区财政厅被自治区党委、政府评为全区惩罚与预防腐败体系建设和落实党风廉政责任制先进单位。

2014年,自治区财政厅党组印发《中共财政厅党组落实党风廉政建设主体责任的实施办法》,驻厅纪检组建立向厅党组和自治区纪委报告党风廉政建设情况制度。自治区财政厅党组制定印发《中共财政厅党组关于推进财政厅惩治和预防腐败体系建设2013—2017年工作任务实施方案》和《2014年财政厅党风廉政建设和反腐败主要任务及分工》,明确各项任务的分管领导、牵头处室和协办单位,驻厅纪检组监察室强化监督检查,牵头任务全面完成。

2015年,强化监督问责力度,驻厅纪检组监察室印发《驻财政厅纪检组监察室履行监督工作细则》《驻财政厅纪检组监督责任清单》。建立问责制度,对分管领导落实主体责任不力和落实主体责任不力的单位负责人进行责任追究。

2016年,执行党政一把手"五不直接分管"规定,明确每个岗位的责任项目、具体措施和完成时限,使主体责任具体量化。完善驻财政厅纪检组监督责任清单,从责任项目、具体措施、量化指标和完成时限等方面细化责任分工。建立健全重要人事任免监督制度,全程参与人事任免工作,对人事任免中违规违纪行为及时进行问责。贯彻落实派驻机构改革精神,深化"三转",制定驻厅纪检组工作职责和监督权限,调整纪检组长分工,明确不再分管纪检监察业务以外的工作。

2017年,建成标准化谈话室,建立审查谈话制度,规范谈话流程,办案人员签订保密承诺书、安全承诺书、廉洁自律承诺书,严格防范办案风险。

2018年,召开全区财政系统党风廉政建设工作会议,部署2018年党风廉政和反腐败工作,明确主体责任和监督责任。自治区财政厅党组制定"两个责任"的责任、问责清单,财政系统各级党组织层层签订党风廉政建设责任书,形成责任明确、问题清晰、追责有据的权责统一机制。贯彻落实中央八项规定精神及实施细则，强化落实集体决策、公务接待、公车管理、资产管理、考勤考核等各项制度，形成作风建设长效机制。驻厅纪检监察组重点监督“三重一大”事项决策过程、民主集中制贯彻落实，为权力规范运行奠定基础。驻厅纪检监察组制定《谈话函询暂行办法》《信访举报工作办法》《监督工作实施意见》等，建章立制，强化管理，进一步规范监督工作流程。

二、内部监督

1999年，自治区财政厅成立清房领导小组，全面摸底调查干部住房情况并进行公示，接受群众监督。2000年，登记自治区财政厅275名干部职工住房情况，清查产权归属财政厅住房情况。调查核实128名副处级以上领导干部（含离退休老干部）配偶、子女和原工作单位的住房情况，建立住房档案。纠正和处理15名处级干部在住房中存在的问题。

2001年，制定《财政厅规范财政管理严肃财政工作纪律的暂行规定》，以预算编制、执行和监督为主线，对各种财政性资金的分配管理监督和各项财政工作程序作出详细规定，明确各环节的纪律规定、违纪责任和处理办法。清理厅机关处室、单位银行账户，撤销12个，归并4个。是年，登记、申报自治区财政厅81名领导干部1997年4月以来收受礼品、现金、有价证券情况，并按规定作了处理。

2002年，落实《领导干部报告个人重大事项的规定》《实行礼品登记制度的规定》《实行个人收入申报制度》《领导干部离任谈话制度》《建立领导干部廉政档案办法（试行）》等5项监督制度。10名厅处级领导干部按规定上缴登记在工作交往中无法拒收的礼金、购物卡和礼品，相关资料装入个人廉政档案。印发《关于做好2002年元旦、春节期间廉洁自律工作的通知》，强调廉洁自律的各项规定，加强监督检查，制止相互走访、吃请、拜年等不良风气。

2003年，落实《关于党政机关县（处）级以上领导干部收入申报的规定》和《关于对党和国家机关工作人员在国内交往中收受礼品实行登记制度的规定》领导干部廉洁自律“三项制度”。按规定申报自治区财政厅77名副处以上领导干部收入，有3名领导干部申报重大事项。登记领导干部上缴的礼金、礼品和有价证券，设专人负责管理，由纪检组出具收款收据，登记入账。

2004年，落实国家机关工作人员不准收受和行使与职权有关系的单位和个人的现金、有价证券、支付凭证的规定和领导干部配偶、子女从业的有关规定。6名厅处级领导干部按规定上缴未能拒收的现金、有价证券、支付凭证等11万余元。

2005年，登记清理副处级以上领导干部住房情况和工作人员投资入股煤矿问题，登记副处级以上领导干部的配偶、子女及其配偶从业情况。处级以上干部主动上缴未能拒收的现金、有价证券、支付凭证1.9万元。

2007年，学习贯彻《中共中央纪委关于严格禁止利用职务上的便利谋取不正当利益的若干规定》，清查自治区财政厅处级以上领导干部利用职权和职务影响以借为名占用他人住房、汽车问题。领导干部主动上缴未能拒收的礼金7.3万元、购物卡2.5万元、礼品1件价值2071元。

2008年，组建行业纪委，创新财政监督机制，探索联动检查模式、事前事中监督、财政绩效监督和内部监督。

2009年，现场监督自治区财政厅组织的18起政府采购活动，保证政府采购活动公正、公平。

2010年，对新提拔为处长的3名领导干部作出纪检监察鉴定。现场监督16起政府采购活动。

2011年，现场监督19起政府采购活动。跟踪监督宁夏注册会计师资产评估师考试、会计职称评定考试。

2012年，转发自治区纪委《三个问责办法》和《关于认真贯彻中央纪委〈指导意见〉深入推进我区廉政风险防控工作的通知》。对11名晋职的处级以上领导干部作出廉政鉴定。监督厅党组贯彻落实中央和自治区重大决策部署、坚持民主集中制、党员领导干部廉洁从政等。现场监督10余起政府采购活动。跟踪监督宁夏注册会计师资产评估师考试、会计职称考试。

2013年，落实中央八项规定和自治区规定，驻厅纪检组印发《贯彻落实中央八项规定自治区若干规定和财政厅实施意见监督检查办法》，开展督导检查和明察暗访。是年，自治区财政厅机关公务接待比上年减少61.7万元，压缩21.7%。会议费支出比上年减少139万元，下降46.6%。因公出访团（组）比上年减少4个，减少21人次。加大对收入、支出、预算、会计的监督力度，加强对涉农、教育、社保、医疗等重点领域的监督检查。

2014年，自治区财政厅党组制定《财政厅工作人员廉洁从政若干规定》，提出10个方面的禁止性要求，发现问题坚决查处。专项清理全厅处级以上领导干部及国有企业负责人配偶子女及其配偶经商办企业问题，147名领导干部填报清理登记表。

2015 年，驻厅纪检组对选任、交流、轮岗、调整的 43 名干部进行全程监督，对晋职、交流的25 名处级以上领导干部作出廉政鉴定，对 9名领导干部进行任职廉政谈话。针对以往节日期间存在公款送礼、公款吃喝和奢侈浪费等违纪现象，每到重要节点都下发通知，编发手机提醒短信，重申纪律要求，不定期明察暗访，防止“四风”问题反弹。对自治区财政厅所有干部配偶子女经商办企业问题开展专项清理，填报清理登记表并做出承诺保证，对可能出现的问题及时抓早抓小，把问题处理在萌芽状态。

2016 年，驻厅纪检组对交流、轮岗的 43 名干部进行全程监督，对选任、晋职的 33名处级以上领导干部做出廉政鉴定，对 14 名领导干部集体进行任职廉政谈话。重点加强对中央八项规定和自治区若干规定落实情况的监督检查，查处超标准职务消费和公款吃喝、旅游、送礼等问题，指名道姓进行曝光。重点对落实党风廉政建设主体责任中的日常工作、作风建设、惩防体系、宣传教育等制度执行进行监督检查。加大对大额资金使用的监督力度，结合监督检查局业务检查，从中发现问题线索，对发现的违规违纪行为坚决予以问责。加强对干部奖励表彰方面的监督，严格执行一票否决制，对拟表彰为全区“六五”普法先进集体的 1 个处级单位和拟表彰为先进个人的 1 名处级干部，因违纪违规问题提出了否决意见。加强对党员领导干部日常监督，防止“四风”反弹。坚持定期或不定期开展明察暗访，紧盯“四风”新形式、新动向，盯节点，抓问题。开展落实中央八项规定“回头看”专项督察活动。以“六项纪律”为尺子，加大监督检查力度，立“明规矩”、破“潜规则”，让党的纪律和规矩成为带电的“高压线”。

2017年，全程监督“三重一大”事项决策，监督自治区财政厅党组贯彻执行民主集中制，督促落实“五个不直接分管”“干部任免事项守则”等党内组织制度，重点监督决策程序是否公开透明，决策过程是否科学民主，防止独断专行。检查自治区财政厅机关和所属事业单位违规购买消费高档白酒、违规公务接待情况，督促整改报销手续不完善的单位。实地核实涉农项目资金、惠农补助资金的22个问题线索，确定违纪违规问题19个，督促市县区共处理责任人9人，收回违规资金31.15万元，归还原渠道资金184.67万元。针对巡视组指出“党的观念淡薄，基层党建落而不实”的问题，提出配强机关党委、强化机关纪委职能的监察建议。针对检查中发现“工会财务管理不规范，存在超标准领取误餐补助”等问题，向工会下发监察建议，收回整改资金6350元，规范会费管理。建立健全111名处级干部廉政档案，强化干部基本信息采集，并将廉政情况、诫勉谈话情况、信访核查情况以及函询、初核、立案材料和处理结果及时存档，为领导干部业绩评定、奖励惩处、选拔任用和责任追究提供重要依据。采取定期抽查，不定期检查、日常督查、专项检查等多种形式开展执纪审查工作。

2018年，驻厅纪检监察组全年列席厅党组会议24次，厅长办公会29次，重点监督“三重一大”事项决策过程、民主集中制贯彻落实情况。落实“开展违反中央八项规定精神突出问题专项治理”精神，对厅机关超标准公务接待、违规公款吃喝、违规公款送礼、外出公款旅游内容开展财务内部审查工作。

是年，全系统开展“巡察规范年”建设，自治区财政厅党组配合国家税务总局党委开展机构改革专项巡视，深入推进整改，对中卫市税务局党委开展专项巡察，制定加强新时代巡察工作的18条措施，坚定推进全面从严治党向纵深发展、向基层延伸。综合运用督审、巡察、纪检等手段，加大对“两权”运行、落实全面从严治党主体责任的监督执纪问责力度，共问责领导干部 14 人，运用“四种形态”处理 128人次，使“失责必问，问责必严”成为常态。开展落实中央八项规定精神等专项治理，紧盯超标准公务接待、违规公款吃喝等5个方面的突出问题，进行全方位、深层次的“体检”，进一步营造风清气正的良好生态。专项检查自治区财政厅机关直属事业单位、厅属企业等落实中央八项规定精神情况，5个单位共发现6方面24个问题，下发监察建议书3份，收缴违规报销、违规发放津补贴6万余元。开展违反中央八项题专项治理，厅系统自查出问题181项，清退资金4450元，批评教育责任人61人，诫勉谈话3人。自治区财政厅“四风”问题得到有效防控和纠治。

三、案件查处

1997年，调查处理举报信件电话5件次。1998年，调查处理案件15件，处理党员违法违纪案件1起。

2000年，接待群众来信来访15件次，涉及多占住房、失职、挪用公款、以权谋私、为亲友联系资金、工作作风浮夸等问题。处理和答复信件5件，转有关部门处理2件，找当事人谈话、要求写说明材料或限期改正8件。指导银川市和永宁县财政局调查永宁县望洪乡财政所原所长李某某贪污受贿案情，不隐瞒、不压案，及时向自治区纪委和财政部报告案情。

2001年，接待群众来信来访7件，处理和答复信件5件，转有关部门处理2件。核查自治区财政厅机关5名工作人员接受礼金问题，纠正1起政府采购工作中违反规定和程序行为。

2003年，处理信访举报15件，其中反映自治区财政厅处室工作行为和干部个人行为10件，反映外单位5件。

2004年，收到群众来信举报11件，接待来访和举报9人次。

2005年，接到群众投诉举报14件，接待群众来访11人次。对每件举报信件都有处理意见，对来访者均给予答复处理或妥善解决。收到群众信访举报15件（含纪委转办8件），根据核查结果进行处理，要求2名副处级领导干部对群众反映的问题作出书面说明，对1名处级干部进行提醒谈话，1名作了组织处理。

2012年，收到信访举报7件，初核3件，转交督办4件。

2013年，收到信访举报9件，初核2件，转交相关处（室）督办7件。

2014年，收到信访举报13件（其中自治区纪委转办8件），均办理完结。重点核查1起服务对象实名投诉案件。督办1起自治区纪委交办的政府采购实名举报案件。督办1起涉及财政监管职能的实名举报，对涉案当事人进行经济处罚。

2015年，坚持把纪律和规矩挺在前面，以“零容忍”的态度依法依规开展纪律审查工作。全年共收到信访举报 4 件（自治区纪委转办 1 件），其中 2 件转交有关市县纪检监察机构和职能处室，1 件办理完结。对群众实名反映某县财政局领导的问题，按照干部管理权限转交给该县纪委监察局；对实名反映政府招投标问题出现的违规行为，按照监督权限转交给职能处室；对匿名举报1名聘用人员违规问题进行检查；对 6 名未如实填报领导干部个人事项报告的人员进行批评教育，对其中 2 名涉及金额较大的人员进行诫勉谈话。3 个市县（区）财政局领导干部被停职或受到纪律处分。

2016年，建立信访举报台账制度和信访办理答复签字确认制度，纠正和克服问责避重就轻、不敢碰硬、随意变通等现象。全年收到信访举报14件，巡视组移交问题线索11件，初核11人，谈话函询3个处室和4名处级干部，诫勉谈话3人，提醒谈话4人，批评教育5人。向自治区纪委移交1名已退休区管干部的违纪问题。

2017年，分析研判自治区巡视组移交的5个问题线索、4个信访问题，全部初步核实。经核查，移交司法处理1人，诫勉谈话1人，批评教育4人。全年受理信访举报35件、问题线索29件。全年共诫勉谈话7人，“双开”2人，开除公职1人，党内严重警告1人。

2018年，按照规定时限办理信访举报和问题线索，处置问题线索32件，其中自治区纪委监委转办11件（含中央第八巡视组移交3件）。监督检查中发现15件，查办案件中发现1件，其他部门单位移交5件。直接了结2件，函询2件，初核12件，立案5件（含2017年问题线索2018年立案2件），移送协办13件。共处理19人，其中提醒谈话4人，批评教育4人，诫勉谈话5人，警告处分2人，严重警告1人，撤销党内职务1人，开除党籍1人，解除聘用关系1人，收回涉案资金33.34万元。年内党纪处理党员干部5人。

第四章　社会事业

社会事业是指国家为了社会公益目的，由国家机关或其他组织举办的从事教育、科技、文化等方面的活动及其相关的社会服务。20世纪90年代以来，宁夏财政系统从财政教育、财政科研、学术交流、修史编志、财政扶贫、财政宣传和精神文明建设等方面加强社会事业及其服务工作。宁夏财政坚持以人为本，加大公共社会事业投入，加快构建社会主义和谐社会。各级财政部门树立服务大局、为民理财的意识，按照公共财政要求，加大公共社会事业投入，保障人民群众共享改革发展成果和公共财政阳光，加快构建和谐宁夏。行业协会在加强自身建设的同时，履行行业社会责任，主要参与扶贫帮困活动。财政科研与财政智库建设相辅相成，相互促进，为宁夏财政事业发展提供了智力支撑。

自治区财政厅多次获评全国、全区扶贫先进单位，连续多年获评全区及银川市文明单位。重视财政文化建设，坚持志鉴编修，首部《宁夏财政志》获全国新编地方志优秀成果一等奖、全区地方志优秀成果一等奖。《宁夏财政年鉴》连续出版28本。2009 年后，自治区财政厅及相关部门多次获评文明单位、精神文明建设工作先进集体等。

第一节　教科文化

一、财政教育

宁夏财经职业技术学院　1959年2月创办宁夏财经学校，地处银川文翠北路。2003年7月，宁夏财经学校、宁夏银行学校合并，组建成立宁夏财经职业技术学院，隶属于自治区教育厅，是自治区重点建设的示范性高等职业技术学院，也是国家示范性高等职业院校。截至2018年，学院占地面积38.47万平方米，校舍建筑面积10.27万平方米。设会计系、金融系、经济贸易系、信息与智能工程系、外语外贸系、通识教育教学部、马克思主义教学科研部、信息中心（实训中心）、督导中心、校企合作中心、图书馆等11个教学教辅机构。设25个招生专业方向，涵盖财经商贸、电子信息、土木建筑、教育与体育、文化艺术等5个专业大类，形成会计、金融、市场营销、物业管理、计算机、应用英语六大专业群，其中市场营销、物业管理是国家示范专业，会计、金融管理与实务、计算机应用技术、广告设计与制作等是自治区骨干示范专业。建有宁夏现代商贸职业技能公共实训中心1个，跨专业实训平台1个，校内实训室36个，拥有校内实训工位1850个。校外实习实训基地136个。图书馆藏图书27万余册。有教职工350人，其中专任教师200人，教授23人，副教授67人，博士4人，硕士132人，双师型教师83人。有自治区教学团队8个，自治区教学名师4人，自治区高端会计人才6人。

宁夏税务干部学校　1985年创办宁夏税务职工中等专业学校，位于银川凤凰北街。1987年7月，占地面积2.16万平方米的学校正式落成招生。招生对象为全区税务系统和集体企业具有初（高）中毕业文化程度或同等学力的在职干部和职工。学校设计招生规模240人，开设专业有税务、集体企业财务与会计。招生学制为高中两年，初中两年半。建校初期，学校设办公室、教务科、专业课教研室、文化课教研室、总务科、伙管科等职能科室和工会、团委、学生会。2005年6月，学校更名为宁夏回族自治区国家税务局培测中心。2008年1月，更名为宁夏回族自治区税务干部学校。

"十五"计划之前，宁夏税务职工中等专业学校主要以学历教育为主，税务干部培训为辅。2001年停止中专招生后，学校转向以全区税务干部教育培训及其服务为主业，辅之以与宁夏大学联办的税务干部税收专、本科函授学历教育。

2001年起，年均承办国税系统培训班18～20期，培训人员1300～2000人次。主要开展计算机应用、CTAS（自动化系统）上线，以及征管软件开通培训，稽查培训，新会计准则及税务会计培训，新征管法及其他方面细则培训。

2018年6月，国税地税征管体制改革后，宁夏税务干部学校隶属于国家税务总局宁夏回族自治区税务局，为正处级事业单位，编制、体制和职能不变。

宁夏财会函授学校　1985年4月创办，是一所会计中专学校，核定事业编制15名，从宁夏财经学校调入。成立时有银川、吴忠、中卫市3个分校，设平罗、大武口、惠农、青铜峡、同心、盐池、中宁7个函授站。之后，增设石嘴山分校。2001年与宁夏大学联合办学，开办会计专科与本科班。2002年10月，单独设置宁夏财会函授学校，将中央财经大学银川函授站交于宁夏财会函授学校管理。时有专兼职管理人员36人，兼职教师56人，其中事业编制15名保持不变。核定处级领导职数1正1副。

宁夏财会函授学校先后招收会计中专班、专科班和本科班，至2007年，毕业中专生10655人、专科生2368人、本科生208人。2007—2015年，累计招生5500人，其中，中专招生4910人，本专科招生590人。2012年后，招生人数下降。2016年，仅招收会计学本科生22人，在校学生共44人。是年，全面停止学历教育招生，对已经录取的中央财经大学2016级会计学本科生继续教育，确保2018年顺利毕业。

21世纪初，宁夏财会函授学校举办会计专业技术人员继续教育。至2003年，会计人员继续教育培训达6409人次。同时，开展会计制度、会计电算化、会计人员从业资格、财务软件、会计职称等各类培训。2005—2006学年，先后举办"小企业会计制度"培训班20期，"民间非营利组织会计制度"培训班2期，"村集体组织会计制度培训班"1期，培训学员6000多人次。2007—2008学年，通过远程教育开展会计业务培训2226人次。2009年后，把工作重点调整为农村财会人员财政支农政策培训，学校先后在吴忠市、中卫市等地开展培训试点，举办各类培训班

77期，培训财会人员和乡镇干部13417人次，培训人员达历史最高峰。2014年，制定《宁夏预算绩效管理远程网络专项培训工作方案》，对全区各市县（市、区）、区直机关各部门从事预算绩效管理工作的相关人员进行网络远程培训。2018年，举办财政支农政策培训班29期，培训基层干部和农村财会人员5219人次；举办财政基层培训管理者暨乡镇财政财会干部培训班1期，培训市县（市、区）财政局负责乡镇财政培训工作的人员以及乡镇财政部门业务骨干198人。

2015年，成立宁夏财政基层培训师资库。师资库成员重点从自治区财政厅机关各业务处室、市县（区）财政局、一线乡镇干部以及有关院校中遴选和培养，主要承担财政支农政策培训、基层财政干部培训、财政预算绩效管理培训、会计人员继续教育、学历教育等任务。至2017年，举办财政基层培训管理者和师资培训班2期，培训管理者和师资200余人次。

二、财政科研

科研管理　2004年，自治区财政厅制定印发《宁夏财政学会课题招标管理暂行办法》《宁夏财政学会科研成果评审奖励办法》。2008年，修订《宁夏财政学会课题招标管理办法》《宁夏财政学会科研成果评审奖励办法》。

2010年，发布年度课题与调研项目指南，对财政科研课题研究与调研项目实行招标。2012年，制定《宁夏财政学会招标课题管理办法》《课题经费管理办法》《优秀科研成果奖励办法》《调研工作评估考评办法》，完善招标课题专家评审制度。2013年，组织专家对宁夏财政学会2012年度13项招标课题报告进行论证、评审，评出《促进宁夏中小微企业发展的财税政策研究》《支持自治区科技创新平台建设的财政政策研究》等一类课题成果3项，二类课题成果6项和调研项目报告4项。

2014年，制定《宁夏财政科研成果考核评审奖励办法》，规范财政科研成果考核评审。组织专家组对2013年度7项宁夏财政学会招标课题进行评审验收，评选出一类课题3项，二类课题2项，调研报告1项。

2015年，修订《宁夏财政政策研究中心课题经费管理暂行办法》。2017年，围绕自治区创新驱动战略，强化政策研究，提出政策建议。

2018年，完善科研项目和经费管理。突出问题导向、目标导向、应用导向，制订财政综合调研计划，结合“下基层”活动深入开展调研。

课题研究　1991年，开展《宁夏亏损企业的现状及实现扭亏增盈的对策》《关于企业承包向税利分流、税后还贷、税后承包过流的若干问题》《关于国营企业流动资金紧缺原因和对策》《发展县级地方工业、培植财源的构想与对策》《财政去农资金管理体制和支援对象、重点、援助方式》等课题研究。1992年，承担的“宁夏财政发展战略研究”获自治区科技进步三等奖。

1994年，制定年度财政科研计划，提出20多项财政科研选题。当年完成《社会主义市场经济条件下农财职能转变研究》《宁夏发展高产优质畜牧业对策研究》《宁夏农业税与农民负担研究》《灌区养牛业发展研究与对策》《宁夏发展“两高一优”果品生产的研究》《宁夏水利基础产业的发展与对策》《转换农垦农业经营机制提高经济效益的研究》《加速宁夏乡镇企业的思路及对策》等8个研究课题报告。组织完成自治区科委下达的软科学研究课题——《财政、税收、金融、投资体制改革对自治区经济发展的影响及对策》。由马晓光、刘建洲执笔的《我国社会保障制度改革的基本思路》，刊载于中国社会科学院《经济研究》杂志1994年第10期。

2000年，落实课题研究责任制，实行财政科研协作课题招标，有近30个单位参投标，组成14个联合课题组。

2002年，承担财政部科研所协作课题报告《基础教育支出责任与支出标准研究》《省以下财政体制改革研究》宁夏分报告。2003年，成立“财政工作新思路”课题组，以构建公共财政体系为目标，全力推进“我区财政改革与发展”“宁夏财政支持经济发展的基本思路”等内容研究。

2008年，承担“全国主体功能区建设的财政政策研究”课题，并于2009年上半年顺利结题。该课题成果选登在财政部《内参选编》上，获全国财政系统协作课题研究二等奖。

2009年，《同心县河西镇“上河湾”贷款担保模式对解决村级互助资金和贴息信贷担保难的启示》等5篇文章在《宁夏财会》和财政部有关刊物发表。

2010年，发布年度课题与调研项目指南，对财政科研课题研究与调研项目实行招标，通过自主申报、专家评审，确定2010—2011年协作课题与调研项目18个，涉及农业、地方债务、教育、社保、重大工程资金整合等方面。形成《中北部土地整理重大工程项目和其他工程项目资金整合研究》《银川市“两型”社会的财政政策研究》等科研报告。

2011年，在全区范围内开展课题与调研项目招标，组织完成19项招标课题，涉及农业、生态补偿、外债、卫生、教育、政府采购、经济发展等财政政策研究的各个方面。联合太原市财政局、福建省财科所、深圳市财政学会，开展财政推进生态补偿机制建设研究。联合甘肃省财科所、四川省财科所开展民族地区基础设施建设的投融资问题研究。

2012年，开展宁夏财政学会协作课题招标，形成《促进宁夏小微企业发展的财税政策研究》《推进基本公共服务均等化的财政政策研究》《“十二五”时期财政收入增长途径研究》《促进自治区城镇居民收入增长的财政政策研究》等重点课题的研究报告。

2013年9月，宁夏申报的“宁夏回族自治区城镇化发展研究”课题列入2014—2015财年中国与世界银行合作经济调研项目规划。该规划由财政部和世界银行从中央各部委及全国各省区报送的52个项目中筛选确定，共有10个部委的15个课题和10个省区的11个课题入选。“宁夏回族自治区城镇化发展研究”课题重点就宁夏城镇化发展战略选择、土地利用、人口转移、保障支撑等问题进行研究。

是年，成立财政部科研所牵头的联合课题组，对宁夏内陆开放型经济试验区建设财税政策展开调研，形成《支持宁夏内陆开放型经济试验区建设的财税政策研究》报告。完成中国财政学会协作课题成果《建立城乡一体化基本公共服务体制研究》。

2014年，围绕宁夏财税改革前沿，开展宁夏财政学会2014年度招标课题研究。完成财政部2012—2013年重点课题的结题。

2015年，拟定财政科研课题选题范围，并做好课题申报评审工作。2016年，完成财政科研课题 8项，调研报告2项，其中财政部财科院全国招标课题1项，全国协作课题2项，委托课题1项。《宁夏财政中期规划与年度预算编制的体制机制研究》课题成果在《财政科学》2016年第1期发表，《我国财政收入与三次产业增加值计量关系的实证研究》课题成果在《财经理论研究》2016第3期发表。

2018年，按照自治区党委宣传部要求，财政政策研究中心组织研讨，围绕习近平总书记到宁夏视察重要讲话精神和自治区第十二次党代会精神，选择“深入实施脱贫富民战略，坚决打好脱贫攻坚战问题及对策研究”课题进行申报，推出具有原创性开拓性、有影响有分量，对决策咨询有参考价值的研究成果。围绕全区财政重点工作及厅领导提出的财政改革重大研究问题，拟定研究方向，发布课题研究指南，申报筛选3 项课题，涉及扶贫资金监管、“互联网＋财政支出质量提升”及社保基金管理等，组织课题负责单位开展调研及相关研究工作。组织开展“宁夏税收收入与固定资产投资关系”的实证研究，对宁夏自改革开放以来税收收入与固定资产投资间的量化关系建立协整回归模型，重点分析税收变动对固定资产投资经济类别的敏感因素及影响关系，提出对稳税收、促增长方面的对策建议。

是年，全系统加强财政经济形势分析和调查研究，分析研判财政经济运行重大问题，按季度向财政部报送宁夏财政经济形势分析报告。研究形成《关于事业单位财政管理政策的一些思考》《关于探索和推进宁夏财政电子票据改革试点工作的报告》《关于清理和规范涉企行政事业性费和政府性基金情况的调研报告》《关于自治区财政支持全区基本养老服务体系情况报告》《关于自治区政府购买服务改革工作开展情况的调研报告》等调研报告。

是年，按照中国财政科学研究院（中国财政学会）2018 年全国科研协作课题安排，财政政策研究中心参与中国财政科学研究院社会发展研究中心牵头的“基本养老保险中央事权与支出责任划分研究”课题宁夏分报告撰写。

按照宁夏延安精神研究会要求，由财政政策研究中心组织牵头，开展以“深入学习贯彻党的十九大精神，纪念改革开放 40 周年”为主题的财政理论研究文章，以“传承延安精神推进财政改革与发展”“弘扬延安精神开启财政事业新征程”“以延安精神为指引准确把握新时代财政工作方向”3部分内容阐述延安精神在宁夏财政 40 年改革发展中的成就以及新时代持续壮大发展的思路与举措，供稿获得此次征文活动一等奖。完成由内蒙古财科所牵头的中国财政学会民族地区财政研究专业委员会年度重点协作课题报告《“一带一路”战略实施中的区域发展机遇研究》宁夏分报告研究及修改工作。参与中国财政科学研究院、中国财政学会、自治区社科联组织的政策调研、学术研讨会和培训活动。完成宁夏社科院出版的《宁夏经济发展报告（2019）》一书《宁夏财政税收运行情况分析与预测》部分章节编写工作。

论文论著　1981年，编辑出版《民族地区财政问题研究论文集》。1984年，编辑出版《国营工商企业利改税后纳税检查》。1987年，编辑出版《宁夏农村经济》。1988年，编辑出版《财政理论与改革实践》。

1998年，编辑出版《农业产业化财税政策研究》《宁夏国有工业企业扭亏增盈战略研究》。1999年，邓炎辉主编的《宁夏财政改革开放20年回眸》，由中国财政经济出版社出版。2001年，邓炎辉的《以西部大开发为契机，开创财政工作新局面》、王和山的《论西部大开发财税政策》、毛国芝的《贯彻民族区域自治法核心贵在落实》、王心农的《宁夏中小企业改革与发展问题研究》《发挥政府主导，加快旅游业发展》入选第12次全国民族财政理论讨论会论文集。

2003年，陶源的《试论西部地区经济发展与财源建设》，王心农、严新仁的《宁夏财政收入及财源建设问题研究》，张苏安、朱起进的《建立和完善宁夏农村特困户救助制度的基本思路》入选全国第13次民族财政理论讨论会论文集。

2005年，王心农、朱起进的《论解决农民收入问题的主体与载体》入选第16次全国财政理论讨论会论文集。《心系三农 科学理财 提高农民收入》《发挥公共财政职能 加大社会保障投入 为构建和谐宁夏做出贡献》在《宁夏日报》的显著位置刊登。2006年，陶源、路芳主编的《宁夏财政协调发展研究》，由宁夏人民出版社出版。是年，《中国财政发展报告》选用由宁夏财科所推荐的论文12篇。2007年10月，王心农、朱起进合著的《探寻宁夏财政跨越式发展之路》出版。

成果奖励　1992年3月，经宁夏财政、会计、珠算学(协)会常务理事会研究决定，对1990年7月至1991年在《宁夏财会》《宁夏财政研究资料》上发表的优秀论文和开展的相关课题进行评选表彰，评选出优秀论文75篇，其中一等奖16篇、二等奖19篇、三等奖28篇、鼓励奖12篇；评选出科研课题成果奖11个，其中一等奖5个、二等奖3个、三等奖3个。

1994年，财政科研研究成果分别在《宁夏财会》和《宁夏财政研究资料》上刊载，其中10篇获“全国金融财税理论与实践”优秀论文评选一等奖，5篇获二等奖。

1995年，对发表在《宁夏财会》上的论文进行评选，评出优秀论文100篇。是年，自治区财政厅2篇论文获中国财政学会优秀论文奖，5篇论文获全国民族地区财政理论研究优秀成果奖。

2001年起，财政科研成果多参与中国财政学会、中国财政学会民族地区财政研究专业委员会、宁夏社会科学界联合会等组织的历次优秀成果评奖活动。2005年，在中国财政学会优秀科研成果评选中，宁夏财政学会牵头和参加的协作课题《义务教育财政支出责任与支出标准研究》《完善省以下财政体制研究》获课题成果一等奖，《社会养老保险支付标准研究》获课题成果二等奖；《对创新财政环境的思考》获论文优秀成果二等奖，《关于国库集中收付制与会计集中核算制问题的调查》获论文优秀成果三等奖。2008年，组织第7次优秀科研成果及优秀论文评选活动，有10项论著及课题获优秀科研成果奖，10篇论文获优秀论文一等奖，15篇论文获优秀论文二等奖，25篇论文获优秀论文三等奖。

表6-2　宁夏回族自治区财政系统获奖科研成果表

成果名称	成果形式	作者	获奖情况	获奖时间
宁夏农村经济	编著	刘元茂	宁夏第三次社科优秀成果著作二等奖	1986年
关于我区财政增加投入支援粮食上台阶的探讨	论文	刘元茂　李春芳　曾兴乾	宁夏第四次社科优秀成果论文二等奖	1989年
关于民族地区财政差异及财政体制的初探	论文	雷　鸣　程法光	宁夏第四次社科优秀成果论文二等奖	1989年
关于宁夏国有企业产权制度改革和现行承包制相衔接的几点思路	论文	任振荣　陶　源　韩正生　霍蕴武	宁夏第五次社科优秀成果论文二等奖	1992年
国债市场现状剖析与对策思考	论文	刘元茂　贾绍华　肖国信	宁夏第五次社科优秀成果论文二等奖	1992年
国债发展的制约因素及其对策	论文	马骏廷　马晓光	宁夏第五次社科优秀成果论文二等奖	1992年
宁夏财政发展战略研究	论文	课题组	自治区科技进步三等奖	1992年
经营财政学概论	编著	陶　源　马晓光　曹宝江　朱起进	宁夏第六次社科优秀成果著作二等奖	1996年
加强向市场经济转轨的企业财务成本研究	论文	任振荣	宁夏第六次社会科学优秀成果著作二等奖	1996年
眼睛向内 开源节流——分税制下的地方财源建设	论文	马骏廷	宁夏第六次社科优秀成果论文二等奖	1996年
建立符合我国国情的社会保障管理体系的基本构想	论文	马晓光　刘建洲	宁夏第六次社科优秀成果论文二等奖	1996年
结构调整与财政转型	编著	马晓光等	宁夏第七次社科优秀成果著作三等奖	1998年
加速西北地区经济发展的财税对策	课题成果	课题组	中国财政学会第五次优秀课题成果一等奖	2012年
宁夏财政改革开放20年回眸	论著	邓炎辉	宁夏第八次社科优秀成果著作二等奖	2001年
努力探索财政支农工作新思路	论文	李彦凯	中国财政学会第五次优秀课题成果三等奖	2012年
地方国有小型工业企业改革及相关政策研究	课题成果	课题组	中国财政学会第五次优秀课题成果二等奖	2012年
农业产业化财税对策研究	论文	刘学军	宁夏第八次社科优秀成果论文三等奖	2001年
			中国财政学会第五次优秀课题成果三等奖	2012年
以西部大开发为契机，开创财政工作新局面	论文	邓炎辉	全国第四次民族财政研究优秀成果一等奖	2002年
宁夏经济社会形势分析与预测	编著	朱起进等	宁夏第九次哲学社会科学优秀成果著作一等奖	2004年
宁夏特殊财政支出研究	论文	王心农　柳　静	宁夏第九次哲学社会科学优秀成果论文二等奖	2004年
“九五”期间宁夏财政收入与工业增长数量关系的分析	论文	张雪艳	宁夏第九次哲学社会科学优秀成果论文三等奖	2004年

续表 6-2

成果名称	成果形式	作者	获奖情况	获奖时间
对创新财政环境的思考	论文	陶　源	宁夏第九次哲学社会科学优秀成果论文二等奖	2004 年
			第四次全国优秀财政研究成果二等奖	2005 年
			中国财政学会第六次优秀论文成果一等奖	2016 年
			第五次全国民族地区财政研究优秀成果一等奖	2005 年
义务教育财政支出责任与支出标准问题研究	课题成果	王心农　朱起进	中国财政学会第六次优秀课题成果一等奖	2016 年
社会养老保险支付标准研究	课题成果	课题组	中国财政学会第六次优秀课题成果二等奖	2016 年
			第五次全国民族地区财政研究课题成果二等奖	2005 年
完善省以下财政体制研究	论文	王心农　朱起进	中国财政学会第六次优秀课题成果一等奖	2005 年
关于国库集中首付与会计集中核算制调查	调查报告	王本仁　刘怀明　王心农	第四次全国优秀财政研究成果三等奖	2005 年
			中国财政学会第六次优秀论文成果三等奖	2016 年
宁夏经济社会形势分析与预测	论文	陶　源	宁夏第九次社科优秀成果优秀论文一等奖	2005 年
发挥财政职能作用，促进民族地区教育事业发展	研究报告	李彦凯	第五次全国民族地区财政研究优秀成果二等奖	2005 年
宁夏实施人力资源开发战略的财税对策探讨	调研报告	陶　源　赵惠宁　朱起进等	全区国家公务员优秀调研报告征集活动优秀调研报告二等奖	2005 年
制约宁夏财政支出效能的原因及对策	调研报告	王心农　朱起进　柳　静	全区国家公务员优秀调研报告征集活动优秀调研报告三等奖	2005 年
宁夏财政协调发展研究	论著	陶　源　路　芳	宁夏社会科学优秀论著三等奖	2007 年
把握思想“利器”推进财政跨越式发展	论文	王和山	宁夏政策研究优秀论文一等奖	2009 年
关于推进财政支出项目科学管理的调研	调研报告	调研组	第七次全国民族地区财政研究优秀成果二等奖	2011 年
地方政府性债务的财政思考	论文	朱起进　丁风琴	第七次全国民族地区财政研究优秀成果三等奖	2011 年
探寻宁夏财政跨越式发展之路	论著	王心农　朱起进	第五次全国财政理论研究成果二等奖	2012 年
基于投资与效率的宁夏经济发展研究	论文	仇娟东　何风隽	宁夏第十二次哲学社会科学优秀成果论文一等奖	2014 年
政府间事权与支出责任划分研究	研究报告	调研组	第六次全国优秀财政理论研究成果三等奖	2017 年

三、学术刊物

《宁夏财会》 是宁夏财政学会、宁夏会计学会、宁夏珠算协会的会刊，1980年8月创刊，为双月刊，内部发行，1994年改为月刊。

《宁夏财政研究》 1991年《宁夏财政研究》编辑出版12期。

1994年，《宁夏财政研究资料》由不定期出版改为定期出版，每月1期，全年出版12期，2010年第12期改为全彩版印刷，同时设立西部大开发专栏。

2010年，以宁夏财政信息系统为平台，将《宁夏财会》《宁夏财政年鉴》《财政政策研究专报》等财政科研信息资料全面纳入财政信息系统，实现资源共享。

《西部论坛》 2000—2004年受财政部科研所委托，编辑出版《西部论坛》，月刊。2002年，《西部论坛》增设《西部大开发》《西部视点》《改革探索》《社会保障》《调查与思考》《基层呼声》等栏目。

四、学术交流

1991年5月20日至6月5日，围绕发展县级经济、增强县级财政积累能力，宁夏首次举办"市县长理财研讨班"。是年，召开以"探讨发展经济，振兴财政"为主题的宁夏第三次中青年财政会计理论研讨会，围绕巩固和加强农业地位、搞好大中型企业、发展经济克服财政困难、加强财源建设、消除赤字等进行有益探讨。

1997年，召开宁夏财政支持农业产业化发展研讨会，会议围绕培育新的经济增长点入手，理清思路，明确财政支持农业产业化的目标、方向、支持重点等进行探讨。

2003年6月20日，财政部国际司在宁夏召开西部省区农村发展项目需求座谈会，来自陕西、甘肃、宁夏、青海、新疆、内蒙古六省区财政厅代表分别就各自省区实施国际金融组织项目情况和项目需求进行研讨、交流。

2009年8月，在宁夏举办"亚行生态与农业综合开发项目"和"国际农发基金贷款宁夏中部干旱带扶贫与环境改良项目"两个全国性培训研讨会，全国31个省、自治区、直辖市150多名代表参会。

2010年8月，在宁夏召开"亚洲开发银行国别项目检查研讨会"工作会，亚洲开发银行、财政部等多个部委以及全国各省、自治区、直辖市近200名代表参加会议。

2016年1月，召开"宁夏绿色低碳交通体系建设技术援助项目"国际研讨会，以对外财金合作为平台，发展与世界银行、亚洲开发银行等国际组织的合作关系。9月30日，参加财政部召开的2016年中国预算绩效管理论坛，宁夏作为西部唯一省区交流发言。

2017年4月，召开由西北四省财政学会共同参与的"一带一路"倡议实施中的区域发展机遇研讨会。

五、志鉴编修

《宁夏财政志》 1993年12月由中国城市出版社出版。该志史料辑录上至清光绪二十一年（1895年），下至1990年，重点记述新中国成立以来宁夏财政40年的发展变化，全书按类分设财政收入、财政支出、财政管理、机构设置与干部教育等篇。全书63万字，由宁夏财政志编纂委员会编著。1989年6月，召开全区第一次修志工作表彰大会，宁夏财政志办公室获评先进集体，王启华获评先进个人。1993年，在全国首次新编地方志优秀成果评奖中，《宁夏财政志》获一等奖。1994年，在第二次全区地方志优秀成果评奖中，《宁夏财政志》获一等奖。1997年12月，召开全区第三次地方志表彰大会，自治区财政厅财科所获评先进集体，杨振威、曹宝江获评先进个人。

2018年，筹备启动《宁夏财政志》续修工作。

《宁夏通志·财税金融卷》　2004年，由自治区财政厅牵头组织，自治区国税局、自治区地税局、中国人民银行银川中心支行、宁夏保监局、宁夏证监局5家单位共同参与编写的《宁夏通志·财税金融卷》历时5年，于2009年由方志出版社正式出版。全卷由图片、目录、概述、纪事、专志、文献选编、限外辑要、修志始末、参考文献、索引等部分组成。专志设财政机构体制、财政收支与财政信用、财政监督管理、税务机构体制、历代主要税种、征管与稽查、货币与金融市场、金融机构与金融管理、金融业务、保险、证券等11篇，共35章152节85万字。全卷上限不定，下限为2000年。重点记述1958年宁夏回族自治区成立以后内容。限外辑要下限至2008年年底。

《宁夏财政年鉴》　1991年起，以宁夏财政科研所为主，按年度编辑出版。内容为上一年度财政事业发展情况，主要包括重要财经文献、全区财政工作概况、市县财政工作概况、财经法规、财经文选、财税机构和人员，以及财政统计资料等。2004年，由内部资料改为公开出版发行，至2018年已出版28本。

文史资料征集　宁夏财政科研所、行业协会坚持开展文史资料征集编研工作。2018年完成自治区重要文献研究及约稿任务。整理编辑自治区成立以来财政大事记、财政改革沿革、60年主要经济社会发展成就及照片配图工作。为《中国财政》"庆祝宁夏回族自治区成立60周年"专刊提供信息资料及图片。完成《宁夏年鉴》《2018年宁夏地方财政工作概况综述》部分内容撰写。

第二节　老干部服务

1997年1月，自治区财政厅老干部服务处成立，核定服务人员编制4名。1999年，制定《财政厅离退休干部服务管理改进措施》。

2005年，组织老干部开展向扶贫点献爱心送温暖活动，捐献衣服458件、鞋40双、书包15个、书籍190本。

2010—2018年，每年组织对财政厅离退休干部职工等群体进行体检，并协调保健局向每位体检人员做出医学分析和健康建议。

2016年，开展包括离退休干部在内的职工养老金缴纳基数核算工作，缴费基数全部经本人签字确认。

2017年10月25日，自治区财政厅离退休老干部欢度重阳节。积极协调自治区人社厅做好退休人员养老金转接、发放等工作。是年，自治区财政厅人事处自治区党委组织部评为老干部工作先进集体。

2018年10月17日，自治区财政厅离退休老干部开展重阳节主题活动。

第三节　社会服务

一、财政扶贫

1994年，自治区财政厅帮助海原县西安村建起小学，帮助同心县王团镇东滩小学24名失学儿童进入课堂。同时，在财政厅机关内推进“1+1”捐资助学活动，党员踊跃报名，确定56名党员每年自愿捐献100元，资助王团镇大湾村56名适龄儿童上学，一定五年，直到小学毕业。此后多年，继续开展“1+1”扶贫帮困捐资助学活动。

1998年，在选派扶贫、支教队员时，采取自愿报名办法，经党组会议研究，确定3人承担扶贫工作和支教工作。

1999年，建立捐助学童档案，监督捐献学费使用，保证所捐钱物全部用于教育教学，防止捐助儿童失学辍学。2001年，自治区财政厅被自治区人民政府评为社会帮扶先进集体。

2003年，投资近9万元，为同心县马套子村小学修建新校舍，捐赠课桌凳30套及学习用具和生活用品等。协助大湾村退耕还林2000亩，提高了大湾村脱贫能力。

2005年，组织老干部开展向扶贫点献爱心送温暖活动，捐献衣服458件、鞋40双、书包15个、书籍190本。

2006年，协调完成扶贫点保持共产党员先进性教育督导、农民工培训、扶贫式移民搬迁、送温暖下乡等工作。是年，自治区财政厅被自治区人民政府评为“十年扶贫先进单位”和支教工作年度先进单位。

2008年，制定《财政厅对帮扶村同心县河西镇上河湾村三年帮扶规划》，确定2008年扶贫支教工作重点，加强帮扶村基础设施建设，方便群众生产生活。

2009年，采取机关党支部和村党支部结对子、搞共建、促发展的方法，3次带领自治区有关专家和党员干部到帮扶村开展党建活动，与村民座谈，对帮扶村的种植、养殖结构调整把脉问诊，出谋划策。协调农业综合开发项目，为帮扶村实施渠道改造，解决7000余亩土地的灌溉难题。修建毛细支渠，实现引水入窖。协调“一事一议”项目，为帮扶村修建476座厕所。为帮扶村杜记沟村筹资2万余元，帮助发展设施农业，修缮渠道等。开展“党内扶贫互助”工程，为帮扶的5名贫困党员送去慰问金1600元。结合盐池县创建教育强县强乡镇活动，为帮扶学校惠安堡中心小学捐赠课桌凳30套、计算机30台，并投资2万元援建标准化篮球场。开展“婚育文明”关爱活动，为7户包扶对象捐助2100元。为“爱心包裹捐资助学”筹资1000元。筹资2万元，支持盐池革命老区发展促进会。

2011年，为扶贫点同心县河西镇上河湾村生活困难家庭捐衣捐物233件。自治区财政厅机关团委组织团员青年对该村20名贫困学生给予资助，为支教学校购置文体用品，为困难学生捐赠学习用品。是年，自治区财政厅被评为2010—2011学年全区支教工作先进集体和全区定点帮扶工作先进单位。

2012年，自治区财政厅开展定点帮扶工作领导小组成立，加强对厅机关扶贫帮扶工作的指导。协调资金24万元，进行教育基础设施建设。协调资金100万元，建设乡村道路4.5千米，解决村民交通难问题，并协调解决2000亩移民土地水利设施建设问题。

2013年，帮助扶贫点制定扶贫规划，协调资金190万元，修缮扶贫点公益设施，扶持种植、养殖产业。

2015年，帮助大店村制定《固原市原州区张易镇大店村扶贫发展规划（2015—2016）》，协调解决硬化张易镇红庄至大店乡村道4.2千米。是年，安排扶贫工作经费3万元。

2018年，驻村工作队统筹打好脱贫政策组合拳，着力解决影响"两不愁三保障"的突出问题，增强贫困村内生发展动力。加大控辍保学力度。落实贫困户产业项目、技术培训、小额信贷、帮扶措施和农业保险"五个到户"，推动产业、劳务、人才等要素精准对接。巩固扩大脱贫成果，严格脱贫退出程序标准，严防数字脱贫、指标脱贫。建立巩固脱贫攻坚成果长效机制，对已脱贫的贫困村、贫困户，摘帽不摘责任、摘帽不摘政策、摘帽不摘帮扶。

二、财政宣传

新闻宣传　1994年，为宣传《中华人民共和国注册会计师法》，自治区财政厅组织24篇文章，在《宁夏日报》《宁夏财会》等报刊上发表。是年，印发《1994年国债发行公告》《1994年国债发行指南》，并通过电台、电视台、报纸等新闻媒介广泛宣传。自治区收费项目审核小组继公布第一、第二批取消的不合理收费项目后，又将第三批取消的不合理收费项目在《宁夏日报》上予以公告，将治理乱收费的有关规定编印成宣传材料1万多份，组织干部职工利用节假日在银川繁华地段向群众散发。

1997年，编发《宁夏财政信息》23期、《财政简报》33期、《财政动态》15期，向自治区党委办公厅、政府办公厅、财政部办公厅报送《财政信息专报》100多篇，采用50多篇，其中《1997年宁夏行政费支出出现负增长》《宁夏制定收支新措施》2条信息被财政部采用。《1—2月份全区财政收入情况》《宁夏外资利用情况》等信息经自治区党委办公厅、政府办公厅转载后，被中央办公厅、国务院办公厅采用。是年，《光明日报》《宁夏日报》《中国财经报》《中国信息报》等报刊共编发自治区财政厅报送的财政新闻稿件30多篇。

1998年，《人民日报》《光明日报》《中国财经报》等全国性报纸和《宁夏日报》等地方性报刊共编发自治区财政厅报送的新闻稿件20多篇。《中国财经报》专栏专门报道10年来宁夏外经工作巨大变化和主要成绩。是年，配合《中国财经报》记者在宁夏开展"北中国万里行"大型报道。

1999年，《宁夏日报》税务周刊专版宣传农业税政策以及农业税收征管工作。编发《宁夏财政信息》40多期、《财政简报》38期、《财政动态》7期，共向自治区党委办公厅、自治区政府办公厅、财政部办公厅报送《财政信息专报》100多篇，采用70多篇。是年，《人民日报》《光明日报》《中国财经报》等全国性报纸和《宁夏日报》《新消息报》等地方性报刊共编发自治区财政厅报送的新闻稿件20多篇。

2004年，在《宁夏日报》设“财政改革与发展”专栏，在宁夏广播电台设“行风在线”专题节目，在 宁夏经济信息网设专门网页。全年编发《宁夏财政信息》45期300余条，其中被中央办公厅采用2条。

2005年，《中国财经报》《中国财政》等报刊刊发有关宁夏财政改革文章50多篇。《宁夏日报》全年刊发财政农业、社保等专版10期、专栏52期。自治区级新闻媒体全年刊登财政新闻300余篇。是年，组织第七届全国财政好新闻宁夏财政系统参选活动。

2007年，牵头组织拍摄5集专题电视片《理财为民——公共财政宁夏行》。邀请宁夏电台、宁夏电视台、《宁夏日报》、《人民日报》、新华社、《中国经济导报》、《中国青年报》等24家新闻媒体单位召开新闻发布会，向全社会公布自治区财政2007年为民办的15件实事。

2008年，编发《2008年前4月我区财政支出增幅位居全国第一》《我区争取国家农田水利建设补助资金创历史新高》《宁夏城镇居民基本医疗保险试点工作情况、存在问题及建议》《各地因地制宜发展职业教育助推就业》等154条信息被自治区党委、政府、财政部采用。《中国财政》《中国财经报》等刊物系列报道宁夏财政辉煌50年发展成果。

2009年，修订《自治区财政信息工作管理办法》。全年编发《宁夏财政信息》140期，向财政部、自治区党委、自治区政府编报信息1200多条，被采用近150条，其中2条被国务院办公厅采用，1条被自治区党委评为优秀信息。是年，在各类媒体组织刊发新闻稿件300多篇。自治区财政厅门户网站实现与财政部互联网门户网站“全国财政信息联播”频道信息及时共享。

2010年，建立财政信息发布制度，完善和整合《宁夏财政信息》内外网，扩大公开渠道，全力打造网上信息公开平台，全年在宁夏财政内外网上登载信息4000多条。在自治区内外报刊刊发稿件30多篇，在各类媒体刊发新闻稿件300多篇。配合宁夏广播电台完成《百姓关注——厅长走进直播室》4次专访。

2011年，牵头组织拍摄《天佑宁夏》专题片。完成《宁夏财会》改版。在财政内网开辟《宁夏财会》《宁夏财政年鉴》《财政研究报告》电子版。是年，在各类媒体刊发新闻稿件 300多篇。

2012年，修订完善《宁夏回族自治区财政信息工作管理办法》。牵头制作党建电视专题片《财苑旗正红》。《2012年宁夏财政：民生投入加码小微企业减负》在宁夏电视台黄金时段播出。《宁夏财政：发展与民生的双轮驱动》在《中国经济时报》刊发。《以项目管理促财政精细化建设》等文章在《中国财经报》大篇幅刊发。是年，有2篇信息被国务院办公厅《国办要情》采用，3篇被自治区政府办公厅选为国报信息。

2013年，《宁夏财政过“紧日子”办“大民生”》《完善体制机制 增强发展后劲》《宁夏：分类解决城乡中低收入家庭住房困难问题》等在《中国财经报》报道，《宁夏财政增强百姓实惠更多》在《光明日报》报道,《财政厅教育实践活动有的放矢》《宁夏财政民生投入增速全国排前》《我区财政难中求进》等在《宁夏日报》和人民网报道。

2014年,修改《信息考核奖励办法》《财政厅新闻宣传管理办法》。召开"深化财税体制改革创新两优发展环境"新闻发布会。《"营改增"试点一周年尚存诸多问题》被自治区党委评为优秀信息。全年在各类杂志媒体刊发稿件150余篇。

2015年,全年编发宁夏财政信息140期,自治区党委办公厅、自治区政府办公厅采用65条,自治区政府门户网站采用30条,"全国新闻联播"频道选用到首页25条。在《宁夏日报》开设"预算法"宣传专栏。

2016年,在《宁夏日报》开设"营改增"解读宣传专栏。在宁夏经济频道"电视论坛"访谈模式开启2016年"宣传周",现场介绍财税改革精神,解读财政惠民政策。

2017年,全年在各类媒体刊发新闻稿件140余篇。

2018年,建立与区级媒体互动机制,定期向自治区内主要新闻媒体主动提供新闻线索。全年《宁夏日报》《中国财经报》《中国财政》等新闻媒体刊稿30余篇。编发《财政简报》15 期、《宁夏财政信息》193 期,自治区党委、自治区政府和财政部采用100 余条。在《中国财政》2018年第17期刊发卷首语及"辉煌六十年 美丽新宁夏"专题稿件10篇,在《中国财经报》9月18日头版头条刊发《向脱贫做最后的冲刺》等5篇反映宁夏60年发展变化的专题报道。

知识竞赛　1991年,自治区财政厅举办 "春光杯"知识竞赛活动,评选出优胜单位。

1992年1—7月,开展全区财政系统知识竞赛活动。竞赛分两个赛程,第一赛程为全区公开赛,实行全区统一试题、统一评卷、开卷考试。全区财政系统1690人参赛,占应参赛人数95.2%。公开答卷平均成绩92.4分,其中中卫县财政局、盐池县财政局、永宁县财政局平均成绩名列全区前三名。6月初,竞赛进入第二赛程,即区、地(市)、县三级竞赛,在地(市)县两级选拔赛基础上,6月中旬举行全区决赛。自治区决赛,笔试共有59名选手参赛,其中前30名选手分获一、二、三等奖。对抗赛由两地两市、自治区财政厅和宁夏财经学校6个代表队参赛,银南地区代表队获第一名,宁夏财经学校队和银川市队分获第二名。

1994年,根据财政部《关于组织新财政法规知识竞赛的通知》要求,自治区财政厅组织全区财会人员、税务工作者参加。全区20个市县、两个行署共收回有效答卷1900余份,回收率90%以上,全区约有92%的财政干部参赛,及格率99%。

1998年9月23日,全国财政法规知识竞赛(宁夏赛区)结束,全区财政系统参赛2294人,及格率100%。

1999年,在宁夏电视台举办全区财政会计法规知识大赛活动。是年,宋彦登、李伟参加全区财贸系统"迎五十年大庆做跨世纪先锋"竞赛活动,分别获岗位技术能手称号。

2002年8月,举办全区范围内的财政会计法规知识大赛,各市县党政机关、卫生教育、工业、商业、金融等行业200多个单位共7839人参加。

2003年6月,组织开展全区财政系统的财政会计法规知识竞赛。10月14日,举办全区财政系统法律知识培训班，同时表彰奖励全区财政法律知识竞赛优胜获奖单位、个人。

2004年，组织全区财政干部、财务会计人员参加财政部举办的全国财政会计法规知识竞赛。各市县财政部门和自治区财政厅机关22个单位近2000人参加。

2011年，举办财政法规政策百题竞赛活动。

2014年，自治区财政厅会计处组队参加财政部组织的行政事业单位内部控制知识竞赛，获优秀组织奖。

2016年，组织参加自治区法治政府建设电视知识竞赛，获“自治区法治政府建设电视知识竞赛优秀组织奖”。

2018年，强化以竞赛促提高，组织全区采购人、代理机构、评审专家等5300余人参加“京东杯”全国政府采购法律法规百题知识竞赛活动，实现了以赛促学。是年，赵毅获自治区科技技术工作突出贡献三等奖。

第四节　精神文明建设

一、创建活动

1991年，自治区财政厅召开专项会议，听取各市县创建文明单位情况汇报。在全区乡财政工作会议上，部署文明财政所创建工作，指导和推动文明单位创建活动开展。

1995年，按照财政部《关于做好全国财政系统文明财政所、优秀乡镇财政干部推荐工作的通知》要求，推荐上报永宁县杨和乡财政所和中卫县宣和镇财政所所长雍占位分别为全国财政系统文明财政所和全国财政系统优秀乡镇财政干部。财政部于当年12月表彰奖励。

2000年，自治区财政厅检查验收申报自治区级文明财政所90个。是年，自治区财政厅获评银川市市级“精神文明单位”。

2001年，印发《全区财政系统文明财政所评选办法》，接受银川市对市级精神文明单位检查、自治区直机关工委文明机关挂牌验收。是年，自治区财政厅召开全区财政系统文明财政所命名表彰大会，71个乡镇财政所被命名为财政系统文明财政所。

2002年，自治区财政厅分别获自治区文明单位和区直文明机关称号。

2005年，平罗县、彭阳县、固原市原州区财政局被授予“全国精神文明单位”称号。是年，自治区财政厅制定《开展创建“文明处室”活动的实施意见》，将精神文明创建工作延伸到处室。

2006年起，自治区财政厅始把创建“文明处室”作为重点，完善创建方案，细化创建标准，突出创建重点，注重创建成效。

2007年7月，启动“创建全区财政系统文明行业”活动。以自治区财政厅机关和各市、县（市、区）财政局为基本单位，分调查摸底、制定方案、宣传动员，组织实施、狠抓落实、全面推进，组织申报、总结自评、考核验收3个阶段推进。

2008年，按照“文明处室”标准，自治区财政厅分两批命名27个“文明处室”，占比97%。是年，制定《全区财政系统创建文明行业活动实施方案》《财政系统创建文明行业考核实施细则》，在全系统开展以“创建文明行业、提升财政效能”为主题的“文明行业”创建活动。

2009年，继续深化“文明处室”创建活动。自治区财政厅获评全区2009—2012年文明单位、全区精神文明建设工作先进集体。

2011年，丰富全区财政系统创建文明行业活动载体，组织开展全区财政系统先进事迹巡回报告活动，向系统内外宣传财政战线上的感人事迹和典型事例。

2012年，为推进精神文明建设，自治区财政厅开展社会公德、职业道德、家庭美德、个人品德建设活动，推行礼仪工程、诚信工程、和睦工程、爱心工程活动，提升机关精神文明建设水平。是年，自治区财政厅获评全区精神文明建设工作先进集体。

2013年，印发《关于进一步加强全区财政系统文明行业建设工作的指导意见》，巩固和提升文明行业建设成效。以“做文明有礼的宁夏财政人”为主题，组织开展多种形式的“讲文明、树新风”活动。开展道德讲堂活动，邀请区直机关道德模范先进事迹巡回报告团宣讲。深化“弘扬雷锋精神，共建和谐富裕新宁夏”“雷锋精神进社区”“雷锋精神进农村”“学雷锋日行一善”等主题活动。是年，自治区财政厅被自治区精神文明建设指导委员会重新命名为2013—2017年度自治区文明单位。

2014年，按照自治区文明办“六条标准”和“五个一”工作，总结全区财政系统精神文明工作和财政厅机关精神文明工作，在沙湖财政干部教育培训中心召开全区财政系统精神文明建设总结会议，安排银川市财政局等6个单位进行会议交流，按时提交《关于财政厅系统精神文明工作情况的报告》，同时，推进行业精神文明建设，指导26个市、县（市、区）财政部门开展精神文明创建活动，督促9个市、县（区）财政局加强精神文明建设活动，全部通过自治区文明办复核验收。

2016年，继续深化文明处室、文明单位、文明行业创建活动。谋划财政行业精神文明建设工作思路，以社会主义核心价值观为导向，提升财政工作影响力。

2017年，印发《全区财政系统精神文明建设工作要点》，推进全区市、县财政部门行业精神文明建设工作。是年，财政系统被自治区文明委继续确认为“文明行业”。

2018年，印发《财政厅行业精神文明工作要点》，在建立台账、定期督查的基础上，加强财政厅精神文明建设。

二、文体活动

体育活动 1992年，组织职工参加全国财政系统职工篮球赛，在西北预赛中取得男子第一名、女子第三名成绩，男队代表西北地区参加全国财政系统篮球赛决赛。举办第三届全区财政职工篮球运动会。

1996年，自治区财政厅获评全国全民健身先进集体。是年，举办全区财政系统第五届职工体育运动会。1999年，举办全区财政系统第六届职工体育运动会。

2000年，参加区直机关和自治区体委举办的系列全民健身职工体育运动会。是年，自治区财政厅再次获评自治区全民健身体育先进单位。

2001年，在石嘴山市举办全区财政系统第七届职工体育运动会，260余名运动员参赛。是年，自治区财政厅被国家体育总局评为全国群众体育先进单位。

2003年，组队参加区直机关第二届职工运动会，获大会组织奖、广播体操团体赛二等奖、拔河比赛第八名、羽毛球女子双打第四名、跳绳第九名。

2005年，组队参加全区第十二届体育运动会和区直机关第三届职工体育运动会。是年，举办全区财政系统第八届职工体育运动会。

2007年，举办全区财政系统第九届职工体育运动会，384名运动员参加。

2009年，组队参加区直机关第六届“体彩杯”运动会，获优秀组织奖、大众广播体操团体比赛第一名。

2010年7月30日至8月2日，全区财政系统第十届职工体育运动会在固原举办。

2011年，组队参加区直机关“体彩杯”球类运动会、黄河金岸长跑接力赛和农林水财工会羽毛球比赛，取得区直机关软式排球第三名。是年，成立瑜伽、太极拳、羽毛球、篮球等体育锻炼兴趣小组，每月举办1项比赛。

2013年，组队参加区直机关趣味运动会、农林水财工会系统职工羽毛球赛，获得10项团体和个人名次。

2014年，参加自治区第十四届运动会，61人组成的代表队参与11个项目比赛，总成绩全区第七、厅局第二，同时获得体育道德风尚奖、组织保障先进集体、参赛组织先进集体3项荣誉。

2015年，举办羽毛球、乒乓球、游泳训练班，参加区直机关运动会。

2016年，组织干部职工参加区直机关趣味运动会。

其他活动　1994年起，自治区财政厅经常组织排球、篮球、拔河、象棋和乒乓球等比赛，举办游艺活动、新春茶话会、迎春文艺晚会等节日系列文体活动。

1995年，组织“我与实践征文”活动，收集稿件7篇，向财政部推荐2篇，其中1篇获纪念奖。

1997年，举办喜迎香港回归系列文体活动。在全区财政系统组织开展“再进课堂”有奖征文活动，收集征文40余篇，评出一、二、三等奖，向财政部培训中心推荐4篇参加全国评选。

1998年，开展以庆祝自治区成立40周年为主题的龙舟比赛、广播体操比赛、排球比赛等系列文化体育活动。在区直机关工委组织的迎大庆系列活动中，自治区财政厅参加的文艺会演获一等奖。在自治区财贸工会组织的迎大庆财贸职工文艺会演活动中，财政厅选送的2个节目获三等奖。

1999年，组织开展座谈会、卡拉OK和诗歌朗诵比赛等迎澳门回归系列活动。200人组成的合唱队参加区直机关庆祝新中国成立50周年歌咏大赛。是年，举办首届全区财政系统书画摄影大赛。

2001年，举行全区财政系统庆祝建党80周年书法、绘画、摄影展览活动，全区财政系统102人200余幅作品参展，53人作品分获书法、绘画、摄影各类奖项。

2004年，在财政部举办的“中评协杯”全国财政系统第三届书法、美术、摄影大赛上，自治区财政厅推荐6幅作品，其中3幅获奖，并获组织奖。是年，选拔优秀选手参加区直机关工委举办的“文明行为你我他”演讲比赛，获优秀组织奖，1人获优秀选手奖。

2005年，在银川光明广场举办以“为国聚财，理财为民”为主题的“清凉宁夏”广场示范性文化演出活动。2006年，举办以“发挥财政职能，歌唱社会主义新农村”为主题的“清凉宁夏”广场文化财政专场演出活动。

2007年，编排舞蹈《好一朵花儿红》，参加区直机关广场文化演出和“唱响和谐”文艺会演，并作为优秀节目参加区直机关庆祝中国共产党成立86周年汇报演出，获舞蹈类一等奖。

2008年，组织干部职工参加区直机关举办的“知荣辱、树新风、促和谐”演讲比赛活动。

2009年，为庆祝新中国成立60周年，组织参加财政部以“庆祖国华诞、颂财苑芬芳”为主题的对联征集活动。组织310人参加“唱响心中的爱——献给祖国”文艺会演活动。组织参加区直机关“魅力塞上潮”职工艺术创作展和《民族之魂·塞上乐章》诗歌音乐会。为加强机关作风建设，提高全厅干部职工整体素质，组织自治区财政厅干部职工 200 余人分两批到武警部队开展“体验军营生活、加强作风建设”主题军训实践活动。

2010年7月，开展全区财政系统“抓落实、树形象”主题演讲比赛。8月26日，在宁夏人民会堂举办“法制财政为民生”专题文艺晚会暨全区财政“五五”普法知识竞赛颁奖晚会。是年，组织全区财政系统开展“薪火相传 开拓创新”主题教育征文活动。

2011年6月19日下午，全区财政系统以“红歌颂党旗、财政惠民生”为主题的庆祝建党90周年文艺会演。

2014年9月19日、23日，分两批组织自治区财政厅机关近200人在西夏陵拓展训练基地开展为期1天的拓展训练活动。

2015年，组织“财政干部大讲坛”活动，营造财政厅机关文化氛围。

2016年4月23日，自治区财政厅青年志愿者参加区直机关开展的“助力脱贫攻坚 健走奉献爱心”户外健步交流活动。七一前夕，开展“颂歌献给党”歌咏比赛活动。

2018年，推进“互联网＋精神文明建设”，举办财政厅“砥砺奋进六十年民族团结一家亲”道德讲堂活动。

第五节　网站服务

一、专网网站

2005年，自治区财政厅专网网站建成，由宁夏财政信息中心建设与维护。宁夏财政厅专网网站是面向财政专网用户展示宁夏财政信息的窗口，实现了财政公告、财政信息、党政决策、时事新闻、领导讲话、领导政务活动、政策法规、会议室动态、图片新闻等栏目的信息发布与管理，并按照实际工作需要开设了督查督办专栏、党建工作专栏、人事教育专栏、政府和社会资本合作模式、宁夏财政内控工作专栏、部门预算编制、减税降费专栏、宁夏财政年鉴、党风廉政建设专栏等专题栏目。宁夏财政专网是信息发布与展示的窗口，充分整合信息资源，通过宁夏财政统一门户系统，实现了各业务系统的统一入口登陆、一键访问财政各业务系统的服务，提高了各业务系统访问的安全性，提高了工作效率。专网网站随着需求不断完善，逐步深入财政业务工作，将信息化技术更好地应用于各项财政管理工作，充分发挥信息技术在财政业务工作中的积极作用。

二、门户网站

2005年，宁夏财政厅门户网站建成，由宁夏财政信息中心建设与维护。宁夏财政厅门户网站是宁夏财政面向社会的窗口，是公众与宁夏财政厅互动的渠道，设置政府信息公开、新闻中心、网上办事、互动交流、头条推荐、图片新闻、通知公告、工作动态、应用管理等主要栏目。门户网站第一时间向公众发布各类新闻消息，并成为财政各互联网应用系统对外服务的统一入口，已接入宁夏会计、项目库、国有资本经营预算管理等应用系统。2019年5月，宁夏财政厅门户网站迁移到自治区政府集约化网站。

三、系统网站

2005年5月，宁夏财政政策法规查询系统网站面向社会开通。系统设置智能查询、分类索引、汇编查询、论文交流和案例精选6个栏目。是年，建成以财政厅机关为中心，以5个地级市、20个县市（区）为结点、包含1900多个网络信息点的全区星型广域网络系统。

2008年，建设采用生长模式的5个财政业务系统站点：统一门户管理系统、预算指标管理系统、国库动态监控系统、财政账务管理系统、综合查询分析系统；采用接入模式的10个财政业务系统站点：基础信息库管理系统、项目信息库管理系统、财政供养人员管理系统、预算编制管理系统、国库支付管理系统、公务卡管理系统、财税库银联网管理系统、工资统发管理系统、财政行政管理系统、IT服务管理系统。

2011年4月，宁夏财政票据管理系统网站上线运行。该系统通过网络技术平台使自治区、市、县（区）票据印刷企业联网，实现财政票据从计划到申购、领取、使用、管理、核销的全程自动化。

2014年11月，依托自治区电子政务内网与财政专网，建设全区财政行政管理系统。2016年，完善宁夏财政行政管理系统，增加机关内部事务管理功能模块，包括项目预算、合同、出差审批及请销假、网上费用报销、厅长办公会审批、财政微信平台、指纹KEY替代USB-KEY等管理模块，进一步加强和规范厅机关内部管理。是年，完成基于平台2.0开发的地方综合预算管理系统部署和业务配置工作。

人 物

宁夏财政系统人才辈出。改革开放以来，各级财政党政机构把准改革重点，加快改革进度，提升改革实效，更加高效合理地配置财政资源，精准施策，精细管理，确保财政部、自治区党委、自治区政府各项决策部署落实到位。坚持教育引导广大干部职工强化以政领财、财为政行意识，树立大财政、大预算、大统筹理念，转换“账房先生”角色，跳出财政看财政，跳出财政干财政，奋力开创新时代宁夏财政工作新局面。坚持开展干部作风大转变、政务效能大提升、财政服务大优化等凝心聚力活动，涌现出了一批高素质善担当的干部队伍。1988 年以来，先后有四位厅级领导走上自治区领导岗位。1991 年以来，有近 60 人次受到国务院，自治区党委、自治区政府和财政部表彰奖励。领导干部、先进个人入志，旨在彰名扬绩，激励财政新人。

人物传略

王法太（1905.4—？） 山西人。原名王发太，字阳三、仰三、平凡，山西省昔阳县人。出身地主家庭。日本明治大学法律系毕业。1938年9月参加革命，同年11月加入中国共产党。先后在陕北公学、延安解放报社、延安大学、西北党校工作。以后历任第一野战军政治部随军工作团一队队长，最高人民法院西北分院办公室科长。中华人民共和国成立后，历任宁夏省人民法院办公室主任，中卫县长。1955年3月任宁朔县委书记。1956年11月任银川地委监委会副书记。1959年10月至1972年6月任中国人民银行宁夏分行副行长。1972年7月至1976年4月任自治区财政金融局革命领导小组副组长。

石子珍（1911—1978.4） 原名石如璋，今陕西延川县贾家坪镇呼家老沟村人。1928年加入中国共产党，1934年10月参加工作。土地革命战争时期，历任延川县永胜区大队指导员，秀延县第九区苏维埃政府副主席，秀延县苏维埃政府教育部部长、副主席，新城县苏维埃政府主席。抗日战争和解放战争时期，历任安塞县县长，陕甘宁边区第二届参议员，边区政府税务总局局长。中华人民共和国成立后，历任宁夏省财经委员会副主任、西北财经委员会委员，1949年10月至1954年9月任宁夏省财政厅厅长，其间于1952年3月至1953年3月代理宁夏省商业厅厅长。1954年12月赴新疆工作，历任新疆维吾尔自治区党委委员，财经委员会副主任，计划委员会主任、党组副书记。“文化大革命”中遭受不公正待遇，1970年落实政策。1976年任新疆维吾尔自治区计委顾问，1977年12月增选为政协新疆维吾尔自治区常务委员。1978年4月5日在北京病逝，享年67岁。

高　益（1912.5—1986.8） 陕西延川人。高中学历。1935年4月参加革命，1936年加入中国共产党。历任延川县列宁小学教师、延川县教育部科员。1937年1月任延川县财政部科员。1938年12月任安塞县人民政府科长。1939年7月任陕甘宁边区财政厅科长。1940年5月任陇东专署税务局局长。1941年5月起历任陕甘宁边区税务总局局长，延安市税务局局长，清涧县税务局局长，三边税务分局局长，三边盐务总局局长。1949年6月任西安市税务局局长。1949年10月任宁夏省税务局局长。1952年1月任宁夏省财政厅副厅长。1954年9月任银川地委副书记。1954年10月任银川专署棉布统购统销办公室主任。1958年5月任宁夏水电局党委常委。1959年9月任自治区人民委员会青铜峡办事处主任。1960年9月起历任自治区物价委员会副主任，自治区手工联社主任、自治区工商联副主任。1964年1月任自治区工商行政管理局局长。1968年9月任宁夏干校生产组长。1972年8月任自治区商业局领导小组副组长。1973年10月任自治区工商局党组书记、局长。1979年10月代理自治区金融局局长、书记。1980年1月任自治区财政厅党组书记、厅长。1981年1月任自治区财政厅顾问。1983年7月离休。1986年8月7日病逝，享年74岁。

李　力(1921—1993)　1921年出生，今河北省张家口市阳原人(一说山西阳泉市)。1937年7月参加牺牲救国同盟会，1942年参加工作，1945年9月加入中国共产党。曾任陕甘宁边区政府财政厅秘书，晋察冀边区福源制药厂厂长。中华人民共和国成立后，历任财政部经建财务司科长、处长、副司长。1959年1月至1967年1月历任宁夏回族自治区财政厅厅长、自治区财贸工作办公室主任，其间于1959年5月至1962年11月任自治区财政厅党组书记。1967年1月任自治区革委会财贸工作办公室副主任，1973年8月任主任。1977年12月起历任自治区革委会副主任兼财贸工作办公室主任。1980年1月至1983年4月任自治区副主席，后任顾问。1993年病逝，享年72岁。

王　强(1926.10—1998.1)　回族，辽宁省营口市人，高级审计师。1945年8月参加革命工作，1947年加入中国共产党，历任八路军冀热辽军区七团三营战士，东北自卫联军四纵队三营九连文书。1946年9月至1949年10月历任中国人民解放军东北军区军需部工厂会计、财务股长。1949年10月至1954年5月历任沈阳市橡胶七厂党总支书记、副科长。1954年6月至1958年1月历任沈阳市建设银行科长、副行长、党组成员。1958年2月至1966年1月首任建设银行宁夏区分行行长。1966年2月起初在自治区财政局“三查”办公室工作，后到“五七”干校劳动。1969年12月至1983年7月历任自治区财政局处长、副局长、党组成员兼自治区税务局局长。1983年7月至1988年11月历任自治区审计局党组副书记、党组书记、局长。1988年5月至1993年5月任自治区第六届人大常委会委员。1998年1月27日病逝，享年72岁。

刘元茂(1938.10—2000.2)　山东齐河人。大学本科学历。高级经济师。1965年8月参加工作，1980年5月加入中国共产党。1965年8月任自治区财政厅办公室秘书。1968年12月至1970年12月为宁夏干校三十连学员。1970年12月在贺兰县金山公社劳动。1972年2月返回自治区财政厅工作，1982年8月起历任自治区财政厅企财处副处长，自治区财政厅副厅长、党组成员。1988年11月至1993年8月任自治区财政厅党组书记、厅长。1993年9月至1998年5月任自治区财政厅党组书记。主持编纂首部《宁夏财政志》。1998年当选为自治区政协第七届委员会常务委员。兼任宁夏财政学会会长、宁夏珠算协会会长、宁夏财政学会农村财政研究会会长。2000年2月9日病逝，享年62岁。

雷　鸣(1927.5—2003.11)　又名杨鹤宝。河北省昌黎县人。高级会计师。出身普通农家。1945年8月参加革命，1947年5月加入中国共产党。历任冀热辽军区军事干部学校和第十六军分区教导团战士、出纳。1946年5月起历任东北军大辽东分校和旅大警察学校被服员、出纳、会计，东北财政处、财委办公室出纳、会计审核员。1948年9月任东北财政部副科长。1949年随军南下，历任中原临时人民政府财政部副科长，中南军政委员会财政部副科长。1952年起历任中央财政部预算司副科长、科长。1958年1月调宁夏工作，任宁夏财政厅预算处处长。1966

年2月起先后在自治区财贸农场、干部学校和固原县黄铎堡公社劳动。1972年5月起历任自治区革委会财贸办公室工商处长、自治区财政局副局长。1983年1月任自治区财政厅党组书记、厅长。1988年5月至1993年5月任自治区人大常委会副主任、党组成员，兼任宁夏税务学会名誉会长。1998年5月离休。长期从事财政工作，经验丰富。在自治区人大常委会工作期间，关注南部山区群众的脱贫致富。2003年11月14日在病逝，享年76岁。

郝玉山（1916.5—2005.8） 陕西省米脂县人。1933年参加革命，1934年1月加入中国共产党。自幼追求进步思想，立志报国。土地革命战争时期，历任陕西秀延县赤卫军大队经济员、游击队经济员，米西县一区区委书记、独立五营政治委员、基干游击支队政治委员，安定（今子长县）县委统战部副部长。抗日战争时期，历任洛川工委组织部部长，边区党校总支书记，吴旗县委副书记兼宣传部部长，定边县委书记，三边骑兵团政治委员。解放战争时期，历任定边县委书记，三边骑兵团政治委员，三边军分区政治部主任。1949年9月，率部参加解放宁夏的战斗，荣获解放西北纪念章、人民功臣纪念章。中华人民共和国成立后，历任宁夏省建设厅副厅长、厅长，代任宁夏省财政厅厅长半年。1953年秋任广东省海南岛区党委第一副书记、行署第一副主任。1955年秋任广东省农业厅厅长。1956年冬任甘肃省计划委员会副主任。1957年年底任宁夏回族自治区筹备委员会副主任。1958年2月任自治区党委常委、自治区人民委员会副主席。1960年年底任中共中央西北局农村工作部副部长。1979年5月起历任国家林业总局党组成员、副总局长兼“三北”防护林建设局局长，林业部党组成员、副部长。离休后享受部长级医疗待遇。2005年8月28日病逝，享年89岁。

欧　斌（1923.4—2008.2） 江苏淮阴人。大专学历。1944年4月，在淮阴县王圩乡参加革命，同年12月加入中国共产党。1944年4月起历任蒋集区公所粮食分局主任、三树区公所财粮股长、三野二十三军营职供给员。1951年8月至1952年9月在上海财经学院会计培训班学习。1953年7调入财政部保险公司工作。1958年6月支宁，1959年9月至1968年9月任建设银行宁夏区分副行长。1968年10月至1970年1月在宁夏回族自治区“五七”干校劳动。1970年2月至1973年2月在自治区挖潜办公室工作。1972年11月至1978年4月任建设银行宁夏区分行长。1978年5月起历任自治区党委财贸政治部副主任，自治区财政厅党组成员。1983年6月至1984年10月代理自治区财政厅党组书记。1985年6月离休。2008年2月21日在银川病逝，享年85岁。

人物简介

刘　宽　1920年10月出生，山西忻县人。1939年1月加入中国共产党。1937年11月参加革命，在忻县枣涧村八路军120师359旅717团服役，任副班长。1938年2月在山西岚县一二〇师供给科供训班学习，1938年7月任军需科会计。1939年10月起历任河北阜平一二〇师供给科合作社副主任，兴县一二〇师会计科科员，兴县一二〇师直供给处会计股股长。1942年11月任陕西神府彩林村晋绥军后勤财政科科员。1943年3月在延安一二〇师办事处养病。1943年9月任延安南昌公司门市部主任，1944年4月任延安南昌公司出纳股股长。1945年1月任延安晋绥办事处业务科会计。1945年7月任延安秦晋公司会计科会计。1947年1月任山西兴县晋绥后勤部财政科科员，4月任山西兴县土改工作团工作员。1948年12月任山西临汾晋南军区后勤部办事处会计。1949年2月任山西临汾工业学校队长。1950年6月任重庆西南军政委员会教育科科长。1953年1月任重庆中央财政部西南财政管理局办公室副主任，西南军政委员会财政局办公室副主任。1955年1月起历任中央财政部人事司秘书、科研所财务组长、人事秘书、教研组长。1961年1月任平罗县委第二书记。1963年2月至1969年12月任自治区财政厅副厅长。1972年任汝箕沟煤矿党委书记、革委主任，自治区物资委副主任。1978年任自治区外贸局党组副书记、副局长。1983年3月任自治区外贸局顾问。1986年8月离休，2009年11月享受副省(部)级医疗待遇。

李运通　1923年11月出生，河北新安人。1944年3月加入中国共产党。1946年5月任河北安新县第八区武装大队长。1949年1月任天津十区市税务局科长。1956年任北京中央财经学院科长。1961年任石嘴山市财办主任。1962年任自治区财政厅税务局副局长。1967年任宁夏生化指挥部财贸组副组长。1970年任自治区财金局局长、党组书记。1980年6月任自治区物价委员会副主任、党组成员。

杨允刚　1933年8月出生，河南商城人。1956年7月加入中国共产党。1950年12月参军并考入汉川军分区军政干部学校学习。1951年5月任公安12师36团司令部见习员。1952年1月任建筑工程八师司令部参谋。1955年1月任建工部洛阳工程局101工区科员。1957年4月至1958年8月在建工部上海干校财会专业学习。1958年8月任宁夏中卫钢厂筹建处照壁山铁矿干部。1962年8月任中卫农牧机械厂办公室主任，厂革委会主任。1971年11月任自治区重工业局财务处副处长。1978年12月任自治区冶金工业局财务处副处长。1983年3月任自治区重工业厅财务处副处长。1983年11月任自治区财政厅企业财务处副处长。1985年1月任自治区财政厅企业财务处处长。1988年7月任宁夏信托投资公司总经理。1992年1月任自治区财政厅党组成员。

洪兴波　1934年11月出生，辽宁丹东人。1984年10月加入中国共产党。1950年8月参加工作，任辽宁省本溪钢铁公司财务处通讯员。1951年3月调入辽宁省本溪市税务局工作。1955年8月至1959年7月在中国人民大学财政系读书。1959年8月任自治区财政厅科员。1970年12月至1972年7月在中卫县打农业翻身仗后调任中卫县财税局科员。1972年8月任银南地区财金局科员。1981年2月任自治区财政厅财科所科员。1983年10月任自治区财政厅财科所副所长。1984年10月任自治区财政厅副厅长。1985年6月任宁夏伊斯兰国际信托投资公司总经理。

陆林生　1941年7月出生，江苏无锡人。1985年2月加入中国共产党。1958年11月参加工作，大专学历，毕业于宁夏电大工业会计专业。1958年任吴忠材料试验机厂技校教务处教员。1960年任吴忠材料试验机厂总务科会计，1968年起历任吴忠材料试验机厂财务科会计、副科长、科长。1984年任吴忠材料试验机厂副厂长。1988年任宁夏信托投资公司总会计师。1991年任自治区财政厅会计处处长兼宁夏会计函授学校校长。1997年6月任自治区财政厅助理巡视员。

程法光　1942年8月出生，河北省雄县人。高级会计师。1964年5月加入中国共产党。中央党校研究生学历。1966年7月毕业于中央财政金融学院（今中央财经大学），参加工作。1968年5月任宁夏国营九九二二厂（宁夏胜利阀门厂）财务科长。1978年5月任自治区政府办公厅秘书处秘书。1983年2月任自治区财政局企业财务处副处长。1983年6月至1988年11月起历任自治区财政厅副厅长、厅长、党组书记，其间于1984年9月至1986年7月在中央党校培训部学习。1988年5月任自治区政府副主席。1993年4月任自治区委员会委员、常委，5月任自治区人民政府副主席。1994年3月任化工部中国昊华化工集团总公司董事长、总裁。1996年5月任国家税务总局党组成员、副局长。2003年5月任全国人大财政经济委员会委员。

毛国芝　1942年10月出生，北京市通州区人。大学学历，高级经济师。1972年7月加入中国共产党。1964年进入北京农业大学园艺系学习，1968年7月毕业在宁夏军区某部参加劳动锻炼，1970年2月任灵武县人防办公室干部，1975年1月任灵武县党校干部，1976年5月任灵武县农业局园艺技术推广站站长。1983年9月任灵武县委农业部副部长。1983年12月任灵武县人民政府副县长，1985年4月任灵武县委副书记。1986年4月任自治区财政厅办公室副主任，1986年12月任自治区财政厅办公室主任。1988年12月任自治区财政厅行政事业财务处处长。1994年1月任自治区财政厅副厅长，2000年5月至2003年6月任自治区财政厅巡视员。

马金柱　1943年7月出生，宁夏中卫市人。1975年11月加入中国共产党，大学文化程度。1966年毕业于宁夏大学数学系，1968年分配到中卫中学工作。1969年1月起历任中卫县教革组、文教局干部。1980年7月起历任中卫县政府办公室秘书、副主任。1983年2月任中卫县文教局局长。1984年12月任自治区财政厅人教处副处长，1988年6月任财政厅人教处处长。1994年12月任自治区财政厅党组成员、副厅长。1997年6月任自治区地方税务局党组书记、副局长。1993年获自治区民族团结进步先进个人称号，1998年当选自治区第八次党代会代表，2002年当选自治区政协第八届委员会委员。

邓炎辉　1944年4月出生，陕西省合阳县路井镇路苏村人。大学学历。高级会计师。1981年3月加入中国共产党。1964年9月进入西北财经学院工业经济系学习，1968年毕业，历任煤炭部812工程处、燃化二处会计，宁夏煤炭基建公司会计、会计师。1982年12月任宁夏煤炭基建公司副总会计师（正处级），1983年12月任宁夏煤炭基建公司党委委员、副经理（副厅级）。1990年5月任灵武矿务局党委委员、总设计师。1995年12月任自治区审计厅副厅长、党组成员。1996年12月任自治区审计厅党组书记、厅长。1998年8月起任自治区财政厅厅长、党组副书记、党组书记。2002年4月任自治区财政厅厅长、党组成员。2003年1月任自治区人大常委会委员。2004年4月任自治区党委巡视组组长，自治区人大常委会委员。2006年4月任自治区党委巡视组组长，自治区人大常委会委员，银川市商业银行特派监督员。2007年6月任自治区人大常委会委员，银川市商业银行特派监督员。曾选为自治区第八届党代会代表，纪律检查委员会委员，自治区第九届人大代表，中国共产党第十六次全国代表大会代表。主编《宁夏财政改革开放二十年回眸》等。

任振荣　1944年5月出生，陕西临潼人。1973年2月加入中国共产党。高级会计师。1964年8月入中央财政金融学院会计系学习，1968年7月毕业后在石嘴山钢厂参加工作，历任石嘴山钢厂财务科长、副总会计师。1983年10月任自治区审计局工商处处长。1984年10月任自治区财政厅副厅长。1995年5月任财政部驻宁夏财政监察专员办监察专员，2003年2月任财政部驻宁夏财政监察专员办巡视员。 2006年3月任自治区农村信用合作社联合社特派监督员。退休后任宁夏会计学会会长，宁夏总会计师研究会会长，宁夏注册会计师协会会长。被宁夏科委聘为宁夏专家咨询委员会专家，被中国管理科学研究院聘为特邀研究员。是宁夏象棋协会主席、宁夏体育总会第四届委员会副主席。主编《宁夏工业经济》。发表论文多篇，获中国会计学会和宁夏社科等省部级奖10余篇。

马骏廷　回族，1944年10月出生，宁夏吴忠市人。中央党校大学学历，高级会计师。1972年5月加入中国共产党。1963年12月参加工作，任盐池县人民银行干部。1972年11月调任盐池县财政局干部，1975年调任吴忠县财政局干部。1980年4月任吴忠县财政局副局长。1983年10月至1989年1月任自治区财政厅预算处副处长、处长。1989年1月任自治区财政厅副厅长，1993年8月任厅长。1998年5月任自治区人民政府党组成员、副主席。1995年8月至1997年12月在中央党校函授学院经济管理专业学习。2003年1月任自治区人大常委会党组成员、副主任。1997年当选中共十五大代表。

张玉龙　1949年6月出生，宁夏平罗人。1984年12月加入中国共产党，高级会计师。1965年9月在宁夏财经学校学习，1968年7月毕业在泾源县人民银行参加工作。1976年6月调任泾源县财税局干部，1983年8月至1985年7月在宁夏大学经济系财政专业学习。1985年7月起历任泾源县财政局副局长、局长。1989年8月任自治区财政厅监督检查处干部，1989年11月任自治区财政厅监督检查处主任科员，1997年8任自治区财政厅监督检查处副处长。2000年9月任自治区财政厅行政事业处处长，2004年7月任自治区财政厅行政政法处处长。2006年3月任自治区财政厅特派监督员（副厅级）。

张茂生 1949年12月出生，江苏丰县人。1970年2月加入中国共产党。1963年9月入南京农学院农经专业学习，1967年7月毕业留校待分配工作。1968年7月到宁夏军区独立师三团劳动锻炼。1970年1月任宁夏军区政治部宣传处干事，1979年12月任宁夏军区教导大队二中队教导员，1981年4月任宁夏军区政治部宣传处干事、文化教育办公室副团职干事，1983年4月任宁夏军区干部文化学校教务处处长，1984年12月任宁夏军区教导大队副政委。1985年3月任宁夏军区干部文化学校副校长（正团职）。1987年7月任自治区财政厅农财处干部，1988年11月任自治区财政厅办公室副主任，1990年7月任自治区财政厅法规处副处长，1990年11月任自治区财政厅法规处处长。1994年4月任自治区财政厅办公室主任。1999年6月任自治区财政厅助理巡视员。

陶　源 1952年1月出生，北京人，中央党校领导干部函授本科班经济管理专业毕业，中央党校大学学历。1984年12月加入中国共产党。1970年8月参加工作，历任银川市氮肥厂工人、调度员、企管科副科长。1985年10月起历任自治区财政厅企财处干部、主任科员。1988年11月任自治区财政厅工交企业财务处副处长。1991年8月任自治区国有资产管理局局长。1994年1月任自治区政府办公厅副主任、党组成员。1998年9月任自治区地方税务局局长。2002年4月任自治区财政厅副厅长、党组书记。2003年2月任自治区财政厅党组书记、厅长。2008年1月任自治区政协副主席、党组成员。2008年2月至2013年1月任自治区政协副主席、党组成员，自治区总工会党组书记、主席。是第十届全国人大代表。

王本仁 1953年1月出生，山东龙口人。大学本科学历。1975年2月加入中国共产党。1969年12月在宁夏胜利阀门厂参加工作。1975年9月在华东工程学院炸药制造专业学习，1978年8月任宁夏胜利阀门厂中学教师。1979年2月任宁夏胜利阀门厂技术员。1980年7月任宁夏胜利阀门厂团委干副书记。1981年12月任自治区直属机关团委干事。1985年3月任自治区直属机关团委书记。1990年12月起历任自治区直属机关工委办公室副主任、主任、工委委员。1999年6月至2012年8月历任自治区财政厅党组成员、自治区经委派驻自治区财政厅纪检组组长、机关党委书记。2012年8月任自治区财政厅巡视员。曾于2008年6月任宁夏注册会计师和注册资产评估师行业党委筹备领导小组组长，同年11月任宁夏注册会计师协会和宁夏资产评估协会会长，宁夏注册会计师行业和资产评估行业党委书记。

李少文 1954年10月出生，宁夏贺兰人。1987年5月加入中国共产党。1975年10月在宁夏财经学校学习，1977年9月毕业在自治区财政厅综合处参加工作，其间于1986年3月至1987年2月在江西财经学院学习。1987年7月任自治区财政厅综合处科员，1989年9月任综合处副主任科员，1993年12月任综合处主任科员，1994年8月任综合处副处长，其间于1994年9月至1998年7月在中央党校函授学院经济管理专业学习。1999年4月任自治区财政厅综合处处长。2007年9月任自治区财政厅副巡视员。

刘怀明 1955年3月生，宁夏中卫人。1982年2月加入中国共产党，高级会计师，大学学历。1973年9月入宁夏财经学校财会专业学习，1975年7月在自治区财政厅行政处参加工作，期间于1985年8月至1987年7月在宁夏大学经济系财政专业学习。1987年7月任自治区财政厅行政事业处主任科员，1988年8月任自治区财政厅行政事业处副处长，1994年9月任行政事业处处长，其间于1996年8月至1998年2月在中央党校函授学院经济管理专业学习。2000年9月任自治区财政厅国库处处长兼国库支付中心主任。2002年12月任自治区财政厅副巡视员。2007年11月任自治区财政厅总会计师、党组成员。2014年1月任自治区财政厅巡视员。

李少智 1955年3月出生，宁夏中宁人，1986年6月加入中国共产党。1973年1月参加工作，高级政工师、经济师。1978年9月至1982年7月宁夏大学政治系学习，大学本科学历。1973年1月至1978年9月在国营渠口农场政治处修理厂工作。1982年7月任贺兰山农牧场政治处干事，1984年9月任自治区财政厅人事教育处干部，1987年7月任自治区财政厅人事教育处主任科员，1988年8月任共青团自治区财政厅委员会书记，1993年1月起任自治区财政厅正科级、副处级、正处级机关党委专职副书记。2003年12月任自治区财政厅地方基金征收局局长，2013年5月任自治区财政厅非税收入管理局局长。2014年8月任自治区财政厅副巡视员。

齐天生 1955年12月出生，籍贯河北高阳，出生地甘肃天水。1991年5月加入中国共产党，1974年2月参加工作，高级会计师、经济师。1974年2月在中卫县西园公社姚滩大队姚滩一队上山下乡。1975年11月至1987年7月任自治区财政厅农业财务处干部，其间于1984年9月至1986年7月在江西财经管理干部学院财务会计系农业财务专业学习。1987年7月至1991年9月任自治区财政厅农业财务处副主任科员，其间于1988年6月至1991年9月挂职任西吉县副县长。1991年9月任自治区财政厅世界银行贷款财务部负责人，1993年2月任贷款财务部副主任（副处级）。1996年5月任自治区财政厅外经处副处级干部。1997年8月任自治区国有资产管理局行政事业资源处副处长，1999年6月任行政事业资源处处长。2000年9月任自治区财政厅统计评价处处长。2004年7月任自治区财政厅税政条法处处长。2009年5月任自治区财政厅政府采购管理处处长。2015年2月任自治区财政厅会计处处长。2015年5月任自治区财政厅副巡视员。

许　平 1956年2月出生，籍贯山西孝义，出生于宁夏中卫。1985年5月加入中国共产党，高级会计师，中央党校函授学院经济管理专业毕业。1975年11月参加工作，任自治区财政厅企业财务处干部。1983年9月至1985年7月在宁夏大学财经系财政专业学习。1985年7月任自治区财政厅企业财务处干部，1987年7月任自治区财政厅中企处主任科员。1995年2月起历任自治区财政厅税政条法处副处长、处长，1997年8月至1999年12月在中央党校函授学院经济管理专业学习。2004年7月任自治区财政厅教科文处处长。2009年2月任自治区财政厅监督检查局局长。2012年1月任自治区财政厅正处级干部。2015年2月任宁夏注册会计师和资产评估师管理中心主任。2015年任自治区财政厅副巡视员。

王春生 1956年8月出生，籍贯山西平遥，出生地宁夏中卫。1989年4月加入中国共产党。高级会计师，中央党校函授学院经济管理专业毕业，大学学历。1974年2月在中卫县西园公社下乡参加工作。1975年11月至1987年7月在自治区财政厅企业财务处工作，其间于1984年9月至1987年7月在江西财经管理干部学院财政金融系财政专业学习。1987年7月任自治区财政厅企业财务处科员。1989年9月任自治区财政厅公交企业财务处主任科员，1994年9月至1997年8月任自治区财政厅公交企业财务处副处长，其间于1994年12月至1997年12月挂职任同心县人民政府副县长。1997年8月任自治区国有资产管理局企业处副处长，1999年6月任企业处处长。2000年9月任自治区财政厅会计处处长。2015年2月任自治区财政厅政府采购管理处处长。2016年2月任自治区财政厅副巡视员。2010年12月获财政部表彰的全国先进会计工作者称号，2011年2月获得全国五一劳动奖章。

章建忠　1957年2月出生，宁夏中卫人。1984年7月加入中国共产党。高级会计师。中央财经大学财政研究生班结业，中央党校政治学专业在职研究生班毕业，研究生学历。1975年11月参加工作。1985年7月于宁夏大学财政专业毕业，历任自治区财政厅农财处干事、副处长、处长、预算处处长。1996年6月任自治区财政厅党组成员、副厅长。1996年8月至1998年12月在中央党校函授本科班经济管理专业学习。2002年4月任自治区地税局党组副书记、局长。2003年1月任自治区审计厅党组书记、厅长。2007年6月当选第十届自治区党委委员。2002年6月当选自治区纪委委员。2012年6月当选第十一届自治区党委委员。是自治区政协第九届委员会委员。先后主编《收费与预算外资金管理知识问答》《执政党干部队伍建设》等专著。2001年获评全国“三五”普法先进个人。

马闽霞　女，回族，1957年5月出生，籍贯河北青县，出生于福建。1986年8月加入中国共产党，中央党校宁夏函授学院经济管理专业毕业。1976年9月在银川度量衡厂参加工作。1981年4月在银川羊毛衫厂工作，1985年2月调入银川针织厂。1987年9月调任自治区财政厅综合外经处干部，其间于1990年9月至1991年7月在上海财经大学外经财会专业学习。1992年11月起历任自治区财政厅外经处副主任科员、副处长、处长。2003年6月任自治区财政厅助理巡视员。2004年6月任自治区财政厅党组成员，自治区政府外债管理领导小组办公室副主任（副厅级）。2005年4月任自治区财政厅副厅长、党组成员。2006年8月任自治区财政厅副厅长、党组成员，宁夏社会科学界联合会副主席（不驻会）。2013年1月任自治区财政厅巡视员。2016年6月出版专著《用心求索用脑理财——宁夏财政的创新实践和跨越谋划》。

路　芳　女，1957年9月出生，河北邢台人。1974年2月在中卫县西园公社下乡劳动。1975年11月在宁夏财经学校学习。1976年8月任自治区财政厅预算处干部，并于1983年10月在宁夏大学经济系财政专业学习。1988年11月任自治区财政厅预算处副处长。1994年9月任自治区财政厅控办主任。1996年12月任自治区财政厅预算处处长。1998年11月至2000年12月任自治区财政厅总会计师、党组成员。其间于1997年9月至1999年12月在中央党校函授学院经济管理专业学习。2000年12月任自治区财政厅副厅长、党组成员。2004年12月任自治区财政厅党组副书记、副厅长。2007年6月任自治区财政厅党组副书记、副厅长（正厅级）。2012年1月任宁夏银行党委书记、董事长。2015年8月任自治区政府参事。是银川市第十三届人大代表。合作编写《宁夏财政协调发展研究》专著，2007年被评为宁夏社会科学成果三等奖，发表《对财政促进宁夏经济跨越发展的几点思考和建议》。

李彦凯 回族，1958年5月出生，宁夏海原人。1984年12月加入中国共产党，1975年8月参加工作，中央党校研究生学历，高级会计师。1975年8任海原县郑旗乡税务所助理征税员。1978年1月至1980年1月在宁夏财经学校学习。1980年起历任海原县税务局干部，海原县人民法院干部，其间于1983年9月至1985年7月在宁夏大学财政专业大专班学习。1987年6月任海原县财政科副科长，1992年8月任固原地区行署财贸处副处长，1994年2月任自治区国有资产管理局副处级干部，1995年6月在自治区财政厅农财处主持工作。1996年2月任自治区财政厅农财处副处长。1997年4月任自治区财政厅农业处处长，其间于1997年8月至1999年12月在中央党校领导干部函授本科班经济管理专业学习。2000年9月至2000年12月在自治区党校领导干部进修班学习。2000年12月至2004年12月任自治区财政厅副厅长，其间于2003年3月至2003年6月在中央党校选调生班学习。2004年12月至2006年3月任吴忠市委副书记、纪委书记，其间于2003年3月至2005年1月在中央党校在职研究生班政治学理论专业学习。2006年3月至2011年5月任自治区地税局局长、党组书记，其间于2007年3月至2008年1月在中央党校一年制中青年干部培训班学习。2011年5月任自治区高级人民法院副院长、代院长，2012年1月任自治区高级人民法院院长。2018年1月任自治区十一届政协委员会副主席。2008年获全国优秀"工会之友"称号。

陈冬红 女，1958年12月出生，籍贯河南密县，出生于河南郑州。经济学博士、研究员、教授、硕士研究生导师。1988年5月加入中国共产党。1976年7月参加工作，财政部财政科学研究所研究生部财政学专业毕业。1982年7月任河南会计学校教师，1984年9月入中南财经大学财政金融系学习，1986年7月至1994年3月历任河南财专财政系教师、系团总支书记、学生党支部书记。1994年3月任河南财专财政系副主任、学生党支部书记，1995年8月任河南财专财政系主任（副处级）、系党总支副书记。2000年8月任河南省财政厅财政科学研究所所长（正处级）。2004年5月通过公开选拔任宁夏回族自治区财政厅副厅长、党组成员。2006年3月任自治区地税局副局长、党组成员。2008年12月任宁夏社会科学院副院长、党组成员。从事财税经济理论政策研究，发表论文多篇，完成专著多部，主持完成全国第一批西北唯一物业税改革模拟评税试点宁夏试点等税制改革、税政税种管理和税收科学化精细化征收管理工作等。

张苏安 1959年10月出生，籍贯江苏涟水，出生于陕西西安。1978年5月加入中国共产党。1976年12月参加工作，先后在解放军西安政治学院法律专业、首都经贸大学金融专业学习，大学本科学历。1993年12月任宁夏军区司令部直工处副团职干部，1996年4月任平罗县人民武装部政委。1997年7月任自治区财政厅社保处干部，1999年2月任自治区财政厅社保处副处长，2000年9月任自治区财政厅社保处处长。2003年12月任自治区财政厅预算处处长。2006年3月任自治区财政厅助理巡视员兼预算处处长。2006年8月任自治区财政厅副厅长、党组成员兼预算处处长。2007年4月任自治区财政厅副厅长、党组成员。2012年12月任自治区财政厅党组副书记、副厅长。2013年1月任自治区财政厅党组副书记（正厅级）、副厅长，7月任自治区财政厅党组书记、厅长。2017年3月任自治区财政厅党组书记。2018年1月任自治区财政厅党组书记、自治区人大财政经济委员会副主任委员。2009年10月获评国务院第二次全国经济普查（国家级）先进个人。

赵惠宁　1960年3月出生，宁夏平罗人，1981年8月加入中国共产党。中央党校领导干部函授本科班经济管理专业毕业，大学学历。1977年8月参加工作。1996年5月任自治区财政厅人事教育处副处长，2000年9月任处长。2009年5月任自治区财政厅人事与老干部处处长。2011年8月任自治区财政厅副巡视员、人事与老干部处处长。2012年1月任自治区财政厅副巡视员。2014年10月任自治区财政厅副厅长、党组成员，兼任自治区非税收入管理局局长。2019年5月任自治区财政厅一级巡视员。2008年9月获评自治区民族团结进步先进个人。

许学禄　满族，1960年7月出生，出生地宁夏平罗，籍贯山西灵石。1978年9月在宁夏国营南梁农场参加工作。1999年6月加入中国共产党。中央党校函授学院经济管理专业毕业，在职本科学历。1982年1月任宁夏贺兰山农牧场会计，其间于1984年7月至1986年7月在宁夏大学经济系财政专业学习。1986年7月调入自治区财政厅农业处工作。1992年11月任自治区财政厅农业处副主任科员，1996年4月任主任科员。1999年5月任自治区财政厅农业处副处长，其间于2000年8月至2002年12月在中央党校函授学院经济管理专业学习。2003年12月任自治区财政厅农业处处长。2009年5月任宁夏农业综合投资有限责任公司筹备组组长。2009年11月任宁夏农业综合投资有限责任公司总经理兼党委副书记。2016年9月任宁夏投资集团公司筹备组组长（副厅级）。主编《宁夏农业综合开发实用新技术选编》。

刘守保　1962年5月出生，宁夏中卫人。1985年4月加入中国共产党。中央党校研究生学历。1985年7月参加工作。1996年4月任自治区财政厅会计处副主任科员。1999年3月任自治区财政厅会计处副处长，2003年12月任自治区财政厅会计处调研员兼副处长，其间于2001年9月至2004年7月在中央党校研究生院经济管理专业学习，2003年3月至2004年4月在第七届全国少数民族传统体育运动会组委会财务部工作。2005年12月任自治区财政厅会计处调研员。2007年7月任自治区财政厅预算处处长，其间于2011年2月至6月参加宁夏区委党校第35期中青年干部培训班。2013年7月任自治区财政厅党组成员、副厅长。

李守银　1962年6月出生，宁夏海原人。1987年5月加入中国共产党。中央党校大学学历。1984年7月参加工作，会计师。1993年4月任固原地区财贸局财政科副科长。1995年5月任固原地区财贸处副处长，　1996年7月任固原地区财贸局副局长兼固原扶贫开发实验区财政局局长，其间于1993年8至1995年12月在中央党校函授学院经济管理专业学习。1998年6月任固原市财政局局长，其间于2003年10月至2005年10月在西南师范大学研究生课程班政治经济学专业学习。2006年12月任固原市人民政府党组成员、副市长、财政局局长。2007年3月任固原市人民政府党组成员、副市长兼固原市委政法委副书记，其间于2009年3月至10月在中国人民银行国库局挂职副局长。2012年10月任银川市人民政府党组成员、副市长。2012年12月任银川市人民政府党组成员、副市长兼银川市委政法委副书记。2016年11月任自治区财政厅副厅长、党组成员。2002年获得自治区“五一劳动奖章”。

商艳臣　满族，1963年2月出生，河北围场人。1983年8月加入中国共产党，中央党校大学学历。1979年11月参加工作。2001年5月任自治区党委办公厅机关事务管理中心接待联络处副处长，其间2001年8月至2003年12月在中央党校函授学院法律专业学习。2005年10月任自治区党委办公厅行政管理处副处长，2006年4月任自治区党委办公厅行政管理处处长，2007年10月任自治区党委办公厅接待联络处处长。2012年9月至2012年12月任自治区财政厅党组成员、自治区纪委派驻财政厅纪检组长。2012年12月至2015年4月任自治区财政厅党组成员、自治区纪委派驻财政厅纪检组组长、财政厅机关党委书记。2015年4月任自治区财政厅党组成员，自治区纪委派驻财政厅纪检组组长，2018年11月任自治区财政厅副巡视员。

吴汉宝　回族，1963年6月出生，宁夏灵武人。1984年12月加入中国共产党。会计师，自治区党校研究生学历。1982年7月于宁夏财经学校企业财务专业毕业，在灵武县财政局参加工作，其间于1987年9月至1989年7月在中央财政管理干部学院农业财务专业学习。1994年3月任灵武县财政局副局长，其间于1993年8月至1995年12月在中央党校函授学院经济管理专业本科班学习。1997年8月任灵武市财政局局长。1999年4月任吴忠市财政局副局长。2002年3月至2004年3月任吴忠市审计局局长，其间于1999年9月至2002年7月在自治区党校经济管理专业学习。2004年3月任吴忠市财政局党组书记、局长。2006年7月起历任吴忠市财政局党组书记、局长，太阳山移民开发区党工委书记、管委会主任。2007年7月任吴忠市副市长，太阳山移民开发区党工委书记、管委会主任。2008年2月任吴忠市副市长。2008年5月任中卫市委常委、副市长，其间于2009年3至9月挂职任国家开发银行信贷管理局副局长。2013年8月任自治区财政厅党组副书记、副厅长。2016年6月起历任自治区财政厅党组副书记、副厅长、巡视员。

白德东　1963年10月出生，陕西定边人。1986年1月加入中国共产党，中央党校研究生学历，工商管理硕士。1984年7月参加工作。1987年4月任陕西榆林地区民政局社会科副科长。1990年7月任陕西榆林地区残疾人联合会办公室副主任。1990年12月调入宁夏回族自治区民政厅救灾救济处工作，1991年6月任自治区民政厅救灾救济处主任科员。1998年6月任自治区民政厅救灾救济处副处长。2002年9月任自治区民政厅减灾救灾中心主任，2005年6月任自治区民政厅优抚处处长，其间于2004年9月至2007年7月在中央党校研究生院政治学理论专业学习。2008年4月任自治区福利彩票发行中心主任，其间于2008年5月至2010年5月在北京理工大学工商管理专业学习。2012年9月任自治区住房和城乡建设厅党组成员，自治区纪委派驻自治区住房和城乡建设厅纪检组长。2018年10月任自治区财政厅党组成员、自治区纪委监委驻财政厅纪检监察组组长。是自治区第十二届纪律检查委员会委员。

杨冬梅　女，1964年2月生，河南商城人，1987年6月加入中国共产党，大学学历，1981年12月参加工作，经济师。1996年4月任自治区财政厅工交企业处副主任科员，其间1994年9月至1997年7月在中央财经大学银川函授站函授会计学专业学习。1998年5月任自治区财政厅工交企业处主任科员，1999年12月任自治区财政厅农业处主任科员。2004年6月任自治区财政厅行政政法处副处长。2007年7月任自治区财政厅行政政法处处长，2013年8月任自治区财政厅预算处处长。2014年4月任自治区财政厅党组成员、总会计师、预算处处长。2015年1月任自治区财政厅党组成员、总会计师。2005年8月获评2001—2005年全国妇女儿童发展纲要实施先进个人。

王和山 1964年7月出生，宁夏西吉人。研究生学历，农学硕士，高级会计师。1981年9月考入宁夏农学院农经系学习，1985年1月加入中国共产党，1985年7月至1988年7月在西北农业大学农经系攻读农业经济及管理专业硕士学位。1988年7月参加工作，任自治区财政厅预算处干部，1996年4月任自治区财政厅预算处副处长，1999年3月任自治区财政厅预算处处长。2003年1月任自治区财政厅副厅长、党组成员。2008年1月任自治区财政厅党组书记、厅长。2013年1月任自治区人民政府党组成员、副主席，自治区财政厅厅长、党组书记。2013年7月任自治区人民政府党组成员、副主席。

何天文 1966年6月出生，宁夏中卫人。1999年6月加入中国共产党，大学学历，公共管理硕士。1985年7月参加工作，高级会计师。1996年4月任自治区财政厅综合计划处副主任科员。1998年5月任综合计划处主任科员，其间1996年12月至1999年3月在中央财经大学财政学专业研究生课程进修班学习。1999年5月任自治区财政厅综合计划处副处长。2000年8月任自治区财政厅综合规划处副处长，2005年12月任综合规划处调研员兼副处长，其间2005年9月至2007年6月在北京科技大学公共管理硕士专业学习。2008年7月任综合规划处处长，2009年5月任自治区财政厅综合处处长。2014年12月任自治区财政厅副巡视员、综合处处长。2015年1月任自治区财政厅副巡视员，其间2017年3月任2018年1月挂职任财政部国库司副司长。

魏和清 1966年7月出生，宁夏隆德人。1989年6月加入中国共产党。中央党校研究生学历。1985年7月参加工作，任中国建设银行隆德县支行干部。1986年8月任隆德县审计局干部。1987年6月任隆德县审计局财政、金融、基建审计股股长。1993年4月任隆德县审计局副局长。1993年12任隆湖经济扶贫开发区管委会副主任、党委委员兼经济发展委员会主任。2000年1月任龙湖经济扶贫开发区管委会副主任、党委委员兼计划经济局局长。2001年8月任隆德县经济局局长。2005年1月任石嘴山市大武口区副区长，隆湖经济扶贫开发区管委会主任，大武口工业园区管委会副主任。2006年11月任石嘴山市大武口区党委常委、副区长，石嘴山经济开发区管委会副主任，隆湖经济扶贫开发区管委会主任（正处级）。2007年8月任石嘴山市委副秘书长、督查室主任。2008年1月任石嘴山市财政局局长、党组成员兼市政府国有资产监督管理委员会主任。2008年9月任石嘴山市财政局党组书记、局长。2012年10月任自治区财政厅党组成员、副厅长。2016年6月任宁东能源化工基地管委会副主任（正厅级）、党工委委员。

李林木 1968年10月出生，福建宁德人，中共党员，厦门大学财政学专业博士研究生毕业，中国社会科学院财经战略研究院（财贸所）博士后，澳大利亚国立大学访问学者，南京财经大学财政与税务学院院长、教授、财政学科带头人、中国社会科学院研究生院兼职导师。2

014年11月至2015年11月挂职任自治区财政厅党组成员、副厅长。长期从事财税领域的教学、科研与实务工作。主持国家自然科学基金面上项目2项、江苏省社科基金项目2项，出版专著和教材3部，参编专著和译著7部，发表论文50余篇，其中多篇被人大复印资料等刊物转载。荣获首届“邓子基财税学术论文奖”一等奖。曾被评选为江苏省高校“青蓝工程”中青年学术带头人、江苏省“333高层次人才培养工程”中青年科学技术带头人、江苏省教育工作先进个人。

陈春平 1970年1月出生，湖南祁东人。1994年6月加入中国共产党，博士研究生，经济学博士。1995年7月参加工作，起历任中华全国供销合作总社监事会办公室副主任科员、主任科员、副处级秘书。2000年6月起历任财政部经济建设司商业处副处长、商业处处长、粮食处处长、司长级干部，其间于1998年9月至2002年1月在中国人民大学攻读博士学位，获得经济学博士学位。2011年8月任新疆维吾尔族自治区财政厅党组成员、副厅长（援疆）。2014年9月任乌鲁木齐市委（援疆）。2015年11月任乌鲁木齐市副书记（援疆）。2015年8月任乌鲁木齐市委副书记（正厅级、援疆）。2015年11月任乌鲁木齐市副书记，财政部驻新疆维吾尔族自治区财政监察专员办事处监察专员、党组书记。2016年4月任财政部驻新疆维吾尔族自治区财政监察专员办事处监察专员、党组书记。2017年3月任宁夏回族自治区财政厅党组副书记、厅长，其间于2017年2月至5月任中央十八届十二轮巡视第十五巡视组副组长。2018年2月任自治区财政厅党组书记、厅长。中国共产党宁夏回族自治区第十二届委员会委员，第十三届全国人民代表大会代表，宁夏回族自治区第十二届人民代表大会代表。

储仲余 今河北省保定市博野县人。1937年参加革命。1958年8月任筹建中的宁夏回族自治区财政厅党组副书记，1962年11月任党组书记，1964年12月至1967年1月任自治区财政厅厅长。善于写作，在1958年8月1日《宁夏日报》的创刊号发储仲余写的诗歌《宁夏日报树红旗》。撰写《抗战生活回忆片段》。

宋承炎 陕西人，曾任税务局局长、自治区财政厅副厅长。1980年3月任自治区税务局副局长，1983年10月至1992年8月任自治区税务局局长。主编《宁夏工商税收史长编》。

宋立忠 1987年7月毕业于中国人民大学中文系汉语言专业，1999年12月毕业于中央党校函授学院经济管理专业，大学本科学历。1989年9月至2005年6月历任财政部老干部局二处科员、副主任科员、主任科员，离退休干部局党总支办公室副主任、办公室主任。2005年6月至2007年8月任财政部退休干部局副司长级干部，其间挂职任宁夏回族自治区财政厅副厅长。

张文琪 女，河北人。1978年3月至1981年10月任自治区财政厅党组副书记。

张英达 回族，山东人，1961年11月至1968年10月任自治区商业厅副厅长。曾任自治区财政厅副厅长。

王松林 河北人，曾任自治区财政厅副厅长。

杜新杰 河北人，曾任自治区财政厅副厅长。

人物名录

表 1　宁夏回族自治区财政系统劳动模范及先进工作者、先进个人一览表

姓名	工作单位	荣誉称号	表彰单位	表彰时间
高占元	自治区财政局预算处	自治区先进工作者	自治区人民政府	1983 年
王兴林	海原县财政局	全区财会工作先进个人	自治区人民政府	1988 年
沈伯荣	吴忠市财政局	税收财务物价大检查先进个人	自治区人民政府	1993 年
雅进坤	彭阳县财政局	西海固农业建设先进个人	自治区人民政府	1993 年
王其志	银川市郊区财政局	农业推广先进工作者	农业部等六部委	1995 年
李西银	泾源县财政局	先进工作者	自治区人民政府	1995 年
孙海慧	自治区财政厅行政事业处	全区实施“231 工程”先进个人	自治区实施“231 工程”领导小组	1996 年
		宁夏非公有制经济普查先进个人	自治区人民政府非公有制经济普查领导小组办公室	2002 年
李亚玲	吴忠市财政局	尊师重教先进个人	自治区党委、政府	1999 年
孟宝瑜	泾源县财政局	“三五”普法宣传教育先进个人	自治区党委、政府	2000 年
李国强	自治区财政厅社会保障处	自治区防治非典工作先进个人	自治区党委、政府	2003 年
任晓宁	自治区财政厅国库支付中心	全国第七届少数民族传统体育运动会承办工作先进个人	全国第七届少数民族传统体育运动组委会	2003 年
彭惠珍	自治区财政厅控办	全国计划生育协会先进志愿者	中国计划生育协会	2003 年
	自治区财政厅行政事业处	全区法律援助先进个人	自治区法律援助公益活动协调小组	2004 年
		全区预防道路交通事故工作先进个人	自治区预防道路交通事故综合协调领导小组	2007 年
		全区开展禁毒人民战争工作先进个人	自治区禁毒委	2009 年
		第三次全国经济普查“自治区级先进个人”	自治区第三次全国经济普查领导小组	2015 年
吕　文	自治区财政厅税政与条法处	2003 年财政部企业所得税税源调查工作先进个人	财政部	2004 年
		2004 年财政部企业所得税税源调查工作先进个人	财政部	2005 年
		2007 年财政部企业所得税税源调查工作先进个人	财政部	2008 年
		2008 年财政部企业所得税税源调查工作先进个人	财政部	2009 年

续表 1

姓名	工作单位	荣誉称号	表彰单位	表彰时间
		2011 年财政部企业所得税税源调查工作先进个人	财政部	2012 年
		2011—2015 年全国法治宣传教育先进个人	中共中央宣传部、司法部	2016 年
滕立萍	自治区财政厅行政政法处	第一次全国经济普查先进个人	国务院第一次经济普查领导小组办公室	2005 年
		第二次全国经济普查先进个人	国务院第二次经济普查领导小组办公室	2009 年
		全区实施商标战略工作先进个人	自治区人民政府	2010 年
杨冬梅	自治区财政厅	2001—2005 年全国妇女儿童发展纲要实施先进个人	国务院妇儿工委	2005 年
		宁夏参加第九届全国少数民族传统体育运动会先进个人	自治区人民政府	2011 年
刘学军	自治区财政厅办公室	先进个人	自治区先进性教育活动领导小组	2006 年
	自治区农村财政管理局	2012—2016 年全区机关干部“下基层”活动先进个人	自治区党的建设领导小组	2017 年
唐夕建	自治区地方基金征收局	全国财政系统先进工作者	人事部、财政部	2006 年
		2009—2010 年全国财政新闻宣传工作先进个人	财政部	2011 年
林艳青	永宁县财政局	“两基”工作先进个人	自治区人民政府	2008 年
侯江华	自治区财政厅农业处	第三届“人民满意公务员”	自治区党委、政府	2008 年
水莉莉	自治区财政厅经济建设处	2009 年全区粮食清仓查库先进个人	自治区粮食清仓查库工作领导小组	2009 年
		2010 年度全区安全生产工作先进个人	自治区人民政府	2011 年
		2011 年宁夏(香港)经贸文化旅游活动周先进个人	自治区人民政府	2011 年
马学霞	自治区财政厅国库支付中心	科技型中小企业技术创新基金实施十周年先进个人	财政部	2009 年
		2011 年宁洽会暨第二届中国·阿拉伯国家经贸论坛先进个人	自治区党委、政府	2011 年
		2012 年宁洽会暨第三届中国·阿拉伯国家经贸论坛先进个人	自治区党委、政府	2012 年
刘守保	自治区财政厅预算处	先进个人	财政部、国家粮食局、解放军总后勤部	2010 年
		先进个人	第七届少数民族传统体育运动会组委会	2010 年
		先进个人	财政部、国家粮食局、解放军总后勤部	2010 年
		先进个人	自治区人民政府	2011 年

续表 1

姓名	工作单位	荣誉称号	表彰单位	表彰时间
韩　文	自治区财政厅预算处	自治区先进工作者	自治区党委、政府	2010 年
张学智	自治区财政厅	上海世博会先进个人	国务院	2010 年
陆　芳	自治区财政厅经济建设处	全国财政系统先进个人	人力资源和社会保障部、财政部	2010 年
		第一次全国污染源普查工作先进个人	国务院第一次全国污染源普查领导小组办公室、环保部、国家统计局、农业部	2010 年
		2009 年度主要污染物总量减排先进个人	自治区人民政府	2010 年
		“十一五”全区节能降耗工作先进个人	自治区人民政府	2011 年
		“十一五”全区环境保护先进工作者	自治区人民政府	2012 年
		2012 年全区招商引资工作先进个人	自治区人民政府	2013 年
		2013 年度宁东基地建设大会战先进个人	自治区宁东能源化工基地建设领导小组	2014 年
		宁夏中北部土地开发整理重大工程项目建设先进个人	自治区土地总体规划修编及开发整理领导小组	2015 年
张　昶	自治区财政厅监督检查局	全区“小金库”治理工作先进个人	自治区小金库专项治理工作领导小组	2010 年
		全国“小金库”治理工作表现突出同志	中央“小金库”工作领导小组	2011 年
	自治区财政厅办公室	提案工作先进个人	政协宁夏回族自治区委员会	2016 年
鄢志杰	泾源县财政局	第五次全国经济普查工作先进个人	国务院第五次全国经济普查领导小组	2010 年
杨天峰	彭阳县财政局	全国家电下乡工作先进个人	国家家电下乡部际联席会议	2010 年
王春生	自治区财政厅	全国会计先进工作者	财政部	2010 年
薛创华	自治区财政厅	全区依法行政工作先进个人	自治区人民政府	2010 年
		宁夏参与 2010 年上海世博会先进个人	自治区人民政府	2010 年
		全国财政“五五”法制宣传教育先进个人	财政部	2011 年
罗红娟	自治区财政厅	全区实施商标战略工作先进个人	自治区人民政府	2010 年
王春香	自治区财政厅监督检查局	全区行政事业单位“小金库”专项治理工作先进工作者	自治区小金库专项治理工作领导小组	2010 年
杨丽萍	自治区财政厅	全区农村特困群众危窑危房改造先进个人	自治区人民政府	2010 年
徐光荣	自治区财政厅	全区全民创业先进个人	自治区人民政府	2010 年
		爱国拥军模范	自治区党委、政府、宁夏军区	2011 年
		2010 中国（宁夏）国际投资贸易洽谈会暨首届中国—阿拉伯国家经贸论坛先进个人	自治区人民政府	2010 年

续表 1

姓名	工作单位	荣誉称号	表彰单位	表彰时间
雍学斌	财政部驻宁夏财政监察专员办事处	全国会计信息质量检查先进工作者	财政部	2010 年
白雪娟	自治区财政厅国库支付中心	先进工作者	全区行政事业单位“小金库”专项治理工作领导小组	2010 年
白玉栋	自治区财政厅	“十一五”自治区优秀节能工作者	自治区人民政府	2011 年
乔晓燕	自治区财政厅	2010 年人大代表建议政协委员提案办理工作先进个人	自治区人民政府	2011 年
李文明	自治区财政厅	中国西部(银川)房车生活文化节先进个人	自治区人民政府	2011 年
杨　欢	自治区财政厅税政与条法处	2010 年企业所得税税源调查工作先进个人	财政部	2011 年
		“六五”普法知识竞赛组织工作先进个人	财政部	2012 年
		全国财政普法先进个人	财政部	2015 年
虎玉宝	自治区财政厅国库支付中心	第九届全国少数民族传统体育运动会工作先进个人	自治区人民政府	2011 年
		第四届全国少数民族文艺会演先进工作人员	自治区人民政府	2012 年
赵建新	自治区财政厅	2010 年度污染减排先进个人	自治区人民政府	2011 年
郭向阳	自治区财政厅	2011 年全区党政内网暨党委系统信息化建设工作先进个人	自治区党委	2011 年
常保阳	自治区财政厅国库支付中心	第三届中国(宁夏)国际文化艺术博览会筹办工作先进个人	自治区人民政府	2011 年
		2014 年度全国财政信息工作先进个人	财政部	2015 年
梁万荣	自治区财政厅	2011 年宁洽会暨第二届中阿经贸论坛先进个人	自治区党委、政府	2011 年
梁　涛	自治区财政厅国库支付中心	2010 年税源调查工作先进个人	财政部	2011 年
		2011 年税源调查工作先进个人	财政部	2012 年
		2012 年税源调查工作先进个人	财政部	2013 年
		2013 年税源调查工作先进个人	财政部	2014 年
霍蕴武	自治区财政厅	2010 年企业所得税税源调查工作先进个人	财政部	2011 年
魏宝军	自治区财政厅	第三届中国(宁夏)国际文化艺术博览会先进个人	自治区人民政府	2011 年
韩凤兰	银川市财政局	“小金库”专项治理工作先进个人	全国“小金库”治理工作领导小组	2011 年
武卫华	财政部驻宁专员办	“小金库”专项治理工作先进个人	全国“小金库”治理工作领导小组	2011 年

续表 1

<table>
<tr><th>姓名</th><th>工作单位</th><th>荣誉称号</th><th>表彰单位</th><th>表彰时间</th></tr>
<tr><td>段淑芹</td><td>财政部驻宁专员办</td><td>“小金库”专项治理工作先进个人</td><td>全国“小金库”治理工作领导小组</td><td>2011 年</td></tr>
<tr><td>魏和清</td><td>石嘴山市财政局</td><td>全国财政“五五”法制宣传教育先进个人</td><td>财政部</td><td>2011 年</td></tr>
<tr><td>刘金保</td><td>中卫市财政局</td><td>全国财政“五五”法制宣传教育先进个人</td><td>财政部</td><td>2011 年</td></tr>
<tr><td>王康立</td><td>固原市财政局</td><td>全国财政“五五”法制宣传教育先进个人</td><td>财政部</td><td>2011 年</td></tr>
<tr><td>韩有恒</td><td>彭阳县财政局</td><td>全国财政“五五”法制宣传教育先进个人</td><td>财政部</td><td>2011 年</td></tr>
<tr><td>刘东宁</td><td>财政部驻宁专员办</td><td>2010 年度全国专员办信息工作先进个人</td><td>财政部</td><td>2011 年</td></tr>
<tr><td rowspan="2">王海源</td><td rowspan="2">自治区财政厅经济建设处</td><td>全区节水型社会建设工作先进个人</td><td>宁夏节水型社会建设工作领导小组</td><td>2011 年</td></tr>
<tr><td>2015 年度全区安全生产工作先进个人</td><td>自治区安全生产委员会</td><td>2015 年</td></tr>
<tr><td>詹学明</td><td>自治区地方基金征收局</td><td>全国“两基”工作先进个人</td><td>国务院</td><td>2012 年</td></tr>
<tr><td>冯彦寅</td><td>自治区财政厅教科文处</td><td>先进个人</td><td>自治区人民政府</td><td>2012 年</td></tr>
<tr><td rowspan="4">王梦慧</td><td rowspan="4">宁夏注册会计师和资产评估师管理中心</td><td>注册管理工作标兵</td><td>中国资产评估协会</td><td>2012 年</td></tr>
<tr><td>2017 年度注册会计师行业财务管理工作先进个人</td><td>中国注册会计师协会</td><td>2017 年</td></tr>
<tr><td>2016 年度优秀准则联络员</td><td>中国资产评估协会</td><td>2017 年</td></tr>
<tr><td>2017 年资产评估行业职业质量自律检查工作优秀检查人员</td><td>中国资产评估协会</td><td>2018 年</td></tr>
<tr><td rowspan="6">马春梅</td><td rowspan="6">自治区财政厅社会保障处</td><td>全区会计先进工作者</td><td>自治区人民政府</td><td>2012 年</td></tr>
<tr><td>全区城乡居民社会养老保险工作先进个人</td><td>自治区人民政府</td><td>2013 年</td></tr>
<tr><td>青少年普法工作先进个人</td><td>中国关工委、司法部、全国综治办</td><td>2014 年</td></tr>
<tr><td>“关心下一代”先进个人</td><td>财政部、司法部、人社部</td><td>2014 年</td></tr>
<tr><td>2011—2014 年全国残疾人体育先进个人</td><td>中国残联、国家体育总局</td><td>2015 年</td></tr>
<tr><td>第三届“关爱明天、普法先行”活动先进个人</td><td>中国关心下一代工作委员会、司法部、中央社会治安综合治理委员会办公室</td><td>2017 年</td></tr>
<tr><td rowspan="2">张跃华</td><td>自治区灵武市财政局</td><td>先进个人</td><td>自治区“小金库”专项治理领导小组</td><td>2012 年</td></tr>
<tr><td>自治区财政厅社保处</td><td>青少年普法教育活动先进个人</td><td>自治区关心下一代工作委员会</td><td>2018 年</td></tr>
<tr><td>于国忠</td><td>自治区财政厅监督检查局</td><td>自治区“小金库”专项治理先进个人</td><td>自治区“小金库”专项治理工作领导小组办公室</td><td>2012 年</td></tr>
</table>

续表 1

姓名	工作单位	荣誉称号	表彰单位	表彰时间
邵凌翾	自治区财政厅税政与条法处	2013 年度企业所得税税源调查工作先进个人	财政部	2014 年
田进国	自治区财政厅农业处	2013 年度全国信息工作先进个人	财政部	2014 年
麦欣佳	自治区财政厅企业处	全区节能降耗工作先进个人	自治区节能减排工作领导小组	2014 年
安希平	固原市财政局	全国社会扶贫先进个人	国务院扶贫开发领导小组	2014 年
胡淑民	石嘴山市财政局	2013 年度企业所得税税源调查工作先进个人	财政部	2014 年
平　萍	银川市财政局经济建设科	全国主干道大整治大绿化工程先进个人	自治区人民政府	2014 年
葛向东	自治区财政厅行政政法处	第十届全国少数民族传统体育运动会先进个人	宁夏参加第十届全国少数民族传统体育运动会备战工作领导小组	2015 年
马　媛	自治区财政厅行政政法处	第十届全国少数民族传统体育运动会先进个人	宁夏参加第十届全国少数民族传统体育运动会备战工作领导小组	2015 年
张　波	自治区财政厅经济建设处	宁夏中北部土地开发整理重大工程项目建设先进个人	中北部土地开发整理重大工程项目领导小组	2015 年
张　杰	自治区财政厅经济建设处	宁夏中北部土地开发整理重大工程项目建设先进个人	中北部土地开发整理重大工程项目领导小组	2015 年
黄　培	自治区财政厅预算处	全国财政系统先进工作者	财政部、人社部	2015 年
韦海青	自治区财政厅会计处	全国先进会计工作者	财政部	2015 年
吴国军	自治区财政厅农村财政管理局	农村综合改革信息工作先进个人	国务院农村综合改革工作小组	2015 年
		2016 年度农村综合改革信息工作先进个人	国务院农村综合改革工作小组	2016 年
何　杨	自治区财政厅政府采购管理处	2015 年中国–阿拉伯国家博览会先进个人	自治区党委、政府	2015 年
王　博	自治区财政厅办公室	2015 年中国–阿拉伯国家博览会先进个人	自治区党委、政府	2015 年
杨彦聪	自治区财政厅教科文处	2015 年度全国财政信息工作先进个人	财政部	2015 年
柳　静	自治区财政厅经建处	110 国道综合整治工程先进个人	自治区人民政府	2015 年
张翠青	隆德县财政局监察股	全区“六五”普法先进个人	自治区依法治区协调小组	2015 年
康　娟	自治区财政厅教科文处	第八届中国西部(银川)房车博览会先进个人	中国西部(银川)房车博览会组委会	2016 年
杨彦聪	自治区财政厅办公室	2015 年度全国财政信息工作先进个人	财政部	2016 年
党进平	自治区财政厅预算(绩效管理)处	爱国拥军模范	自治区党委、人民政府、宁夏军区	2016 年
黄　蓉	自治区财政厅综合处	2016 年度全区铁路护路联防工作先进个人	自治区铁路护路联防工作领导小组	2017 年

续表 1

姓名	工作单位	荣誉称号	表彰单位	表彰时间
马 路	自治区财政厅教科文处	全国群众体育先进个人	国家体育总局	2017 年
王建东	自治区财政厅社保处	青少年普法教育活动先进个人	自治区关心下一代工作委员会	2018 年
兰雪耻	自治区财政厅农业农村处	2017 年度全区森林防火工作先进个人	自治区森林草原防火指挥部	2018 年

表 2　宁夏回族自治区财政系统其他各类先进个人一览表

姓名	工作单位	荣誉称号	命名单位	命名时间
李守银	固原地区财政贸易局	自治区“五一劳动奖章”获得者	自治区总工会	2002 年
张苏安	自治区财政厅社保处	全区防治非典型性肺炎工作优秀共产党员	自治区党委、政府	2003 年
李旭华	银川市财政局行政事业科	自治区民族团结进步先进个人	自治区民委	2003 年
叶 萍	自治区财政厅企业处	自治区民族团结进步先进个人	自治区民委	2003 年
	自治区财政厅机关党委	自治区“三八”红旗手	自治区妇联	2009 年
张学平	财政部驻宁夏专员办事处	自治区“五一劳动奖章”获得者	自治区总工会	2004 年
拜 萍	吴忠市财政局核算中心	全国“三八”红旗手	全国妇联	2004 年
赵惠宁	自治区财政厅人事教育处	自治区民族团结进步先进个人	自治区民委	2008 年
杨 杰	银川市财政局	自治区民族团结进步先进个人	自治区民委	2008 年
王军山	红寺堡开发区财政局	第五届宁夏杰出青年卫士	自治区团委	2008 年
马学梅	平罗县财政局国库股	自治区“三八”红旗手	自治区妇联	2009 年
罗黎萍	西吉县财政局社会保障股	自治区“三八”红旗手	自治区妇联	2009 年
贺满文	盐池县财政局	全区职工职业道德“十佳标兵”	自治区总工会	2009 年
林艳青	永宁县财政局	自治区“三八”红旗手	自治区人社厅、自治区妇联	2010 年
马春梅	自治区财政厅社会保障处	全国城乡妇女岗位建功先进个人	全国妇联	2010 年
		巾帼建功标兵	自治区妇联	2017 年
王春生	自治区财政厅	全国“五一劳动奖章”获得者	全国总工会	2011 年
孙海慧	自治区财政厅科教文处	自治区巾帼建功标兵	自治区妇联	2011 年
吕晓燕	固原市原州区财政局预算股	全国巾帼建功标兵	全国妇联	2011 年
宋海燕	自治区财政厅国库处(支付中心)	全国巾帼建功标兵	全国妇联	2011 年
		自治区“三八”红旗手	自治区妇联	2014 年
吴永鹏	自治区财政厅监督检查局	三等功	自治区党委委组织部、自治区人社厅	2011 年
杨彦聪	自治区财政厅办公室	三等功	自治区党委委组织部、自治区人社厅	2014 年
徐光荣	自治区财政厅社保处	自治区爱国拥军模范	自治区双拥工作领导小组	2011 年
安希平	固原市财政局金融服务办公室	自治区“三八”红旗手	自治区妇联	2012 年
崔文萍	中卫市财政局	自治区“三八”红旗手	自治区妇联	2012 年

续表 2

姓名	工作单位	荣誉称号	命名单位	命名时间
王红霞	海原县财政局	自治区“三八”红旗手	自治区妇联	2012 年
黄　培	自治区财政厅预算处	三等功	自治区党委组织部、自治区人社厅	2013 年
王　博	自治区财政厅办公室	三等功	自治区党委组织部、自治区人社厅	2013 年
葛　琪	银川市财政局	自治区“三八”红旗手	自治区妇联	2013 年
黄　瑾	银川市金凤区财政局	自治区“三八”红旗手	自治区妇联	2013 年
韦　伟	自治区财政厅人事与老干部处	自治区学雷锋先进个人	自治区党委宣传部、文明办	2013 年
杜荣丽	自治区财政厅办公室	三等功	自治区党委组织部、自治区人社厅	2013 年
冯　玲	自治区人民政府外债管理领导小组办公室	三等功	自治区党委组织部、自治区人社厅	2013 年
康　娟	自治区财政厅会计处	三等功	自治区党委组织部、自治区人社厅	2014 年
韩　巍	自治区财政厅国库支付中心	三等功	自治区党委组织部、自治区人社厅	2014 年
彭惠珍	自治区财政厅行政政法处	全国巾帼建功标兵	全国妇联	2015 年
张红宇	银川市财政局	自治区优秀志愿者	自治区精神文明委	2015 年
刘文功	固原市财政局	自治区优秀志愿者	自治区精神文明委	2015 年
王春香	自治区财政厅监督检查局	第二届“宁夏好人”	自治区精神文明委	2015 年
刘学军	自治区农村财政管理局	三等功	自治区党委、政府	2015 年
李红松	自治区政府外债管理工作领导小组办公室	三等功	中共宁夏区委组织部、自治区人社厅	2015 年
强　蕾	自治区非税收入管理局	三等功	自治区党委组织部、自治区人社厅	2015 年
胡　静	自治区财政厅国库处	三等功	自治区党委组织部、自治区人社厅	2016 年
马　瑾	自治区非税收入管理局局长	三等功	自治区党委组织部、自治区人社厅	2016 年
葛向东	自治区财政厅行政政法处	自治区“五一劳动奖章”获得者	自治区总工会	2017 年
宋晓雨	自治区非税收入管理局	三等功	自治区党委组织部、自治区人社厅	2017 年
陈　彬	自治区财政厅办公室	三等功	自治区党委组织部、自治区人社厅	2017 年
刘　洋	自治区财政厅预算(绩效管理)处	三等功	自治区党委组织部、自治区人社厅	2017 年
高参参	自治区财政厅国库处(支付中心)	2014—2016 年连续 3 年优秀等次记三等功	自治区公务员考核管理办公室	2017 年
冯榆霞	自治区财政厅行政政法处	三等功	自治区党委组织部、自治区人社厅	2018 年
夏艳华	自治区财政厅预算(绩效管理)处	三等功	自治区党委组织部、自治区人社厅	2018 年

续表 2

姓名	工作单位	荣誉称号	命名单位	命名时间
齐小霞	自治区财政厅国库支付中心	三等功	自治区党委组织部、自治区人社厅	2018 年
饶海涛	自治区财政厅社会保障处	三等功	自治区党委组织部、自治区人社厅	2018 年
管　萍	自治区财政厅经济建设处	三等功	自治区党委组织部、自治区人社厅	2018 年
赵睿广	自治区财政厅行政政法处	全区民族团结进步模范个人	自治区党委、政府	2018 年

集体名录

表 3　宁夏回族自治区财政系统先进集体、先进单位一览表

获奖单位	荣誉称号	授奖单位	表彰时间
石嘴山市财政局国债服务部	全国国债兑付先进单位	财政部	1995 年
自治区财政厅	全区社会帮扶先进单位	自治区人民政府	2001 年
自治区财政厅	十年扶贫先进单位	自治区人民政府	2006 年
自治区财政厅	十年支教先进单位	自治区人民政府	2007 年
自治区财政厅会计处	全区第五次会计工作先进单位	自治区人民政府	2007 年
吴忠市财政局	全区第五次会计工作先进单位	自治区人民政府	2007 年
自治区财政厅	全区政务信息先进集体	自治区人民政府	2008 年
自治区财政厅	全区电子政务先进集体	自治区人民政府	2008 年
自治区财政厅	全区贯彻落实《关于贯彻〈建立健全教育、制度、监督并重的惩治和预防腐败体系实施纲要〉的实施意见》和党风廉政建设责任制先进单位	自治区党委、政府	2009 年
自治区财政厅	全区精神文明建设工作先进集体	自治区精神文明建设指导委员会	2009 年
固原市原州区财政局	全国科普先进单位	中国科协、财政部	2010 年
自治区财政厅	全国群众体育先进集体	国家体育总局	2010 年
自治区财政厅	全国财政系统干部教育培训工作先进单位	财政部	2010 年
自治区财政厅	全区依法行政工作先进集体	自治区人民政府	2010 年
自治区财政厅	全区实施商标战略工作先进集体	自治区人民政府	2010 年
自治区财政厅	全区农村特困群众危窑危房改造先进集体	自治区人民政府	2010 年
自治区财政厅	全区全民创业先进集体	自治区人民政府	2010 年
自治区财政厅	2010 中国(宁夏)国际投资贸易洽谈会暨首届中国—阿拉伯国家经贸论坛先进集体	自治区人民政府	2010 年
自治区财政厅	黄河标准化堤防及滨河大道建设先进集体	自治区人民政府	2010 年
自治区财政厅	2010 年宁夏参与上海世博会先进单位	自治区人民政府	2010 年
同心县财政局	全区农村特困群众危窑危房改造先进集体	自治区人民政府	2010 年
财政部驻宁夏财政监察专员办事处	全国会计监督工作十佳先进单位	财政部	2010 年
自治区财政厅	第七届全区少数民族传统体育运动会先进保障单位	自治区人民政府	2010 年

续表 3

获奖单位	荣誉称号	授奖单位	表彰时间
自治区财政厅	宁东能源化工基地建设大会战优秀服务单位	自治区人民政府	2011 年
自治区财政厅	“五五”普法省级财政部门先进集体	财政部	2011 年
自治区财政厅	2010 年企业所得税税源调查工作优秀单位	财政部	2011 年
自治区财政厅	全国财政系统人事教育统计工作优秀单位	财政部	2011 年
自治区财政厅	全国扶贫开发先进集体	国务院扶贫开发领导小组	2011 年
自治区财政厅	“十一五”期间全区国土资源工作先进集体	自治区人民政府	2011 年
自治区财政厅	“十一五”自治区节能降耗先进单位	自治区人民政府	2011 年
自治区财政厅	2010 年度污染减排工作先进单位	自治区人民政府	2011 年
自治区财政厅	2010 年全区固定资产投资工作先进单位	自治区人民政府	2011 年
自治区财政厅	2010 年人大代表建议政协委员提案办理工作先进单位	自治区人民政府	2011 年
自治区财政厅	2010 年度财政信息化建设统计报表编报工作先进单位	自治区人民政府	2011 年
自治区财政厅	2010—2011 学年全区支教工作先进单位	自治区人民政府	2011 年
自治区财政厅	全区定点帮扶工作先进单位	自治区人民政府	2011 年
自治区财政厅	2011 宁夏（香港）经贸文化旅游活动周先进集体	自治区人民政府	2011 年
自治区财政厅	第三届中国（宁夏）国际文化旅游博览会先进集体	自治区人民政府	2011 年
自治区财政厅	宁夏参加第九届全国少数民族传统体育运动会先进集体	自治区人民政府	2011 年
自治区财政厅	全区农田水利基本建设先进单位	自治区人民政府	2011 年
自治区财政厅	中国（宁夏）园艺博览会重大活动组织服务先进单位	自治区人民政府	2011 年
自治区财政厅	《全民科学素质行动计划纲要》实施工作先进集体	中国科学技术协会等 9 部门	2011 年
自治区财政厅	“五五”全国法制宣传教育先进单位	中共中央宣传部、司法部	2011 年
自治区财政厅	2011 年宁洽会暨第二届中阿经贸论坛先进集体	自治区党委、人民政府	2011 年
自治区财政厅	全区档案工作先进集体	自治区人力资源和社会保障厅、自治区档案局	2011 年
大武口区财政局	全国妇女创先争优先进集体	中华全国妇女联合会	2011 年
银川市财政局	“五五”普法市县财政部门先进集体	财政部	2011 年
吴忠市财政局	“五五”普法市县财政部门先进集体	财政部	2011 年
吴忠市财政局	2010 年度全国财政信息工作先进单位	财政部	2011 年
平罗县财政局	“五五”普法市县财政部门先进集体	财政部	2011 年
固有市原州区财政局	“五五”普法市县财政部门先进集体	财政部	2011 年
固原市原州区财政局	全民健身先进单位	国家体育总局	2011 年
自治区财政厅	全国新型农村和城镇居民社会养老保险先进单位	国务院	2012 年

续表 3

获奖单位	荣誉称号	授奖单位	表彰时间
自治区财政厅	全区农民工工作先进集体	自治区人民政府	2012 年
自治区财政厅	2011 年全区招商引资工作先进单位	自治区人民政府	2012 年
自治区财政厅社保处	全区民政工作先进集体	自治区人民政府	2012 年
自治区财政厅社保处	全区创业就业先进工作单位	自治区人民政府	2012 年
自治区财政厅	2011 年企业所得税税源调查工作先进单位	财政部	2012 年
自治区财政厅	2011 年度全区住房保障工作先进单位	自治区人民政府	2012 年
自治区财政厅	第四届全国少数民族文艺会演先进组织单位	自治区人民政府	2012 年
自治区财政厅经济建设处	自治区污染减排先进集体	自治区人民政府	2012 年
自治区财政厅经济建设处	自治区安全生产先进集体	自治区人民政府	2012 年
自治区财政厅	2011 年度政府系统督查工作先进集体	自治区人民政府	2012 年
自治区财政厅经济建设处	“十一五”全区环境保护先进集体	自治区人民政府	2012 年
自治区财政厅	“塞上农民新居”建设和农村危房改造先进集体	自治区人民政府	2012 年
自治区财政厅	2012 宁洽会暨第三届中阿论坛保障服务工作先进单位	自治区党委、人民政府	2012 年
自治区财政厅	地方财政“十二五”规划编制先进单位	财政部	2012 年
自治区财政厅办公室	2011 年政府系统建议提案办理工作先进集体	自治区人民政府	2012 年
自治区财政厅	2011 年度全国财政系统干部教育培训工作先进单位	财政部	2012 年
自治区财政厅	自治区精神文明建设工作先进集体	自治区精神文明建设指导委员会	2012 年
自治区财政厅国库处	全区会计工作先进集体	自治区人民政府	2012 年
自治区财政厅	全区进一步营造风清气正发展活动先进单位	自治区党委、政府	2012 年
自治区财政厅办公室	2011 年政务信息工作先进集体	自治区人民政府	2012 年
自治区财政厅行政政法处	全区人民调解工作先进部门	自治区人民政府	2012 年
自治区财政厅信息中心	财政信息化建设统计报表编报工作先进单位	财政部	2012 年
银川市财政局	全国妇女创先争优先进集体	中华全国妇女联合会	2012 年
银川市财政局	全区会计工作先进集体	自治区人民政府	2012 年
石嘴山市财政局	全区会计工作先进集体	自治区人民政府	2012 年
吴忠市财政局会计科	全区会计工作先进集体	自治区人民政府	2012 年
吴忠市财政局	全区就业工作先进集体	自治区人民政府	2012 年
中卫市财政局	全区会计工作先进集体	自治区人民政府	2012 年
平罗市财政局	全区就业工作先进集体	自治区人民政府	2012 年

续表 3

获奖单位	荣誉称号	授奖单位	表彰时间
固原市财政局	全国新型农村和城镇居民社会养老保险工作先进单位	国务院	2012 年
固原市财政局	全区会计工作先进集体	自治区人民政府	2012 年
固原市财政局	全区人民调解工作先进部门	自治区人民政府	2012 年
原州区财政局	全国“五五”法制宣传教育先进集体	财政部	2012 年
财政部宁夏专员办	2011 年财政部门户网站专员办频道内容报送工作先进单位	财政部	2012 年
盐池县财政局	全国财政系统先进集体	人力资源和社会保障部、财政部	2014 年
自治区财政厅农村财政管理局	农村综合改革信息工作先进单位	国务院农村综合改革工作小组	2014 年
自治区财政厅社会保障处	2011—2014 全国残疾人体育先进单位	中国残疾人联合会、国家体育总局	2014 年
自治区财政厅政府采购处	2015 年度全国政府采购宣传先进单位	第十届全国政府采购、监管峰会	2014 年
自治区财政厅办公室	2015 年中阿博览会先进集体	自治区党委、人民政府	2014 年
自治区财政厅企业处	2015 年中阿博览会先进集体	自治区党委、人民政府	2014 年
自治区财政厅办公室	2014 年度全区公文处理工作先进集体	自治区政府办公厅	2014 年
自治区财政厅办公室	2015 年度全区政务信息工作先进集体	自治区政府办公厅	2014 年
自治区财政厅经建处	宁夏中北部土地开发整理重大工程项目建设先进集体	自治区土地总体规划修编及开发整理领导小组	2014 年
自治区财政厅农村财政管理局	2015 年度美丽乡村建设工作先进单位	自治区推进新型城镇化工作领导小组	2014 年
自治区财政厅行政政法处	备战第十届全国少数民族传统体育运动会先进单位	宁夏参加第十届全国少数民族传统体育运动会备战工作领导小组	2014 年
自治区财政厅办公室	2014 年度全区党报党刊发行工作先进集体	自治区党委宣传部	2015 年
自治区财政厅办公室	2013 年全区信访工作先进单位	自治区信访工作联席会议	2015 年
自治区财政厅机关党委	自治区第 14 届运动会先进集体	自治区全民健身领导小组	2015 年
自治区财政厅税政条法处	全国“六五”普法中期先进单位	全国普法办	2015 年
自治区财政厅税政条法处	2013 年度企业所得税税源调查工作先进单位	财政部	2015 年
自治区财政厅企业处	全区节能降耗工作先进单位	自治区节能减排工作领导小组	2015 年
自治区财政厅农村财政管理局	全国农村综合改革信息工作先进集体	国务院农村综合改革工作小组	2015 年
盐池县财政局	全国财政系统先进集体	人力资源和社会保障部、财政部	2015 年
自治区财政厅社会保障处	2011—2014 全国残疾人体育工作先进单位	中国残疾人联合会、国家体育总局	2015 年

续表 3

获奖单位	荣誉称号	授奖单位	表彰时间
自治区财政厅政府采购处	2015 年度全国政府采购宣传先进单位	第十届全国政府采购、监管峰会	2015 年
自治区财政厅办公室	2015 年中阿博览会先进集体	自治区党委、人民政府	2015 年
自治区财政厅企业处	2015 中阿博览会先进集体	自治区党委、人民政府	2015 年
自治区财政厅经建处	宁夏中北部土地开发整理重大工程项目建设先进集体	自治区土地总体规划修编及开发整理领导小组	2015 年
自治区财政厅农村财政管理局	2015 年度美丽乡村建设工作先进单位	自治区推进新型城镇化工作领导小组	2015 年
自治区财政厅行政政法处	备战第十届全国少数民族传统体育运动会先进单位	宁夏参加第十届全国少数民族传统体育运动会备战工作领导小组	2015 年
自治区财政厅税政条法处	2011—2015 年全国法治宣传教育先进集体	中宣部、司法部、全国普法办	2016 年
自治区财政厅教科文处	2015 年度全区“扫黄打非”先进集体	宁夏“扫黄打非”领导小组	2016 年
自治区财政厅经济建设处	2015 年度全区安全生产工作先进单位	自治区安全生产委员会	2016 年
自治区财政厅经济建设处	2015 年度美丽乡村建设工作先进集体	自治区推进新型城镇化工作领导小组	2016 年
兴庆区财政局	全国财政“六五”法治宣传教育先进集体	财政部	2016 年
中卫市财政局	全国“六五”普法先进集体	财政部	2016 年
吴忠市财政局	2011—2015 年全国法治宣传教育先进单位	中央宣传部、司法部、全国普法办	2016 年
自治区财政厅税政条法处	全国财政“六五”法制宣传先进集体	财政部	2016 年
自治区财政厅税政条法处	2016 年度全国重点企业税源调查工作先进单位	财政部	2017 年
自治区财政厅资产处	2016 年全国行政事业单位国有资产清查工作先进单位	财政部	2017 年
自治区财政厅人事处	2016 年度全国财政系统教育培训工作先进单位	财政部	2017 年
固原市财政局	全区铁路护路联防工作先进集体	自治区铁路护路联防工作领导小组	2017 年
自治区财政厅信息中心	2016 年度地方财政信息化建设情况统计工作先进单位	财政部信息网络中心	2017 年
自治区财政厅预算处	2016 年度省级财政部门预算绩效管理工作先进单位（良好等次）	财政部办公厅	2017 年
自治区财政厅农村财政管理局	2017 年度农村综合改革信息工作先进单位	国务院农村综合改革工作小组	2017 年
自治区财政厅办公室	2016 年度全区政府系统办公室（厅）工作先进集体	自治区政府办公厅	2017 年
自治区财政厅办公室	2016 年度全区政府系统建议提案办理工作先进集体	自治区政府办公厅	2017 年

续表 3

获奖单位	荣誉称号	授奖单位	表彰时间
自治区财政厅人事处	老干部工作先进集体	自治区党委组织部	2017 年
自治区财政厅综合处	2016 年度全区铁路护路联防工作先进成员单位	自治区铁路护路联防工作领导小组	2017 年
银川市财政局	2012—2016 年全区机关干部下基层活动先进单位	自治区党的建设领导小组	2017 年

表 4　宁夏回族自治区财政系统“五一劳动奖状”获得单位、“三八”红旗集体一览表

集体名称	荣誉称号	表彰单位	表彰时间
银川市会计核算中心核算部	全国“五一劳动奖状”获得单位	全国总工会	2004 年
银川市会计核算中心	全国“三八”红旗集体	全国妇联	2006 年
自治区财政厅国库处(国库支付中心)	全国“三八”红旗集体	全国妇联	2006 年
自治区财政厅国库支付中心	全国“五一劳动奖状”获得单位	全国总工会	2009 年
银川市西夏区财政局	自治区“三八”红旗集体	自治区妇联	2010 年
贺兰县会计核算中心	自治区“三八”红旗集体	自治区妇联	2009 年
石嘴山市财政局	自治区“三八”红旗集体	自治区妇联	2009 年
石嘴山市大武口区财政局	自治区“三八”红旗集体	自治区妇联	2010 年
自治区政府机关会计核算中心	自治区“三八”红旗集体	自治区妇联	2010 年
石嘴山市财政局	全国“三八”红旗集体	全国妇联	2011 年
石嘴山市大武口区财政局国库支付中心	自治区“三八”红旗集体	自治区妇联	2011 年
平罗县财政局国库科	自治区“三八”红旗集体	自治区妇联	2011 年
彭阳县财政局国库集中支付中心	自治区“三八”红旗集体	自治区妇联	2011 年
自治区财政厅国库处(国库支付中心)	全国“三八”红旗集体	自治区妇联	2011 年
银川市财政局预算国库处	自治区“三八”红旗集体	自治区妇联	2012 年
吴忠市财政局政府采购中心	自治区“三八”红旗集体	自治区妇联	2012 年
固原市原州区财政局会计核算中心	自治区“三八”红旗集体	自治区妇联	2015 年

表 5　宁夏回族自治区财政系统先进党组织、双文明单位一览表

集体名称	荣誉称号	表彰单位	表彰时间
永宁县杨和乡财政所	全国财政系统文明财政所	财政部	1995 年
自治区财政厅第一党支部	全区防治非典型性肺炎工作先进基层党组织	自治区党委、政府	2003 年
固原市原州区财政局	自治区民族团结进步先进集体	自治区党委、政府	2003 年
固原市财政局	自治区民族团结进步先进集体	自治区党委、政府	2003 年
平罗县财政局	全国文明单位	中央精神文明委	2005 年
彭阳县财政局	全国文明单位	中央精神文明委	2005 年
平罗县财政局	全国民族团结进步模范集体	国务院	2005 年
吴忠市财政局	全国“巾帼文明岗”	全国妇联	2007 年

续表 5

集体名称	荣誉称号	表彰单位	表彰时间
固原市财政局	全国文明单位	财政部	2008 年
平罗县财政局	全国文明单位	财政部	2008 年
自治区财政厅	2009—2012 年文明单位	自治区精神文明委	2009 年
自治区财政厅机关党委	全区先进基层党组织	自治区党委	2011 年
自治区财政厅行政政法处	全国“巾帼文明岗”	全国妇联	2011 年
固原市财政局预算科	全国“巾帼文明岗”	全国妇联	2011 年
宁夏发电集团财务管理部	自治区“巾帼文明岗”	自治区妇联	2011 年
银川市金凤区会计核算中心	自治区“巾帼文明岗”	自治区妇联	2011 年
灵武市财政局收费股	自治区“巾帼文明岗”	自治区妇联	2011 年
石嘴山市大武口区财政局国库支付中心	自治区“巾帼文明岗”	自治区妇联	2011 年
平罗县财政局国库科	自治区“巾帼文明岗”	自治区妇联	2011 年
彭阳县财政局国库集中支付中心	自治区“巾帼文明岗”	自治区妇联	2011 年
自治区财政厅行业党委	创先争优先进基层组织	自治区党委	2012 年
中卫市财政局党总支	2010—2012 年全区创先争优先进基层党组织	自治区党委	2012 年
自治区财政厅	自治区精神文明建设工作先进集体	自治区精神文明委	2012 年
自治区财政系统	自治区文明行业	自治区精神文明委	2012 年
银川市财政局	自治区文明单位	自治区精神文明委	2012 年
泾源县财政局	自治区文明单位	自治区精神文明委	2012 年
盐池县财政局	全国文明单位	中央精神文明委	2014 年
彭阳县财政局	全国文明单位	中央精神文明委	2014 年
固原市财政局	全国文明单位	中央精神文明委	2014 年
固原市原州区财政局会计核算中心	全国“巾帼文明岗”	全国妇联	2015 年
自治区财政厅农村财政管理局	全区民族团结进步模范集体	自治区党委、政府	2015 年
彭阳县财政局	全国文明单位	中央精神文明委	2015 年
固原市原州区财政局会计核算中心	全国“巾帼文明岗”	全国妇联	2015 年
固原市财政局	全国文明单位	中央精神文明委	2017 年
盐池县财政局	全国文明单位	中央精神文明委	2017 年
吴忠市利通区财政局国库支付中心	自治区“巾帼文明岗”	自治区妇联	2018 年
盐池县财政局库支付中心	自治区“巾帼文明岗”	自治区妇联	2018 年
自治区财政厅	2013—2017 年自治区文明单位	自治区精神文明委	2018 年
同心县财政局	第五届全国文明单位	中央精神文明委	2018 年

表 6　宁夏回族自治区财政系统绩效、效能目标考核等次一览表

被考核单位	考核等次	考核单位	考核年度
自治区财政厅	2010 年全国地方财政预算执行分析评比三等奖	财政部	2011 年
自治区财政厅	2010 年全国地方财政总决算考核三等奖	财政部	2011 年
自治区财政厅	2010 年度自治区机关效能目标管理考核一等奖	自治区人民政府	2011 年
自治区财政厅	2011 自治区机关效能目标管理考核一等奖	自治区人民政府	2012 年
自治区财政厅	2011 年度财政总决算全国评比二等奖	财政部	2012 年
自治区财政厅	2011 年财政部地方政府性债务统计工作三等奖	财政部	2012 年
自治区财政厅	2011 年全区固定资产投资工作服务保障部门评比一等奖	自治区人民政府	2012 年
自治区财政厅	2012 年自治区机关效能目标管理考核一等奖	自治区人民政府	2013 年
自治区财政厅	2013 年度自治区机关效能目标管理考核一等奖	自治区人民政府	2014 年
自治区财政厅农业处	全国财政扶贫资金绩效考核一等奖	国务院扶贫办	2014 年
自治区财政厅国库处	2013 年度全国地方预算执行分析评比三等奖	财政部	2014 年
自治区财政厅	2014 年度自治区机关效能目标管理考核一等奖	自治区人民政府	2015 年
自治区财政厅预算处	2014 年度全国预算绩效管理考核二等奖	财政部	2015 年
自治区财政厅国库处	2014 年全国地方财政预算执行分析评比三等奖	财政部	2015 年
自治区财政厅国库处	2014 年全国地方财政预算执行分析评比三等奖	财政部	2015 年
自治区财政厅农业处	2014 年度全国财政扶贫资金绩效考核一等奖	国务院扶贫办	2015 年
自治区财政厅社会保障处	2015 年全国社会保险基金预决算评比三等奖	财政部	2016 年
自治区财政厅国库处	2015 年度全国地方财政总决算编报评比三等奖	财政部	2016 年
自治区财政厅社会保障处	2015 年度全国最低生活保障工作绩效评价优秀奖	民政部、财政部	2016 年
自治区财政厅	2015 年度自治区效能考核一等奖	自治区人民政府	2016 年
自治区财政厅社会保障处	2015 年全国社会保险基金预决算评比三等奖	财政部	2016 年
自治区财政厅社会保障处	2016 年宁夏财政全国社会保险基金预决算评比三等奖	财政部	2017 年
自治区财政厅国库处	2016 年度全国地方部门决算工作考核优秀等次	财政部	2017 年
自治区财政厅国库处	2016 年度全国地方财政总决算工作考核二等奖	财政部	2017 年
自治区财政厅社保基金中心	2016—2017 年全国社会保险基金预决算评比三等奖	财政部	2017 年
自治区财政厅信息中心	2016 年度全国地方部门决算工作考核优秀等次	财政部	2017 年
自治区财政厅信息中心	2016 年度全国地方财政总决算工作考核二等奖	财政部	2017 年

表 7 宁夏回族自治区财政系统其他受表彰奖励的集体一览表

单位名称	荣誉	授奖单位名称	表彰时间
自治区财政厅	人口和计划生育工作部门协作奖	自治区人民政府	2011 年
自治区财政厅	2010 年宁东能源化工基地建设优秀服务部门	自治区人民政府	2011 年
自治区财政厅	2011 年度宁东大会战优秀服务部门	自治区人民政府	2012 年
自治区财政厅	2011 年人口和计划生育工作部门协作奖	自治区人民政府	2012 年
自治区财政厅社会保障处	全区住房保障工作做出积极贡献通报表彰	自治区政府办公厅	2014 年
自治区财政厅会计处	2014 年行政事业单位内部控制知识竞赛活动优秀组织奖	财政部	2015 年
自治区财政厅政府采购处	2015 年度全国政府采购创新制度奖	第十届全国政府采购、监管峰会	2016 年
自治区财政厅财政政策研究中心	2015 年《中国财政年鉴》“地方财政工作概况”撰稿二等奖	中国财政年鉴编辑委员会	2016 年
宁夏注册会计师协会	全国先进社会组织	民政部	2016 年
自治区财政厅函授学校	财政支农政策培训优秀奖	中华会计函授学校	2017 年
自治区财政厅函授学校	乡镇财政干部培训组织奖	中华会计函授学校	2017 年
自治区财政厅注册会计师和资产评估师管理中心	征文活动优秀组织奖	中国资产评估协会	2017 年
自治区财政厅综合处	自治区政府办公厅 2016 年度住房保障工作目标责任考核通报表扬	自治区政府办公厅	2017 年
固原市原州区财政局	金融环境创建奖	自治区金融改革专项小组	2017 年
自治区财政厅经建处	自治区政府办公厅 2016 年度住房保障工作目标责任考核通报表扬	自治区政府办公厅	2017 年

附 录

关于实行分税制财政管理体制的决定

（国发〔1993〕85号）

各省、自治区、直辖市人民政府、国务院各部委、各直属机构：

根据党的十四届三中全会的决定，为了进一步理顺中央与地方的财政分配关系，更好地发挥国家财政的职能作用，增强中央的宏观调控能力，促进社会主义市场经济体制的建立和国民经济持续、快速、健康的发展，国务院决定，从一九九四年一月一日起改革现行地方财政包干体制，对各省、自治区、直辖市以及计划单列市实行分税制财政管理体制。

一、分税制改革是发展社会主义市场经济的客观要求

改革财政管理体制是经济体制改革的重要内容。现行财政包干体制，在过去的经济发展中起过积极的作用，但随着市场在资源配置中的作用不断扩大，其弊端日益明显，主要表现在：税收调节功能弱化，影响统一市场的形成和产业结构优化；国家财力偏于分散，制约财政收入合理增长，特别是中央财政收入比重不断下降，弱化了中央政府的宏观调控能力；财政分配体制类型过多，不够规范。从总体上看，现行财政体制已经不适应社会主义市场经济发展的要求，必须尽快改革。

根据建立社会主义市场经济体制的基本要求，并借鉴国外的成功做法，要理顺中央与地方的分配关系，必须进行分税制改革。分税 制改革的原则和主要内容是：按照中央与地方政府的事权划分，合理确定各级财政的支出范围；根据事权与财权相结合原则，将税种统一划分为中央税、地方税和中央地方共享税，并建立中央税收和地方税收体系，分设中央与地方两套税务机构分别征管；科学核定地方收支数额，逐步实行比较规范的中央政府对地方的税收返还和转移支付制度；建立和健全分级预算制度，硬化各级预算约束。

二、分税制财政体制改革的指导思想

（一）正确处理中央与地方的分配关系，调动两个积极性，促进国家财政收入合理增长。既要考虑地方利益，调动地方发展经济、增收节支的积极性，又要逐步提高中央财政收入的比重，适当增加中央财力，增强中央政府的宏观调控能力。为此，中央要从今后财政收入的增

量中适当多得一些，以保证中央财政收入的稳定增长。

（二）合理调节地区之间财力分配。既要有利于经济发达地区继续保持较快的发展势头，又要通过中央财政对地方的税收返还和转移支付，扶持经济不发达地区的发展和老工业基地的改造。同时，促使地方加强对财政支出的约束。

（三）坚持统一政策与分级管理相结合的原则。划分税种不仅要考虑中央与地方的收入分配，还必须考虑税收对经济发展和社会分配的调节作用。中央税、共享税以及地方税的立法权都要集中在中央，以保证中央政令统一，维护全国统一市场和企业平等竞争。税收实行分级征管，中央税和共享税由中央税务机构负责征收，共享税中地方分享的部分，由中央税务机构直接划入地方金库，地方税由地方税务机构负责征收。

（四）坚持整体设计与逐步推进相结合的原则。分税制改革既要借鉴国外经验，又要从我国的实际出发。在明确改革目标的基础上，办法力求规范化，但必须抓住重点，分步实施，逐步完善。当前，要针对收入流失比较严重的状况，通过划分税种和分别征管堵塞漏洞，保证财政收入的合理增长；要先把主要税种划分好，其他收入的划分逐步规范；作为过渡办法，现行的补助、上解和有些结算事项继续按原体制运转；中央财政收入占全部财政收入的比例要逐步提高，对地方利益格局的调整也宜逐步进行。总之，通过渐进式改革先把分税制的基本框架建立起来，在实施中逐步完善。

三、分税制财政管理体制的具体内容

（一）中央与地方事权和支出的划分。根据现在中央政府与地方政府事权的划分，中央财政主要承担国家安全、外交和中央国家机关运转所需经费，调整国民经济结构、协调地区发展、实施宏观调控所必需的支出以及由中央直接管理的事业发展支出。具体包括：国防费，武警经费，外交和援外支出，中央级行政管理费，中央统管的基本建设投资，中央直属企业的技术改造和新产品试制费，地质勘探费，由中央财政安排的支农支出，由中央负担的国内外债务的还本付息支出，以及中央本级负担的公检法支出和文化、教育、卫生、科学等各项事业费支出。

地方财政主要承担本地区政权机关运转所需支出以及本地区经济、事业发展所需支出。具体包括地方行政管理费，公检法支出，部分武警经费，民兵事业费，地方统筹的基本建设投资，地方企业的技术改造和新产品试制经费，支农支出，城市维护和建设经费，地方文化、教育、卫生等各项事业费，价格补贴支出以及其他支出。

（二）中央与地方收入的划分。根据事权与财权相结合的原则，按税种划分中央与地方的收入。将维护国家权益、实施宏观调控所必需的税种划为中央税；将同经济发展直接相关的主要税种划为中央与地方共享税；将适合地方征管的税种划为地方税，并充实地方税税种，增加地方税收入。具体划分如下：

中央固定收入包括关税，海关代征消费税和增值税，消费税，中央企业所得税，地方银行和外资银行及非银行金融企业所得税，铁道部门、各银行总行、各保险总公司等集中交纳的

收入（包括营业税、所得税、利润和城市维护建设税），中央企业上缴利润等。外贸企业出口退税，除一九九三年地方已经负担的20%部分列入地方上交中央基数外，以后发生的出口退税全部由中央财政负担。

地方固定收入包括营业税（不含铁道部门、各银行总行、各总保险公司集中缴纳的营业税），地方企业所得税（不含上述地方银行和外资银行及非银行金融企业所得税），地方企业上缴利润，个人所得税，城镇土地使用税，固定资产投资方向调节税，城市维护建设税（不含铁道部门、各银行总行、各保险总公司集中交纳的部分），房产税，车船使用税，印花税，屠宰税，农牧业税，对农业特产收入征收的农业税（简称农业特产税），耕地占用税，契税，遗产和赠予税，土地增值税，国有土地有偿使用收入等。

中央与地方共享收入包括：增值税、资源税、证券交易税。增值税中央分享75%，地方分享25%。资源税按不同的资源品种划分，大部分资源税作为地方收入，海洋石油资源税作为中央收入。证券交易税，中央与地方各分享50%。

（三）中央财政对地方税收返还数额的确定。为了保持现有地方既得利益格局，逐步达到改革的目标，中央财政对地方税收返还数额以一九九三年为基期年核定。按照一九九三年地方实际收入以及税制改革和中央与地方收入划分情况，核定一九九三年中央从地方净上划的收入数额（即消费税＋75%的增值税-中央下划收入）。一九九三年中央净上划收入，全额返还地方，保证现有地方既得财力，并以此作为以后中央对地方税收返还基数。一九九四年以后，税收返还额在一九九三年基数上逐年递增，递增率按全国增值税和消费税的平均增长率的1∶0.3系数确定，即上述两税全国平均每增长1%，中央财政对地方的税收返还增长0.3%。如若一九九四年以后中央净上划收入达不到一九九三年基数，则相应扣减税收返还数额。

（四）原体制中央补助、地方上解以及有关结算事项的处理。为顺利推行分税制改革，一九九四年实行分税制以后，原体制的分配格局暂时不变，过渡一段时间再逐步规范化。原体制中央对地方的补助继续按规定补助。原体制地方上解仍按不同体制类型执行：实行递增上解的地区，按原规定继续递增上解，实行定额上解的地区，按原确定的上解额，继续定额上解；实行总额分成的地区和原分税制试点地区，暂按递增上解办法，即按一九九三年的实际上解数，并核定一个递增率，每年递增上解。

原来中央拨给地方的各项专款，该下拨的继续下拨。地方一九九三年承担的20%部分出口退税以及其他年度结算的上解和补助项目相抵后，确定一个数额，作为一般上解或一般补助处理，以后年度按此定额结算。

四、配套改革和其他政策措施

（一）改革国有企业利润分配制度。根据建立现代企业制度的基本要求，结合税制改革和实施《企业财务通则》《企业会计准则》，合理调整和规范国家与企业的利润分配关系。从一九九四年一月一日起，国有企业统一按国家规定的33%税率交纳所得税，取消各种包税的做法。考虑到部分企业利润上交水平较低的现状，作为过渡办法，增设27%和18%两档照顾税率。企业固定资产贷款的利息列入成本，本金一律用企业留用资金归还。取消对国有企业征收的能源交通重点建设基金和预算调节基金。逐步建立国有资产投资收益按股分红、按资分利或税后利润上交的分配制度。作为过渡措施，近期可根据具体情况，对一九九三年以前注册的多数国有全资老企业实行税后利润不上交的办法，同时，微利企业交纳的所得税也不退库。

（二）同步进行税收管理体制改革。建立以增值税为主体的流转税体系，统一企业所得税制。从一九九四年一月一日起，在现有税务机构基础上，分设中央税务机构和地方税务机构。在机构分设过程中，要稳定现有税务队伍，保持税收工作的连续性，保证及时足额收税。

（三）改进预算编制办法，硬化预算约束。实施分税制之后，中央财政对地方的税收返还列中央预算支出，地方相应列收入；地方财政对中央的上解列地方预算支出，中央相应列收入。中央与地方财政之间都不得互相挤占收入。改变目前中央代编地方预算的做法，每年由国务院提前向地方提出编制预算的要求。地方编制预算后，报财政部汇总成国家预算。

（四）建立适应分税制需要的国库体系和税收返还制度。根据分税制财政体制的要求，原则上一级政府一级财政，同时，相应要有一级金库。在执行国家统一政策的前提下，中央金库与地方金库分别向中央财政和地方财政负责。实行分税制以后，地方财政支出有一部分要靠中央财政税收返还来安排。为此，要建立中央财政对地方税收返还和转移支付制度，并且逐步规范化，以保证地方财政支出的资金需要。

（五）建立并规范国债市场。为了保证财税改革方案的顺利出台，一九九四年国债发行规模要适当增加。为此，中央银行要开展国债市场业务，允许国有商业银行进入国债市场，允许银行和非银行金融机构以国债向中央银行贴现融资。国债发行经常化，国债利率市场化，国债二级市场由有关部门协调管理。

（六）妥善处理原由省级政府批准的减免税政策问题。考虑到有的省、自治区、直辖市政府已经对一些项目和企业作了减免税的决定，为了使这些企业有一个过渡，在制止和取缔越权减免税的同时，对于一九九三年六月三十日前，经省级政府批准实施的未到期地方减免税项目或减免税企业，重新报财政部和国家税务总局审查、确认后，从一九九四年起，对这些没有到期的减免税项目和企业实行先征税后退还的办法。这部分税收中属中央收入部分，由中央财政统一返还给省、自治区、直辖市政府，连同地方收入部分，由省、自治区、直辖市政府按政策规定统筹返还给企业，用于发展生产。这项政策执行到一九九五年。

（七）各地区要进行分税制配套改革。各省、自治区、直辖市以及计划单列市人民政府要根据本决定制定对所属市、县财政管理体制。凡属中央的收入，不得任何方式纳入地方收入范围。在分税制财政体制改革的过程中，各地区要注意调查研究，及时总结经验，解决出现的问题，为进一步改进和完善分税制财政管理体制创造条件。

宁夏回族自治区预算外资金管理条例

（1998年12月4日宁夏回族自治区第八届人民代表大会常务委员会第四次会议通过）

第一章　总　则

第一条　为加强预算外资金管理，根据《中华人民共和国预算法》和《国务院关于加强预算外资金管理的决定》及有关法律、法规的规定，结合自治区实际，制定本条例。

第二条　本条例所称预算外资金，是指国家机关、事业单位和社会团体（以下简称单位），为履行或代行政府职能，依据法律、法规和国务院、自治区人民政府及其财政、物价部门批准收取、提取和安排使用的未纳入国家预算管理的各种财政性资金，主要包括：

（一）法律、法规规定的行政事业性收费、基金和附加收入；

（二）国务院以及财政部审批建立的基金、附加收入；

（三）国务院或自治区人民政府及其财政、物价部门审批的行政事业性收费；

（四）主管部门从所属单位集中的上缴资金；

（五）用于乡（镇）政府开支的乡自筹资金；

（六）其他未纳入预算管理的财政性资金。

乡统筹费也纳入预算外资金管理。

第三条　凡本自治区行政区域内有预算外资金收支活动的单位及其驻外办事机构，必须遵守本条例。

第四条　各级财政部门是预算外资金管理的行政主管部门，负责预算外资金的管理和监督。

第五条　预算外资金的管理应当遵循统一领导、分级管理，专款专用和收支两条线的原则。

第六条　任何单位和个人都有权抵制、检举预算外资金收支活动中的违纪违法行为。

第二章　收入管理

第七条　预算外资金必须按照法律、法规和国务院、自治区人民政府及其财政、物价部门批准的项目、范围和标准收取或提取。任何单位和个人不得擅自设立收费、基金项目，扩大收费范围，提高收费标准。

第八条　财政部门应当在银行设立预算外资金专户（以下简体财政专户），对预算外资金进行集中管理和统一核算。

第九条　财政部门应当建立预算外资金管理鉴定制度，对单位的收入进行鉴定。经鉴定为预算外资金的收入，核发《预算外资金管理鉴定书》，纳入财政专户管理；经鉴定为非预算外资金的收入，应当由本单位财务机构进行统一管理和核算。

第十条　经财政部门批准，单位可以在指定银行设立一个预算外收入过渡账户。预算外收入过渡账户资金，只能上缴财政专户。单位必须将预算外资金收入及时足额上缴财政专户，不得拖欠、截留和坐支；逾期未缴的，由财政部门通知银行直接划入财政专户。

银行不得以任何理由从预算外收入过渡账户扣、划预算外资金到非财政专户。

第十一条　收取或提取预算外资金，应当使用国家和自治区财政部门印制或监制的统一收费票据或统一收据，否则缴费单位或个人有权拒绝缴费。

第三章　支出管理

第十二条　单位使用预算外资金，应当编制用款计划，经财政部门审核同意，从财政专户中拨付。

第十三条　预算外资金的支出，必须符合下列规定：

（一）用于工资、奖金、津贴、补贴、福利等支出，必须严格按照自治区财政、人事劳动部门规定的项目、范围和标准执行；

（二）用于基本建设支出，经财政部门审查资金来源后，按规定报计划部门纳入基本建设投资计划；

（三）用于购买专项控制商品支出，必须按照规定办理控购审批手续；

（四）用于其他方面的支出，必须按照国家和财政部门规定的范围、标准执行。

第十四条　预算外资金的收支结余，除用于公共工程和社会公共事业发展的专项收费、基金和以政府信誉建立的社会保障基金，可以结转下一年度使用外，财政部门经本级人民政府批准，可以统筹调剂使用。

第十五条　预算外资金中具有专项用途的资金，财政部门不得用于平衡预算。

第十六条　禁止将预算外资金交由非财务机构管理或公款私存或私设“小金库”。

禁止利用预算外资金从事计划外投资或股票、期货等交易活动以及其他违反规定的开支。

第四章　监督管理

第十七条　有预算外资金收支活动的单位，应当按照财政部门的规定编制年度预算外资金收支计划（以下简称收支计划）和决算，报送主管部门；由主管部门编制本部门预算外资金年度收支计划和决算，报同级财政部门；由财政部门编制本级预算外资金收支计划和决算，报同级人民政府批准。预算外资金收支计划由财政部门监督实施。

第十八条　单位应当建立健全预算外资金管理及核算制度，定期对预算外资金的收取、支出和账户管理进行检查。

第十九条　财政部门应当建立资金稽查制度，对单位执行收支计划的情况进行监督检查，并定期向本级人民政府报告预算外资金管理情况。

各级审计、监察、物价、人民银行等有关部门及金融机构，应当按照各自职责做好预算外资金的监督工作。

第二十条　各级人民政府每年应当向同级人民代表大会或其常务委员会报告预算外资金的收支和管理情况，并接受其监督。

第二十一条　监督检查人员进行检查时，应当有两名以上人员参加，并向被检查单位出示检查证件。

第二十二条　监督检查人员有权向被检查单位询问情况，查阅或复制账表、单据和其他有关资料。

被检查单位应当如实反映情况，提供有关资料。

第五章　法律责任

第二十三条　对违反本条例的行为，依照本章规定进行处罚；但法律和行政法规另有规定的，依照法律和行政法规规定进行处罚。

对同一个违法行为，不得给予两次以上罚款的行政处罚。

第二十四条　对违反本条例，擅自设立收费、基金项目或扩大收费范围，提高收费标准的，由县级以上人民政府财政部门会同物价部门，责令改正，限期退还所收款项，不能退还或不宜退还的，予以没收，对有违法所得的，处以违法所得3倍以下的罚款；情节严重的，处以违法所得3倍以上10倍以下的罚款。

第二十五条　对违反本条例，有下列行为之一的，由县级以上人民政府财政部门追回违法资金，上缴同级财政，并处以违法资金金额10%至20%的罚款：

（一）不按规定将预算外资金收入及时足额上缴财政专户，拖欠、截留或坐支预算外资金的；

（二）将预算外资金私存或私设“小金库”的；

（三）利用预算外资金从事计划外投资或股票、期货等交易活动的。

第二十六条　对违反本条例，有下列行为之一的，由县级以上人民政府财政部门追回违法资金，上缴同级财政，并处以违法资金金额5%至20%的罚款：

（一）收取或提取预算外资金不使用统一收费票据或统一收据的；

（二）将预算外资金交由非财务机构管理的；

（三）擅自利用预算外资金发放工资、奖金、津贴、补贴、福利的；

（四）擅自利用预算外资金进行基本建设投资或购买专控商品的。

第二十七条　对违反本条例，不按照规定接受预算外资金鉴定或编制、报送收支计划或决算和未经批准擅自在银行开设预算外资金账户的，由县级以上人民政府财政部门责令限期改正，可处1000元以下的罚款。

第二十八条 对违反本条例的单位主管负责人和直接责任人员，由其所在单位或主管机关给予行政处分；构成犯罪的，依法追究刑事责任。

第二十九条 当事人对行政处罚决定不服的，可以依法提起行政复议或行政诉讼。当事人逾期不申请复议，也不起诉，又不履行行政处罚决定的，由作出行政处罚决定的机关申请人民法院强制执行。

第三十条 对拒绝、阻碍监督检查人员依法执行职务的，由公安机关予以处理；构成犯罪的，依法追究刑事责任。

第三十一条 预算外资金管理人员滥用职权、玩忽职守、徇私舞弊的，由其所在单位或主管机关予以行政处分；构成犯罪的，依法追究刑事责任。

第六章 附 则

第三十二条 社会保障基金在国家未建立社会保障预算制度以前，按照本条例进行管理。

第三十三条 本条例自公布之日起施行。

宁夏回族自治区区属行政事业单位国有资产有偿使用收入收缴管理暂行办法

［宁财（综）发〔2008〕34号］

第一条 根据财政部《关于加强政府非税收入管理的通知》（财综〔2004〕53号）精神，制定本办法。

第二条 本办法所称国有资产有偿使用收入包括区属行政事业单位（以下简称单位）固定资产和无形资产的出租、出售、出让、转让等取得的收入。

出租收入指：单位现有固定资产用来开办宾馆、酒店、招待所、培训中心、商店等经营实体收取的租金、承包费、管理费等；单位将固定资产对外出租收取的租金、承包费、管理费等；单位利用固定资产和无形资产与其他单位合作，参与投资、经营等取得的收入。

出售、出让、转让收入指：通过改变单位固定资产和无形资产所有权而取得的收入。

第三条 单位的国有资产有偿使用收入，属政府非税收入，必须纳入自治区财政，实行“收支两条线”管理。其中：出租收入纳入财政专户，出售、出让、转让收入纳入财政预算上缴国库。

第四条 国有资产有偿使用收入按照收缴分离的原则，由银行代收。

固定资产和无形资产出租、出售、出让、转让方（以下简称单位）向承租、受让方（以下简称缴款人）开具由自治区财政厅统一印制的缴款通知单。

缴款通知单一式四联，其中第一联为缴费义务人联，白色；第二联为代收银行备查联，红色；第三联为财政联，黄色；第四联为执收单位存根联，淡蓝色。加盖执收单位公章，将第一联、第二联、第三联交缴款人，第四联留底。

缴款人持缴款通知单在三日内到自治区财政厅确定的代收银行的任一收款网点将款缴入“收费收入集中户”。采取转账方式缴款的，需先到本单位开户银行办理进账手续，持进账单（进账单上需注明缴款通知单号码）和缴款通知单到代收银行的收款网点办理缴款。采取现金方式缴款的，直接到代收银行的收款网点填制现金缴款单办理缴款。

第五条　代收银行的收款网点收款后，（采取转账方式的，代收银行须收到对方银行划转的款项），根据缴款人提供的缴款通知单中所列收费代码，开具银行代收收费票据（收费票据一式五联，其中第一联为财政存根联，黑色；第二联为缴费义务人报销联，红色；第三联为财政记账联，黄色；第四联为代收银行备查联，绿色；第五联为执收单位记台账联，蓝色），缴费款人凭收费票据第五联到执收单位办理相关承租、受让等业务。

第六条　缴款人凭缴款通知单第一联和收费票据第二联报销记账；单位凭缴款通知单第四联和收费票据第五联登记台账。

第七条　单位于每月十日前，根据收费台账填制收费收入核对表（收费收入核对表一式三联，第一联单位留存，第二联财政核对，第三联财政核对后退回单位），送自治区财政厅核对上月收费收入，自治区财政厅应于下月十日前，将单位填报的收费收入与收到的实际收入核对完毕，将收费收入核对表第三联加盖公章后退单位。

第八条　单位使用的缴款通知单，由单位直接到自治区财政厅领取。

第九条　收缴分离工作开始后，单位撤销其在银行开设的国有资产有偿使用收入收支账户，账户内资金余额全部划转财政。

第十条　单位使用的收费代码，由自治区财政厅编制提供，收入项目名称一律为“国有资产有偿使用收入”。

第十一条　单位不按自治区财政厅制定的代码填制缴款通知单，造成收入误记入其他单位账户，导致收入指标减少的，由填制缴款通知单的单位负责。

第十二条　自治区财政厅实际收到的收费收入与单位不一致时，应主动通知单位，并与代收银行联系，尽快核对，核对完成时间不应超过两个月。

第十三条　自治区财政通过编制综合财政预算，将国有资产有偿使用收入核拨给单位用于成本支出、事业发展、政策规定范围内津补贴发放等。

第十四条　土地等国有资产有偿使用收入收缴使用国家另有规定的，从其规定。

第十五条　自治区财政厅定期对国有资产有偿使用收缴进行稽查。

第十六条　未按规定收缴国有资产有偿使用收入的，依据《财政违法行为处罚处分条例》进行处罚。

第十七条　本办法自2008年1月1日起施行。单位固定资产报废取得的收入，参照本办法缴入自治区财政纳入预算，全部上缴国库。

宁夏回族自治区革命老区专项转移支付资金管理办法

［宁财（预）发〔2013〕687号］

第一条　为加快革命老区各项社会事业发展，确保将党中央、国务院和自治区党委、政府对革命老区人民的关怀落到实处，进一步规范革命老区专项转移支付资金管理，提高资金使用效益，根据财政部《革命老区专项转移支付资金管理办法》（财预〔2009〕345号），结合我区实际，制定本办法。

第二条　本办法所称革命老区专项转移支付资金，是指中央财政和自治区财政设立的、用于加强革命老区专门事务工作和改善革命老区民生的专项资金。

第三条　根据财政部核定范围和我区实际情况，革命老区专项转移支付资金分配对象为吴忠市红寺堡区、盐池县、同心县、海原县、固原市原州区、西吉县、隆德县、泾源县、彭阳县九个县（区）。

第四条　革命老区专项转移支付资金的管理应当遵循以下原则：

（一）突出重点。资金主要用于发展革命老区公益事业和解决与老区人民生产生活密切相关的突出问题。

（二）公开透明。资金使用和项目选择应当按照规定程序进行，纳入市县财政专项资金公开范围。

（三）注重实效。坚持办实事、重实效，以社会效益为目标，强化绩效考评。

（四）专款专用。资金必须按照规定用途使用，不得截留或挪作他用。

第五条　革命老区专项转移支付资金主要用于以下方面：

（一）革命老区专门事务。包括革命遗迹保护、革命纪念场馆的建设和改造、烈士陵园的维护和改造、老红军及军烈属活动场所的建设和维护等。

（二）革命老区民生事务。主要是指改善革命老区人民群众生产生活条件的有关事务，包括教育、文化、卫生、体育等社会公益事业方面的事项和乡村道路、饮水安全等设施的建设维护。

第六条　革命老区项目资金不得有偿使用，不得用于行政事业单位人员支出和公用支出，不得用于投资经商办企业，不得用于购置交通工具（专用车辆等除外）、通讯设备，不得用于能够通过市场化行为筹资的项目以及不符合革命老区项目资金使用原则及范围的其他开支。

第七条　革命老区专项转移支付资金实行分级管理。

自治区财政厅负责制定我区革命老区专项转移支付资金管理政策，组织建立和管理我区革命老区专项转移支付项目库，审查批准革命老区县（区）财政部门上报的年度项目，分配和下达革命老区专项转移支付资金，对革命老区县（区）财政部门管理和使用转移支付资金情况进行绩效评价和监督检查。

革命老区县（区）财政部门负责管理、安排和使用本地区革命老区专项转移支付资金，建立和管理本地区革命老区转移支付项目库，向自治区财政厅申报年度项目，根据自治区财政厅的批复具体组织项目实施和资金监管等工作。

第八条　自治区财政在年度本级预算中安排一定资金，与中央财政补助资金统筹，建立革命老区专项转移支付。革命老区专项转移支付资金不要求革命老区县（区）财政配套，禁止为其他专项资金配套。

第九条　自治区财政厅根据实际情况，合理确定革命老区专项转移支付资金的补助范围。在批复项目和分配资金时主要参考以下两方面的因素：以前年度革命老区县（区）管理使用革命老区专项转移支付资金的绩效评价和监督检查结果；当年上报项目的科学性、充分性、可操作性、预期效益等。

第十条　根据革命老区专项转移支付资金管理的需要，自治区财政厅另行安排一定的项目管理费，用于自治区和革命老区县（区）财政部门委托、聘请有关单位或评审机构进行项目评估、评审、监理、检查验收、绩效评价等支出，与革命老区专项转移支付资金同时下达。

第十一条　革命老区转移支付项目完成后资金如有结余，应核报自治区财政厅，经自治区财政厅批准后，可调剂用于下一年度革命老区转移支付项目。

第十二条　革命老区县（区）财政部门应当按照自治区财政厅批复的项目实施计划和规定用途使用资金，不得随意调整。如因特殊情况确需变更的，由革命老区县（区）财政部门提出申请，经自治区财政厅批准后方可变更。

第十三条　依法应当实行政府采购的革命老区转移支付项目，依照政府采购法及相关规定执行。

第十四条　使用革命老区专项转移支付资金实施的项目，应当设立革命老区专项转移支付资金项目标志，具体样式按照财政部统一制定的样式执行。

第十五条　对于革命老区专项转移支付资金管理和使用中的违法行为，依据《财政违法行为处罚处分条例》（国务院令第427号）等有关规定追究其法律责任。

第十六条　依据本办法，自治区财政厅制定《宁夏回族自治区革命老区专项转移支付项目管理暂行办法》和《宁夏革命老区专项转移支付绩效评价暂行办法》。

第十七条　本办法由自治区财政厅负责解释。

第十八条　本办法自下发之日起施行，《关于转发财政部〈革命老区专项转移支付资金管理办法〉的通知》（宁财预发〔2006〕434号）、《关于进一步加强革命老区专项转移支付资金管理的通知》(宁财预发〔2008〕943号)、《关于印发革命老区专项转移支付管理工作标准文档的通知》(宁财预发〔2008〕970号)同时废止。

关于"营改增"后自治区财政体制有关问题的通知

[宁财(预)发〔2013〕968号]

自治区国家税务局、自治区地方税务局、各市县财政局:

经国务院批准,自2014年1月1日起,在全国范围内开展交通运输业、邮政业和部分现代服务业"营改增"试点。现将"营改增"后涉及我区财政体制有关问题明确如下:

根据《财政部、国家税务总局关于营业税改征增值税试点有关预算管理问题的通知》(财预〔2013〕275号)"试点期间收入归属保持不变,原归属地方的营业税收入,改征增值税后仍全部归属地方,改征增值税税款滞纳金、罚款收入也全部归属地方"的规定,对我区纳入本次"营改增"范围的企业征收的原营业税转为增值税部分,仍按原税收级次入库,我区现行财政体制暂不做调整。《关于"营改增"后自治区财政体制有关问题的通知》[宁财(预)发〔2013〕492号]同时废止。

2013年12月25日

宁夏回族自治区本级项目支出预算管理暂行办法

[宁财(预)发〔2014〕505号]

第一章 总 则

第一条 为规范自治区本级项目支出预算编制,实施中期财政规划管理,深化预算绩效管理,提高财政资金使用效益,根据《中华人民共和国预算法》、《宁夏回族自治区关于实行中期财政规划管理的意见》(宁政发〔2015〕28号)、《宁夏回族自治区财政专项资金管理办法》(宁政办发〔2014〕68号)等有关规定,制定本办法。

第二条 本办法所称"自治区本级部门",是指与自治区本级财政直接发生预算缴款、拨款关系的国家机关、政党组织、社会团体、事业单位及其他单位。

第三条 项目支出预算是部门支出预算的组成部分,是部门或单位根据国家及自治区有关政策要求，为完成特定的行政管理工作任务或促进经济社会事业发展目标，编制的年度项目支出计划。

部门项目支出预算由本部门及其所属各单位项目支出预算组成。

第四条　自治区本级各部门是编制本部门项目支出预算的主体，负责制订本部门重大支出政策并编制本部门年度项目支出预算，组织和监督本部门项目支出预算的执行，定期向财政部门报告预算执行情况，并对项目的真实性、准确性、完整性以及项目预算执行结果负责。各部门根据本部门职能，分析未来三年重大支出政策变化，研究提出重大项目中期财政规划，测算分年度项目支出需求，并做好项目前期申报准备、规划论证和储备工作，负责发布本领域项目申报指南，征集项目，建设维护本部门项目库，并从项目库中择优选择项目申报进入财政项目库。

第五条　自治区财政厅是编审自治区本级项目支出预算的主体，负责编制自治区本级项目中期财政规划和年度项目支出预算，组织并监督本级项目支出预算的执行，负责财政项目库的建设维护。

第六条　项目支出预算实行项目库管理，部门所有预算项目（含中央转移支付资金安排的项目）都要进入项目库进行周期滚动管理，没有进入项目库的不得纳入中期财政规划、不得纳入年度预算编制。

第七条　项目支出预算编制管理应遵循以下基本原则：

（一）依法依规。在法律赋予的职能范围内科学编制预算，充分体现国家、自治区有关政策方针。

（二）规划指导。部门须编中期财政规划，实行滚动管理，以规划指导并约束年度项目预算编制。

（三）综合预算。部门所有收支全部纳入预算管理，全口径编制，量入为出、合理安排、收支平衡。

（四）总额控制。部门项目支出预算须在财政厅下达的项目支出预算控制数额内编制，做到总额控制。

（五）定额管理。逐步建立和完善自治区本级项目支出定额标准库，对延续执行项目的支出定额标准进行整理汇总，初步建立基础库，今后凡新设立支出项目必须根据相关政策、目标和项目内容等要素测算和制定支出定额标准，作为编制、核定支出预算的依据。

（六）绩效先行。凡申报预算项目必须编制绩效目标并进行可行性论证，绩效目标审核通过方可纳入项目库进入预算编制环节。

（七）真实可信。部门申报预算要有理有据，基础数据资料、收支预算测算要依据充分、真实可信。

（八）公开透明。经常性项目支出通过定额定员标准化编制，重要项目支出通过规范分配方式、标准化算账、进行科学论证等方式编制，减少预算编制的随意性，预算编制的政策、标准、过程和结果做到公开透明。

第二章　项目的分类、属性和期限管理

第八条　项目分类

项目按照支出性质分为农业与农村类项目、工业与城市建设类项目、公共管理类项目、社会服务类项目四类。

(一)农业与农村类项目:是指涉及农业、农村、农民以及乡村的财政支出项目,包括:农业产业发展、农业与农村基础设施建设、农民生产生活以及水利、林业投入、农村综合改革、农业综合开发等。

(二)工业与城市建设类项目:是指涉及工业、城市(含县城)的发展建设项目,包括:企业技术创新、淘汰落后产能、企业节能环保、支持中小微企业和非公经济发展、城市基础设施投入等。

(三)公共管理类项目:是指涉及各行政机关(含参照公务员管理的事业单位)的内部管理与服务上下级部门管理的支出项目,包括:机关单位的电子政务、会议培训、专项业务、专项公务等。

(四)社会服务类项目:除上述三类项目外的其他支出项目,一律纳入此分类。如:教育、社保、医疗、卫生等。

项目类型不同,关注的焦点不同,项目申报的要求、管理手段、资金分配方式不同。因此,自治区本级部门应根据部门事业发展规划和工作要求,正确划分项目类别。

第九条　项目属性

项目申报属性分为新增项目、延续项目和备选项目。

新增项目是指经过自治区党委、政府研究确定,并根据相关文件、会议纪要确定需新增安排资金的项目。

延续项目是指以前年度已批准,并已确定分年度预算,需在本年度及以后年度预算中继续安排的项目。

备选项目是指项目库中以前年度未安排,需要在以后年度安排的项目,各部门纳入项目库管理而未列入预算的项目均为备选项目。

新增项目和延续项目必须明确项目的起止年限,未经财政部门批准,部门不得自行变更项目名称、内容、年限。

第十条　项目期限

按项目实施时限分为期限性项目和一次性项目两种类型。

期限性项目是指在一定期限内每年均需要列入部门预算安排的项目(最长不超过5年)。

一次性项目是指只在预算当年度需要列入部门预算安排的一次性项目。

第三章　项目库管理

第十一条　项目库是对项目进行规范化、程序化管理的数据库系统，所有专项资金都要细化到具体项目，纳入项目库实行择优选择，滚动管理。

第十二条　自治区本级项目库遵循统一规划、统一建库、分层管理的原则，由财政厅统一制定项目库管理规章制度、项目申报文本，运用统一的预算编制软件，实行全程信息化管理。

第十三条　自治区本级项目库分为财政部门项目库和自治区本级部门项目库。

财政部门项目库由自治区财政厅统一管理。自治区财政厅根据财力状况以及中央和自治区专项资金的使用方向和支出重点，对自治区本级部门项目库中的项目进行绩效目标审核后，纳入财政部门项目库，对按程序审核、符合要求的项目，择优排序，依此编制项目支出预算。除特殊情况外，未编入年初预算的项目，年中不安排预算追加。

自治区本级部门项目库由自治区本级部门负责管理。各部门要根据自治区党委、政府重点工作安排、本部门发展规划以及财政专项资金管理规定，发布项目申报指南，制定绩效目标申报文本，做好项目的征集、筛选和排序，建立本部门项目库，并逐级上报。所有纳入部门项目库管理的项目要经过论证、评审和公示。

凡申报进入自治区本级部门项目库的项目原则上都要由项目申报单位组织进行项目预算绩效目标自评，自治区本级项目主管部门对经自评通过的项目进行复审，对申报金额超过500万元（含500万元）的项目须组织开展第三方评审，评审结果在良好（含良好）以上的，方可申报进入财政项目库。

第十四条　项目预算绩效目标评审的内容主要包括完整性、必要性、可行性和合理性等方面。完整性主要是指项目申报程序是否合规，项目申报内容填写是否全面，项目申报所需资料是否齐全等。必要性主要是指项目立项依据是否充分，与部门职责和宏观政策衔接是否紧密，与其他项目是否存在交叉重复等。可行性主要是指项目立项实施方案设计是否可行，是否具备执行条件等。合理性主要是指项目支出内容是否真实、合规，预算需求和绩效目标设置是否准确合理等。

自治区本级部门由内部负责预算管理的机构负责组织预算评审，形成评审结果后，随项目支出预算一并报自治区财政厅，并对出具的评审结果负责。纳入自治区财政厅项目库的项目，由自治区财政厅在项目预算绩效目标审核全覆盖的基础上，根据实际需要开展再评审。

第十五条　项目库实行开放、滚动式管理，要与中期财政规划编制紧密结合。财政部门和自治区本级各部门要加强项目库的储备、论证和更新。项目须有明确的中期绩效目标和当年度绩效目标，经过可行性研究论证和专家评审后，纳入部门项目库滚动管理；纳入项目库管理的项目，随着中期财政规划编制按年度递推滚动管理。对准备充分，具备实施条件，能达到专项资金细化需要的，纳入当年部门预算；条件不完备的，在项目库中继续完善，待条件成熟后纳入以后年度预算。

第十六条 项目库中的项目应当按照轻重缓急进行合理排序，优先保障自治区党委、政府重点项目、优先保障涉农资金、优先保障民生支出。

第十七条 对有实施期限的延续性项目，要严格按照立项时核定的分年度预算逐年编报。编报延续项目预算时，项目的名称、编码、资金的使用方向不得变动，如发生变动，视同其他项目类的新增项目，需按照规定程序重新申报。

第四章 项目支出预算申报、编制、审核

第十八条 年度项目支出预算及重大项目支出中期财政规划的编制、上报、审核应遵循“二上二下”的程序，与部门预算编制同步进行。

第十九条 自治区财政部门对自治区本级部门报送的中期财政规划和年度部门预算进行审核，根据自治区财政收支规模、预算支出方向，测算下达三年财政中期规划支出控制数，第一年控制数即为本年度部门预算项目支出控制数。

第二十条 项目支出预算须在自治区本级财政资金目录下进行细化编制，自治区本级财政资金目录分为通用项目和专用项目。

通用项目是指根据部门的共性项目设立并由各部门共同使用的一级项目，由自治区财政厅根据管理需要统一设立，下设基本建设项目和专项业务项目两个二级目录，专项业务项目下继续下设大型会议费、教育培训费、维修改造经费、办公家具购置经费、电子政务运维经费、部门其他专项业务经费六个三级目录。

专用项目是指部门根据履行职能的需要设立和使用的一级项目，由自治区本级部门提出建议，经自治区财政厅核准，报自治区人民政府同意后设立的，如安全生产专项资金、公安业务专项资金等。

第二十一条 项目申报形式和内容

项目单位按照预算管理级次申报项目，不得越级上报。申请依据应明确项目立项的法律法规和政策依据，对项目安排的必要性、项目实施的可行性进行充分的研究和论证。

基础信息应明确项目名称、项目主管部门、项目实施时间、项目确定主体、项目级次、项目类别等信息。

年度预算应明确投资年度、功能分类科目、经济性质分类科目，年度预算安排、资金来源等信息。其中：功能分类应当编列到项级，经济分类编列到款级。

第二十二条 纳入中期项目库的项目申报条件

（一）符合国家和自治区有关法律、法规、方针政策规定；符合国民经济和社会发展规划、产业发展规划；符合财政资金供给范围和支持方向；符合编制部门批复的本部门所承担的工作职责和业务范围。

（二）有明确支出政策依据，即有自治区党委、政府会议纪要或相关文件；国务院、财政部

要求地方配套的中央项目资金文件及附件。

（三）有明确支出政策目标，有明确的具体实施项目和单位，有分年度资金安排建议，规划期内可实施完成。

（四）有明确项目绩效目标，科学合理的实施计划并经过评审论证。

需向社会征集项目的，部门应组织制订项目申报指南，及时向社会公开发布、广泛征集项目，严格筛选审核。

第二十三条　纳入当年度预算的项目申报条件

纳入规划期第一年度预算项目，除二十二条规定条件外，必须同时再具备项目开工和实施条件；达到专项资金细化要求；预算年度内可支付完毕，并与本部门中期财政规划相衔接。

第二十四条　项目绩效目标编制

绩效目标是预算绩效管理的基础，绩效目标与部门预算编制同步申报、同步审核、同步批复。

各部门在编制下一年度项目预算时，要根据自治区党委、政府工作重点，结合本部门工作规划，科学合理测算资金需求，编制项目绩效目标，明确项目绩效内容、绩效指标和标准，做到绩效内容依据明确，绩效目标合理可行，绩效指标具体量化，对于重点项目支出预算，可组织绩效专家或聘请专业咨询机构进行绩效目标复审。

第二十五条　项目审核内容

（一）资格审核：项目单位所申报的项目是否符合规定的申报条件。

（二）要素审核：项目申报书是否符合规定的填报要求，相关材料是否齐全。

（三）内容审核：项目的申报内容是否真实完整，项目的规模及开支标准是否符合规定；项目预算是否合理、项目实施是否具有良好的社会经济效益；申报的项目是否按照规定分解到具体使用单位和具体项目；支出预算是否分解到具体内容；资产购置项目是否已按规定经财政部门审批；项目排序是否区分轻重缓急，是否合理等。

第二十六条　部门应对所属预算单位申报项目进行严格审核把关。审核重点包括：项目内容是否全面规范，申报依据是否可靠充分，支出规模是否准确合理，开支标准是否依纪依规，绩效目标指标是否先进科学，资金来源是否统筹安排，预算级次、科目是否正确，申报项目是否已涵盖分管领域所有必须保障事项，使用中央转移支付资金安排的项目是否符合国家规定，细化程度是否可执行，政府采购计划和资产购置计划是否符合相关规定等。

第二十七条　财政部门对部门申报的项目支出预算建议进行复核评审。审核重点包括：是否符合法律法规、政策规定以及自治区党委、政府决策部署，是否与财政支出责任相匹配，支出规模是否符合自治区本级财力可承受能力，支出标准是否合规合理，使用中央转移支付资金安排的项目是否符合国家政策，预算级次是否准确无误，支出绩效指标目标是否科学规范，是否按实施进度安排年度支出，政府采购计划和资产购置计划是否符合规定要求。

对上年度绩效评价较低、执行进度慢以及结转结余较高的项目，适当压减支出规模或不再安排。

第二十八条　公共管理类项目审核

考虑到公共管理类项目主要用于弥补公用经费不足的特殊性，原则上不再新增项目和金额，通过逐步提高综合定额标准，压缩行政运行成本开支，逐步实行标准化管理。

办公、业务用房及其附属建筑物的修缮，按照《宁夏回族自治区本级行政事业单位办公用房修缮项目预算管理办法》规定的程序和定额标准，委托自治区财政厅预算评审中心实施预算评审，根据评审意见，确定支出预算控制数。

办公设备购置的审核。自治区本级部门上报的办公设备购置明细表，财政部门根据部门、单位资产管理系统的存量资产状况以及办公设备配置标准，进行审核后，确定资金安排。

其他公共管理类项目的审核，根据部门申报的具体情况确定。属于可明确列示支出经济分类科目并适合标准化测算的项目，制定具体项目预算核定办法，以标准定额作为预算审核依据。

第二十九条　政府采购类项目审核

部门申报项目涉及新增固定资产购置，采购货物、工程或服务的，凡符合《宁夏回族自治区本级政府采购目录及标准》的，均应编列政府采购预算，根据自治区本级行政事业单位国有资产配置标准进行申报，并细化到采购项目及数量，不得漏报、缺报，并根据相关标准、政府采购预算和计划实施采购，严格政府采购预算管理。

第三十条　财政部门根据财力状况和项目预算审核意见，结合部门收入来源和以前年度项目资金结余情况以及绩效评价意见，统筹安排项目支出预算，列入部门年度预算。

第三十一条　财政部门审核、汇总编制自治区本级各部门预算草案，上报自治区人民政府审定，以自治区人民政府名义提交自治区人民代表大会审议。经自治区人代会批准后，在规定时间内向本级部门批复预算。

第五章　项目支出预算执行、绩效管理、监督

第三十二条　中期财政规划按照三年滚动方式执行。规划期内第一年规划约束对应年度预算，后两年规划指引对应年度。自治区本级部门要严格执行自治区人代会批准的年度部门预算。项目支出预算一经批复，各部门和项目单位不得随意调整预算、扩大支出范围或超预算执行。预算执行过程中，如发生项目变更，必须按照规定的程序报批。

第三十三条　在每年项目支出预算批复后，下一年度部门预算编制开始前，自治区本级部门及其所属单位要严格按照自治区本级项目设置和分类，对项目库进行清理。对执行年限到期的一次性项目、需要取消的经常性项目予以清除；对到期后需继续安排预算的项目，视同其他项目类的新增项目，按照规定程序重新申报。

第三十四条　年度预算执行结束后，自治区财政会同本级各部门根据支出政策调整变化情况对后两年规划及时进行调整，再添加一个年度规划，形成新一轮中期财政规划。

第三十五条　建立项目预算绩效目标审核机制，将绩效目标作为预算安排和中期财政规划的必要前置和约束条件，各部门上报项目支出预算时，要编制绩效目标。未按要求设定绩效目标或绩效目标不合理且未进行调整完善的，原则上不得纳入项目库和纳入预算。

第三十六条　建立项目预算执行绩效跟踪机制。财政部门和自治区本级主管部门要对预算实施过程中绩效目标实现情况进行跟踪问效，定期对部门的绩效目标运行情况进行跟踪管理和监督检查，及时掌握项目绩效目标的完成情况、项目实施进程和资金支出进度，发现绩效运行目标与预期绩效目标发生偏离时，要及时采取措施予以纠正，情况严重的应暂缓或停止该项目的执行。

第三十七条　建立项目预算执行绩效评价机制。预算执行结束后，要及时实施项目支出绩效评价，重点评价项目产出和结果的经济性、效率性和效益性。

（一）自治区本级部门要组织开展项目支出绩效评价，项目具体实施单位要向自治区本级及项目主管部门提交自评报告，主管部门要对项目实施单位进行评价或再评价，向同级财政部门提交绩效评价报告。

（二）财政部门要对自治区本级部门绩效评价工作进行指导、监督和检查，对其报送的绩效评价报告进行审核，并根据自治区本级部门上报的绩效目标和绩效指标，实施重点项目绩效评价，监督项目实施情况，出具项目绩效评价报告。

第三十八条　建立绩效评价结果反馈应用机制。财政部门和自治区本级部门要将绩效评价结果及时反馈到项目实施单位，对项目管理中存在的问题提出整改意见；要将绩效评价结果向社会公开，向同级政府或分管领导提交绩效评价报告，为政府决策提供依据。

第三十九条　建立预算执行进度考核机制。强化预算执行管理，加强预算执行分析和执行进度考核通报，及时掌握预算执行动态，实行预算执行考核与预算资金分配挂钩机制，具体按照《宁夏回族自治区财政厅预算执行管理考核办法（试行）》执行。

第四十条　建立结余结转资金管理与预算资金分配挂钩机制。实行自治区本级部门结余结转资金清理核实季报制度。每年度第一季度对结转结余资金进行清理，对经核实确认的结转资金继续下达结转使用；对净结余资金全部收回总预算统筹安排。中央转移支付安排形成的结余结转资金，其资金管理办法对结余结转有具体规定的按规定执行；未做具体规定的，结转超过预算确定期限一年以上的项目，通过调减部门预算方式收回。实行“以收定支”方式纳入预算管理的行政事业性收费、政府性基金，除法律、行政法规另有规定外，收入结余指标全部收回总预算。当年9月份以前申请的追加资金，年底仍未使用完的，收回总预算。对结余结转资金超过考核比例的部门和项目，在安排下一年度预算时减少项目资金安排。

第四十一条　建立财政支出监督检查机制。建立财政、纪检监察、审计等部门监督检查机制，把日常监督和专项监督结合起来，对项目实施过程和完成结果进行监督检查，注重事前、事中、事后跟踪监督，对违反有关法律、法规和财务规章制度的，依法进行处理。

第六章 附 则

第四十二条 本办法由财政厅负责解释。

第四十三条 本办法自发布之日起实施,《自治区本级项目支出预算管理暂行办法》(宁财预发〔2015〕489号)同时废止。

宁夏回族自治区本级党政机关差旅费管理办法(暂行)

[宁财(行)发〔2014〕97号]

第一章 总 则

第一条 为了加强和规范自治区本级党政机关国内差旅费管理,推进厉行节约反对浪费,完善公务活动管理制度,依据《党政机关厉行节约反对浪费条例》,制定本办法。

第二条 本办法适用于自治区本级党政机关,以及参照公务员法管理的事业单位(以下简称自治区本级各单位)。

本办法所称自治区本级党政机关,是指自治区党委各部门,自治区政府各部门、各直属单位,自治区人大办公厅、政协办公厅,自治区高级人民法院,自治区人民检察院,各人民团体、各民主党派和自治区工商联。

第三条 差旅费是指工作人员临时到常驻地以外地区公务出差所发生的交通费、住宿费和伙食补助费。

第四条 自治区本级各单位应当建立健全公务差旅审批制度。出差必须按规定报经单位有关领导批准,从严控制出差人数和天数;严格差旅费预算管理,控制差旅费支出规模;严禁无实质内容、无明确公务目的的差旅活动,严禁以任何名义和方式变相旅游,严禁异地部门间无实质内容的学习交流和考察调研。

第五条 差旅费标准按照分地区、分级次、分项目的原则制定。自治区财政厅将根据经济社会发展水平、市场价格及消费水平变动等情况适时调整。

第二章 交通费

第六条 交通费分城市间交通费和市内交通费。城市间交通费是指工作人员因公到常驻地以外地区出差乘坐火车、轮船、飞机等交通工具所发生的费用。市内交通费是指工作人员因公出差期间发生的市内交通费用。

第七条 出差人员应当按规定等级乘坐交通工具。出差人员乘坐交通工具的等级见下表：

表1

级别	火车（含高铁、全列软席列车）	轮船（不包括旅游船）	飞机	其他交通工具（不包括出租小汽车）
省（部）级及相当职务人员	软席（软座、软卧），高铁/动车商务座，全列软席列车一等软座	一等舱	头等舱	凭据报销
厅（局）级及相当职务人员	软席（软座、软卧），高铁/动车一等座，全列软席列车一等软座	二等舱	经济舱	凭据报销
其他人员	硬席（硬座、硬卧），高铁/动车二等座、全列软席列车二等软座	二等舱	经济舱	凭据报销

省（部）级及相当职务的人员出差，因工作需要，随行一人可乘坐同等级交通工具。

未按规定等级乘坐交通工具的，超支部分由个人自理。

第八条　到出差目的地有多种交通工具可选择时，出差人员在不影响公务、确保安全的前提下，应当选乘相对经济便捷的交通工具。

第九条　城市间交通费按乘坐交通工具的等级凭据报销。订票费、经批准发生的签转或退票费可以凭据报销。

第十条　乘坐飞机的，民航发展基金、燃油附加费可以凭据报销。

第十一条　乘坐飞机、火车、轮船等交通工具的，每人次可以购买交通意外保险一份，凭据报销。所在单位统一购买交通意外保险的，不再重复购买。

第十二条　出差人员的市内交通费按出差自然（日历）天数计算，实行定额补助，包干使用。在自治区外出差，每人每天80元；在自治区内出差，在银川市（含所辖县、区，下同）出差的每人每天50元，其他四市的每人每天80元。

第十三条　出差人员由接待单位或其他单位提供交通工具的，应向接待单位或其他单位交纳相关费用。

第三章　住宿费

第十四条　住宿费是指工作人员因公出差期间入住宾馆（包括饭店、招待所，下同）发生的房租费用。

第十五条　工作人员在自治区内出差的住宿费开支标准分地区确定。具体如下：

银川市：省（部）级干部每人每天800元、厅（局）级干部每人每天470元、其他公务人员每人每天330元。

石嘴山市、吴忠市、固原市、中卫市：省（部）级干部每人每天800元、厅（局）级干部每人每天430元、其他公务人员每人每天330元。

住宿费标准在旺季可适当上浮一定比例，具体规定由财政部另行发布。

在自治区以外地方出差的住宿费开支标准，参照财政部发布的中央单位到相关地区出差的住宿费限额标准执行。

以上住宿费标准为最高限额。

第十六条　省(部)级及相当职务人员住普通套间,其他人员住单间或标准间。

第十七条　住宿费在标准限额之内凭发票据实报销。实际发生住宿而无住宿费发票的,不得报销住宿费以及城市间交通费、伙食补助费和市内交通费。

当天往返的,原则上不报销住宿费。当天往返但公务活动超过半天的,可安排午休房,最高按全天房价的一半报销。

第十八条　出差人员应当在职务级别对应的出差目的地住宿费限额标准内,选择安全、经济、便捷的宾馆住宿。

未按规定限额标准住宿的,超支部分个人自理。

第四章　伙食补助费

第十九条　伙食补助费是指对工作人员因公出差期间给予的伙食补偿费用。

第二十条　伙食补助费按出差自然(日历)天数计算,按规定标准定额补助,包干使用。

第二十一条　在自治区内出差的伙食补助费标准为:每人每天100元。

在自治区以外地方出差的伙食补助费标准,参照财政部发布的中央单位到相关地区出差的伙食补助费标准。

在途期间的伙食补助费按当天最后到达目的地规定标准报销。

第二十二条　出差人员应当自行用餐。凡由接待单位统一安排用餐的,应当向接待单位交纳伙食费。

未按规定限额标准用餐的,超支部分个人自理。

第五章　监督问责

第二十三条　出差人员应当严格按规定开支差旅费,费用由所在单位承担,不得向下级单位、企业或其他单位转嫁。

第二十四条　工作人员出差结束后应当及时办理报销手续。差旅费报销时应当提供出差审批单、机票、车票、住宿费发票等凭证。

住宿费、机票支出等按规定用公务卡结算。

第二十五条　自治区本级各单位应加强本单位工作人员差旅活动和经费报销的内控管理。单位财务部门要严格按规定审核差旅费开支,对未经批准、不按规定开支的不予报销差旅费。

第二十六条　自治区财政厅对自治区本级各单位差旅费管理和使用情况进行监督检查。主要内容包括:

(一)单位差旅审批制度是否健全,差旅活动是否按规定履行审批手续;

(二)差旅费开支范围和开支标准是否符合规定;

（三）差旅费报销是否符合规定；

（四）是否转嫁差旅费；

（五）差旅费管理和使用的其他情况。

第二十七条　出差人员不得向接待单位提出正常公务活动以外的要求，不得在出差期间接受违反规定用公款支付的宴请、游览和非工作需要的参观，不得接受礼品、礼金和土特产品等。

第二十八条　违反本办法规定，有下列行为之一的，依法依规追究相关人员的责任：

（一）单位无差旅审批制度或差旅审批控制不严的；

（二）对弄虚作假，虚报冒领差旅费的；

（三）违规扩大差旅费开支范围，擅自提高开支标准的；

（四）不按规定报销差旅费的；

（五）转嫁差旅费的；

（六）其他违反本办法行为的。

第六章　附　则

第二十九条　工作人员外出参加会议、培训，举办单位统一安排食宿的，会议、培训期间的食宿费和市内交通费用由会议、培训举办单位按规定统一开支；往返会议、培训地点的差旅费由所在单位按照规定报销。

第三十条　自治区本级各单位应当根据本办法，结合本单位实际情况制定具体操作规定。

第三十一条　不参照公务员法管理的事业单位参照本办法执行。

第三十二条　本办法由自治区财政厅负责解释。

第三十三条　本办法自2014年2月1日起施行。其他有关自治区本级差旅费管理规定与本办法规定不一致的，按照本办法执行。

宁夏回族自治区预算绩效目标管理暂行办法

［宁财（预）发〔2015〕590号］

第一章　总　则

第一条　为加强预算绩效管理，增强预算编制的科学性、合理性、规范性，强化预算支出责任，提高财政性资金使用效益，根据《中华人民共和国预算法》、自治区人民政府办公厅《关于全面推进预算绩效管理的指导意见》（宁政办发〔2013〕169 号）、《宁夏回族自治区财政专项资金管理办法》(宁政办发〔2014〕68 号)以及自治区财政厅《宁夏回族自治区预算绩效管理工作实施方案》规定,制定本办法。

第二条 本办法适用于各级财政部门和预算部门以绩效目标的申报、审核、批复、跟踪、监控等为内容所开展的预算绩效管理活动。预算部门是指与财政部门有预算缴拨款关系的国家机关、政党组织、事业单位、社会团体和其他独立核算的法人组织。

第三条 绩效目标是预算安排的必要前置和约束条件,也是绩效运行监控和绩效评价的重要依据。绩效目标是指绩效评价的对象计划在一定期限内达到的产出和效果,由预算部门在申报预算时填报,包括绩效内容、绩效指标和绩效标准。

第四条 财政部门和预算部门是预算绩效目标管理的主体。所有财政性资金都要进行绩效目标管理,绩效目标与部门预算同步申报、同步审核、同步批复。

第二章 组织管理与职责

第五条 财政部门、预算部门和项目管理单位按其职能职责组织实施绩效目标管理,建立多层次绩效目标管理机制。

第六条 财政部门主要职责:

(一)研究制定绩效目标管理的有关制度,建立完善与绩效目标管理相匹配的绩效指标库;

(二)组织和指导预算部门的绩效目标编制,审核、批复绩效目标;

(三)跟踪监控部门单位及重点项目绩效目标,促进绩效目标顺利实现;

(四)指导下级财政部门开展绩效目标管理工作;

(五)完成财政部、自治区党委、政府等交办其他事项。

第七条 预算部门主要职责:

(一)负责本部门绩效目标编制、申报工作,研究提出适合本部门绩效管理的指标体系和标准;

(二)组织和指导项目管理单位绩效目标编制,负责审核、汇总、批复下属单位绩效目标;

(三)按照财政部门反馈的审核意见,修正调整绩效目标;

(四)开展本部门及下属单位绩效目标跟踪监控和绩效评价,确保绩效目标实现。

第八条 项目管理单位主要职责:

(一)研究制定适合具体项目的指标体系和管理标准;

(二)负责本单位项目绩效目标编制、申报、修正调整等工作;

(三)完成绩效目标任务,确保绩效目标实现;

(四)发现绩效运行目标与预期目标发生偏离时,及时予以纠正。

第三章 绩效目标的编制

第九条 绩效目标编制按照“谁申请资金,谁编制目标”的原则,由预算部门、项目管理单位申请财政性资金时编制,具体编制要求由财政部门在布置年度预算编制工作时予以明确。执行中申请调整预算的，应当随预算调整一并上报调整后的绩效目标。

第十条　按照预算支出的范围和内容，绩效目标分为基本支出绩效目标、项目支出绩效目标、部门整体支出绩效目标。基本支出绩效目标是指预算部门安排的基本支出在一定期限内对本部门（单位）正常运转的预期保障程度。一般不单独设定，而是纳入部门（单位）整体支出绩效目标统筹考虑。项目支出绩效目标是指自治区本级部门依据部门职责和事业发展要求，通过预算安排的项目支出，在一定期限内预期达到的产出和效果。部门整体支出绩效目标是指自治区本级部门（单位）按照确定的职责，利用全部财政性资金在一定期限内所预期达到的整体目标，是部门（单位）基本支出和项目支出共同作用达到的绩效结果。

第十一条　绩效目标按时间分为中长期绩效目标和年度绩效目标，是编制中长期财政规划的主要依据。中长期目标是指自治区本级部门预算资金在跨多年度的计划期内预期达到的产出和效果。一般设定为 3 年，最长不超过 5 年。年度目标是中长期绩效目标的分年度目标，反映自治本级部门预算资金在一个预算年度内预期达到的产出和效果。年度绩效目标要与中长期绩效目标相衔接。

第十二条　项目支出绩效目标在该项目纳入部门预算项目库之前编制，并按要求随同项目资料上报财政部门；部门（单位）整体支出绩效目标，在申报部门预算时编制，并随同部门预算上报财政部门。

第十三条　绩效目标要能清晰反映预算资金的预期产出和效果，主要包括以下内容：

（一）预期产出，指预算资金在一定期限内预期提供的公共产品和服务情况；

（二）预期效果，指上述产出可能对经济、社会、环境等带来的影响情况，以及服务对象或者项目受益人对该项产出和影响的满意程度等；

（三）达到预期产出、预期效果所需要的成本资源；

（四）衡量预期产出、预期效果和社会公众或服务对象满意度的绩效指标；

（五）其他相关目标。

第十四条　绩效目标编制的依据：

（一）国家相关法律法规；

（二）各级政府制定的国民经济和社会发展规划；

（三）部门职能职责及事业发展规划；

（四）部门年度工作计划或项目规划；

（五）财政部门年度预算编制要求；

（六）预期可获得的预算资金规模；

（七）公共成本标准体系；

（八）相关历史数据、行业标准；

（九）其他符合财政部门要求的相关依据。

第十五条　绩效目标应当符合以下要求：

(一)指向明确。绩效目标要符合国民经济和社会发展规划、部门职能职责及事业发展规划,并与相应的预算支出范围、方向、效果紧密相关。

(二)细化量化。绩效目标应从数量、质量、成本和时效等方面进行细化,须用定量表述为主,尽量充分量化。不能以量化形式表述的,应当采用分级分档的形式定性表述,并具有可测量性。

(三)合理可行。设定绩效目标时要经过调查研究和科学论证,目标要符合客观实际,在一定期限内能够实现。

(四)相应匹配。绩效目标要与年度的任务数或计划数相对应,与预算确定的投资额或资金量相匹配。

第十六条 绩效指标是绩效目标的细化和量化,应与绩效目标密切相关,全面系统,突出重点,便于考核。一般包括产出指标和效果指标。

(一)产出指标是反映预算部门和项目单位根据既定目标计划预期完成的产品和服务情况的指标,可细化为数量指标、质量指标、时效指标和成本指标。

(二)效益指标是反映与既定绩效目标相关的、预算支出预期结果实现程度和影响的指标,可细化为经济效益指标、社会效益指标、生态效益指标、可持续影响指标以及社会公众或服务对象满意度指标等。

第十七条 指标值应依据或参考绩效标准设定。绩效标准一般包括:

(一)历史标准,是指同类指标的历史数据等;

(二)行业标准,是指国家公布的行业指标数据等;

(三)计划标准,是指预先制定的目标、计划、预算、定额等数据;

(四)财政部门或其他部门牵头建立认可的其他标准等。

第十八条 绩效目标编制主要包括以下方面:

(一)编制部门整体支出绩效目标。预算部门编制年度预算时,根据部门职能职责和年度工作计划,预计部门整体支出在本年度内所要达到的总体产出和效果。填报《部门整体支出绩效目标申报表》,作为实施部门综合绩效管理的依据;

(二)编制项目支出绩效目标。部门预算编制年度预算及中期财政规划时,应将项目细化到实施单位和具体项目,并预计项目实施在一定时期内所要达到的总体产出和效果。编制项目支出绩效目标,应填报专项资金绩效目标申报表。

第十九条 预算部门填报的专项资金绩效目标申报表和部门整体支出绩效目标申报表在部门预算“一上”时,随部门预算一同报送财政部门。

第四章 绩效目标审核与批复

第二十条 按照“谁分配资金,谁审核绩效目标”的原则,绩效目标由财政部门或自治区本级部门按照预算管理级次进行审核。根据工作需要,绩效目标可委托第三方予以审核。

第二十一条　绩效目标审核的依据：

（一）国家相关法律法规；

（二）国家及各级政府经济、社会发展政策及其规划；

（三）部门职能职责及事业发展规划；

（四）当年重点工作安排；

（五）当年预算支出结构和重点方向；

（六）当年预算资金的预计安排情况等。

第二十二条　绩效目标审核要点包括以下方面：

（一）完整性审核。填报内容是否完整，绩效目标是否明确、清晰；

（二）相关性审核。绩效目标与预算部门职能职责是否相关；是否对申报的绩效目标设定了相关联的绩效指标；绩效指标是否细化量化。

（三）适当性审核。资金规模与绩效目标之间是否匹配，是否符合公共成本标准；在既定资金规模下，绩效目标是否过高或过低；或者要完成既定绩效目标，资金规模是否过大或过小；

（四）可行性审核。绩效目标是否经过充分论证和合理测算；为实现目标采取的措施是否切实可行；综合考虑成本效益，审核是否有必要安排财政性资金。

第二十三条　自治区本级部门对所属单位报送的绩效目标先进行审核，并将审核意见反馈给下属单位，下属单位对绩效目标进行修改完善后，符合要求的，随部门预算“一上”上报财政部门。有预算分配权的部门应对预算单位提交的项目支出绩效目标进行审核，并据此提出资金安排意见，上报财政部门。

第二十四条　财政部门对预算部门报送的绩效目标进行审核，将审核意见反馈预算部门，并及时修改、完善；经审核后绩效目标不符合要求的，不予纳入项目库，不安排预算资金。对经有预算分配权的部门审核后的横向分配项目的绩效目标，财政部门可根据需要进行再次审核后，确定资金分配。

第二十五条　明确绩效目标。

第二十六条　对于社会关注程度高、对经济社会发展各部门申请追加项目资金，也应按要求有重大影响和关系民生的重大专项绩效目标，财政部门、预算部门可根据需要通过政府购买服务的方式，委托第三方审核，组织专家学者、中介机构及社会公众代表对绩效目标进行评估，提高审核的客观性、公正性、权威性及公信度。

第二十七条　按照“谁批复预算，谁批复目标”的原则，财政部门和自治区本级部门在批复年初部门预算或调整预算时，一并批复绩效目标，作为预算执行、绩效跟踪监控、绩效评价的重要依据。

第二十八条　批复的绩效目标一般不予调整，确需调整的，应当根据绩效目标管理的要求和审核流程，按照规定程序重新报批。

第二十九条　根据政府信息公开的有关要求，逐步推进绩效目标公开，自觉接受社会监督。

第五章　绩效目标运行监控

第三十条　绩效目标运行监控是财政部门和预算部门依据设定的绩效目标对资金运行状况与绩效目标预期实现程度开展的控制和管理活动，是全过程绩效管理的重要环节。主要包括绩效监控布置、绩效监控实施和绩效监控结果应用三个环节。

第三十一条　绩效监控布置是财政部门对绩效运行监控实施提出要求，主要包括绩效监控的内容、实施方式、监控要求等。

第三十二条　所有纳入预算绩效管理的资金都属于绩效跟踪与监控的范围。监控的重点为预算部门申请预算时设定并得到批复的绩效目标的预期实现程度。主要内容包括：

(一)绩效目标预期完成情况。包括项目的数量、质量、时效、成本、经济效益、社会效益、生态效益、可持续发展以及达到计划产出所需要的财力、物力、人力等资源使用情况；

(二)项目实施情况。包括项目实施的进度、调整等情况；

(三)资金管理情况。包括项目资金使用的时效性、资金支付方式、拨付效率、资金规范管理、资金使用的安全性等情况；

(四)项目管理情况。包括政府采购、项目公示、工程招投标和监理、项目验收以及财务管理、会计核算、资产管理等情况。

第三十三条　绩效跟踪与监控的方式可分为预算部门跟踪监控和财政部门重点监控两种方式。预算部门自行监控是指预算部门对所属单位预算围绕绩效目标，适时跟踪监控绩效目标实现程度和预算执行情况，掌握绩效运行情况、资金支出进度等。当预算支出执行与绩效目标发生偏离时，及时采取措施予以纠正。财政部门重点监控是指财政部门在部门自行监控的基础上，有重点地对绩效目标实现程度进行监控。由财政部门根据批复的绩效目标，结合预算执行进度、国库管理、资金使用情况等，通过调查取证、实施核查以及绩效运行信息采集等方式进行重点监控，以发现问题和风险，督促预算部门采取措施防止偏离原定绩效目标，确保绩效目标的实现。

第三十四条　绩效跟踪监控实施包括收集绩效运行数据信息、分析绩效运行数据、形成绩效监控报告三个环节。

(一)收集绩效运行数据信息要以设定的绩效目标为核心，以绩效指标完成情况为重点。其要点包括预算执行准备情况、预算执行进度、预算支出保障措施落实情况、已体现的绩效和未来效益预计情况、存在的问题等。

(二)分析绩效运行数据信息就是对收集的各类绩效运行数据信息进行核实，确保其真实性，针对预算执行中的关键问题，重点关注对下阶段工作的影响。

(三)绩效监控报告是在分析绩效运行数据信息基础上形成的。绩效监控报告首先由具体实施单位撰写，然后按预算管理级次逐级汇总，形成绩效监控总体报告。

第三十五条　绩效监控报告主要包括以下内容：关键点的绩效运行数据信息，对相关数据信息的核实和分析，对预期产出和预期绩效实现程度的判断，根据绩效运行情况已采取的改进措施，进一步完善和改进预算执行的建议。

第三十六条　绩效监控结果应用主要是根据绩效监控报告所提供的管理信息，采取针对性措施及时纠正偏差；对预算执行进行必要的修正和调整，督促加快执行进度；减少不合理支出。情况严重的，停止预算支出的执行，进行调查处理。

第六章　附　则

第三十七条　各地区、各部门可结合实际制定具体的管理办法或者实施细则并报自治区财政厅备案。

第三十八条　本办法自公布之日起施行。

宁夏“十三五”易地扶贫搬迁资金管理办法

［宁财(农)发〔2016〕1009号］

第一章　总　则

第一条　为加强和规范“十三五”易地扶贫搬迁资金（以下简称易地扶贫搬迁资金）管理，切实保障资金安全，提高资金使用绩效，根据国家发展和改革委员会、国务院扶贫开发领导小组办公室、财政部、国土资源部、中国人民银行《关于印发“十三五”时期易地扶贫搬迁工作方案的通知》（发改地区〔2015〕2769号）和自治区人民政府《关于印发宁夏“十三五”易地扶贫搬迁规划的通知》（宁政发〔2016〕66号）等有关规定，结合我区实际，制定本办法。

第二条　本办法所称易地扶贫搬迁资金包括：中央预算内投资、地方政府债券资金、专项建设基金、政策性银行长期贷款、农户自筹资金以及自治区统筹安排的用于易地扶贫搬迁的资金。

第三条　专项建设基金和政策性银行长期贷款不纳入地方政府债务。

第四条　本办法适用于易地扶贫搬迁资金的筹集、拨付、使用、偿还和管理等。

第二章　资金筹集

第五条　易地扶贫搬迁资金筹集坚持“依据规划、核定总量、区级统筹”的原则。

第六条　易地扶贫搬迁资金通过以下渠道筹集：

(一)中央预算内资金。由中央预算内基本建设安排的易地扶贫搬迁项目资金。

(二)地方政府债券资金。自治区政府发行的地方政府债券中用于易地扶贫搬迁的资金。

(三)专项建设基金。通过国家开发银行、中国农业发展银行发行专项建设债券设立的易地扶贫搬迁专项建设基金。

(四)政策性银行长期贷款。国家开发银行宁夏分行和中国农业发展银行宁夏分行(以下分别简称国开行宁夏分行和农发行宁夏分行)提供的易地扶贫搬迁长期贷款。

(五)自治区财政统筹安排的资金。自治区统筹安排的用于非建档立卡贫困人口易地扶贫搬迁资金。

(六)易地扶贫搬迁农户自筹资金。农户按照政策要求自筹的建房资金。

第七条 宁夏惠民投融资有限公司设立的全资子公司宁夏扶贫开发投融资有限公司(以下简称扶贫开发公司),作为自治区易地扶贫搬迁项目投融资主体,承接地方政府债券资金、专项建设基金以及政策性银行长期贷款。

第八条 扶贫开发公司所承担的易地扶贫搬迁业务与其他业务物理隔离、独立封闭运行。实行专户(单位专户)管理、分账核算。

第九条 扶贫开发公司与自治区人民政府授权的自治区扶贫办(移民局)签订《政府购买服务协议》,明确政府购买服务事项,资金规模及来源,拨付方式,还款来源,各方职责等。

第十条 易地扶贫搬迁资金严格按照宁夏"十三五"易地扶贫搬迁规划筹集资金,包干使用,超概算增加的投资由市、县(区)自筹解决。

第三章 资金拨付

第十一条 中央预算内资金,由自治区发改委下达投资计划,自治区财政厅根据投资计划将资金预算指标下达到项目市、县(区)财政局,由市、县(区)财政拨付到易地扶贫搬迁实施主体资金账户,专门用于易地扶贫搬迁住房建设。

第十二条 地方政府债券资金,由自治区财政拨付至扶贫开发公司,作为项目资本金,用于易地扶贫搬迁项目建设及政策补助等。

第十三条 专项建设基金,由国开行宁夏分行和农发行宁夏分行采取股东借款方式一次性投放至扶贫开发公司,作为项目资本金,用于易地扶贫搬迁项目建设及政策补助等。

第十四条 政策性银行长期贷款,由国开行宁夏分行和农发行宁夏分行按照宁夏"十三五"易地扶贫搬迁规划,与扶贫开发公司分别签订易地扶贫搬迁长期贷款合同,并根据年度计划和实际需求分批发放至扶贫开发公司,用于易地扶贫搬迁项目建设及政策补助等。利率执行国家优惠利率,期限原则上不超过20年。

第十五条 自治区财政统筹安排资金,由自治区财政厅按照年度计划直接下达到市、县(区)财政局,由市、县(区)财政拨付到易地扶贫搬迁实施主体资金账户,用于非建档立卡贫困人口的搬迁支出。

第十六条　农户自筹资金，由迁出市、县（区）相关乡镇或部门收缴，统一缴入县内易地扶贫搬迁资金账户，属于县外安置的，由迁出市、县（区）划拨至迁入县易地扶贫搬迁资金账户，用于易地扶贫搬迁住房建设。

第十七条　易地扶贫搬迁资金原则上按照宁夏"十三五"易地扶贫搬迁规划、年度计划和实际需求，由各市、县（区）向扶贫开发公司提交资金需求申请，扶贫开发公司汇总、审核并报自治区扶贫办审批后，由扶贫开发公司分批拨付至市、县（区）易地扶贫搬迁实施主体资金账户。

第十八条　扶贫开发公司要制定易地扶贫搬迁资金拨付流程，并严格按照资金拨付流程下拨资金。

第十九条　市、县（区）要将本地易地扶贫搬迁安置实施方案、具体实施办法、建设方案、年度计划等及时报自治区有关部门及扶贫开发公司备案，作为拨付资金的重要依据。

第四章　资金使用

第二十条　易地扶贫搬迁资金用于搬迁对象的住房、配套基础设施、公共服务设施、生态环境、产业设施的建设以及土地权属处置、生活补助、工程前期费等。

第二十一条　市、县（区）项目实施主体应严格按照资金。使用计划、工程进度，经市、县（区）财政局、扶贫办审核同意后使用资金。对易地扶贫搬迁资金分别建立台账进行管理。

第二十二条　资金支付原则上实行县级报账制。市、县（区）项目实施主体按照项目实施进度拨付资金，直接支付到具体实施单位。易地扶贫搬迁农户自建房补助、搬迁后头两年的取暖费和水费补助等，应通过"一卡通"直接支付到户。

第二十三条　易地扶贫搬迁任务完成后，资金如有结余，可以调剂用于搬迁后续产业发展等。

第五章　资金偿还

第二十四条　专项建设基金、长期贷款实行统贷统还，由扶贫开发公司统一贷款，统一还本付息。自治区财政统筹可支配财力支持扶贫开发公司还款。

第二十五条　还本付息资金来源：

（一）中央财政贴息资金补助；

（二）统筹上级及本级财政专项扶贫资金；

（三）城乡土地增减挂钩政策形成的土地出让纯收益；

（四）自治区本级财政预算资金；

（五）其他地方可支配财力。

第二十六条　扶贫开发公司要在每年九月底前，将下一年度还款计划报自治区财政厅审核。自治区财政厅按照还本付息计划将还款资金下达到扶贫开发公司，由扶贫开发公司按照协议偿还本息。

第六章　资金监管

第二十七条　易地扶贫搬迁资金筹集、拨付、使用、管理、偿还，全程接受财政、审计、监察等部门的监督。

第二十八条　易地扶贫搬迁资金按照“专账管理、分账核算、专款专用、封闭运行”的原则管理，依据规定的项目和指定的用途使用。

第二十九条　市、县（区）人民政府承担易地扶贫搬迁资金监管主体责任。应加强对市、县（区）项目实施主体项目实施和资金使用的监督管理。

第三十条　市、县（区）应设立易地扶贫搬迁资金共管账户，承接易地扶贫搬迁资金。共管账户（单位账户）由市、县（区）财政、扶贫部门共同管理，共同签字核报。

第三十一条　各级财政、发改、扶贫等部门应按照职责分工，加强对易地扶贫搬迁资金的监管，建立健全项目实施、资金审批、拨付、台账及报账等管理制度，确保账目清楚、手续合规。

第三十二条　各级财政、发改、扶贫等部门要加强对易地扶贫搬迁项目的管理，易地扶贫搬迁项目要严格按照国家和自治区基本建设项目管理程序和相关规定组织实施。

第三十三条　建立健全监督考核机制，定期或不定期对项目实施、资金使用情况进行检查；定期开展绩效评价。

第三十四条　国开行宁夏分行、农发行宁夏分行及扶贫开发公司应强化对项目资金使用监督，发现截留、挤占、挪用贷款资金等问题，有权停止办理相关项目资金的发放和支付，直至收回资金。

第三十五条　各级易地扶贫搬迁项目主管部门应将易地扶贫搬迁资金政策文件、管理制度、资金拨付、工作进度等信息及时向社会公开，接受社会监督。

第三十六条　建立月报制度。市、县（区）项目实施主体应当在每月末后5个工作日内，向自治区扶贫、发改、财政等部门上报项目进度及各类资金使用情况。自治区扶贫办会同自治区发改、财政等部门于每月末后10个工作日内将上月项目进展、中央预算内资金、地方政府债券资金、专项建设基金、政策性银行长期贷款资金支付及余额，以及农户自筹资金到位等情况分类汇总，上报国务院扶贫开发办公室、财政部和国家发展改革委备案。

第三十七条　任何单位或个人不得骗取、截留、挤占、挪用易地扶贫搬迁资金。对资金使用管理中发现的违法违纪行为，依照《中华人民共和国预算法》及《财政违法行为处罚处分条例》，严肃追究单位主要负责人和直接责任人的责任。

第七章　附　则

第三十八条　市、县（区）应根据本办法，制定资金管理细则，并报自治区财政厅、发改委、扶贫办及扶贫开发公司等部门备案。

第三十九条　本办法由自治区财政厅会同自治区发改委、扶贫办等部门解释。

第四十条　本办法自发布之日起施行。

2016年11月9日

宁夏回族自治区财政专项扶贫资金管理办法

［宁财（农）发〔2017〕637号］

第一章　总　则

第一条　为认真贯彻落实《中共中央 国务院关于打赢脱贫攻坚战的决定》精神和自治区党委、政府关于脱贫攻坚的总体部署，进一步加强财政专项扶贫资金管理，提高资金使用效益，依据《中华人民共和国预算法》《中央财政专项扶贫资金管理办法》和国家、自治区有关扶贫开发方针政策等，制定本办法。

第二条　本办法所指财政专项扶贫资金是指中央财政、自治区本级财政通过一般公共预算安排主要用于精准扶贫、精准脱贫的专项资金。

第三条　财政专项扶贫资金应当围绕自治区脱贫攻坚总体目标和工作要求，结合市、县（区）实际情况，统筹整合使用，形成资金合力，发挥整体效益。

中央财政专项扶贫资金支出方向包括：扶贫发展、以工代赈、少数民族发展、“三西”农业建设、国有贫困农场扶贫、国有贫困林场扶贫。

自治区本级财政专项扶贫资金支出方向由自治区扶贫开发领导小组在年度财政专项扶贫资金计划中明确。

第四条　财政专项扶贫资金要坚持使用精准，在精准识别贫困人口的基础上，把资金使用与建档立卡结果相衔接，与脱贫成效相挂钩，切实惠及贫困人口。

第二章　预算安排与资金分配

第五条　自治区财政依据全区脱贫攻坚任务需要和财力状况，建立财政专项扶贫资金稳定增长机制，在年度预算中安排一定规模的财政专项扶贫资金，并加大投入规模。

各市、县（区）级财政根据本地脱贫攻坚需要和财力情况，每年预算安排一定规模的财政专项扶贫资金。

第六条　财政专项扶贫资金聚焦农村贫困地区和建档立卡贫困人口，资金分配向连片特困地区、扶贫开发工作重点县、贫困乡村倾斜，统筹兼顾生态移民、易地扶贫搬迁迁入区。

第七条　财政专项扶贫资金分配，坚持精准扶持、权责匹配、公开透明的原则。资金分配的因素主要包括贫困状况、政策任务、脱贫成效、资金监管、支出进度等。贫困状况主要考虑贫困人口规模及比例、贫困程度、农民人均纯收入、地方人均财力等客观指标，政策任务主要考虑国家、自治区扶贫开发政策、年度脱贫攻坚任务等。脱贫成效主要考虑扶贫开发工作成效考核结果、财政专项扶贫资金绩效评价结果、贫困县开展统筹整合使用财政涉农资金试点工作成效等。同时，将各市、县（区）上一年度财政专项扶贫资金结转结余情况、项目实施情况作为资金分配的因素。每年分配资金的因素和权重，根据扶贫开发领导小组要求适当调整。

第三章　支出范围与资金下达

第八条　各设区的市、县（市、区）人民政府应按照国家、自治区扶贫开发政策要求，结合当地实际，围绕培育和壮大贫困地区特色产业、改善小型公益性生产生活设施条件、增强贫困人口自我发展能力和抵御风险能力等方面，因户施策、因地制宜确定财政专项扶贫资金使用范围。教育、科学、文化、卫生、医疗、社保等社会事业支出原则上从现有资金渠道安排。各市、县（区）原通过中央财政专项扶贫资金用于上述社会事业事项（“雨露计划”中农村贫困家庭子女初中、高中毕业后接受中高等职业教育，对家庭给予扶贫助学补助的事项除外）的不再继续支出。

开展统筹整合使用财政涉农资金试点的贫困县（区），由县（区）按照有关文件要求，根据脱贫攻坚需求统筹安排财政专项扶贫资金。

第九条　县级可根据工作需要，从财政专项扶贫资金中，按最高不超过1%的比例据实列支项目管理费，不足部分由县级财政安排解决。除上级安排以外，市级不得从安排到县（区）的财政专项扶贫资金中提取项目管理费。

项目管理费用于项目规划、勘测、设计、论证、招标等前期准备、项目实施、资金管理、竣工验收、监督检查、项目评估、扶贫培训、政策宣传等相关经费开支。

第十条　财政专项扶贫资金（含项目管理费）实行“负面清单制”，不得用于下列各项支出：

（一）行政事业单位基本支出；

（二）交通工具及通讯设备；

（三）各种奖金、津贴和福利补助；

（四）弥补企业亏损；

（五）修建楼堂馆所及贫困农场、林场棚户改造以外的职工住宅；

（六）弥补预算支出缺口和偿还债务；

（七）大中型基本建设项目；

（八）城市基础设施建设和城市扶贫；

（九）其他与脱贫攻坚无关的支出。

第十一条　严格落实扶贫开发责任、权力、资金、任务“四到县”机制，财政专项扶贫资金项目审批权限下放到县级。各设区的市、县（市、区）人民政府对各级财政专项扶贫资金的管理使用负主体责任，要充分发挥财政专项扶贫资金的引导作用，以脱贫成效为导向，以脱贫攻坚规划为引领，统筹整合使用相关财政涉农资金，提高资金使用精准度和使用效益。

第十二条　创新资金使用机制。各市、县（区）要积极探索推广政府和社会资本合作、政府购买服务、资产收益扶贫等机制，撬动更多金融资本、社会帮扶资金参与脱贫攻坚。

第十三条　自治区财政厅根据自治区扶贫开发领导小组审定的年度资金分配方案，及时将中央和自治区本级财政专项扶贫资金下达到各市、县（区）财政局。

第十四条　各市、县（区）应加快预算执行，提高资金使用效益。财政专项扶贫资金原则上当年安排当年使用完毕，确需结转结余的财政专项扶贫资金，按照财政部、自治区财政厅关于结转结余资金管理的相关规定管理。

第十五条　财政专项扶贫资金的支付管理，按照财政国库管理有关规定执行。属于政府采购、招投标管理范围的，严格执行相关法律、法规及制度规定。

第四章　资金管理与资金监督

第十六条　参与财政专项扶贫资金使用管理相关的各部门根据以下职责分工履行资金使用管理职责。

（一）财政专项扶贫资金分配方案，由自治区扶贫办、发展改革委、民委、林业厅、农垦局等部门商自治区财政厅，根据中央考核要求及自治区年度扶贫开发目标任务及时拟定。自治区扶贫办商财政厅汇总平衡提出财政专项扶贫资金切块分配方案，报自治区扶贫开发领导小组审定。由自治区扶贫开发领导小组通知各市、县（区）人民政府，自治区财政厅根据审定的资金分配方案下达资金。

（二）各级财政部门负责预算安排和资金下达，加强资金监管。

（三）自治区扶贫办、发展改革委、民委、林业厅、农垦局等部门以及地级市相关部门负责资金监督、绩效评价。县级扶贫、发展改革、民族宗教、林业、农垦等部门负责资金和项目具体使用管理、绩效评价、监督检查等工作，各级各部门按照权责对等原则落实监管责任。

第十七条　各县（区）应加强资金和项目管理，做到资金到项目、管理到项目、核算到项目、责任到项目，并落实绩效管理各项要求。

第十八条　全面推行公开、公示、公告制度，推进政务公开。各级资金管理部门要将政策文件、管理制度、资金分配结果等信息及时向社会公开，接受社会监督。自治区扶贫办、财政厅、发展改革委、民委、林业厅等有关部门负责公开财政专项扶贫资金分配方案（计划）、资金拨付情况，在自治区级媒体或门户网站进行公开。各市、县（区）相关部门要及时将财政专项扶贫资金分配、管理和使用等方面情况在同级媒体进行公示、公告，并将公示公告情况报自治区财政厅、扶贫办等部门备案。财政专项扶贫资金实施的项目，应在项目乡、镇、村以短信、公示栏等多种方式将具体信息进行公示、公告。

第十九条　建立财政专项扶贫资金使用报告制度。各市、县（区）每月末应及时向自治区财政厅和扶贫办上报财政专项扶贫资金使用、拨付、支出进度等情况。

第二十条　建立财政专项扶贫资金结转结余问责机制。各市、县（区）要采取有效措施，避免出现财政专项扶贫资金结转结余现象。自治区财政厅、扶贫办等扶贫资金监管部门定期对财政专项扶贫资金使用情况进行督导检查。对于资金结转结余情况严重的市、县（区）报自治区扶贫开发领导小组予以通报。

市级财政、扶贫等部门应按照权责对等原则，加强对所辖市、县（区）财政专项扶贫资金管理使用情况的监督检查，并及时向上级主管部门报送监管报告。县级财政、扶贫部门应加大对财政专项扶贫资金结转结余情况的日常监管力度，及时将有关情况反馈至财政专项扶贫资金管理使用部门。

第二十一条　财政专项扶贫资金使用管理实行绩效评价制度。绩效评价结果以适当形式公布，并作为资金分配的重要因素。绩效评价具体实施方案由自治区扶贫办商财政厅制定。

第二十二条　各级财政、扶贫、发展改革、民族宗教、林业、农垦等部门、财政专项扶贫资金使用单位和个人要配合审计、纪检监察、检察机关做好资金和项目的审计、检查等工作。

各级财政部门会同扶贫等部门定期开展资金监督检查，积极配合财政部驻宁夏专员办做好有关工作。

第二十三条　各级财政、扶贫、发展改革、民族宗教、林业和农垦等部门及其工作人员在财政专项扶贫资金分配、使用管理等工作中，存在违反本办法规定，以及滥用职权、玩忽职守、徇私舞弊等违法违纪行为的，按照《中华人民共和国预算法》《中华人民共和国公务员法》《中华人民共和国行政监察法》《财政违法行为处罚处分条例》等国家有关规定追究相应责任；涉嫌犯罪的，移送司法机关处理。

第五章　附　则

第二十四条　本办法自2017年9月30日起施行。原《宁夏财政专项扶贫资金管理实施办法》（宁财农发〔2012〕351号）、《自治区财政扶贫资金报账制管理办法实施细则》（宁财农发〔2003〕292号）同时废止。《宁夏回族自治区少数民族发展资金管理实施细则》（宁财农〔2009〕1737号）、《宁夏农垦国有贫困农场财政扶贫资金管理暂行办法》的通知（宁财农〔2008〕815号）、《宁夏国有贫困林场扶贫资金管理实施细则》（宁财农发〔2005〕743号）中有关规定与本办法不符的，执行本办法。

第二十五条　本办法由自治区财政厅会同自治区扶贫办负责解释。

2017年9月18日

财政监督“十不准”工作纪律

一、不准在监督过程中发表与中央的路线方针政策和决定以及中央和自治区的决策部署相违背的言论；

二、不准隐瞒、包庇被监督人的违法、违规问题，或者利用监督职权刁难、打击、报复被监督人；

三、不准由被监督人及其关系人支付或者补贴住宿费、交通费、电话费等费用；

四、不准接受被监督人及其关系人的礼金、礼品、消费卡、纪念品、有价证券和支付凭证等；

五、不准参加被监督人及其关系人安排的宴请、旅游、娱乐等活动；

六、不准向被监督人提出与监督工作无关的要求；

七、不准在非工作场合接待被监督人及其关系人的工作人员；

八、不准利用监督职权或者在监督过程中获悉的商业秘密、内部消息等为自己或他人谋利；

九、不准在财政部门作出结论之前私自向被监督人通报相关情况或者泄露工作秘密；

十、不准违反法定程序实施行政处理、处罚，或者擅自改变行政处理、处罚的种类、幅度。

财政监督“四严禁”工作要求

一、严禁干预被监督单位资金分配等具体业务；

二、严禁以授课费、咨询费等方式从被监督单位获得报酬；

三、严禁向被监督单位推销商品或介绍业务；

四、严禁工作期间饮酒和酒后驾驶机动车。

简缩语解释

三类地区：一类地区为银川市兴庆区、金凤区、西夏区，石嘴山市大武口区、惠农区；二类地区为永宁县、贺兰县、灵武市、平罗县、吴忠市利通区、青铜峡市、中卫市沙坡头区、中宁县、海原县；三类地区为固原市原州区、西吉县、隆德县、彭阳县、泾源县、同心县、盐池县、吴忠市红寺堡区。

“1236”工程：1994年，自治区党委、政府提出扬黄扩灌，改善农业基本生产条件，建设大柳树灌区第一期扶贫工程——扶贫扬黄新灌区设想，简称“1236”工程，即解决100万人的贫困问题，开发200万亩水浇地，投资30亿元，用6年时间基本完成。

“三重一改”任务：2013年，自治区政府建立重点项目、重要工作、重大节会“三重”工作任务，即重点项目、重要工作、重大节会，2014年增加深化改革重大任务。

五个扎实推进：2017年，自治区第十二次党代会提出要扎实推进民主法治建设，扎实推进民族宗教工作，扎实推进文化繁荣发展，扎实推进改革开放，扎实推进全面从严治党。

三馆两中心及四馆三中心：2005年提出在银川人民广场建设宁夏博物馆、宁夏科技馆、宁夏图书馆及宁夏会展中心、银川文化艺术中心，建成后，将与银川市行政中心共同构成银川城市核心区。四馆三中心指宁夏博物馆、宁夏图书馆、宁夏科技馆、宁夏国际会展中心、银川文化艺术中心、宁夏广电中心、固原体育馆，是自治区成立50周年的重点献礼项目。

“3S”信息管理系统：2009年，建立以考评结果为资金分配主要依据的资金分配模式，引入“3S”信息管理系统，即地理信息系统（GIS）、全球卫星定位系统（GPS）、遥感系统（RS）的合称。

“三环八射九联”路网建设：2015年，自治区第45次政府常务会议，审议通过《宁夏回族自治区省道网布局规划（2015年—2030年）》，规划建设10条省级高速公路，与9条国家高速公路，构建“三环八射九联”高速公路网。

“三E”行动计划 2016年，自治区财政厅按照建立现代财政制度要求，在全区开展预算编制“3E”（经济、效益、效率）行动计划。

三供一业：供水、供电、供热和物业管理。

一带一路：丝绸之路经济带和21世纪海上丝绸之路。

三提五统：指村级三项提留和五项乡统筹。“三提”是指农户上交给村级行政单位的三种提留费用，包括公积金、公益金和行管费；“五统”是指农民上交给乡镇一级政府的五项统筹，包括教育费附加、计划生育费、民兵训练费、乡村道路建设费和优抚费。2000年开始取消“三提五统”政策。

“5221”多层次损失风险分担机制：自治区财政厅推行的融资担保业务，即风险分担比例为直接担保机构50%，再担保集团20%，银行20%，地方政府10%。

GPA谈判：GPA是政府采购协定英文Government Procurement Agreement的简称，是WTO框架下规范政府采购市场开放的一项专项协定，主要规定了加入谈判规则和加入后享有的权利及承担的义务。

九大重点产业：枸杞、葡萄酒、奶产业、肉牛和滩羊、电子信息科技、新型材料、绿色食品、清洁能源、文化旅游。

五大工业园区：宁东能源化工基地、银川经济技术开发区、石嘴山陆港经济区、中卫工业园区、太阳山工业园区，固原特色农产品加工和盐化工等特色园区。

十大工程项目：黄河黑山峡河段开发工程、黄河宁夏段河道治理项目、“三山”生态保护和修复工程、城乡供水一体化工程、银川至太原时速350千米高速铁路工程、银川河东国际机场改扩建工程、银昆高速宁夏段工程、宁夏至华中特高压直流输电及配套新能源工程、青铜峡抽水蓄能电站工程、银川城市地下轨道交通项目。

“双创示范”城市：财政部贯彻落实中央、国务院关于创新驱动发展战略的决策部署，积极创新财政投入方式，开展小微企业创业创新基地城市示范，推动“大众创业、万众创新”，着力培育经济增长新动能。

四大提升行动：百万移民致富提升行动、城乡居民收入提升行动、基础教育质量提升行动、全民健康水平提升行动。

粮食生产“四个一”工程：1996年，自治区明确提出了粮食上台阶的“四个一”工程，即到2000年，川区推广以麦套玉米为主的百万亩吨粮田综合栽培技术，生产粮食10亿千克；推广以旱育稀植为主的百万亩水稻综合增产技术，生产粮食6亿千克。山区推广以地膜覆盖为主的百万亩玉米综合增产技术，生产粮食4亿千克；推广以种薯脱毒为主的百万亩马铃薯综合丰产技术，总产折主粮3亿千克。

农业产业化“三个十”工程、乡镇企业二次创业“2321”行动计划：2001年，自治区党委、政府决定在“十五”期间，重点建设十个农业科技示范园、十个优质农产品基地、十个农业产业化龙头企业，并着手落实乡镇企业二次创业“2321”行动计划，即建设20个产值过亿元的乡镇工业园区，培植30个产值过5000万元的乡镇重点骨干企业、20个工业产值过4亿元的强乡富镇和100个二、三产业富集的专业村。

“三区”人才支持计划：2011年，中央组织部、教育部、科技部、民政部、财政部、人力资源和社会保障部、农业部、文化部、卫生部（国家卫生计生委）共同印发《边远贫困地区、边疆民族地区和革命老区人才支持计划实施方案》，实施“三区”人才计划。目标是从2011年起至2020年，每年引导10万名优秀教师、医生、科技人员、社会工作者、文化工作者到“三区”工作或提供服务。每年重点扶持培养1万名“三区”急需紧缺人才。

“五优一新”产业集群：指重点发展壮大能源、煤化工、新材料、装备制造、农副产品加工等优势产业集群和高新技术产业。

三支一扶：支教、支农、支医、扶贫。

义务教育“两免一补”：2015年，国务院印发《关于进一步完善城乡义务教育经费保障机制的通知》，全面部署统筹城乡义务教育资源均衡配置，推动义务教育事业持续健康发展。从2017年春季学期开始，统一城乡义务教育学生“两免一补”政策，即对城乡义务教育学生免除学杂费、免费提供教科书，对家庭经济困难寄宿生补助生活费。

四免一救助、六免一救助：2009年，自治区卫生厅制定《宁夏回族自治区妇幼卫生“四免一救助”管理办法》，从2010年1月1日起实施。“四免一救助”，即免费婚前医学检查、孕产妇免费住院分娩、免费筛查新生儿3种疾病、免费治疗筛查出的患儿、对贫困孕产妇急救实施救助。2012年起增加免费乳腺和宫颈病变筛查。

文化“七个一”工程：2010—2017年，每个村配套建成一个文化活动广场、一个文化活动室、一个简易戏台、一个图书阅览室、一套文化器材、一套广播影视器材及一套体育健身设施。

八个坚持，八个反对：2001年9月，中共十五届六中全会审议通过了《中共中央关于加强和改进党的作风建设的决定》，提出“八个坚持，八个反对”的纠正措施，即：坚持解放思想、实事求是，反对因循守旧、不思进取；坚持理论联系实际，反对照搬照抄、本本主义；坚持密切联系群众，反对形式主义、官僚主义；坚持民主集中制，反对独断专行、软弱涣散；坚持党的纪律，反对自由主义；坚持艰苦奋斗，反对享乐主义；坚持清正廉洁，反对以权谋私；坚持艰苦奋斗，反对享乐主义；坚持任人唯贤，反对用人上的不正之风。

“三服务一推进”主题实践活动：2008年，自治区直机关工委在区直机关开展“三服务一推进”主题实践活动，服务发展、服务基层、服务群众，推进效能建设。

四项清理：2013年，宁夏严格执行中央八项规定和自治区若干规定，开展“四项清理”行动，即清理行政事业收费和行政审批事项，清理节庆论坛展会和检查评比达标表彰活动，清理信访积案，清理退还各类会员卡。

“三强九严”工程：2018年，自治区党委制定出台《关于进一步加强和改进机关党的建设的意见》，实施“三强九严”工程，即强化党组（党委）书记领导责任、强化机关党委书记直接责任、强化党支部书记主体责任，严格落实党组织设置、三会一课、组织生活会、民主评议党员、谈心谈话、支部主题党日、党员组织关系和党费管理、党组织星级评定、换届规定。

表2 1991—2018年宁夏回族自治区财政法规文件目录选编一览表

文件名称	发文单位或文号	发文时间
宁夏回族自治区公费医疗经费管理改革实施方案	宁财(行)发〔1991〕276号	1991年7月13日
关于贯彻会计证管理办法和加强会计证年检管理的实施意见	宁财(会)发〔1991〕12号	1991年1月1日
关于开展国有资产产权登记工作的通知	自治区人民政府办公厅	1992年7月10日
宁夏回族自治区行政、事业单位工作人员差旅费开支规定	自治区财政厅	1992年
会计工作“抓基础、上水平”活动试行办法	宁财(会)〔1992〕195号	1992年5月26日
自治区财政厅印发《宁夏回族自治区各国债服务部办理国债券还本付息业务制度(试行)》	宁财发(综)〔1992〕68号	1992年
自治区财政厅印发《宁夏回族自治区财政支农周转金使用管理办法》	宁财(农)发〔1992〕26号	1992年1月27日
自治区财政厅作出《自治区财政厅关于财政税务部门委托事务所进行财税检查有关费用列支的规定》	宁财(预)发〔1992〕27号	1992年1月30日
自治区财政厅印发《宁夏回族自治区财政支农资金项目管理试行办法》	宁财(农)发〔1992〕173号	1992年5月6日
自治区财政厅、农垦局印发《关于“八五”期间宁夏国营农垦企业财务包干的几项规定》	宁财(农)发〔1992〕221号	1992年5月10日
自治区财政厅下发《关于贯彻执行自治区人民政府〈关于进一步搞活流通若干问题的决定〉的有关问题的通知》	宁财(商)发〔1992〕220号	1992年6月15日
自治区财政厅印发《宁夏回族自治区财政机关总预算会计达标准试行办法》	宁财(预)发〔1992〕349号	1992年8月21日
自治区财政厅下发《关于提也高国营旅游企业固定资产单位价值标准的通知》	宁财(商)发〔1992〕383号	1992年9月30日
关于实行分税制财政管理体制若干规定的通知	宁政发〔1993〕128号	1993年12月16日
关于教育费附加征收问题的通知	宁财(预)发〔1994〕1号	1994年2月17日
关于推进企业技术进步，加强财源建设有关政策	自治区人民政府	1994年
关于取消第三批乱收费项目的通知	宁财(综)发〔1994〕402号	1994年7月24日
关于银川高新技术产业开发区有关财税优惠政策的通知	宁财(预)发〔1994〕484号	1994年11月1日
关于确保困难县工资正常发放管理办法	自治区财政厅、人民银行宁夏分行	1994年3月4日
对行政性收费、罚没款纳入预算管理有关财务管理试行办法	宁财(行)发〔1994〕260号	1994年6月5日
宁夏回族自治区农业综合开发有偿资金使用管理试行办法	宁财(农)发〔1994〕第〔6〕号	1994年1月20日
批转自治区控制社会集团购买力办公室关于改进我区小汽车控购管理工作的意见	自治区人民政府办公厅	1994年10月15日
宁夏回族自治区养牛生产专项资金使用管理试行办法	自治区财政厅、自治区畜牧局	1994年
自治区财政厅转发财政部《关于外汇管理体制改革后企业外币业务会计处理的规定》	〔1994〕财会字05号	1994年2月14日
宁夏回族自治区财政支农专项资金专户储存管理试行办法	宁财(农)发〔1995〕80号	1995年3月1日
关于严格控制行政事业编制和人员经费的管理办法	宁财(行)〔1995〕107号	1995年3月8日
宁夏回族自治区收费管理办法	自治区人民政府	1995年
宁夏回族自治区国有土地使用权有偿使用收入管理暂行办法	自治区人民政府	1995年
宁夏回族自治区电算化知识培训管理办法(试行)	宁财(会)发〔1995〕516号	1995年11月20日

续表 2

文件名称	发文单位或文号	发文时间
关于修改《宁夏回族自治区征收教育附加费的实施办法》的通知	宁政发〔1995〕56 号	1995 年 7 月 1 日
宁夏回族自治区住宿教育事业费附加征收使用管理规定	宁政发〔1995〕59 号	1995 年 7 月 12 日
宁夏回族自治区燃料油教育事业费附加征收使用管理规定	宁政发〔1995〕91 号	1995 年 10 月 16 日
关于调整分税制财政管理体制的通知	宁政发〔1995〕111 号	1995 年 12 月 21 日
关于加强财政工作的决定	宁党发〔1996〕1 号	1996 年 1 月 10 日
批转自治区财政厅《促进财政增收、保持预算平衡奖励办法》	自治区人民政府	1996 年
批转自治区财政厅《扶持市县财政收入上台阶办法》	自治区人民政府	1996 年
批转自治区财政厅《困难地县确保工资正常发放管理办法》	自治区人民政府	1996 年
关于推进企业技术进步、加强财源建设有关政策	自治区人民政府	1996 年
宁夏回族自治区行政性、事业性收费管理规定	自治区人民政府	1996 年
宁夏扶贫扬黄灌溉工程建设费募集办法	自治区财政厅	1996 年
宁夏扶贫扬黄灌溉工程建设电话附加费征收管理办法	自治区财政厅	1996 年
宁夏回族自治区会计工作达标准上等级办法	自治区财政厅	1996 年
关于筹集宁夏扶贫扬黄灌溉工程建设资金的通知	自治区人民政府	1996 年
关于印发《自治区财政厅职能配置、内设机构和人员编制方案》的通知	自治区人民政府办公厅	1996 年
关于贯彻国务院整顿会计工作秩序，进一步提高会计工作质量的通知	自治区人民政府	1996 年
关于整顿会计工作秩序的实施办法	自治区财政厅等	1996 年
关于启用和更换部分处室印章的通知	自治区财政厅	1996 年
转发财政部《关于加强基本建设财务管理若干意见的通知》	自治区财政厅	1996 年
会计基础工作规范	自治区财政厅	1996 年
关于自治区基本建设资金拨款管理办法	自治区财政厅	1996 年
财政部门基本建设资金拨付会计核算试行办法	自治区财政厅	1996 年
关于治理向企业乱收费、乱罚款和各种摊派的意见	自治区人民政府	1997 年
转发自治区财政厅《关于支持推进农业产业化，加强农业技术推广和农业社会化服务体系建设工程的意见》	自治区党委、政府	1997 年
转发自治区财政厅《宁夏贫困山区强乡富民工程实施意见》	自治区人民政府办公厅	1997 年
贯彻《国务院关于加强预算外资金管理的决定》的通知	自治区人民政府	1997 年
关于进一步做好预算编制与执行工作的通知	自治区财政厅	1998 年
企业职工养老保险基金实行收支两条线管理暂行规定	自治区财政厅	1998 年
宁夏回族自治区耕地造地费征收和使用管理办法	自治区财政厅	1998 年
关于贯彻落实“东西合作工程”财税优惠政策规定	自治区财政厅	1998 年
宁夏回族自治区文化事业建设费使用管理办法	自治区财政厅、自治区党委宣传部	1998 年
宁夏回族自治区耕地造地费征收和使用管理暂行办法	自治区财政厅、物价局等	1998 年
宁夏回族自治区土地购置费征收和使用管理暂行办法	自治区财政厅等	1998 年
宁夏回族自治区贷款管理暂行规定	自治区财政厅	1998 年
宁夏回族自治区预算外资金管理条例	自治区第八届人大常委会第四次会议	1998 年 12 月

续表 2

文件名称	发文单位或文号	发文时间
1999 年财政工作的紧急通知	自治区人民政府	1999 年
关于进一步做好增收、节支工作，确保全年财政收入平衡的紧急通知	自治区人民政府	1999 年
宁夏回族自治区行政事业单位账户管理暂行办法	自治区财政厅	1999 年
宁夏落实调整收入分配政策资金管理及责任追究办法	自治区财政厅	1999 年
关于加强财政扶贫工作的若干意见	自治区财政厅	1999 年
宁夏回族自治区财政资金监督管理暂行办法	自治区财政厅	1999 年
宁夏回族自治区政府采购商供应商资格认证管理暂行办法	自治区政府采购办	1999 年
宁夏回族自治区政府采购招标管理暂行办法	自治区政府采购办	1999 年
宁夏回族自治区政府采购管理办法实施意见	自治区财政厅	1999 年
宁夏回族自治区外国政府贷款项目管理暂行办法	自治区财政厅	1999 年
关于停止专项控制商品行政审批和停止征收专项控制商品消费调节基金的通知	自治区财政厅	1999 年
关于加强国债专项资金拨款管理的通知	自治区财政厅	1999 年
宁夏回族自治区本级行政事业性收费收缴分离规定	自治区人民政府	2000 年
宁夏回族自治区罚没收入实行罚缴分离办法	自治区人民政府	2000 年
宁夏回族自治区本级行政事业性收费实行收缴分离实施细则	自治区财政厅	2000 年
宁夏回族自治区行政事业性收费和政府性基金票据管理办法	自治区财政厅	2000 年
宁夏回族自治区财政行政处罚听证程序实施办法	自治区财政厅	2000 年
宁夏回族自治区财政行政执法错案追究暂行办法	自治区财政厅	2000 年
宁夏回族自治区国家赔偿费用财务管理办法	自治区财政厅	2000 年
全区乡镇财政所建立和推行政务公开制度的通知	自治区财政厅	2000 年
关于预算编制改革的实施意见	自治区财政厅	2000 年
关于预算编制改革的具体实施方案	自治区财政厅	2000 年
关于填报区直行政事业单位基本情况表的通知	自治区财政厅	2000 年
宁夏回族自治区政府采购招标代理机构资格认定管理暂行办法	自治区财政厅	2000 年
批转自治区财政厅《关于宁夏回族自治区财政预算编制改革实施意见》	自治区人民政府	2001 年
批转自治区财政厅《宁夏回族自治区财政国库管理制度改革试行方案》	自治区人民政府办公厅	2001 年
宁夏回族自治区企业国有资本与财务管理办法	自治区财政厅	2001 年
宁夏回族自治区会计从业资格管理实施办法	自治区财政厅	2001 年
宁夏回族自治区地方教育经费使用管理办法	自治区财政厅	2002 年
宁夏回族自治区义务教育工程专项资金管理暂行办法	自治区财政厅	2002 年
宁夏回族自治区退耕还林工程现金补助资金管理办法实施细则	自治区财政厅	2002 年
关于全面推行农村税费改革试点后新增农业税收入和乡级转移支付资金管理有关规定的通知	自治区财政厅	2002 年

续表 2

文件名称	发文单位或文号	发文时间
《关于取消农业特产税的通知》《关于促进贫困市县财政收入奖励暂行办法》《宁夏南部山区八县(区)"少生快富"扩大试点工程项目资金管理试行办法》《宁夏回族自治区小额担保贷款担保基金管理办法》	自治区财政厅	2003 年
关于印发《宁夏回族自治区财政决算考核评比办法》的通知	宁财(库)发〔2003〕53 号	2003 年 1 月 27 日
关于印发《宁夏林业治沙贷款财政贴息资金管理规定》的通知	宁财(农)发〔2003〕30 号	2003 年 3 月 10 日
关于印发《财政农业专项资金项目管理费管理办法(试行)》的通知	宁财(农)发〔2003〕291 号	2003 年 4 月 15 日
关于印发《财政扶贫资金报账制管理办法实施细则》的通知	宁财(农)发〔2003〕292 号	2003 年 4 月 15 日
关于"非典"防治经费补助政策等有关问题的通知	宁财(社)发〔2003〕340 号	2003 年 4 月 30 日
关于印发《革命老区转移支付资金管理办法》的通知	宁财(预)发〔2003〕439 号	2003 年 5 月 29 日
关于印发《宁夏回族自治区预算单位清产核资资金核实办法》的通知	宁财(统)发〔2003〕569 号	2003 年 6 月 6 日
关于印发《宁夏回族自治区劳务输出补贴及奖励资金管理暂行办法》的通知	宁财(社)发〔2003〕895 号	2003 年 7 月 22 日
关于印发《自治区本级项目支出预算管理办法(试行)》和《自治区本级项目库管理规定(试行)》的通知	宁财(预)发〔2003〕778 号	2003 年 7 月 23 日
关于印发《宁夏南部山区八县(区)"少生快富"扩大试点工程项目资金管理试行办法》的通知	宁财(行)发〔2003〕808 号	2003 年 7 月 31 日
关于印发《宁夏回族自治区小额担保贷款担保基金管理办法》的通知	宁财(社)发〔2003〕866 号	2003 年 8 月 1 日
关于建立和完善离休干部"两费"保障机制和财政支持机制的通知	宁财(社)发〔2003〕847 号	2003 年 8 月 11 日
关于印发《宁夏回族自治区级预算单位银行账户管理暂行办法》的通知	宁财(库)发〔2003〕878 号	2003 年 8 月 15 日
关于印发宁夏退牧还草工程国债项目资金管理办法的通知	宁财(建)发〔2003〕1045号	2003 年 9 月 9 日
关于取消农业特产税的通知	宁财(税)发〔2003〕1092号	2003 年 9 月 22 日
关于退耕还林工程现金补助银行直接支付试点工作有关问题的通知	宁财(农)发〔2003〕1459号	2003 年 11 月 13 日
关于下发促进贫困市县财政收入增长奖励暂行办法的通知	宁财(预)发〔2003〕1616号	2003 年 12 月 9 日
宁夏南部山区劳务输出财政资金补助管理办法	宁财(社)发〔2003〕2012号	2003 年 12 月 18 日
关于印发《自治区级财政国库管理制度改革实施单位预算结余资金处理暂行规定》的通知	宁财(库)发〔2003〕2077号	2003 年 12 月 22 日
关于印发《自治区财政国库管理制度改革试点年终预算结余资金管理暂行规定》的通知	宁财(库)发〔2003〕2165号	2003 年 12 月 31 日
关于印发《宁夏回族自治区基层政权建设资金管理暂行办法》的通知	宁财(预)发〔2004〕9 号	2004 年 1 月 12 日
关于公布取消我区涉及农民负担的行政事业性收费项目的通知	宁财(综)发〔2004〕52 号	2004 年 2 月 17 日
关于出口退税机制改革后有关预算管理问题的通知	宁财(预)发〔2004〕56 号	2004 年 2 月 17 日
关于印发《宁夏回族自治区财政投资评审委托办法》的通知	宁财(建)发〔2004〕145 号	2004 年 3 月 10 日

续表 2

文件名称	发文单位或文号	发文时间
关于执行《宁夏回族自治区级预算单位银行账户管理暂行办法》的补充通知	宁财（库）发〔2004〕179 号	2004 年 3 月 23 日
关于明确行政区划调整后有关财政问题的通知	宁财（预）发〔2004〕202 号	2004 年 3 月 26 日
关于调整自治区水利建设基金起征点的通知	宁财（综）发〔2004〕332 号	2004 年 4 月 30 日
关于印发《宁夏回族自治区国家粮食储备库财政、财务管理暂行办法》的通知	宁财（建）发〔2004〕372 号	2004 年 5 月 20 日
关于公布宁夏回族自治区涉及机动车辆收费和基金项目的通知	宁财（综）发〔2004〕362 号	2004 年 5 月 30 日
关于公布我区政府性基金项目的通知	宁财（综）发〔2004〕446 号	2004 年 6 月 16 日
关于印发《宁夏回族自治区城市居民最低生活保障资金管理暂行办法》的通知	宁财（社）发〔2004〕569 号	2004 年 7 月 20 日
关于印发《关于进一步加强我区农业综合开发工作的意见》的通知	宁财（办）发〔2004〕612 号	2004 年 8 月 6 日
自治区人民政府关于批转自治区财政厅《宁夏回族自治区乡镇财政管理方式改革试点工作实施意见》的通知	宁政发〔2004〕104 号	2004 年 9 月 30 日
关于公布取消不符合规定收费项目的通知	宁财（综）发〔2004〕812 号	2004 年 10 月 9 日
关于印发《宁夏回族自治区〈天然林保护工程财政资金管理规定〉实施细则》的通知	宁财（农）发〔2004〕827 号	2004 年 10 月 11 日
关于核定宁夏回族自治区农村中小学公用经费标准定额和国拨生均公用经费指导性预算定额的通知	宁财（教）发〔2004〕836 号	2004 年 10 月 15 日
关于印发《自治区对市县专项资金管理办法》的通知	宁财（预）发〔2004〕1019 号	2004 年 12 月 3 日
关于印发《宁夏回族自治区太西煤价格调节基金征收使用管理办法》的通知	宁财（综）发〔2004〕1026 号	2004 年 12 月 3 日
关于印发《宁夏回族自治区新型农村合作医疗基金财务管理办法（试行）的通知》	宁财（社）发〔2004〕1056号	2004 年 12 月 10 日
关于公布取消 146 项等下审批等收费项目的通知	宁财（综）发〔2004〕1158 号	2004 年 12 月 24 日
关于明确宁夏煤业集团和宁东能源重化工基地增值税地方留成部分收入级次的通知	宁财（预）发〔2004〕1203 号	2004 年 12 月 28 日
《宁夏回族自治区乡镇财政管理方式改革试点工作实践意见》	自治区财政厅	2004 年
《宁夏回族自治区乡镇财政管理方式改革试点工作实践意见》	自治区财政厅	2004 年
《关于明确行政区划调整后有关财政问题的通知》《自治区对市县专项资金管理办法的通知》《宁夏回族自治区新型农村合作医疗基金财务管理办法》	自治区财政厅	2004 年
宁夏回族自治区财政厅、教育厅关于印发《农村义务教育阶段家庭经济困难学生补助寄宿学生生活费工作暂行管理办法》的通知	宁财（教）发〔2005〕111 号	2005 年 2 月 22 日
宁夏回族自治区财政厅、科技厅关于印发《自治区应用技术研究与开发资金管理暂行办法》的通知	宁财（企）发〔2005〕182 号	2005 年 3 月 9 日

续表 2

文件名称	发文单位或文号	发文时间
宁夏回族自治区财政厅关于印发《宁夏回族自治区排污费收缴管理办法》的通知	宁财(综)发〔2005〕186 号	2005 年 3 月 9 日
宁夏回族自治区财政厅、地方税务局关于调整资源税税额及扩大征收范围的通知	宁财(税)发〔2005〕194 号	2005 年 3 月 14 日
宁夏回族自治区财政厅关于自治区国家机关事业单位团体组织印刷项目实施定点管理的通知	宁财(办)发〔2005〕188 号	2005 年 3 月 21 日
宁夏回族自治区财政厅、国土资源厅关于印发《宁夏回族自治区用于农业土地开发的土地出让金使用管理办法》的通知	宁财(建)发〔2005〕316 号	2005 年 4 月 15 日
宁夏回族自治区财政厅、农牧厅关于印发《宁夏回族自治区农业机械购置补贴专项资金使用管理办法(试行)的通知》	宁财(农)发〔2005〕398 号	2005 年 5 月 8 日
宁夏回族自治区财政厅、劳动和社会保障厅关于印发《宁夏回族自治区国有困难企业下岗职工基本生活保障制度向失业保险制度并轨财政补助资金管理办法》的通知	宁财(社)发〔2005〕662 号	2005 年 7 月 21 日
宁夏回族自治区财政厅、林业局关于印发《宁夏回族自治区森林生态效益补偿基金管理实施细则》的通知	宁财(农)发〔2005〕686 号	2005 年 8 月 2 日
宁夏回族自治区财政厅、林业局关于印发《宁夏国有贫困林场扶贫资金管理实施细则》的通知	宁财(农)发〔2005〕743 号	2005 年 8 月 18 日
宁夏回族自治区财政厅、农牧厅、劳动和社会保障厅、扶贫开发办公室关于印发《宁夏农村劳动力转移培训财政补助资金管理办法》的通知	宁财(农)发〔2005〕744 号	2005 年 8 月 18 日
宁夏回族自治区财政厅、水利厅关于印发《宁夏引黄灌区支斗渠费管理办法(试行)》的通知	宁财(农)发〔2005〕920 号	2005 年 8 月 18 日
宁夏回族自治区财政厅关于印发《自治区本级学校经费部门预算管理暂行办法》的通知	宁财(税)发〔2005〕777 号	2005 年 8 月 25 日
宁夏回族自治区财政厅关于印发《自治区本级政府非税收入部门预算管理暂行办法》的通知	宁财(税)发〔2005〕778 号	2005 年 8 月 25 日
宁夏回族自治区财政厅关于印发《自治区本级部门财政拨款结余资金管理暂行办法》的通知	宁财(预)发〔2005〕780 号	2005 年 8 月 25 日
宁夏回族自治区财政厅关于印发《自治区本级部门预算管理暂行办法》的通知	宁财(预)发〔2005〕781 号	2005 年 8 月 25 日
宁夏回族自治区财政厅关于印发《宁夏回族自治区缓解县乡财政困难奖励补助暂行办法》的通知	宁财(预)发〔2005〕843 号	2005 年 9 月 10 日
宁夏回族自治区财政厅关于印发《自治区本级非经营性政府投资代建项目财务资金管理暂行办法》的通知	宁财(建)发〔2005〕1028 号	2005 年 11 月 9 日
宁夏回族自治区国土资源厅、财政厅关于印发《宁夏回族自治区土地开发整理项目财务管理实施细则》的通知	宁国土资发〔2005〕241 号	2005 年 12 月 6 日
宁夏回族自治区财政厅关于印发《宁夏回族自治区村卫生室项目建设管理办法》的通知	宁财(社)发〔2005〕1054 号	2005 年 11 月 18 日
宁夏回族自治区财政厅关于印发《宁夏回族自治区新型农村合作医疗风险基金财政专户管理暂行办法》的通知	宁财(社)发〔2005〕1165 号	2005 年 12 月 15 日
宁夏回族自治区财政厅关于印发《宁夏回族自治区发展城市社区卫生服务工作财政补助政策实施意见》的通知	宁财(社)发〔2005〕1166 号	2005 年 12 月 15 日

续表 2

文件名称	发文单位或文号	发文时间
宁夏回族自治区财政厅关于印发《宁夏回族自治区乡镇卫生院发展建设财政补助政策实施意见》的通知	宁财(社)发〔2005〕1168 号	2005 年 12 月 15 日
宁夏回族自治区财政厅、农牧厅、发展和改革委员会、林业局、科技厅关于印发《加快农产品龙头企业发展的若干政策意见》的通知	宁财(农)发〔2006〕25 号	2006 年 1 月 18 日
宁夏回族自治区财政厅、农牧厅、发展和改革委员会、林业局、科技厅关于印发《推进特色优势产业发展的政策意见》的通知	宁财(农)发〔2006〕26 号	2006 年 1 月 19 日
宁夏回族自治区财政厅关于自治区国家机关事业团体组织印刷项目实行定点管理的通知	宁财(办)发〔2006〕104 号	2006 年 2 月 23 日
宁夏回族自治区财政厅关于印发《宁夏农业综合开发投资参股经营试点管理暂行办法》的通知	宁财(办)发〔2006〕161 号	2006 年 3 月 6 日
宁夏回族自治区财政厅、卫生厅关于印发《乡镇卫生院和村卫生室设备配置管理暂行规定》的通知	宁财(社)发〔2006〕197 号	2006 年 3 月 17 日
宁夏回族自治区财政厅、扶贫开发办公室、农牧厅关于认真做好扶贫开发脱贫基金试点工作的通知	宁财(农)发〔2006〕242 号	2006 年 3 月 30 日
宁夏回族自治区财政厅、农牧厅、发展和改革委员会、扶贫开发办公室、林业局、科技厅关于印发《关于全面推进宁南山区草畜产业发展的若干意见》的通知	宁财(农)发〔2006〕244 号	2006 年 3 月 30 日
宁夏回族自治区财政厅关于印发《宁夏回族自治区确保农村义务教育经费投入　加强财政预算管理暂行办法》的通知	宁财(教)发〔2006〕256 号	2006 年 4 月 3 日
宁夏回族自治区财政厅、教育厅关于印发《宁夏回族自治区义务教育阶段学生免收杂费的实施管理细则》的通知	宁财(教)发〔2006〕258 号	2006 年 4 月 3 日
宁夏回族自治区财政厅、教育厅关于印发《宁夏回族自治区农村中小学公用经费支出管理实施细则》的通知	宁财(教)发〔2006〕257 号	2006 年 4 月 3 日
宁夏回族自治区财政厅、物价局、经济委员会、工业局、国税局关于印发《宁夏回族自治区太西煤价格调节基金征收使用管理办法》的通知	宁财(综)发〔2006〕279 号	2006 年 4 月 7 日
宁夏回族自治区财政厅关于印发《宁夏回族自治区本级行政事业单位会议费管理规定》的通知	宁财(行)发〔2006〕304 号	2006 年 4 月 20 日
宁夏回族自治区财政厅关于进一步加强农村税费改革及免征农业税转移支付资金管理的通知	宁财(预)发〔2006〕342 号	2006 年 5 月 4 日
宁夏回族自治区财政厅、技术厅关于印发《科技型中小企业技术创新资金管理暂行办法》的通知	宁财(企)发〔2006〕368 号	2006 年 5 月 19 日
宁夏回族自治区财政厅、教育厅关于印发《宁夏回族自治区农村中小学校舍维修改造专项资金管理实施细则》的通知	宁财(教)发〔2006〕372 号	2006 年 5 月 19 日
宁夏回族自治区财政厅、教育厅关于印发《农村义务教育经费保障机制改革中央、自治区和市、县(区)专项资金支付管理暂行办法》的通知	宁财(库)发〔2006〕374 号	2006 年 5 月 20 日
宁夏回族自治区财政厅关于印发《关于加强乡镇卫生院财务管理的暂行规定》的通知	宁财(社)发〔2006〕378 号	2006 年 5 月 22 日
宁夏回族自治区财政厅、经济委员会关于印发《自治区工业园区建设财政补助资金管理暂行办法》的通知	宁财(企)发〔2006〕420 号	2006 年 6 月 9 日

续表 2

文件名称	发文单位或文号	发文时间
宁夏回族自治区财政厅关于加强预防接种工作经费保障的通知	宁财(社)发〔2006〕469 号	2006 年 6 月 16 日
宁夏回族自治区财政厅关于印发《宁夏农业综合开发资金和项目管理实施办法》的通知	宁财(办)发〔2006〕539 号	2006 年 7 月 10 日
宁夏回族自治区财政厅、科技厅关于印发《自治区科技成果转化专项资金管理暂行办法》的通知	宁财(企)发〔2006〕570 号	2006 年 7 月 19 日
宁夏回族自治区财政厅关于加强与规范财政资金专户管理的通知	宁财(库)发〔2006〕601 号	2006 年 7 月 25 日
宁夏回族自治区财政厅关于印发《宁夏回族自治区政府采购评审委员会工作暂行规程》的通知	宁财(采)发〔2006〕662 号	2006 年 8 月 11 日
宁夏回族自治区财政厅关于印发《宁夏回族自治区本级行政事业单位工作人员差旅费开支规定》的通知	宁财(行)发〔2006〕696 号	2006 年 8 月 23 日
宁夏回族自治区财政厅关于印发《自治区本级部门预算管理暂行办法》的通知	宁财(预)发〔2006〕759 号	2006 年 8 月 30 日
宁夏回族自治区财政厅关于印发《2006 年宁夏回族自治区缓解县乡财政困难奖励补助暂行办法》的通知	宁财(预)发〔2006〕763 号	2006 年 8 月 30 日
宁夏回族自治区财政厅关于加强住房公积金财政监督管理的通知	宁财(综)发〔2006〕775 号	2006 年 9 月 1 日
宁夏回族自治区财政厅、建设厅、国土资源厅关于切实落实城镇廉租住房保障资金的通知	宁财(综)发〔2006〕911 号	2006 年 10 月 17 日
宁夏回族自治区财政厅关于印发《宁夏回族自治区 2006年一般转移支付办法》的通知	宁财(预)发〔2006〕1192 号	2006 年 12 月 8 日
宁夏回族自治区财政厅、建设厅关于印发《宁夏回族自治区"塞上农民新居"建设补助资金使用管理办法》的通知	宁财(建)发〔2006〕1277 号	2006 年 12 月 19 日
宁夏回族自治区财政厅关于调整医疗保险费和公务员医疗补助资金工资总额构成范围的通知	宁财(社)发〔2006〕1364号	2006 年 12 月 28 日
宁夏回族自治区财政厅、中国人民银行银川中心支行、监察厅、审计厅关于印发《〈宁夏回族自治区级预算单位银行账户管理暂行办法〉补充规定》的通知	宁财(库)发〔2006〕1382 号	2006 年 12 月 30 日
宁夏回族自治区财政厅关于加强全区化解乡镇债务有关财务管理的通知	宁财(企)发〔2007〕22 号	2007 年 1 月 12 日
宁夏回族自治区财政厅关于对全区国家机关事业单位团体组织公务机动车辆实行定点加油定点保险有关事宜的通知	宁财(采)发〔2007〕36 号	2007 年 1 月 19 日
宁夏回族自治区财政厅、农牧厅、水利厅、林业局、科学技术厅关于印发《宁夏回族自治区基层农业科技服务体系建设专项资金管理暂行办法》的通知	宁财(农)发〔2007〕216 号	2007 年 3 月 29 日
宁夏回族自治区财政厅关于印发《自治区本级住房公积金拨付管理办法》的通知	宁财(综)发〔2007〕229 号	2007 年 4 月 4 日
宁夏回族自治区财政厅、卫生厅关于印发《宁夏回族自治区卫生事业财政专项资金管理暂行办法》的通知	宁财(社)发〔2007〕288 号	2007 年 4 月 20 日
宁夏回族自治区财政厅关于印发《宁夏财政监督检查工作考核办法》的通知	宁财(监)发〔2007〕348 号	2007 年 5 月 14 日

续表 2

文件名称	发文单位或文号	发文时间
自治区财政厅、地税局、国税局、人民银行、银川中心支行关于印发宁夏回族自治区地方教育附加征收使用管理办法的通知	宁财（综）发〔2007〕765 号	2007 年 9 月 3 日
宁夏回族自治区财政厅关于印发《宁夏回族自治区行政事业单位资产核实暂行办法》的通知	宁财（教）发〔2007〕849 号	2007 年 9 月 26 日
宁夏回族自治区财政厅关于印发《社区卫生服务机构财务管理暂行规定》的通知	宁财（社）发〔2007〕881 号	2007 年 9 月 30 日
宁夏回族自治区财政厅关于印发《宁夏回族自治区基层政权建设资金管理办法》的通知	宁财（预）发〔2007〕945 号	2007 年 10 月 23 日
宁夏回族自治区财政厅关于进一步做好化解乡镇债务工作有关问题的通知	宁财（办）发〔2007〕984 号	2007 年 10 月 25 日
宁夏回族自治区财政厅关于印发《宁夏回族自治区事业单位国有资产管理暂行办法》的通知	宁财（教）发〔2007〕998 号	2007 年 10 月 30 日
宁夏回族自治区财政厅关于印发《企业技术中心以奖代补资金管理暂行办法》的通知	宁财（企）发〔2007〕1392 号	2007 年 12 月 1 日
宁夏回族自治区财政厅关于对自治区国家机关事业单位团体组织印刷项目实行定点管理的通知	宁财（采）发〔2007〕1454 号	2007 年 12 月 28 日
宁夏回族自治区财政厅关于加快推进国库集中支付改革的通知	宁财（库）发〔2007〕1462 号	2007 年 12 月 28 日
宁夏回族自治区财政厅关于印发《宁夏回族自治区区属行政事业单位有国资产有偿使用收入收缴管理暂行办法》的通知	宁财（综）发〔2008〕34 号	2008 年 1 月 17 日
宁夏回族自治区财政厅关于印发《自治区财政厅效能目标管理考核暂行办法》的通知	宁财（办）发〔2008〕258 号	2008 年 3 月 22 日
宁夏回族自治区财政厅、林业局关于印发《宁夏回族自治区完善退耕还林政策补助资金管理办法实施细则》的通知	宁财（农）发〔2008〕273 号	2008 年 3 月 27 日
宁夏回族自治区财政厅、教育厅关于印发《宁夏回族自治区义务教育阶段家庭经济困难寄宿学生生活费补助暂行管理办法》的通知	宁财（教）发〔2008〕307 号	2008 年 4 月 2 日
宁夏回族自治区财政厅、教育厅关于调整完善自治区农村义务教育经费保障机制改革有关政策的通知	宁财（教）发〔2008〕459 号	2008 年 5 月 15 日
宁夏回族自治区财政厅关于印发《宁夏回族自治区区本级政府采购预算管理暂行办法》的通知	宁财（预）发〔2008〕881 号	2008 年 8 月 18 日
宁夏回族自治区财政厅关于交通违法罚款罚缴分离有关问题的补充通知	宁财（综）发〔2008〕913 号	2008 年 8 月 28 日
宁夏回族自治区财政厅、物价局关于公布取消和停止征收 138 项行政事业性收费项目的通知	宁财（综）发〔2008〕1748 号	2008 年 8 月 30 日
宁夏回族自治区财政厅关于做好增收节支有关工作的通知	宁财（预）发〔2008〕942 号	2008 年 8 月 31 日
宁夏回族自治区财政厅关于印发《宁夏回族自治区 2008年缓解县乡财政困难奖励补助办法》的通知	宁财（预）发〔2008〕1433 号	2008 年 11 月 29 日
宁夏回族自治区财政厅关于印发《宁夏回族自治区政府采购项目验收管理暂行办法》的通知	宁财（采）发〔2008〕1784 号	2008 年 12 月 31 日
宁夏回族自治区家电下乡补贴资金管理办法	宁财（建）发〔2009〕110 号	2009 年 2 月 12 日
宁夏现代农业生产发展资金管理实施细则（试行）	宁财（农）发〔2009〕255 号	2009 年 3 月 10 日

续表 2

文件名称	发文单位或文号	发文时间
鼓励引进先进节能减排装置财政补贴资金管理暂行办法	宁财(企)发〔2009〕235 号	2009 年 3 月 24 日
宁夏回族自治区节能技术改造财政奖励资金管理暂行办法	宁财(建)发〔2009〕260 号	2009 年 3 月 31 日
自治区本级单位财政基本建设资金国库集中支付管理暂行办法	宁财(库)发〔2009〕533 号	2009 年 5 月 15 日
宁夏航空运输发展专项资金管理暂行办法	宁财(建)发〔2009〕573 号	2009 年 6 月 10 日
自治区财政厅向自治区工商局报送《关于申请核准宁夏农业综合投资有限责任公司企业名称的函》	宁财(办)函〔2009〕45 号	2009 年 6 月 11 日
自治区本级住房公积金、住房补贴资金拨付管理办法	宁财(综)发〔2009〕636 号	2009 年 6 月 26 日
宁夏回族自治区旅游发展专项资金管理暂行办法	宁财(外)发〔2009〕670 号	2009 年 7 月 6 日
宁夏回族自治区水资源费征收使用管理办法	宁财(综)发〔2009〕727 号	2009 年 7 月 14 日
自治区政府党组向自治区党委报送《关于审批宁夏农业综合投资有限责任公司组建方案的报告》	宁政党发〔2009〕18 号	2009 年 7 月 24 日
自治区本级项目支出预算管理暂行办法	宁财(预)发〔2009〕893 号	2009 年 8 月 25 日
宁夏回族自治区保持外贸稳定增长专项资金管理暂行办法	宁财(企)发〔2009〕956 号	2009 年 8 月 31 日
宁夏回族自治区农村物流服务体系发展专项资金管理实施细则	宁财(建)发〔2009〕1094 号	2009 年 9 月 19 日
宁夏回族自治区中小企业信用担保机构担保业务管理办法	宁财(企)发〔2009〕1313 号	2009 年 10 月 20 日
妇幼卫生“四免一救助”资金管理办法	宁财(社)发〔2009〕1600 号	2009 年 12 月 22 日
宁夏回族自治区行政事业单位干部因公出国(境)经费管理暂行办法	宁财(外)发〔2009〕1698 号	2009 年 12 月 28 日
宁夏回族自治区耕地占用税实施办法	宁政发〔2010〕8 号	2010 年 1 月 13 日
宁夏回族自治区财政厅民族事务委员会关于印发《宁夏回族自治区少数民族发展资金管理实施细则》的通知	宁财(农)发〔2009〕1737 号	2010 年 2 月 2 日
自治区人才专项资金管理暂行办法	宁财(行)发〔2010〕252 号	2010 年 3 月 10 日
宁夏回族自治区财政检查工作规程	宁财(监)发〔2010〕469 号	2010 年 5 月 5 日
宁夏回族自治区财政厅关于转发《财政部门内部监督检查办法》的通知	宁财(监)发〔2010〕474 号	2010 年 5 月 6 日
宁夏回族自治区财政厅转发财政部《地方金融企业财务监督管理办法》的通知	宁财(企)发〔2010〕865 号	2010 年 7 月 13 日
宁夏回族自治区财政项目资金评审管理办法	宁财(预)发〔2010〕1212 号	2010 年 9 月 8 日
关于做好党政机关和事业单位出差和会议定点管理工作的通知	宁财(行)发〔2010〕1953 号	2010 年 12 月 22 日
宁夏回族自治区水利建设基金筹集和使用管理办法	宁政发〔2011〕116 号	
关于保障性安居工程资金使用管理有关问题的通知	宁财(综)发〔2011〕24 号	2011 年 1 月 6 日
宁夏回族自治区补助廉租住房保障专项资金管理办法	宁财(综)发〔2011〕25 号	2011 年 1 月 6 日
关于明确我区原油、天然气资源税税率问题的通知	宁财(税)发〔2011〕28 号	2011 年 1 月 17 日
关于印发《宁夏回族自治区普通高中国家助学金管理暂行办法》的通知和关于转发《财政部关于进一步规范和加强政府机关软件资产管理的意见》的通知	宁财(教)发〔2011〕87 号	2011 年 2 月 15 日
关于我区企业安置下岗失业人员扣减税收定额标准的通知	宁财(税)发〔2011〕112 号	2011 年 2 月 16 日

续表 2

文件名称	发文单位或文号	发文时间
关于印发《市县预算基础管理工作考核暂行办法》的通知	宁财（预）发〔2011〕110 号	2011 年 2 月 16 日
关于调整部分矿产资源补偿费征收政策的通知	宁财（综）发〔2011〕170 号	2011 年 2 月 17 日
宁夏回族自治区农村义务教育薄弱党校改造项目资金管理暂行办法	宁财（教）发〔2011〕245 号	2011 年 3 月 4 日
关于深入推进市县财政预算信息公开的意见	宁财（预）发〔2011〕209 号	2011 年 3 月 11 日
关于转发《财政部关于进一步规范和加强政府机关软件资产管理的意见》的通知	宁财（行）发〔2011〕211 号	2011 年 3 月 15 日
关于印发《关于进一步加强财政资金管理防范财政资金风险的规定》的通知	宁财（库）发〔2011〕249 号	2011 年 3 月 16 日
县域特色产业发展资金绩效考评办法（试行）	宁财（农）发〔2011〕309 号	2011 年 3 月 28 日
宁夏回族自治区道路交通事故社会救助基金管理试行办法	宁财（企）发〔2011〕383 号	2011 年 4 月 15 日
宁夏回族自治区行政事业单位干部因公出国（境）经费及用汇管理的补充规定	宁财（外）发〔2011〕266	2011 年 4 月 15 日
宁夏乡镇民生服务中心规范化建设以奖代补办法（试行）	宁财（村）发〔2011〕454	2011 年 4 月 29 日
关于进一步做好自治区本级部门预算信息公开工作的通知	宁财（预）发〔2011〕459 号	2011 年 4 月 30 日
宁夏回族自治区革命老区专项转移支付资金管理办法	宁财（预）发〔2011〕519 号	2011 年 5 月 23 日
关于转发《财政部　人力资源和社会保障部关于印发〈新型农村社会养老保险基金财务管理暂行办法〉的通知》的通知	宁财（社）发〔2011〕543 号	2011 年 5 月 27 日
宁夏回族自治区电力价格调节基金征收使用管理暂行办法	宁财（综）发〔2011〕555 号	2011 年 5 月 30 日
自治区林业生产救灾资金管理办法（暂行）	宁财（农）发〔2011〕568 号	2011 年 5 月 31 日
宁夏回族自治区现代物流业发展专项资金管理暂行办法	宁财（建）发〔2011〕567 号	2011 年 6 月 2 日
关于宁夏脱水蔬菜产品增值税征退税政策有关问题的通知	宁财（税）发〔2011〕622 号	2011 年 6 月 29 日
宁夏回族自治区家政服务业体系建设专项资金使用管理暂行办法	宁财（建）发〔2011〕677 号	2011 年 7 月 6 日
宁夏回族自治区合同能源管理财政奖励资金管理暂行办法	宁财建〔2011〕734 号	2011 年 8 月 3 日
自治区财政支持新能源产业发展专项资金管理办法	宁财建〔2011〕742 号	2011 年 8 月 3 日
宁夏回族自治区就业专项资金项目管理暂行办法	宁财（社）发〔2011〕755 号	2011 年 8 月 17 日
关于草原植被恢复费征收使用管理有关问题的通知	宁财综〔2011〕808 号	2011 年 8 月 30 日
关于转发自治区人民政府关于印发《宁夏回族自治区水利建设基金筹集和使用管理办法》的通知	财（综）发〔2011〕892 号	2011 年 9 月 29 日
宁夏回族自治区电力需求侧管理资金筹集和使用管理办法	宁财（综）发〔2011〕957 号	2011 年 10 月 24 日
宁夏回族自治区防汛物资设备管理办法（暂行）	宁财（农）发〔2011〕954 号	2011 年 10 月 25 日
关于明确个人所得税有关政策问题的通知	宁财（税）发〔2011〕963 号	2011 年 10 月 31 日
关于征收电力价格调节基金有关问题的通知	宁财（综）发〔2011〕1049 号	2011 年 12 月 2 日
宁夏回族自治区支持农村妇女创业小额担保贷款管理暂行办法	宁财（社）发〔2011〕1063 号	2011 年 12 月 3 日
宁夏天然林资源保护工程财政资金管理实施办法	宁财（农）发〔2011〕1069 号	2011 年 12 月 5 日
宁夏中央财政现代农业生产发展资金绩效评价实施细则	宁财（农）发〔2011〕1103号	2011 年 12 月 19 日
宁夏高端会计人才选拔培养实施方案	宁财（会）发〔2012〕16 号	2012 年 1 月 4 日

续表 2

文件名称	发文单位或文号	发文时间
关于厅局级人员因公出国(境)乘坐交通工具有关规定的通知	宁财(外)发〔2012〕8 号	2012 年 1 月 5 日
关于取消涉及企业行政事业性收费的通知	宁财(综)发〔2012〕50 号	2012 年 1 月 20 日
宁夏农村义务教育学生营养改善计划专项资金管理暂行办法	宁财(教)发〔2012〕79 号	2012 年 2 月 6 日
关于转发《财政部关于印发乡镇财政资金监管工作办法和流程的通知》的通知	宁财(村)发〔2012〕431 号	2012 年 2 月 23 日
关于创新财政扶持企业发展资金投入方式有关问题的通知	宁财(企)发〔2012〕156 号	2012 年 2 月 29 日
宁夏回族自治区财政扶持民办幼儿园发展奖补资金管理暂行办法	宁财(教)发〔2012〕209 号	2012 年 3 月 16 日
宁夏回族自治区肉类蔬菜流通可追溯体系建设专项资金使用管理暂行办法	宁财(建)发〔2012〕297 号	2012 年 4 月 13 日
宁夏回族自治区会计行业中长期人才发展规划(2012—2020 年)	宁财(会)发〔2012〕343 号	2012 年 4 月 20 日
宁夏财政专项扶贫资金管理实施办法	宁财(农)发〔2012〕351 号	2012 年 4 月 24 日
宁夏回族自治区财政信息工作管理办法	宁财(办)发〔2012〕382 号	2012 年 4 月 29 日
宁夏回族自治区本级支出预算执行管理办法(试行)	宁财(预)发〔2012〕398 号	2012 年 5 月 8 日
宁夏回族自治区本级行政事业单位办公用房修缮项目预算管理办法(试行)	宁财(预)发〔2012〕399 号	2012 年 5 月 8 日
宁夏中小河流治理项目和资金管理办法	宁财(建)发〔2012〕569 号	2012 年 5 月 11 日
宁夏回族自治区学前一月教育资助制度试点工作助学金管理暂行办法	宁财(教)发〔2012〕598 号	2012 年 5 月 18 日
宁夏回族自治区储备粮油财政、财务管理暂行办法	宁财(建)发〔2012〕492 号	2012 年 6 月 11 日
宁夏回族自治区企业军转干部解困资金管理暂行办法	宁财(社)发〔2012〕510 号	2012 年 6 月 18 日
宁夏回族自治区农副产品平价商店补贴资金管理办法	宁财(综)发〔2012〕519 号	2012 年 6 月 21 日
关于进一步推进公务卡制度改革的指导意见	宁财(库)发〔2012〕724 号	2012 年 9 月 1 日
自治区本级住房公积金住房补贴资金拨付管理办法	宁财(综)发〔2012〕714 号	2012 年 9 月 12 日
宁夏回族自治区市、县消防部队消防业务经费保障管理办法	宁财(预)发〔2012〕782 号	2012 年 10 月 8 日
关于调整自治区本级行政事业单位会议费标准的通知	宁财(行)发〔2012〕821 号	2012 年 11 月 2 日
宁夏科技金融专项资金管理暂行办法	宁财(企)发〔2012〕833 号	2012 年 11 月 12 日
宁夏回族自治区自然灾害生活救助资金管理暂行办法	宁财(社)发〔2012〕846 号	2012 年 11 月 16 日
关于印发《财政部门行政审批标准化建设指导意见》的通知	宁财(税)发〔2012〕855 号	2012 年 11 月 26 日
关于调整《宁夏回族自治区残疾人就业保障金征收使用管理办法》相关政策的通知	宁财(综)发〔2012〕915 号	2012 年 12 月 17 日
2013 年宁夏回族自治区重点生态功能区转移支付办法(试行)	宁财(预)发〔2012〕931 号	2012 年 12 月 24 日
关于重新印发《宁夏回族自治区天然气价格调节基金征收使用管理办法》的通知	宁财(综)发〔2012〕947 号	2012 年 12 月 27 日
关于印发《支持贺兰山东麓葡萄产区建设财政政策》的通知	宁财(农)发〔2012〕954 号	2012 年 12 月 31 日

续表 2

文件名称	发文单位或文号	发文时间
宁夏回族自治区民族贸易和民族特需商品生产贷款贴息管理实施细则（试行）	宁财（企）发〔2013〕47 号	2013 年 1 月 16 日
宁夏回族自治区党政机关物业定点服务管理办法	宁财（行）发〔2013〕52 号	2013 年 1 月 21 日
宁夏回族自治区储备粮油质量监督检验专项经费管理暂行办法	宁财（建）发〔2013〕87 号	2013 年 1 月 31 日
宁夏中央财政现代农业生产发展资金管理实施细则	宁财（农）发〔2013〕189 号	2013 年 3 月 5 日
关于区内跨市县经营汇总纳税企业所得税征收管理问题的公告	宁财（预）发〔2013〕222 号	2013 年 3 月 21 日
关于转发《科学事业单位财务制度》的通知	宁财（教）发〔2013〕284 号	2013 年 4 月 9 日
自治区本级国库现金管理暂行办法	宁财（库）发〔2013〕361 号	2013 年 4 月 27 日
宁夏回族自治区农村义务教育学生营养改善计划学校食堂财务管理暂行办法	宁财（教）发〔2013〕386 号	2013 年 5 月 16 日
宁夏回族自治区行政事业单位资金往来结算票据使用管理实施办法	宁财（综）发〔2013〕418 号	2013 年 5 月 29 日
自治区本级项目支出预算管理暂行办法	宁财（预）发〔2013〕446 号	2013 年 6 月 5 日
关于进一步加强全区政法转移支付资金管理的意见	宁财（行）发〔2013〕510 号	2013 年 6 月 27 日
关于进一步加强和规范党政机关公务用车管理的通知	宁财（行）发〔2013〕515 号	2013 年 7 月 8 日
关于进一步明确我区营业税改征增值税试点期间财政体制有关问题的通知	宁财（预）发〔2013〕574 号	2013 年 8 月 13 日
宁夏回族自治区基层政权建设资金管理办法	宁财（预）发〔2013〕610 号	2013 年 8 月 14 日
宁夏回族自治区行政事业单位国有资产使用管理暂行办法	宁财（资）发〔2013〕615 号	2013 年 8 月 16 日
宁夏回族自治区本级行政单位通用办公家具设备配置标准	宁财（资）发〔2013〕684 号	2013 年 9 月 13 日
宁夏回族自治区革命老区转移支付资金管理办法	宁财（预）发〔2013〕687 号	2013 年 9 月 16 日
关于转发《财政部国家发展改革委关于公布取消 314 项行政事业性收费的通知》的通知	宁财（综）发〔2013〕802 号	2013 年 10 月 30 日
关于贯彻落实自治区取消和减免一批行政事业性及中介服务收费的通知	宁财（综）发〔2013〕864 号	2013 年 11 月 27 日
关于启用《宁夏回族自治区非税收入统一票据》的通知	宁财（综）发〔2013〕975 号	2013 年 12 月 1 日
宁夏回族自治区行政事业单位国有资产处置管理暂行办法	宁财（资）发〔2013〕26 号	2013 年 12 月 26 日
关于“营改增”后自治区财政体制有关问题的通知	宁财（预）发〔2013〕968 号	2013 年 12 月 31 日
宁夏回族自治区企业所得税税源调查工作考核评比办法	宁财（税）发〔2015〕11 号	2014 年 1 月 5 日
关于公布宁夏回族自治区 2014—2015 年自治区本级党政机关车辆维修定点服务商的通知	宁财（行）发〔2014〕6 号	2014 年 1 月 6 日
宁夏回族自治区会计从业资格管理实施办法	宁财（会）发〔2014〕11 号	2014 年 1 月 6 日
关于转发财政部《政府采购非招标采购方式管理办法》的通知	宁财（采）发〔2014〕19 号	2014 年 1 月 13 日
宁夏回族自治区会计从业资格考试考务规则	宁财（会）发〔2014〕53 号	2014 年 1 月 15 日
宁夏回族自治区对外投资合作专项资金管理实施细则	宁财（企）发〔2014〕94 号	2014 年 1 月 22 日
宁夏回族自治区农业特色优势产业育种专项资金管理暂行办法	宁财（农）发〔2014〕79 号	2014 年 1 月 23 日
自治区财政厅督查工作管理办法	宁财（办）发〔2014〕85 号	2014 年 1 月 23 日

续表 2

文件名称	发文单位或文号	发文时间
自治区财政厅效能目标管理考核暂行办法	宁财(办)发〔2014〕89 号	2014 年 1 月 23 日
自治区财政厅承办人大代表议案、建议和政协委员提案工作管理办法	宁财(办)发〔2014〕90 号	2014 年 1 月 23 日
宁夏回族自治区城乡最低生活保障资金管理办法(试行)	宁财(社)发〔2014〕161 号	2014 年 2 月 11 日
关于进一步明确城乡建设用地增减挂钩试点有关税收政策的通知	宁财(税)发〔2014〕157 号	2014 年 2 月 20 日
宁夏回族自治区行政单位财务管理实施办法	宁财(行)发〔2014〕164 号	2014 年 2 月 21 日
宁夏回族自治区预算绩效管理工作实施方案	宁财(预)发〔2014〕303 号	2014 年 3 月 27 日
宁夏回族自治区本级党政机关培训费管理办法(暂行)	宁财(行)发〔2014〕379 号	2014 年 4 月 10 日
宁夏回族自治区城镇保障性安居工程财政资金绩效评价实施细则	宁财(综)发〔2015〕391 号	2015 年 4 月 15 日
宁夏回族自治区财政城镇保障性安居工程专项资金管理办法	宁财(综)发〔2014〕439 号	2014 年 5 月 8 日
自治区本级项目支出预算管理暂行办法	宁财(预)发〔2014〕505 号	2014 年 5 月 20 日
关于印发政府向社会力量购买服务暂行办法的通知	宁财(综)发〔2014〕483 号	2014 年 5 月 21 日
关于印发政府购买服务指导目录的通知	宁财(综)发〔2014〕484 号	2014 年 5 月 21 日
宁夏科技型中小微企业风险补偿专项资金管理暂行办法	宁财(企)发〔2014〕497 号	2014 年 5 月 21 日
宁夏回族自治区对市县财政国库资金调度管理暂行办法	宁财(库)发〔2014〕511 号	2014 年 5 月 30 日
关于全区电信企业及其分支机构汇总缴纳增值税有关问题的通知	宁财(税)发〔2014〕516 号	2014 年 5 月 30 日
自治区本级党政机关公务人员赴外地挂职、学习等期间伙食补助费、交通费管理办法(暂行)	宁财(行)发〔2014〕542 号	2014 年 6 月 8 日
《宁夏回族自治区棚户区改造国家开发银行项目贷款资金管理办法》的通知	宁财(综)发〔2014〕605 号	2014 年 6 月 17 日
关于统一我区普通住房标准的通知	宁财(税)发〔2014〕580 号	2014 年 6 月 23 日
宁夏疾病应急救助基金管理暂行办法	宁财(社)发〔2014〕616 号	2014 年 7 月 3 日
关于宁夏惠民投融资有限公司有关税收优惠政策的通知	宁财(税)发〔2014〕662 号	2014 年 7 月 15 日
2014 年自治区对市县均衡性转移支付办法	宁财(预)发〔2014〕648 号	2014 年 7 月 22 日
宁夏回族自治区公务专用工具车辆协议供货管理办法	宁财(采)发〔2014〕687 号	2014 年 8 月 4 日
宁夏回族自治区区本级政府向社会力量购买服务流程规范(暂行)	宁财(综)发〔2014〕694 号	2014 年 8 月 7 日
自治区本级住房公积金住房补贴资金拨付管理办法	宁财(综)发〔2014〕697 号	2014 年 8 月 8 日
关于扶持自主就业退役士兵创业就业有关税收政策的通知	宁财(税)发〔2014〕706 号	2014 年 8 月 13 日
关于支持和促进重点群体创业就业有关税收政策的通知	宁财(税)发〔2014〕707 号	2014 年 8 月 13 日
宁夏回族自治区市县预算支出进度考核办法	宁财(预)发〔2014〕743 号	2014 年 8 月 29 日
2014 年自治区本级专项资金增量考核办法	宁财(预)发〔2014〕753 号	2014 年 9 月 2 日
宁夏回族自治区城乡医疗救助基金管理暂行办法	宁财(社)发〔2014〕790 号	2014 年 9 月 10 日
关于公布 2015—2016 年自治区本级行政事业单位定点物业服务企业名单的通知	宁财(行)发〔2014〕845 号	2014 年 10 月 15 日
宁夏回族自治区外事经费管理实施细则(暂行)	宁财(企)发〔2014〕859 号	2014 年 10 月 15 日
关于重新发布全区人力资源社会保障部门行政事业性收费项目的通知	宁财(综)发〔2015〕907 号	2015 年 10 月 30 日

续表 2

文件名称	发文单位或文号	发文时间
2014年市县级基本财力保障机制奖补转移支付实施办法	宁财(预)发〔2014〕895号	2014年11月2日
宁夏回族自治区城镇保障性安居工程贷款贴息办法	宁财(综)发〔2014〕981号	2014年12月4日
宁夏回族自治区本级部门决算管理办法	宁财(库)发〔2014〕989号	2014年12月8日
关于减免养老和医疗机构行政事业性收费有关问题的通知	宁财(综)发〔2014〕999号	2014年12月9日
宁夏回族自治区政府外债绩效评价管理暂行办法	宁财(办)发〔2014〕1035号	2014年12月26日
宁夏回族自治区国际金融组织和外国政府贷款债务管理暂行办法	宁财(办)发〔2014〕1036号	2014年12月26日
关于我区煤炭资源税改革有关事项的通知	宁财(税)发〔2014〕1049号	2014年12月30日
关于取消、免征和降低一批行政事业性收费项目及标准的通知	宁财(综)发〔2014〕1059号	2014年12月30日
关于对小微企业免征有关政府性基金的通知	宁财(综)发〔2014〕1055号	2014年12月31日
关于自治区本级公务人员异地往返费用事项的通知	宁财(行)发〔2015〕1087号	2015年1月18日
自治区本级预算单位基本支出预算追加管理办法(试行)	宁财(库)发〔2015〕56号	2015年1月20日
转发《财政部关于调整资产评估机构审批有关行政管理事项的通知》的通知	宁财(企)发〔2015〕105号	2015年2月2日
宁夏回族自治区退役安置补助资金使用管理办法	宁财(社)发〔2015〕374号	2015年3月26日
财政厅机关直属事业单位及社团组织财务管理规定	宁财(办)发〔2015〕313号	2015年3月27日
关于进一步规范临时救助资金、自然灾害生活救助资金的通知	宁财(社)发〔2015〕369号	2015年4月16日
自治区政府产业引导基金管理暂行办法	宁财(企)发〔2015〕346号	2015年4月19日
宁夏回族自治区财政厅自治区财政厅对市县超调度资金的管理规程	宁财(预)发〔2015〕352号	2015年4月20日
宁夏回族自治区困难群众基本生活救助补助资金管理办法	宁财(社)发〔2015〕375号	2015年4月21日
转发财政部关于发布2015版企业会计准则	宁财(会)发〔2015〕401号	2015年5月4日
宁夏回族自治区党政机关会议定点管理办法	宁财(行)发〔2015〕411号	2015年5月4日
宁夏回族自治区本级党政机关会议定点管理办法	宁财(行)发〔2015〕412号	2015年5月4日
关于转发《财政部国家税务总局关于调整个人住房转让营业税政策的通知》的通知	宁财(税)发〔2015〕416号	2015年5月5日
关于转发《财政部科技部工业和信息化部发展改革委关于2016—2020年新能源汽车推广应用财政支持政策的通知》的通知	宁财(建)发〔2015〕429号	2015年5月7日
转发《财政部关于印发政府和社会资本合作模式操作指南(试行)的通知》的通知	宁财(外)发〔2015〕440号	2015年5月13日
自治区本级项目支出预算管理暂行办法	宁财(预)发〔2015〕489号	2015年5月29日
宁夏回族自治区优抚对象抚恤补助资金使用管理实施细则	宁财(社)发〔2015〕516号	2015年6月3日
宁夏回族自治区优抚对象医疗补助资金使用管理实施细则	宁财(社)发〔2015〕526号	2015年6月3日
宁夏回族自治区财政厅预算执行管理考核办法(试行)	宁财(预)发〔2015〕551号	2015年6月23日
宁夏回族自治区本级部门财政一般公共预算项目支出预算进度考核办法(试行)	宁财(预)发〔2015〕552号	2015年6月23日
自治区财政工业企业发展风险补偿基金实施细则(试行)	宁财(企)发〔2015〕555号	2015年6月23日
关于取消审核政府采购货物服务项目价格分权重的通知	宁财(采)发〔2015〕548号	2015年6月25日

续表 2

文件名称	发文单位或文号	发文时间
关于修订自治区本级国家机关事业单位团体组织印刷项目实行定点管理的通知	宁财(采)发〔2015〕563 号	2015 年 6 月 25 日
宁夏回族自治区本级部门预算支出绩效管理综合评价办法(试行)	宁财(预)发〔2015〕589 号	2015 年 6 月 30 日
宁夏回族自治区预算绩效目标管理暂行办法	宁财(预)发〔2015〕590 号	2015 年 6 月 30 日
关于延长自治区本级国家机关事业单位团体组织公务机动车辆定点加油站有效期的通知	宁财(采)发〔2015〕580 号	2015 年 7 月 2 日
宁夏回族自治区食品药品安全监管专项资金管理办法	宁财(社)发〔2015〕607 号	2015 年 7 月 10 日
关于调整自治区本级国家机关事业单位团体组织保密定点印刷企业的通知	宁财(采)发〔2015〕658 号	2015 年 7 月 28 日
宁夏回族自治区行政事业单位国有资产使用管理暂行办法、宁夏回族自治区行政事业单位国有资产处置管理暂行办法	宁财(资)发〔2015〕738 号	2015 年 8 月 5 日
宁夏财政厅内部预算追加规程	宁财(预)发〔2015〕715 号	2015 年 8 月 15 日
自治区本级财政国库资金及社保专户资金存放管理暂行办法	宁财(库)发〔2015〕772 号	2015 年 9 月 2 日
宁夏回族自治区文化产业发展专项资金管理暂行办法	宁财(教)发〔2015〕1020 号	2015 年 10 月 12 日
关于贯彻落实政府采购促进中小企业发展有关意见的通知	宁财(采)发〔2015〕917 号	2015 年 10 月 27 日
关于转发《财政部、国家税务局关于减征 1.6 升及以下排量乘用车车辆购置税的通知》的通知	宁财(税)发〔2015〕945 号	2015 年 11 月 6 日
宁夏回族自治区本级政府采购网上超市管理办法(试行)	宁财(采)发〔2015〕1028 号	2015 年 12 月 2 日
关于区直机关公务交通补贴核拨管理的通知	宁财(行)发〔2015〕1036 号	2015 年 12 月 10 日
宁夏回族自治区城市公交车辆成品油价格补助实施细则	宁财(建)发〔2016〕202 号	2016 年 1 月 13 日
宁夏全面改善贫困地区义务教育薄弱学校基本办学条件项目资金管理办法	宁财(教)发〔2016〕123 号	2016 年 1 月 26 日
宁夏钢铁煤炭行业化解过剩产能专项奖补资金管理实施细则	宁财(企)发〔2016〕740 号	2016 年 1 月 31 日
关于进一步加强“三公”经费及会议费财政资金支出管理的通知	宁财(行)发〔2016〕234 号	2016 年 3 月 14 日
宁夏回族自治区会计人员继续教育实施办法	宁财(会)发〔2016〕294 号	2016 年 3 月 28 日
宁夏回族自治区财政促进商贸服务业发展专项资金管理办法	宁财(企)发〔2016〕313 号	2016 年 3 月 29 日
宁夏回族自治区高新技术和战略性新兴产业专项资金管理暂行办法	宁财(企)发〔2016〕348 号	2016 年 4 月 16 日
自治区财政厅预算绩效管理工作考核办法(试行)	宁财(预)发〔2016〕362 号	2016 年 4 月 22 日
宁夏回族自治区市县预算支出进度考核办法	宁财(预)发〔2016〕369 号	2016 年 4 月 22 日
自治区政府产业引导基金管理暂行办法	宁财(企)发〔2016〕445 号	2016 年 5 月 10 日
宁夏公共卫生服务补助资金管理暂行办法	宁财(社)发〔2016〕588 号	2016 年 5 月 27 日
宁夏回族自治区关于加强行业协会商会与行政机关脱钩有关国有资产管理的意见(试行)	宁财(资)发〔2016〕549 号	2016 年 6 月 6 日
宁夏回族自治区本级财政资金电子收支业务管理暂行办法	宁财(库)发〔2016〕943 号	2016 年 7 月 3 日
自治区国有粮食储备和军粮供应企业有关税收优惠政策	宁财(税)发〔2016〕671 号	2016 年 7 月 26 日

续表 2

文件名称	发文单位或文号	发文时间
宁夏回族自治区就业补助资金管理和使用实施细则	宁财(社)发〔2016〕708 号	2016 年 7 月 28 日
宁夏回族自治区预决算公开工作考核办法(试行)	宁财(预)发〔2016〕697 号	2016 年 8 月 1 日
宁夏回族自治区粮食产业化专项资金管理暂行办法	宁财(建)发〔2016〕715 号	2016 年 8 月 10 日
政府和社会资本合作(PPP)项目以奖代补资金管理暂行办法	宁财(金)发〔2016〕723 号	2016 年 8 月 15 日
宁夏回族自治区农村(水路)客运出租车等行业油价补贴资金管理暂行办法	宁财(建)发〔2016〕858 号	2016 年 9 月 19 日
宁夏回族自治区公共文化服务体系建设专项资金管理暂行办法	宁财(教)发〔2016〕931 号	2016 年 9 月 29 日
宁夏回族自治区残疾人就业保障金征收使用管理实施办法	宁财(综)发〔2016〕892 号	2016 年 9 月 30 日
宁夏“十三五”易地扶贫搬迁资金管理办法	宁财(农)发〔2016〕1009 号	2016 年 11 月 8 日
关于印发重大财政决策风险评估咨询论证听证评价等五个制度办法的通知	宁财(办)发〔2016〕1118 号	2016 年 12 月 7 日
关于会议物业和车辆维修定点管理有关事宜的通知	宁财(行)发〔2016〕1137 号	2016 年 12 月 8 日
宁夏回族自治区高校毕业生“三支一扶”计划专项补助资金管理实施细则	宁财(社)发〔2016〕1165 号	2016 年 12 月 15 日
宁夏回族自治区区本级财政年终对账结算管理办法	宁财(库)发〔2017〕143 号	2017 年 3 月 9 日
宁夏回族自治区市县财政库款考核办法(试行)	宁财(库)发〔2017〕144 号	2017 年 3 月 9 日
宁夏回族自治区公安交通安全管理专项资金管理办法(试行)	宁财(行)发〔2017〕166 号	2017 年 3 月 14 日
宁夏回族自治区事业单位政府购买服务改革工作实施方案	宁财(综)发〔2017〕276 号	2017 年 4 月 28 日
宁夏回族自治区跨省异地就医预付金管理办法(试行)	宁财(社)发〔2017〕425 号	2017 年 5 月 3 日
宁夏回族自治区财政厅法律顾问工作制度(试行)	宁财(法)发〔2017〕303 号	2017 年 5 月 11 日
关于做好政府采购信息公开工作的通知	宁财(采)发〔2017〕310 号	2017 年 5 月 15 日
自治区本级基本支出预算管理暂行办法	宁财(预)发〔2017〕319 号	2017 年 5 月 17 日
宁夏回族自治区财政收支考核暂行办法	宁财(预)发〔2017〕448 号	2017 年 6 月 29 日
关于建立流域上下游横向生态保护补偿机制的实施方案	宁财(建)发〔2017〕562 号	2017 年 7 月 13 日
宁夏回族自治区财政厅防范遏制重特大事故全面加强安全生产源头管控和安全准入工作实施方案	宁财(办)发〔2017〕633 号	2017 年 9 月 10 日
宁夏回族自治区财政专项扶贫资金管理办法	宁财(农)发〔2017〕637 号	2017 年 9 月 15 日
宁夏回族自治区本级行政事业单位国有资产进场交易实施细则(试行)	宁财(资)发〔2017〕700 号	2017 年 10 月 16 日
自治区“双创”示范项目资金管理办法	宁财(企)发〔2017〕699 号	2017 年 10 月 18 日
关于延续执行支持和促进创业就业有关税收政策的通知	宁财规发〔2017〕1 号	2017 年 10 月 31 日
2017—2020 年中央专项彩票公益支持宁夏社会公益事业项目资金管理办法	宁财规发〔2017〕3 号	2017 年 11 月 17 日
关于完善自治区财政科研项目资金管理等政策的实施意见	宁财(教)发〔2017〕838 号	2017 年 12 月 1 日
宁夏回族自治区公共资源交易平台专项资金管理暂行办法	宁财规发〔2017〕6 号	2017 年 12 月 22 日
关于印发《自治区与市县水资源税收入划分方案》的通知	宁财规发〔2018〕1 号	2018 年 1 月 19 日
关于印发《宁夏回族自治区本级预算单位银行账户管理暂行办法》的通知	宁财规发〔2018〕2 号	2018 年 2 月 5 日
关于印发《宁夏回族自治区送戏下乡演出专项资金管理办法》的通知	宁财规发〔2018〕3 号	2018 年 2 月 27 日

续表 2

文件名称	发文单位或文号	发文时间
关于印发《跨地区经营总分支机构增值税征收管理办法》的通知	宁财规发〔2018〕4 号	2018 年 3 月 9 日
关于印发《宁夏科技型中小微企业风险补偿专项资金管理办法》的通知	宁财规发〔2018〕5 号	2018 年 3 月 23 日
关于明确水资源税改革试点工作有关政策的通知	宁财规发〔2018〕6 号	2018 年 3 月 26 日
关于印发《宁夏回族自治区财政支持学前教育发展专项资金管理办法(暂行)》的通知	宁财规发〔2018〕7 号	2018 年 3 月 28 日
关于印发《宁夏担保体系建设专项资金管理办法》的通知	宁财规发〔2018〕8 号	2018 年 4 月 8 日
关于印发《宁夏回族自治区知识产权补助资金管理暂行办法》的通知	宁财规发〔2018〕9 号	2018 年 4 月 11 日
关于印发《宁夏回族自治区技术改造综合奖补资金管理办法(暂行)》的通知	宁财规发〔2018〕12 号	2018 年 5 月 14 日
关于印发《宁夏农业生产发展资金管理办法》的通知	宁财规发〔2018〕13 号	2018 年 5 月 28 日
关于印发《自治区本级部门预算绩效管理工作考核办法(试行)》的通知	宁财规发〔2018〕14 号	2018 年 5 月 15 日
关于印发《宁夏科技创新与高层次人才创新创业担保基金管理办法》的通知	宁财规发〔2018〕15 号	2018 年 5 月 22 日
关于印发《宁夏回族自治区财政水利发展资金绩效管理实施细则》的通知	宁财规发〔2018〕17 号	2018 年 6 月 5 日
关于印发《宁夏回族自治区本级行政单位通用办公设备家具配置标准》的通知	宁财规发〔2018〕19 号	2018 年 6 月 22 日
关于印发《宁夏回族自治区属国有文化企业负责人经营业绩考核和薪酬管理办法》的通知	宁财规发〔2018〕24 号	2018 年 8 月 1 日
关于印发《自治区本级项目支出定额标准管理(暂行)办法》的通知	宁财规发〔2018〕25 号	2018 年 8 月 31 日
关于印发《宁夏回族自治区 人才专项资金管理办法》的通知	宁财规发〔2018〕26 号	2018 年 9 月 3 日
关于印发《宁夏回族自治区中央财政林业改革发展资金管理办法实施细则》的通知	宁财规发〔2018〕29 号	2018 年 9 月 27 日
关于印发《宁夏回族自治区本级行政事业单位国有资产出租实施办法(试行)》的通知	宁财规发〔2018〕33 号	2018 年 10 月 22 日
关于印发《宁夏回族自治区非营利组织免税资格认定办法》的通知	宁财规发〔2018〕35 号	2018 年 11 月 26 日
关于印发《宁夏回族自治区农村危窑危房改造补助资金管理办法》的通知	宁财规发〔2018〕36 号	2018 年 12 月 4 日
关于印发《自治区对市县水资源税奖补办法》的通知	宁财规发〔2018〕37 号	2018 年 12 月 5 日
关于印发《宁夏回族自治区困难群众救助补助资金管理办法》的通知	宁财规发〔2018〕38 号	2018 年 12 月 4 日
关于印发《宁夏回族自治区矿业权出让收益征收管理实施办法》的通知	宁财规发〔2018〕39 号	2018 年 12 月 27 日

后 记

编修地方志是中华民族的优良文化传统。1993年，自治区财政厅首次编修的《宁夏财政志（1895—1990）》，为《宁夏通志·财税金融卷》提供了翔实资料，记述了近百年宁夏财政兴衰更替和成败得失，特别是着重记述了新中国成立后宁夏财政的沿革发展，各级财政部门履职尽责，为宁夏经济社会发展作出了重要贡献。

2018年底，宁夏财政厅党组启动《宁夏财政志（1991—2018）》续修工作以来，始终高度重视，陈春平、喜清江、孙志同志要求，提高政治站位，强化使命担当，认真做好修志工作，并在组织领导、谋篇布局等方面给予精心指导，为高质量完成修志工作提供了坚实保障。2019年3月，宁夏财政志编纂委员会成立，由宁夏财政政策研究中心牵头，下设编辑部，制定了纂修方案，设计编修篇目大纲和凡例。同年5月，聘请宁夏芹香国学文化发展有限公司进行专修续志，由修志经验丰富的6人承担撰稿任务。2020年5月，完成约120万字的志书初稿。2021年6月，再次修改完成总纂，形成84万余字志书评审稿。2021年9月，宁夏财政厅邀请宁夏地方志办公室、宁夏军区史志办有关领导和专家召开评审会，认真梳理专家学者意见建议，博采众长、择善而存、举一反三，对志稿反复修改完善，严把政治关、体例关、资料关、文字关，确保志书综合质量，达到“齐、清、定”的出版要求，形成最终审定稿。

本书采取述、记、志、传、图、表、录七体并用，以篇、章、节、目统属记述内容，以据事直书的章法别于史书编修。志书中引用图片来自每年发行的《宁夏财政年鉴》、宁夏财政厅档案图照和各级财政部门提供照片。

编修过程中，宁夏党委宣传部、保密局、宁夏地方志办公室给予了大力帮助和指导。北京方志出版社、宁夏精捷彩色印务有限公司在审校、排版、出版印刷中给予了有力支持。宁夏财政厅何天文、李守银、商艳臣，自治区地方志办公室负有强、王晓华，宁夏军区史志办杨富宝，对编修工作给予指导；宁夏财政政策研究中心刘建洲、曹振军、李海宁、丁洪俊对志书进行认真审阅把关；朱起进、张廷辰、武杰、黄娟、王富强、樊银芳、哈雪、张晓婷、刘晓娟、袁海龙、梁强等为志书纂修做了大量卓有成效的工作。借此机会，对各位领导、专家以及参与此次修志工作，为志书编修提供各种帮助的部门和个人，表示衷心的感谢！

因宁夏财政资料庞杂，承担编修任务的人员任务繁重，加上专业水平有限，错误、疏漏之处在所难免，敬请批评指正。

《宁夏财政志》编辑部

2023年2月

贺兰县脱贫攻坚志

贺兰县档案馆
贺兰县乡村振兴服务中心 编著